I0751183

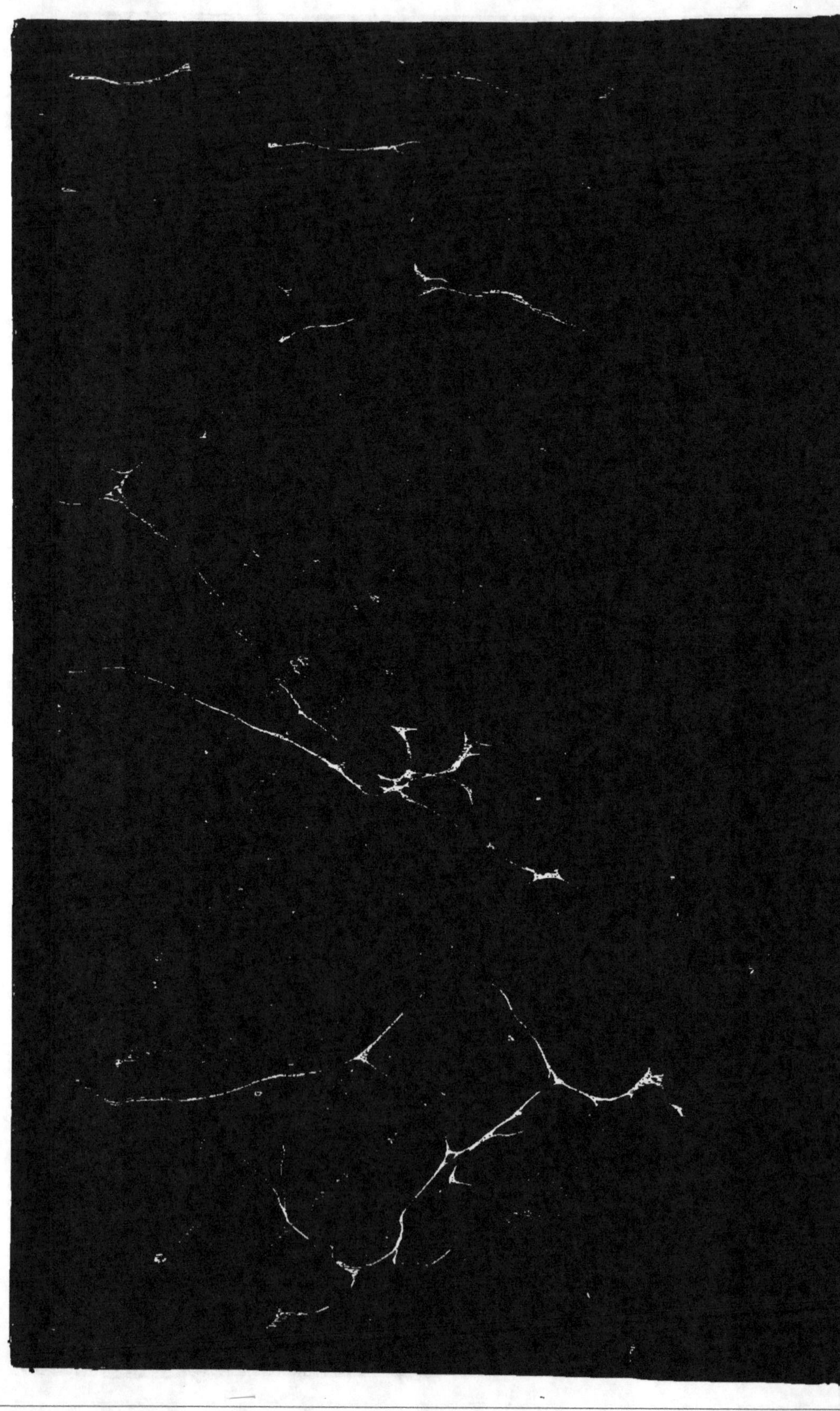

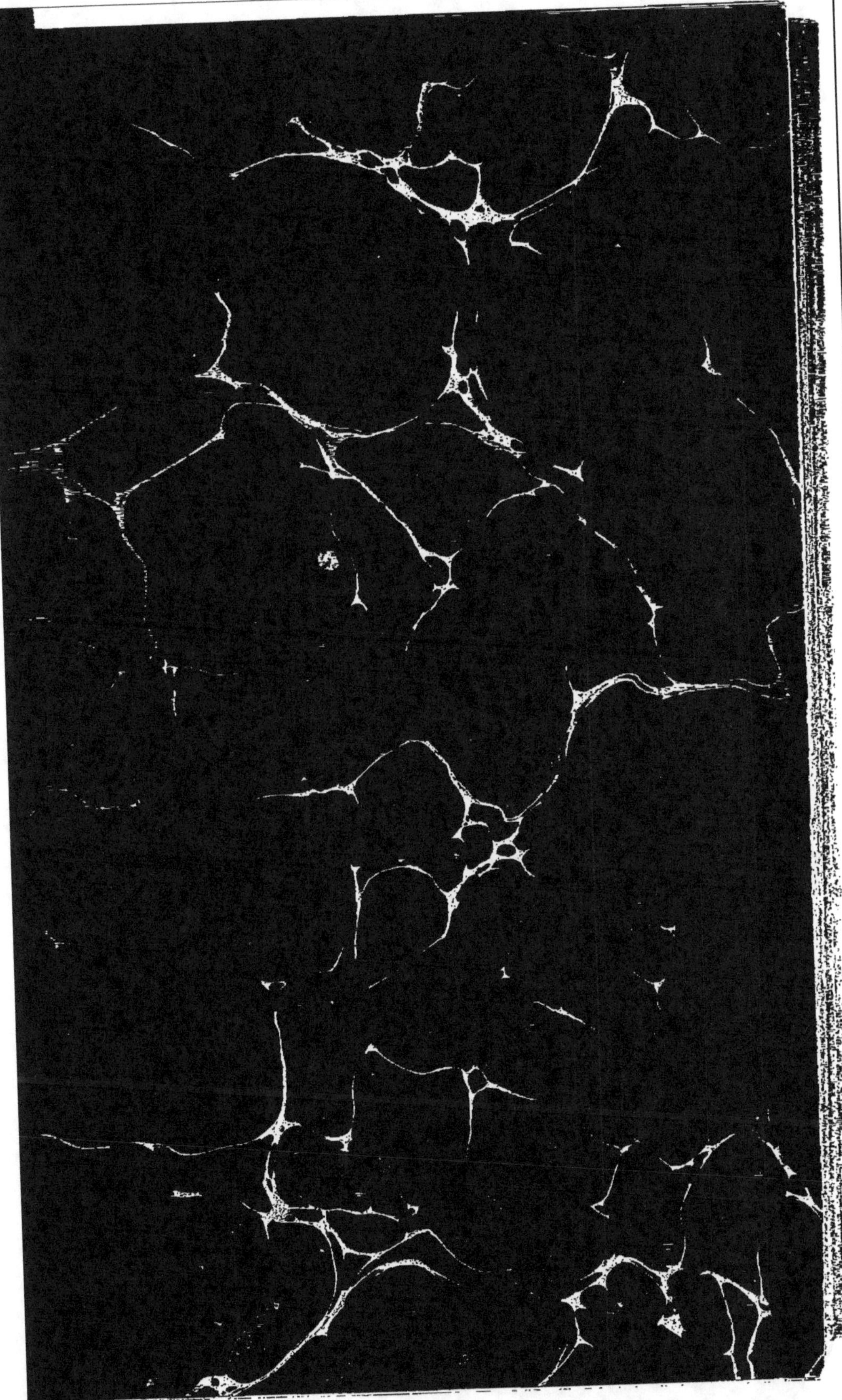

GUIDE DE L'AMATEUR

DE

FAÏENCES ET PORCELAINES

PREMIÈRE PARTIE

OUVRAGES DU MÊME AUTEUR :

En vente :

RECHERCHES SUR LA PRIORITÉ DE LA RENAISSANCE DE L'ART ALLEMAND. Faïences du treizième siècle, terres cuites du cinquième siècle, avec figures dans le texte. 1 vol. in-12. Prix : 3 fr.

DU PEINTRE DE MARINE RÉALISTE ALBERTUS VAN BEEST. Notice historique. Brochure in-8°. Prix : 1 fr. 50.

LES PSEUDO-CRITIQUES DE LA GAZETTE DES BEAUX-ARTS, etc. Brochure in-8°. Prix : 1 fr.

SOUVENIRS DE VOYAGE ET CAUSERIES D'UN COLLECTIONNEUR, ou Guide artistique pour l'Allemagne. 1 fort in-8° de 516 pages, avec figures dans le texte. Prix : 7 fr. 50.

CATALOGUE par ordre chronologique, ethnologique et générique de la collection céramique de M. Auguste Demmin, 1 vol. in-8. Prix : 5 fr.

Ce catalogue raisonné, entièrement rédigé par M. Auguste Demmin, peut servir pour l'organisation des Collections privées et publiques et pour leur modèle de Catalogue de vente ; il est orné dans le texte de quatre-vingt-dix croquis artistiques, dessinés d'après les originaux et d'un grand nombre de monogrammes.

Toutes les rectifications, marques, monogrammes de pièces remarquables qui pourront être communiqués à l'auteur, devront lui être adressés franco à son domicile, 20, boulevard des Filles-du-Calvaire, à Paris.

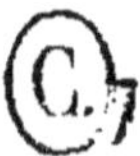

Paris.— Imprimerie P. Bourdier, Capiomont fils et Cᵉ, 6, rue des Poitevins.

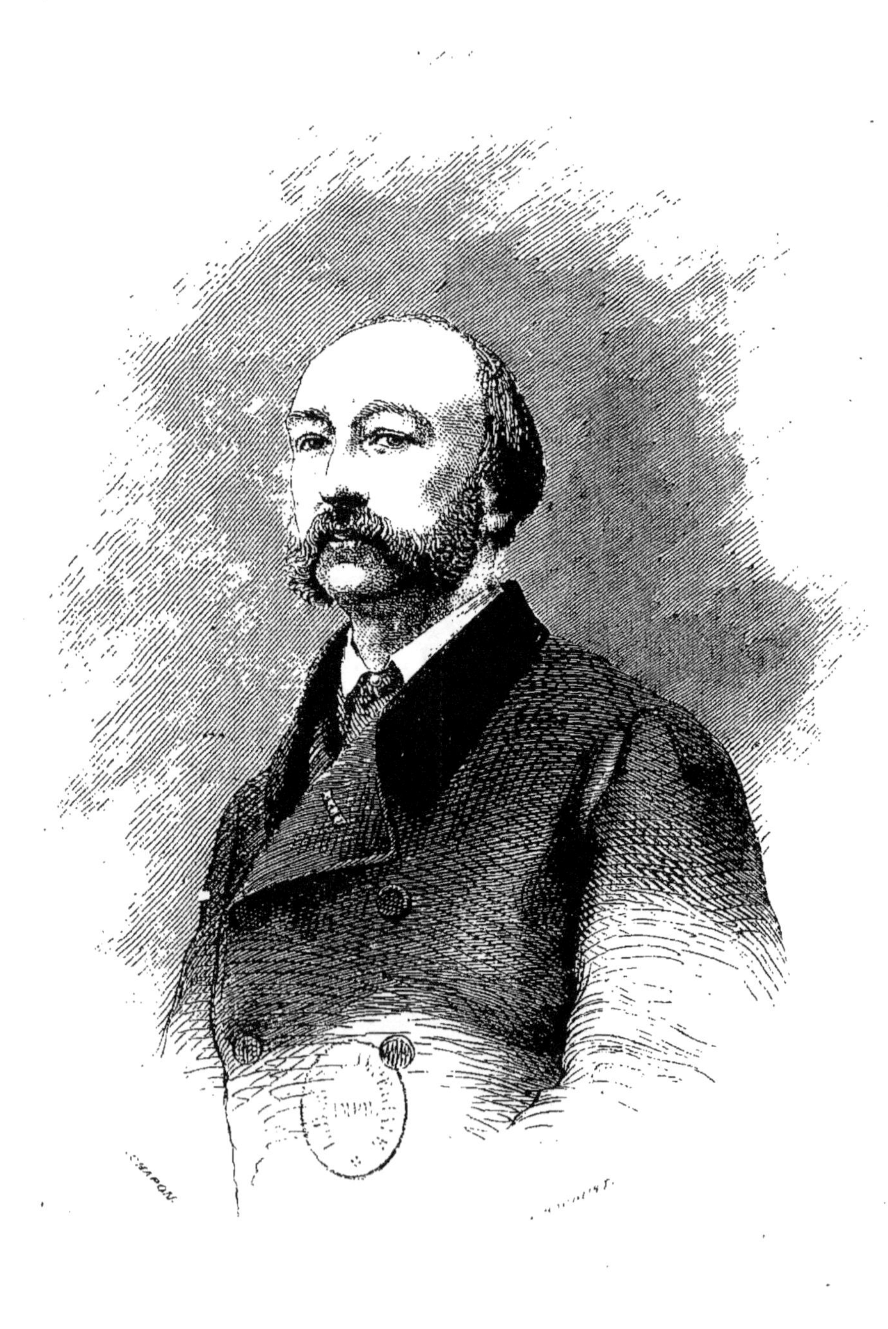

ENCYCLOPÉDIE CÉRAMIQUE-MONOGRAMMIQUE

GUIDE DE L'AMATEUR

DE

FAÏENCES ET PORCELAINES

POTERIES, TERRES CUITES

PEINTURES SUR LAVE
ÉMAUX, PIERRES PRÉCIEUSES ARTIFICIELLES
VITRAUX ET VERRERIES

PAR

M. AUGUSTE DEMMIN

TROISIÈME ÉDITION

ACCOMPAGNÉE DE 160 REPRODUCTIONS DE POTERIES, DE 1800 MARQUES
ET MONOGRAMMES DANS LE TEXTE
ET DE TROIS TABLES, DONT DEUX DE MONOGRAMMES

AVEC LE PORTRAIT DE L'AUTEUR

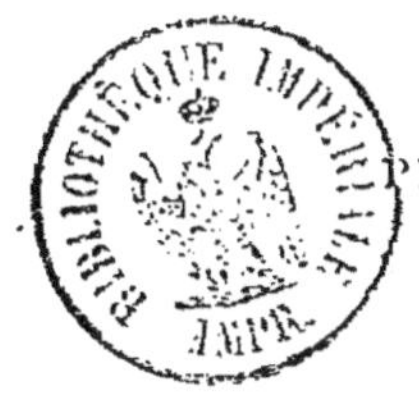

PREMIÈRE PARTIE

PARIS

Ve JULES RENOUARD, LIBRAIRE
Éditeur de l'Histoire des Peintres de toutes les Écoles
ÉTHIOU-PÉROU, DIRECTEUR-GÉRANT
6, RUE DE TOURNON, 6

1867

DE

L'ART CÉRAMIQUE

EN GÉNÉRAL

POTERIES, ÉMAUX SUR MÉTAUX ET VITRAUX

Collectionneur moi-même, j'ai souvent regretté, au début de mes recherches, l'absence d'un Guide bref, historiquement et chronologiquement conçu, mais très-sobre de détails techniques et de dissertations scientifiques, à peu près inutiles à l'amateur. Quelques ouvrages ont été écrits sur la céramique [1], mais aucun, à mon sens, ne peut servir au collectionneur dans ses excursions d'amateur. Parmi ces ouvrages, les uns sont de simples monographies ou des traités incomplets et sans ordre chronologique; les autres s'occupent plus spécialement de la chimie et de la fabrication; aucun ne pouvait remplir le but que je me suis proposé en écrivant ce *Guide*. Il n'existait pas de livre qui résumât la science archéologique de la céramique dans son ensemble, et même la plus grande partie des fabriques françaises était encore inconnue. Le *roman*, qui s'empare de tout aujourd'hui, avait aussi envahi l'histoire céramique. L'amateur qui cherchait à s'instruire n'y trouvait souvent que

1. Céramique dérive de *kerameus* en grec (*figulinus* en latin, *tœpfer* en allemand, *potter* en anglais, et *potier* en français). On appelait kerameus, à Athènes, les terrains où étaient installés les établissements de potiers. On y désigne aussi de ce nom les lieux de funérailles, sans doute à cause des poteries funéraires. Les Hébreux confondaient dans le même mot l'ouvrage du potier et du sculpteur.

des inventions à la place de données positives. Quant aux nombreux articles des publications périodiques, émanant pour la plupart de personnes qui ignorent complétement leur sujet et qui écrivent aujourd'hui sur la céramique comme elles écriront demain sur la pisciculture ou la maladie des pommes de terre, l'amateur y cherche également en vain quoi que ce soit de positif; une succession de phrases banales y reproduit ordinairement les mêmes lieux communs sur des modes différents[1].

Ce qu'il fallait au collectionneur, c'était un manuel facile à consulter quand sa mémoire lui fait défaut, et où il pût trouver, sans recherches fatigantes, les marques et monogrammes, les signes caractéristiques et les biographies, l'histoire abrégée de chaque fabrique et de chaque céramiste.

J'ai voulu éviter dans mon livre la sécheresse et l'ennui, afin de rendre ce genre d'étude accessible aux gens du monde qui vivent vite; j'ai donc dû me renfermer dans un cadre qui exclut des développements inutiles, et n'envisager les productions céramiques avant tout qu'au point de vue de l'art. Être utile aux amateurs, contribuer à vulgariser les goûts archéologiques[2]

1. Un curieux échantillon de ces incroyables productions de critiques *à tout faire* doit avoir sa place ici, puisqu'il servit probablement, malgré la monstrueuse, et on peut même dire audacieuse ignorance en matière céramique de l'auteur, à le faire nommer rapporteur par le jury d'une section céramique d'exposition.

On lit, dans un article signé et publié le 29 septembre 1863 dans les colonnes du journal *la France*, « que les faïences françaises les plus recherchées aujourd'hui et les plus artistiques sont celles de *notre célèbre potier Moustiers.* »

Notre célèbre M. Moustiers n'est autre que *toute une localité* de plus de quinze cents habitants, située dans les Basses-Alpes, à quarante-quatre kilomètres de Digne, où de nombreuses fabriques ont produit des faïences *depuis plus de cent ans* (1690-1800), et où existe encore aujourd'hui la fabrique de M. T. Ferand; localité dont les produits, œuvres des potiers et des peintres céramistes Clérissy, Roux, Rion, Achard, Berbiquier, Ferand, Bondit, Cambon, Antelmy, Ferrat, Fouque, Laugier, Jocard, Thion, Guichard, Grangel, Cros, Soliva, Vilax, Viry, Fournier et autres, avaient déjà fourni matière à des discussions répétées depuis des années.

Un mois plus tard, le 28 octobre, le même journal *la France* annonce : « Notre collaborateur, membre du jury de la section de la céramique à l'exposition des arts industriels, vient d'être nommé, *à l'élection,* rapporteur de cette section. »

Est-ce assez complet?

2. L'*Archéologie* (d'*archaios*, ancien, et *logos,* discours) est une science qui renferme l'étude de tout ce qui se rapporte aux mœurs et aux arts anciens; c'est

et l'étude de l'histoire artistique, voilà mon but principal.

La première édition de cet ouvrage (1861) ne pouvait contenir que peu d'indications sur la faïence allemande, et laissait à désirer sous quelques rapports biographiques. Tout le monde avait compris qu'un tel travail, tout à fait nouveau, et *sans précédent*, où tout était à rechercher, à contrôler, à classer, n'avait pu être exempt de lacunes ou d'erreurs. Le sort des ouvrages d'érudition est d'être dépassés, pour des parties encore incertaines ou indéterminées, aussi bien par les nouvelles recherches de l'auteur lui-même que par les travaux successifs qui se publient sur des branches spéciales et locales. Le grand succès du *Guide* (trois mille exemplaires, épuisés dans l'espace de quelques mois, de la première édition, et autant de la seconde, d'un ouvrage qui ne s'adressait qu'à une spécialité d'amateurs) démontre que le nombre des collectionneurs s'accroît tous les jours, et que ce public d'élite avait compris et apprécié les difficultés de ces laborieuses recherches, fruits de plusieurs années de voyages.

L'édition actuelle a été encore bien plus augmentée que la seconde, ou plutôt triplée, quant à la matière, aux marques et

l'antiquité figurée. Laurent de Médicis en avait établi à Firenze (Florence) le premier enseignement public ; mais cet enseignement ne pouvait avoir ni système ni bases scientifiques. Grævius, né en 1632, mort en 1703 ; Kircher, né en 1602, mort en 1680 ; et particulièrement le célèbre Winkelmann, né en 1717, mort en 1768, ont donné les premiers l'histoire de l'art chez les anciens. L'étude archéologique se renfermait d'abord exclusivement dans le *classique*, c'est-à-dire que tout était rapporté à l'antiquité païenne et particulièrement à celle de la Grèce ; et l'art original, national et chrétien était ignoré, traité légèrement ou regardé comme un dérivé des Grecs et des Byzantins. La révolution opérée dans la littérature par l'école dite *romantique*, et dont Shakespeare, Gœthe, Schlegel, Schiller, Chateaubriand et Victor Hugo ont été les adeptes les plus marquants, a aussi commencé à se faire sentir dans l'histoire de l'art. Une pléiade d'hommes spéciaux et indépendants : en Allemagne M. Bürger, M. Chaumelin en France, sir Charles Eastlake et M. Layard en Angleterre, M. Wauters en Belgique, et quelques autres sont à l'œuvre, et mes dernières publications, *Recherches sur la priorité de la renaissance de l'art allemand* et *Souvenirs de voyages et Causeries d'un collectionneur*, etc., n'ont pas eu d'autre but que de réagir contre les beaux-arts *académiques*, cette vieille rengaine qui a toujours marché en parallèle avec les *unités* des belles-lettres.

On appelait anciennement *antiquaire* le savant qui s'occupait d'études archéologiques ; aujourd'hui on dit de préférence *archéologue*, et le nom d'antiquaire ne sera plus donné qu'à certains amateurs qui, sans études préparatoires, composent des collections d'objets d'art de tous les genres et sans discernement

aux monogrammes; mais je me suis appliqué à conserver la sobriété primitive pour la partie technique, tout en développant davantage la partie biographique, ainsi que les citations des œuvres remarquables renfermées dans les musées et les collections particulières.

L'utilité que présentent les descriptions des pièces conservées dans les musées, qui n'en peuvent plus disparaître, n'est contestée par personne. L'instabilité des collections privées les plus en renom n'a pu m'arrêter : j'en ai cité les monuments les plus importants; il est très-facile de suivre un objet d'art dans ses pérégrinations, quand la collection qui l'a possédé tout d'abord est connue.

Les additions de chapitres entièrement nouveaux faites à cette édition sont aussi très-nombreuses. Les poteries espagnoles n'étaient connues et traitées jusqu'ici que pour la partie désignée sous le nom de poteries *hispano-arabes*, et appelées dans ce guide *hispano-musulmanes;* toutes celles de la fabrication vraiment espagnole, à partir du moyen âge jusqu'à la fin du dix-huitième siècle, étaient encore à classer; ce qui a été fait.

Quant aux poteries et faïences *suisses, tout à fait* indéterminées, sinon inconnues jusqu'ici, l'édition actuelle contient un chapitre spécial où elles sont décrites d'après mes dernières et heureuses recherches faites dans les cantons, recherches qui m'ont aussi permis de donner la liste de ces célèbres céramistes, avec les dates exactes puisées dans les registres des corporations, et les descriptions de leurs œuvres. Aux huit cents monogrammes de la seconde édition, quatre cents autres ont été ajoutés, ainsi que de nombreux croquis artistiques qui représentent les types les plus *caractéristiques.*

En outre, le lecteur trouvera un nouveau chapitre consacré exclusivement aux *vitraux de tous les pays*, qui y sont traités pour la *première fois* dans leur ensemble et avec leurs monogrammes.

L'abrégé raisonné de l'histoire céramique basée sur des données nouvelles a été aussi complété par le *Tableau chronologique de tous les produits céramiques et de leurs marques, monogrammes, monographies et biographies de potiers*, qui forme, pour ainsi dire, un cours où les pièces mêmes servent de démonstration et d'analyse.

Les recherches de la classification d'une marque ou d'un monogramme ont été rendues plus faciles par l'addition à cette nouvelle édition d'une *seconde table* où tous ces signes ont été réunis en deux classes distinctes.

Les noms des localités, tels que les nations les écrivent elles-mêmes, ont été conservés dans ce *Guide* par un motif facile à comprendre. On trouve souvent des pièces qui portent les noms des lieux où elles ont été fabriquées, mais ces noms diffèrent naturellement dans la traduction française; l'orthographe nationale ici adoptée facilitera les recherches.

La liste suivante contient à peu près tout ce qui a été écrit sur la céramique avant ou après la publication des deux dernières éditions de ce *Guide*. C'est un matériel fort stérile que j'ai dû cependant mettre en œuvre pour le travail de ma critique; je n'ai même pas voulu retrancher de cette longue liste les livres qui ne forment qu'une *grossière contrefaçon* de mon travail et où les auteurs ont poussé le plagiat jusqu'à copier textuellement et littéralement, ni ceux où les questions céramiques ne sont qu'accessoires.

Comme plusieurs de ces écrits se trouvent dans des publications périodiques et même dans des journaux, et comme quelques-uns sont sans date, j'ai cru devoir en abandonner l'ordre chronologique.

1. Mémoire de *Giuseppe Raphaelli de Casteldurante*.

2. Les écrits d'*Antonio Beuter*, professeur de théologie et auteur espagnol, vivant au milieu du seizième siècle. Il a traité des faïences hispano-arabes dans la *Chronique universelle d'Espagne*. L'article a été traduit en italien par Alfonso Giolito, en 1556.

3. Les ouvrages de *César Scaliger*. Amsterdam.

4. Les ouvrages d'*Isak Pontanus*. Amsterdam.

5. Volledige Beschrywing van Ambachten en Kunsten, H. Stuck, 217. Amsterdam.

6. L'antilogie de Florence de *Rumohr*.

7. Die Kunst Glas zu malen, von *J. Kunckel de Lowenstern*, Berlin.

8. Diversarum artium schedula, œuvre du moine allemand *Théophile de Saint-Gall*, qui écrivait au dixième siècle ; traduit en français par M. le comte de l'Escalopier. Paris, 1843.

9. L'Art de la porcelaine, par le comte *de Milly*. 1771.

10. Tratto sopra l'oreficeria, par *Benvenuto Cellini*. Milan, 1811.

11. Die königlichi sächsische Porcellan-Sammlung in Dresden, von *Dr. G. Klemm*. 1834 et 1841.

12. L'Art de peindre en émail. Paris, 1721. Par *Ferrand*.

13. L'Art de peindre sur émail, par *A. de Montamy*. 1765.

14. Beschreibung der in der königlichen Kunstkammer in Berlin vorhandenen Kunstsammlung, etc.; von *F. Kugler*.

15. Émailleurs et émaillerie de Limoges, par *Maurice Ardant*.

16. L'Art de l'émaillerie des *maîtres limousins*. Paris.

17. Lettre à mon fils pour lui servir de guide dans l'art de peindre en émail. In-8°. Paris, 1759.

18. A letter addressed by *Charles Roach Smith*. Esq. to John Gage Rokewode.

19. On certain Enamels, *A. W. Franks*. Archœological journal, année 1851, n° 29.

20. Peinture sur verre, sur porcelaine et sur émail, par *Reboulleau*. Paris, 1843. (Manuel Roret.)

21. Illustration of a gold enamelled ring, etc., *Samuel Pegge*. Mémoires archéologiques de la société des antiquaires de Londres, tome IV, 1787.

22. Decorative processes, etc., *Albert Vay*, journal archéologique, tome II, 1846.

23. Monuments français inédits, etc.; par *André Pottier*. Paris, 1839.

24. Mémoire sur la porcelaine du Japon, traduit du japonais, par le docteur *Hoffmann*, de Leyden, 1856.

25. Traité de chimie appliquée aux arts, par *Dumas*. Paris, in-8°, 1836.

26. Description de quelques monuments émaillés, etc. *Cabinet de l'amateur*. 1842, p. 145.

27. Description des objets d'art de la collection Debruge-Duménil, par *Jules Labarte*. Paris, in-8, 1847.

28. Recherches sur la peinture en émail dans l'antiquité et au moyen âge, par *Jules Labarte*. Paris, 1856.

29. Notice sur les faïences du seizième siècle, dites Henri II, par *Tainturier*. Paris, 1855.

30. Manuel du porcelainier, du faïencier et du potier de terre, par *Boyer*. Paris, 1827.

31. Recherches sur l'histoire de la peinture sur émail, etc., par *Louis Dussieux*. Paris, in-8, 1841.

32. Le Mémoire du père *Dentrecolles*, reproduit dans l'Encyclopédie de Diderot, qui traite de la porcelaine chinoise, publié par ce père jésuite en 1717.

33. Essai historique et descriptif sur les émailleurs et les argenteurs de Limoges, par l'abbé *Texier*. Mémoires de la société des antiquaires de l'Ouest. 1842, p. 101.

34. Curiosités, par *Jean d'Huyvetter*. Gand, 1829.

35. Histoire des majoliques, par *Joseph Marryat*. Londres[1].

36. Quelques souvenirs, suivis d'une dissertation sur l'émail, la porcelaine, etc., par *S. G. Counis*. Florence, in-8, 1842.

37. Traité des arts céramiques, etc., par *Brongniart*. Paris, 1844 et 1854.

38. Description méthodique du musée céramique de la manufacture royale de porcelaine de Sèvres, par MM. *A. Brongniart* et *Riocreux*. Paris, 1845.

39. Lehrbuch der Chemie und Technologie. 5 et 6. Lieferung. Braunschweig, 1846.

40. Technologisch Handbœk door de Maatschappy tot het *nut van't algemeen*. Amsterdam, 1809.

41. De plateelbakker of Delfsche aardewerkmaker door *Gerrit Paape*. Dordrecht, 1794.

42. Vaderlansch Woordenboek van *Kok*. Amst. Kart, 1785.

43. Leçons céramiques, par *M. Salvetat*. Paris.

44. L'Art de fabriquer les poteries, etc., par *F. Bastenaire*. Daudenart. Paris, 1827, 1828 et 1835.

45. Flora saturnigans, par M. *Henckel* (ouvrage allemand du dix-huitième siècle).

46. Anciennes faïences françaises, par *Albert Jacquemart* et *Edmond Leblant*. Gazette des Beaux-Arts. 1er mai 1859.

47. Histoire artistique de la porcelaine, des mêmes auteurs. In-4. Paris, 1861.

48. Verzeichniss von Werken der Della-Robbia majolica, etc., von *Friedrich Tieck*. Berlin, 1835.

49. Les Della-Bobbia, par M. *H. Barbet de Jouy*. Paris, 1855.

50. Handbuch der germanischen Alterthums-Kunde, von Dr *Gust. Klemm*. Dresden, 1836.

51. Guide to the knowledge of pottery, by *Bohn*. London, 1857. Cet ouvrage a été écrit à l'occasion de la vente de la collection

1. Voir plus loin la mention de la traduction française de cet ouvrage anglais.

Bernal, vente qui a produit la somme énorme de 52,330 livres ou 1,550,000 francs.

52. Histoire des peintures sur majoliques à Pesaro et les environs, par *Giambatista Pesseri*, 1750. Traduit en français par M. *de Lange*. Paris.

53. Histoire et fabrication de la porcelaine chinoise, traduit du chinois par M. *Stanislas Julien*, de l'Institut. Paris, 1855.

54. Notice des émaux, etc., par M. *de Laborde*. Paris, 1856.

55. Vite de' piu excellenti pittori, scultori e architetti, di *Giorgio Vasari*, publicate per cur di una societa di amatori delle arti belle. Firenze, 1846.

56. Notice sommaire des monuments égyptiens, par M. le *vicomte Emmanuel de Rougé*. Paris, 1860.

57. Collection de figurines en argile, œuvres premières de l'art gaulois, par *Edmond Tudot*, conservateur du musée de Moulins. Paris, 1860, in-8. (Ouvrage couronné.)

58. OEuvres de Bernard Palissy, revues sur les exemplaires de la Bibliothèque du roi, avec des notes, par *Faujas de Saint-Fond* et *Gobet*. Paris, 1771, in-4.

59. OEuvres complètes de Bernard Palissy, avec des notes et une notice historique, par *Paul-Antoine Cap*. In-18. Paris, Dubochet et Ce. 1844.

60. Poteries hispano-mauresques, par *Robinson*. Londres.

61. Historische Nachrichten von Nürnbergischen Mathematicis und Künstlern, von *Johann Doppelmayer*. Nürnberg, 1730.

62. Les troys libres de l'art du potier, par *Cyprian Piccolpassi*, écrits en 1548, et publiés à Rome en 1857, traduits en français par M. *Claudius Popelyn*. Paris, in-4, 1841.

63. Dans l'introductiou du catalogue Debruge-Duménil, par M. *Labarte*, on trouve une notice des premières tentatives de Böttger, l'inventeur de la porcelaine à Meissen.

64. Les émaux d'Allemagne et les émaux limousins, par M. le *baron de Quast* et M. *de Verneilh*. Paris, 1860.

65. Antigüedades arabes, par *P. Lozano*. Madrid, in-4.

66. Antiquities of Mexico, by *lord Kingsborough*. London, 1831-48. In-folio with 4,000 planches.

67. L'histoire de Böttger, par *Engelhards*.

68. Les grandes Usines de France, par *Turgan*. (Sèvres.) Paris, chez A. Bourdilliat et Ce, 1840.

69. Miroir universel des arts et sciences, par *Léonardo Fioravanti*, traduit en français par *Gabriel Chappuys*.

70. Description de quelques monuments émaillés du moyen âge,

par M. *Adrien de Longpérier*, publiée dans le *Cabinet de l'amateur*, premier volume. Paris, 1842, Hetzel.

71. Élite des monuments céramographiques, matériaux pour l'intelligence des mœurs de l'antiquité, etc., par *Ch. Lenormant* et *J. de Witte.*

72. Histoire du verre et des vitraux peints, par *L. Batissier, Cabinet de l'amateur.* Deuxième année, 1843. Paris, Hetzel.

73. Essai historique et descriptif sur la peinture sur verre ancienne et moderne, par *H. Langlois.* In-8. Rouen, 1832.

74. De la peinture sur verre, par *E. Thibault.* In-8. Clermont, 1735.

75. Histoire de la peinture sur verre depuis son origine jusqu'à nos jours, par *Bareste.* (L'*Artiste*, treizième volume.)

76. Article sur les majoliques, par *Tommaso Garzoni*, dans la *Piazza universale*, imprimée en 1585.

77. Interno della maiolica Savonese, ragionamento storico. In-8, Torino, 1856.

78. Del arte vitraria. *Ant. Neri, Florentini.* Amsterdam, Friscus, 1668, in-12.

79. Art de la verrerie, de *Neri, Merket* et *Kunkel*, traduit de l'allemand. In-4, Durand, Paris, 1752.

80. De la peinture religieuse à l'intérieur des églises (peinture en émail sur lave), par M. *J. Jolivet*, peintre d'histoire. Paris, Wittersheim, 1841.

81. Antiquités des Pays-Bas, du treizième siècle au dix-huitième, par *D. van der Kellen.* Amsterdam, in-4, Buffa, 1841.

81 *bis.* Archives de Nevers, ou inventaire historique des titres de la ville, par *Parmentier*, précédé d'une préface par *A. Duvivier.* In-12, Paris, 1842.

82. Peintures murales dans l'église de Saint-Bavon de Harlem, par *D. van der Kellen.*

83. Birch's History of ancient pottery.

84. T. Hudson Turner's domestic architecture in England, p. 102.

85. Une fabrique de faïence à Lyon sous le règne de Henri II, par M. le *comte de Laferrière-Percy.* Paris, 1862.

86. Sol sine veste, par *Orschall*, publication allemande du dix-huitième siècle.

87. De l'Art céramique dans le Nivernais depuis le seizième siècle. Annuaire de la Nièvre, 1844. Mémoire réimprimé dans le Bulletin de l'Alliance des arts.

88. Art céramique; manufacture de faïences de Nevers. *Annuaire* de 1844, publié chez Duclos, à Nevers.

89. Secrets des vraies porcelaines de la Chine et de Saxe. Ouvrage allemand publié à Berlin en 1750.

90. Exposition d'art et d'archéologie de Rouen. Rouen, chez Brière, 1851.

91. Mémoire de Zimmermann sur les couleurs minérales. (Ouvrage allemand du dix-huitième siècle.)

92. Relations des voyages faits par les Arabes et les Persans dans l'Inde et à la Chine, etc. Texte arabe et traduit par *Reinaud*. Paris, 1845, in-12, tome I, page 34.

93. Entdecktes Geheimniss des ächten Porcellans. In-4. Berlin, 1750.

94. J.-H.-G. von Justi· Abhandlung von den Manufacturen und Fabriken, t. II, p. 292.

95. Hallers Werkstätte der heutigen Künste, v. 3, p. 166 et 175.

96. De la porcelaine des anciens, au *Gentlemen's-Magazine*. 1751, t. I, p. 463.

97. Vorschlag zur Erleichterung der Porcellan - Töpfer - Ziegel-Arbeiten, in den ph.-ökon. Auszügen, t. I, p. 398.

98. Nachricht von einer besonders schönen Porcellanerde in Würtemberg. Sebi physic. vecen, t. I, p. 343.

99. Beschreibung einer gelben Glazur auf Porcellan und Thongefässe in den Schwed. Arch., t. IX, p. 75.

100. D'Arclais de Montamy, dissertation sur les couleurs de la peinture de porcelaine, etc.

101. Prix courant de toutes sortes de porcelaines de la fabrique de Meissen, 12 feuilles.

102. Traité des couleurs pour peindre en émail et sur porcelaine, etc., par *Arclais de Montamy*. In-12. Paris, 1745.

103. Von der Porcellan-bereitung, Dr. *Rossing's* Lehrbuch der Technologie. Jena, 1700, in-8, p. 367.

104. Joh.-Gottl. Conradi's Porcellankunst, oder Anleitung zum Studium der Technologie. Leipzig, 1785, p. 52-63.

105. Von Porcellan-Fabriken. — Von Pfeiffer's Manufacturen und Fabriken Deutschland's. Frankfurt S/M. t. II, p. 366-391.

106. L'Art du potier de terre, par *Duhamel du Monceau*. In-folio. Paris, 1773.

107. Œkonomische Encyklopädie von *Georg Krunitz*. In-12. Brunn, 1788.

108. Allgemeine Encyklopädie der Wissenschaften und Künste, von *Ersch* und *Gruder*. Leipzig, 1845. In-4, p. 154.

109. Beausobre's Einleitung in die Kenntniss der Politik. Tra. Riga, 1773. In-12, t. I, p. 210-218.

110. C.-A. und A.-M. Engelhardt, F.-F. Böttger, Erfinder des sächs. Porcellans. In-8. Leipzig, 1837.

111. Dr. Joh.-Georg.-Theod. Grässe. Beiträge zur Geschichte der Porcellan-Fabrication, etc. In-12. Dresden, 1853.

112. Mémoire pour les faïenciers du faubourg Saint-Antoine, dressé en 1753. — Au tome XI des Plaidoyers et Mémoires de *Mannory*, avocat au parlement. In-12. Paris, Hérissant, 1748.

113. La Faïence de Rouen à l'exposition, par *Eugène de Robillard de Beaurepaire*. Brochure in-8. Paris, Aubry.

114. Hermstädt, Kuhn und Baumgärtner, Magazin aller neuen Erfindungen, t. VIII, p. 162.

115. Catalogue of cameos, intaglios, medals and bas-reliefs with a general account of vases and other ornaments after the antique. In-8. London, 1773. Ed. III, 1790.

116. Reprint of the portland vase, formerly the Barberini, with notes, by *Th. Windus*. In-8. London, 1845.

117. Causeries d'un amateur, par *Feuillet de Conches*. Paris, 1842, t. II, p. 153.

118. Di un' insigne raccolta di maioliche dipinte, etc., da *Luigi Frati*. In-8. Bologna, 1844.

119. Art Treasures of the United Kingdom. (Ceramique Arts, par *Robinson*.)

120. Mémoire sur les ouvrages en terre cuite et particulièrement sur les poteries, par *Fourmy*. 1802.

121. Porcelaines de Wegwood. Catalogue par *Josius Wegwood*. In-8. Londres, 1788.

122. Céramique, par *Riocreux* et *Jaquemart*, à la fin du quatrième volume du *Moyen âge et la Renaissance*, par *Paul Lacroix* et *Ferdinand Seré*. In-4. Paris, 1850.

123. Histoire de l'Art chez les anciens, par *Winckelmann*, traduit en français l'an II de la République, une et indivisible.

124. Recherches sur les manufactures lilloises de porcelaines et de faïences, par *Jules Houdoy*. Lille, 1863.

125. La Faïence, les Faïenciers et les Émailleurs de Nevers, par *L. Du Broc de Segange*. Nevers, 1863.

126. Exposition artistique et archéologique d'Elbeuf en juillet 1862. Compte rendu par *Raymond Bordeaux*. Caen, 1862.

127. Faïences de Sinceny; notice sur les faïences anciennes de Sinceny, lue le 2 juin 1863, en séance du comité archéologique de Noyon, par le Dr *Aug. Warmont*. Noyon, 1863, br. in-8. Marques et monogrammes.

128. Notes of the manufacture of porcelain at chelsea, by *Augustus*

W. Franks, M. A., Dir. S. A. Read at the Worchester Meeting of the archaeological Institute. July, 1862.

129. *W. Chaffers*. Marks et monograms on pottery and porcelain, with short historical notice of each manufactory and an introductary essay of the vase fictilia of england. London, Davy and Son, 1863.

130. *R. Tournal*. Notes sur la céramique, faïences et porcelaines. Caen, Hardet, 1863. Extrait du bulletin monumental de *Notre-Dame de Chaumont*.

131. *Vincenzo Lazari*. Notizia della opere d'arte et d'antichita della racolta Correr. Venezia, 1859.

132. *J.-C. Robinson*. Italian sculpture of the middle ages and pericod of the revival of art. In-8. London, 1862.

133. *J.-C. Robinson*. Catalogue of the Soulages collection. In-8. London, 1856.

134. *J.-C. Robinson*. Catalogue of the spécial exhibition of works of art on loan at the South-Kensington museum. London, 1858.

135. *Frati*. Un pavimento in majolica nella basilica Petroniniana di Bologna. Bologna, 1853.

136. *Dennistoun*. Memoirs of the dukes of Urbino.

137. *Giuseppe Rafaelli*. Memorie istorriche delle majolice lavorate in Castel-Durante. In-8. Fermo, 1846.

138. *E. de Robillard de Beaurepaire*. La Faïence de Rouen à l'exposition. Caen, 1861.

139. *G. Gouellin*. L'Exposition d'art et d'archéologie à Rouen. Paris, 1861.

140. L'Art de fabriquer la poterie, façon anglaise. Divers procédés et nouvelle découverte, la fabrication du minium, etc, etc., par *Guillaume Oppenheim*, ancien manufacturier, et *Bouillon-Lagrange*, professeur de chimie. Paris, 1807. (Le traité le plus *utile* et le plus *pratique* qui existe en français.)

141. L'art du briquetier, par *F. Challeton de Brughat*. Paris, 1861.

142. Du minium de fer comparé au minium de plomb, par le baron *Cartier*. Paris, 1859.

143. Lettera al signor barone di Monville. (Dal. Piovano Arlotto, Luglio, 1859), par *Dott. Alessandro Foresi di Firenze*. Cette lettre traite de la soi-disant porcelaine des Médicis de Florence.

144. L'Art de la peinture sur verre et de la vitrerie, par *Pierre Le Vieil*. Paris, 1768[1].

1. La seconde partie de l'œuvre de Le Vieil est presque entièrement tirée du manuscrit que le peintre-vitrier flamand Anthonie Goblet, qui était entré dans l'ordre des Récollets de Verdun, avait laissé.

145. The handmaid to the arts. London, 1758.

146. L'Art de terre chez les Poitevins, etc., par *Benjamin Fillon*. Niort, chez Clauzat; Paris, chez Aubry, 1864.

147. Antiquités étrusques, gravées par *F.-A. David*, expliquées par d'*Hancarville*. Paris, 1785.

148. Études céramiques, recherches sur le beau dans l'architecture, etc., par *L. Ziegler*. Paris, 1850, avec atlas.

149. Gerchichte der Königlichen porcellan manufactur zu Berlin, etc. *G. Kolbe*. Berlin, 1863.

150. Recherches historiques sur les faïences de Sinceny, par M. *A. Warmont*. Chauny, 1864.

151. Nordiske Oldsager i det Kongelige Museum i Kjöbenhavn 1859, chez *Kittendorff* et *Aogaards*, à Copenhague.

152. Études sur les carrelages historiés du douzième au dix-septième siècle, par M. *Alfred Ramé*.

153. Carrelages émaillés du moyen âge et de la renaissance, par M. *Emile Amé*. Paris, 1859.

154. Intorno alla majolica Savonese, chapitre du : Scritti Letterari di *Tommaso Torteroli*, Sac. Sav. Savona, 1860.

155. Essai sur l'art de restaurer les faïences, porcelaines, terres cuites, biscuits, grès, verreries, émaux, laques, marbres, albâtres, plâtres, etc., par M. *P. Thiaucourt*. Paris, chez Aubry, 1865.

156. Traité des couleurs pour les peintres en émail et sur la porcelaine, etc., par d'*Arclais de Montamy*. Paris, 1765, in-12.

157. Histoire de la peinture sur verre, d'après ses monuments en France, etc., par *Ferdinand de Lasteyrie*. Paris, 1857.

158. Storia e Guida del Sacromonte di Varallo di *G. Bordiga*. Varallo, 1857.

159. L'Archéologie céramique et sépulcrale, par l'abbé *Cochet*.

160. Études sur le pavage émaillé dans le départements de l'Aine, par *Ed. Fleury*, in-4. Paris, 1855.

161. Auserlesene griechische Vasenbilder, etc., von *Eduard Gerhard*. Berlin, 1840, 4 vol. in-4.

162. Vases et coupes du musée royal de Berlin, par *Edouard Gerhard*. Berlin, 1848, in-folio.

163. L'Art du feu ou de peindre en émail, etc., par *Jacques-Philippe Ferrand*, peintre du roi. Paris, 1731, in-18.

164. Preuves authentiques de l'existence de la fabrique de porcelaine établie au château de Tervueren, par *A. Pinchart*. Notice de 8 pages in-18. Bruxelles, 1864.

165. Geschichte der Glasmalerei in Deutschland und den Nieder-

landen, Frankreich, England, der Schweiz, Italien und Spanien, von M. *A. Gessert*. Stuttgart et Zubingen, 1839, in-8.

166. An Inquiry into the difference of style, observable in *Ancient Glafs Paintings*, especially in England, etc., by an amateur (M. *Charles Winston*). Oxford, 1847, 2 vol. in-8.

167. *Glauberi*. Furnus philosophicus. Amstel,, 1651.

168. *Kunckel*. Ars vitraria experimentalis. 1689.

169. *Lejeal* (*Alfred*). Note sur une marque de faïence. Valenciennes, 1865.

170. *Lambert* (*Guillaume*). Traité pratique de la fabrication de la faïence fine. Paris, 1865.

171. *Rosa* (*Dr. Concezio*). Notizie storiche delle Maioliche di Castelli e dei Pittori, che le ilustrano. Napoli, 1857.

172. La Décoration de la porcelaine, par M. *Oscar Honoré*. Article publié dans la *Revue Contemporaine*, le 15 janvier 1865.

173. Les anciennes faïences, par M. *Oscar Honoré*. Article publié dans la *Revue Contemporaine*, le 30 avril 1865.

174. Observations sur les objets d'art céramique du musée Campana, etc. Article publié dans le *Bulletin de la Société du progrès de l'art industriel*, le 7 août 1862, par M. *J. Devers*.

175. Histoire des poteries, faïences et porcelaines, par M. *J. Marryat*, traduit de l'anglais sur la deuxième édition, par M. le comte d'*Armaille* et *Salvetat*. Paris, 1866.

176. L'Art de la verrerie, où l'on apprend à faire le verre, etc., et la manière de peindre sur verre et sur émail, par *Haudicquer de Blancourt*. Paris, 1718, 2 vol. in-12.

177. Documents sur les fabriques de faïence de Rouen recueillis par *Haillet de Couronne*, et publiés par *Léopold Delisle*. Paris, 1865.

178. Mittheilungen der Antiquarischen Gesellschaft in Zurich XXIX, 1865, Ueber alte Oefen in der Schweiz. *W. Lübke*.

179. *Passerii*. Picturæ Etruscorum in vasculis. Romæ, 1765, 3 vol., 300 planches.

A cette longue liste on pourrait bientôt ajouter l'ouvrage en préparation de MM. de Lange : *Faïences italiennes* dites *majoliques*.

Avant la publication de la première édition de ce *Guide*, l'histoire de la faïence allemande et de toute la poterie hollandaise[1] n'existait pas, car Delft même, avec son énorme pro-

1. 1° *Teylingen* et autres lieux, grès, 1424
2° *Delft*, faïence à émail stannifère, 1450

duction durant le dix-septième siècle, était resté inconnu aux amateurs, et l'histoire des faïences françaises encore à faire; les manufactures du Midi, comme celles de Moustiers [1] et de Marseille, par exemple, étaient soupçonnées seulement, à tel point que le moustier passait encore pour du saint-cloud.

Le résultat d'un dernier voyage en Hollande, c'est la découverte de trois nouveaux centres de fabrication : ceux de *Haarlem*, de *Hoorn* et d'*Utrecht*.

Depuis, des recherches spéciales et persévérantes ont été entreprises partout en province, où elles ont malheureusement fini par dépasser les bornes. Après avoir fouillé les archives pour découvrir jusqu'aux noms et prénoms de tous les manœuvres [2] qui gâchaient de leurs pieds nus la terre des poteries de cuisine, on s'est mis à collectionner même les faïences les plus communes, et à se faire une gloire nationale d'avoir possédé dans sa localité quelques fabriques de vaisselle de la plus grossière espèce [3]. C'est cependant pour satisfaire même jusqu'à ces goûts

3° *Haarlem*, faïence à émail stannifère,		1450
4° *La Haye*, porcelaine à pâte tendre,		1612
5° *Hoorn*, faïence à émail stannifère,		1691
6° *Beilen*,	id.,	1717
7° *Overtoom*,	id.,	1764
8° *Utrecht*,	id.,	1760
9° *Weesp*, véritable porcelaine dure,		1764
10° *Loosdrecht*,	id.,	1772
11° *Vieil Amsterdam*,	id.,	1782
12° *Nouvel Amsterdam*,	id.,	1808
13° *La Haye*,	id.,	1775
14° *Arnheim*,	id.,	1775
15° *Amsterdam*, faïence à émail stannifère,		1780

1. Chose d'autant plus surprenante que l'abbé de la Porte (Piganiol de la Force), le médecin Darluc, l'avocat Gournay et quelques autres avaient déjà mentionné les fabriques de Moustiers au dix-huitième siècle.

2. Voir p. 6, l'ouvrage de M. Dubroc sur les Faïenciers nivernais.

3. Ne dirait-on pas que la vaisselle rustique ait exercé une influence vraiment morbide sur beaucoup d'esprits, à qui elle paraît avoir enlevé le sentiment du beau et du laid, et même jusqu'aux plus lointaines lueurs de l'entendement artistique. Tel amateur, à Beauvais, fait reproduire par la chromo-lithographie des centaines de grossières horreurs d'assiettes de paysans; c'est un volume qui lui revient peut-être à plus de quinze cents francs; tel autre entasse sans distinction dans sa maison toute la vaisselle qu'il peut accaparer dans la ville et dans les villages (il est chanoine); les caves de sa maison en sont pleines, les greniers en regorgent, les murs en sont couverts, les portes des armoires ne se ferment plus,

que j'ai dû accorder une place dans ce livre à *toutes* les fabriques, y compris celles où l'art était totalement inconnu.

Un véritable *Guide* doit contenir *tout* ce qui touche à la matière traitée, et l'auteur est obligé de subir les exigences de son sujet, qu'il ne peut se dispenser de compléter par des investigations ininterrompues, malgré le dérangement que chaque nouvelle découverte peut occasionner aux gens qui tiennent à rester dans les routes battues.

La routine est comme une chaise-longue dans laquelle la paresse de certains écrivains aime à bâiller et à faire bâiller les lecteurs; dès qu'un *chercheur* veut se permettre de renverser de vieilles erreurs, il est sûr aussitôt d'avoir contre lui toutes ces médiocrités, qui vivent de plagiats et de compilations.

Brongniart, qui était savant en chimie, mais moins versé en archéologie, doit être regardé comme une des causes des nombreuses erreurs chronologiques et d'attributions répandues en France au sujet de la céramique. La foule moutonnière des compilateurs les a répétées avec humilité et satisfaction, au point de les faire ériger en évangiles. Un article est si vite fait avec des phrases et des idées stéréotypées!

Selon Brongniart, le vernis minéral imperméable ne date que du treizième siècle, tandis que j'ai démontré que les Égyptiens et les Grecs le connaissaient parfaitement. L'invention de l'émail stannifère, Brongniart l'a attribuée à Luca della Robbia, et cela uniquement sur la foi de quelques auteurs italiens. Une seule visite au Louvre lui aurait cependant suffi pour trouver des verreries égyptiennes et grecques où l'émail stannifère est manifeste, et des poteries arabes et allemandes où cette *glaçure* a été déjà utilisée bien avant les della Robbia, sans parler de

les escaliers, le vestibule, la cour même, tout en est encombré! N'importe, ce *céramomane* amasse et entasse toujours!

M. Champfleury n'appellerait-il pas le barbouillage des grossières assiettes nivernaises, fabriquées sous la République, l'*Art de rénovation, qui doit occuper le premier rang dans l'histoire artistique?* (Voir FAÏENCES PATRIOTIQUES, *Revue de Province*).

[1] Est-ce une gageure, ou doit-on encore attribuer cela à l'épidémie régnante? Si M. Champfleury entend vraiment l'art ainsi, on devrait lui conseiller d'acheter toute la série des images coloriées d'Épinal pour s'en faire une galerie.

tous les émaux cloisonnés, où le *blanc* peut aussi bien contenir de l'étain que du sulfate de chaux.

Si je mentionne ceci, c'est pour expliquer les attaques furibondes dont mon livre a été assailli par une petite coterie, en même temps que les critiques sérieux des grands journaux lui rendaient justice.

A quoi a servi tout ce tapage envieux? Ni de grossières attaques, ni de lâches démentis abrités prudemment sous des précautions littéraires ne peuvent supprimer des *faits*.

Que l'on compare tout ce qui a été écrit auparavant sur la matière, et l'on verra combien la céramographie était encore à son enfance!

Je puis avancer, sans pouvoir être contredit, que ce n'est que depuis la première édition de ce *Guide* que les productions des anciens céramistes allemands et néerlandais ont commencé à être connues en France; beaucoup d'amateurs les ignoraient complètement, d'autres ne les appréciaient pas selon leur importance. On ne connaissait pas même de nom les Hirschvogel, les Schaaper, etc., et on ne se doutait pas que des artistes comme van de Velde, van der Meer, van Vinkenboons, Jan Steen, etc., avaient peint sur faïence. Tout ce grand art céramique, les amateurs le cherchaient uniquement dans les majoliques[1] italiennes.

Le peu de connaissance que l'on avait des faïences *allemandes-gothiques* et des faïences hollandaises du seizième et du dix-septième siècle a contribué pour beaucoup à l'élévation des prix de vente des faïences italiennes, même de celles de la décadence. Les prix si élevés payés jusque-là pour tout ce qui était italien provenaient de l'absence d'une histoire chronologique de la poterie; car l'œuvre de M. Marryat, où manquent d'ailleurs méthode et précision, n'est qu'une sorte de catalogue raisonné et illustré, où beaucoup se trouve noyé dans des digressions et où l'art céramique, en dehors de la *Chine* et de l'*Italie*, manque

1. *Majolica*, ou *terra invetriata*, nom dérivé des îles Mayorques, et qui signifie en italien *faïence*.

presque. On pouvait donc faire passer cette *faïence* italienne pour la plus ancienne. Beaucoup d'amateurs avaient fini par croire que *toutes* les majoliques qui figurent journellement dans les ventes publiques devaient remonter au moins au delà du seizième siècle; ils ignoraient qu'un grand nombre de fabriques italiennes avaient continué à manipuler leur terre décorative, si facile à pasticher, jusqu'à la fin du dix-huitième siècle, et qu'il existait des faïences allemandes fort artistiques, fabriquées au douzième siècle, au treizième et au quatorzième.

Le mérite de l'Italie est certes d'avoir vulgarisé dans l'Europe méridionale le goût de la poterie émaillée, dont le nom français même vient de *Faenza*[1], la ville où les plus belles et les plus nombreuses majoliques se fabriquaient, quoique la faïence européenne à émail stannifère[2], la première en Europe, ait été *probablement* fabriquée en Allemagne, puisque c'est le seul pays où l'on puisse en faire remonter au douzième siècle. On a d'abord contesté ce fait; on ne voulait pas admettre que ce fût là une poterie à émail stannifère; on y voulait voir seulement de la terre cuite vernissée ou à couverte plombifère. Mes dernières recherches ont cependant prouvé, par des faits incontestables, que des faïences et des terres cuites à émail stannifère et non pas plombifère, ont été fabriquées dans plusieurs localités de l'Allemagne déjà à cette époque.

Il a donc fallu restituer à César ce qui appartenait à César. Il m'a été impossible d'admettre l'opinion accréditée, que les Italiens, et particulièrement les Della Robbia, fussent les inventeurs des faïences européennes à émail stannifère, appelées en Italie

1. Quelques personnes croient que le nom de *faïence* provient non pas de Faenza, en Italie, mais d'un bourg, Faïence, près Fréjus, Provence (Var), où plusieurs fabriques fonctionnaient déjà en 1592, selon Mézeray. Personne ne connaît aujourd'hui un seul type de ces faïences, et le monopole accordé par Henri II ou par Catherine de Médicis, en 1555, à deux potiers de *Faenza* d'établir une fabrique à Lyon, où Julien Gambyn et Domenge Tardessir sont désignés tous les deux comme natifs de *Fayence en Italie*, prouve que Faenza s'appelait en France, à cette époque, *Fayence*.

2. *Stannifère* veut dire composé d'oxyde de plomb et d'étain, et qui forme l'émail *opaque*; *plombifère* signifie composé d'oxyde de plomb, et forme le vernis ou la couverte translucide. — Voir la définition plus détaillée de ces compositions de vitrifications, à la page 21. On attribuait l'origine et l'invention

majolica. Augsburg, Regensburg (Ratisbonne), Leipzig, Baïreuth, Schelestadt, Breslau, Nürnberg, etc., c'est-à-dire les centres des quatre grandes écoles céramiques allemandes : l'*école saxonne* ou du Nord, la plus ancienne, l'école franconienne, l'école souabe et l'école rhénane, ont dû suivre et même précéder, dans l'ordre chronologique, la poterie musulmane des îles Baléares, de l'Espagne et de la Sicile. On a fabriqué à Babylone des briques vernissées et peut-être même des terres cuites émaillées, deux mille cinq cents ans avant Jésus-Christ; l'Égypte et la Grèce ont également laissé des vestiges de poteries imperméables (quelques *verroteries* de ce dernier pays montrent des émaux stanniques), et, outre les Chinois, les émailleurs européens des émaux cloisonnés et à champ levé (émailleurs byzantins, allemands et français) ont laissé de nombreux émaux où l'*émail blanc opaque* peut bien être le résultat d'une addition stannique, aussi bien que celui qui donne le phosphate de chaux.

Du reste, même au cœur de l'Italie et bien avant Luca Della Robbia, l'émail stannifère était déjà connu, puisqu'on lit dans la *Margarita preciosa*, traité écrit par Pierre le Bon en 1330 :

« Videmus, cum plumbum et *stannum* fuerunt calcinata et
« combusta, quod posthac congruum convertuntur in vitrum,
« sicut faciunt qui vitrificant vasa figuli. »

Cette recette n'est pas donnée par l'auteur comme un secret, mais comme un procédé connu de tous les potiers de son temps.

Plusieurs auteurs qui ont traité des émaux ont répandu une erreur qui entraîne tous les jours les amateurs dans des méprises. Le système établi que le vernis plombifère est toujours

de la faïence à émail stannifère, au quatorzième ou quinzième siècle, à l'Italie; c'était là une croyance universellement adoptée, aussi bien par les hommes spéciaux que par les amateurs; elle se trouve même répandue dans tous les ouvrages, et ce n'est qu'après la publication des *Recherches sur la priorité de la Renaissance de l'art allemand*, que l'on a dû se rendre à l'évidence des preuves matérielles et historiquement établies. Aux monuments de Breslau de la fin du douzième siècle, j'ai pu joindre encore les sculptures à émail stannifère du couvent de Saint-Paul de Leipzig, du commencement du treizième siècle (1207), sculptures dont le style et le caractère se ressentent encore grandement des époques byzantine et romane; les Grecs et les Romains ont utilisé l'étain dans la fabrication de leur verre, et il sera démontré dans ce traité que les anciens connaissaient l'emploi de l'étain.

transparent, et l'émail stannifère seul opaque, est mal défini.

M. De Laborde dit, dans sa notice des *Émaux du Louvre* : « Le blanc seul, étant obtenu par un oxyde d'étain, ôte au fondant sa transparence, et ce même oxyde entre dans tous les émaux, qui doivent être opaques. » Ceci n'est vrai qu'en partie, puisque, sans parler de certains *vernis*, l'*arsenic*, l'*antimoine* et l'*os pulvérisé* (phosphate de chaux) rendent également opaque.

Le *vernis* ou la *couverte* peut s'obtenir sans *alcali* [1], par un simple mélange de sable et d'*oxyde* de plomb [2], et la différence qu'il présente avec l'émail ne consiste pas seulement dans la translucidité. En mettant l'*oxyde* de plomb sans addition de colorant sur la terre, celle-ci transperce et forme la couleur jaune; le cuivre mélangé à ce vernis donne du vert, et le manganèse et le fer du noir et du brun.

Le *blanc crémeux* qui forme *corps* est cependant toujours opaque et n'existe pas comme vernis, puisqu'il ne peut s'obtenir que par l'*étain*. L'amateur sera sûr de reconnaître l'*émail stannifère* dès qu'il verra du *blanc opaque* plein *de corps*, espèce d'opale et qui a tous les caractères *du gras*, sur une terre brune. La terre de pipe, blanche de sa nature, aussi bien que l'*engobe* [3] composé de terres blanches, peuvent être couverts en guise d'émail

1. *Alcali*, de l'arabe *al-kali*, la soude, est une matière qui se combine énergiquement avec l'acide; ce sont : la *potasse* (alcali minéral), la *soude* (alcali végétal), et l'*ammoniaque* (alcali volatil). Les alcalis solubles ramènent au bleu le tournesol rougi par l'acide. Les alcalis végétaux ont été découverts seulement en 1817 par l'Allemand Sertuerner, de Hanovre.

2. L'*oxyde* est une combinaison de l'oxygène avec une substance métallique; l'oxyde ramène la teinture du tournesol rougi par un acide au bleu. L'oxyde d'étain (S. O.) ou stannique, qui nous intéresse particulièrement ici, se concentre dans la nature ou s'obtient artificiellement en chauffant de l'étain avec de l'acide nitrique. Cette poudre blanche insoluble qu'on emploie dans la fabrication de la poterie à glaçure opaque peut aussi être obtenue quand on maintient l'étain en fusion au contact de l'air.

Acide, en latin *acidus*, du grec *acis*, piquant, est un corps qui se combine avec une base solifiable pour former un sel. Les acides solubles rougissent le tournesol bleu et décomposent la craie et le marbre.

3. L'*engobe* est formé d'une substance terreuse, blanche, noire, brune, rouge, jaune ou verdâtre, délayée dans de l'eau. La poterie crue, dite *verte*, c'est-à-dire avant la cuisson, et quand elle est seulement *à demi séchée* à l'air, et qu'elle a encore une nuance verdâtre, est trempée dans le liquide. Mise au four, le peintre la décore après la cuisson sur le *biscuit*, et recouvre sa peinture d'un vernis de

de ce vernis incolore dont je viens de parler, comme les terres de pipe anglaises le démontrent, et comme on le rencontre sur les poteries dites persanes et de Palissy et sur les terres de pipe connues sous le nom de Henri II; mais ce vernis-là se reconnaît toujours à son manque de *corps*, et il est bien plus tendre que l'émail. Quelquefois cependant on obtient un blanc plus prononcé que celui que la terre de pipe et l'engobe blanc recouvert du vernis de plomb incolore peuvent donner; c'est par le phosphate de chaux (os pulvérisés).

L'émail stannifère, en général, se compose de sable siliceux, d'oxyde de plomb mêlé de vingt parties d'étain et d'alcali de soude (alcali végétal) ou de potasse (alcali minéral); il est à peu près le même pour toutes les poteries et faïences.

L'émail plombifère pour la poterie est ordinairement composé de sable siliceux, d'oxyde de plomb ou de minium[1], d'alcali de soude *ou* de potasse, *ou* d'alcali de soude *et* de potasse.

L'émail pour les métaux est composé de sable, de minium, de borax et de soude; comme il est cuit au faible feu d'un four ouvert, il faut qu'il soit tendre, c'est-à-dire qu'il contienne beaucoup de *fondants* qui le rendent fusible à une basse température.

Les couleurs des vitraux, que l'on appelle à tort de l'émail, contiennent à peu près les mêmes fondants, puisque le verre,

plomb. Remise au four, elle doit endurer une seconde mais bien plus faible cuisson. L'*engobage* ne s'opère donc pas uniquement avec de la terre blanche (terre de pipe, kaolin, etc.), mais avec toutes sortes de nuances de terres, suivant la couleur que l'on veut obtenir, et l'*engobe* peut être appliqué *par endroits* avec le pinceau, comme certaines pièces dites terres de Palissy le démontrent. Ces *couleurs d'engobe*, c'est-à-dire ces terres non vitrifiables, sont : l'*ocre*, la *terre d'Hombre*, la *Sienna* et toutes les autres terres coloriées. Quelques-unes ont besoin de *fondants* (voir ce mot), d'autres n'en ont pas besoin. Ces dernières contiennent beaucoup de fer qui remplace le fondant. L'*engobe rouge* est le produit de l'ocre rouge. L'*engobe violet* s'obtient par une partie de sable, deux de potasse et un seizième de manganèse. L'*engobe jaune* est composé d'une partie de sable, deux de potasse et une de jaune de Naples. L'*engobe bleue* par six parties d'azur à quatre feux, une demie de minium et douze de terre blanche. L'*engobe vert*, par des frites bleues et jaunes et de la terre blanche. Et l'*engobe noir* par cinq parties de manganèse calciné et bronzé, et une vingtième partie de terre blanche.

1. Le *minium* est un deutoxide de plomb que l'on obtient en chauffant le *massicot* (oxyde de plomb) dans des caisses de tôle. L'oxyde de plomb est jaunâtre, tandis que le minium est rouge.

sorte d'émail plombifère, est également fusible à la basse température d'un petit feu.

Puisque les localités allemandes, déjà mentionnées, ont devancé les Italiens de plus de deux siècles dans l'emploi de l'émail stannifère, tout porte à croire que la faïence européenne est une réinvention allemande. C'est le seul pays, il faut le répéter, où se trouvent des ouvrages de style gothique et de grandes sculptures en terre cuite émaillée du douzième siècle et du treizième, sans parler des bijoux en terre cuite coloriés, vernis ou émaillés du cinquième, trouvés dans les tombeaux des Germains, dont l'origine est douteuse. C'est aussi le seul pays où des faïences d'art de toutes sortes, *modelées à la main*, ont été exécutées aux mêmes époques.

Le grès s'est également fabriqué en Allemagne déjà au huitième siècle, et l'ancienne Germanie a eu sa poterie commune et *imperméable*, comme la Gaule a eu la sienne dès le commencement de l'ère chrétienne.

Les peuples nombreux qui forment les branches de l'arbre teutonique ont eu leur Renaissance, ou plutôt leur création d'art à eux, art original et chrétien, qui ne ressemble en rien à l'art païen et italien. Les merveilleux monuments, les productions de toute espèce nous démontrent à quel point cette création nouvelle s'est élevée.

La renaissance de l'art allemand, ou pour mieux dire sa première grande manifestation, pouvait éclore ou se produire sous des auspices favorables. Les villes libres et indépendantes, où un grand nombre d'opulentes familles patriciennes rivalisaient entre elles pour posséder tout ce qui était vraiment artistique, permettaient aux artistes de vivre honorés et indépendants. La richesse de la Hanse répandait le luxe sans assujettissement. L'artiste, moins nomade, plus libre, plus indépendant et plus moral, y était honoré comme en Italie. Il se respectait davantage et flattait moins. Cet art du Nord n'est pas toujours compris ; c'est un art tout différent de l'art latin. Ses créations peuvent avoir quelquefois, pour le méridional, de la roideur et du froid, puisque l'idéal veut être compris par l'esprit en même temps que par les yeux; mais on ne peut lui reprocher un goût vulgaire, uniforme et bourgeois. C'est là que nous devons chercher l'origine du grand art *chrétien*. Les Cornelius [1], les Kaulbach, les Rethel [2], les Overbek et tant d'autres, portent encore aujourd'hui bien haut le drapeau de cet art!

L'ancienne école allemande était coloriste par excellence, personne ne le nie; mais on reproche à l'école actuelle son mépris ou son impuissance pour la couleur. C'est à tort. — Il ne faut pas juger seulement ces athlètes d'après leurs cartons, quoique l'art grandiose de leurs dessins et de leurs conceptions suffirait déjà pour assurer un avenir. Tout connaisseur qui a pu admirer les fresques intérieures du musée de Berlin, qui sont pourtant exécutées en grande partie par des élèves sous la direction du maître, et les tableaux à l'huile aux dernières expositions en Allemagne, aura pu juger combien le reproche est mal fondé. Il est vrai que ces artistes n'ont pas l'exécution patiente de *certains* peintres hollandais qui passèrent leur vie à reproduire toujours la même vache, le même vaisseau ou le même homme tourné du côté du mur, qui repeignaient sans cesse le même sujet, et dont le temps était exclusivement employé *à finir* la peinture que les amateurs payaient en raison du plus ou moins de patience, et qu'ils jugeaient à la loupe. La composition historique et la création de grandes conceptions leur étaient inconnues. Rembrandt et Van-Dyk forment, avec Rubens, une exception; mais les deux derniers étaient de l'école flamande, — et Rubens avait conservé assez de sa naissance et de son éducation allemandes pour pencher du côté des grandes compositions. Quant à Rembrandt, ce *nec plus ultra* de la peinture, il représente les talents de toutes les épo-

1. M. Cornelius peint peu en couleur; c'est le géant du dessin et de la composition. Le grand peintre coloriste *anticonventionnel* de l'Allemagne moderne est le regrettable *Hasenklever*. Sa *Weinprobe* (dégustation du vin), qui fut exposée à Amsterdam dans le temps, peut être placée à côté des meilleures toiles de van der Helst. Hasenklever, aussi vrai dans l'expression des têtes que van der Helst, lui est même supérieur en style, en chaleur de palette et en transparence de teintes, qui ont quelque chose de « Rembrannesque. »

2. Rethel, mort fou par excès de travail, est le peintre des admirables fresques à l'hôtel de ville d'Aachen (Aix-la-Chapelle).

ques et de tous les pays. — Sa manière n'était pas hollandaise.

Tout cela ne veut cependant pas dire que la peinture hollandaise ne soit pas une des meilleures, — bien au contraire; — elle sera toujours supérieure aux empâtements monstrueux de certains peintres modernes, dont on pourrait dire que chez eux la truelle a remplacé le pinceau, et qui, en voulant imiter Rembrandt, n'imitent que maladroitement la manière toute individuelle de ce grand peintre, et qui devient un défaut chez les imitateurs.

Rien sur la terre n'est parfait, et la vie est trop courte pour arriver à la perfection; mais si l'on devait opter entre une peinture d'un dessin parfait, hardi et d'une conception profonde, quoique un peu négligée dans la couleur, et une peinture léchée, triviale et sans poésie, sans création ni conception, quoique belle de couleur, — ne devrait-on pas préférer celle où le génie de l'homme est de moitié, et où l'imitation servile est remplacée par l'idéal? L'artiste qui n'est pas pénétré de la nécessité de marier ces deux bases fondamentales de la peinture et de la sculpture ne peut jamais s'élever au-dessus des arts *mécaniques*. — Il n'atteindra jamais les hauteurs où domine l'esthétique.

Depuis l'époque de la Renaissance on n'a plus créé de style véritablement artistique. Les mélanges du dix-huitième siècle, compilés sous l'influence des maîtresses et des petits abbés musqués, représentent bien le goût efféminé de cette époque dépravée. Appelés *saxe, rococo, rocaille*, *Pompadour* ou *Louis XV*, ils forment quelquefois des compositions agréables dans les petits arts, comme la bijouterie, la faïence, l'horlogerie et l'ornementation des salons; mais ce genre est toujours mesquin et détestable dans la grande architecture. — L'impulsion donnée au mouvement artistique du dix-huitième siècle était du reste sortie d'une branche du *petit art*. C'est *Meissen*, en Saxe, qui a incontestablement créé le genre rocaille. Böttger avait inventé sa porcelaine dure en 1707, — et dès 1713 cette manufacture était en pleine exploitation et imposait le goût efféminé de sa rocaille à tous les boudoirs de l'Europe. Ce qu'on appelle ordinairement le style Louis XIV est encore bien plus détestable :

tout ce qui a été créé sous le règne de cette personnalité orgueilleuse est ou ridicule, ou lourd et sans harmonie. N'est-ce pas son architecte de prédilection qui a collé les pâtés en style grec et romain aux belles églises gothiques et de la Renaissance? Ce roi, qui, dépourvu de tout sens artistique, malgré ses prétentions officielles, a entassé à tort et à travers des constructions dans le genre ennuyeux et absurde de Versailles, a porté le coup de grâce à l'art en France. C'est lui qui donna l'impulsion au jardinage décrépit et monstrueux dont Lenôtre, ce jardinier-coiffeur, est le créateur. Louis XIV n'a-t-il pas poussé le ridicule dans l'art jusqu'à la dernière limite? Ne se faisait-il pas reproduire en statues et en bas-reliefs, ici en costume romain, là en Hercule, toujours coiffé de la perruque à rallonge?

Il eut conscience pourtant de l'infériorité de ces créations, et, aiguillonné par la jalousie, il promena le canon destructeur dans le Palatinat, d'un château de plaisance à un autre. C'est ainsi que tomba le chef-d'œuvre d'architecture de Heidelberg, ville ravagée déjà une première fois par Tilly dans la guerre de Trente ans. Le passage des Huns n'avait laissé aucune trace dans ce beau pays; il était réservé aux deux champions de l'intolérance religieuse de dépasser la barbarie ancienne, et à Louis XIV de déshonorer la France par des actes qui ne peuvent même pas trouver d'excuse dans la nécessité militaire. Les profanations commises avant la destruction du dôme de Speier (Speir) par l'exécuteur des hautes œuvres de ce roi, l'exécrable Montclar, dépassent celles qui eurent lieu à Saint-Denis lors de la révolution. Les premières sont même bien plus odieuses, parce qu'elles ont été exécutées froidement, sur le commandement du chef nommé par un roi se disant chrétien et légitime, tandis que les horreurs de Saint-Denis n'étaient que l'explosion de la colère d'une populace brutale et ignorante, dont l'ignorance même provenait de l'incurie des règnes précédents. Montclar avait donné d'abord la promesse aux malheureux habitants de Speier de faire épargner tout ce qu'ils auraient transporté de leurs plus précieux effets dans la cathédrale; mais, après avoir brûlé la ville, il fit ouvrir les tombes séculaires des empereurs, en jeta les ossements au vent et brûla le dôme, — ce monument remarquable du onzième siècle, — avec tout ce que sa soldatesque n'avait pu emporter. Il est vrai que Louis XIV s'efforça de faire retomber l'odieux de ces actes sur son digne ministre Louvois; mais l'histoire n'a pas été sa dupe, et elle a stigmatisé aussi bien le front de ce moderne Attila que celui de ses créatures. Après le sac de Heidelberg, le *roi-soleil* fit chanter un *Te Deum*[1] auquel il assista personnellement; et, non content de ces actions de grâces pour un tel *fait d'armes*, il distribua le même jour plusieurs prébendes à des abbés, ainsi que d'autres dons et récompenses pécuniaires et honorifiques à ses courtisans, pour exprimer sa joie. Le règne de ce roi, qu'illustrent la création des emprunts d'État, le rapt (en Hollande et ailleurs), les assassinats en masse des protestants, la destruction de plus de cent cités et villages français par le feu et la hache, enfin toutes les infamies réunies, a pourtant trouvé des historiens assez dépourvus de sens moral pour le glorifier! Aussi longtemps que la raison d'État et la doctrine jésuitique du succès influenceront le jugement, nous n'aurons pas de ce règne, comme de bien d'autres, une histoire impartiale.

La sève de la nation française avait dû fuir le sol inhospitalier de ses ancêtres, — les dragonnades avaient jeté l'industrie et l'art français à l'étranger, — la révocation de l'édit de Nantes, forçant les protestants à l'émigration, avait répandu les secrets de la fabrication française dans toute l'Europe. L'art alors ne pouvait être, sous Louis XIV, que le produit d'une commande faite par la vanité la plus colossale à la souplesse la plus humble. Chaque classe avait à son tour son Louis XIV en miniature : petits talents et petits tyrans, se vengeant sur leurs subordonnés de ce qu'ils devaient accepter en haut lieu. Tel était Lebrun et bien d'autres. Siècle, règne, littérature, arts, tout sent la contrainte, la roideur, la commande, l'ennui et la servitude. Ce roi, qui unissait l'immoralité la plus affichée au cagotisme le plus burlesque, a fait éprouver son influence funeste au siècle entier.

1. Des *Te Deum* furent aussi chantés en honneur des dragonnades par Bossuet!

Il a retardé le développement de l'art en l'enchaînant et en avilissant les caractères, comme Louis XV l'a efféminé. L'art n'a point fait de progrès depuis la Renaissance, au contraire!

Est-il donc étonnant que l'étude de l'archéologie ait pris de nos jours une si grande extension? Le présent décourage et attriste, le passé seul peut encore procurer des jouissances esthétiques sans lesquelles la vie est peu de chose.

En dehors de ces considérations, qui ne s'adressent qu'aux amateurs d'élite et aux hommes de cœur et de conviction, il faut aussi mentionner le côté *utile* du goût de la collection pour la société en général.

Y a-t-il rien de plus triste et de plus malheureux que l'ennui incurable de la plupart des rentiers désœuvrés? Arrivés souvent à la fortune après une vie d'activité, ils s'imaginent qu'ils pourront jouir en repos du fruit de leurs longs et pénibles travaux. Erreur! L'homme que son travail dans l'exercice d'une profession industrielle a fait riche ne saurait plus passer ses longues journées à rien faire ou à courir les plaisirs.

Ici la villégiature, la pêche, la chasse et le jardinage ne suffisent déjà que difficilement pendant l'été au père de famille; le célibataire désœuvré sera toujours l'être le plus malheureux, s'il ne sait pas se créer une marotte qui puisse lui fournir une occupation sérieuse et suivie, dans laquelle son esprit trouvera un but à poursuivre et un peu de vanité à satisfaire. Ne rencontre-t-on pas journellement, encore plus à Paris qu'en province, de ces hommes d'un certain âge et d'un extérieur dénotant l'aisance, dont le visage porte les empreintes du plus profond découragement et du plus mortel ennui?

Ne leur en demandez pas la cause, c'est presque toujours la même histoire. Désœuvrement, ennui perpétuel, là où depuis vingt ans ils avaient rêvé le bonheur!

Rien de tout cela chez le collectionneur: même l'ancien homme d'État[1], l'avocat, le négociant ou l'industriel, retrouvent dans cette *chasse à la curiosité* les sensations et les émotions du jeune

1. M. Thiers dit que l'histoire apprend tout, et que les arts consolent de tout.

temps et de la carrière abandonnée. Si l'amateur est diplomate, il peut utiliser ses talents dans les échanges avantageux vis-à-vis d'autres amateurs : cela lui rappellera les traités de réciprocité de commerce; si c'est un ancien avocat, l'artifice de la parole lui viendra en aide pour acquérir un objet précieux que le propriétaire ne se soucie pas de vendre. Le négociant et le marchand retirés se retremperont journellement en débattant des prix ou en combinant des achats *en partie,* dont ils ne devront garder que quelques pièces. Le manufacturier, l'industriel, le fabricant, découvriront les objets précieux dont une restauration habile peut doubler le charme et la valeur. Ils peuvent s'y refaire cette main qui jadis leur avait donné la fortune; leurs recherches mêmes mettront de nouveau ces hommes en contact avec des industries qu'ils connaissaient et qu'ils aimaient, à force de les avoir pratiquées.

Les collectionneurs se divisent en deux classes bien distinctes : les uns, ardents, convaincus, sincères et consumés du feu sacré, collectionnent avec amour, avec passion; ils n'ont d'autre but que de satisfaire leur goût pour les beaux-arts et pour l'histoire; ils sont collectionneurs-nés, comme on naît peintre-coloriste. Les autres, composés de vaniteux et de spéculateurs, n'aiment rien et achètent pour « leurs voisins, » c'est-à-dire par ostentation ou par esprit commercial. L'observateur reconnaît facilement chaque « espèce » à une singulière faiblesse qu'ils ont en commun (menterie de poche), mais dont la manifestation se fait sentir en sens opposé. Le véritable amateur prétend toujours avoir acheté « presque pour rien, » quand le faux collectionneur, au contraire, a toujours payé « des prix fabuleux. »

Il y a encore le collectionneur « communicatif » — et le collectionneur « cachottier et mystérieux. » Le premier est généralement connaisseur; — il aime à montrer ses richesses, — parce qu'il ne craint pas la critique. Le second, ignorant, — est ours; — il ne montre rien, — il a peur de la critique.

Le plus amusant de tous les collectionneurs est incontestablement celui à qui la nature a accordé le don de chercher et de trouver l'*art* dans les plus ignobles productions du manœuvre, dans de grossiers décalques enluminés de l'imagerie d'Épinal même, que l'*artiste* s'est procurés à la fabrique Pellerin à raison de deux francs le cent de feuilles. Pour ce collectionneur-là, plus l'image barbouillée sur faïence ou ailleurs est mal dessinée; plus les couleurs en sont criardes, plus le simple bon sens s'y trouve insulté par un dessin impossible, plus ce singulier amateur s'extasie devant son trésor! J'en connais qui, allant plus loin encore que les préraphaellistes, n'admettent même plus de perspective du tout, même plus de second plan. Leur idéal, c'est la peinture qui ressemble le plus au paravent chinois. Un saladier de paysan nivernais, décoré naïvement d'un arbre d'amour, copié d'après ces images que l'on rencontre collées sur les murs des chaumières, voilà la *rénovation de l'art*, l'*art populaire*, l'*art unique*, l'*art original*, etc., etc., de ces grands enfants que l'auteur de *Jérôme Paturot à la recherche d'une position sociale* a oublié de dépeindre.

Ce genre de collectionneurs est une conséquence logique de la tendance actuelle, qui consiste à vouloir faire résider le *génie* dans l'incapacité du dessin, et la *couleur* dans un barbouillage de truelle et de nuances hors nature. Des dizaines de milliers de francs payés pour des delacroix et pour des troyons, ébauches souvent informes dont en dix ans on ne trouvera probablement pas cent francs : voilà une de ces manifestations de modes et d'amateurs dépourvues de sentiment esthétique, manifestations que l'on retrouve dans les achats des pots à cidre payés des centaines de francs, « pourvu que le décor soit bien laid et la devise pleine de fautes d'orthographe. » Au point de vue de l'histoire des mœurs même, ces folies-là ne peuvent pas être expliquées, puisque la plupart des dessins « patriotiques » sur faïence sont copiés d'après l'imagerie populaire, où le curieux peut trouver son sujet d'étude à bien meilleur compte, et sans avoir besoin de profaner et d'avilir le mot ART, qui n'y a rien à faire!

Une grande différence existe aussi dans la manière de collectionner, usitée par les amateurs des différents pays, ainsi que dans l'appréciation des époques. En Allemagne, par exemple, l'amateur exige que l'objet ait le grand caractère du gothique ou au moins celui de la Renaissance — et qu'il soit une œuvre individuelle, c'est-à-dire sortie des mains d'un artiste et non pas d'une « fabrique. » Aussi s'arrête-t-il le plus souvent à la fin du seizième siècle, sauf pour les tableaux qu'il recherche naturellement parmi ceux des écoles hollandaise et flamande, jusqu'à la fin du dix-septième. A-t-il tort? il faut tenir compte ici au collectionneur des objets d'art des siècles suivants, de la localité qu'il habite, de sa position qui le rend souvent forcément sédentaire, et des moyens dont il peut disposer. Si chacun fait ce qu'il peut, il fait bien!

Le goût de la collection est surtout très-utile aux jeunes gens de famille.

J'en connais un très-riche, fils unique d'un éminent légiste, occupant une des positions les plus élevées de la magistrature, qui avait perdu une grande partie de la fortune de sa mère au jeu de la Bourse.

Le père désespérait de le relever de l'abaissement moral et physique dans lequel ce fils était tombé, démoralisé par la société des viveurs qu'il fréquentait.

J'essayai d'entreprendre cette guérison, je m'efforçai de remplacer une passion vile par une passion noble et moins ruineuse. J'ai eu le bonheur de réussir et de voir poindre peu à peu l'amour de la collection. Le jeune homme est aujourd'hui un de nos amateurs les plus éclairés; il étudie, il voyage et ne pense plus à la spéculation. La dépense qu'entraînent les achats de ses objets d'art et ses voyages ne lui absorbe pas le tiers de ses revenus, et il aura bientôt comblé la brèche que le quatre pour cent avait faite à sa fortune; transfuge d'une vie dissolvante, il est arrivé à jouir aujourd'hui d'une existence calme et studieuse, où les douces émotions des acquisitions d'objets d'art viennent seules apporter l'animation nécessaire.

La collection, regardée comme simple *marotte,* est même presque l'unique occupation qui, au lieu de ruiner, peut enrichir sûrement. Depuis vingt ans, toutes les ventes de grandes collections composées avec intelligence ont prouvé que les objets de curiosité avaient doublé de valeur de cinq ans en cinq ans, et que la passion de la collection procure même un excellent placement de capitaux. Au fur et à mesure que le goût des objets d'art anciens augmente, le nombre de ces derniers diminue par le temps et les accidents, de telle sorte que la valeur monte forcément et rapidement tous les jours! Rien d'étonnant dans cette marche progressive et contagieuse du goût de la collection, pour celui qui connaît le cœur humain. Est-ce que la vanité ne forme pas le mobile le plus puissant des actions de la plupart des hommes? Le palais, le cheval, la plus belle ferme et le plus riche ameublement moderne, des titres de noblesse même, tout peut s'acquérir avec de l'argent; — mais des millions ne pourraient pas créer ou procurer le moindre petit objet d'art ancien que le propriétaire ne veut pas vendre.

Collectionnez donc tous, messieurs; les femmes du demi-monde seules y perdront, et les roulettes de Spa, Baden-Baden, Homburg et Ems seront peut-être forcées de fermer leurs tripots! Est-ce que le goût de la collection ne touche pas même à la politique par son influence sur la stabilité des institutions sociales? Combien de fougueux révolutionnaires n'a-t-on pas vus changés du jour au lendemain en doux et pacifiques conservateurs?

On a souvent voulu attribuer ces changements de volte-face à l'intérêt, à l'âge, etc.; mais si on allait jusqu'au fond des choses, ne trouverait-on pas plus souvent le motif de ces changements d'opinions dans le goût de la collection? Est-ce que *conserver* et *collectionner* ne marchent pas toujours ensemble?

Un homme qui chérit ce que les modes ont abandonné depuis des siècles ne doit-il pas être *conservateur* par excellence? L'Anglais qui a payé dix mille francs les dents extraites à Napoléon à Sainte-Hélène doit avoir appartenu indubitablement au parti des Tories et non pas à celui des Whigs.

Les gouvernements devraient exempter de tout impôt les collectionneurs de *poteries* et d'*armes anciennes;* ce sont les vrais piliers de la stabilité des institutions. Le mot *émeute* les fait trembler; les uns craignent la *casse* quand les balles errent à travers les jalousies, et les autres les mots sacramentaux inscrits à la craie sur leurs portes : « Armes données. »

Il y a des hommes d'État profondément convaincus que les continuelles agitations et le peu de stabilité des institutions des petites républiques de l'Amérique du Sud proviennent uniquement de ce que les objets d'art anciens et, par conséquent, les *collectionneurs*, manquent. Pas de collectionneur, pas de conservateur! Quelques vieux fanatiques de la confrérie prétendent même que le goût de la collection préserve du choléra : mais c'est aller peut-être un peu loin. Faut-il chercher aussi dans ce fanatisme de collectionneur la cause du *delirium majolicum* de ces médecins qui sont atteints du *morbus porcelanicus?* Il y en a qui, non contents de collectionner, veulent même laisser à la postérité des œuvres, produit d'une alliance heureuse entre Esculape et Apelles. — Ne voyons-nous pas un médecin présider aux réunions de la rue Chaptal, là où le classique bas à tricoter est remplacé par l'assiette à peindre, et où l'on entend : « Passez-moi le *jaune*, chère, » comme on entend ailleurs : « Passez-moi la pelote, ma bonne? » Le *bouquet* de cette société pleine d'avenir, qui a choisi le mardi pour ses réunions (le vendredi étant destiné aux jeûnes), est un peintre de grand mérite dont les charmants paysages se trouvent aujourd'hui dans toutes les collections.

Un autre de ces messieurs, un praticien de Sinceny, village en Picardie, atteint également de la noble ardeur, s'est pris d'une belle et violente passion pour les rustiques vaisselles de sa localité, au point d'y trouver matière à publier une monographie de soixante-dix pages in-8°, traitant uniquement de cette fabrication. Tout en ergotant là, du commencement jusqu'à la fin, en *symptomatologues de tessons* sur les *génériques* et la *physiologie* des vieux pots à l'usage des basses-cours, absolument comme s'il s'agissait d'une question médicale sur un de ces *distinguo* d'expérience microscopique entre la puce d'un chien de berger et celle d'un chien de meunier, envisagées comme sangsues hygiéniques, le savant membre du *comité de Noyon*, qui demande avec une naïveté ravissante la *consécration parisienne* (textuel) de ses pintes et soupières, n'a cependant rien apporté de nouveau ; mais, par contre, il a omis les seuls faits qui eussent quelque importance. Si un travail local aussi insignifiant laisse de telles lacunes, on se demande : A *quoi bon?* Les braves campagnards de Sinceny, de Bourg-d'Ognes et de Rouy pourront peut-être en confidence nous le signaler. Apprendrait-on que la rigidité du *médecin* se soit relâchée tant soit peu, pendant ce temps si gros d'investigations, du terrible principe déjà raillé par Molière et vraiment trop accablant pour des hommes qui doivent bêcher la terre, de ces « purgare, purgare, clysterium donare, » pour laisser plus de chances au *collectionneur* de recueillir certains vases, poterie dont le docteur paraît avoir senti la suavité? Si cette contagion *nosocomiale* continue ainsi à faire ses ravages parmi des brebis égarées de la docte faculté, il y a loin de s'en inquiéter; cela ne peut directement intéresser que leurs malades, les commissaires-priseurs et les brocanteurs. On doit même se féliciter de voir augmenter le nombre des élus; mais dès que l'affection céramique, pour laquelle l'*étiologie* et la *thérapeutique* restent encore à trouver, les pousse, comme ce respectable *correspondant de l'Académie de Padoue* (c'est ainsi qu'il s'intitule), jusqu'à vouloir faire d'un air capable la critique des livres qui embrassent un art tout entier, dont il ne connaît à peine qu'une seule grossière branche, celle de sa localité, ne serait-on pas en droit de les renvoyer à leurs malades? Médecin, pharmacien, et souvent fossoyeurs et héritiers y trouveront plus sûrement leur compte. Si ce docteur, auquel il convient ici de répondre en passant, a eu en vue de faire sa cour à la plaisante autorité à laquelle il a sérieusement emprunté, avec la soumission d'un cœur simple, la sentence creuse placée sur le titre de son opuscule, il aurait mieux fait d'insulter carrément que de ravaler; à la place de la pingre petite pincée d'encens, la *Gazette des hôpitaux artistiques* lui en aurait certes brûlé sous le nez un boisseau entier.

« Passez-moi la rhubarbe, je vous passerai le séné. »

La céramique a joué son rôle en tout temps; n'a-t-on pas chanté la porcelaine chinoise comme matière mystérieuse et révélatrice de l'empoisonnement?

« Ils font connaître le mystère
Des bouillons de la Brinvillière,

Et semblent s'ouvrir de douleur
Du crime de l'empoisonneur. »

En Silésie, on a même porté la naïveté jusqu'à croire que la poterie poussait toute fabriquée dans la terre comme des champignons. Martin Zeiler, voyageur et géographe du dix-septième siècle, raconte gravement que le sol de la montagne du *Tapelsberg*, au village de *Masel*, près *Trebnitz*, ainsi que les terrains de *Jaben* et de *Sara Sommerfeld*, près de *Nochau* et de *Paluke*, produisait des poteries.

Le dessin dont ce singulier savant avait accompagné son merveilleux récit montre une cruche germanique du commencement de notre ère, telle que les fouilles en ont mis à jour dans tout le Nord.

La collection prépare à l'amateur de bien douces joies; chaque fois qu'il rentre dans ses pénates, son regard embrasse avec le même amour ces chers compagnons qui lui rappellent presque tous des souvenirs de la vie passée.

Celui-ci a été rapporté par lui du fond de la Bretagne; cet autre provient d'échange ou de cadeau et lui rappelle un vieil ami qui n'existe plus! Ses yeux tombent tantôt sur un exemplaire qu'il a su enlever avec adresse sous le nez d'un confrère, tantôt sur une de ces trouvailles conservées à l'art par une restauration intelligente, tantôt sur une œuvre par laquelle il a découvert l'existence de quelque grand artiste ignoré ou d'un fait historique douteux. Ses voyages à Wien, à Firenze, à Nürnberg, à Amsterdam, à Herculanum, à Athènes, à Granada et à Pétersbourg, etc., sont représentés dans son cabinet par des pièces qui ramènent continuellement à son esprit tout un enchaînement de vicissitudes et d'aventures, de peines et de jouissances passées, et le conservent jeune par les souvenirs, quand ses cheveux ont déjà blanchi.

Aristide Le Carpentier à Paris, qui avait réuni depuis 1810, époque où il était revenu des Indes anglaises, une collection d'objets d'art de toutes sortes, qui, sous plusieurs rapports, peut rivaliser avec celle de feu Sauvageot et qui la dépasse en nombre, était un exemple frappant combien le goût et l'occupation gaie que donne la collection sont salutaires pour la santé et pour la bonne humeur. Agé de soixante-seize ans, Le Carpentier avait encore toute la pétulance et toute l'ardeur de la jeunesse. Exempt d'infirmités, passionné pour augmenter journellement ses richesses d'art pour lesquelles la Russie lui avait inutilement offert un million, il espérait bien arriver à *cent vingt* ans, comme il l'a chanté dans une des chansons de son recueil, publié en 1854 sous le titre de *Contes-Fables*, car il était aussi poëte et musicien. Dans ce morceau, intitulé l'*Heureux Temps,* il dit au dernier couplet, l'*Espérance :*

« Lorsque viendront cent ans...
Faudra-t-il donc quitter la terre?
Si c'est mon dernier temps,
J'avoue ici que je n'y pense guère;
D'ailleurs ne voit-on pas de vieux récalcitrants
Qui vont jusqu'à cent dix et même cent vingt ans?
Le bon temps
Quand on n'a que cent ans!
L'heureux temps
Quand on n'a que cent ans! »

Je ne puis me dispenser de communiquer ici aux lecteurs les six couplets que cet ardent collectionneur a publiés en 1862, lorsqu'il avait accompli sa soixante-douzième année. On y verra comme il y exprime les jouissances que ses occupations favorites lui procuraient :

MON CABINET ET MES SOIXANTE-DOUZE ANS

I

Aussitôt que la lumière[1]
Vient éclairer mon chevet,

[1] Voir les vieilles chansons de maître Adam (Adam Billaut, le menuisier nivernais, mort en 1662), que Le Carpentier paraît avoir pris pour modèle.

Je commence ma carrière
Par ouvrir mon cabinet.
Là, des œuvres de génie
L'étonnante quantité
Entretient en moi la vie
Et ranime ma santé.

II

« Vous gaspillez la richesse
Comme un vrai fou, me dit-on.
Au lieu d'acheter sans cesse,
Brillez, menez un grand ton ! »
Mais de peu je me contente,
Et j'aime à vivre à l'écart :
Le grand monde qu'on nous vante
Ne vaut pas un objet d'art.

III

Laissons traiter de manie
Mon ardente passion ;
Ce cabinet, qu'on m'envie,
Fait ma seule ambition.
Il est bien chez l'antiquaire
Quelques modestes vertus :
Que de chefs-d'œuvre sur terre
Sans lui n'existeraient plus !

IV

S'il est vrai que la sagesse
Ici-bas nous rende heureux,
On doit aimer la vieillesse,
Car tous les sages sont vieux.
Si nous voulons qu'on nous loue,
Montrons donc nos cheveux blancs ;
J'en ai, gaîment je l'avoue,
Et j'ai soixante et douze ans.

V

Si je meurs et qu'on m'enterre,
— Il faut bien finir par là, —

De mon cabinet, j'espère,
Quelque temps on parlera.
Trouvant dans ce sanctuaire
Plus de trésors qu'au Pérou,
On dira : Notre antiquaire
N'était pourtant pas si fou !

VI

Bien que Sedaine nous dise
Quelque part : « Mourir n'est rien, »
De cette triste sottise
Je me passerais fort bien.
Autour de moi tout abonde :
Objets d'art, tableaux, bijoux;
Que ferai-je en l'autre monde,
Si je n'ai plus mes joujoux?

N'est-ce pas touchant? quelle sérénité et quelle ardeur chez ce septuagénaire, quand tant de vieillards moins âgés qu'il n'était sont moroses, ennuyés, et abrégent leur vie par l'inaction et le manque d'émotions.

Les *Contes-Fables,* illustrés par Alfred Lemoine, que Le Carpentier a publiés en quatre volumes, de 1856 à 1858, à l'âge de soixante-dix ans, et qu'il *donnait* et ne vendait pas, contiennent plusieurs morceaux vraiment remarquables, comme par exemple, l'*Illustre bimbelotier*, où Jupiter, séduit par Bibelot, le dieu du bric-à-brac, descend de la masure du vieil Olympe sur la terre, pour vendre aux antiquaires son vieux tonnerre, etc. *Encore un triste mariage*, charmante allégorie où la *Vérité* épouse l'*Intérêt* et met au monde, neuf mois après, l'*Injustice*, etc. Le Carpentier n'était pas un vieux garçon, comme la foule se représente ordinairement ces maniaques d'antiquaires; il était marié, et madame Le Carpentier, morte quinze jours avant son mari, partageait ses joies et ses émotions. Dans la pièce de vers : *Est-ce un bien, est-ce un mal?* notre collectionneur dit : « Si la femme est un mal, il est si nécessaire, que nul ne saurait s'en passer. » Le Carpentier est mort sur la brèche; les émotions de sa dernière exposition au palais de l'Industrie l'ont tué. Alité depuis quinze jours déjà, il faisait encore des acquisitions dans son lit, quarante-huit heures avant sa mort!

Un autre collectionneur, M. de Waldeck, savant qui a passé dix-huit ans dans les solitudes des forêts mexicaines, pour y collectionner des poteries et dessiner les monuments des civilisations perdues, a plus de *cent ans* à l'heure qu'il est (cent ans en avril 1866) et travaille encore *huit heures* par jour au classement et aux reproductions des antiquités américaines. Il est exempt d'infirmités; bon œil, bon estomac, il n'a cessé de ressentir les émotions que l'art peut offrir, et espère bien de chanter encore dans vingt ans les couplets de Le Carpentier : *L'Heureux temps quand on n'a que cent vingt ans!*

On dépeindrait difficilement l'air de contentement et de béatitude qui s'épanouit sur la figure de l'auteur de *Monsieur Boisdhyver*, quand, après déjeuner, il va fumer sa cigarette devant ses faïences et s'adonner à cette grasse rêverie de propriétaire. Dieu seul sait de quelle foule bariolée de pensées et de projets son cerveau est alors assailli. Il doit voir se dégager de l'émail ces grotesques figures, et toute cette bande populaire peinte sur ses assiettes, pour lui chanter *Oranje boven* (Orange haut, ou vive Orange) ou la *Marseillaise* et le *Ça ira*. Si l'envie ne lui prend pas de danser la carmagnole au milieu de la société joyeuse des poteries parlantes, c'est, certes, de crainte de TOMBER EN DÉFAÏENCE, comme ce pauvre Dalèger, du *Violon de faïence*.

J'avais déjà fait observer, dans l'Introduction de la première édition du *Guide*, que la littérature pourrait aussi tirer parti de la faïence, et que, pour étudier une époque et la tendance d'un courant d'opinions en dehors de tout parti, pour bien comprendre les mœurs populaires, une devise ou une caricature peinte sur une assiette peut quelquefois procurer des éclaircissements. — M. Champfleury a depuis publié son *Violon de faïence*, où deux caractères de collectionneurs se sont prêtés à une excellente étude, et le même auteur a sur le métier une histoire des *faïences populaires* et parlantes.

Est-ce que Victor Hugo n'a pas aussi trouvé du comique à

propos d'un plat de Faënza, quand il donne la description de « l'objet mystérieux » de la vieille religieuse de l'abbaye de Fontevrault et des Bernardines? (*Les Misérables*, t. IV, p. 147.) « On trouva, sous un triple linge, comme une patère bénite. C'était un plat de Faënza représentant des Amours qui s'envolent poursuivis par des garçons apothicaires armés d'énormes seringues. La poursuite abonde de grimaces et de postures comiques. Un des charmants petits amours est déjà tout embroché; il se débat, agite ses petites ailes et essaye de voler; mais le matassin rit d'un air sardonique. Moralité: l'amour vaincu par la colique! »

Il y a même eu depuis un opéra-comique où la vieille faïence joue son rôle, et on ne restera pas en si bon chemin!

Quand les dames collectionnent, leur ardeur et leur persévérance dépassent celles des amateurs barbus.

J'en connais plusieurs qui ne s'arrêtent plus dans leurs promenades devant les magasins de nouveautés. Ce sont les seules vitrines des quais qui les tentent; la pomme d'Ève n'est plus renfermée pour elles dans un chapeau ou dans un cachemire, mais dans une théière de vieux saxe ou dans le ventre d'un gros magot souriant. Collectionnez, mesdames, vos maris vous passeront cette fantaisie-là; de bonne pâte, ils pensent qu'il n'y a ici de fragile que la pâte *trop tendre* qui peut *éclater sous le feu!*

Les musées et les collections privées rendent encore d'autres services à la société. Le goût de l'art, le respect et l'amour des œuvres anciennes et historiques, répandus dans les masses par ces collections, qui commencent aujourd'hui à se former même dans les plus petites villes de province, rendront dorénavant impossibles les dévastations, les méfaits de l'ignorance vandale envers les objets d'art, et les haines contre les blasons et les armoiries. Le peuple apprendra en étudiant l'histoire, représentée à ses sens par des œuvres d'art, qu'un souvenir de famille n'a plus aujourd'hui de solidarité avec les prérogatives et les monopoles des temps passés.

Ici encore c'est l'art gothique et celui de la Renaissance qui peuvent seuls remplir le but. L'art antique et païen ne sera jamais compris par le peuple; il lui restera toujours lettre morte et une source d'ennui. Remplir les collections de morceaux de fer rouillés et informes, c'est créer des musées à l'usage de quelques savants, mais non pas des musées qui stimulent l'art, l'industrie et les artistes. Tout le monde sait, du reste, à quelle mystification entraîne souvent l'étude des antiquités, exclusivement faite au point de vue de l'archéologie, qui paraît pervertir chez beaucoup de personnes le bon sens et le raisonnement le plus simple. N'avons-nous pas vu un professeur allemand remplir sept volumes pour expliquer des hiéroglyphes de fantaisie qu'un plaisant avait tracés sur de la terre cuite au four, et enterrés auprès d'un camp saxon?

L'étude *exclusive* de l'art païen classique fausse aussi bien la critique que celle de l'art en général, là où elle est basée uniquement sur une théorie stérile et dépourvue de connaissance pratique. Le faible de vouloir faire découler tout des anciens tue la critique et rend maniaque. Les plus grandes intelligences ne peuvent échapper à l'influence morbide que cette préférence routinière produit infailliblement à la longue, et elles finissent presque toujours par s'affaiblir au point que, même dans leurs ennuyeuses spécialités, elles deviennent incompétentes. Le célèbre Winckelmann aussi, malgré sa finesse de tact et ses habitudes de réserve, a dû subir cette loi comme tous les autres critiques de sa trempe; il lui est arrivé maintes fois de s'exposer à des plaisanteries, et tout le monde connaît la mystification dont il a été la dupe de la part du peintre Casanova dont il avait décrit longuement les imitations, convaincu d'avoir affaire à de hautes antiquités.

Dans l'art encore plus que partout ailleurs, l'un tient à l'autre, comme se tiennent les anneaux d'une chaîne. On n'arrive pas à pouvoir juger avec autorité une branche quelconque, sans avoir appris à connaître toutes les autres.

Pour réussir au point de vue pécuniaire, dans la composition des collections d'objets d'art, il ne suffit pas de tenir compte seulement de la valeur *archéologique* et *historique*, le côté vraiment *artistique* est même le plus important. Si ce dernier manque, la valeur des objets est assujettie aux fluctuations de l'engouement et de la mode. L'art seul peut donner aux œuvres cette valeur qui va toujours croissant avec le temps, tandis que les objets collectionnés sous l'influence d'un moment, et par des considérations étrangères à l'art archéologique, perdent leur valeur dès que l'engouement n'existe plus.

Réunir des objets d'art, voilà, certes, la plus noble occupation par laquelle l'homme instruit puisse charmer ses loisirs, et tous les hommes intelligents, sans être collectionneurs eux-mêmes, apprécieront trop bien l'importance des recherches archéologiques pour ne pas sentir tout l'intérêt que ces questions inspirent. Il faut n'être doué que de sentiments vulgaires, quelque instruction qu'on ait reçue, pour ne pas comprendre le prix que l'amateur attache aux objets d'art et de curiosité anciens, et particulièrement à ceux provenant des époques gothique et de la Renaissance. S'imaginant que l'objet n'est recherché qu'à cause de son ancienneté, certaines personnes ignorent complétement que le *style* d'une époque, toujours indiqué par la forme ou par le dessin, fait le principal mérite de l'œuvre, et qu'il faut, en outre, que le mérite *artistique* en soit incontestable sous un rapport quelconque. Les ressources qu'une collection bien entendue offre pour les recherches historiques passent encore plus inaperçues devant le visiteur désœuvré.

Quelques amateurs paraissent croire que l'objet de curiosité artistique doit être conservé dans toute sa malpropreté; ils craignent qu'un écurage, presque toujours indispensable, ne lui ôte son *cachet*. J'ai vu de soi-disant connaisseurs douter de l'authenticité de pièces remarquables, seulement à cause de leur parfaite conservation et de leur propreté. C'est faire preuve d'une grande ignorance. Une collection d'objets d'art doit être entretenue dans un parfait état de conservation; une œuvre artistique n'a rien à craindre d'une bonne et intelligente mise en état. Il faut laisser aux maniaques l'amour de la poussière et des chiffons; ceux-là montreront aux badauds ébahis le bonnet de coton du roi d'Yvetot, comme le musée de Cluny expose la mâchoire de Molière; laissons les grands enfants s'amuser de la fameuse plume du *pigeon céleste* (Saint-Esprit), qui se trouvait exposée à l'admiration des fidèles dans un couvent du nord de l'Allemagne, à la fin du quatorzième siècle.

Les petites œuvres de l'art gothique et de la Renaissance sont les plus précieuses, non pas seulement à cause de la supériorité du style, mais aussi à cause de leur cachet *individuel*. Les *fabriques* étaient rares à ces époques où l'artiste et même l'artisan s'évertuaient à tout tirer de leurs mains et de leurs cerveaux, sans pouvoir et sans vouloir s'adjoindre un aide mécanique. C'est pourquoi le nombre d'objets d'art et de curiosité de chaque espèce est si restreint, et que l'on trouve rarement deux objets tout pareils, si ce n'est là où l'on utilisait le *moule*. On comprend donc que la valeur pécuniaire doive être aussi plus grande pour les objets de curiosité de ces deux époques. L'art gothique porte plus que tout autre son cachet original et individuel, et je crains bien que notre époque ne voie plus se produire aucune de ces œuvres que nos descendants aient lieu de rechercher autant que nous recherchons celles de nos ancêtres.

Si l'amateur ou l'homme d'étude se montre quelquefois indifférent et froid envers les productions d'art contemporaines, ce n'est nullement de parti pris[1], ni par un attachement puéril aux

1. L'Introduction du *Cabinet de l'Amateur*, ouvrage publié à Paris en 1842, contient à ce sujet les réflexions suivantes :

« Un préjugé assez répandu fait généralement regarder les antiquaires, les bibliophiles, les collectionneurs et les amateurs de curiosités comme des maniaques ridicules, des fous bizarres, aveuglément passionnés de futilités douteuses, à la merci des brocanteurs et des faussaires. L'amateur est cependant rarement, comme on le représente dans les caricatures, un vieillard à visière verte, cherchant à lire, à l'aide d'une forte loupe, la signature ou le monogramme de quelque maître sous une triple couche de crasse et de vernis. Le véritable amateur a rendu les plus grands services à l'art ; grâce à lui rien ne s'est perdu dans la défroque que les siècles laissent après eux en tombant sans retour dans le gouffre de l'éternité. L'historien préoccupé des batailles, des traités et des trois ou quatre personnages qui remplissent une époque de leurs évolutions, a laissé de côté les mœurs domestiques, les usages, la vie intime des générations disparues. Vous liriez tous les in-folio des Bénédictins que vous ne pourriez y apprendre comment étaient habillés les personnages dont ils parlent, de quelle forme était le casque qui couvrait leur noble tête, quelle trempe avait l'épée dont ils frappaient ces grands coups qui faisaient l'admiration de madame de Sévigné ; dans quels lits ils se couchaient, dans quels verres ils buvaient, dans quels coffrets ils serraient leurs lettres d'amour, etc. C'est à l'amateur que nous devons de savoir tout cela. Avec sa patience inépuisable, ses efforts persévérants, sa minutie soi-

choses du passé. C'est uniquement parce que notre époque n'a pu encore trouver son style, parce qu'elle *fabrique* trop et parce qu'elle confond et mélange tout. La raison de cela est que le plus grand nombre des artistes n'a plus de foi, ne trouve plus sa joie et ses plaisirs *dans le travail même* et dans sa maison, et se soucie médiocrement de la gloire postérieure. Les jouissances de la vie, en dehors du travail, voilà ce qu'ils ambitionnent trop souvent.

Autrefois, l'artiste n'était pas séparé de l'ouvrier autant qu'il l'est aujourd'hui. Le grand peintre peignait des enseignes d'hôtelleries et de brasseries aussi bien que des triptyques d'autel pour les églises; et le sculpteur en renom ne trouvait pas indigne de lui d'employer son ciseau magistral à l'exécution d'un beau meuble ou d'une stalle de buveurs. Voilà ce qui donne souvent un grand prix aux *restes* gothiques et aux *bric-à-brac* de la Renaissance. Le plus simple ustensile de ménage de ces époques est parfois marqué au coin de l'art, quand l'objet d'art industriel d'aujourd'hui ne porte que le cachet du clinquant et de la fabrique.

Ce qui n'est pas gothique, ou du temps de la Renaissance, sans en excepter les productions bizarres de la fin du dix-

gneuse, il a conservé tous ces mille détails dont se compose la physionomie d'un siècle... — La curiosité remonte très-haut : de tout temps il y eut des amateurs. Qu'était-ce que Verrès à qui Cicéron doit ses plus belles diatribes, sinon un amateur forcené qui, pour augmenter sa collection, proscrivait le citoyen possesseur d'un airain de Lysippe, violait le temple où se trouvait un dieu trop bien sculpté ? Ne vaut-il pas mieux que ce stupide Memmius qui fit brûler Corinthe? Pétrarque n'a pas tellement été occupé des yeux bleus et des cheveux blonds de Laure qu'il n'ait eu le temps et le loisir de se former une fort belle collection. Niccolo Niccoli, Bembo, Francesco Fusconi, Leone Leoni, dont la galerie fut si utile aux sculpteurs du dôme de Milan, sont célèbres pour avoir, du temps de Léon X et avant, réuni des statues, des vases, des tableaux et des médailles. Le dix-huitième siècle a dignement continué cette liste : le prince de Conti, la comtesse de Verrue, Blondel de Gagny, Rendon de Boisette, de Julienne, etc., etc.

« Pour être un véritable amateur, digne de marcher sur les traces de ceux que nous venons de nommer, il faut *beaucoup de science, de persévérance, de finesse et de sang-froid*; il faut connaître le mérite, la généalogie, la valeur d'une infinité d'objets dont tout le prix consiste souvent dans une différence presque imperceptible, mais réelle, etc. »

Dans un travail de la même publication et du même volume, signé E. Q., relatif aux trésors d'art appartenant à Horatio Walpole (né en 1717, mort en 1797), et intitulé *Strawberry-Hill*, nom du château où ces richesses se trouvaient en-

septième siècle et du dix-huitième, manque de grand caractère. L'art des autres époques est, comme je l'ai déjà dit, un composé d'imitation et de mauvais goût. Le grotesque domine dans les styles dits de Louis XIV et Louis XV, que les artistes ont appelés, avec beaucoup d'à-propos, les styles et les époques des perruques. S'il y a des exceptions parmi ces œuvres, elles sont trop rares pour pouvoir modifier cette appréciation générale.

Dans la critique des objets d'art, ou plutôt des *styles*, il faut choisir. Quand on prétend aimer *tout*, on n'aime *rien*.

Un rédacteur du journal si connu par son zèle à manger journalièrement du prêtre, tout en se prosternant hypocritement devant les dogmes et les formes d'une religion dont il insulte les ministres, et le non moins bienveillant M. Benjamin Fillon, paraissent avoir pris à tâche de ravaler l'art allemand et ses

tassées, l'auteur donne un admirable aperçu des jouissances et de l'instruction historique que le goût de la collection procure aux âmes d'élite :

« La formation de cette collection dut être une source de jouissances bien grandes pour un homme aussi instruit et d'une imagination aussi vive qu'Horatio Walpole. Quelles que soient les connaissances acquises, l'étude attentive des monuments peut seule donner une idée vraie de l'histoire ; elle est fertile en conceptions nouvelles, en découvertes charmantes ; tout s'anime, tout se colore devant les moindres débris du passé ; une médaille, une peinture, un bijou aident à reconstruire un siècle, une époque que l'on voit soudain s'agiter, barbare ou corrompue, luxueuse ou mesquine et souvent bizarre. Dans les monuments de l'art on découvre à la fois l'esprit et la configuration d'un peuple ; c'est une espèce d'alphabet épars avec lequel il est intéressant de reconstruire la langue, le génie d'une nation. Avec les monuments, l'histoire n'est plus une abstraction, elle devient palpable, nous la touchons, elle nous entoure. Les récits écrits nous ont conservé le souvenir des passions de nos pères ; les monuments nous donnent l'habit, la *couleur locale*, pour nous servir d'une expression consacrée, du temps où ils ont vécu. »

Lessing répond à ces niaises attaques avec beaucoup d'esprit dans son ouvrage : *Zur Geschichte und Litteratur*, v. I, p. 319 :

« Avec permission ! il faut aussi vivre et laisser vivre dans le monde savant. Ce qui ne peut nous servir peut servir à un autre. Ce que nous n'estimons souvent ni important ni agréable est apprécié tout différemment par d'autres.

« Déclarer à tout propos que telle ou telle chose soit trop mesquine et trop peu importante, s'appelle souvent reconnaître la faiblesse de sa propre conception. Il arrive souvent que le savant mal appris qui se permet d'appeler un confrère micrologue, est lui-même le plus misérable micrologue — et encore seulement dans sa propre spécialité. — En dehors de cette spécialité tout lui paraît petit, non pas parce qu'il le voit petit, mais parce qu'il ne le voit pas du tout ! »

amateurs, depuis que j'en ai fait connaître davantage les chefs-d'œuvre. Si leur cri de guerre chauviniste, *hospes hostis*, leur attire les epithètes de faux démocrates, de hâbleurs littéraires et de critiques ignorants, de la part de gens assez faibles pour croire que l'art n'a pas de patrie, cela ne peut être qu'un effet de l'ingratitude d'un public qui oublie que ces deux merveilleux critiques lui ont révélé que le savoir d'un professeur allemand n'est que purs propos ramassés à la brasserie, et qu'en général la pipe et la bière résument chez ces *Teuskes* (sic) le stimulant et l'enthousiasme. Ne faut-il pas reconnaître cependant que le feuilletoniste de Paris et l'*homo unius libri* de la province ont parfaitement compris que la pipe et la bière ont achevé d'obscurcir ces lourdes intelligences *gothiques?* En effet, la tête carrée ne sait pas comprendre le beau qui réside dans le style de la perruque et de la queue de ces produits d'art des règnes de Louis XIV et de Louis XV, dont les défroques font et refont la fortune des tapissiers en vieux et en neuf, et procurent des délices aux *fabricants* de ces authentiques meubles anciens plus ou moins marquetés, et aux marchands hollandais qui en ramassent le plus ignoble genre dans les villages de la Nord-Hollande.

Parmi les amateurs de faïences, il y en a grand nombre, comme je l'ai déjà fait observer, qui montrent plus d'engouement que de connaissances.

En dehors du groupe de ces autres singuliers collectionneurs qui, par pure vanité, encombrent leurs appartements d'objets spéciaux, devenus rares et chers, qui les recueillent sans discernement et sans amour pour l'art, pourvu que ces pièces portent des *marques* indiquant au premier venu la provenance de la fabrique favorite, il y a aussi des amateurs illettrés et même quelques auteurs peu instruits qui croient à l'absolue nécessité d'une marque, d'un monogramme ou d'un chronogramme quelconque pour la classification de l'exemplaire : l'histoire d'une branche de l'art, et particulièrement l'histoire de la faïence, leur paraît autrement impossible à faire. Si l'on voulait admettre un pareil raisonnement, l'archéologie ne serait plus une science, mais tout simplement un métier de classification mécanique, qui ne demanderait qu'un peu de mémoire sans aucune étude. C'est quand ces signes matériels manquent sur l'œuvre, que la science aime surtout à s'en occuper pour y répandre sa lumière. C'est à la manière dont l'objet céramique est fabriqué, à la lourdeur ou à la légèreté de sa pâte, à la qualité et à la nuance de son émail, à la dureté et à la blancheur de la terre cuite, aux nuances particulières de certaines couleurs, et avant tout à la forme et au dessin du décor, qu'un savant amateur doit reconnaître l'origine et l'époque de sa création. Ce sont principalement les dessins qui indiquent la main de l'artiste et le siècle : l'homme rompu à ces sortes d'études se trompe rarement, en effet, sur l'*époque* de la fabrication d'une faïence postérieure au treizième siècle, quand la forme et le style des ornements, les costumes des personnages ou la peinture du modèle peuvent le guider. Le principal but de la publication de mes *Souvenirs de voyage et causeries d'un collectionneur*, ou *Guide artistique pour l'Allemagne*, a été de contribuer à vulgariser ces connaissances, si nécessaires pour la classification.

J'ai signalé, dans les *Recherches sur la priorité de la renaissance de l'art allemand*, l'idée si répandue qui consiste à établir que presque tout ce qui se rapporte à la renaissance de l'art chrétien, aux inventions et aux créations artistiques, doit nécessairement dériver de source italienne ou antique ; cette idée a toujours faussé, et fausse encore aujourd'hui la critique et le jugement des amateurs, et bien des professeurs *en us*, ai-je ajouté, donneraient tous les chefs-d'œuvre des Jean Goujon, des Jean Cousin, des Peter Vischer, des Adam Kraft, des Veith Stoss, des Schlüter, etc., pour quelque ouvrage italien, copié maladroitement d'après l'antique, ou pour quelques vieilles terres ou pierres méconnaissables, ressemblant plutôt à un bloc de rocher façonné par les pluies et le temps que par les mains d'un artiste. Que l'on admire les belles sculptures antiques où une bonne conservation permet d'étudier l'art, mais qu'on laisse donc enfin reposer tranquillement les morceaux difformes de fer rouillé que l'on décore du nom de glaive, etc. — Tous les musées de l'Europe sont remplis de grosses pierres où l'on a souvent de la peine à reconnaître quels objets ces débris informes ont dû représenter. — La critique a épuisé le sujet, l'art et le beau n'ont plus rien à y voir.

Le respect pour le grec et le romain, l'habitude contractée d'exagérer l'art primitif classique sont devenus une maladie qui aveugle jusqu'aux meilleurs esprits. Si le gothique n'est pas encore apprécié en France autant que dans les pays du Nord, c'est qu'il est très-peu connu et très-rare. Les amateurs de l'art des époques du moyen âge sont encore plus rares en France que les objets mêmes, puisque un grand nombre aime le Louis XV et ramasse souvent les plus ignobles loques de cette époque grotesque. Il faut chercher la raison de cette malheureuse tendance dans un manque d'études artistiques.

Pour être connaisseur, il faut avoir *vu* beaucoup et il faut *voir* continuellement. Il est impossible d'acquérir un jugement solide dans n'importe quelle branche de l'art, sans études préparatoires et sans avoir *vu* énormément. L'infériorité d'un grand nombre de collectionneurs et même de conservateurs de musées provient particulièrement de ce qu'ils n'ont presque rien étudié en dehors de leurs propres collections et des musées de leur résidence. Forcément sédentaires, ils manquent même les occasions de visiter ce qui existe dans les localités qui les avoisinent.

L'hôtel des commissaires-priseurs, à Paris même, est une école pour les amateurs déjà connaisseurs; non pas que MM. les experts ou MM. les membres de la compagnie officielle puissent passer le moins du monde pour des professeurs, — Dieu me garde d'avancer une pareille hérésie, — mais c'est parce qu'il y a là beaucoup à *voir* et à *comparer*.

C'est un continuel mouvement d'objets d'art anciens et modernes qui, sans interruption, commence au 1er janvier pour ne finir qu'au 31 décembre. Tantôt c'est une vente faite par un marchand allemand ou hollandais, tantôt par un Suisse ou un Italien, qui, après avoir ravagé, extorqué et souvent même avoir aidé à démolir dans les quatre parties du monde, viennent à la file écouler leur butin rue Drouot. Chacune de ces ventes a son caractère à part, et dans chacune il y a à étudier. Quant aux ventes des collections d'amateurs, soit pendant leur vie, soit après décès, et dont les catalogues dépassent trop souvent les limites permises de l'ignorance en fait d'art et d'histoire, elles sont dangereuses pour les amateurs qui ne sont pas encore bien familiarisés avec les connaissances archéologiques : ils n'y peuvent prendre que de fausses notions, et seront continuellement induits en erreur par le prétendu savoir de la plupart des experts, ou par l'*exagération* de la rédaction du catalogue.

Ces considérations, qui s'appliquent à l'art en général, ont encore bien plus d'importance, dès qu'il s'agit du gothique où chaque monument a du caractère et son caractère propre.

Ce qui rend l'objet de curiosité précieux, c'est particulièrement le cachet de l'individualité d'artiste ; ce cachet, on ne le rencontre nulle part plus prononcé que dans les productions de l'art gothique.

Si nous cherchons l'indépendance et l'originalité de l'artiste, et surtout de ceux qui ont illustré le moyen âge et la Renaissance, c'est toujours vers le Nord, vers le pays des fortes études, et non pas du côté de l'Italie, que nous devons tourner les yeux. L'Allemand et le Hollandais sont des artistes qui lisent. La renaissance[1] italienne, en peinture aussi bien qu'en architecture, en sculpture, en orfévrerie, en fontes et particulièrement en *poterie*, a suivi et non pas précédé les créations de l'art allemand chrétien. Les grands peintres de l'Italie, comme

1. M. Ed. Scherer a dit, dans un article à propos de mes *Recherches sur la priorité de la renaissance de l'art allemand,* publié par le journal le *Temps* du 11 août 1862 (article fort bienveillant du reste), qu'il croyait que l'auteur avait « un peu confondu les deux acceptions du mot *Renaissance,* celle qui signifie tout simplement le retour à la vie des arts que la barbarie avait étouffés, et celle qui indique un caractère spécial, un développement, une époque historique des arts, un style particulier produit par le mélange du gothique et du classique, de l'inspiration chrétienne et de l'inspiration païenne, etc. » Comment M. Scherer entend-il séparer la *Renaissance-cause* (ou la résurrection de l'art après les premières époques du moyen âge, chez les Allemands dès le onzième siècle, chez les Italiens dès le quinzième seulement) de la *Renaissance-effet,* qui a produit le style sous lequel elle s'est manifestée? Veut-il compter les grossières

ceux de la France, trouvaient la route frayée. Les maîtres de la branche flamande, attachés à la cour de Bourgogne, comme Van Eyck, en 1380, avaient fait école en France; Clouet, que les ignorants ont voulu faire passer pour le créateur d'une renaissance française, ne naquit qu'en 1500; il était même Flamand et de l'école flamande.

L'Allemagne, en dehors des célèbres peintures à la détrempe [1], dont l'*Adoration des Mages* de Meister Stephan von Herle, au dôme de Köln, et, au musée de la même ville, les chefs-d'œuvre de Meister Wilhelm Lothener de Constanz sont de magnifiques spécimens, connaissait également déjà la peinture à l'huile, comme paraît le prouver l'ouvrage du moine allemand de Saint-Gall qui écrivait au dixième siècle son *Diversarum artium schedula.*

On sait qu'il existait déjà des peintres allemands au cinquième siècle: c'est de leur appellation que sont dérivés même, en vieux langage allemand, *schilder* [2], aujourd'hui *maler* (peintre), et *schildern*, aujourd'hui *malen* (peindre). Ces artistes primitifs avaient commencé par peindre les boucliers (*schilder*), et, de perfectionnement en perfectionnement, ils étaient arrivés, vers le septième siècle, à produire les tableaux chrétiens de la première époque, et cela sans influence bysantine.

Mais l'Allemagne n'a pas la prétention d'établir sa priorité sur l'école italienne par des œuvres isolées, sortes d'ébauches, d'essais dus à quelques moines; elle a des écoles régulièrement constituées et historiquement établies, qui prouvent à quelle

productions de la décadence du style roman, ce style de plein cintre antique, parmi les productions de la Renaissance? Je ne le pense pas. — Il serait très-difficile de séparer, dans cette manifestation de la résurrection artistique, la cause de l'effet : l'histoire de l'art doit les confondre. L'art byzantin était bien seulement, en quelque sorte, une résurrection artistique *locale* et *partielle*; mais l'époque et le style, que l'on désigne tous les deux sous le nom de Renaissance, ont été créés par le gothique, qui a servi à modifier les styles classiques pour arriver à un mélange heureux des styles chrétien et païen.

1. *Détrempe* (*tempere*), nom donné en peinture aux couleurs délayées avec de l'eau et de la gomme, de la colle ou du blanc d'œuf, sans graisse, ni huile, ni résine.

2. *Schilder* est encore aujourd'hui le mot hollandais signifiant *peintre*, et *schilderen* se dit du verbe *peindre*.

hauteur sa peinture s'était élevée déjà au quinzième siècle, quand la renaissance de l'Italie ne date que du seizième siècle, puisque ses peintres carolingiens du neuvième siècle étaient tous byzantins dans leurs tendances. Les écoles de Prag, de Köln (Cologne), de Nürnberg, d'Augsburg, d'Ulm, de Saxe, de Landshut, de Colmar (qui sont aussi connues sous le nom d'Oberrhein, d'Unterrhein, de Franconie, etc.), et dont Thomas von Matina, né vers 1230, Wilhelm[1], né vers 1320, Stephan, né en 1340, Just en 1410, Martin Schongauer en 1420, Bartholomäus Zeitblom en 1435, Wohlgemuth, le maître de Dürer, en 1438, Albert Dürer en 1470, Hans Wolfgang-Katzheimer, à Bamberg, en 1442, Schaeuffelen et Altdorffer, élèves de Dürer, Kranach, le grand coloriste, en 1472, Hans Schwartzen d'Augsburg, Hans Bergkmaier en 1473, Jacob Walsch, maître de Hans von Kulmbach mort en 1500, Hans Beurlein mort également en 1500, Holbein, l'ami de Luther en 1498, Wolf Traut, George Pantz mort à Breslau, maître de Beham, son célèbre élève, né en 1500, Johann van Achen (Aix-la-Chapelle), né en 1552, Ostendorfer, Hans von Kulmbach, élèves de Jacob Walsch, né en 1545, Kreutzfelder, peintre de la *Création du monde*, à Nürnberg, et tant d'autres, ont été les chefs, avaient depuis longtemps frayé le chemin aux Italiens qui, jusqu'à Leonardo di Vinci, n'avaient pu rien produire qui s'écartât entièrement de l'école bysantine, quoique les peintres de l'époque carolingienne, justement à cause de leur tendance bysantine, fussent bien

1. M. Merlo dit que les *Fasti Limpurgenses* parlent avec grande considération du peintre Wilhelm, qu'ils appellent « le plus grand peintre allemand qui vivait en 1380 ; estimé par tous les maîtres, peignant chaque homme dans sa figure, comme s'il était vivant. » Ce même passage se retrouve dans *Prodromus historiæ trevirensis*, par Hontheim, et dans la *Chronique dominicaine* de Frankfurt-sur-Mein, par Peter Herp. Onze tableaux attribués à cet artiste se trouvent : à l'église de Saint-Castor, à Coblenz ; dans le cabinet du roi de Bavière ; à l'église de Sainte-Claire et au musée de Köln ; dans la collection de M. de Lassalx, à Coblenz, et dans celle du docteur Dormagen, à Köln ; au musée de Berlin ; dans la collection de M. van Ertborn, à Utrecht (signé 1363) ; au musée de la chapelle Saint-Moritz, à Nürnberg, et dans la sacristie de Saint-Séverin, à Köln. On connaît aussi le peintre *Pol* ou *Paul*, d'Allemagne, mort à Paris en 1434, qui était au service du duc de Berry, gouverneur de Charles VII.

plus chrétiens que ceux de la renaissance italienne proprement dite [1].

Giovanni Gualtiere, dit Cimabue, né à Firenze en 1240, n'a laissé que des tableaux byzantins ; le fond est doré, les chairs sont grisâtres et les mains et les figures affreuses, tandis que l'Allemand Thomas van Matina avait déjà, vers 1230, produit une peinture bien plus artistique ; Angiolatto, dit Giotto di Bandone, né à Colle, près de Firenze, en 1276, élève de Cimabue, a encore peint une grande partie de ses tableaux sur fond doré, et les nudités sont toujours maigres et les chairs grises. On peut dire que ses Christ sont encore plus laids que ceux de l'école byzantine ; Taddeo Taddi dit Gaddo Gaddi, né à Firenze en 1300, élève de Giotto, a souvent peint sur fond doré ; ses Christ restent décharnés, et les *chevaux* de ses tableaux sont du dernier ridicule et d'un aspect tellement naïf qu'ils ne peuvent soutenir aucune comparaison avec ceux des tableaux allemands de la même époque ; Lippi, né à Firenze vers 1412, *commence seulement* à faire des fonds de paysages, mais les têtes de ses figures n'ont rien de la beauté idéale des peintres allemands, Wilhelm (1320) et Stephan (1340) ; enfin, Masaccio, dit Thomas Guidi di San Giovanni, né en 1401, mort en 1443 ; Casimo Roselli, né à Firenze en 1430, avaient tous gardé la manière primitive ; et c'est seulement chez Alessandro Philipepi, dit Sandio Botticelli, né à Firenze en 1447, c'est-à-dire chez un peintre qui florissait *deux cents ans plus tard que les peintres gothiques allemands*, qu'un changement notable se faisait sentir dans l'école italienne.

1. Toutes ces écoles allemandes, qui pendant plusieurs siècles ont produit sans interruption tant de chefs-d'œuvre, sont entièrement inconnues aux autres nations, aussi bien du grand public que de la plupart des hommes soi-disant spéciaux, parmi lesquels il en est qui écrivent des histoires sur la peinture en compilant uniquement ce qui a été écrit avant eux.

Le Louvre, on a de la peine à le croire, ne possède pas une seule toile de toutes ces grandes écoles et de tous ces maîtres, sauf les sept panneaux, en partie douteux, de Hans Holbein le Jeune. Aussi voit-on tous les jours les plus étranges méprises. Beaucoup d'experts qui n'ont pas voyagé, et qui vont puiser uniquement leurs oracles à la galerie du Louvre, rendent souvent les jugements les plus bouffons. Un tableau de la première époque gothique, de l'école de Köln, a été dernièrement vendu, à Paris, sous la garantie morale d'un de ces experts, pour un « Moralès le Divin » de l'école espagnole!

Leonardo di Vinci, né en 1442, Michele-Angelo en 1474, Tiziano en 1477, Rafaele en 1483, Correggio en 1494, et Tintoreto en 1512, ont alors opéré la résurrection de l'art italien, seulement après et à la suite des maîtres allemands, — et l'art chez eux n'avait pas changé de tendance; — il restait tout païen[1].

Albrecht Dürer, dans une de ses lettres, écrite en 1586 à Venise et adressée à son ami le patricien Wilibald Perkheimer[2], dit : « J'ai beaucoup d'amis chez les Welches (Italiens), qui m'ont averti de ne pas manger ni boire avec leurs peintres, parmi lesquels j'ai de nombreux ennemis. Ils contrefont mes

1. Pesseri même est forcé de reconnaître que l'influence de cet art nouveau se faisait sentir au commencement du seizième siècle, puisque sur les majoliques de Pesaro on copiait les Allemands, innovation qu'il qualifie de *dépravation* et d'*hérétique* dans son curieux langage d'ultramontain et d'Italien. Voici comment il s'exprime :

« Ce qui fut la cause de la dépravation du bon goût dans le dessin et surtout dans l'architecture, ce fut l'importation chez nous des compositions des Augsburgeois qui, sans avoir l'inspiration de la mission, ont réformé ces deux beaux arts de la même manière que les hérétiques ont réformé l'Église. De fait, j'ai beaucoup de plats peints d'après les compositions de Sadler, et j'en ai deux : un avec la figure de l'Asie, et l'autre avec celle de l'Afrique, copiées de cet auteur, comme on peut s'en assurer dans la grande collection d'estampes anciennes que j'ai réunies dans ma bibliothèque; les peintures sur majolique s'améliorèrent sur un seul point après cette époque, c'est-à-dire dans les paysages où, pour dire la vérité, il y a quelque légèreté de plus. Ainsi, on remarque des dégradations plus étudiées dans les tons des arbres et des feuillages, en sorte qu'on voit que... »

Dans tous les arts, même dans l'architecture, l'Italie a été redevable en tous temps à l'Allemagne. *Paul Jovio* même l'a reconnu, quand il dit que l'*Italie tirait de l'Allemagne durant le douzième et le treizième siècle ses meilleurs artistes pour l'art plastique*, et Vasari ne peut faire autrement que d'appeler le gothique l'*architecture allemande*.

2. Correspondance publiée en Allemagne par M. de Murr. *Journal zur Kunstgeschichte und zur algemeinen Litteratur*, 1730.

Mélanchton constate encore, dans son *Epistolæ Melanchtonis*, etc., ép. 47, p. 42, *E. apud Epist.*, *D. Erasmi Roter. et Ph. Melanch.* Londini, 1642, que ce grand artiste empruntait tout à la nature, et que l'influence italienne n'avait jamais pu l'atteindre.

« Memini virum excellentem ingenio et virtute Albertum Durerum pictorem dicere, se juvenem floridas et maxime varias picturas amasse, seque admiratorem suorum operum valde lætatum esse, contemplantem hanc varietatem in sua aliqua pictura; postea se senem cœpisse intueri naturam, et illius nativam faciem intueri conatum esse, eamque simplicitatem tunc intellexisse summum artis decus esse. Quam cum non prorsus adsequi posset, dicebat se jam non esse admiratorem operum suorum ut olim, sed sæpe gemere intuentem suas tabulas, et cogitantem de infirmitate sua, etc. »

ouvrages dans les églises et partout où ils peuvent les avoir; mais après ils les ravalent et disent : Cela *n'est pas antique* et ne vaut rien, etc. » On voit bien que sa peinture si originale, création nouvelle de l'art germanique, n'était ni connue ni comprise par les peintres italiens, qui croyaient la ravaler en disant qu'*elle n'était pas antique!*

Pour l'art céramique en général, son origine se perd dans l'obscurité des temps. La première civilisation connue, celle des Indiens, est trop éloignée de nous pour avoir laissé des vestiges de terres cuites, je n'en connais pas au moins; mais il est hors de doute que la céramique était exercée dans l'Inde, et la poterie américaine, connue sous la dénomination de *poterie péruvienne et mexicaine*, d'une antiquité indéterminée, pourrait bien avoir quelque parenté avec l'art indou.

On sait qu'en Chine, dans les temps les plus reculés, et qu'à Babylone même, il existait déjà des fabriques de tuiles et de briques vernissées deux mille cinq cents ans avant l'ère vulgaire[1]. Homère parle du tour de potier, de sorte que les Grecs doivent avoir confectionné des terres cuites assez artistiques au commencement de leur histoire, et les colonies italiennes les ont suivis de près. Quelques vestiges conservés dans les musées, et particulièrement au Louvre, prouvent que déjà la Grèce et ses colonies connaissaient partout la poterie imperméable ou vernissée au feu avec des couvertes minérales (plomb, cuivre, sel, etc.); et l'*émail* stannifère même se trouve déjà avec toutes ses qualités opaques (étain) dans certaines verreries antiques. L'Égypte même, bien avant, paraît avoir connu ces émaux stannifères, puisque parmi les verroteries égyptiennes, dont le Louvre possède un certain nombre, quelques-unes montrent de l'opale.

La plupart des poteries dites étrusques, fabriquées en Grèce

1. M. Dubroc se trompe grandement, quand il dit que le *vernis plombifère* ne remonte qu'au premier siècle du christianisme, puisque tout le monde sait que les Grecs ont déjà fabriqué des poteries imperméables. Le musée du Louvre en possède une vitrine pleine.

On verra, au chapitre qui traite des poteries égyptiennes, que le vernis minéral était déjà connu dans la plus haute antiquité.

et en Italie à différentes époques (900–314) n'ont cependant pas même de vernis minéral appliqué au feu, et ces poteries ne sont point imperméables; leur *couverte* est formée de *silicate*[1] *alcalin* à excès d'alcali, et de rouge de terre ferrugineuse, et de noir de manganèse, en partie fixés par l'air, en partie par le feu, absolument comme la couverte que les potiers romains ont continué d'employer.

La Scandinavie, la Germanie, la Grande-Bretagne et la Gaule ont fabriqué aux époques reculées des poteries sans couverte, que les fouilles ont mises à jour. — On pourrait ranger ces trois dernières espèces sous une seule dénomination, celle de *celtiques*, ou à peu près.

Les plus anciennes poteries vernissées et imperméables *chrétiennes* d'Italie, dont l'attribution est incontestable, sont les terres cuites vernissées du presbytère de l'église de *San Maria-a-Mare*, construite vers le troisième siècle à *Castro-Nuovo*, et celles du *campanile* (clocher) d'*Atri*, de 1279, deux localités situées dans le Napolitain.

L'Italie a eu une *renaissance* d'art céramique ; mais cette renaissance me paraît s'être opérée seulement à la suite de l'invention allemande de l'*émail stannifère*, qui y a été probablement appliquée en premier lieu, puisque aucun autre pays européen ne peut faire remonter sa faïence au commencement du moyen âge[2].

Les briques en haut-relief à émail stannifère de 1207, qu'on

1. *Silicate* désigne des sels formés de silice et d'une base. Tous les silicates sont insolubles dans l'eau, à l'exception de ceux qu'on obtient artificiellement avec excès d'alcali. Le silicate employé par les céramistes romains appartient à cette dernière classe.

2. La première impulsion qui a été donnée en Europe, en dehors de l'Italie, aux études et aux recherches sur les anciennes faïences italiennes, doit être attribuée à Gœthe. La collection de majoliques que ce grand homme a laissée, — et que l'on peut visiter à Weimar dans la maison qu'il habitait, collection composée en majeure partie de l'acquisition faite à une vente à Nürnberg, — a servi aux études qui devaient faire connaître cette branche de l'art italien au public savant de l'Allemagne et de la France, par des articles suivis, où le lecteur était frappé des connaissances qui ne pouvaient être puisées que sur les objets mêmes. — Toute la collection de Gœthe a ce double intérêt, d'abord d'avoir été choisie avec discernement, ensuite d'avoir servi à l'étude des ouvrages esthétiques des différentes transformations de la vie intellectuelle du poëte et du savant.

voit à Leipzig, au musée de Dresden et dans ma collection, la statue colossale du tombeau du duc Henri IV à Breslau, toute d'une pièce et à émail stannifère, œuvre du treizième siècle, etc., etc., remontent à deux cents ans avant les Della Robbia[1], auxquels la vieille routine attribue l'invention de la faïence à émail stannifère européen. Les Hirschvogel de Nürnberg et d'autres potiers d'Allemagne avaient produit déjà, en 1503, de si belles faïences que Bernard Palissy, qui était venu visiter ce pays et y étudier l'art du potier, donna la préférence à l'école allemande sur celle de l'Italie.

L'Italie, aussi bien que le reste de l'Europe, a donc suivi, pour ses faïences et ses émaux, l'école allemande, école qui, plus tard, s'est répandue directement, d'abord dans une partie de l'Italie; en Suisse, où elle arrrivait, par la branche souabe, de la forêt Noire; en Hollande vers 1450, dans les Flandres[2].

1. Pour l'émail stannifère, M. Dubroc fait la même erreur grave de dates que pour le vernis plombifère, quand il dit textuellement dans son ouvrage : « Que ce n'est que vers 1432 que l'on voit apparaître les premiers spécimens de l'*émail stannifère* dans un bas-relief de Luca Della Robbia. »

Les faïences musulmanes à reflets métalliques doivent être classées parmi les productions d'origine non européenne, et n'ont exercé aucune influence sur la fabrication de cette partie du monde. Les poteries *siculo-musulmanes* (fabriquées par les Arabes en Sicile, sous les dynasties aglabites et fatimites, depuis l'invasion de 827 jusqu'à leur expulsion, en 1090, par Roger le Normand, qui prit alors le titre de grand-comte de Sicile), aussi bien que les poteries *hispano-musulmanes*, qui ne datent que de peu avant 1200 à 1609, époque où les Maures furent bannis de l'Espagne, ont rarement dépassé alors les circonscriptions locales où l'absence des relations de commerce et de communications leur devait assigner une action restreinte; lourdes de formes, disgracieuses et sans variations, elles n'ont pu servir de modèles, ni les potiers d'émules aux céramites de l'Europe. En rapprochant les dates, on voit que les potiers allemands des mêmes époques étaient déjà bien plus avancés dans l'art céramique. Le reflet métallique a été atteint aussi bien tout d'abord par les Allemands, qu'après, par leurs disciples les Hollandais. L'Italie l'aura imité cependant des Siculo-Arabes.

2. Il est vrai que Cyprian Piccolpassi parle dans son traité, que l'on croit avoir été écrit vers le milieu du seizième siècle, d'un céramiste nommé Guido de Savino, qui se serait rendu vers cette époque à Antwerpen (Anvers); mais les recherches minutieuses auxquelles je me suis livré dans les Flandres même ne m'ont pas fait découvrir la moindre trace qui confirmât ce dire, et je pense qu'il serait téméraire de donner cette unique citation d'un auteur comme preuve. Du reste, la venue de cet artiste ne prouverait plus rien aujourd'hui, puisque l'on connaît des poteries allemandes à émail stannifère remontant au treizième siècle. Le livre de Piccolpassi, fort curieux du reste, a été traduit avec beaucoup d'originalité dans la langue de Rabelais par M. Popelin, peintre d'histoire : « Les troys livres de l'art du potier, esquel se traite non-seulement de la pratique, mais brief-

dans le nord de la France, en Angleterre, en Danemark, en Suède et en Portugal, où les premiers établissements ont partout été fondés par des Allemands.

L'école allemande a été suivie *indirectement* dans le midi de la France et en Russie. La France avait adopté pour ses productions, dans certaines fabriques du Nord, les procédés de la branche hollandaise. Des ouvriers de Delft, établis d'abord en Flandre, entre autres villes, à Lille, ont fondé aussi, sous la direction de Poirel de Grandval, vers 1640, la première fabrique rouennaise ; et d'autres ouvriers hollandais et nivernais en établirent, en 1673, une seconde sous la direction de Poterat de Saint-Sever. Quelques archéologues et des amateurs rouennais penchent à faire remonter la première fabrique à la fin du seizième siècle ; mais ils n'ont pu trouver aucune preuve à l'appui de leur opinion. Ils croient aussi que Poirel de Grandval avait plutôt adopté les procédés de la branche italienne. Le décor genre italien du plat appartenant à M. Baudry, à Rouen, et signé *Claude Borne*[1], 1734, ne prouve rien, la date est beaucoup

vement des auxtres secrets de este chouse qui iouxte mes huy a esté tousiours tenue célée. Du cavalier Cyprian Piccolpassi, durant oys translatés de l'italien en langue françayse par maistre Claudius Popelyn, Parisien. »

Voici comment M. Popelin a rendu en vieux français le passage qui est relatif à ce Savino : « Dans la marche d'Ancône, la terre de cave se travaille en maint es endroit, en maint es autre la terre fluviane ; à Gênes j'ay ouy dire que se travaille la terre de cave ; à Lyon celle du Rhône, es Flandres celle de cave. J'entends à *Anvers*, où porta cest art un certain *Guido de Savino* de ce pays-cy, et le maintiennent mes huy ses fils, etc. »

Comme il n'y a pas trace de ce Savino à Antwerpen, ce passage de l'ouvrage de Piccolpassi ne peut pas faire autorité. Pour la France, la priorité italienne est tout aussi contestable. En 1556 seulement, deux ouvriers italiens, Julien Gambyn et Domenge Tardessir, natifs tous les deux de Faenza, adressèrent une requête au roi Henri II pour demander la permission de faire la *vaisselle de terre façon Venise* (la requête ne parle ni de faïence fine ni de majolique), et l'un d'eux, Julien Gambyn, dit avoir déjà pratiqué son art à Lyon, sous Jehan Francisque de Pesaro, tenant boutique dans Lyon. Ces trois potiers, tous Italiens, se seront bien gardés de communiquer leurs secrets (si secrets il y avait) aux ouvriers français, et la vaisselle de terre *façon Venise* n'était pas de la faïence à émail stannifère, puisque Venise n'a fabriqué que la *demi-majolique* ou poterie à vernis plombifère sur engobe, jusqu'à l'époque où Hirschvogel de Nürnberg y avait apporté la recette de l'émail stannifère.

1. Le Claude Borne de Nevers, que les travaux de M. Dubroc ont fait connaître, peut être le même que celui de Rouen, sans que cela change la thèse, puisque le décor chinois de l'école hollandaise était déjà adopté à cette époque à

trop rapprochée; on trouve des céramistes nommés Borne, aussi bien dans les fabriques du nord que dans celles de Nevers.

L'autel portatif du musée de Sèvres, signé Jacques Feburier et Marie-Étienne Borne, 1766, ouvrage que j'attribue à la fabrique hollandaise de Lille, et M. Riocreux à celle de Rouen, ne montre aucun indice de décor ou de style italien. Ce Marie-Étienne Borne de l'autel portatif est, sans doute, un parent de Claude Borne, le signataire du plat appartenant à M. Baudry. Si les Borne étaient *Nivernais* de naissance, ils étaient certes de l'école céramique hollandaise. On trouve aussi un Claude Borne, peintre céramiste de Lille, qui était venu, en 1751, travailler à Sinceny. Le Claude Borne de 1734 et celui de 1751 peuvent être une même et seule personne. Quant à Bernard Palissy, à ses contemporains et aux fabriques du nord de la France, ils ont suivi *directement* l'école allemande. Nevers, Moustiers, Clermont-Ferrand[1] et Marseille, et les autres fabriques du midi ont peut-être reçu leurs procédés céramiques de la branche italienne; mais, à l'exception de Nevers, elles ont plus tard presque toutes copié, comme les fabriques du nord de cette époque, les porcelaines de Saxe; la pâte et l'émail sont ceux des fabriques du nord. C'était, du reste, Meissen qui avait donné l'impulsion artistique au dix-huitième siècle, en mettant partout le genre rocaille à la mode.

Les terres de pipe plombifèrées, dites faïences de Henri II ou de Diane de Poitiers, sont d'origine encore inconnue, malgré les dissertations publiées par un auteur de province; elles me paraissent cependant être françaises; le voile qui couvre les noms du lieu de la fabrication et des potiers n'a pas encore été levé.

La fabrication de la faïence a été introduite en Russie par Pierre le Grand, et là encore c'est la branche hollandaise qui a

Nevers. Un Henri Borne a vécu au milieu du dix-septième siècle. Une pièce signée de lui porte le millésime de 1689.

1. Clermont-Ferrand a fait absolument les mêmes faïences que Moustiers. Cette fabrique n'est connue que par l'aiguière appartenant à M. Édouard Pascal, et signée *Clermont-Ferrand*, 1734.

été adoptée. Le czar avait embauché des céramistes à Delft et à Haarlem pendant son séjour à Zaandam; ils se rendirent à ses frais à Pétersbourg, pour y établir les premières fabriques dans les environs de cette capitale.

Qui a révélé aux Allemands le secret céramique de l'émail, si secret il y avait[1]? L'ont-ils vraiment inventé, comme on est porté

1. Il n'y a presque rien dans les *arts céramiques* qui n'ait été inventé en Allemagne, cette mère patrie de la chimie, comme science, où Becker, et Stahl surtout, étaient les premiers véritables chimistes.

Les rapports sur la céramique des délégués peintres et décorateurs sur porcelaine (délégations ouvrières à l'exposition universelle de Londres en 1862), publiés à Paris en 1863 chez M. Chabaud, président de la commission, disent aussi entre autres, textuellement : « D'après les récits des vieillards que nous avons connus autrefois, un grand nombre d'ouvriers seraient venus d'Allemagne, et aujourd'hui ceux de leurs petits-fils qui sont restés dans le métier attestent leur origine par leurs noms germaniques, d'*où il faudrait admettre que l'Allemagne nous a précédés dans la connaissance des procédés propres à la porcelaine.* »

L'or brillant ou l'or sans polissage, employé aussi depuis quelques années au décor de la porcelaine avec une économie de 75 pour cent, — dont le soi-disant secret avait été vendu par un Allemand, M. Schomburg, de Berlin, à MM. Dutertre frères, à Paris, qui se sont fait breveter, — était depuis longtemps déjà du domaine public en Allemagne, quoique la fabrique de Meissen le regardât comme faisant partie de ses arcanes. Un autre procédé tout semblable, pour lequel MM. Carré, à Paris, se firent breveter, et que leur ont également acheté MM. Dutertre, avait été en partie pris dans le *Journal de Dingler*, tome LXX, page 317, où on lit, sous le titre de : *Dorure de la porcelaine, des vases de verre*, etc., sous la désignation erronée de : *Procédé de Godwin Embreg* (Anglais du comté de Strafford, qui avait obtenu, le 14 avril 1838, une patente pour l'application par impression d'un produit connu sous le nom de *Goldlustre*, composé d'argent, de gomme et de déele cuite, qui se pratiquait déjà depuis un siècle dans toutes les poteries d'Allemagne) :

« On dissout six onces et six grammes d'étain dans un bain de mélange d'acide nitrique et d'acide muriatique ; on prépare dans un vase séparé un autre mélange de deux livres de baume de soufre avec une livre d'essence de térébenthine sous l'action d'une chaleur bien douce ; après cela on verse la première solution petit à petit, en la remuant, dans le dernier mélange ; c'est alors seulement qu'on ajoute à cette composition l'étain, avec le dessus d'une plaque de cuivre ou de bois, sur du papier dont on se sert à cet effet, et quand le dessin est transporté de là sur la porcelaine et le verre, etc., on le cuit d'après les procédés ordinaires. »

J'avais signalé et traduit de l'allemand ce passage à ces messieurs, qui ont complété le procédé par leurs propres recherches, ainsi qu'au moyen de la recette indiquée au *Dictionnaire de Chimie* (Paris, 1744, chez Lacombe, quai de Conti), recette également d'origine allemande et traduite.

Voici le passage qui se trouve à la page 176 du second volume du *Dictionnaire de Chimie :*

« On connaît plusieurs recettes d'or potable faites sur ces principes ; il y en a une dans le dispensaire de la Faculté de médecine de Paris ; elle consiste à mêler

à le croire, ou l'ont-ils reçu de l'Afrique ou de l'Asie? Questions difficiles à résoudre. L'avenir les éclaircira peut-être. Il se peut que le *goût* leur soit venu de la *Perse*, où la poterie en terre

et agiter seize parties d'huile essentielle de romarin avec une partie d'or dissoute dans l'eau régale; à séparer ensuite exactement l'eau régale dépouillée d'or d'avec l'huile essentielle qui en est chargée, et à dissoudre cette dernière dans le quintuple de son poids d'esprit de vin rectifié. Cette préparation est la même que celle qui est décrite dans la dernière édition de la *Chimie*, de Lémery, sous le nom d'*or potable de mademoiselle Grimaldi*. Toutes les huiles essentielles ayant la même propriété, par rapport à la dissolution d'or dans l'eau régale, on sent bien qu'on pourrait faire des ors potables de même espèce que celui-ci avec toute autre huile que celle de romarin. — L'éther, possédant à un degré éminent toutes les propriétés des huiles les plus atténuées et les plus volatiles, produit aussi exactement le même effet, et encore mieux avec la dissolution d'or; en sorte qu'on peut très-bien faire aussi des ors potables en employant un éther quelconque au lieu d'huile essentielle. M. Post ayant reconnu une odeur d'éther à l'espèce d'or potable connu sous le nom de gouttes du général de Lamotte, a cru que cette préparation était faite avec l'éther. Mais comme ces gouttes sont miscibles à l'eau dans toutes proportions, qualité qui ne convient point à l'éther pur, il y a lieu de croire que l'odeur d'éther qu'on distingue dans ces gouttes du général de Lamotte provient d'une petite portion d'éther nitreux qui se forme par le mélange de l'acide nitreux, de la dissolution d'or et de l'esprit de vin qui entrent bien certainement l'un et l'autre dans cette composition. Au reste, toutes les teintures d'or ne sont que de l'or en nature, extrêmement divisé et suspendu dans une liqueur huileuse : ainsi elles ne sont point, à proprement parler, des teintures; elles ne peuvent non plus se nommer or potable qu'autant qu'on n'attache point d'autre idée à ce nom que celle de l'or nageant dans un fluide, et réduit en molécules assez fines pour pouvoir être bu lui-même sous l'apparence d'une liqueur, ainsi que le remarque fort bien M. Baron dans son édition de Lémery. Il est à propos d'observer que toutes les préparations dont on vient de parler contiennent aussi une certaine quantité des acides de l'eau régale, et que, malgré cela, elles sont sujettes à laisser déposer avec le temps une bonne quantité de l'or dont elles sont surchargées, etc. »

On ne saurait comprendre, d'après tout ce qui était déjà connu depuis si longtemps sur l'emploi et la liquéfaction de l'or pour différents usages, que le rapport de M. Salvetat, le chimiste attaché à la manufacture de Sèvres, ait pu conclure au maintien des brevets Dutertre et Carré, et à la condamnation des malheureux décorateurs qui avaient fait de l'or brillant sans brunissage, d'après d'autres procédés et compositions, condamnation qui a amené à sa suite la saisie de quantités de marchandises dans les dépôts de porcelaines, au détriment de commerçants qui étaient de bonne foi et au profit des brevetés. La découverte de la dorure sans brunissage remonte bien plus haut dans les annales de la fabrique de Meissen. Le baron de Bourgoing, ambassadeur de France à München, avait déjà rapporté une pièce de porcelaine ainsi dorée et *qui se trouve au musée céramique de Sèvres même, depuis* 1833. Ce musée, aussi bien que la collection céramique des Arts et métiers à Paris, possédait encore d'autres échantillons. Quand M. Salvetat dit en réponse à cette note-ci : « Pour moi, auquel M. Demmin fait l'honneur d'une citation, je ne puis le suivre dans ses aperçus sur la loi des brevets » (p. 73, t. I, *Histoire des poteries, faïences et porcelaines*, par J. Marryat; traduit par MM. le comte d'Armaillé et Salvetat). Je le crois sur parole, mais je voudrais savoir ce qui l'autorise à lancer contre moi dans le même ouvrage la phrase suivante

cuite sous engobe blanc et au vernis de plomb [1] s'est fabriquée déjà vers 750. Le mot *càchel* (carreau de poêle en allemand), dérive du persan, et on sait que les langues sanscrite, indo-germaine et persane, sont parentes. Mais ce n'est pas en Perse qu'ils peuvent avoir appris l'emploi de l'étain. Il y a peut-être là une filière à suivre, puisque ces *cacheln* ou carreaux, qui servaient à construire les grands poêles gothiques, sortaient des fabriques de poteries émaillées déjà établies en Allemagne au commencement du moyen âge. N'oublions cependant pas les colliers et bracelets d'Augsburg, qui remontent au delà du cinquième siècle.

Les écoles saxonne, franconienne et souabe ont particulièrement laissé des ouvrages artistiques qui, nulle part pour le modelage, n'ont été surpassés. A l'époque où étaient moulées toutes les autres faïences italiennes, hollandaises et françaises, — sans en excepter celles attribuées à Bernard Palissy, à ses frères et à ses contemporains, ni la plupart des œuvres des Della Robbia, — ces écoles ont produit la majeure partie de leurs terres cuites émaillées par le *modelage à la main* (voir l'article sur *Leipzig, Breslau, Nürnberg*, et le potier Hans Kraut de Villingen, etc.).

Dans toutes ces ébauches hardies, on reconnaît la main du véritable artiste et l'inspiration créatrice — travail qui laisse bien loin la manière de faire des industriels et le moulage. Ce sont, du reste, ces seules faïences, ou terres cuites émaillées, qui fournissent à l'amateur des spécimens du style gothique bien pur et bien caractérisé; aucune autre faïence européenne ne remonte à cette époque.

Les poêles gothiques des potiers allemands des treizième et

(p. 103, t. I) : « Tout en regrettant les attaques *déguisées* de l'auteur du *Guide*, etc. » Est-ce que M. Salvetat aurait voulu que je dépasse les bornes de la bienséance? Où a-t-il vu ce *déguisement*? Je n'ai pas l'honneur de connaître M. Salvetat, et je n'ai aucune raison de lui en vouloir; ma critique ne s'adresse donc nullement à sa personne, mais à son rapport et à la chose jugée.

1. Appelé *è tord*, faïence. Les soi-disant faïences de Perse sont *dépourvues d'étain*, et leur *vernis minéral* est tellement peu solide, qu'il se raye sous le couteau.

quatorzième siècles, dont on trouvera également la description à l'article Nürnberg, sont particulièrement précieux pour l'étude héraldique et himatiologique du moyen âge. Avec un style sans aucun mélange, on y retrouve les costumes de l'époque fidèlement reproduits.

Le monument de Breslau, qui date de la fin du treizième siècle, est aussi, sous ce rapport, une œuvre fort précieuse.

Après les écoles allemandes, saxonne ou du nord [1], franconienne, souabe et rhénane, les célèbres usines italiennes et les produits de Winterthur (Suisse), Delft et Rouen ont rivalisé comme centres de fabrication, soit par la variété des produits, soit par le grand perfectionnement du coloris. Rouen l'emporte quelquefois sur Delft par le bon goût du dessin de ses ornements, quoique souvent ces deux centres se soient mutuellement copiés; mais Delft lui est supérieur pour la grande variété des formes, la légèreté et la finesse de la pâte, la blancheur de l'émail, l'abondance du décor historié, et surtout par de véritables tableaux, qui sont au-dessus de l'*art industriel.*

Rouen n'a jamais eu de peintres de figure ni de paysage.

En Hollande, de célèbres peintres d'animaux, de genre et de paysage, n'ont pas dédaigné de peindre sur faïence; il suffit de citer Vroom, Jan Steen, van der Meer de Delft, Vinkenboons, Jan Asselyn, Willem van de Velde, Abraham Verboom et Ter Himpelen. Les fabriques d'Allemagne, d'Italie [2], de France, n'ont pas eu cette bonne fortune.

Même les dessins des plus rares faïences italiennes sont toujours des copies; ces compositions sont uniformes; visant avant tout à l'effet *meublant*, elles ne forment qu'un décor. La peinture *décorative* sur faïence a certes son mérite dès qu'elle reste uni-

1. Voir *Leipzig*, *Breslau*, *Strehla*, etc.; *Lubeck*, *Wismar*, *Dantzig*, *Luneburg*, *Brandenburg*, etc., pour les *œuvres céramiques monumentales du nord de l'Allemagne*, des quatorzième et quinzième siècles.

2. Je ne connais pas de pièces de majolique italienne peintes par de grands maîtres. Ce sont toutes des copies d'après leurs cartons et d'après des gravures.

quement dans l'*ornementation*, mais ce mérite devient un défaut quand elle veut traiter des sujets historiques et des paysages en ébauches sur de si petits espaces. La faïence italienne n'est donc pas pour ainsi dire de la faïence, c'est plutôt de la peinture ébauchée sur de l'épaisse vaisselle en terre cuite émaillée, mais personne ne peut lui dénier son caractère archéologique, le sentiment artistique, un certain grand air, et même quelquefois le beau idéal.

L'urbino, le gubio et peut-être le ferrare font souvent exception par la blancheur de l'émail; le gubio, en outre, par la légèreté de la pâte. Les faïences d'Urbino se distinguent par leurs charmantes compositions d'arabesques, chimères, etc., si pleines de détails au trait, et par leurs cartels ménagés dans les mêmes tons et peints sur un fond blanc brillant et suave.

J'ai fait observer qu'un très-grand nombre de motifs des décors céramiques italiens sont pris dans les œuvres des maîtres allemands, flamands et hollandais, et particulièrement dans celles de *Goltzius*.

Les plats peints d'après les cartons de Rafaele et d'autres maîtres Italiens, sont plus rares que l'on ne pense; mais il y a un grand nombre de sujets copiés d'après des gravures italiennes [1], ou plutôt poncisés sur ces gravures, de telle sorte que des peintres ignorants poncisaient même jusqu'aux noms des graveurs et des éditeurs, qui, quelquefois, ont été pris plus tard pour des noms de céramistes.

1. Les graveurs italiens que les peintres céramistes italiens ont le plus souvent rançonnés, sont : *Andrea Mantegna*, né en 1431, mort en 1506; *Domenico Campagnala*, qui a travaillé vers 1517; *Marc Antonio Raimondi*, né en 1488; *Agostino* (*Veneziano*) *di Musis*, né en 1490; *Marco di Ravenna* (*Dente*), qui travaillait vers 1519; *Giulio Bonasone di Bologna*, né en 1510, mort en 1580; *Nicolas Beatricius*, qui était Lorrain de naissance, et travaillait entre 1520 et 1570; *Eneas Vicus* ou *Vighi*, 1520 à 1570; *Giovanni Battista Ghisi*, né en 1515; *Giorgio Ghisi*, né en 1520; *Adam Ghisi*, qui travaillait entre 1566 et 1573; *Diana Ghisi*, qui travaillait en 1573 et 1588; *Gaspar Beverdinus*, vers 1550; *Le Maître*, J.-C., de 1560 à 1571; *Marius Kartanus*, de 1560 à 1580; *Giovanni Maria Pomedello*, vers 1534; *Giulio Sannuti*, de 1540 à 1550; *Julio di Musio*, de 1550 à 1560; *Francesco Mazzuoli*, dit le *Parmesan*, vers 1540; *Giovanni Batista Franco*, né en 1510, mort en 1580; *Martin Rota*, né vers 1540; *Léon Davent*, entre 1540 et 1565; *Antonio Fan-*

Moustiers, Clermont-Ferrand, etc., en France, ont suivi l'école d'Urbino; mais on reconnaît dans leurs décors le bon goût de l'ornementation française, et quelquefois les copies des grotesques de Callot, les dessins de Berain, etc., etc. Cette faïence du midi, et particulièrement celle de Moustiers et de Marseille, se prête le plus aisément à la contrefaçon.

Le delft est, de toutes les faïences connues, le produit le plus mince de pâte; il est quelquefois aussi mince que la porcelaine fine des Indes, et très-sonore.

Outre l'absence de variété dans les formes et dans les sujets, on doit encore reprocher à la faïence italienne l'absence de variété de couleurs; c'est le jaune qui y domine. Les sujets, uniquement copiés dans un cercle assez restreint d'épisodes mythologiques, étaient d'ailleurs, chez les Italiens, moins ingrats à traiter que les mille détails de la vie intime et les sujets historiques choisis par les peintres allemands et hollandais, auxquels il fallait plus d'étude pour les costumes, plus de création, plus de lecture.

Les plaques peintes par Van der Meer, Jan Steen, Ter Himpelen, Willem van de Velde, Jan Asselyn, Abraham Verboom et Vinkenboons, au milieu du dix-septième siècle, sont des dessins pour la plupart originaux dont l'exécution soignée et minutieuse est tout à fait différente des peintures céramiques des Italiens. Une de ces plaques, en camaïeu bleu, de ma collection, peinte par Jan Asselyn, représente un beau paysage accidenté

tuzzi, de 1540 à 1580; *Domenico del Barbiere*, de 1560 à 1570; et *Agostino Caracci*, né en 1557, mort en 1602.

Andrea Montegna se signale par des têtes à casques, des costumes, etc.; *Domenicio Campagnola*, par des sujets tirés de l'histoire sainte, des vierges (1517), des portements de croix, des paysages, etc.; *Agostino di Musis*, par des portraits de papes, etc.; *Donte* (*Marco*) *di Ravena*, par ses apôtres, sujets saints et d'histoire, son Laocoon, etc., le tout très-remarquable; *Bonascone* (*Giulio*) *di Bologna*, par des têtes, des sujets bibliques (1544), des batailles et une gravure où l'on voit une *guillotine*, œuvres de médiocre exécution; *Beatricius* (*Nicolas*), par des sujets bibliques, des vierges (1518), des empereurs romains, une bataille d'Amazones, des sujets mythologiques (1542), l'arbre généalogique de « Cosmo Medici Fiorentini, » des siéges de places fortes, des reproductions de monnaies, des vases et des trophées, des ornements à arabesques et avec baldaquins, qui ont servi à Berain pour composer ses réminiscences.

où la perspective, si difficile à obtenir sur faïence, est parfaite; une autre, par Vinkenboons, également en camaïeu bleu, une Kermesse avec plus de mille figures, est un véritable tour de force et de patience, car, peinte sur le cru, le détail en est tellement compliqué, que le poncis n'a pu être employé. Quant aux précieuses et si rares plaques peintes par van der Meer, de Delft, dont on ne connaît que deux exemplaires authentiques, ce sont des tableaux de genre, aussi bien réussis que s'ils étaient peints sur toile, et bien plus brillants comme coloris.

A ces van der Meer, comme aux paysages peints par Berghem lui-même ou copiés d'après ses tableaux, les faïences de l'Italie n'ont rien à opposer; sur celles-ci le paysage est toujours sacrifié, et les sujets historiques sont des ébauches. Les productions de Castelli, qui appartiennent presque toutes à la décadence, contiennent, il est vrai, beaucoup de peintures où le paysage domine: mais quel paysage! Absence de perspective, où les tons du fond sont aussi crus que ceux du premier plan[1]; où l'eau, comme dans les faïences d'Urbino, est souvent peinte en jaune et les montagnes en bleu!

Les marines sont belles, et particulièrement *vraies* dans le delft : ce qui, du reste, se conçoit facilement chez une nation de navigateurs. J'en possède deux peintes par Vroom de Haarlem, le créateur de la peinture de marine, où la naïveté est encore sensible. Willem van de Velde est le plus réputé pour ce genre de peinture sur faïence.

Le mérite d'exécution des décors hollandais dépasse donc certes tout ce que l'on a peint ailleurs sur terre cuite; on y trouve jusqu'à des dessins à *hachures*[2], ce qui paraît presque impossible à obtenir sur l'émail cru.

Les Hollandais ont aussi, plus souvent et en même temps que

1. Voir l'alinéa au bas de la page 52, où un passage de l'ouvrage de Pesseri démontre que les peintres allemands d'Augsburg ont déjà tâché d'améliorer la mauvaise peinture des paysagistes de *Pesaro* du seizième siècle.

2. *Hachures*, en peinture, dessin et gravure, désigne des lignes droites ou courbes qui se croisent.

les Italiens, employé la dorure, et cela dès le commencement de leur fabrication. En 1570 ils faisaient des poteries en faïence dont le décor, ménagé d'*or*, est resté supérieur à ce que l'on a fait ailleurs; et les rehauts d'or de quelques faïences italiennes sont inférieurs à ceux que Delft produisait déjà vers 1540[1], quoique le soi-disant inventeur de ce procédé, en Italie, eût obtenu, en 1547 seulement, une patente ducale[2].

1. Un cheval en faïence de Delft, daté de 1480, et qui fait partie de ma collection, montre déjà des vestiges de dorure. M. E. Pascal possède le pendant.

2. Les anciens peintres italiens étaient cachottiers et mesquins en tout; ils n'ont jamais compris que l'art n'a pas de patrie et ne doit pas en avoir. On a vu l'esprit *mercantile* et *industriel* pousser ces peintres jusqu'au crime et à la scélératesse : Andrea Castagno, comme je l'ai dit ailleurs, tua, en 1645, Domenico, son meilleur ami, « afin de posséder seul à Florence un secret que l'on ignorait encore en Toscane. » (Vasari, *Vie d'Aguado Gaddi*). Les peintres du Nord, plus instruits, plus pénétrés du sentiment de l'art et des devoirs du véritable artiste, ne faisaient aucun mystère de leurs découvertes et ne prenaient ni brevets ni patentes. N'avons-nous pas vu même Hubert et Jan van Brugge (van Eyk) enseigner généreusement leur prétendu secret de la peinture à l'huile à plusieurs élèves et à tous les peintres qui le leur demandaient? Quelques traités de la ville de Gand de 1419 à 1443 (manuscrit sur la ville de Gand, publié en 1815 par M. Dierieux) parlent du reste déjà de ce secret, quoique les van Eyk ne l'eussent mis en œuvre que vers 1410.

Le brevet contenu dans l'édit du duc Guid'Ubaldo II, du 1er juin 1567, relatif à la dorure de Pesaro, était concédé à un certain Giacomo Lanfranco de Pesaro. En voici textuellement la teneur :

« Nous, Guid'Ubaldo second, Feltro della Rovere, quatrième duc d'Urbino, seigneur de Pesaro et Senegaglia, de Montefeltro, Casteldurante, comte et préfet de Rome, voulant, comme il est d'usage pour tout bon prince, pourvoir non-seulement à ce qu'aucun ne soit en aucune manière gêné dans son industrie, ni frustré des fruits de ses fatigues, mais encore récompenser chacun, qui par un long exercice de son génie est devenu inventeur d'excellentes choses non encore trouvées par d'autres, et ayant été cherchées par beaucoup en vain, et nous, ayant vu que Jacomo Lanfranco, de notre cité de Pesaro, a trouvé, après beaucoup d'expériences, la manière de mettre l'or vrai sur les vases de terre cuite, et de les orner de travaux d'or, qui après la cuisson demeurent intacts, et superbes ouvrages d'une solidité et d'une beauté admirables; et a en outre trouvé la manière de fabriquer des vases également en terre cuite, de forme antique, avec des travaux en relief d'une grande supériorité et d'une dimension merveilleuse, chose qui jusqu'à présent a été plutôt désirée que vue par d'autres. Comme ces ouvrages se recommandent par eux-mêmes merveilleusement, pour lui faire voir combien nous estimons ses inventions, ainsi que notre bon vouloir envers les virtuoses (*virtuosi*), et empêcher encore que d'autres ne s'attribuent l'utilité et l'honneur de ses fatigues : par les présents privilége et concession, et par tous moyens préférables, nous voulons et nous accordons que ledit Jacomo puisse seul travailler et faire travailler dans tout notre État des vases de terre avec de l'or, ou mis à l'or, et des grands vases de la forme et qualité susdites, défendant expressément à toute autre personne, de quelque condition qu'elle soit, de se permettre, pendant la durée de quinze années, de travailler des vases de

La dorure était, du reste, en usage en Allemagne bien longtemps déjà avant 1547; on y dorait même des poêles. Le musée Sauvageot possède un vase doré de l'école de Franconie, peut-être de Hirschvogel de Nürnberg, qui date de 1500 à 1520, et un modèle de poêle en faïence de Nürnberg, de ma collection, de la même époque, montre également des traces de dorure.

Les Hollandais ont néanmoins employé la dorure plus souvent que les Allemands, et leurs modèles offrent une infinité de formes variées. Ils ont fait même des *violons* [1], de véritables Stradivarius ou Montagnana pour la finesse. C'étaient des œuvres de *maîtrise*. On en connaît quatre en Europe : un au musée de Rouen [2], provenant de la collection Sauvageot; il est de forme

terre cuite avec de l'or, ou mis à l'or, qu'il ne puisse fabriquer ou faire fabriquer des grands vases de terre cuite de la susdite forme, d'une plus grande mesure et capacité que de deux *some* (mesure ancienne), pendant la durée de vingt-cinq années, sans Jacomo lui-même (sans sa permission), sous peine de cinquante écus à appliquer, un tiers au susdit Jacomo, un autre à notre fisc, et pour le reste diviser entre l'exécuteur et le dénonciateur, et cela chaque fois qu'aucun contreviendra, en quelque manière que ce soit; à laquelle peine seront encore condamnés ceux qui, en connaissance, de quelque manière que ce soit, de ce genre de travaux, seraient allés ensuite les faire hors de notre État; et de plus, afin de faire voir combien ces vaillants travaux nous sont chers, et pour donner encouragement à d'autres de s'exercer vaillamment, en vertu de ce privilége et de notre propre volonté et délibération, nous faisons francs libérés et exempts ledit Jacomo et maestro Girolamo, son père, de toute taille, gabelle et impôt tant ordinaire qu'extraordinaire, et de tout tribut royal, personnel ou mixte, pour quelque occasion ou cause que ce soit à notre bon plaisir; et nous lui accordons la *moltura*, qu'il puisse moudre dix *some* de grains à l'année sans payer aucune *moltura* pendant le temps qu'il nous plaira, ordonnant à tous juges, ministres et officiers de notre État à qui ces privilége et concession seront présentés, qu'ils les fassent afficher par ban public, et enregistrer en tous lieux accoutumés, et qu'ils veillent à ce qu'ils soient observés, comme c'est notre volonté. En foi de quoi avons fait la présente, affirmée de notre main et scellée de notre sceau ordinaire et accoutumé, à Pesaro, 1er juin 1569. »

Lazari parle d'un pareil privilége accordé également, en 1569, à Saverino Grue de Naples. (Voir les articles sur les faïences de Naples et de Pesaro.)

1. Ce sont ces violons qui ont fourni à M. Champfleury le sujet de sa nouvelle : M. Lœbnitz père, de la poterie Lœbnitz et Pichenot, 5, rue des Trois-Couronnes, à Paris, a essayé d'imiter un violon et a parfaitement réussi quand au modelage, mais ni émail ni décor n'ont rien qui se rapproche, même *de loin*, de ces vieilles faïences. Il en avait fabriqué deux, dont l'un, malgré son entier manque de réussite de l'émail et du décor, a été cependant vendu 340 fr. à l'hôtel Drouot, pour le musée d'Athènes. Les picotages de l'émail étaient couverts de pointillés jaunes et les filets bleus très-mal exécutés.

2. Le catalogue publié en 1861 chez Brière, à Rouen, sous le titre : *Expo-*

allemande, en camaïeu[1] bleu et décoré d'un côté d'une double composition, l'une représentant des dames et des seigneurs du dix-septième siècle dansant et chantant; l'autre, des anges jouant de divers instruments. La composition de l'envers est tout à fait architecturale et dans le goût de Lepautre; on y voit un grand trophée de musique et des Amours; mais les ornements, qui caractérisent bien le goût hollandais, sont moins soignés que ceux qui décorent les violons de la collection Van Romonth et de la mienne, dont on trouvera la description plus loin.

Le second violon, conservé au musée du Conservatoire de musique, à Paris, est le moins beau, et assez insignifiant au point de vue artistique. Le décor en camaïeu bleu consiste uniquement en branchages et feuillages, genre chinois; il n'y a point de figures. La forme adoptée ici par le potier est celle des violons italiens, c'est-à-dire plus petite et moins plate que celle des instruments allemands. L'émail est d'un beau blanc, et le manche moderne, refait à Sèvres, diffère, par la nuance de son bleu, du bleu plus clair de l'ancienne peinture.

Le troisième violon (dont le croquis est ci-contre), également de forme allemande, et qui fait partie de ma collection (acheté à M. Swaab, marchand de curiosités à La Haye), est encore en camaïeu bleu, et décoré d'une infinité d'ornements. Le dessus montre des personnages en costumes de la fin du règne de Louis XIII, dont la mise est un curieux spécimen des modes hollandaises de l'époque. Trois individus jouent de divers instruments à cordes (un violon, une mandoline et une basse); cinq autres dansent le menuet, et une dame se rafraîchit devant la table sur laquelle le *cra-*

sition d'art et d'archéologie de Rouen, désigne ce violon sous la fausse dénomination de *faïence rouennaise* et *polychrome*. Cette pièce est le type le plus caractéristique de l'industrie hollandaise, où ces violons ont été faits, selon les uns, comme chefs-d'œuvre de maîtrise, selon d'autres, pour cadeaux de noces. Le violon du musée de Rouen est en camaïeu bleu, et non pas en polychrome.

1. Camaïeu désignait anciennement une pièce gravée en relief (camée); il signifie aujourd'hui une peinture monochrome (d'une seule couleur) en grisaille, en noir, en bleu, en vert ou en rouge.

choir n'est pas éloigné de la classique *chaufferette*, ustensiles inséparables des ménages hollandais.

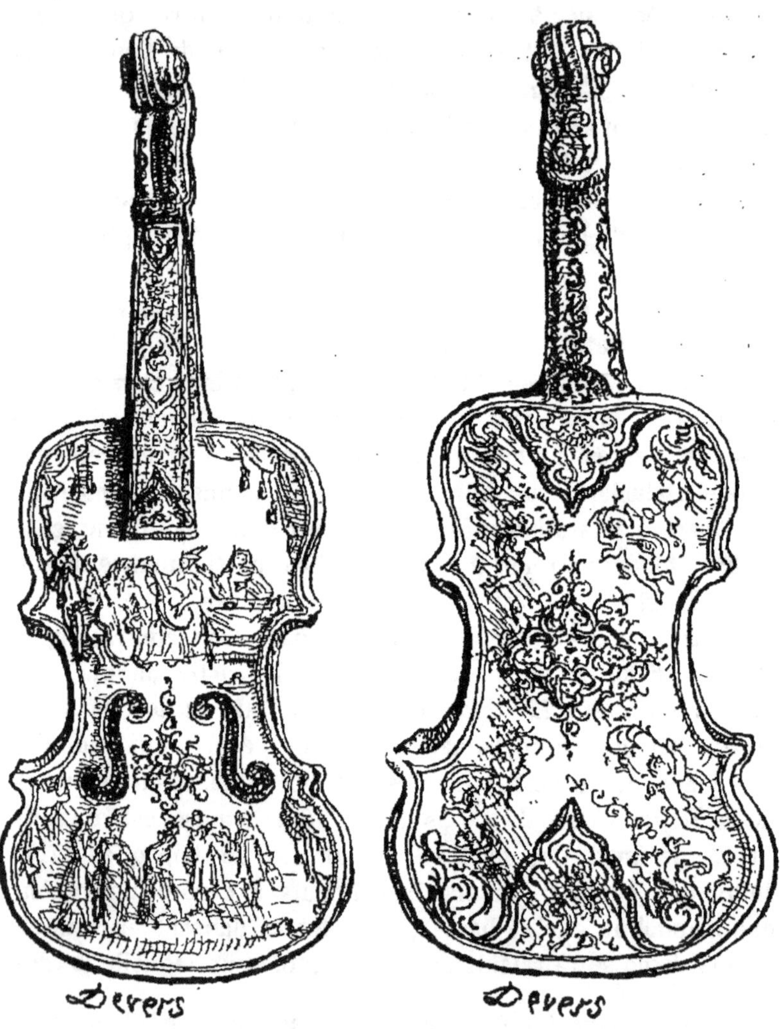

De l'autre côté on voit planer quatre Amours qui tiennent des branches, le tout entouré de superbes ornements dans le goût de la Renaissance, *modifiés* ou *influencés* par le style chinois. La manière des sujets rappelle celle des tableaux et gravures de Gérard de Lairesse, né à Liége en 1640, mort à Amsterdam en 1711.

Le quatrième violon, qui est évidemment de la main du même artiste que le précédent, et encore de forme allemande, se trouve à Utrecht, dans la collection de M. G. F. van Romondt. Décoré en camaïeu bleu, l'ornementation en est moins riche. L'un des sujets représente une salle de bal avec plusieurs personnages en costumes du milieu du dix-septième siècle, que l'orchestre placé en haut de la salle, sur un balcon à balustrade, met en mouvement. Le peintre a représenté sur le dos du violon un divertissement villageois, où le musicien, juché sur un tonneau devant l'auberge, fait danser la joyeuse bande d'une Kermesse. Ces sujets, aussi bien dessinés que ceux du violon que je possède, rappellent encore la manière de Lairesse.

Tous ces instruments sont incontestablement de Delft.

Une légende dit : « Il existe des violons de faïence fabriqués à Delft par des maîtres modeleurs, à l'occasion du mariage des filles de leur manufacturier à de jeunes peintres céramistes, mariages qui ont eu lieu le *même* jour, et où les corps des peintres, des modeleurs, des potiers et des tourneurs ont ouvert les danses, chacun avec un de ces violons de faïence en tête, et où beaucoup d'autres ont joué sur des instruments de faïence de leur fantaisie et faits par eux. Les jeunes épouses ont alors conservé dans leur famille respective, de génération en génération, ces quatre instruments commémoratifs de la noce, qui avaient été peints par les gendres du potier. »

Le vernis arsenifère ou à fumigations minérales, que l'on appelle *à reflet métallique*, s'est également fabriqué à Nürnberg et à Delft.

On avait commencé dans cette dernière ville par imiter les décors des Chinois en camaïeu et en polychrome[1], et des Japonais[2]; mais bientôt les copies égalèrent les originaux pour le

1. Polychrome (du grec *polys*, beaucoup, et *khrôme*, couleur). Il s'emploie aujourd'hui pour désigner tout décor peint en différentes couleurs. C'est cependant à la branche de la peinture qui consiste à revêtir de couleurs diverses les monuments de l'architecture et de la sculpture que ce nom appartient.

2. M. Mathieu Meusnier, à Paris, possédait un plat émaillé en porcelaine chinoise sur lequel les Chinois, à leur tour, *ont* imité, à s'y méprendre, le décor de la faïence de Delft.

dessin et l'émail, et les surpassèrent pour la touche artistique et les variations. Le delft, en décor vieux japon de 1570 à 1590 (sans marque), est déjà bien recommandable pour la finesse de son dessin et sa dorure; le beau bleu et le rouge vif, ces deux couleurs au grand feu, ne diffèrent en rien du genre japonais. La pâte de cette faïence est aussi mince et aussi légère que la porcelaine indienne. La même fabrication, reprise vers 1650, aux marques

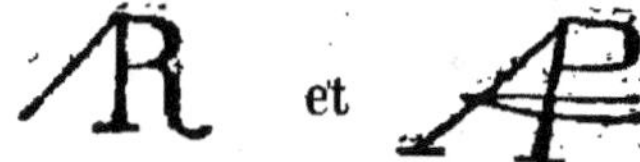

est également bonne.

Les belles plaques à paysages animés de figures, par Jan Asselyn, sont ce qu'il y a de plus fini dans ce produit; elles rappellent les faïences de M. Pinard, l'artiste céramiste le plus minutieux de notre époque, et qui peut vendre ses assiettes 600 fr. la pièce; mais les plaques d'Asselyn sont peintes avec plus de vigueur.

Les animaux de Piet Viseer, l'auteur du coq qui figure dans ma collection, sont tous d'un coloris admirable et toujours peints sur le cru.

Le relief, la ronde-bosse, la statuette, les services de table, les consoles; des armoires et des cages d'oiseaux entièrement en faïence, des paniers à tourbe pour les salons, d'un mètre et demi de dimension (tout d'une pièce, et fabriqués sans l'emploi de la barbotine); des potiches de plus d'un mètre de hauteur; des plaques-tableaux atteignant jusqu'à un mètre et demi de dimension; enfin les formes les plus variées sortaient de ces manufactures.

Ce qui fait la gloire de la ville hollandaise de Delft, aussi bien que des fabriques des villes libres d'Allemagne, c'est que les efforts individuels des artistes et la spéculation privée y produisirent seuls ce degré de perfection. Ni Mécènes de Pesaro, ni ducs de Nivernais, ni monopoles, ni brevets royaux ne les ont protégées et soutenues.

Comme Delft, Nürnberg s'est appuyé sur toutes les classes : la bourgeoisie, aussi bien que les patriciens et les princes de l'empire, lui fournissaient des commandes.

La Hollande, absorbée par de vastes opérations commerciales, par des guerres maritimes, par sa lutte contre les oppresseurs étrangers, ne pouvait faire beaucoup de cas de son industrie en général et de ses fabriques de poteries en particulier, d'autant plus que les produits de la porcelaine chinoise et japonaise se trouvaient déjà répandus et en faveur. Néanmoins, les potiers surent élever leur art à une telle perfection, qu'à l'époque de la plus grande prospérité de Delft, ils occupaient plus de mille familles, et le commerce du pays trouvait largement son compte à exporter des faïences pour la France, l'Angleterre, le Brabant, les Flandres, le Danemark, la Suède et les deux Indes. L'Allemagne et l'Italie étaient les deux seuls grands pays du continent qui ne fussent pas tributaires de la Hollande pour ses faïences.

Dans ce pays, auquel la liberté politique et religieuse donnait son impulsion féconde, le bien-être et le luxe descendaient du palais des princes jusque dans la rustique habitation du paysan ; le goût des belles faïences et des collections se développa aussi bien chez l'indépendant fermier que chez le citadin.

Le protestantisme avait fait naître les individualités ; au lieu de se dépouiller pour les couvents et les églises, chacun ornait sa propre maison. Les meubles se couvraient de vaisselles et de potiches, les murs de tableaux en terre cuite émaillée. La production avait donc aussi trouvé son écoulement à l'intérieur. Delft était alors arrivé à une réelle supériorité sur les autres centres de fabrication de poteries, sans en excepter l'Italie ni l'Allemagne, où Nürnberg, déjà déshéritée de sa suprématie commerciale et artistique, déclinait sous le poids de ses désastres. Tilly, ce cruel et stupide fanatique, en avait extirpé l'élément vital, par la dévastation de pays florissants et la ruine du commerce.

Quand les faïences italiennes n'étaient presque connues que

là où elles se fabriquaient, Delft exportait les siennes partout.

Rouen était en France la seule ville qui eût pu rivaliser dignement; mais les conséquences fâcheuses du monopole arrêtèrent l'élan de son industrie. L'impuissance du tiers état, la misère profonde des populations rurales, ruinées par le clergé et le fisc, privaient la France de débouchés suffisants pour des fabriques montées sur une grande échelle; et les barrières intérieures de l'abominable système administratif rendaient tout commerce impossible.

Le petit nombre relatif de pièces que Nevers a produit doit être considéré, pour tout ce qui concerne la première fabrication, comme faïence italienne secondaire: ni la couleur, ni la pâte, ni les formes ne diffèrent assez pour qu'on puisse leur assigner un caractère particulier, quoiqu'il y ait des pièces en faïence de Nevers qui, sous quelques rapports, peuvent parfaitement rivaliser avec les plus belles faïences italiennes [1]. La fabrication de la seconde période, dite *persane* (1640), dont les produits se reconnaissent aux anses contournées ou torses, au décor bleu perse, tigré blanc, etc., et plus tard aux dessins chinois, copiés sur les faïences hollandaises, avait conservé l'ancien mode de faire, et les carreaux de revêtement à fond bleu et à décor en blanc fixe de cette époque sont particulièrement beaux et renommés. Je ne parle naturellement pas ici de la faïence nivernaise populaire du dix-huitième siècle, laquelle a son cachet particulier, mais qui ne peut être classée parmi les faïences artistiques.

Du reste, c'est un Italien, Domenico di Conrado, qui a fondé la première fabrique en 1602. C'est donc ainsi que s'est trouvée confirmée l'ancienne version, que ce Savoisien avait accompagné en France un duc de Nivernais, et qu'en se promenant aux environs de Nevers, il avait constaté la présence d'une espèce de

1. L'amateur peut souvent reconnaître les belles pièces de la *première* époque de la fabrication nivernaise (1600-1670) aux figures, qui sont en *jaune* sur un fond *bleu*; les faïenciers italiens ont généralement peint leurs figures en *bleu* sur un fond *jaune*. Cette observation n'a cependant rien d'absolu et est soumise à de nombreuses exceptions.

terre identique à celle qu'on employait pour la manipulation de la faïence en Italie, et qu'il la prépara et fit construire un petit four où fut fabriquée cette faïence. Des artistes italiens, attirés par le premier succès, s'établirent bientôt dans les environs et furent protégés par la cour et la noblesse, qui commençaient à prendre goût à la vaisselle en terre cuite obtenue d'après le mode déjà répandu en Italie.

Les poteries *dites* de Bernard Palissy sont curieuses comme produits d'une époque où les ressources du surmoulage étaient moins bien connues qu'aujourd'hui. Les couleurs sont belles; elles rappellent en tout l'école des Hirschvogel; mais c'est de la terre cuite sans émail stannifère. Ce genre offre trop de facilité à la contrefaçon, et les imitateurs sont arrivés à le reproduire avec une perfection si complète, qu'elle embarrasse souvent l'amateur inexpérimenté. On a fait même mieux, comme le démontre le beau plat ovale à *la langouste* du Musée du Louvre; car cette poterie est certes supérieure à celles attribuées à Palissy. Les plats dits de Palissy sont tous *moulés*, ce qui fait qu'ils se répètent souvent et que les continuateurs ont sans cesse surmoulé les anciens modèles. La valeur des soi-disant *Palissy* a bien diminué aujourd'hui par suite de ces profusions et de cette incertitude.

Il existe des amateurs qui prétendent attribuer à première vue les plats à Palissy et les distinguer de ceux de ses soi-disant continuateurs; mais rien n'est moins certain que leurs affirmations; il serait impossible à ces messieurs d'appuyer leurs dires sur un *seul* signe authentique.

A l'époque où Bernard, aidé de ses deux frères, fabriquait en France ce genre, il existait et il se formait d'autres officines de poterie; on en a fabriqué avant lui et en même temps que lui sur plusieurs points, et cette fabrication, répandue dans tout le royaume[1], s'est continuée sans interruption jusqu'à nos jours; de sorte que, sur dix plats figurant dans les

1. M. Raymon-Bordeaux a signalé entre autres les productions de Lisieux en Normandie, qui, d'après lui, sont toutes pareilles à celles attribuées à Palissy.

musées ou dans les collections, il n'y en a souvent pas un seul que l'on puisse même *attribuer* seulement à Palissy, auquel je n'attribue, du reste, *aucun* de ces plats à *ornements* et à *mascarons* dont le style indique suffisamment des époques postérieures où déjà le pastiche régnait en maître; pour moi, Palissy n'a jamais produit que des pièces rocaillées et ornées de reptiles, etc., mais ni figures ni ornements. Il était plutôt savant qu'artiste et ne connaissait ni le modelage ni la peinture. (Voir l'article sur Palissy.)

Les quelques pièces si rares, — cinquante-cinq en tout, — dites faïences de *Henri II* ou de *Diane de Poitiers*, ont été l'œuvre de quelques artistes; elles ne sont pas en faïence stannifère.

Les faïences de Strasbourg et de ses environs, Haguenau et autres lieux; celles de Niderwillers, de Lille, de Lunéville, de toute l'Alsace et de la Lorraine, de la Picardie, enfin celles de tout le nord de la France, celles du Midi, comme Moustiers et Marseille, et celles d'Angleterre, sont dans de bonnes conditions pour l'amateur, quoique plus modernes que les faïences des écoles de Saxe, de Franconie, de Souabe, de Delft, de Nevers et de Rouen, etc., elles ont pourtant un caractère souvent historique et très-varié, suffisant pour stimuler les recherches. Le moustiers et le marseille sont souvent contrefaits avec habileté, particulièrement le premier, parce que tout y était poncisé.

Ces fabriques, aussi bien que celles de l'Allemagne du dernier siècle, ont plus ou moins imité la porcelaine de Meissen.

La lourdeur de la pâte de la faïence italienne offre également l'inconvénient de la contrefaçon; tous les dilettanti, faiseurs de peinture céramique, tâchent de l'imiter, comme étant la plus facile, à cause de son peu de finesse, du caractère particulier de son décor et de la grossièreté de la poterie, que tous les établissements peuvent produire. Mais ces imitations ne trompent personne d'expérimenté, tandis que les productions modernes de *l'Italie même* embarrassent quelquefois le connaisseur.

Outre les nombreuses fabriques actuelles établies en Italie, celle du marquis L. Ginori à Doccia, près Firenze, dont les produits sont exposés à Sèvres, fournit de beaux exemplaires; M. Chapelin, de la fabrique de M. Laurin à Bourg-la-Reine, en a donné également; M. Jean, à Paris, en a fait aussi; mais ses peintures rappellent trop le papier peint et la porcelaine; M. Ginori à Doccia, M. Ferlini à Bologna, M. Lesore actuellement à London, M. Masson à Paris, M. Ulysse à Blois, et M. Devers qui a introduit le goût des faïences modernes à Paris, contrefont aussi les della robbia; enfin, M. Pinart et M. Bouquet, à Paris, ont dépassé les céramistes anciens par leurs productions individuelles. M. Aviso, de Tours, M. Barbizet et M. Pull, à Paris, et M. Minton[1] et quelques autres fabriques en Angleterre, sont les continuateurs modernes du genre dit palissy.

L'amateur peut cependant, je le répète, facilement reconnaître ces imitations de majoliques anciennes faites en dehors de l'Italie : ni l'émail, ni la pâte, ni les nuances ne peuvent le tromper. Il faut une plus grande habitude et plus de circonspection pour distinguer les imitations *italiennes* actuelles des pièces anciennes. Nombre de centres de fabrication n'ont jamais entièrement cessé de produire, et comme ils ont gardé les mêmes procédés de fabrication, les mêmes nuances de décor et le même genre de dessins, l'amateur ne peut souvent reconnaître la fraude qu'au cachet de décadence qui s'y trouve imprimé, puisqu'ici, comme partout, le consciencieux travail du maître et le sentiment de l'art du seizième siècle ne s'y rencontrent plus. On retrouve bien encore les mêmes ornements et les mêmes figures; mais le caractère qui accuse si fortement l'amour de l'art, qui conduisait la main des anciens peintres, manque. Il y a tous les hivers, à Paris, des ventes de faïences italiennes, où les trois quarts des exemplaires vendus sont de fabrication moderne, sans que les commissaires-priseurs eux-mêmes le sachent.

1. Les productions de ces fabricants doivent être rangées parmi les terres cuites « sous couverte » ou *vernissées* et sous engobe, comme celles dites de Palissy.

Ce seront donc toujours les faïences si rares de Nürnberg, de Delft, de Nevers, de Rouen [1], ainsi que quelques autres faïences françaises, allemandes, anglaises et même suédoises, comme celle de Marieberg, par exemple, que l'amateur pourra collectionner de préférence [2]. Là il trouve une garanthie d'authenticité et le véritable cachet de chaque époque, si cher à l'archéologue [3].

La supériorité des fabriques de la Franconie, de la Souabe, etc., de Delft, Nevers, Rouen, Lunéville, etc., résulte en partie aussi de la longue durée d'une exploitation non interrompue. Dans ces vieux centres de fabrication, la faïence a pu arriver à une haute perfection jointe à un bon marché extraordinaire. La *pratique* est beaucoup dans un art et dans une

1. MM. Genlis et Rudhardt, à Paris, sont les seuls artistes qui ont presque réussi à imiter ces admirables faïences, aussi bien quant à l'émail qu'au décor artistique.

2. C'est à Delft qu'appartient le premier rang dès qu'il s'agit de la peinture artistique céramique et de la finesse de la pâte, — aux écoles allemande, saxonne, franconienne, souabe et aux Della Robbia de Florence dès qu'il s'agit de modelage, — à Rouen dès qu'il s'agit de l'ornement. Nürnberg a aussi laissé de belles pièces à ornements.

Le moustiers *fin* ne remonte pas plus haut que vers le milieu du dix-huitième siècle, après la mort des Berain et dès que les peintres de cette localité commencèrent à imiter les gravures de Joan Berain (mort en 1711.) La fabrique de Christoph Marz de Nürnberg, de 1712, connue par ses belles faïences et ses célèbres décors exécutés par les céramistes *Kortenbosch* (1712), *Grebner* (1720) et *Possinger* (1727) a laissé des œuvres où le décor *original*, et non pas copié ni poncivé, est bien supérieur en finesse aux décors calqués de Moustiers.

3. Aucune espèce d'objets d'art, sans en excepter les médailles, les porcelaines et les tableaux, ne peut donner autant de garanties et de certitude logique d'authenticité que la faïence. L'amateur novice et le collectionneur inexpérimenté peuvent reconnaître au bout de très-peu de temps les pièces contrefaites, puisque la faïence ne saurait être imitée par simples pièces, comme l'ivoire ou une arme en fer. La cupidité des contrefacteurs ne peut pas trouver son compte à faire ciseler des moules et à monter des fabriques où l'eau et la terre propices sont essentielles, et où ces éléments réunis ont une influence tellement prononcée sur la réussite et la production de chaque espèce particulière de poterie artistique, qu'ils forment déjà un obstacle à la contrefaçon, sans parler de l'émail et du décor, qui sont encore plus difficiles à atteindre. L'ivoire sculpté s'imite partout : presque tous les musées en renferment de faux. Tel amateur de Cologne ne possède pas une seule pièce ancienne parmi sa collection, qui se compose d'un millier d'exemplaires, et ne paraît pas s'en douter. Il y a des marchands, à Paris et en Allemagne, qui ont gagné leur fortune en vendant des imitations exécutées sur leur commande. Le fer martelé et les anciennes fontes même se contrefont à Paris, en Italie et en Allemagne. J'ai vu vendre à Paris et ailleurs, à des prix énormes, beaucoup d'armures et d'armes dont l'ancienneté ne remontait pas plus

industrie où la patience, l'observation, l'expérience comparative et des essais continuels jouent un si grand rôle. Nous possédons aujourd'hui de nombreux traités; les écoles et les établissements subventionnés ne nous ont pas fait défaut, et cependant la théorie n'est guère descendue encore chez nous jusqu'à la pratique. Autrefois, on était potier de père en fils pendant des générations entières; ces artisans suçaient, pour ainsi dire, le goût et le rudiment du métier avec le lait de leur mère; tout enfants, ils barbouillaient déjà dans la pâte et dans le *blanc*, de sorte qu'ils *naissaient* et *mouraient* parmi leurs faïences. Les essais isolés tentés de nos jours sont impuissants pour ranimer, dans quelque province que ce soit, la fabrication sérieuse de la poterie d'art; d'autant plus que les établissements subventionnés sont plutôt nuisibles que favorables.

haut que la récolte de l'année; elles sortaient en majeure partie des fabriques de Stuttgardt.

Les meubles et le bois sculpté en général s'imitent à Cologne et en Belgique, encore mieux à Paris. — On les travaille dans du bois piqué de vers.

Les anciens bijoux grecs, romains, français, italiens et allemands, y compris l'orfévrerie de Cellini et de Dinglinger, se fabriquent sans interruption en Allemagne et à Paris. — Un marchand, établi à Frankfurt S./M., occupe toute l'année plusieurs ouvriers, à Paris et à Augsburg, pour *faire du vieux*. — Sa vitrine en est remplie, et les Anglais de passage ainsi que les Russes sont rançonnés par lui sans scrupule. Cet industriel avait même réussi à vendre une parure grecque au musée germanique de Nürnberg; malheureusement pour lui, un bijoutier d'Augsburg, qui avait travaillé à Paris, indiqua de suite le nom et le domicile de l'*ancien* qui avait fabriqué cette parure à Paris, en l'an de grâce 1861.

La fabrication des émaux sur métal de toute espèce est également entre les mains de la contrefaçon. — Tout le monde connaît l'histoire de la fameuse paire de flambeaux de M. de Rothschild, à Paris.

Mais c'est surtout en Italie que la supercherie est poussée à ses dernières limites. J'y ai vu vendre à des Anglais cinq fois la même vierge, faussement attribuée à Luca Della Robbia; le marchand la remplaçait régulièrement *dans son mur* par une autre tirée de Bologna ou de Doccia immédiatement après la vente, et chaque acheteur était bien convaincu de l'authenticité de sa vierge, — puisqu'il l'avait achetée sur place, et encore fixée dans le mur!

Les bonnes et belles faïences anciennes, telles que les faïences de sculpture d'Allemagne, de peinture de la France et de la Hollande, sont et resteront toujours inimitables; car il est impossible d'imiter la vraie faïence, dont chaque espèce demande une manipulation différente, comme je viens de le dire plus haut. Jadis, chaque potier fabriquait un grand nombre de pièces du même coup pour alimenter ses fourneaux de cuisson, mais il est impossible aujourd'hui de fabriquer tant de modèles si différents en pâte et en émail, et encore plus en décor, pour une vente au détail ou pour satisfaire quelques amateurs.

Delft et ses fabriques sont si peu connues qu'il convient d'en donner une description complète. Les faïences et porcelaines hollandaises n'ont jamais eu leur céramographe, pas plus que celles de la Suisse et de l'Allemagne. C'est ce qui m'a engagé à en parler plus amplement ici.

L'origine de Delft se perd dans l'obscurité des temps. Son nom vient des vieux mots hollandais *del*, terrain bas; *delfen*, creuser le sol. De nos jours encore, on dit en hollandais *delfstóf*, minéral. Cette ville fut fondée par Govert le Bossu[1], duc de Lorraine, qui après avoir conquis le pays en 1070, y fixa sa résidence. L'an 1515, Delft était devenue la ville la plus populeuse de la Hollande; en 1739, elle comptait encore 22,000 habitants et renfermait avec ses faubourgs 4,755 maisons. Retombée sous la domination française à 12,000 âmes, elle s'est accrue de nouveau ; aujourd'hui elle a 20,000 habitants.

Il est impossible de préciser l'année dans laquelle la première faïence fut fabriquée à Delft. Un auteur, Haydn (*Dictionnaire des Dates*), et, après lui, M. Bohn, la fait remonter à 1310, date qui me paraît trop reculée et qu'il n'appuie d'aucun témoignage authentique.

Les archives de la ville de Delft, en grande partie détruites par deux incendies, l'un survenu en 1536, l'autre en 1628, ne contiennent rien qui concerne les fabriques de faïences des premières époques. Les historiens et les chroniqueurs de ces temps consignaient de préférence les événements de guerre et de religion; l'art et l'industrie les touchaient peu. En fixant cette époque entre 1450 et 1515[2], c'est-à-dire vers le temps où la porcelaine de Chine fut introduite en Europe, je pense être dans le vrai, puisque la plus vieille marque que j'aie rencontrée après de longues recherches est de 1450. 1530 est le millésime qui se trouve sur une potiche en camaïeu bleu, dont les bords

1. Godefroy II le Bossu, duc de la basse Lorraine-Ripuaire, mort assassiné en 1089.

2. M. Marryat dit : « Énormes services en faïence de Delft furent donnés par Philippe d'Autriche, gouverneur des Pays-Bas, à sir Thomas Trenchard, en 1506 ; » mais comme je ne sais pas si c'était de la faïence stannifère, — il y a de l'incertitude.

et la date, sans autre monogramme ou lettre, sont en rouge de fer. Un cheval, de ma collection, porte le millésime de 1480. Des plaques polychromes marquées 1594, et incrustées sur la façade d'une vieille maison de la place du Grand-Marché, vis-à-vis de la statue d'Érasme, à Rotterdam, peuvent également servir d'indice pour la fixation du commencement de ces fabriques. Ces plaques prouvent, par le *rouge* et le grand nombre de leurs couleurs, combien la fabrication, à la fin du seizième siècle, était déjà avancée. Ce qui me fait ainsi pencher à ne pas fixer une date beaucoup plus reculée, c'est que l'on rencontre peu dans ces faïences qui se ressente de l'influence de la religion catholique : ni vierges, ni saints, ni bénitiers. Les *christs* seuls ne sont pas rares. La fabrication, dans toute sa *flore*, doit donc être placée vers le temps de la Réforme.

Quelques exemplaires représentant des fruits, des poissons, etc., dans le style de Nürnberg, portent la date de 1540. Un plat armorié, également de mon cabinet, est daté de 1500.

On a cru généralement que cette branche d'industrie avait été introduite en Hollande par les Italiens; mais, il faut le répéter, c'est là une erreur.

Les premiers potiers établis à Delft étaient Allemands. Les fruits, légumes, poissons et autres animaux dont j'ai parlé sont absolument dans le genre des maîtres allemands du moyen âge, qui *affectionnaient* beaucoup les sculptures et le modelage.

La preuve que des Allemands ont travaillé à Delft au début du seizième siècle me paraît acquise par un plat de Delft qui se trouve à Middelburg; ce plat, daté 1446, a une inscription allemande. La nuance du vert de Delft est presque aussi la même que celle des Allemands. La pâte et les formes de ces premières faïences dénotent encore l'origine allemande et non pas italienne. En

Il faudrait remonter plus haut pour fixer le commencement de la fabrication à Delft, si l'on s'en rapportait à ces documents *écrits*. Philippe et Johanna, s'embarquant comme roi et reine de Castille, à Middelburg, en 1506, avaient avec eux, a-t-on écrit, un « grand nombre de plats de faïence de Delft; » mais je préfère les documents en *terre cuite*. Les chroniqueurs ont pu confondre la porcelaine avec la faïence, comme ils ont confondu la faïence avec la porcelaine.

1580 déjà on appelait, en Angleterre, Delft : « The Parent of Pottery, » nom qui revient de droit plutôt aux fabriques saxonnes de l'école du nord de l'Allemagne.

Les potiers, qui avaient établi les premiers fours en Hollande, eurent de grandes difficultés à vaincre. Ne connaissant qu'imparfaitement les qualités chimiques des terres du pays, ils faisaient essais sur essais et tiraient d'abord exclusivement leurs terres d'Allemagne et de Belgique : ce fut plus tard que la terre de Delft même leur fournit une partie de la composition de la pâte. Ils eurent par contre peu de frais de création et de dessin à faire, puisqu'ils trouvèrent un grand choix de motifs à copier dans les porcelaines de Chine et du Japon, ainsi que chez les Allemands.

Les Portugais avaient les premiers importé la porcelaine chinoise en Europe; mais les Hollandais en firent bientôt un grand article de commerce et la répandirent à profusion dans leur pays.

Le protestantisme, en mettant la Bible entre les mains de tous, fournit plus tard de nombreux sujets aux dessinateurs.

L'instruction, l'une des conditions d'existence de la Réforme, appela la critique et stimula les artistes. N'étant plus renfermés dans l'histoire des saints et de l'éternelle mythologie, ils purent varier leurs sujets à l'infini et les choisir dans l'histoire générale [1]. Le fermier même, indépendant et quelque-

1. La Réforme a certes exercé une grande et salutaire influence sur l'art, quoique ses adversaires prétendent soutenir le contraire. C'est à partir de la Réforme que la critique d'art existe seulement, et que l'Allemagne a produit le plus grand nombre des œuvres qui font aujourd'hui sa gloire. En 1530 déjà, la municipalité de Nürnberg avait signé, au nom de toute la population, son adhésion à la Confession d'Ausbourg, et Albrecht Dürer, le chef de l'école de peinture de Nürnberg, n'avait que quarante ans (né en 1470), dix ans de plus que Luther, lorsque ce dernier attaqua le dogme des indulgences et publia ses quatre-vingt-quinze propositions. Albrecht Dürer était déjà protestant dans l'âme quand il écrivait, dans son journal d'un voyage fait dans les Pays-Bas pendant les années 1520 et 1521, les pages qui commencent :

« Vendredi avant la Pentecôte de l'année 1520, nous avons reçu la nouvelle, à Antwerpen, de la traîtreuse arrestation de Martin Luther, etc. » (Publication de M. de Murr, en 1780.)

En France même, les premiers grands artistes de la Renaissance étaient presque tous protestants : d'abord le célèbre sculpteur Jean Goujon, né en 1515 et mort assassiné, à la Saint-Barthélemy, le 24 août 1572; Germain Pilon, son élève; le non moins célèbre peintre Jean Cousin, surnommé le Michel-Ange

fois plus opulent que le seigneur des pays féodaux, alla souvent chez le potier, à Delft, commander lui-même ses services.

Les anciennes fabriques augmentèrent le nombre de leurs fours; de nouvelles se formèrent. La porcelaine de Chine se trouva remplacée par les faïences, lesquelles finirent par occuper le quart au moins des bras de la population. A leur apogée il n'y avait pas d'établissement qui comptât moins de trois fours; dans quelques-uns on en chauffait jusqu'à *dix*.

Vers le milieu du dix-septième siècle, il y avait à Delft quarante-trois manufactures, et je pense que c'est là l'époque la plus florissante, sinon la plus artistique. Un auteur, en portant le nombre à cent, l'a grandement exagéré. Cent fabriques auraient occupé au moins quinze mille ouvriers, ce qui est inadmissible pour une population de 20 à 25,000 âmes.

D'après toutes mes recherches, le chiffre n'a jamais dépassé cinquante.

En 1764, *vingt-neuf manufactures* considérables existaient encore. J'ai trouvé la liste des noms, enseignes et marques dans les archives de l'hôtel de ville. Actuellement il ne reste de toute cette grandeur qu'une seule fabrique, celle des demoiselles Picart, qui ne produit que d'affreuses assiettes jaunâtres, en terre de pipe, sans aucun décor. Les propriétaires, descendants

français, auteur de deux ouvrages sur la perspective et la *pourtraicture*, né en 1500, mort en 1590; Clément Marot, architecte et poëte, né en 1495 et mort dans l'exil en 1544; Androuet du Cerceau, célèbre architecte et auteur du *Livre d'architecture*, 1550 et 1561, ainsi que des *Leçons de perspective*, 1576; Bernard Palissy, né en 1510, mort à la Bastille sous Henri II, auteur de plusieurs remarquables ouvrages sur l'art et sur la géologie. C'est lui qui répondait à ce roi pusillanime, qui était allé le voir pour obtenir sa conversion, sous peine de mort, en lui disant : « Je suis contraint. — Et moi, sire, je sais mourir. » C'est cette mort que le catalogue de Cluny appelle « une mort au milieu des honneurs. » Il y en aurait encore beaucoup à citer, et la liste serait trop longue!

La Hollande aussi n'a vu se former son école nationale de peinture qu'après la Réforme. Rembrandt, le plus grand des peintres que l'art connaisse, était protestant, élevé et formé dans un pays protestant. C'est le protestantisme qui a fait des artistes vraiment originaux et produit des génies hors ligne; les écoles catholiques ont suivi plus communément les chemins battus : ils ont imité ce que leurs devanciers avaient imité avant eux, dans une longue chaîne de traditions non interrompue, qui devait finir par étouffer l'art dans les entraves de la convention.

d'anciens potiers artistiques, ne se doutent même pas de ce que leurs ancêtres ont su faire, et ne connaissent rien de l'histoire de cette industrie célèbre.

Si l'on admet en moyenne cinq fours par manufacture, on trouve que l'industrie céramique occupait à cette époque de prospérité dix mille artistes et ouvriers, puisque chaque four, d'après les descriptions de Gerrit Paape, exigeait un personnel de trente à quarante personnes.

J'ai déjà dit qu'outre la grande exportation à laquelle elle se livrait, la Hollande elle-même consommait énormément de faïence, et les objets qu'elle préférait se vendaient pour la plupart dans des prix élevés, de sorte que l'art pouvait donner la main à l'industrie. La faïence était devenue un article de luxe. Dans aucun pays on n'en a retrouvé autant, et une grande partie des pièces recueillies en Hollande figurent dans les musées et les collections d'amateurs de toute l'Europe.

Il n'y avait presque pas de maison, d'habitation même de petit fermier, dont les murs ne fussent ornés de plaques; à la ville et à la campagne, les dressoirs, les cheminées et les crédences pliaient sous le poids de cette vaisselle. Les vestibules, les escaliers, les cuisines et même les étables [1] se couvraient de plaques d'une blancheur éblouissante où l'histoire de la Bible et les faits de l'histoire nationale étaient reproduits. Beaucoup de commerçants et d'industriels avaient leurs enseignes formées en plaques de faïence au-dessus des portes, et on trouve encore aujourd'hui des maisons où ces terres émaillées sont incrustées dans les murs du premier étage et en haut des pignons.

La spéculation a recueilli et exporté depuis vingt ans plus de quinze mille caisses de faïence, et cela dans un pays de deux millions et demi d'habitants à peine.

Les marchands en ramassent encore continuellement, mais

1. M. Champfleury, en parlant de ces plaques des étables citées par moi, dit, dans son *Violon de faïence* : « que les Hollandais, n'en sachant que faire, avaient imaginé d'en mettre jusque dans les étables pour distraire les animaux, croyant meubler leurs cerveaux d'images plaisantes, et égayer par des scènes de la vie domestique les gros yeux des bœufs accroupis sur la litière. »

c'est pour la plupart de la vaisselle commune, qui ne mérite pas d'entrer dans les collections.

Le beau delft ancien est devenu rare; sa valeur a presque centuplé; il est fort recherché, particulièrement en Angleterre, et les habitants du pays ne veulent plus s'en dessaisir : ils forment eux-mêmes des collections.

Voyons maintenant dans une courte description du mode de fabrication, où je ferai entrer très-peu de détails techniques, comment la faïence se fabriquait.

La pâte se composait de trois argiles[1] ou terres différentes[2] :

6 de Doornik (Tournay);
3 noire de Mulheim sur le Rhin, en Allemagne;
2 de Delft [2].

Les terres noires de Mulheim et de Delft étaient l'élément indispensable. Le mélange s'opérait dans les établissements appelés *aardwascheryen* ou lavoirs de terre, qui tous étaient situés au Schie[3], — au Rotterdamsche-Vart.

Pour former cette pâte on mélangeait les trois ou les deux sortes de terres dans de grands baquets pleins d'eau. En les

1. Plusieurs étymologistes font dériver, par erreur, *glaise* du mot *argile*. Glaise dérive de l'anglais *clay*, d'où dérive aussi le hollandais *klei*. La couleur des argiles disparaît ou se modifie à la cuisson. Le choix des argiles est une question vitale pour les fabriques. Il y a des potiers qui, par une longue expérience, savent juger la qualité d'une argile selon la force avec laquelle, sans être cuite, elle *happe* la langue, c'est-à-dire la faculté qu'elle a de s'*attacher* à la langue en s'emparant plus ou moins promptement de l'humidité.

2. Reinier Boitet dit, dans sa description de Delft, que la terre venait des environs de Maëstricht, et on lit dans les *Délices des Pays-Bas*, in-8°, Paris, 1786, à la description de la ville de Delft :

« L'on parle avec admiration de la belle faïence que l'on fait à Delft, et pour laquelle il y a plus de *trente manufactures*; elle est bien travaillée, si bien peinte et si fine, qu'on la prendrait pour de la véritable porcelaine des Indes. La *terre* dont on se sert pour travailler les faïences y est apportée des environs de *Tournay en Flandre*. »

Si l'auteur des *Délices* était bien renseigné, ce passage démontrerait qu'il y avait encore, en 1786, trente manufactures à Delft, et qu'à cette époque on se servait ordinairement de la terre de Tournay (Doornik).

3. J'ai vu à La Haye de vieilles plaques de cheminée en faïence sur lesquelles Schie, en 1540, est représenté. Schie ou Overschie faisait partie du territoire de la ville de Delft depuis 1513 seulement. Un de ces tableaux, formés de carreaux, se trouve dans la collection de M. Saint-Léon, à Paris.

remuant on obtenait un liquide qui, après avoir été passé par des tamis fins et écoulé à travers de longs conduits en bois, redevenait pétrissable. Cette pâte, ainsi purifiée, était alors foulée par les pieds des ouvriers et passait ensuite entre les mains des

Tourneurs de gros;
— de rond;
— de vaisselle et modeleurs.

Les objets formés étaient soumis à la cuisson du four et en sortaient en terre cuite.

On émaillait et décorait à Delft de deux manières :

La faïence destinée à la *peinture sur cru* fut émaillée dans une composition liquide formée de :

500 parties de sable;
50 — de cendre d'étain;
50 — de mine de plomb;
1/2 — de bleu amidon[1];
1/4 — de limaille de cuivre rouge.

qui, séchée à l'air, recevait le décor, et fut cuite à la plus haute température.

La *peinture sur cuit* était faite sur les pièces recouvertes de ce même émail, mais *après* être cuites au four une seconde fois. Au-dessus de la peinture on passait alors un vernis composé de :

20 parties de plomb;
500 — de sable;
60 — de sel de cuisine;
30 — de sel de soude;

et les pièces entraient au four une troisième fois, pour être recuites à petit feu.

1. Le traité de Gerrit Paape porte *blowsel*, ce qui veut dire en français : amidon bleu; mais je pense que l'auteur a voulu désigner par *blowsel* le bleu d'amidon, puisque l'amidon est une matière végétale qui ne peut supporter l'action du feu, mais qui contient de la matière minérale bleue en petite partie, que l'on aura employée pour donner une teinte légèrement azurée à l'émail. Le *bleu d'azur*, en général, se compose de sable, de potasse et d'une très-petite partie de cobalt, le tout cuit à haute température.

Les beaux décors en camaïeu bleu, ainsi que le bleu dans les pièces polychromes, furent toujours peints sur *le cru*, c'est-à-dire sur la poudre d'émail délayée à l'eau et répandue sur la terre cuite avant la vitrification, de manière que l'émail et la peinture n'avaient à subir qu'une seule cuisson au grand feu. Le décor des pièces peintes de cette manière est bien plus beau; il est plus gras, plus transparent et plus artistique que celui fait sur l'émail cuit, et ce sont les peintures sur le cru qui ont donné la supériorité aux fabriques du Nord.

Lille, Rouen et Moustiers même, en suivant les Hollandais, ont également peint sur le cru, ainsi que les fabriques d'Allemagne. Nürnberg n'a presque jamais peint autrement. (Voir à la fin des *Faïences françaises*, au Tableau chronologique, la description plus complète de la peinture sur le cru, à l'article sur le céramiste Pinart.)

La plupart des faïences de Delft furent décorées, au début de la fabrication, en bleu ou en rouge camaïeu.

Pour les objets artistiques et de prix, on employait plus de couleurs ainsi que la dorure.

Ces couleurs s'obtenaient de la manière suivante[1] :

Bleu de Prusse[2].

8 safre,	ou	50 safre.
5 bleu d'amidon,	—	25 sable.
4 mine de plomb,	—	25 potasse[3].

1. Les couleurs vitrifiables sont formées en général par les oxydes de métaux ; ils se produisent en différentes nuances ou teintes, selon le procédé de calcination ou d'oxydation que les métaux subissent. Le *fer* donne du violet, du rouge, du noir et même du vert ; l'*or*, du pourpre ; l'*argent*, du jaune ; le *cuivre*, les verts ; le *manganèse*, des violets, des bruns et du noir ; l'*antimoine*, des jaunes ; le *cobalt*, des bleus ; un mélange de jaune, de bleu et de chrome, des verts ; le manganèse, l'oxyde de cuivre et la terre d'ombre donnent du bistre, etc. Ces couleurs s'emploient à l'eau, à la gomme et à l'huile essentielle.

La *calamine* ou l'oxyde gris de cuivre, provenant du cuivre chauffé à rouge et ensuite battu sur l'enclume, produit la couleur verte favorite des faïenciers.

2. Le cuivre donne aussi une sorte de bleu turquoise. (Voir la *poterie égyptienne*.)

3. *Potasse* (du hollandais *pot-asche*, c'est-à-dire cendre en pot) est un alcali blanc, solide, inodore, âcre et caustique, qui, par la chaleur, détruit même les pierres précieuses ; les cendres de bois forment sa base.

Rouge [1].

Bolus brûlé six fois.

Jaune.

9 antimoine,	ou	10 antimoine.
7 litharge d'or,	—	4 litharge d'or.
1/2 cendre d'étain,	—	2 cendre d'étain.
1/2 sel,	—	3 sel.

Violet.

8 sable,	ou	6 manganèse.
8 potasse,	—	6 acide de plomb.
4 manganèse.		

Brun.

Bolus mêlé de quartz, brûlé jusqu'à ce qu'il devienne brillant, mêlé alors d'un peu de bleu ou de violet.

Vert.

Mélange du bleu et du jaune.

Orange.

Mélange du jaune et du rouge.

Noir, (appelé par les potiers *trait*).

Du safre et des paillettes de fer.

Cet aperçu de la fabrication hollandaise a été pris dans l'ouvrage de Gerrit Paape. Le procédé que cet auteur-potier décrit

1. Le *rouge de Cassius*, avec lequel on obtient les belles nuances ardentes dans la coloration du verre et dans la peinture des vitraux, a été trouvé au dix-septième siècle par le médecin Cassius de Hamburg, né à Schleswig en 1650, et la recette publiée par son fils, le médecin Andréas Cassius de Lübeck, qui a voulu s'attribuer l'invention de son père dans l'écrit : *De principe terrenorum sidere, Auro, et miranda ejus natura, generatione, affectionibus, effectis atque ad operationes artis habitudine cogitata, experimentis illustrata.*

Ce précipité d'or, que l'on a nommé en France, d'après l'inventeur, *pourpre de Cassius*, ne peut servir à la décoration de la faïence cuite au *grand feu*, et ne s'emploie que pour la peinture sur porcelaine ou sur faïence, où le décor est cuit au feu de réverbère, comme ceux de la faïence alsacienne et lorraine.

peu clairement, était celui qui était adopté dans un grand nombre de fabriques; mais il va sans dire que beaucoup d'établissements avaient leur genre particulier de fabrication constamment modifié par d'autres recettes et par une manutention différente.

Aucun traité du temps ne parle de la dorure que l'on rencontre souvent sur ces faïences; je pense qu'on l'obtenait de la même manière que de nos jours les Anglais l'obtiennent sur quelques-unes de leurs faïences, c'est-à-dire en la posant mate et sous couverte.

On voit que la production des couleurs, à laquelle les anciens potiers italiens attachaient tant d'importance, qu'ils en faisaient le secret de leur art, n'offre dans la composition aucune difficulté.

A l'époque où les fabriques florissaient, les ouvriers étaient très-bien rétribués; il y en avait qui gagnaient jusqu'à soixante francs par semaine, somme élevée, si l'on se reporte au temps, et qui représente aujourd'hui cent cinquante francs.

Dans les archives de l'hôtel de ville se trouvent deux pièces très-curieuses; elles contiennent un grand nombre de marques et monogrammes de ces fabriques de faïence : l'une est datée du 23 mars 1680, et l'autre du 9 avril 1764. Ce sont deux listes des marques et des raisons de commerce déposées. Il y a lieu de croire que la plupart des pièces artistiques sur lesquelles se rencontrent d'autres marques sont d'une fabrication antérieure; le genre de travail et l'ensemble de ces objets, marqués de monogrammes autres que ceux des listes, rendent le fait probable. Les faïences fabriquées depuis sont bien plus inférieures, mais elles ont été également indiquées ici dans le tableau général des marques de Delft de ce guide.

Les plus anciennes assiettes et les plats de cette faïence présentent la particularité que l'émail, blanc *à l'envers*, se trouve plein de petits trous semblables aux piqûres de vers du vieux bois. J'attribue ces trous à une fabrication encore défectueuse pour l'engobage du blanc ou de l'émail, quoique parfaite pour le décor artistique. Comme à partir de la fin du dix-septième siècle, ce défaut ne se rencontre que rarement, et comme les ornements et les décors de ces objets indiquent à peu près par leurs styles les premières époques, on peut presque voir dans ce défaut la preuve que l'objet a été fabriqué au seizième et au commencement du dix-septième siècle.

C'est de ces siècles que datent les faïences les plus recherchées; elles ont toutes un cachet plus artistique. Les couleurs sont plus vives, plus nettes, les dessins très-fins. Leur genre est tellement caractéristique, que l'amateur les distingue facilement. Les peintres, par exemple, les préfèrent généralement aux autres poteries; elles ont pour eux ce qu'ils appellent, en terme d'atelier, la *touche*. Ces faïences sont inférieures, au point de vue artistique, à celles de Nürnberg de la même époque, quant au modelage. Un grand défaut, qui se rencontre aussi dans les potiches de Delft, c'est que le même sujet se trouve reproduit sur les deux pendants, répétition qui leur ôte une partie de leur valeur.

Ter Himpelen est le peintre dont les ouvrages sont renommés et recherchés autant que ceux des grands maîtres, van der Meer de Delft, Asselyn, etc. Mais c'est à tort, puisque ses œuvres consistent pour la plupart en copies d'après les gravures des maîtres hollandais. Il signait rarement.

Piet Viseer, d'une époque plus rapprochée, du milieu du dix-huitième siècle, est l'artiste qui a obtenu, après van der Meer, le coloris le plus remarquable. Il était peintre et potier en même temps. Ses produits sont excessivement rares, et se payent fort cher. Il a souvent signé » P.·. Viseer — 1750 : 1770; » — Mais il existe aussi de lui des faïences non signées; un coq que je possède porte le millésime de 1769, à côté de la signature.

Six autres centres de fabrication de faïences ont encore existé en Hollande : celles de *Haarlem*, de *Hoorn*, d'*Overtoom*, d'*Utrecht*, de *Beilen* et d'*Amsterdam*. On en trouvera la description dans la nomenclature des marques, ainsi que celles des porcelaines et grès hollandais, auxquels j'ai assigné un classement descriptif par espèces.

L'exception que j'ai faite pour les faïences de Delft, dont la monographie a trouvé place ici, provient de ce que cette fabrication a eu une très-grande influence sur les progrès de la céramique des seizième et dix-septième siècles; je devais en parler plus amplement déjà ici, pour mieux faire comprendre la direction qu'elle a imprimée à grand nombre de fabriques du continent et de la Grande-Bretagne.

J'ai indiqué le plus brièvement qu'il m'a été possible la marche chronologique; avant de commencer la partie des marques, des biographies et monographies des céramistes et fabriques, il convient de résumer les productions céramiques connues.

Les poteries *antiques*, dites mexicaines, égyptiennes, lacustres ou celtiques, grecques, romaines, scandinaves, germaines, anglo-saxonnes, gauloises, etc., qui forment pour ainsi dire une étude à part, et qui sont encore bien moins déterminées, ont dû être traitées moins amplement que les poteries plus modernes.

Ce que j'ai surtout voulu vulgariser, ce qui intéresse le plus les collectionneurs, c'est la marche historique et chronologique de l'art céramique en Europe; j'ai donc décrit le grès, la porcelaine, la terre cuite sans et sous couverte, ou au vernis minéral et à émail plombifère et stannifère, avec leurs marques, leurs qualités et signes caractéristiques.

L'Italie et la Hollande ont fourni d'abord la *vaisselle en faïence* la plus ancienne qui a du mérite comme *peinture*; mais en fait de *modelage*, c'est en Allemagne que nous trouvons les plus anciens maîtres qui aient émaillé leurs œuvres.

Dès le treizième siècle ce dernier pays avait déjà orné avec profusion ses églises de terres cuites émaillées ou vernissées.

Quant à la *peinture céramique*, en dehors de son application à la *vaisselle*, c'est encore l'Allemagne qui l'a exercée la première et le plus souvent.

Dès le quinzième siècle, elle a mis sa peinture historique avec profusion sur de grands carrés de poêles, en tirant ordinairement ses sujets de l'Histoire sainte, et en les souscrivant de sentences de la Bible. Au seizième siècle, ce pays a encore excellé davantage dans la partie de la céramique architecturale, et la branche souabe a commencé à l'introduire en Suisse, où des peintres allemands nomades l'ont pratiquée partout. (Voir l'introduction du chapitre des Poteries opaques allemandes, et voir Winterthur en Suisse. On y trouvera que Hans Kraut de Villingen, entre autres, était un de ces artistes du seizième siècle, qui doit certainement avoir contribué à l'introduction de son art en Suisse.)

La peinture céramique d'ornement, et d'une exécution minutieuse sur vaisselle, n'a pris son extension en Allemagne que vers la fin du dix-septième et au commencement du dix-huitième siècle, comme cela a eu lieu en France. (Voir Martz, Greber et autres de Nürnberg.)

Les bas-reliefs et statuettes des della Robbia, quoique moulés en grande partie, dépassent souvent, dans les expressions des têtes, celles des maîtres allemands, tandis que ceux-ci se sont signalés davantage par le caractère archaïque, par la variété des sujets et par les costumes des personnages.

Les figurines du vieux saxe, et encore plus celles du célèbre sculpteur *Melchior*, de la fabrique de Höhst, sont ce que l'on a de mieux fait en faïences et en porcelaines dans le *genre-boudoir*.

Pour la céramique française, il faut mettre en première ligne les terres de pipe, dites de Henri II et de Diane de Poitiers, quoiqu'elles ne soient recouvertes que d'un vernis plombifère ; suivent les beaux produits de Nevers de la première époque, ainsi que ceux de la seconde ; les décors en camaïeu bleu de la première époque, et les décors polychromes ornementés de la seconde époque, de Rouen, et quelques rares exemplaires de Moustiers. Cette dernière localité, en dehors de ces belles pièces (qui ne sont cependant rien de plus que des décors poncisés et copiés), a produit des choses bien inférieures dans son courant ordinaire. Les décors se répètent continuellement, parce que tout s'y faisait au poncis[1]. Il n'existe pas une seule pièce où

1. On appelle *poncis* (*chablone* en allemand) le patron en papier de lin ou en carton mince, sur lequel un dessin, généralement copié d'après une gravure, a été *piqué, épinglé* ou *découpé* à jour. On peut reproduire ainsi ce dessin à

l'*originalité* d'un artiste se fasse sentir. L'engouement que quelques amateurs avaient montré d'abord pour cette faïence industrielle est tombé, comme je l'avais prédit.

Les faïences de Lunéville, que l'on a attribuées longtemps à Sceaux-Penthièvre, sont quelquefois remarquables par la légèreté de la pâte et la suavité de leur émail; les peintures *esquissées* artistiquement ont donné à ces pièces un cachet à part. Les moules existent malheureusement encore, ce qui laisse la porte ouverte à la contrefaçon moderne. Toul, Lunéville, etc., en fabriquent toujours!

Mennecy a produit peu, et les belles faïences de cette localité, connue pour ses porcelaines à pâtes tendres, ont été jusqu'ici rangées parmi les produits de Rouen; mais l'amateur trouvera à l'article consacré à cette fabrique les signes indiqués auxquels il pourrait reconnaître ces produits. Rouen, Strasbourg, Lille, Lunéville et Niderwiller ont fabriqué en grand comme Delft, et avec une grande variété.

Mais Nevers et Rouen sont les centres français les plus anciens et les plus importants où la faïence à émail stannifère vraiment artistique a été fabriquée. La palette des céramistes rouennais est riche, et leur dessin, dont l'ornementation a toutes les qualités de l'art français, est souvent vraiment architectural.

Confectionnées pour la majeure partie au dix-septième siècle, ces faïences ont encore conservé le cachet de la Renaissance. Nevers restera célèbre pour ses blancs fixes[1] sur les beaux bleus lapis et bleu de Perse.

Strasbourg et les autres fabriques du Nord ont excellé dans le rocaille, mais leur décor est ordinairement au feu de réverbère[2], c'est-à-dire au petit feu. Le style de Meissen, ou autre-

l'infini, au moyen de la *poncette*, espèce d'estompe avec laquelle on calque les contours à l'aide de charbon finement pulvérisé.

1. J'ignore si on les a obtenus par l'étain ou par le phosphate de chaux (tiré d'os pulvérisés). L'*antimoine* et son parent l'*arsenic* servent aussi à remplacer l'étain, mais ces métaux donnent plutôt de l'opacité que de la blancheur.

2. On appelle *réverbère* les parois d'un fourneau destiné à réfléchir la chaleur qui émane du foyer, sur la matière que l'on veut cuire. *Feu de réverbère* désigne

ment appelé saxon, dix-huitième siècle, Louis XV, etc., n'a été nulle part mieux compris. Les couleurs dominantes de ces faïences sont le rose, le vert et le jaune; elles ont rarement été peintes sur le cru.

Marseille et le Midi ont plus tard copié Strasbourg [1].

Pour la porcelaine, c'est Sèvres qui a régné longtemps; aujourd'hui cette manufacture est souvent égalée par des établissements privés.

Les formes, les pâtes et les peintures de Sèvres ne soutiennent pas toujours son ancienne réputation.

Le sort des établissements industriels et subventionnés est, comme celui des pépinières artistiques officielles, telles que académies et conservatoires, d'être condamnés à produire à la longue du médiocre; le talent et le génie ne peuvent pas se courber sous la férule d'une organisation bureaucratique. La liberté et l'indépendance de l'artiste seules savent produire de grandes choses et vivifier de leur souffle des procédés de faire et de fabrication que la marche du temps a laissés en arrière.

L'Angleterre a fait de jolies choses, cependant souvent plus industrielles qu'artistiques. La pâte de ses anciennes poteries, quelquefois pure terre de pipe, leur a donné une tournure de marchandise que le talent de plusieurs éminents manufacturiers n'a pu entièrement effacer.

Aujourd'hui, l'art industriel y a pris cependant sa revanche, et il y a des manufactures qui, avec un bon marché incroyable dans les productions des décors polychromes avec dorure, produisent des objets charmants. Les biscuits, par exemple, que les Anglais appellent *parians* [2], et les belles terres artistiques de Minton, méritent une place parmi les spécimens céramiques les plus remarquables.

Les productions des frères *Elers* (Allemands), de Burslems,

donc le feu où la flamme est obligée de s'abattre et de rouler sur les objets exposés à son action. Feu de réverbère *ouvert* et *fermé* indiquent encore deux manières de cuisson différentes.

1. La première fabrique de faïence fut établie à Strasburg, en 1719, par l'allemand Wackenfeld.

2. Par allusion au marbre de Paros.

et Stoke-Upon-Trent, les plus anciens fabricants de poterie fine, qui ont moulé leurs admirables pièces à jours dans des moules de cuivre dont les ornements sont souvent dans un style parfait de renaissance, doivent aussi être comptées parmi les créations artistiques de ce genre; et les bas-reliefs en biscuit appliqués sur les vases, médaillons et services de Wedgwood sont encore plus appréciés. En Suède, c'est Marieberg qui a produit quelques belles faïences attribuées longtemps et à tort à Niderwiller, cette fabrique qui a appartenu à M. de Beyerlé et à M. de Custine.

Le manuel des marques de ce *Guide* est composé, d'après un *plan d'étude*, d'une sorte de *Cours*; c'est l'*ordre chronologique absolu*, mais divisé en parties distinctes : la *poterie opaque* et la *poterie translucide avec kaolin* (porcelaines à pâte tendre, dure et opaque); porcelaine opaque anglaise.

Les *laves*, les *émaux* et les *vitraux* forment des chapitres à part.

J'ai dû suivre, d'une part, l'*ordre chronologique général*, et, d'autre part, j'ai dû laisser l'*ordre chronologique particulier à chaque pays*, pour éviter un mélange de toutes les villes et de tous les centres.

Là où les marques sont incertaines, là où elles manquent et où on a fabriqué avec et sans marques, j'ai essayé de décrire très-brièvement, et souvent en quelques mots concis, le cachet particulier ou les signes distinctifs auxquels on peut reconnaître les diverses espèces céramiques.

Quant aux poteries belges, on en connaît encore peu, et il paraît que les fabriques n'y ont jamais été nombreuses.

La plupart des grès, appelés communément *Grés de Flandre*, sortent des fabriques des environs de Köln, de Coblentz et de Neuwit, etc.; ils ont été rangés dans le chapitre des poteries rhénanes.

L'article sur les faïences allemandes, dont aucune n'était déterminée ni bien connue avant la première édition de ce *Guide*, a été largement augmenté par le résultat de mes dernières recherches; mais il reste encore beaucoup à découvrir. Ce pays a produit à lui seul plus que tous les autres réunis, et les centres de sa fabrication ont été tellement nombreux, qu'il se passera encore bien du temps avant qu'on arrive à les connaître tous.

Quant aux faïences suisses, cette troisième édition en contient l'étude complète, *la première qui ait été entreprise sur les poteries de ce pays.*

Paris est la ville qui renferme actuellement le plus grand nombre de collectionneurs[1], parmi lesquels on rencontre d'éminents connaisseurs, mais il y en a aussi qui confondent le bric-à-brac avec la collection et la manie avec l'étude. C'est à Paris, et encore plus dans la Normandie, que l'on trouve les pièces les plus remarquables de la faïence française. Le rouen, le moustier, le strasbourg, le lunéville, etc., ne se trouvent nulle part aussi complétement représentés que là.

Le Louvre, le musée de Cluny et, avant tout, le musée céramique de Sèvres, possèdent des collections nombreuses de faïences. Le dernier est le plus propre à l'étude. Composé par M. Riocreux, pendant sa longue carrière, avec un grand discernement, il n'y a rien de trop et presque rien n'y manque; malheureusement il n'en existe pas encore de catalogue.

Voici le tableau chronologique *résumé* comprenant toutes les productions céramiques :

		Av. J.-C.
Les poteries	indoues de la première civilisation,	4000
—	assyriennes ou babyloniennes, tuiles vernissées, etc.,	2500
—	chinoises, porcelaines à pâte dure, grès,	2500
—	celtiques (lacustres), etc.,	2000
—	américaines,	2000
—	égyptiennes,	1500
—	pélasques et grecques (Homère),	960
—	grecques et étrusques,	600
—	latines-étrusques (Pouille, etc.),	400
—	romaines,	100
—	scandinaves, germaines et anglo-saxonnes, indéterminées.	

1. En Allemagne, ce sont Augsburg, Bamberg, Berlin, Cassel, Darmstadt, Dresden, Frankfurt S./M., Gotha, München (Munich), Nürnberg, Regensburg (Ratisbonne), Siegmaringen (le célèbre musée du prince), Trier (Trève), Ulm, Weymar, Wien, etc. En Belgique, c'est le musée de la porte de Hall qui est le plus riche. En Angleterre, le Kensington-museum, etc.

		Ap. J.-C.
Les poteries	gallo-romaines,	20
—	gauloises,	200
—	germaines vernissées ou imperméables,	400
—	persanes, à engobe et au vernis minéral (faussement nommées faïences),	700
—	turques (Asie-Mineure), à partir de	1300
—	italiennes, demi-majoliques ou terres cuites au vernis minéral,	1000
—	allemandes, *grès*, faïences à *émail stannifère*,	1000
—	musulmanes (siculo et hispano-musulmanes) stannifères, plombifères, arsenifères, etc., 800 ou plus probablement devers	1000
—	britanniques, terres cuites au vernis minéral,	1300
—	italiennes, *à émail stannifère*,	1300
—	françaises, au vernis plombifère,	1300
—	hollandaises, à émail stannifère,	1450
—	suisses, — (au vernis vers 1300),	1550
—	belges, —	1550
—	anglaises, — (au vernis vers 1450),	1588
—	russes, —	1700
—	danoises, —	1727
—	suédoises, —	1727

Les faïences et les grés sont donc compris dans ces poteries, à des différences d'époques près. Le grès, d'origine chinoise, a été fabriqué de nouveau en Europe, d'abord par les Allemands.

Voici la liste chronologique :

Grès *bruns* communs, à Regensburg (Ratisbonne), probablement vers	750
— — rhenau[1],	1300
— *gris-blanc* alcalin —	1500
— *gris et bleu* —	1500
— *gris, bleu et violet* —	1500
— *gris-jaunâtre*, hollandais, sans vernis,	1424

1. Ces grès sont ordinairement désignés sous la dénomination erronée de grès de Flandre ; mais s'il y a des *grès de Flandre*, il y en a très-peu, et le lieu de leur fabrication est tout à fait inconnu, en Belgique même. Presque tous les grès que les catalogues des musées désignent comme de provenance flamande ont été fabriqués aux bords du Rhin ; Köln, Neuwit, Coblentz et autres localités ont été les centres de cette fabrication artistique. Ces grès portent des inscriptions, monogrammes et armoiries allemands, ou de *style allemand*. (Voir **Köln**, etc.)

Grès *divers*, français (Beauvais),		1500
— — de Flandre,		1550
— *bruns, émaillés de couleurs*, de Creussen en Allemagne,		1570
— *blancs*, en Angleterre (Burslem),		1690
— *divers*, suédois (Hoganus),		1770

Les anciennes *faïences translucides*, appelées vulgairement et improprement *porcelaines à pâtes tendres*, ainsi que les *véritables porcelaines*, ou *porcelaines à pâtes dures*, doivent être classées de la manière suivante :

Les porcelaines chinoises et japonaises, toutes en *pâte dure*, sont les plus anciennes ; connues en Europe depuis 1474, l'invention de la première remonte au moins à 2500 ans avant J.-C.

Les porcelaines des Indes suivent. La porcelaine de Perse n'a jamais existé.

La plus ancienne, et probablement aussi la première faïence translucide, dite porcelaine à pâte tendre, connue par mes recherches, est celle brevetée à la Haye, en 1614, par une *résolution* (arrêté) des états généraux.

Les premières productions de ce genre de poterie prennent l'ordre chronologique suivant :

Hollande,	— La Haye,	1614
France,	— Saint-Cloud,	1695
—	— (Rouen, de 1647, est resté jusqu'ici sans preuves).	
Flandre,	— Lille,	1708
Allemagne,	— Nurnberg (douteux),	1712
Angleterre,	— Strafford-le-Bow,	1740
Belgique,	— Doonick (en français Tournay),	1750
Espagne,	— Buen-Retiro et Alcora,	1760
Portugal,	— Vista-Alègre,	1775

La véritable porcelaine à pâte dure, composée de kaolin (en chinois, ka-ho-lin) et de feldspasth[1] (petun-zé), pareille aux porcelaines des Indes, de la Chine et du Japon, a été de nouveau inventée en Europe par Friedrich Böttger, à Meissen, ville de Saxe.

1. *Feldspath* (de l'allemand *spath*, de champ) est le nom commun à plusieurs minéraux silicatés, comme l'*orthose* (silicate d'alumine et de potasse), l'*albite* (silicate d'alumine et de soude), le *pétalite* (silicate d'alumine et de lithine), etc., etc.

Voici comment la première fabrication de la porcelaine à pâte dure des différents pays doit être classée :

Allemagne,	—	Meissen (1704, rouge, sorte de grès),	1707
France,	—	Strasbourg,	1720
Italie,	—	Capo di Monte,	1735
Russie,	—	Pétersburg (premiers essais, 1725),	1744
Suisse,	—	Zurich,	1763
Hollande,	—	Weesp,	1764
Danemark,	—	Copenhagen,	1772
Angleterre,	—	Schelton,	1777
Portugal,	—	Vista-Alègre,	1790
Belgique,	—	Bruxelles,	1791
Pologne,	—	Korzec,	1800
Espagne,	—	Mondoa,	1827
Amérique,	—	Philadelphie (fabrique allemande),	1830
Hongrie,	—	Herend,	1850

La soi-disant porcelaine à pâte tendre (ou même dure), attribuée à Florence, en l'année 1581, et appelée pompeusement porcelaine des Médicis, n'est certes qu'une grossière mystification. Plusieurs pièces payées fort cher par de riches amateurs, en France et en Angleterre, ne datent que de ce siècle et ont été probablement fabriquées dans la manufacture des Ginori, ou dans une autre usine du pays, avec des marques de fantaisie; d'autres ne sont pas même translucides et fabriquées d'une terre brune couverte d'émail stannifère comme toutes les faïences, et d'autres, décorées sur engobe et sous couverte plombifère, rappellent la fabrication turque de l'Asie-Mineure, dite persane. On en trouvera une mention plus détaillée à la fin de l'article qui traite des porcelaines italiennes.

Définition des différentes espèces de poteries.

Il n'existe que huit grandes familles de poteries, dont voici la plus simple définition :

1° *Terre cuite commune, opaque, sans couverte.* Poteries primitives perméables, — Briques, etc.

2° *Terre cuite opaque* (terra cotta). Poteries artistiques perméables,

sous couverte silico-alcaline à excès d'alcali.	grecques, étrusques, romaines, etc.
3° *Terre cuite opaque à glaçure à base silicate.*	Poteries imperméables, — grès, etc.
4° *Terre cuite opaque sous couverte ou à glaçure minérale (plombifère, etc.)*	Poterie imperméable vernissée ; terre de pipe demi-majolique; faïence dite de Henri II ; terres dites de Bernard Palissy, etc.
5° *Terre cuite opaque à glaçure stannifère.*	Poterie imperméable émaillée, faïences ; terres de Robbia et de Hirschvogel, etc.
6° *Terre cuite translucide sans kaolin à glaçure composée.*	Poterie imperméable émaillée ; faïence translucide, appelée porcelaine à pâte tendre.
7° *Terre cuite translucide avec kaolin et à glaçure kaolinique.*	Poterie imperméable émaillée et feldspathique : la véritable porcelaine dure.
8° *Terre cuite opaque kaolinique sous couverte ou au vernis minéral.*	Porcelaine opaque, dite anglaise.

1° La terre cuite commune opaque sans couverte est la poterie la plus ancienne et la plus commune. C'est de la terre ou de l'argile de différentes espèces, durcie par le feu.

2° La terre cuite opaque sous couverte silico-alcaline a excès d'alcalin est une poterie perméable, connue des anciens et dont la couverte est dissoluble dans l'eau (voir Silicates).

3° La terre cuite opaque a glaçure silicate (insoluble) est une poterie imperméable connue des anciens, qui, comme *le grès*, est recouverte d'une glaçure de différentes manières obtenue par le sel marin[1] évaporé à la plus haute température de cuisson possible.

1. Henri Campe, surnommé le Berquin allemand, né dans le Brunswick en 1746, mort en 1818, a raconté d'une manière ingénieuse, et à la portée de la jeunesse, la formation naturelle, par le sel marin et le feu, de ce vernis ou de cette couverte qui rend la poterie imperméable. Qui ne se souvient d'avoir lu dans sa jeunesse les fameux voyages de *Robinson Crusoé*, traduits dans toutes les langues ? Il se pourrait bien que la déconverte ait eu lieu, dans les temps primitifs, de la même manière que celle de la fabrication du verre.

Les anciens croyaient qu'une troupe de voyageurs nomades, ayant allumé du feu sur un terrain sablonneux, au bord de la mer, avaient été tout étonnés de trouver le lendemain dans les cendres une matière minérale, brillante et vitrifiée, et que la découverte du verre appartenait ainsi au hasard seul.

Le grès, d'origine chinoise, a été découvert et fabriqué en Europe, d'abord en Allemagne, à Regensburg (Ratisbonne), à Baireuth, à Köln (Cologne), à Neuwit, à Grenzhausen, et dans toute la partie rhénane et en Saxe (Bunzlan), etc.; et ensuite en Hollande, dans les Flandres et à Beauvais. C'est une poterie à pâte dense, sonore, opaque, à grain fin et imperméable. Sa dureté est extraordinaire. Frappé par l'acier, ce grès fait jaillir des étincelles. Le mot allemand *steingut*, ustensile en pierre, désigne parfaitement sa qualité. Il y a des grès à cérames communs et fins. Le *grès commun* est composé *d'argile et de sable*. Le grès à cérame fin contient des additions de kaolin, de feldspath, etc. Quand il est à *glaçure*, le *vernis* est le résultat d'évaporation de *sel* de cuisine ou de mer, ou de *potasse* ou *d'oxyde de plomb*, ou enfin de l'immersion dans une composition *verreuse* saturée de beaucoup de plomb.

C'est le *grès* qui a conduit Böttger à la découverte de la porcelaine. La porcelaine dure est un *grès rendu translucide*. Les Chinois fabriquent du grès si bien couvert d'émail stannifère en blanc ou en couleur, qu'il ressemble à la porcelaine. Tous les craquelés sont de cette catégorie. On les reconnaît à l'absence de la transparence. Les ornements de ces grès allemands du moyen âge étaient produits au moyen de moules en bois, ciselés et travaillés très-artistiquement.

4° La terre cuite opaque au vernis minéral est une poterie également connue déjà des anciens, et recouverte d'un vernis minéral transparent; elle se subdivise en trois sortes :

A. *La terre cuite opaque vernissée*[1] est une poterie en terre

1. Le mot *vernis*, qui désigne en français, fort improprement, la *glaçure* ou la couverte minérale des poteries qui ne contiennent pas de l'étain, ne devrait s'employer que pour désigner les matières lustrales *végétales* grasses, employées à froid. On pourrait diviser les différents vernis en *quatre* classes :

1° Le *vernis terreux*, c'est-à-dire un mélange de différentes terres qui se servent mutuellement de fondant;

2° Le *vernis salin* ou *alcalin*, formé de sels ou de substances terreuses dont le silice fait la plus grande partie;

3° Le *vernis métallique*, composé de silice ou autres substances terreuses et de minium (deutoxyde ou oxyde rouge de plomb);

4° Le *vernis alcalin métallique*, formé par un mélange des deux vernis précédents.

cuite avec ou sans peinture, recouverte d'un vernis minéral transparent, appelé aussi couverte; c'est une glaçure composée d'acide de plomb, recuite seulement à tout petit feu, pareil à celui employé pour la vitrification de la faïence translucide (porcelaine à pâte tendre). Ce vernis s'obtient sans alcali, par un mélange de terre, de sable et d'oxyde; oxyde de plomb pour le jaune (qui laisse transpercer le jaune de la terre cuite); du cuivre ajouté on obtient du vert, et le manganèse donne du brun. On peut aussi colorer la terre avant le vernissage, soit en pétrissant la pâte de matières colorantes, soit en la trempant entièrement ou *par parties* dans une barbotine colorée, appelée *engobe*. C'est ainsi que les terres dites de Bernard Palissy ont été fabriquées. La cassure de cette poterie est jaunâtre et terreuse.

B. La terre de pipe vernissée opaque est de la poterie en terre plus blanche et plus légère, fabriquée et glacée comme la terre vernissée ordinaire; mais sa cassure est plus blanche, son poids moindre et sa fragilité plus grande. Toute la faïence anglaise est presque en terre de pipe vernissée, quelquefois mêlée d'un peu de kaolin. La soi-disant porcelaine opaque de ce pays est également composée de terre de pipe mêlée d'une petite partie de kaolin. Les poteries dites de Henri II ou de Diane de Poitiers ne sont que de la terre de pipe à niellures et vernissée.

La terre de pipe française, comme, par exemple, celle de Montereau et de Creil, est aussi très-propre à être *émaillée*, c'est-à-dire à recevoir, à la place du vernis de plomb, etc., un émail stannifère, et quand M. Salvetat dit : « que le *caïoutage français* (terre de pipe) ne peut être émaillé à l'étain, » il fait erreur, car M. Lœbnitz, M. Devers et M. Gouvion, céramistes à

Les vernis terreux sont inattaquables aux dissolvants, l'acide fluorique excepté; les autres se décomposent facilement par les graisses et les oxydes.

Jadis on employait à la composition du vernis métallique, dit couverte, exclusivement la *céruse* (blanc de plomb préparé avec le vinaigre), qui a été remplacée par le *minium* (du plomb calciné : le deutoxyde).

La couverte ou le vernis qui sert à être appliqué sur la terre de Montereau peut être obtenu par :

Sable blanc, 8 parties; — minium, 10; — potasse, 5; — Cobalt, 1 millième.

Paris, en ont obtenu, à plusieurs reprises, de fort beaux résultats; et, selon moi, il n'existe même pas de terre qui se prête mieux pour être émaillée à l'étain que la terre de pipe si blanche de sa nature.

C. *La demi-majolique opaque plombifère des Italiens; Castellana,* est une terre cuite opaque, engobée à froid d'une légère couche de terre de pipe quelquefois mêlée de chaux et séchée à l'air et au soleil, peinte et vernissée ensuite comme la terre cuite vernissée ordinaire et cuite à deux feux. (Les soi-disant faïences persanes appartiennent à cette catégorie).

5° La terre cuite opaque a glaçure stannifère est une poterie recouverte d'un *émail opaque*[1] dont les bases sont les mêmes que celles des émaux des métaux et du verre, plus l'étain; car un émail n'est pas autre chose que du verre rendu *opaque* par l'étain. (La bonne terre propre à fabriquer la faïence et toutes sortes de poteries en général, ne doit pas bouillonner quand on verse de l'eau-forte dessus; si elle bouillonne, elle ne vaut absolument rien pour l'usage céramique). L'espèce dite *à glaçure stannifère* se subdivise en trois branches :

A. *La terre cuite à émail stannifère;*

B. *La faïence à émail stannifère* (*Fictile valentinum majolicum Faventinum, Delphicum*, en latin)[2];

C. *La faïence à émail stannifère, aurifère et arsenifère,* à base de bismuth, etc., dite *musulmane.*

A et B sont des productions recouvertes d'émail stannifère et qui ressemblent, quand elles sont belles, à la porcelaine, mais

1. L'arsenic, aussi bien que l'antimoine, mis en grandes quantités, rend aussi *opaque*, ainsi que le phosphate de chaux; mais le bel émail *à corps gras* ne peut s'obtenir que par l'étain. Les couleurs *mates* ou veloutées que les décorateurs sur porcelaines de nos jours ont mises en vogue s'obtiennent également par l'addition du phosphate de chaux, ainsi que le blanc opale dans le verre. L'émail des anciens émaux cloisonnés me paraît avoir obtenu son opacité, ainsi que son *blanc opale*, par le phosphate de chaux, et non pas par l'étain. Les os les plus propres à la fabrication de ce sel sont ceux du mouton. On croit même que les os d'*oiseaux* donnent le sel le plus fin pour l'usage céramique.

2. Presque toutes les faïences anciennes montrent au revers trois marques ou points dépourvus d'émail ou de vernis; cela provient de l'empreinte que les *pernettes* y ont laissée à la cuisson. On appelle *pernettes* les petits prismes triangulaires de terre cuite vernissée que l'on fait passer à travers les *casettes* afin de supporter et d'isoler les pièces à la cuisson.

sans êtres translucides, même à la bougie. Leur cassure est ordinairement jaunâtre et terreuse. L'émail est mis en fusion par une cuisson bien moins forte que celle de la véritable porcelaine dure, mais plus élevée que la température nécessaire à la cuisson de la pâte tendre.

La seule différence qui existe entre la terre cuite émaillée et la faïence émaillée, c'est que la première est sans décor de peinture appliqué sur l'émail par la main d'un peintre (comme les œuvres des écoles saxonne, franconienne et souabe, là où elles représentent des sculptures, et telles que les Hans Kraut, les Hirschvogel et les Della Robbia, en Italie ont laissé, etc.), tandis que la seconde est décorée de ces *peintures* polychromes ou monochromes, sur cuit ou cru, comme le sont ordinairement les plats et les assiettes, etc. Dans la première, les dessins en bas-relief, etc., sont le résultat de la moulure ou du modelage; dans la seconde, ces dessins sont le résultat de la peinture. L'émail blanc sur la faïence, ainsi que les couleurs des émaux sur la terre cuite, se posent généralement par *immersion*, puisque la peinture est superposée après. Quelquefois les émaux sont aussi répandus avec le pinceau. L'émail de la terre cuite, quand il est colorié comme celui des maîtres nommés plus haut, est souvent mélangé avec des colorants minéraux : le bolus, le safre, le manganèse, l'antimoine, etc., etc., pareils aux couleurs dont les peintres sur faïence se servent.

Voilà donc la seule différence qu'il y ait entre ces deux sortes de poteries, qui ne forment qu'une seule espèce. De toutes les faïences, ce sont celles de Nürnberg et de Nevers qui sont cuites à la plus haute température.

D. La faïence à reflet métallique au bismuth, antimoine-arsenifère, etc., dite *musulmane ou hispano-moresque et siculo-musulmane*, est *vernissée* une seconde fois à un tout petit feu, au moyen d'un vernis où l'arsenic, le bismuth, etc., entrent en petites proportions, et aussi par des fumigations minérales, etc. Quant au reflet métallique obtenu par le *cuivre*, c'est une chimère. Le cuivre se brûle au grand feu, ou tourne au *vert* au petit feu. Ces poteries à reflets ont été fabriquées par les Allemands, les Musulmans, les Hollandais et les Italiens. L'ignorance et les préjugés de nos jours de ce qui regarde la fabrication de ces reflets métalliques s'étaient répandus à la fin du seizième siècle sur tout ce qui se rapporte à la fabrication des poteries, et particulièrement à la porcelaine; le passage suivant, qui se trouve dans le livre de Pancirole, *Des choses perdues et inventées*, en donnera une idée : « La porcelaine était une composition faite avec du plâtre, des blancs d'œuf et des écailles de coquilles marines qu'on tenait enfouies en terre pendant quatre-vingts ans, de sorte qu'un ouvrier qui entreprenait cette profession ne travaillait que pour sa postérité; »

6° LA TERRE CUITE TRANSLUCIDE SANS KAOLIN A GLAÇURE COMPOSÉE, appelée pompeusement *porcelaine à pâte tendre*[1], est une faïence translucide à la lumière. Sa cassure est blanche et son émail d'une *blancheur pâteuse pareille à la crème*. Elle est légère et douce au toucher, pareille à la faïence. Le dessous des pieds est *partout émaillé*, puisque la porcelaine tendre est cuite suspendue à des crochets de fer, tandis que la porcelaine dure montre au-dessous des pieds des endroits privés d'émail, là où elle était posée dans le four. Comme l'émail de cette poterie n'est qu'une espèce de vitrification peu dure, sorte de vernis, moins dure même que l'émail de la faïence et qui se cuit presque à la même température que le vernis ou la couverte des poteries vernissées, on peut l'entamer et la rayer à la lime et au couteau, et *sa pâte* se gratte aussi facilement sous une lame d'acier que celle de la terre cuite. C'est là même un moyen de distinguer la pâte tendre de la pâte dure de la véritable porcelaine, quand cette dernière, chargée de beaucoup de feldspath, est d'un émail pâteux et crèmeux. La porcelaine de pâte tendre se *raye* donc aussi facilement à l'usage et ne peut servir à la cuisson, puisque le feu la fait éclater. La composition de la pâte de cette

1. La dénomination de la *pâte tendre* provient de ce qu'elle supporte bien moins de chaleur de cuisson, qu'elle *fond* au feu avant que la vraie porcelaine ne cuise, et que l'émail, et encore bien plus la *pâte*, peuvent, comme je l'ai dit, s'entamer au couteau.

porcelaine tendre n'est pas partout la même. En France seulement, elle varie presque déjà dans chaque fabrique.

Elle est ordinairement formée d'un mélange de nitre, de sel marin, d'alun, de soude, de gypse (le chekao chinois), de sable, de craïe blanche et de marne. Quelques fabriques y ajoutent des tessons de porcelaine, et remplacent le sable par le silex exempt de fer. La fabrique de Saint-Amand produit actuellement la meilleure porcelaine tendre qui se fabrique en France.

La porcelaine à pâte tendre anglaise est la moins bonne; elle était longtemps impropre au décor de la peinture; c'est à cause de cela que la plupart des porcelaines anglaises étaient décorées au moyen de l'impression, procédé qui a été appliqué en premier en Angleterre dans la fabrique du docteur Wall à Worchester, dès 1751, et en Allemagne, à Berlin, par Pot. (Voir *Lithogéognosie*, et aussi au commencement du chapitre qui traite de la porcelaine anglaise.)

L'émail ou, plus proprement dit, la couverte de la porcelaine à pâte tendre se compose de litharge[1], de sable, de silex (pierre à fusil broyée), de sous-carbonate de potasse et de soude. Ce vernis entre en fusion à une température basse et très-inférieure à celle nécessaire à la cuisson de la pâte.

Le décor courant, les fleurs bleues, par exemple, que l'on rencontre ordinairement sur la pâte tendre de Chantilly, etc., est peint sur le dégourdi, et, après être sorti du four en biscuit, on le recouvre de vernis. (Voir Chantilly.)

7° LA TERRE CUITE TRANSLUCIDE AU KAOLIN ET A GLAÇURE KAOLINIQUE est la *véritable porcelaine*, ou la porcelaine à pâte dure. C'est purement du grès rendu transparent. Cette porcelaine, ainsi nommée du mot latin *porcelina* ou *porcelena* (un coquillage qui lui ressemble), en anglais *china*, est transparente à la lumière; sa cassure est dure et blanche intérieurement comme le sucre ou l'albâtre rompu. Cette porcelaine a la blancheur du lait : au-dessous des assiettes et autres pièces, le bord du pied est *dépoli* ou *sans émail*. Elle est généralement plus pesante que

1. Du *massicot* (oxyde de plomb) cristallisé en petites larmes. La couleur de bronze sur les poteries s'obtient aussi par la litharge.

la pâte tendre, et peut au besoin servir à la cuisson, puisqu'elle supporte le passage du froid au chaud.

La vraie porcelaine à pâte dure européenne, inventée par Böttcher, se rapproche le plus de la porcelaine chinoise, quoique celle-ci lui reste toujours supérieure par sa finesse. Ni l'Allemagne, ni la France, ni les autres pays de l'Europe n'ont détrôné l'anciénne porcelaine chinoise. Les Chinois n'ont pas seulement peint sur le cru de l'émail répandu sur la terre déjà cuite, comme le faisaient les anciens faïenciers du Nord et comme le pratiquent actuellement l'innovateur de cette méthode M. Pinart, et après lui M. Bouquet, M. Chantrier à Nevers, M. Laval à Presnière, près Dijon, et quelques autres potiers; les Chinois ont obtenu même leurs belles pièces *d'une seule et unique cuisson*, c'est-à-dire qu'ils ont peint sur la pâte sèche non cuite.

La porcelaine dure est composée de kaolin (le ka-ho-lin chinois, la porcelan-erde allemande, le chinaclay anglais) et de feldspath (le petun-zé chinois). Le kaolin est une terre, c'est du felspath qui a perdu sa potasse; et le feldspath une pierre, du silicate d'alumine et de potasse.

L'émail de cette porcelaine, que quelques auteurs appellent *couverte*, est composé en France de quartz, de kaolin, de calcaire et de tessons de porcelaine. La cuisson de la pâte a lieu à une température si élevée que les pièces se chauffent *à blanc*, c'est-à-dire à la plus haute chaleur possible.

La cuisson de son émail demande une température aussi élevée que celle nécessaire à la cuisson de sa pâte et du *grés*. Cette porcelaine se cuit dans des boîtes en terre réfractaire appelées *casettes* [1].

Les peintures des porcelaines sont cuites au feu de réverbère, c'est-à-dire au troisième feu, ou à la température la plus basse de cuisson de poterie, où les pièces chauffées ne doivent

1. Les *casettes* sont des tubes ou étuis en argile cuite (terre blanche) exempte de matières ferrugineuses ou calcaires qui les feraient gauchir. Elles servent à garantir les poteries des accidents et sont aussi utiles pour placer convenablement les pièces au four.

pas dépasser la couleur de la *cerise*. Les peintres en porcelaine les cuisent en *moufles*[1] confectionnés de terre réfractaire.

Comme l'émail, ou la couverte de la porcelaine dure ne peut être mis en fusion convenable pour son mariage intime avec les couleurs du décor qu'à une température si élevée à laquelle le cobalt seul résiste, tandis que tous les autres colorants minéraux disparaissent, il devient impossible de décorer la porcelaine autrement que sur la surface et à couches minces par des couleurs fondantes et cuites au petit feu du moufle. Ces couleurs, qui n'entrent presque pas dans l'émail, ne peuvent avoir ni de la solidité ni l'épaisseur nécessaire; elles manquent de *gras* et de *corps*, ces qualités indispensables d'une bonne peinture; la touche large et à effet devient presque impossible, ce qui est la cause que l'amateur à goût artistique préférera toujours la belle faïence décorée sur le cru au grand feu, et même la porcelaine à pâte tendre à la porcelaine dure. (Voir *Fondants*.)

8° LA PORCELAINE ANGLAISE OPAQUE, aussi bien que la soi-disant porcelaine à pâte tendre, qui a dû être confondue avec la porcelaine à pâte dure dans la seconde partie principale du travail chronologique de ce livre, est une terre de pipe à laquelle on ajoute quelques parties de kaolin et qui est recouverte d'un vernis minéral. Elle a donc tous les inconvénients de la porcelaine à pâte tendre sans avoir sa translucidité, ni l'aptitude d'être décorée aussi artistiquement; mais c'est un excellent article de commerce et de fourniture en grand.

Styles et ordres.

La connaissance des styles et des ordres est indispensable au collectionneur pour le classement des poteries. Le style architectural de toutes les époques s'est toujours reflété sur la céramique. Je pense donc rendre service aux amateurs en leur don-

1. Petit four en forme de voûte allongée, que l'on peut fermer tout autour, et qui sert à la cuisson des décors de porcelaine et de quelques autres espèces de poteries. Il est construit en sorte que la flamme ne puisse toucher immédiatement les objets de la cuisson.

nant ici un résumé chronologique des divers styles et ordres qui se sont succédé.

L'architecture est l'art qui a devancé celui de la céramique, quoique tous les deux soient des plus anciens. L'habitation et la nourriture doivent avoir préoccupé d'abord l'homme primitif, puisque se loger et se nourrir sont des nécessités que la nature a mises même dans l'instinct des animaux [1]. Le style architectural de chaque époque, qui est l'expression de sa civilisation, est en rapport intime avec les autres arts, et représente plus que tout autre les goûts et les tendances du temps. La sculpture et le modelage nécessaires à la céramique ont suivi l'architecture et devancé l'art de la peinture [2].

Les styles chinois, égyptiens, assyriens, indiens, mexicains,
grecs et romains, en partant de. 2000
sont généralement nommés *styles antiques*. av. J.-C.

Les styles égyptiens, assyriens, indiens et *mexicains* sont sévères, solides et grandioses. Les deux derniers sont cependant souvent irréguliers et touchent par leurs détails à la grimacerie.

Le style chinois n'existe presque pas; c'est une architecture enfantine invariable depuis de nombreux siècles. Chargé et mesquin, il rappelle les tentes des peuples nomades.

Le style grec, qui tient à l'architecture égyptienne, est 600
plus étudié que celui-ci et a des proportions plus arrêtées; il a servi de type à l'architecture romaine antique.

1. L'abbé Cochet dit, dans l'Introduction de son *Archéologie céramique et sépulcrale*, que : « Partout où l'homme a séjourné dans ce monde on trouve les débris d'un vase. La poterie est donc la trace la plus précieuse du passage de l'humanité sur la terre. Aussi la céramique paraît-elle la plus indispensable de toutes les connaissances archéologiques. »

2. Winckelmamm dit, dans son *Histoire de l'Art chez les anciens*, que : « L'art a commencé par la configuration la plus simple, par la plastique en terre cuite, et par conséquent par une espèce de *sculpture;* car un enfant peut donner une certaine forme à une masse molle, mais il ne saurait rien tracer sur une superficie plane. Pour modeler il suffit d'avoir la simple idée d'une chose, tandis que pour dessiner il faut posséder une infinité d'autres connaissances; ce qui n'a pas empêché que la peinture ne soit devenue par la suite la décoration de la sculpture, etc. »

Le style romain antique, où l'ordre composite domine, 100
dérive du style grec. Il est cependant moins pur.

Le style byzantin[1] ressemble au style russe actuel, qui 300
en a conservé les formes et proportions. Le style arabe à
et mauresque lui ressemble égalemeut. Il se distingue du 900
style roman par une plus grande élévation dans les arcs de notre ère.
et par la substitution des arcs en *plein cintre* aux plafonds plats. Le roman et le bysantin sont souvent confondus, puisque le premier montre aussi des pleins cintres.

Le style mauresque et arabe, et plus tard *sarrasin*, est 700
bizarre, mais très-riche d'une profusion d'ornements.
Venu d'Espagne, il modifia d'abord le bysantin, et il se
distingue par un nombre infini d'arabesques.

Le style roman[2] est simple et presque primitif; basé 500
sur les proportions des styles antiques, modifiés et à
embellis par les réminiscences byzantines et arabes, 1250
les chapiteaux corinthiens prennent la forme *carrée*,
et les ornements de ces chapiteaux ne sont plus soumis à des règles invariables et représentent des animaux fantastiques, etc. Les plafonds sans voûtes cèdent
bientôt aux voûtes en plein cintre et se confondent sous
quelques rapports avec le style byzantin. C'est l'architecture romaine devenue barbare, c'est-à-dire plus grandiose, plus belle et plus originale.

Le style germanique[3], dit gothique, est svelte, très- 1200

1. Voir le renvoi au chapitre *Regensburg* (Ratisbonne) pour les différentes formes de christs, dont la connaissance est fort utile pour la classification des objets d'arts religieux, à partir du dixième jusqu'au quinzième siècle.

2. Le savant critique d'art de Berlin, M. Waagen, dit dans son ouvrage, *OEuvres d'art et artistes en Allemagne* :

« Ce style que l'on nomme byzantin, mais que j'appelle roman. »

Je n'ai pu saisir la pensée de M. Waagen, car il est impossible qu'il veuille confondre deux styles aussi distincts : le byzantin, avec son ornementation riche et détaillée, l'élévation de ses voûtes en plein cintre, est bien autre chose que le style roman. Ce dernier a presque supprimé les voûtes, — les plafonds sont souvent plats et poutrés, ou à architraves, — son ornementation s'est appauvrie au point que les sculptures n'en ont gardé que quelques animaux fabuleux de l'Orient aux formes légendaires.

3. L'auteur doit faire observer ici que la race dominante des *Franks*, qui a introduit ce style dans les Gaules et fait exécuter les monuments, était aussi *germaine*.

contourné et d'une grande solidité; il est le moins uni- à
forme, le plus original et se prête au jeu de l'imagination. 1500
La Sainte-Chapelle et le musée de Cluny en sont de beaux spécimens à Paris, mais d'un genre tout différent.

Le vieux style gothique se subdivise en saxon, belge, normand, lombard, etc.

Je le divise en trois catégories ou plutôt époques, et non pas par pays :

Le gothique à réminiscences romanes, ou de transition du treizième, et le gothique pur de la fin du treizième jusqu'à la fin du quatorzième siècle qui, selon moi, est le plus beau, puisqu'il est calme et sévère.

Le gothique achevé du quatorzième siècle et du commencement du quinzième.

Le gothique de la décadence des quinzième et seizième siècles.

Le gothique allemand, tel qu'on le rencontre dans ce pays, est le plus sévère et le plus imposant.

Le gothique français est plus orné, plus agréable, mais pèche par la profusion de ses arcs-boutants.

Le gothique anglais est en majeure partie *perpendiculaire*, c'est-à-dire de la décadence, comme le *flamboyant* français.

Le gothique fleuri ou flamboyant de la décadence est cependant préférable dans les boiseries et dans les petites œuvres.

Le style de la Renaissance est fin et léger; il participe de 1450
tous les styles et le plein cintre se trouve chargé de la parure de l'ogive. Charmant de détails, irrégulier, manquant de grandeur, il plaît à tous les goûts et varie dans chaque pays. Le château de Blois est un des plus remarquables spécimens de la Renaissance *française* qui subsistent.

Le style dit Henri IV ou Louis XIII se signale par ses 1570
mosaïques de briques rouges; il est agréable et se ressent encore de la Renaissance.

Le style dit Louis XIV est boursouflé, bouleversé, et se 1650 signale souvent par l'abus de mascarons et de cartouches. Versailles est un échantillon de cette affreuse décadence.

Le style saxe, appelé aussi *rocaille*, *Pompadour*, *rococo*, 1720
Louis XV, etc., est surchargé de rocailles, prétentieux et efféminé; il n'est agréable que dans les petits arts et pour l'ornementation intérieure des châteaux et appartements; dans les grandes œuvres il devient grotesque.

Le style de Louis XVI, plus simple et plus beau dans 1788
la grande architecture que celui du règne précédent, en est cependant la continuation, et se signale par l'emploi de grosses guirlandes.

Le style de l'Empire n'est qu'une triste imitation du grec 1805
et du romain; il représente la décadence complète de l'art.

Le style actuel, ou du dix-neuvième siècle, consiste dans les constructions légères et élancées en fonte de fer, dans le genre des halles centrales, etc.; d'origine anglaise, il a été modifié en France et n'offre rien de caractéristique qui puisse lui conserver une place dans l'avenir.

Les ordres sont des subdivisions du style grec et romain. Les anciens n'avaient que trois ordres : le *dorique*, l'*ionique* et le *corinthien*. Jacques Barozzio de Vignole, né à Vignole, dans le Milanais, en 1507, est l'architecte qui en a donné le premier les proportions régulières; son *Traité des cinq ordres* est encore classique. Cet architecte, ainsi que Philibert Delorme, les Scamosi, les Serlio, les Paladio et autres, a composé, d'après l'architecture grecque, les cinq ordres suivants. Les ordres *persique* et *attique* ont été ajoutés plus tard.

L'ordre toscan. Remarquable par son extrême simplicité; il exclut tout ornement dans ses diverses parties.

L'ordre dorique. Le plus simple après le toscan; il exprime surtout la force et la solidité, et se reconnaît à l'absence de toutes bases, aux métopes[1] et aux triglyphes qui ornent sa frise. Les chapiteaux sont dépourvus d'ornement.

1. Du grec *métópon*, front, intervalle carré entre la frise et les triglyphes où on place des ornements. Le *triglyphe* (du grec *treis*, trois, et *glyphé*, gravure) est composé de trois cannelures; il servait dans l'origine à l'écoulement des eaux.

L'ordre ionique. Caractérisé par les volutes[1] de son chapiteau, qui ressemblent à des cornes de bélier.

L'ordre corinthien. Reconnaissable aux feuilles d'acanthe qui couvrent ses chapiteaux.

L'ordre composite. Il réunit le chapiteau corinthien aux volutes de l'ionique. On appelle aussi ordre composé toutes les ordonnances arbitraires ou capricieuses qui s'éloignent des règles ordinaires.

L'ordre persique ou *cariatide* est celui où l'on voit des figures d'esclaves ou de femmes supportant un fronton en remplaçant des colonnes. On doit l'appeler seulement *ordre cariatide,* quand les colonnes sont remplacées par des figures de *femmes*, puisque le nom de *cariatide* dérive des femmes esclaves de Karyan. Quand ces figures représentent des *hommes*, il faut l'appeler l'*ordre atlante*, nom dérivé d'Atlas, que les anciens ont représenté portant la terre.

L'ordre attique est un petit ordre de pilastres de la plus courte proportion, ayant pour entablement une corniche architravée.

1. Du latin *voluta*, de *volvere*, tourner, désigne l'enroulement en spirale de chaque côté du chapiteau.

DESCRIPTION PAR TABLEAUX CHRONOLOGIQUES

DE

TOUS LES PRODUITS CÉRAMIQUES

POTERIES, ÉMAUX SUR MÉTAUX, VITRAUX ET PIERRES ARTIFICIELLES

LEURS MARQUES ET MONOGRAMMES, LA FABRICATION

MONOGRAPHIES ET BIOGRAPHIES DES ARTISTES

MUSÉES ET COLLECTIONS

RÉSUMÉ DES MATIÈRES DE L'OUVRAGE

SELON

SES DIVISIONS ET CLASSIFICATIONS MÉTHODIQUES D'ORIGINES

LE TOUT PAR ORDRE CHRONOLOGIQUE

I

POTERIES OPAQUES ET SANS KAOLIN

Poteries asiatiques

indiennes, delhiennes, ahmedababiennes, cingalèses (île de Ceylan), javanaises (Sourabaïa), babyloniennes, chinoises, japonaises, Loukhariennes, persanes, turques (îles de l'Asie Mineure, Brousse, Kutahia, Thnarkale et Isnik).

Poteries américaines

palenquéennes ou mitlaïques, quichuases, téotihuacanes, toltèques et chichimèques, aymariennes et péruviennes, jacatèques et guatémaliennes, mexicaines ou aztèques et santiagiennes.

Poteries africaines

égyptiennes, scioutes, keneheriennes, nubiennes, algériennes, kabyles, etc.

Poteries européennes

lacustres, grecques-étrusques, romaines, scandinaves, germaniques et anglo-saxonnes, gauloises, alemanes, frankes, allemandes, siculo et hispano-musulmanes et espagnoles, italiennes, françaises, hollandaises, suisses, belges, anglaises, russes, danoises, suédoises, portugaises et polonaises.

II

POTERIES TRANSLUCIDES AVEC ET SANS KAOLIN ET OPAQUES AVEC KAOLIN

OU PORCELAINES A PATE DURE ET FAÏENCES TRANSLUCIDES, DITES PORCELAINES A PATE TENDRE

Porcelaines asiatiques

chinoises, indiennes et japonaises.

Porcelaines européennes

allemandes, françaises, russes, belges, suisses, hollandaises, anglaises, italiennes, espagnoles, danoises, portugaises, polonaises et hongroises.

III

PEINTURES CÉRAMIQUES SUR LAVE ET POTERIES VERNISSÉES SANS PLOMB, A BASE DE LAVE

IV

ÉMAUX SUR MÉTAUX

égyptiens, byzantins, allemands et anglo-saxons, français, italiens, chinois, russes et suisses.

V

PEINTURES SUR VITRAUX

allemandes, françaises, anglaises, suisses, belges, italiennes, hollandaises, espagnoles et russes.

VI

PIERRES PRÉCIEUSES ARTIFICIELLES.

I

POTERIES OPAQUES ET SANS KAOLIN

TERRES CUITES SANS COUVERTE, SOUS COUVERTE

AU VERNIS MINÉRAL ET ÉMAILLÉES

GRÈS, FAIENCES ET TERRES DE PIPE

LE TOUT PAR ORDRE CHRONOLOGIQUE ET PAR PAYS

POTERIES OPAQUES ASIATIQUES

INDE

POTERIE. Av. J.-C. 4000

Sans s'arrêter à l'origine d'une antiquité fabuleuse à laquelle les Hindous font remonter leur histoire, on peut cependant admettre que cette première civilisation connue remonte à quarante siècles avant Jésus-Christ. On ne possède néanmoins aucun vestige des poteries de cette époque.

Pour les poteries indiennes modernes on peut mentionner :

DELHI

TERRE CUITE MODERNE A ÉMAIL PLOMBIFÈRE.

Au musée japonais de Dresden et dans ma collection se trouvent des carreaux de pavage pentagones en brique rougeâtre et ornés de feuillages jaunes par le moyen d'un décalcage d'engobe de terre blanche qui, recouvert du vernis minéral translucide, forme des dessins jaunes sur fond chocolat. Ces carreaux ont été rapportés des Indes par lord Elfingston ; leur caractère n'a rien d'indien.

AHMEDABAB

Terre cuite noire moderne sans et sous couverte.

Des bouteilles à eau de cette fabrique figuraient à l'Exposition universelle de 1851. Le musée de Kensington en possède deux échantillons sous les nos 4,200 et 4,201.

ILE DE CEYLAN (Singhala)

Terre cuite moderne peinte a froid, et terre cuite rouge sans peinture.

Des bouteilles (nos 4,202 et 4,205) au musée Kensington.

SOURABAIA (Java)

Terre cuite brune moderne.

Le musée Kensington possède de cette provenance une bouteille, dite *alkarasas* ou *coojali*, qui a été exposée en 1851.

BABYLONE

Poterie au vernis plombifère (peut-être aussi à émail stannifère). Av. J.-C. 2500

On connaît de l'empire babylonien, fondé en 2640 par Nemrod, des briques vernissées. On a trouvé dans cette ville, et aussi au palais assyrien de Khorsabad, exploré par M. Place, des briques peintes en différentes couleurs et vernissées au feu. Le décor représentait des hommes, des animaux, des arbres et des dessins linéaires et géométriques. Je pense cependant que ce dernier genre de briques ornées de dessins historiés ne remonte pas à l'époque de la destruction de Babylone.

CHINE

Poteries en terre cuite vernissées. Av. J.-C. 2500 jusqu'à ce jr.

On a fabriqué en Chine et on y fabrique encore actuellement des ornements de jardin, etc., des figurines, la plupart grotesques, en terre cuite et recouvertes d'un vernis minéral, le plus souvent en vert (cuivre) et jaune (*crocus metallorum*[1]).

1. Ce *safran des métaux* des anciens est l'antimoine sulfuré grillé.

GRÈS A ÉMAIL STANNIFÈRE et GRÈS ROUGE SANS ÉMAIL.

La plupart des poteries dites *porcelaines craquelées de Chine* appartiennent à la catégorie des *grès*, et non pas à celle des porcelaines, puisqu'elles sont *opaques*. (Voir au chapitre des porcelaines ou poteries translucides chinoises.)

Le grès rouge chinois, particulièrement des théières, ressemble à celui du Japon et au grès que Böttcher, l'inventeur de la porcelaine européenne, a fabriqué avant d'avoir trouvé le kaolin pour sa porcelaine transparente. (Voir porcelaine de Saxe.)

JAPON

GRÈS ROUGE. Vers 150 av. J.-C.

C'est un beau grès rouge sans vernis, semblable et probablement de la même composition et cuisson que ceux que Böttcher a produits avant d'avoir trouvé la porcelaine. (Voir porcelaine de Saxe.) Le grès du Japon a souvent des ornements en relief; il est quelquefois peint et décoré d'émaux de couleurs. (Voir le chapitre des porcelaines ou poteries translucides japonaises.)

BOUKHARIE

POTERIE OPAQUE ET QUELQUEFOIS TANT SOIT PEU TRANSPARENTE; TERRE DE PIPE OU TERRE CUITE BLANCHE, *décorée ordinairement en camaïeu bleu, sur engobe et recouverte d'un vernis de plomb. Cette poterie, que l'on appelle à tort* faïence de Perse *et même* porcelaine de Perse, *s'est fabriquée à partir de* 700 jusqu'à nos jours.

La Boukharie ou le *khanat de Boukhara* est un État de l'Asie centrale, du Turkestan indépendant, et dont la capitale était jadis Samarkand, puis Bikend. La capitale actuelle est Boukhara.

La Boukharie, qui avait fait partie des grands empires persans d'Alexandre et de la Bactriane, fut conquise par les Turcs au sixième siècle, par les *Chinois* au septième et par les Arabes au huitième, et tomba, au neuvième, entre les mains des Samanides, etc., etc.

Ce sont incontestablement les Chinois qui ont introduit la fabrication des poteries, que les Boukhariens, ne connaissant pas le kaolin ou n'en possédant point, n'ont jamais pu élever jusqu'à la porcelaine.

Les productions boukhariennes anciennes consistent dans des poteries très-blanches de terre, espèce de terre de pipe (le cailloutage français), qui sont généralement décorées *au grand feu en camaïeu bleu* et recouvertes au petit feu d'un vernis de plomb qui se raye sous le couteau.

La porcelaine persane, dont MM. Le Blanc et Jacquemart parlent dans leur *Histoire de la porcelaine*, n'est autre chose que cette poterie boukharienne, qui n'est pas même de la faïence. Ces auteurs, sans se rendre compte de ce que c'est que la véritable porcelaine, se sont sans doute rapportés au passage de *Chardin* dans son *Voyage en Perse*, t. II, p. 42, où il parle des fabriques des villes de Kirman et Mesched, *dont les produits furent*, d'après cet auteur, *vendus en Europe par les Hollandais comme provenance chinoise*[1]. Chardin, qui a aussi appelé les carreaux de revêtement de *la porcelaine*, a encore pris, comme beaucoup d'auteurs de cette époque, et même comme on voit des auteurs actuels, de la faïence pour de la porcelaine (voir la note concernant la soi-disant porcelaine persane, à l'article suivant, qui traite des poteries persanes).

Il y a d'autres auteurs encore qui, tout en reconnaissant que la poterie boukharienne, confondue, avant la publication de ce *Guide*, avec celle de la Perse et de l'île de Rhodes, n'est pas de la porcelaine, malgré qu'elle offre souvent des spécimens tant soit peu translucides, croient qu'il ne leur manque qu'une cuisson plus élevée pour être de la porcelaine. C'est encore là une erreur, puisque le décor en camaïeu bleu est au grand feu, et la couverte plombifère seule est cuite au petit feu.

Les dessins de ces poteries ont ordinairement tout le caractère chinois et japonais, fort peu modifié par le goût persan.

On appelle aussi théières de Boukhara les théières en grès rouge dont il a été fait mention dans l'article qui traite des poteries opaques chinoises et japonaises; mais je crois que c'est à tort, et que c'est là une poterie importée de la Chine.

1. Pendant les vingt ans que j'ai visité la Hollande, je n'ai pas trouvé une *seule pièce* de faïence persane parmi les innombrables quantités de porcelaines de Chine et du Japon. Il serait bien étrange que ces faïences eussent disparu comme par enchantement, sans laisser la moindre trace dans les deux pays qui les fabriquaient et qui les vendaient! Le passage de l'ouvrage de Chardin ne mérite aucune croyance.

PERSE, c'est-à-dire IRAN (Perse moderne), État de l'Asie occidentale; CHIRAS, ISPAHAN, NAÏN, NATHÈNS.

Poterie opaque et quelquefois translucide, *décorée sur engobe et recouverte d'un vernis de plomb, appelée faïence de Perse*. A partir de 800
ou peut-être seulement du treizième siècle.

La poterie *ancienne*, véritablement persane, dont la fabrication avait été incontestablement introduite en Perse par les Boukhariens, après que ceux-ci l'avaient apprise des Chinois, à la suite de l'invasion chinoise au septième siècle, est fort difficile à déterminer, puisqu'il en est parvenu fort peu jusqu'à nous et puisque l'on a toujours confondu les poteries boukhariennes et turques (voir Rhodes et Brousse) avec la poterie persane.

Voici ce que je puis fixer maintenant comme données positives :

1° On ne rencontre *jamais* dans le décor des poteries boukhariennes et persanes *anciennes* le moindre vestige de la couleur *rouge*. Un des plus anciens spécimens de cette poterie persane dont l'époque de fabrication peut être fixée avec certitude, et provenant d'une mosquée, c'est le carreau de revêtement dont le croquis[1] est ci-contre. Je l'ai acheté dans la vente faite à l'hôtel des commissaires-priseurs, le 1er février 1866, par M. *Méchin*, qui avait rapporté de ses voyages en Perse toute une belle collection de poteries persanes. Ce carreau représente le schah Abbas II à cheval (1040 de l'hégire ou 1662 de notre ère). Les couleurs employées sont le *bleu*,

1. Cinq de ces curieuses plaques carrées (14 1/2 sur 18 1/2 centimètres), cataloguées aux enchères sous les nos 141 à 143, ont été vendues à MM. Faure, Carrant et Davilier, à Paris, et deux ont été achetées par moi. Les fleurs qui entourent le cavalier sont réservées sur le blanc de l'engobe, et le fond bleu de Perse paraît le produit d'un rechampissage, contrairement aux fleurs du décor des faïences de Rhodes, qui sont ordinairement empâtées en reliefs de couleurs. Ces carreaux, peut-être les seules véritables poteries persanes anciennes connues dans les musées et dans les collections, dont on peut fixer avec certitude l'époque de fabrication, datent probablement de 1662 ou de la vingtième année du règne d'Abbas II, fils d'Abbas Ier, dit le Grand, de la dynastie des Sophis, qui remonte à 1499. On sait que l'ère de l'hégire compte de la fuite de Mahomet de la Mecque en 622, ce qui fixe bien l'époque de la fabrication à 1040.

le *blanc* et le *manganèse* (violet brunâtre). M. Méchin m'a assuré qu'il n'a *jamais* rencontré une poterie ancienne, persane ou

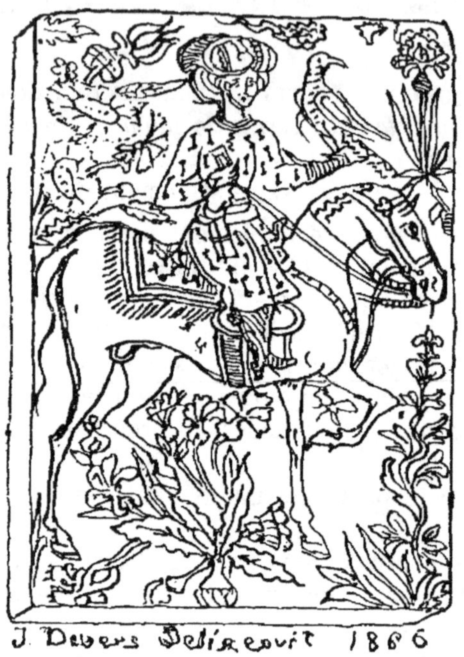

boukharienne avec du *rouge* dans le décor, et que tous les revêtements céramiques des mosquées qu'il a vues étaient uniquement coloriés en bleu, blanc ou jaune; qu'il n'avait même jamais trouvé des carreaux ornés de ramages et de feuillages, comme ceux fabriqués en Turquie, à Brousse et à Rhodes. Ce même voyageur affirme aussi que les Persans ne se servent jamais de plats en terre cuite ou en porcelaine, que toute leur vaisselle est en métal (bien plus propre à la vie nomade), à l'exception de quelques *petites* tasses en porcelaine, fabriquées en Chine avec un décor de goût persan, et qui se vendent quelques centimes; ces tasses servent à prendre le café; on les place dans une enveloppe de cuivre percée à jour.

Les grands bols et potiches en poterie persane moderne, de fabrication toute récente, ne servent qu'à orner des niches et les boutiques des marchands.

Pietro della Valle (t. 1, lettre 1), qui voyagea en Perse en 1617, a décrit des *tuiles* persanes datant, selon lui, du dixième siècle et l'auteur français des *Beautés de la Perse* (Paris, 1673, p. 12), ainsi que Tavernier et Chardin, mentionne des carreaux dans la mosquée de Com (sans doute *Koum*). Chardin est plus explicite et dit que ces carreaux étaient *ornés d'arabesques et rehaussés d'or et d'argent*. W. Beck, dans un journal manuscrit, cité par M. Marryat, dit aussi, en parlant de la mosquée de Sultanieh, que les *tuiles y étaient émaillées d'un bleu foncé à dessins et à devises jaunes et blanches*[1]. On voit, il n'est nulle part question de *rouge* ni de *feuillages* à grands ramages. La figure humaine, même celle de la femme, mais voilée alors, et celle de l'animal, se retrouvent quelquefois dans le décor persan, contrairement à celui des *Turcs*, où la religion l'interdit. La poterie de Rhodes montre cependant souvent des personnages et des vaisseaux, qui doivent dater du temps de la domination des chevaliers de Rhodes.

Quant à la *porcelaine persane*, elle n'a jamais existé, et je dois me référer ici à ce que j'en ai déjà fait observer dans l'article précédent qui traite des poteries boukhariennes; une porcelaine à *inscriptions persanes* ne prouve absolument rien. N'ai-je pas vu, à mon dernier voyage à Dresden, que l'on avait rapporté de la Hollande à M. le docteur Klemm, pour de la porcelaine hollandaise, une tasse forme œuf en porcelaine de Limoges et décorée à Paris d'une devise en langue hollandaise?

M. le docteur Grässe, à Dresden, prouve même par les nombreuses fautes d'orthographe que les inscriptions persanes, sur lesquelles on veut baser les provenances, ne sont point l'œuvre d'ouvriers du pays qui connaissaient la langue persane. Il cite par exemple un bol exposé dans la cinquième salle du musée japonais, et dont l'inscription est bien composée de *lettres* persanes, mais qui ne forment ni des syllabes ni des mots persans[2].

M. Feuillet de Conches n'admet pas non plus l'existence de la porcelaine persane (*Causeries d'un amateur*. Paris, 1862, t. II, p. 153).

1. M. Méchin affirme qu'il a encore vu, à son dernier voyage, les carreaux mentionnés par Beck, et que cette mosquée sert actuellement de magasin à fourrages. Un de ces mêmes carreaux est conservé à Sèvres.

2. M. Méchin a rencontré à Ispahan plusieurs services en porcelaine de Chine, aux inscriptions persanes et arméniennes, que le propriétaire lui a assuré tenir de son grand-père, qui les avait fait fabriquer en Chine.

Les localités où des poteries persanes modernes, de qualité bien plus grossière que les anciennes, se sont fabriquées au dernier siècle, et où elles se fabriquent encore aujourd'hui, sont : *Naïn, Goumisché, Nathens, Ispahan*[1], *Thauris* et autres lieux.

A Naïn, on fait encore actuellement des poteries assez fines de pâte, dans le genre des anciennes poteries dites boukhariennes à *fond blanc, à décor camaïeu bleu*, souvent à inscriptions persanes.

A Goumisché, on fabrique des potiches et de grands bols, très-lourds et en grossière pâte de terre brune, fort mal émaillés et d'un décor bleu, blanc et *jaune*. Des bouquets de fleurs et de feuillages en vert, rose et jaune y ornent des cartels à fond blanc et ressemblent à ceux des faïences alsaciennes ou lorraines, et aussi au décor à froid de la poterie kabyle. Une potiche de 20 centimètres de hauteur de cette poterie, fabriquée à la fin du dix-huitième siècle, fait partie de ma collection.

A Nathens, même genre que celui de Goumisché, mais *point de jaune* et profusion de roses.

A Ispahan, grandes potiches, très-lourdes, de grossière pâte de terre brune, toujours fort mal émaillées et décorées ordinairement de bandes bleues et roses quadrillées et de médaillons à fond blanc ornés de bouquets de roses et d'un fond brun. Un grand fragment d'une de ces potiches de la fin du dix-huitième siècle fait partie de ma collection.

A Thauris, on fabrique une espèce de grès à ornements en bas-reliefs et émaillés en bleu, qui ressemble, sauf le style des ornements, aux grès rhénans du seizième siècle. Un grand bol de cette poterie se trouve dans la collection du docteur Beliol jeune, à Paris.

M. Méchin, déjà mentionné, avait aussi rapporté de Perse plusieurs curieuses poteries en terre cuite, ornées de reliefs qui représentaient des personnages, une femme voilée, etc.; elles étaient recouvertes d'un *vernis vert de cuivre,* absolument pareil à celui des anciens poëles de Nürnberg.

De beaux vases en *vert lapis* et en *bleu de Perse* (oxyde de cuivre et potasse), *avec des blancs fixes,* tels que Devers les a imités, se fabriquent également en Perse.

1. C'est à Ispahan et à Koum que se fabriquent aussi ces burettes en verre jaunâtre et verdâtre, semblables aux verres anciens de Venise, et qui se vendent souvent pour tels.

TURQUIE

Poterie en terre cuite, espèce de terre de pipe (cailloutage français), *décorée en polychrome sur engobe et recouverte d'un vernis plombifère, appelée à tort* faïence de Perse.

On rencontre dans les mosquées en Turquie, et particulièrement à Constantinople, des carreaux de revêtement en terre cuite vernissée, décorés à grands ramages sur fond blanc ou bleu turquoise, que l'on a pris l'habitude de désigner sous le nom de faïence persane. Ce genre, dont le musée de Sèvres possède de beaux et nombreux échantillons, n'a jamais été fabriqué en Perse et ne peut dater que du règne de Mahomet II, après que cet empereur avait pris possession de Constantinople en 1453. Je les crois fabriqués à Brousse ou à Rhodes.

RHODOS, (RHODES, île de l'Asie-Mineure)

Poterie en terre cuite blanche, opaque, quelquefois tant soit peu transparente, *espèce de terre de pipe (cailloutage français), décorée en polychrome sur engobe et recouverte d'un vernis plombifère; elles est appelée à tort* faïence de Perse.

Rhodes était déjà connue dans l'antiquité pour la fabrication de ses poteries. Athénie, célèbre grammairien grec, qui vécut sous Marc-Aurèle (169 à 180 de notre ère), dit, dans ses *Dipnosophistes*, que l'on fabriquait à l'île de Rhodes des plats *transparents* d'une argile mêlée à des cendres de jonc (fondants) de myrrhe, de fleurs de safran, de baume et de cinnamone, cuite au four jusqu'à la parfaite vitrification, mais que ces plats n'enduraient pas la chaleur et se fendillaient et éclataient même au contact de l'eau bouillante. La singulière recette de cette fabrication n'a de sérieux que le baume, que je crois le baume d'acier (soudure de limaille d'acier dans l'acide nitrique), et les cendres comme fondant, car les autres ingrédients sont végétaux et disparaissent dans le feu du four.

Quant à la poterie qui nous occupe ici, l'époque de sa fabrication est incertaine.

Après que les chevaliers de Saint-Jean de Jérusalem, qui s'étaient emparés de l'île en 1310, en eurent été expulsés à la fin du mémorable siége en 1479, par Soliman II, la fabrication dut prendre une tournure turque ou plutôt persane, probablement introduite par les conquérants qui l'avaient apprise des Persans, comme les Persans des Boukhariens, et les Boukhariens des Indo-Chinois.

La poterie de Rhodes, dite *faïence*, consiste ordinairement en plats à fond blanc ou à fond bleu turquoise ou de Perse, ornés de ramages et de fleurs où on distingue souvent le *rouge de fer* empâté en relief, couleur que l'on ne rencontre jamais dans la vieille faïence persane.

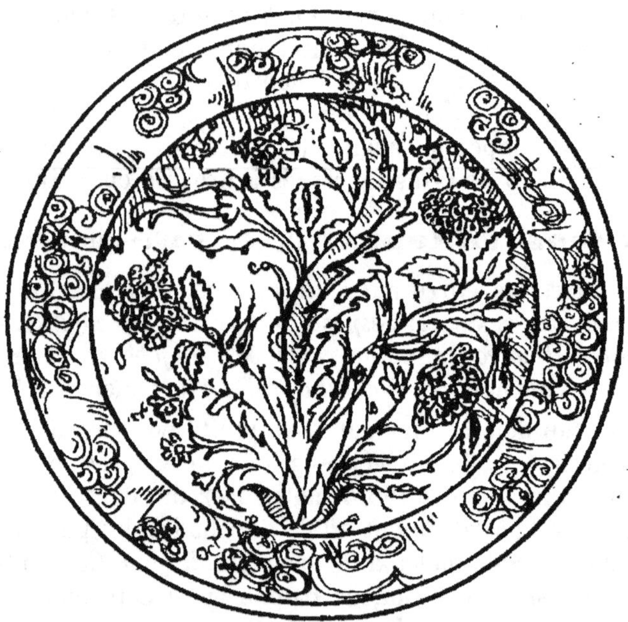

Plat de 32 centim. de diamètre, de ma collection. Il est décoré en vert, bleu et *rouge* sur fond blanc.

Un plat semblable au dessin ci-dessus, mais à fond bleu de Perse, également de Rhodes ou de Brousse (voir plus loin), fait partie de la collection Sauvageot, au Louvre.

Un pot à anse de 10 cent. de hauteur, de ma collection, est marqué sous le pied en noir sous la couverte :

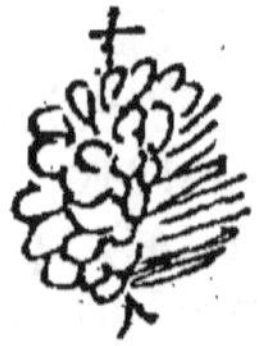

Le décor, de couleur *rouge de fer*, vert et jaune sur fond blanc, forme des bandes posées en biais et imite les dessins du cachemire. La croix qui domine la marque indique l'époque de la domination chrétienne.

Quelques curieux persistent à attribuer ces plats à la fabrication persane qui, selon eux, les aurait exécutés pour le commerce d'exportation ; mais cela n'est guère probable.

D'abord, les fabriques en Perse étaient et sont toujours fort insignifiantes et montées sur un très-petit pied — deux ou trois ouvriers ; — elles étaient et sont toujours dans l'intérieur du pays, d'où on est encore aujourd'hui obligé de transporter tout à dos de cheval jusqu'aux ports de mer : mode d'expédition fort coûteux pour ce genre de marchandise et qui en rendait le commerce en gros presque impossible. Comment de pauvres paysans se seraient-ils pourvus à Rhodes, pour leur usage journalier, d'une vaisselle aussi coûteuse?

Il y a très-peu de temps que l'on rencontrait encore ces sortes de plats dans les plus chétives habitations à l'île de Rhodes, où un négociant en éponges, de Paris, eut l'ingénieuse idée de les faire recueillir par ses voyageurs, en les échangeant contre de la vaisselle anglaise moderne, que les simples campagnards trouvaient plus à leur goût. Les ventes répétées opérées à Paris par ce négociant ont fini par faire baisser énormément la valeur de la faïence turque. Ajoutons à ces considérations encore celle déjà mentionnée au chapitre précédent, qui traite des faïences persanes, observation concernant le *rouge de fer*, toujours absent sur les *anciennes* faïences persanes et presque toujours éclatant sur les plats de Rhodes. Le rouge que les potiers persans modernes, à partir de la fin du dix-huitième siècle seulement, emploient dans leurs grossiers décors est *rose* et tout à fait semblable au *rouge de Cassius* de la faïence lorraine et alsacienne.

Voici encore comme M. Méchin s'est exprimé dans l'avertissement de la vente de ses collections de poteries persanes, faite en février 1866 :

« Quant aux plats et autres pièces vendus jusqu'à ce jour comme faïences de Perse, il m'a été impossible d'en trouver dans les villes et les villages que j'ai visités en Perse. — Itinéraire : *Tebris*, *Zindjean*, *Sultanieh*, *Kasbin*, *Recht*, *Téhéran*, *Ask*, *Afché*, *Damavend*, l'ancienne ville de *Rhéi*, *Koum*, *Ka-*

chan, Firouskou, Sauw, Nathens, Ispahan, Djoulfa, Goümisché, Naïn, etc.

« Il m'a, du reste, été assuré que ces faïences proviennent de l'île de Rhodes, etc. (voir les faïences persanes). »

MM. Beaucorps, Rigny, Patrice-Salin et Schefer, de Paris, et MM. C.-H. Bohn, E. Falkener, A.-W. Franks, C.-D.-E. Fortuum, John Henderson, Louis Husch et A. Nesbitt, en Angleterre, possèdent les plus riches collections de cette poterie.

BROUSSE

Ville de la Turquie asiatique, à 97 kilomètres de Constantinople.

POTERIE EN TERRE BLANCHE OPAQUE ET QUELQUEFOIS TRANSPARENTE, *espèce de terre de pipe (cailloutage français), décorée en polychrome sur engobe et recouverte d'un vernis plombifère; cette poterie, comme celle de Rhodes, dont elle est tout à fait pareille, est encore appelée à tort* faïence persane.

Les carreaux de revêtement des mosquées, à Constantinople, proviennent probablement de Brousse et non pas de la Perse (voir les articles sur les poteries boukhariennes, persanes et de Rhodes).

KUTAHIA

POTERIE A ENGOBE ET SOUS VERNIS PLOMBIFÈRE.

On trouve, aux Arts-et-Métiers, à Paris, plusieurs petits plats à fond turquoise de cette provenance; ils sont ornés de peintures. Le musée de Sèvres en possède également des exemplaires.

THNABKALE (Dardanelles)

POTERIE COMMUNE A VERNIS PLOMBIFÈRE.

Un pot de cette provenance, aux Arts-et-Métiers, à Paris, est en terre rougeâtre, enjolivé à l'intérieur d'argile blanche et vernissé à l'extérieur en vert de cuivre, à ornement d'or, probablement obtenu par le masticot. (Voir ce nom.)

ISNIK (l'ancienne Nicée)

Ville de la Turquie asiatique, dans l'ancienne Anatolie, à 80 kilom. de Brousse.

FAIENCES ET POTERIES.

Conquise par les Turcs en 1633, cette localité ne peut avoir produit de la poterie turque qu'à partir du quatorzième siècle.

POTERIES OPAQUES AMÉRICAINES

Malgré les publications successives sur l'histoire des peuples qui ont habité l'Amérique avant la conquête espagnole, et malgré les riches collections de manuscrits (dont le plus précieux est le manuscrit de Quiché[1]) rapportées du Mexique dans les derniers temps, l'antiquité reculée des peuples de cette civilisation perdue, et certes antérieure à celle des Égyptiens, est restée couverte d'un voile presque impénétrable; mais je penche à croire que l'Amérique se trouvait jadis réunie aux anciens continents, ce qui pourrait expliquer certains rapprochements observés entre la mythologie et l'art américains et la mythologie et l'art indiens, égyptiens et grecs.

L'histoire de l'ancienne Amérique se subdivise chronologiquement en celle des *temps héroïques*, de *l'empire des Toltèques*, du *Yucatan et du Guatémala*, et de l'*Anahuac, c'est-à-dire des Aztèques et des Mexicains, qui correspond à notre moyen âge*, et où la fondation de la royauté ne remonte que vers le commencement du quatorzième siècle, après la conquête des contrées du Mexique par les Nahoas, tandis qu'elle finit à la mort de Montézuma II, le dernier monarque mexicain que Fernand Cortès fit mettre à mort. Pour le Pérou, c'est le règne des Incas, du douzième au seizième siècle, dont le dernier, Atahualpa, fut également mis à mort par les Espagnols, qui intéresse l'histoire de la poterie. A partir de la conquête des Espagnols, c'est l'histoire *moderne* qui commence.

1. Le texte de ce manuscrit parle de législateurs *débarqués* dans la partie septentrionale de l'Amérique (Palanqué), pays où on doit placer le berceau de la plus ancienne civilisation américaine. Ce texte dit que ces législateurs étaient venus de *Gamuchibal*, c'est-à-dire *du pays où il fait de l'ombre*.

M. de Waldeck, qui a habité les contrées de l'ancienne civilisation américaine durant dix-huit années ininterrompues et entièrement consacrées à y fouiller le sol et à dessiner les monuments, et particulièrement ceux de Palanqué[1], cette Palmyre ou Babylone américaine, est le savant qui a fourni à la science archéologique les plus précieux et pour ainsi dire les premiers documents artistiques ; la publication de ses études pratiques et encyclopédiques sur ce pays permettront dorénavant de marcher d'un pas plus sûr. Les magnifiques reproductions de M. de Waldeck ont été acquises et publiées sans texte, en 1865, par le gouvernement français chez l'éditeur Arthur Bernard, à Paris, et l'auteur s'occupe actuellement de publier lui-même un travail encore plus complet, accompagné du texte. Ces *monuments anciens du Mexique et du Yucatan* contiendront aussi la reproduction de 1,400 hiéroglyphes, dont 40 ont été déjà expliqués par l'auteur, qui a également fourni les seuls dessins *exacts* pour le grand ouvrage de *lord Kingsbrough* de 1831 (*Antiquites of Mexico*), publié à Londres, en 1822, pour le *Manuscrit de Delriot*, et à Paris, en 1838, et pour le *Voyage pittoresque et archéologique dans les provinces du Yucatan*[2].

Quant à la *céramique* américaine qui nous occupe ici, je la divise en cinq classes, en poteries *palanquéenne et mitlaïque; quichuase*, *téotihuacane*, *toltèque et chichimèque; aymarienne et péruvienne des Incas* (douzième au seizième siècle); *jucatéèque et guatémalienne* et poterie *mexicaine ou aztèque*.

Plus l'origine des exemplaires de cette céramique est éloignée, plus ils sont perfectionnés et se rapprochent de l'art classique, de sorte que les moins anciennes poteries sont toujours les moins artistiques, comme celles fabriquées par les Aztèques ou Mexicains. Il paraît donc démontré que la civilisation en Amérique, avant la venue des Espagnols, a marché, depuis deux ou trois mille ans, de déclin en déclin, et qu'elle

1. Les ruines de *Culhuacan* ou *Huehuetlapallan* (près de Palanqué) ont fourni des antiquités qui se rapprochent beaucoup des productions de l'art égyptien : on y retrouve le serpent, le lotus, etc.

2. M. de Humbold avait bien publié, il est vrai, des descriptions accompagnées de dessins avant M. de Waldeck, mais les unes comme les autres étaient fautives. C'est ce dernier qui, dès 1818, a fait connaître avec exactitude les antiquités mexicaines, après son premier voyage entrepris avec l'amiral Coqueran.

avait atteint, à l'époque palanquéenne et mitlaïque, à une hauteur où elle pouvait rivaliser avec l'art grec.

POTERIE PALANQUÉENNE ET MITLAIQUE (vers 2000 av. J.-C).

Le seul exemplaire connu de cette époque est la *lampe du temple de Mitla,* de ma collection, dont voici le dessin :

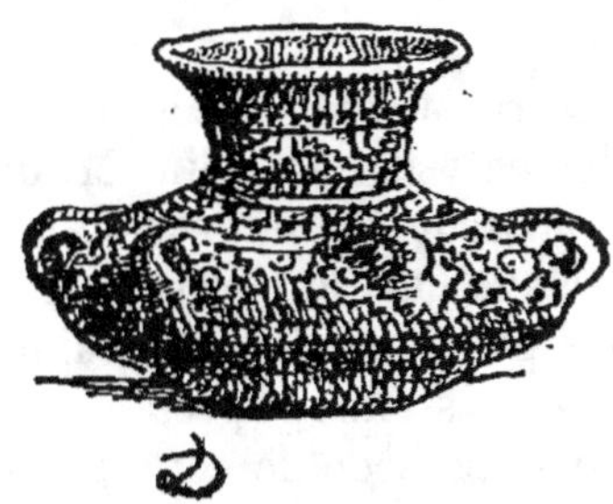

En terre cuite rouge ; elle est pourvue extérieurement d'un vernis minéral [1] incolore et couverte d'*ornements gravés à la pointe;* sa forme rappelle visiblement l'art classique grec et paraît démontrer l'usage *du tour du potier.* Cette lampe a été reproduite en grandeur naturelle par M. de Waldeck.

POTERIE QUICHUASE, TÉOTIHUACANE, TOLTÈQUE ET CHICHIMÈQUE
(qui remonte de 2000 à 1000 av. J.-C).

On trouve dans les dessins de M. de Waldeck ceux d'un *brûle-parfum* ou *brûle-encens* et d'une reproduction en terre cuite d'un *téocalli* [2] ou temple de sacrifices humains, tous les deux en terre cuite, et qui appartiennent à cette classification de poterie. La coupe *téotihuacane,* peinte en brun, rouge et blanc, de la collection de ce même savant, et qu'il a égale-

1. M. de Waldeck croit qu'elle n'est pas vernissée, mais *polie* à la main, comme on polit les pierres fines : procédé qui était même employé, selon lui, dans la décoration des anciennes constructions américaines. M. de Waldeck, en décomposant les couleurs employées à la peinture de ces édifices, a trouvé que les couleurs sont *végétales,* provenant des *fongus* (excroissances molles et spongieuses en forme de champignon) des arbres (voir, à l'article des poteries péruviennes, mes essais et mon opinion sur la coloration des poteries américaines en général). Je pense que les poteries ont été recouvertes d'un vernis silico-alcalin à excès d'alcali, qui ne rend pas la terre cuite imperméable.

2. Il est fort remarquable que tous les *téocalli* avaient un escalier à *onze marches,* nombre qui se rapportait probablement à celui des divinités mexicaines.

ment reproduite dans son ouvrage, est particulièrement remarquable pour le *signe de la pluie* en blanc (lettre en forme de croix). Ce signe toltec et mexicain en orne la face.

POTERIE AYMARIENNE ET PÉRUVIENNE EN GÉNÉRAL (à partir de 1000 ans av. J.-C.), **ET CELLE DES INCAS EN PARTICULIER** (douzième au seizième siècle).

Cette poterie est le plus souvent en *terre cuite noire*, ressemblant au graphite, et recouverte extérieurement d'un vernis perméable, probablement silico-alcalin. M. de Waldeck attribue le lustre à un *polissage à froid* et non pas à un vernis, — opinion que je ne partage pas. Je pense que c'est bien un vernis obtenu par la cuisson, puisque j'ai essayé vainement de l'enlever avec l'esprit-de-vin et l'essence, après avoir chauffé la pièce.

M. Lefèvre, à Paris, possède de cette poterie une collection de cinquante pièces des plus remarquables, et dont le plus grand nombre représente des figures et des animaux fantastiques et même des sujets obscènes.

Une espèce de casserole a, par exemple, le manche en forme de fallus. Une bouteille à goulot et à anse de ma collection, et

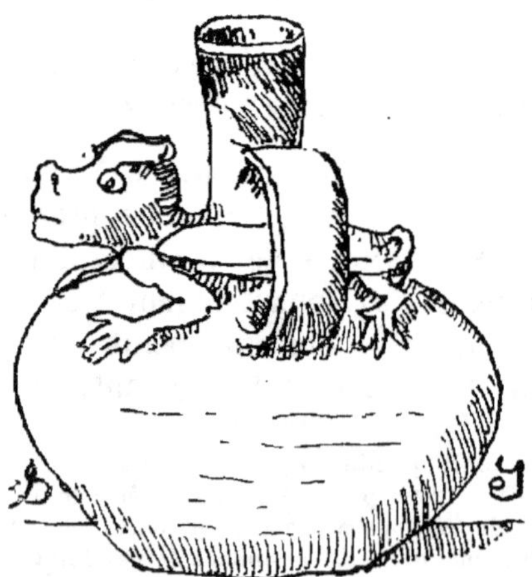

provenant de celle de M. Lefèvre, est surmontée d'une espèce de grenouille à tête fantastique qui rappelle celle de l'hippopotame, animal inconnu en Amérique.

Le musée de Toulouse possède sept de ces poteries péruviennes, des plus remarquables; elles ont été reproduites par la lithographie dans la notice que le marquis de Castellane (ancien président de la Société archéologique du Midi, à Toulouse, mort en 1845) a publiée.

Le musée d'antiquités de la ville d'Anvers possède également un vase de ce genre, qui n'est pas moins curieux.

La fabrication péruvienne a été bien supérieure à la fabrication aztèque ou mexicaine, et elle ne s'est pas uniquement renfermée dans la production des poteries noires, qui cependant y étaient en majorité. Un signe caractéristique propre aux poteries noires péruviennes, c'est qu'elles sont toutes fabriquées en deux pièces et soudées à la barbatine avant la cuisson, de manière que l'on voit toujours une espèce de couture tout autour, au milieu du vase, ce qui paraît certes indiquer un collage, et que le tour du potier était inconnu aux Péruviens, ou peu usité par eux.

Les *poteries péruviennes en terre cuite rouge*, plus anciennes, à mon avis, que les noires, et plus rares, sont ordinairement ornées de dessins noirs sur fond jaune et recouvertes *extérieurement*, comme les poteries péruviennes noires, d'un lustre ou vernis perméable, probablement silico-alcalin.

Un vase de cette dernière espèce, de ma collection, et dont voici le dessin[1], paraît avoir servi de *mesure*, puisque le pied

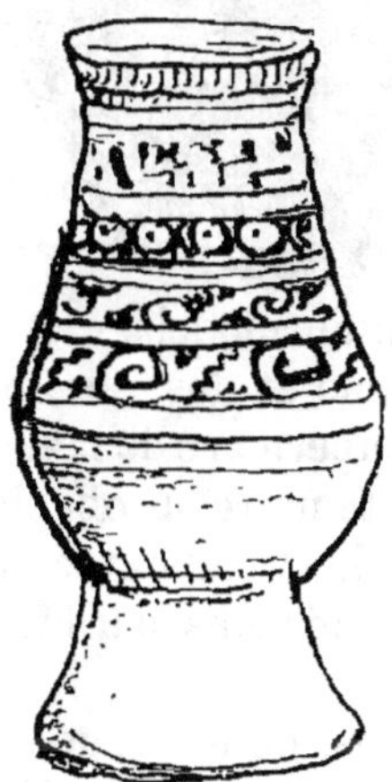

creux a justement le quart de la capacité de la partie supé-

1. Il a été reproduit dans l'ouvrage de M. de Waldeck en grandeur naturelle.

rieure. Ce vase est recouvert d'ornements qui ressemblent à des hiéroglyphes.

On rencontre même des poteries péruviennes qui sont ornées de *grecques*, comme le Louvre en possède une des plus remarquables, cachée, il est vrai, depuis des années, dans les *réserves*. Ces grecques paraissent indiquer une parenté entre l'art américain et l'art grec. Même observation pour une autre poterie péruvienne, ensevelie également dans les *réserves* du Louvre, et dont le dessin rappelle parfaitement le sujet mythologique d'un *Hercule* terrassant un antagoniste en forme de poisson, tel qu'on le rencontre sur des vases étrusques. Le Carpentier, à Paris, possédait une de ces poteries, dont voici le dessin : la

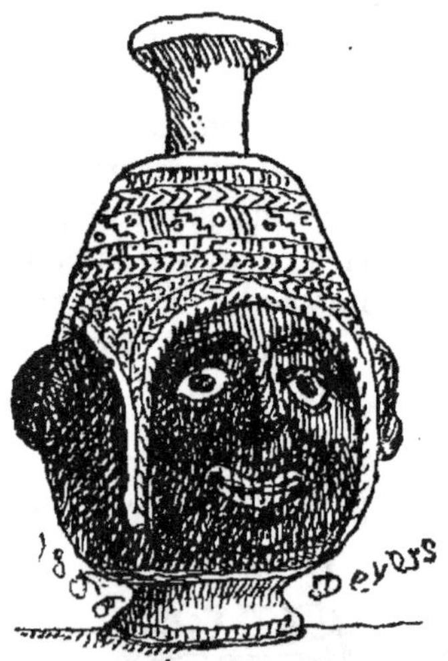

tête d'homme en relief, d'un modelage et d'un goût qui a vraiment la régularité grecque et des réminiscences égyptiennes, orne la panse. La partie supérieure de la céramique est coloriée.

Une pareille, mais toute noire, probablement sortie du même moule, appartient à M. de Waldeck, et parmi les sept pièces du musée de Toulouse, décrites par le marquis de Castellane, il y en a également.

Les espèces de masques, dont beaucoup sont en *obsidienne* polie (sorte de lave volcanique noire, tirant sur le vert, avec laquelle on a aussi confectionné les *miroirs des Incas*), servaient *d'ornement* aux prêtres, qui les portaient suspendus sur la poitrine.

POTERIE YUCATÉÈQUE ET GUATÉMALIENNE
(qui remonte vers 100 av. J.-C.).

Dans plusieurs localités de ce pays, et particulièrement à Mexico, on fabrique encore aujourd'hui de grossières poteries imitées maladroitement d'après les anciennes. L'amateur expérimenté les reconnaît. Les poteries péruviennes ont été peu contrefaites et défient davantage la contrefaçon sous plusieurs rapports; mais les figurines d'hommes et d'animaux mexicaines, mentionnées à l'article suivant, ont laissé un plus vaste champ à la fraude.

POTERIE MEXICAINE OU AZTÈQUE
(dont les plus anciennes ne remontent pas avant 1100 ans ap. J.-C.).

Ces poteries, d'un âge qui correspond à notre moyen âge, ne datent, en majeure partie, que du commencement de l'empire aztèque, après que les Nahods avaient peuplé, vers 1100, la vallée Anahuac; elles cessent avec le dernier roi, Montézuma II, mis à mort par Cortez. M. l'abbé Brasseur pense, selon moi à tort, que le peuple mexicain n'était sorti du barbarisme que cent ans avant la venue des Espagnols en 1492.

Les poteries aztèques ou mexicaines sont ordinairement lourdes et sans vernis et les plus communes de toutes les poteries américaines connues. Quand Torquemada écrivait que « la poterie qui y existait encore longtemps après la conquête était si incomparable par *sa finesse et l'éclat de ses peintures* qu'elle attirait l'admiration des conquérants, » il doit avoir rêvé.

Cette poterie est généralement en *terre cuite rouge et sans aucun vernis;* mais il en existe aussi en *terre noire,* particulièrement des pots à couvercles et à reliefs, que quelques archéologues attribuent sans preuves, aux sépultures. M. de Waldeck a reproduit, dans l'ouvrage publié par le gouvernement, plusieurs de ces remarquables terres cuites rouges mexicaines de sa collection, entre autres le *buste de Montézuma II* et des *brûle-parfums*, qui servaient à brûler du copal devant les divinités.

M. Pingret, à Paris, a rapporté du Mexique une collection complète de ces poteries, deux mille pièces en tout, y compris les répétitions, et qu'il a l'intention de vendre en totalité. On y remarque *un groupe, un sacrifice humain* et plusieurs modèles de *téocallis* déjà mentionnés. La victime y était renversée en arrière sur un bloc où le prêtre lui ouvrait le corps avec son couteau en pierre à fusil et lui arrachait le cœur. Le billot était en basalte vert, ainsi que l'espèce d'anneau sous lequel on étranglait et étouffait les cris de la victime.

On fabrique encore aujourd'hui de la poterie moderne à *Tonala*, que l'on peut voir exposée à la collection des *Arts-et-Métiers*, à Paris.

Une précieuse pièce de la collection Pingret, c'est le masque en *obsidienne* ou lave noire et aussi la *grande statuette de l'homme-dieu*, représentant un de ces personnages religieux dont la vie, durant douze mois, s'écoulait dans une suite continuelle de fêtes et de festins. Rien ne lui était refusé, mais à l'heure fatale, il était sacrifié par les prêtres au grand dieu *Huitzilopochtli*, qui occupait le tabernacle du grand Téocalli, à Mexico.

On choisissait pour cet usage l'individu le plus beau, et les vierges et les femmes nobles s'empressaient de rechercher ses préférences; celles qui étaient fécondées étaient regardées comme les plus heureuses et les plus vénérées de la nation!

Le *comique* et la *charge* étaient inconnus au peuple mexicain; car les deux seules figurines de ce genre, parmi l'énorme quantité de la collection de M. Pingret, ne sont pas des caricatures: elles représentent deux des êtres humains contrefaits que Montézuma II recueillait et faisait entretenir dans sa ménagerie.

Les Mexicains confectionnaient toutes sortes d'ustensiles de leur terre cuite rouge, en partie recouverte d'un vernis minéral, tels que *sifflets simples et doubles, flageolets, pipes, jouets d'enfant*, etc., et ils *imprimaient leurs étoffes* au moyen de *petits blocs en terre cuite sans couverte à dessin en relief*, dont M. de Waldeck a reproduit plusieurs exemplaires et dont un, fort curieux, fait partie de ma collection.

Les types de la poterie aztèque offrent peu de variétés, comme tout ce que l'art mexicain a produit. Tout chez eux était prescrit. Les ordonnances de l'autorité civile et religieuse entraient à cet égard dans le détail le plus minutieux. Le despotisme avait énervé le peuple, et les institutions sociales, d'une grande barbarie, ne laissaient aucune liberté d'action aux individualités. Ce despotisme pénétrait jusque dans la vie privée et élevait la nation entière avec une uniformité d'habitudes, de conception et de superstition qui répandait une triste monotonie sur l'industrie et l'art naissant, car l'ancienne civilisation était perdue depuis longtemps. La collection des poteries au Louvre[1] est peu riche. Le Musée britannique[2], à London, possède une

1. Le Louvre, qui a été embelli successivement par Charles V, Louis XII, François Ier, Henri II, Henri IV, Louis XIII, Louis XIV, Napoléon Ier, et entièrement terminé par Napoléon III, en 1855, a eu pour architectes et sculpteurs, entre autres, Pierre Lescot, Jean Goujon, Philibert Delorme, Claude Perrault, Soufflot et Visconti. La création du « musée du Louvre, » connu dans toute l'Europe, ne date que de 1793 (le premier musée connu est celui que Laurent de Médicis fonda en 1534); mais il y avait déjà eu, en 1699, au Louvre, la première *exposition* des peintures et sculptures.

La collection de tableaux de la couronne, commencée par François Ier, était peu nombreuse; le père Dan ne cite, dans ses *Merveilles de Fontainebleau*, de 1642, que quarante-sept numéros. A l'avénement de Louis XIV elle se montait à deux cents, et à la fin de son règne à deux mille quatre cent trois.

Le musée fut décrété, par l'Assemblée nationale, en 1793. Le nombre des bronzes, marbres, porcelaines, etc., ne s'élevait alors qu'à cent vingt-quatre exemplaires.

Le musée prit sous Napoléon Ier un grand accroissement; mais les alliés, plus tard, reprirent presque tout ce qui avait été enlevé de leurs musées.

Louis XVIII augmenta la galerie de tableaux de cent onze toiles; Charles X de vingt-quatre seulement. Le roi Louis-Philippe, créant le grand musée historique de Versailles, ne pouvait faire que peu de choses pour le Louvre.

Le Louvre renferme aujourd'hui les musées d'art de toutes espèces réunis. Ses sculptures antiques, bronzes, poteries, etc., sont innombrables : les émaux seuls comptent douze cents numéros, et la galerie de tableaux possède cinq cent cinquante œuvres italiennes et espagnoles, six cent cinquante allemandes, flamandes et hollandaises, et sept cents françaises.

2. L'origine du « musée britannique » remonte à 1753. Par un acte du parlement sa création fut décidée, et les collections de sir Hans Sloane, de Cotton et de Harle en formèrent la base. La maison Montague fut achetée en 1754 ; les collections y restèrent jusqu'en 1828, époque où le musée actuel fut construit par les architectes sir R. Smirke et M. Sydney Smirke, son frère. C'est un bâtiment lourd et massif, et même, sous quelques rapports, peu propre à sa destination. La lumière manque partout, on croit se promener dans des catacombes. On a tout réuni dans ce musée : bibliothèque de livres imprimés, manuscrits, gravures, collections d'antiquités orientales, britanniques, du moyen âge, grecques, romaines et mexicaines; collections ethnographiques, botaniques, zoologiques, minéralogiques, pathologiques, etc. Certes, il y a là de très-grandes richesses.

L'exemplaire le plus curieux, et jusqu'à présent unique dans le monde, et qui renverserait tous les systèmes géologiques si la pierre dans laquelle il est incrusté était de granit, c'est un squelette humain pétrifié, ou « l'homme fossile, » incrusté dans une pierre calcaire. Il a été apporté de la Guadeloupe des Indes occidentales par sir Alexandre Cochrane. Comme cette pierre peut être formée par des souches de coquillages qui contiennent de la chaux, — « l'homme fossile » ne remonte pas à la formation et ne renverse rien. Ce musée ne possède pas de catalogue, mais des *Guides* sommaires, un pour chaque département, où les salles sont indiquées et les armoires numérotées.

collection un peu plus nombreuse, et celui de Berlin compte environ 2,000 exemplaires.

M. Arosa, à Paris, a fait l'acquisition d'une énorme jarre en terre cuite brun rougeâtre, entièrement recouverte de peintures bariolées, parmi lesquelles on distingue cinq fallus complets peints en jaune et un grand aigle à deux têtes. Les armes de Mexico consistent dans un aigle à une seule tête; mais l'aigle à deux têtes se retrouve dans un grand nombre de productions mexicaines. Cette remarquable poterie est une des plus grandes connues de la provenance américaine et remonte au delà du règne de Montézuma Ier. M. de Waldeck, à qui je l'ai signalée, la reproduira dans son ouvrage.

L'origine de l'aigle à deux têtes paraît remonter à un des rois qui ont régné avant les Montézumas. L'histoire parle d'un aigle à deux têtes qui s'était trouvé dans la ménagerie d'un de ces princes, amateur de monstruosités de toutes sortes, y compris même celles produites par les caprices de la nature parmi les hommes.

M. Lœbnitz, à Paris, possède plusieurs carreaux de pavage ou de revêtement provenant de la chapelle et des salles de bains du couvent de *Sainte-Isabelle, à Mexico*. Ce sont des carreaux d'une terre cuite presque aussi dure que le grès, et décorés d'ornements en vert, bleu, jaune et brun sur fond blanc. La fabrication en doit remonter à la fin du dix-septième siècle et provenir de *potiers espagnols* de l'école italienne. (Voir poteries opaques espagnoles.)

SANTIAGO

Capitale du Chili, république de l'Amérique du Sud.

POTERIES EN TERRE CUITE PEINTES A FROID ET DORÉES. Actuellem^t^.

Les religieuses du couvent de *las Claras* (les religieuses Clarisses) confectionnent de charmantes petites poteries, ordinairement peintes à froid en rouge et jaune, dorées et décorées de fleurs polychromes, et où les couleurs odoriférantes paraissent être recouvertes d'un vernis copal parfumé. Ce sont de véritables bijoux. Un exemplaire de ma collection, une théière lilliputienne, ne mesure que deux centimètres de hauteur. J'ai vu de ces poteries, appartenant à M. Levasseur, à Paris, dont l'une servait de brûle-parfum, et l'autre à prendre le *maté*, cette *herbe du Paraguay*, sorte de thé préparé des feuilles réduites en poudre de l'arbre du même nom, et qui fait partie de l'espèce du *houx*.

Il existe en outre plusieurs genres de poteries américaines, la plupart modernes, dont l'origine m'est inconnue.

POTERIES OPAQUES AFRICAINES

ÉGYPTE et ÉTHIOPIE

POTERIES DE LA DEUXIÈME CIVILISATION. Av. J.-C. 2500

Poterie en terre cuite jaune et rouge, solide et légère. (Voir, au musée du Louvre, à la salle civile, armoires B, C et D, la statuette du dieu Bes, etc., et dans l'armoire D de la salle historique.

GRÈS ROUGE.

Statuettes funéraires. Au Louvre, salle historique, armoire A, les statuettes du prince Scha-em-tam et de Séti Ier, du quinzième siècle.

TERRE CUITE RESSEMBLANT A LA PIERRE CALCAIRE.

Ordinairement recouverte d'un *vernis* qui, composé d'oxyde de cuivre et de plomb, produit un lustre *vert*, et composé d'oxyde de cuivre et d'alcali minéral (potasse), donne un émail bleu verdâtre, sorte de bleu turquoise. Il y a aussi de ces terres cuites qui sont vernissées au plomb et ressemblent alors à une poterie recouverte d'émail stannifère, puisque la couleur blanche de la terre perce à travers ce vernis incolore. On peut voir de cette espèce de grès six figurines, dans la montre M, salle historique, au musée égyptien du Louvre. Armoire B, une bouteille verte.

Armoire C, divers fragments de figurines bleues provenant du tombeau de Séti Ier. Dans la salle civile, armoire B, un lion très-remarquable en bleu. Salle funéraire, vitrine F, des masques verts, provenant de momie.

Au musée britannique, dans la seconde salle égyptienne, armoire n° 84, une statuette de 30 centim. de hauteur en terre cuite, en bleu-vert turquoise (petit n° 1418), et dans l'armoire 9 plusieurs centaines de semblables figurines. Armoire 49, quantité d'autres objets. Nos 2400 à 2415, exemplaires au musée de Kensington et au musée de Berlin. De la fabrique moderne de l'Égypte on trouve, sous le n° 4216, un bol, au musée de Kensington.

Une tablette de ma collection, en terre cuite, de 32 centim. de longueur sur 13 centim. de largeur, surmontée de la figure d'une panthère, et entièrement recouverte d'un vernis *vert* bleuâtre, d'oxyde de *cuivre* et de plomb, appartient à une des plus anciennes époques. Ce curieux, et peut-être *unique* exemplaire, est divisé par des lignes noirâtres, en trente carrés qui forment une espèce de damier oblong. Cinq de ces carrés sont ornés d'hiéroglyphes qui représentent des divinités, et le tout paraît indiquer le *système décimal* appliqué à un jeu.

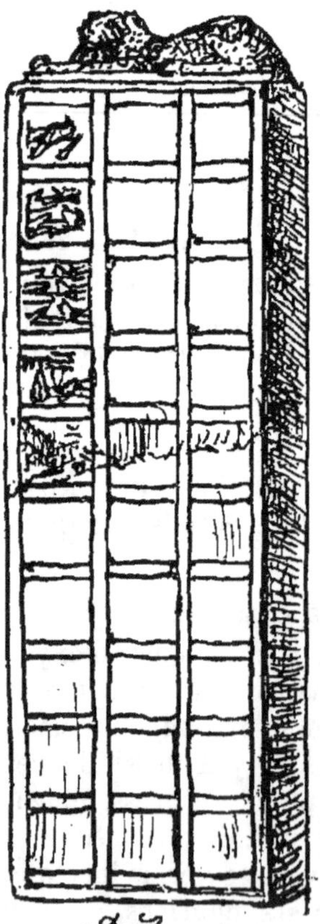

Tablette-almanach égyptienne de ma collection.

M. de Waldeck explique la destination de cette tablette de la manière suivante. Selon lui c'est la *douzième* tablette d'un *Almanach* populaire qui était appendue au mur, comme le trou percé au-dessous de la panthère l'indique. Chaque tablette, divisée en *trente* carrés, représentait *un mois*, les jours y furent marqués en blanc au fur et à mesure. Les *cinq* carrés ornés d'hiéroglyphes complétaient les *trois cent soixante-cinq* jours de l'année et évitaient une *treizième* tablette. Le premier de ces hiéroglyphes, qui représente le dieu-soleil sous la figure de l'*épervier sans mitre*, indique le *dimanche* (le *Sontag* ou jour du soleil des Allemands, aussi bien que celui des anciens[1]). Cette interprétation est aussi rationnelle qu'ingénieuse. Comme la *panthère* montre encore un art tout à fait primitif qui ne se rencontre plus dans le modelage des animaux des monuments égyptiens, à partir de la dix-huitième dynastie, on doit fixer la fabrication de cette tablette vers deux mille ans avant J.-C.

GRÈS DÉCORÉ PAR L'ENGOBE OU PLUTOT PAR DES MOSAÏQUES EN TERRE COLORIÉE, SANS VERNIS, ET PAR SUPERPOSITIONS.

Voir au musée du Louvre, salle historique, armoire C, le débris de terre cuite qui montre les caractères dont le prénom royal de Séti II est composé.

On croit que les Égyptiens ont aussi fabriqué des figurines, des scarabées et autres divinités, sortes d'exévétos en *pierre*, qu'ils vernissaient également au four avec des couleurs minérales. Si de tels objets existent, ce dont je doute, ils ne pourraient être sculptés qu'en *grès salindre*, espèce de lave qui renferme des grains calcaires et qui est formée d'une agglomération de silicates divers, tels qu'il s'en trouve par exemple dans les Vosges, ou en grès psammites[2], d'une semblable composition. Toute autre pierre ne résisterait pas à la haute température du four nécessaire à la vitrification des couleurs que le cuivre et les autres métaux demandent.

Les pierres que de soi-disant *hommes forts* cassent à coups de poing, au grand ébahissement de la foule, démontrent l'action du feu sur le granit ; car ces pierres et cailloux, cuits dans des fours de potiers ou dans des forges, sont rendus tellement fragiles par l'action du feu, qu'on peut les casser entre les doigts, et c'est dans la *cuisson* de la pierre que réside l'artifice du saltimbanque.

VERROTERIE, EN PARTIE ÉMAILLÉE PAR L'ÉTAIN, PAR LE PHOSPHATE DE CHAUX OU PAR L'ANTIMOINE ET L'ARSENIC.

Plusieurs bijoux exposés dans la montre L de la salle civile

1. L'année civile, chez les Égyptiens, était composée de trois cent soixante jours et divisée en douze mois de trente jours ; en ajoutant après le douzième mois cinq jours complémentaires, la durée de l'année était portée à trois cent soixante-cinq jours. Ce calendrier avait été repris par la république française de 1792 à 1805. On voit que l'explication de M. de Waldeck a pour elle toutes les probabilités.

2. Le psammite, pierre de roche, est composé de grès et d'argile, et se rencontre en toutes couleurs.

du musée égyptien, au Louvre, sont ornés d'émaux blancs. Je mentionne cette verrerie ici pour rappeler uniquement que l'*émail*, probablement *stannifère*, était connu déjà par les Égyptiens et n'est nullement une invention de Lucca della Robbia, comme la vieille routine avait continué à le croire avant la publication de mes recherches. Quelques débris d'*yeux* artificiels de l'ancienne Égypte, exposés également dans une des vitrines du Louvre, montrent des *émaux tendres*, espèce de verre où le blanc *opaque* a été encore obtenu par l'*étain* ou par l'os pulvérisé (phosphate de chaux).

Il paraît que les Égyptiens ne connaissaient que le *cuivre* comme *colorant vitrifiable*, puisque le *vert* et le *bleu* sont les seules couleurs qu'ils ont employées dans la coloration de leurs terres cuites. Les *jaunes*, *rouges*, etc., que l'on rencontre dans cette production, proviennent des couleurs naturelles des terres recouvertes d'un vernis transparent plombifère.

L'âge et l'origine de la céramique égyptienne, qui peut revendiquer la création de la seconde civilisation, 2500 ans avant Jésus-Christ, étaient, aussi bien que le reste de ses antiquités, presque inconnus jusqu'à la fin du dix-huitième siècle. — On ne connaissait rien non plus du sens de ses inscriptions. La grande publication de la commission d'Égypte en a donné les premiers indices importants; mais l'obscurité qui planait encore à cette époque sur tout ce qui se rapportait aux hiéroglyphes[1] a été d'abord dissipée par l'Anglais Young, né en 1773 et mort en 1829, qui, le premier, décomposa en lettres le nom du roi Ptolémée, et après lui, par Champollion, né en 1791 et mort en 1831, l'organisateur et le directeur du musée égyptien au Louvre, qui distingua les trois sortes d'écritures. L'Italien Rosellini, né en 1800 et mort en 1843, a grandement contribué aussi à pénétrer le sens de ces mystérieuses écritures. L'Allemand Lepsius a publié une magnifique collection de monuments inédits sous le patronage du roi de Prusse; enfin, le docteur Bugsch de Berlin a terminé la rédaction de la première grammaire de la langue et de l'écriture vulgaire des Égyptiens.

1. Les premières tentatives de l'Allemand Kircher le père (1602-1680) pour expliquer les hiéroglyphes n'avaient pas abouti.

SCIOUT (haute Égypte)

TERRES CUITES AU VERNIS MINÉRAL.

On y fabrique *actuellement* toutes sortes de poteries en terre cuite jaunâtres, brunes et rougeâtres, à ornements laissés en taille d'épargne ou gravés. Les formes sont gracieuses.

KENEH

Ville de la haute Égypte, chef-lieu de la province du même nom.

TERRES CUITES BRUTES. Actuellement.

On y fabrique des jarres pour clarifier l'eau; elles sont confectionnées d'une terre poreuse fort peu cuite et recouvertes d'aucune glaçure. Très-variées de formes, elles ont ordinairement une espèce de tamis en terre cuite posé au milieu du goulot qui empêche les mouches d'y tomber. Cette poterie est le plus souvent grossière; mais on en fabrique aussi de plus fines de pâte et quelquefois décorées par une espèce de décalque de feuillages naturels (échantillon dans ma collection). Les jarres de Keneh, ville qui sert de rendez-vous aux pèlerins qui vont à la Mecque par Cosséir, sont connues depuis des centaines d'années, et la fabrication s'y continue toujours.

Quant à la poterie dite du *Delta*, elle est ordinairement en noir et brun, et décorée gracieusement.

NUBIE (localité inconnue)

POTERIE NOIRE.

La poterie nubienne consiste pour la plupart en bouchons qui servent à boucher les jarres de Keneh, du Delta et autres. Ils sont très-artistiques et ressemblent à s'y méprendre au *buffle noir poli*.

LIMBERY (Constantine, Algérie)

GRÈS D'UN GRIS BLANCHATRE.

Ces grès sont peints à froid de fleurs et de feuillages en couleurs éclatantes.

Un échantillon au musée algérien, à Paris.

CABYLE ou KABAILE

TERRE CUITE SANS VERNIS.

Cette poterie, qui se fabrique maintenant encore par les tribus kabailes des monts de l'Atlas, dans les États d'Alger et du Maroc, est commune, brune, sans vernis ni émail, et grossièrement peinte à froid. Exemplaires au musée algérien à Paris et dans ma collection.

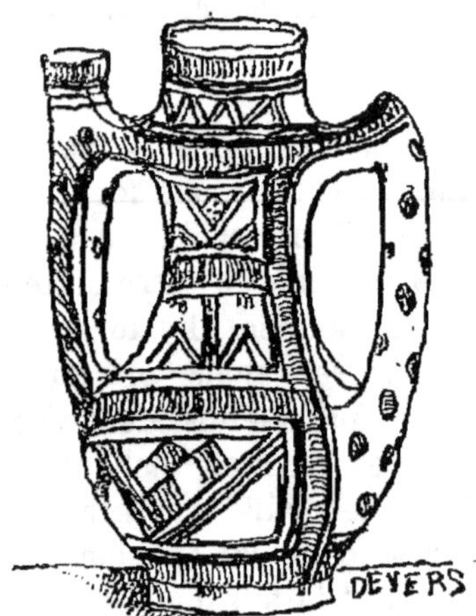

Poteries cabyles dites babakos.

POTERIES OPAQUES EUROPÉENNES

HELVÉTIE, SAVOIE, DUCHÉ DE BADE, etc.

POTERIES DITES LACUSTRES, CELTIQUES OU HELVÉTIQUES PRIMITIVES. Av. J.-C. 2000

Certaines peuplades, sans doute appartenant à la branche

celtique et appelées par abréviation lacustres[1], habitaient, dans des temps fort reculés, l'Helvétie et une partie du duché de Bade et de la Savoie. Dans des fouilles, rendues possibles par l'abaissement extraordinaire des eaux des lacs et rivières en Suisse, on a découvert, sous d'épaisses couches de vase et de tourbe, plus de cent bourgades lacustres[2], dont les maisons, de trois à cinq mètres de diamètre, avaient été construites sur des pilotis, la plupart sur des bas-fonds au milieu des lacs, et ont dû abriter une population d'au moins 80,000 âmes ; elles remontent pour la plupart à l'*âge de la pierre*, et d'autres à l'âge du bronze (aucune trace de l'âge de fer). D'après les calculs géologiques, on doit placer la construction de ces bourgades à 2,000 ans avant notre ère. Les vestiges des poteries *lacustres* trouvées se divisent en deux catégories, savoir : *poteries lacustres de l'âge de la pierre*[3], confectionnées en argile grossière, dont la pâte est généralement mélangée de grains de quartz, vases sans aucune ornementation, indiquant l'enfance de l'art, et qui me paraissent avoir été cuits enveloppés dans de la paille, comme cela se pratique encore chez les Cafres (quelques-unes de ces poteries, un peu plus fines, sont déjà cependant coloriées par le graphite) ; — *poteries lacustres de l'âge de bronze*, remontant peut-être à mille ou quinze cents ans avant l'ère chrétienne, dont la variété de formes est déjà plus grande, et parmi lesquelles on en rencontre d'ornementées. Presque chaque bourgade de l'époque dite « l'âge de bronze » avait son établissement particulier de poterie.

C'est à MM. Keller, Uhlmann, Jahn, Swab, Troyon, Forel, Rey, Desor[4] et à quelques autres savants que la science est

1. *Pfahlbauten*, *lacustres*, désigne ces habitations sur pilotis des bords des lacs. Le mot *lacustre* (de *lacus*, lac; *lacustris*, adjectif, *qui a rapport aux lacs*, comme *piscis lacustris*, poisson de lac, etc.) est usité.

2. Genre de construction déjà décrit par Hérodote, et qui est encore en usage chez plusieurs peuplades. On en a même trouvé à Mainz (Mayence).

3. En archéologie, on appelle l'*âge de la pierre* d'un peuple l'époque où il ne connaissait ni le cuivre ni le fer, l'époque où ses armes et instruments tranchants étaient tous en pierre ; l'*âge de bronze* et l'*âge de fer* suivent.

4. Voir aussi le *Generalbericht*, de la direction de l'association archéologique du duché de Bade. Karlsruhe, 1858.

Dans le bulletin de la *Société savoisienne d'Histoire et d'Archéologie*, du 29 juillet 1862, on trouve aussi un rapport de M. Rabut, professeur d'histoire à Chambéry, sur une grande quantité de poteries lacustres pêchées sous la direction de M. le baron Despine et celle de M. Charles Delaborde, sur les bords du

redevable de ces importantes découvertes, qui permettent aujourd'hui à l'histoire archéologique de remonter au delà des invasions celtes et gauloises; car les fouilles ont déjà procuré aux musées de la Suisse plus de vingt-quatre mille objets de toute espèce, à l'aide desquels l'histoire des usages et des mœurs des *Lacustres* peut presque être établie. Le musée de Sigmaringen en possède de nombreux exemplaires rapportés par M. de Mayenfisch[1]. Quelques exemplaires font partie de ma collection, et une très-nombreuse collection se trouve au musée de Stuttgard.

GRÈCE.

TERRE CUITE OPAQUE, SOUS COUVERTE PERMÉABLE, MAIS INSOLUBLE DANS L'EAU, FORMÉE PROBABLEMENT DE SILICATES ALCALINS.

POTERIE PÉLASGE-GRECQUE, dont Homère a chanté l'art et les céramistes dans une pièce connue sous le nom *le Fourneau*, 900 ans av. J.-C.

Rien de cette poterie n'est parvenu, que je sache, jusqu'à nous.

lac du Bourget, poteries qui remontent également à l'âge de la pierre. Les pilotis de ces anciennes habitations, que l'on y a découverts à une distance de cent mètres du rivage, occupent environ vingt mille mètres carrés. Tous les objets trouvés remplissent les salles où se tiennent les séances de la société.

1. Sigmaringen est la capitale de la principauté de Hohenzollern-Sigmaringen, berceau de la maison régnante de Prusse, et par conséquent des aïeux du grand Frédéric. Le prince actuel, au cœur allemand, a donné le premier un bel exemple d'abnégation personnelle pour l'unité allemande, en déposant sur l'autel de la patrie ses droits souverains. — La principauté fait aujourd'hui partie de la Prusse. — Ce prince, doué de goûts artistiques et de sentiments libéraux, a su trouver, dans une vie déjà si utilement occupée par les travaux de sa haute position (il est commandant d'un corps d'armée et il était ministre président), assez de loisirs encore pour surveiller la formation d'un des meilleurs musées de l'Allemagne, dont grand nombre de pièces ont été recherchées et achetées par lui-même, en véritable amateur.

Organisée depuis trente ans par l'infatigable directeur, le chambellan baron de Mayenfisch, cette collection offre actuellement une richesse et une variété rares. Il y a des pièces d'une telle valeur artistique, que l'on n'en rencontre pas de semblables au Louvre même. M. de Mayenfisch est aussi ardent pour les recherches archéologiques *sous* la terre que dans ses chasses d'antiquaire à ciel ouvert. Fouillant continuellement le sol de la principauté, si riche en vestiges d'art et d'industrie romains et saxons, il y a déjà recueilli des trésors d'archéologie uniques, parmi lesquels il faut citer les ossements vitrifiés antédiluviens qui ont leur place marquée dans les découvertes importantes des derniers temps. Il paraît que le prince et la princesse héréditaires (sœur du roi de Portugal) s'intéressent à ces curieuses recherches et assistent souvent personnellement aux fouilles. — C'est là une précieuse garantie pour l'avenir de ce beau musée, et ce qui prouve la tendance artistique de toute cette famille princière. La bibliothèque du château est déjà riche aussi en bons et précieux ouvrages, quoique peu nom-

Poterie grecque-étrusque, connue généralement sous le nom *de vases étrusques peints et de terra-cotta*[1].

Fabriquées en Grèce et en Italie et presque partout où les Grecs ont fondé des colonies, ces céramiques ont été aussi retrouvées partout où la civilisation grecque avait pénétré, sans que l'on puisse fixer positivement si elles y avaient été toujours fabriquées ou si elles y avaient été seulement importées des fabriques de la mère-patrie ou d'une autre colonie. On croyait jadis que l'*Étrurie* et la *Sicile* étaient les seuls pays qui avaient produit ce genre de poterie. Aujourd'hui, on sait que l'ancienne Grèce même en a fabriqué, et probablement les premières.

Cette poterie appartient, comme classement céramique, au point de vue technique, à l'espèce commune, et doit être rangée très-bas sur l'échelle des productions du four. La grande facilité de sa confection en terre et en argile, son manque de véritable vernis et d'émail et son peu de dureté, provenant

breux. Elle se compose des bibliothèques privées réunies des familles princières, de celles des gouvernements de la principauté et d'un grand nombre d'autres livres de valeur. L'*histoire de l'art* y est représentée dans tout son ensemble, et de nombreux ouvrages enrichis de miniatures forment un de ses plus beaux ornements.

Le prince avait eu la bonne fortune de s'attacher le docteur conseiller de cour Roessler (mort depuis), l'ancien bibliothécaire d'Erlangen, connu si avantageusement dans le monde artistique et savant par ses découvertes, à Erlangen, de toute une série d'anciens dessins des plus grands maîtres allemands, très-précieux pour l'histoire de l'art, ainsi que par ses études sur la coïncidence des ciselures sur cuir des anciennes reliures avec les dessins et gravures de la même époque; ces études ont établi avec certitude que les grands maîtres ont travaillé simultanément avec le burin sur le bois, le métal et le cuir.

Dans une autre publication, *les Souvenirs de voyage d'un collectionneur*, qui forme pour ainsi dire une suite à mes *Recherches sur la priorité de la Renaissance de l'art allemand*, j'ai fait connaître plus amplement au public cette précieuse découverte.

Les musées et la bibliothèque de Sigmaringen s'augmentent de jour en jour, et le prince fait actuellement exécuter des constructions monumentales qui permettront de réunir toutes ces richesses. L'architecte Krüger, de Dusseldorf, connu par ses beaux travaux, a tracé les plans; mais le prince prend personnellement le plus grand intérêt à l'achèvement et à l'embellissement de son musée, qui sera une des plus belles créations de ce genre. J'ai donné une description sommaire de toutes les belles œuvres que contiennent ces galeries, dans les *Souvenirs de voyage d'un collectionneur, etc.*

1. *Terra cotta*, terre cuite séchée à l'air. C'est la dénomination usitée à tort pour désigner les figurines et vases antiques en argile ou terre *cuite*. On trouve cette expression le plus souvent dans les auteurs allemands. Pour *terra sigillata*, voir la table.

d'une cuisson à température basse, la rangent parmi les produits secondaires de l'art céramique, mais où l'infériorité de la pâte et du vernis est largement compensée par le modelage et les qualités de la *peinture*. Cette céramique est très-légère et gracieuse de formes, et ses décors, quoique toujours en teintes plates et se répétant continuellement, sont l'œuvre de véritables artistes. *Pline* dit que les potiers employaient le *minium* pour peindre l'argile. Le minium est d'un rouge vif, composé de plomb et d'oxygène, que l'on obtient en chauffant le deutoxyde de plomb.

Il est très-difficile de fixer le genre des produits des divers centres de fabrication et encore bien plus difficilement les époques. Les érudits, qui se sont occupés exclusivement de cette poterie, se sont continuellement trouvés en contradiction.

Voici ce que l'on peut adopter comme guide :

Les vases en *argile jaune*, un peu brunâtre, où les *ornements noirs*, légèrement en relief, sont produits sur le fond jaune de la terre, appartiennent à la première époque (800 av. J.-C.).

La seconde époque (700 à 600 av. J.-C.) se signale particulièrement en ce que la figure humaine ne se trouve pas dans les décors qui consistent en *taureaux* et autres animaux.

La troisième époque (600 à 500 av. J.-C.) montre déjà des figures d'hommes et des sujets historiques et mythologiques.

La quatrième époque (à partir de 500 av. J.-C.), et

La cinquième (400 av. J.-C.), les plus artistiques de toutes, se signalent par des figures jaunes *sur fonds noirs*.

La *décadence* de la fabrication de toutes ces poteries se révèle par des dessins grossiers, *réservés en jaune pâle, sur un fond noir mal peint*. Je dis *réservé* puisqu'il me paraît évident que les dessins découpés sur des feuilles et collés sur cette terre jaune étaient ainsi *réservés*, tandis que le reste était barbouillé de noir. Les feuilles découpées et collées (espèce de patrons ou poncis, les *Chablonen* des Allemands), une fois enlevées quand la peinture était sèche, on voyait le jaune *réservé* former les dessins du décor sur un fond noir.

M. Édouard Gerhard est le savant qui, le premier, a excellé dans l'herméneutique[1] de ces vases historiés; ses importants ouvrages, mentionnés dans la notice bibliographique

1. L'*herméneutique* (du grec ἑρμηνεύειν, traduire) est l'art de l'interprétation. Il va sans dire que le champ est vaste et le contrôle difficile!

de la préface de ce livre, sont ornés d'un grand nombre de reproductions, mais il n'y est point question d'un classement chronologique quelconque, puisque la plupart des beaux dessins ne reproduisent que les vases de la cinquième époque.

La céramique était très-estimée en Grèce. Les céramistes honorés comptaient parmi les artistes les plus aimés et les plus marquants; on leur érigeait même des statues et on frappait des médailles en leur honneur. Les noms de *Débutade*, de *Cerebus*, de *Threicles*, de *Chérestrate* et d'autres sont parvenus jusqu'à nous. *Nicothenes*, *Mimas*, *Aristophanes*, *Hieron*, *Duris*, *Euphronius* (de l'Étrurie) et *Andokides* sont des noms de *peintres*, et *Erginos* celui d'un *potier*, que M. E. Gerhard a recueillis sur les magnifiques vases et coupes au musée de Berlin et dont il a fait reproduire les dessins dans ses ouvrages.

Voici tous les noms de *peintres* céramistes et de potiers grecs que l'on a pu recueillir : Aeniades, Alsimos, Amasis, Aristophanes, Asteus, Bryllus, Clitias, Cholchos, Doris, Epictetus, Euonymos, Euphronios, Euthymides, Exceias, Hegias, Hermonax, Hypsis, Onesimos, Pheidippos, Phittias Phrynos, Polygnotus, Pothinos, Poriax, Praxias, Priapos, Socias, Tacomides, Zeuxiades, sont ceux des artistes peintres; et : Alides, Amasis, Andocides, Archides, Bryllos, Calliphon, Cephalos, Chachrylios, Chaerestratos, Charinos, Charitaeus, Chelis, Cholchos, Cleophradas, Deiniades, Doris, Echecrates, Epigenes, Epitimos, Erginos, Ergotimos, Eucheros, Euergetides, Euphonios, Euxitheos, Exceias, Glaucythes, Hechthor, Hermaeus, Hermogenes, Hieron, Hilinos, Hischylos, Meidias, Naucydes, Neandros, Nicosthenes, Oineus, Pamaphius, Pamphaeos, Phanphaios, Philinos, Pistoxenos, Priapus, Python, Simieglion, Simon de Elea, Socles, Sosias, Statius, Taleides, Theoxetos, Thypheiheides, Timagoras, Tlenpolemos, Tleson, Tychios, Xenodes et Xenophantes, ceux des potiers. Le mot ἐποίησεν (fit) se trouve souvent à côté des noms d'artistes et de potiers sur des pièces appartenant à la fabrication reculée, et με ἐποίησεν (me fit) sur les céramiques des époques postérieures.

La peinture des plus anciennes poteries grecques n'indique dans la figure humaine aucune distinction de sexe.

Il y avait à Athènes tout un grand quartier uniquement occupé par les potiers, appelé *Kerameus*, d'où dérivent les noms *céramiste* et *céramique*.

Pour mettre un peu d'ordre et de chronologie dans la classification des poteries grecques, dites *étrusques*, on peut les diviser en deux groupes principaux, dont le premier peut se subdiviser en cinq branches :

I. — POTERIES DITES ÉTRUSQUES, DE L'ANCIENNE GRÈCE, DE L'ASIE MINEURE, DE L'AFRIQUE, DE LA CRIMÉE ET DE L'ILE DE MALTE.

Athènes, *Corinthe*, etc., pour la Grèce;

Smyrna, *Eksenide*, *Samos* [1], *Rhodos*, etc., pour l'Asie-Mineure;

Tripoli, etc., pour l'Afrique;

Bengazi (Bérénice), etc., pour l'île de Malte, etc.;

Plusieurs localités pour la *Crimée* (Chersonèse Taurique), poteries qu'il faut classer toutes entre le *huitième* siècle avant J.-C. et le second siècle de notre ère.

Athènes et quelques autres villes de l'*ancienne Grèce*, ainsi que beaucoup de villes de la *Grande-Grèce* [2] ont aussi produit des statuettes et des bas-reliefs en terre cuite, souvent peints à froid, et quelquefois vernis ou vitrifiés au four. Les terres cuites étrusques sont cependant bien inférieures à celles de la Grèce proprement dite. Le Louvre et la collection du duc de Luynes, au cabinet des médailles, montrent de très-belles statuettes de la première catégorie.

Les musées du Louvre, de Berlin et de l'Ermitage sont fort riches en poteries grecques.

L'île de *Rhodos* est représentée au musée du Louvre par des coupes, plats et vases à fond jaune pâle, ornés de dessins noirs d'animaux, chimères, arabesques, etc. Il y en a aussi quelques-uns où ces dessins sont en rouge de brique à la place du noir, mais toujours sur fond jaune. Cette poterie, dite étrusque, prouve qu'il ne peut y avoir rien d'absolu dans la division chronologique des époques, puisque la ville de Rhodos ne fut bâtie que vers le temps de la guerre du Péloponèse (431-404), et que Protogène, le célèbre peintre grec, y vivait vers 336, époque où les poteries en Grèce et en Étrurie avaient atteint leur plus haute perfection et étaient presque toutes décorées à dessins rouges et jaune de brique sur fond noir.

1. L'existence de la poterie de Samos était déjà affirmée par Pline, qui, en faisant l'éloge de la poterie d'Aretium en Étrurie, la compare à celle de Samos.
2. La partie méridionale de l'Italie était alors connue sous cette désignation.

Le *Stadelsche Kunst-Institut* [1], à Frankfurt S/M, possède aussi sept magnifiques vases, dont un, n° 57, ayant été destiné à des prix de courses à Athènes (*amphora parthenaïka*), est fort remarquable.

II. — POTERIE GRÉCO-ITALIQUE (Grande-Grèce), **DE L'ÉTRURIE, DE LA CAMPANIE, DE LA SICILE ET DE L'APULIE.** Av. J.-C. 600.

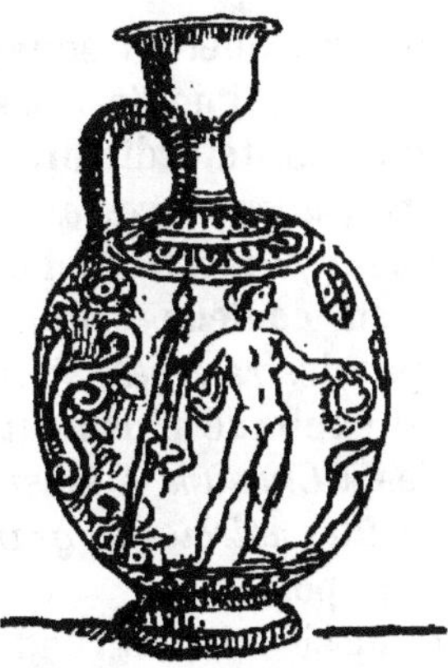

Vase étrusque (15 centim. 1/2 de hauteur) de ma collection, provenant de celle du docteur Assant.

A. — *Pour l'Étrurie* et la Grande-Grèce du nord : *Aretium, Agylla, Clusium* (aujourd'hui Chiusi), *Tarquinie* (Cemeto [2]), *Perusia, Volateræ, Mantua* et *Adria.*

B. — *Pour la Campanie : Nola, Plistia, Cumes et Capoua.*

C. — *Pour la Sicile : Contorbi, Lentini, Palazuolo et Girgenti.*

D. — *Pour l'Apulie*, vulgairement appelée la Pouille, au S.-E., et pour tout le sud : *Rubia, Gratia, Zapestia, Cœlia, Barium, Lucania, Anexia, Grumentum, Pæstum, Eburium, Potentia* et *Acherontia.*

II. A.

Les Étrusques, auxquels on avait d'abord attribué toutes les

1. Le « Stadelsche Kunstverein, » ou Association artistique de Stadel, à Frankfurt S./M., est un musée qui a été fondé, en 1816, avec le legs du banquier Stadel. La galerie est composée de tableaux anciens et modernes, de gravures et de plâtres. En poteries, ce musée ne possède que sept vases étrusques et une énorme pièce de maître-autel en terre cuite, partie à émail stannifère, œuvre de Giorgio Andreoli di Gubbio. (Voir *Gubbio.*)

2. Les nos 120 à 122 sont trois terres cuites au musée de Sèvres qui proviennent de cette localité.

poteries grecques dites étrusques, s'étaient fixés en Italie vers 600; ils descendaient des Pélasgues ou Pélasges, les habitants primitifs de la Grèce, vers 1960 avant J.-C. D'origine indo-germaine, comme les autres Grecs, ils étaient artistes. On a vu qu'Homère avait déjà chanté la poterie pélasge vers 900, de sorte que la poterie étrusque est certainement d'origine grecque.

Les potiers étrusques marquèrent souvent leurs figures *des dieux par leurs noms,* usage qui ne s'est pas pratiqué en Grèce. La céramique étrusque consiste ordinairement en beaux vases à pâte et fond rougeâtres, *à peintures en teintes plates noires,* ou *rouges et blanchâtres sur fond noir*, enfin semblable à celle de la Grèce. Les sujets en couleur brique rougeâtre me paraissent être obtenus par des *réservés*, au moyen de patrons en feuilles, ainsi que je l'ai expliqué plus haut.

Les poteries trouvées à *Clusium* (Chiusi), si nombreuses au musée du Louvre, sont *toutes noircies au graphite* et à bas-reliefs, mais sans aucun décor ni peinture.

Les Étrusques ont aussi laissé grand nombre de terres cuites, particulièrement des tombeaux, comme on le peut voir au musée du Louvre.

II. B.

La Campanie fut conquise par les Romains de 343 à 314 avant J.-C.

Les Campaniens, limitrophes des Étrusques, peuples qui parlaient tous les deux à peu près la même langue dérivée de celle des Osques, et dont les constitutions politiques ressemblaient à la constitution spartiate, mais qui étaient bien plus sensuels et plus voluptueux, ont montré dans l'art également le goût grec dont ils se sont inspirés.

Les dessins des vases campaniens sont, comme ceux des Étrusques, décorés à teintes plates et en simples lignes et traits, sans ombres ni lumières. La nature voluptueuse des Samnites et des Campaniens poussait ces peuples vers la représentation des sujets lubriques, qu'ils rendaient sous des formes caractéristiques. L'esprit de liberté et de raillerie qui y paraît avoir régné ne respectait pas même leurs dieux. Un vase, entre autres, qui a appartenu au peintre allemand Raphaël

Mengs, était décoré d'une parodie des amours de Jupiter et d'Alcmène. Cette dernière regarde par une fenêtre élevée du sol, comme le ferait une prostituée de nos jours, pour attirer des chalands. Jupiter, avec un gros ventre et un fallus, les traits cachés sous un masque blanc, et portant une échelle la tête passée entre les échelons, paraît vouloir monter en vrai don Juan dans la chambre de sa maîtresse. Mercure, aux allures d'un Leporello et portant à sa ceinture un énorme fallus de rechange, éclaire son maître-dieu par la lampe qu'il tient dans la main droite, tandis que sa main gauche paraît vouloir cacher le caducée qui pourrait le faire reconnaître[1]. C'est un dessin de la plus grande obscénité, et qui représente en même temps le genre comique dans l'antiquité, où la *caricature* était si rare.

On trouvait dans la collection Lecarpentier, à Paris, une magnifique coupe à pied dont le sujet, d'une exécution parfaite, représente les épisodes de la vie d'un homme atteint de la gravelle. On le voit attaqué par des douleurs atroces; plus loin en convalescent; et à la fin guéri et s'adonnant aux réjouissances.

II. C.

La Sicile, qui paraît avoir fait originairement partie de l'Italie, était d'abord habitée par les Pélasges, et elle fut particulièrement colonisée par les Grecs qui, à partir du huitième siècle avant J.-C., y fondèrent Syracuse, Agrigente, Sélinonte, Catane, etc., et qui y apportèrent l'art céramique grec.

II. D.

Les Apuliens étaient de la race des Osques, peuple indigène de la Campanie, qui remonte bien avant la conquête des Étrusques.

Les Apuliens ont contrefait les poteries grecques étrusques vers 200 avant J.-C.; mais leurs produits se reconnaissent ordinairement à une exécution moins artistique.

Les potiers de la Pouille, qui ignoraient la langue étrusque

1. Winckelmann a donné le dessin dans son grand ouvrage publié en allemand et en français. Il paraît que le monde d'alors avait moins de pruderie, puisqu'il serait fort scabreux aujourd'hui de se permettre la reproduction. Même observation pour le sujet de la coupe Lecarpentier.

ancienne, — langue qui n'est même pas encore connue aujourd'hui malgré les inscriptions nombreuses trouvées dans les fouilles, — ont presque toujours mal copié les inscriptions des poteries étrusques qu'ils imitaient, de sorte que ces inscriptions sont toujours illisibles. Ils ont même souvent mis des points et virgules ou autres signes à la place des lettres dont ils ne connaissaient pas la signification.

M. Copeland, à Leeds, en Angleterre, imite très-bien les poteries grecques dites étrusques de toutes provenances. Le musée des Arts et Métiers, à Paris, possède de ce fabricant des échantillons.

Il existe actuellement une fabrique de poteries à *Athènes*, qui appartient à M. *Ghuilliotti*.

Ces poteries ont été encore imitées à Naples sous la direction de Gargiulo, et en Angleterre par Wedgwood et par Battam. Les plus célèbres collections de ces poteries dans ce dernier pays sont celles de MM. Townley, Payne-Knight, sir W. Hamilton et lord Elgin.

ROMA (Rome).

POTERIE BRUNE, JAUNE, NOIRE ET ROUGE COMMUNE, ainsi que celle d'Arezzo, qui est ordinairement à ornements en relief. 10(

Les poteries dites *d'Arezzo*, l'ancien Aretium, ville de la Toscane, sont des terres cuites sous couverte, probablement silico-alcaline imperméable; elles sont le plus souvent ornées de reliefs. Les premiers essais de porcelaines de Böttger, ainsi que la poterie chinoise dans ce genre, ressemblent tant soit peu à ces poteries. Un grand fragment d'un de ces vases d'Arezzo, de 26 centimètres de diamètre, trouvé au castrum Adriani, à Weisenau, près Mainz, fait partie de ma collection. Il est signé *CRN..VIX*.

STATUETTES, BUSTES, BAS-RELIEFS, etc., en terre cuite, qui ont servi de modèles à la poterie gauloise. (Voir les observations sur ces sortes de terres cuites, à l'article des poteries *Athéniennes* et *Noles*.)

Toutes ces poteries romaines ont été trouvées dans les fouilles des différents pays où les légions romaines avaient passé, et où leur domination avait introduit la civilisation latine. On en a trouvé aussi bien sur le continent que dans la Grande-Bretagne.

La *glaçure* des poteries en terre rouge dites d'Arezzo, qui paraît être un vernis minéral, me semble cependant trop dure pour un tel vernis. Je pense que cette glaçure est tout simplement le résultat d'une cuisson forte, d'autant plus que la couleur est absolument la même que celle de la pâte, qui est presque aussi dure sous le couteau que la couverte, et rappelle celle des grès (soi-disant premières porcelaines) de Böttger.

Tudot croit que les vases à pâte rouge vernissée et à dessins en relief, pareils aux premiers essais de porcelaines de Böttger, sont tous des poteries arétines;

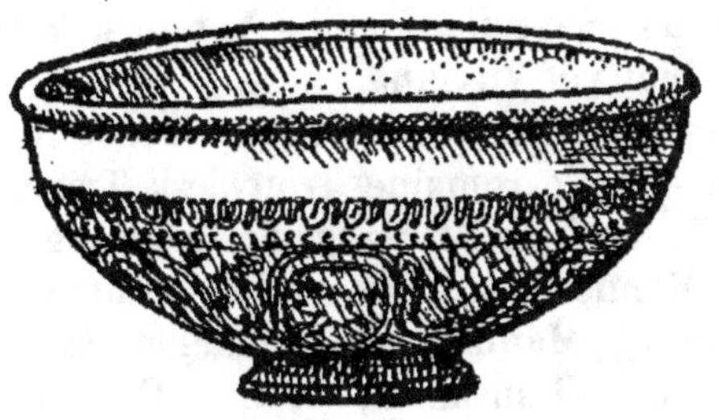

Poterie rouge imperméable à reliefs, d'Arezzo.

mais si Aretium en a fabriqué en premier lieu, elles ont certes été produites plus tard partout où Rome avait porté ses aigles.

La petite poterie romaine noire servait ordinairement comme on se sert aujourd'hui d'un gobelet à boire. Il y en a qui portent des inscriptions en blanc, comme : *Ave* (salut!), *Vivas* (vivez), *Imple* (remplissez), *Bibe* (buvez), *Vinum* (vin), *Vita* (vie), *Vive*, *bibe multum* (vivez et buvez beaucoup), etc.

La fabrication de la vaisselle en terre cuite paraît avoir été quelquefois fort extravagante à Rome, puisque Suétone rapporte que *Vitellius* fit même faire un si grand plat de terre, pour un de ses repas de Gargantua, qu'il fallut construire expressément un four pour le cuire.

Les établissements de potiers romains ou peut-être gallo-romains (question fort difficile, sinon impossible à décider) les plus importants en dehors de l'Italie, ont été découverts à *Rheinzabern*, dans le duché de Bade, où on a trouvé 84 fours. Les Romains même y ont certes fabriqué, mais il y avait aussi grand nombre de colons gaulois adonnés à la fabrication d'objets céramiques, comme le paraissent démontrer, avec d'autres indices, les nombreuses statues de Mercure, d'Apollon et de Minerve que l'on y a rencontrées dans les fouilles. Les noms recueilli sur les poteries et les moules, noms qui ont appartenu so aux potiers, soit aux modeleurs, sont les suivants : Augustalis Augustenas, Aprius, Arbo, Attillus, Aunus, Bellator, Besus Biattoni, Bincede, Canul, Catul, Caxus, Celsus, Cerialis, Cir tugnatus, Cinus, Cobnertus, Comitialis, Concorinus, Constans Cornitialis, Cuasus, Dacodunus, Dominitianus, Dubiaus, Fir mus, Furitus, Janvarius, Janus, Jarus, Jatta, Jechia, Jniu Juvenalis, Jrisus, Lanvarius, Latinianus, Lucius, Mecco, Mitius Modestus, Mabio, Omitialis, Placidus, Perrus, Recnus, Reginus Rullinus, Severus, Sextius, Stabilis Verenus, Verus, Veumus Victorinus, Viducus et Vilviana.

Les noms de potiers et de modeleurs, recueillis sur des po teries romaines et gallo-romaines trouvées à Trier, Riegel, Wir disch, Rottweil, Vechten, Ohringen, Friedberg, Regensburg Heddernheim, Monderberg, Nimwegen, Xanten, Oberlaibach Castell, Luxemburg, Mainz, Bonn, Wichelhof Bavay, Langweic Riegelstein, Culm, Lausanne, Pfünz, Speyer, Wiesbaden Neuwied, Cöln, Louisendorf près Clève, London, Bourges Châtelet, Paris, Augst, Birgelstein Enns s/D., Ensdorf, Bou près Saarlouis, Voorburg, Ems, Westendorf, Salzburg, Ep fach, Lillebonne, Routot (Eure), Limoges, Malga (Afrique) Vichy-les-Bains, Wiffisburg, Riegel, Studenberg, Neuss, Lun neren, Steinsfurt près Sinsheim, Renaix, Bonne-Nouvelle, Neu ville-le-Pollet, Faucarmont, Rosenauberg, Westheim, Mon trœul-sur-Haine, Butzbach (Hesse), Strassburg, Wichelhof e Marsal en Lorraine, sont les suivants : Alimet, Aper, Atimeti Cassi, Ciculis, Cobnertus, Communis, Cresces, Cupitus, Dessi Faor, Fortis, Janvar, Jegidi, Jullin, Litogene, Lucius, Lupi Neri, Octavi, Provin, Sedati, Silvan, Strobili, Thalli, Versio Verani, Vibiani. (Voyez Mezger.)

Voici encore une liste des noms de potiers et de modeleur romains et gallo-romains recueillis sur des vases rouges dit d'Arezzo, conservés au musée de Nantes : Acer, Albuci, Albus O. Ano, Antnus, Agvti, Belincci, Bellen..., Bvline, Callidi, Cre menia, Ciniv, Cresti, Dano, Gemeni, Iridvbnos, Irepi, Ioannis Iovis, Ivna, Ivlianos, Ivlini, Ivlii, Map..., Marsillac, Nini, Nom Nuérec, Off..., Paternus, Priscos, Regenus, Ru..., Rian, Senis Sever, Spiceli, Tir, Voto.

A Westheim, près Augsburg, on a trouvé, en 1852, une tuile romaine (tegula hamata) qui porte en lettres (cursive) romaines une inscription que l'on n'a pas encore pu déchiffrer, et dont M. Mezger, professeur et conservateur au musée Maximilian, à Augsburg, a publié un dessin (Die Römischen Steindenkmaeler, Inschriften und Gefaesstempel, etc. Augsburg, 1862).

On rencontre des poteries de ce genre, mais le plus souvent sans les ornements en relief, où la couverte et la pâte sont bien plus molles èt où la première s'enlève facilement soit par l'acide nitrique, soit par le grattage au couteau. — C'est là une fabrication gallo-romaine, ou même d'une époque encore bien postérieure.

Artaud, de Lyon, qui avait beaucoup imité les poteries romaines, a légué au musée de Sèvres tous les moules qui servaient à ses imitations.

POTERIE DE LA SCANDINAVIE, DE LA GERMANIE ET DE LA GRANDE-BRETAGNE (ANGLO-SAXONNE).

POTERIES COMMUNES EN NOIR, BRUN, GRIS ET ROUGE, UNIES ET A DESSINS GRAVÉS GROSSIÈREMENT. (Époques indéterminées.)

Ces poteries ont été fabriquées pour la plupart sans tour, et les plus anciennes cuites au moyen de trous creusés dans le sol, en guise de four. M. le docteur Klemm a signalé la grande conformité qui existe entre ces vieilles poteries et celles que les *Cafres* confectionnent encore aujourd'hui. Il pense qu'ils les cuisent dans des trous, après les avoir entortillées de paille et de résine. On devrait peut-être placer ce chapitre avant celui qui traite de la poterie grecque, car les époques des origines sont difficiles à déterminer, et peuvent remonter bien haut avant l'ère vulgaire.

Quant à la poterie anglo-saxonne grise, que l'on a trouvée dans des tombeaux en Angleterre, elle est grossièrement confectionnée et séchée seulement à l'air sans avoir subi aucune cuisson.

On ne sait pas s'il faut l'attribuer aux Celtes ou à des peuplades plus anciennes. Je penche pour la dernière hypothèse : les Celtes sortaient d'une race où l'art n'était pas complétement inconnu, puisque les Romains furent tout étonnés de rencontrer des ennemis barbares possesseurs d'armes étincelantes, et aussi remarquables par le fini du travail que par les matières précieuses qui avaient servi à leur fabrication.

La poterie anglo-saxonne *noire*, d'une époque postérieure, est déjà cuite au four, et ressemble tout à fait aux poteries scandinaves et germaines du continent, que l'on a trouvées en si grande quantité dans les fouilles.

Exemplaires nombreux aux musées de Sigmaringen, de Berlin[1], de Kjöbbenhavn (Copenhague), au Alterthums-Verein à Ulm (Société archéologique et historique d'Ulm), au musée Britan-

1. Le musée de Berlin peut marcher de pair avec le Louvre. Moins riche peut-être quant au nombre des pièces, il dépasse souvent le musée français par le choix de ses exemplaires, à l'exception des tableaux, et toujours par l'arrangement. Le mieux classé de tous les musées, il offre, outre la belle construction de Schinkel, une richesse de décoration extraordinaire dans ses salles. Ni l'Italie, ni la France, ni l'Angleterre ne pourraient rivaliser avec le musée de Berlin sous le rapport de l'harmonie et du sentiment esthétique qui y règnent partout. Un des plus beaux ornements de sa décoration, les fresques de Kaulbach, sont même des chefs-d'œuvre. La sollicitude et l'activité du savant directeur général, M. von Olfers, sont connues de tous les amateurs.

On doit faire remonter l'origine de ce musée au Kunstkammer, collection qui fut commencée vers la seconde moitié du dix-septième siècle par le grand électeur de Brandenburg et par son successeur. Sous le règne des rois Friedrich Wilhelm Ier et Friedrich II, la collection avait perdu une grande partie de ses richesses. Le premier troqua toutes les porcelaines de Chine contre un régiment de soldats (voir au musée japonais de Dresden), et le second, forcé par les nécessités de la guerre, fit vendre toutes les œuvres d'art en argent. Ce qui resta de remarquable fut enlevé, sous Napoléon Ier, par le directeur des musées français Denon, et tout ne fut pas ramené en 1814. Le musée actuel a été fondé en 1824 par le roi Friedrich Wilhelm III. La construction du « vieux musée » a été terminée par Schinkel (mort en 1841) en 1821. Le « nouveau musée » qu'un pont-galerie couvert réunit à l'ancien, est l'œuvre de Stüler et a été construit sous la direction de M. von Olfers.

La façade du vieux musée a deux cent soixante-seize pieds. Une galerie couverte, formée de dix-huit colonnes ioniennes, abrite la grande fresque de Cornélius, exécutée par C. Sturmer, C. Hermann, C. Eggers, C. Pfauers-Schmidt, H. Schulz, F. Schadow, R. Elster, G. Eich et Herman Schulz, et représentant une espèce « d'introduction, » d'étude, basée sur les idées orthodoxales de Schinkel, qui voulait faire tout dériver du classique. C'est le même qui y a décrit par sa composition « la formation et la division des forces cosmologiques, des mœurs et de l'ethnographie. » Les vingt-huit peintures « stérochromiques » [peinture appelée, en allemand, par ses inventeurs : le conseiller *Fuchs* et le peintre Schlottauer, de München, « Wasserglas-Mulerei] ; » elle diffère de la fresque (de *fresco*, frais) en ce que les couleurs ne sont pas répandues sur la composition de chaux et de sable humide, mais sur la surface lisse et sèche du mur. Les couleurs à l'eau (aquarelle) sont composées de matières exemptes d'affinités avec l'acide silicique, ou le silicate de potasse. Le tableau terminé, on l'arrose abondamment d'une dissolution silicique, c'est-à-dire de silicate de potasse, ce qui donne à la surface la dureté de la pierre. Kaulbach a fait les premiers essais de la stéréochromie au nouveau musée de Berlin ; mais la grande composition du péristyle a été exécutée par les peintres Däge, Klöber, Holbein, H. Schultz, Sturmer et Graef ; elle représente l'histoire de Thésée et d'Hercule. A droite et à gauche

nique, au Louvre, dans ma collection, et aux musées de Schwerin, de Mainz, etc.

Le musée royal de Kjöbbenhavn (Copenhague) possède des poteries scandinaves qui remontent à l'âge de la pierre et à l'âge de bronze; elles ont été reproduites dans l'ouvrage de M. F. F. A. Worsaae[1] où on les voit figurer sous le nom de *Leerkar* (Jarre de terre glaise), désignation impropre, puisque ce sont des poteries de *petites dimensions* en terre cuite noire. Il paraît que l'on fabrique encore aujourd'hui à *Aarhuns* et à *Veile* (Jutland) des poteries en terre glaise qui deviennent *noires* à la cuisson. Ces mêmes poteries de l'âge de bronze, trouvées dans des tombeaux et reproduites également par M. Worsaae, diffèrent peu, de forme et de fabrication, de celles de l'âge de fer.

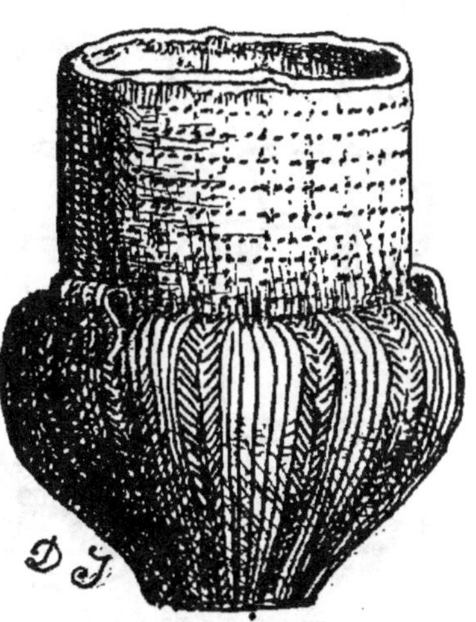

Poterie scandinave de l'âge de pierre au musée de Copenhague.

A *Bornholm* on a trouvé des poteries rouges, mais qu'il faut, selon moi, attribuer aux *Romains*.

de l'escalier, deux groupes équestres : l'un, l'*Amazone combattant un tigre*, par Kiss, et l'autre, un *Combat de lions*, par Wolf. A l'entrée, la statue de Schinkel, l'architecte du musée, par Tiek.

Le vestibule est également couvert de peintures stéréochromiques, et dans l'intérieur du nouveau musée, sur les murs du grand escalier, on voit les chefs-d'œuvre de Kaulbach, dont on a pu admirer les cartons à la dernière Exposition universelle à Paris.

La rotonde, de soixante-sept pieds de diamètre sur soixante-douze de hauteur, est la partie la plus monumentale du musée; elle est d'un effet grandiose et simple.

Ces musées contiennent la *Galerie des tableaux*, celle des *Sculptures grecques, romaines et anciennes et de la Renaissance*, l'*Antiquarium*, les *Collections des petits arts* (curiosités), le musée *Ethnographique*, les *Antiquités germaniques et scandinaves*, celles de *tout le Nord*, de l'*Égypte*, un *musée chinois*, une des *plus nombreuses collections céramiques*, etc., etc.

La galerie des tableaux, un peu moins remarquable, s'augmente tous les jours de quelques belles toiles.

Son classement peut également servir de modèle, — il est dû à M. Waagen.

1. *Nordiske Oldsager i det kongelige museum i Kjobbenhavn*, 1859, chez Kittendorff et Aagaards, à Copenhague.

Les pièces les plus remarquables en fait de poteries germaniques des époques les plus reculées se trouvent au château de Lichtenstein en Wurtemberg, appartenant à M. le comte de Wurtemberg.

Les poteries anglo-saxonnes au vernis plombifère ou alcalin, fabriquées de 600 à 1300 et que les antiquaires anglais appellent *poterie normande*, sont très rares. On a pu les classer d'après des dessins que l'on rencontre dans des manuscrits de ces époques. Leurs formes sont ordinairement longues, étroites et indiquent le tour du potier; ces cruches grossièrement fabriquées et le plus souvent vernies seulement à l'intérieur, là où le liquide touchait la terre cuite, ont quelquefois des anses et même des goulots, comme le dessin l'indique.

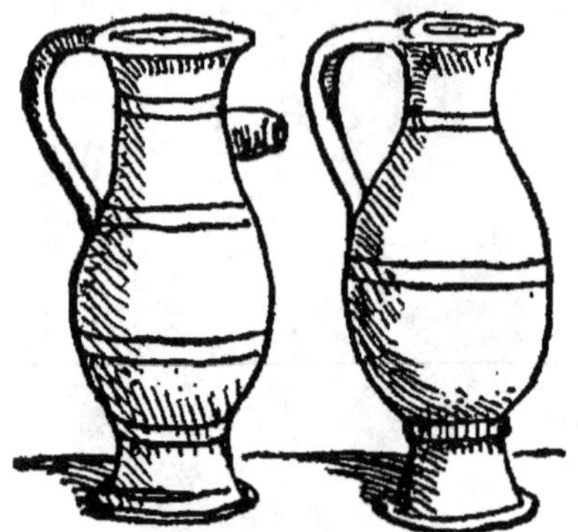

Poteries anglo-normandes.

A partir de 1300, l'existence de la poterie anglaise est plus *certaine*, et je pense qu'il faut attribuer les cruches dont on voit ici le dessin, plutôt au quatorzième siècle. (Voir la Poterie opaque anglaise.)

GAULE

POTERIES ET FIGURINES EN ARGILE CUITE SANS COUVERTE. Av. J.-C. 100 à 800.

Nombreuses fabriques répandues sur tout le sol gaulois.

La plupart des poteries connues sous le nom de Gallo-Romaines appartiennent à la classe des poteries purement *romaines*. On les rencontre aussi bien en Hollande, en Allemagne, etc., qu'en France, où elles ont été fabriquées par les Romains partout où leurs légions ont séjourné et dominé. La désignation de *gallo-romain* est donc fort vague et je n'ai pas jugé convenable de consacrer un chapitre spécial à ce genre, dont tout a été dit au chapitre qui traite des poteries romaines.

Les figurines gauloises en argile, d'une pâte blanche jaunâtre, de mauvaise cuisson et sans dureté, sont du même genre que celles des mêmes époques trouvées aux bords du Rhin, en Allemagne.

La plus grande partie de ces poteries et figurines gauloises a été trouvée dans le département de l'Allier. Ce sont pour la plupart des œuvres où l'on reconnaît plutôt une main d'ouvrier qu'un talent d'artiste; elles ont été imitées grossièrement d'après les modèles romains et ceux dits gallo-romains. L'importance de la découverte est plutôt archéologique qu'artistique. Elle consiste en un grand nombre de divinités, particulièrement des dieux lares, parmi lesquels la *Venus Anadyomène*, au bras droit relevé, d'une pose peu naturelle et presque impossible, est la plus répandue. Beaucoup d'autres de ces figurines ont la même pose; — c'est un mouvement de bras qui ressemble à un salut franc-maçonnique, et dont personne n'a pu se rendre compte encore. Je possède un exemplaire de cette Vénus, trouvé à Toulon en 1856, et l'on en voit aussi plusieurs au musée du Louvre. J'ai de même, dans ma collection, la statuette d'une femme à cheval, dans le genre du dessin XXIV de l'ouvrage de Tudot. Cette figurine a été trouvée, en 1825, dans la mare du Chêne penché, près la route Réfuet, dans la forêt d'Évreux. Des Idoles, représentant la protectrice de la maternité, sous la forme d'une femme allaitant un et quelquefois deux enfants; des Apollon, des Mercure, des Minerve et des Vénus pour les grandes Divinités; des Vases à parfums en forme d'animaux; des Attributs représentant des lions, des panthères, des ours, des lapins, des chiens et des singes; des Bustes et Portraits d'hommes, particulièrement de femmes, dont quelques-uns ont une valeur artistique, forment à peu près l'ensemble du résultat des fouilles. Les plus artistiques sont signés Tiberius

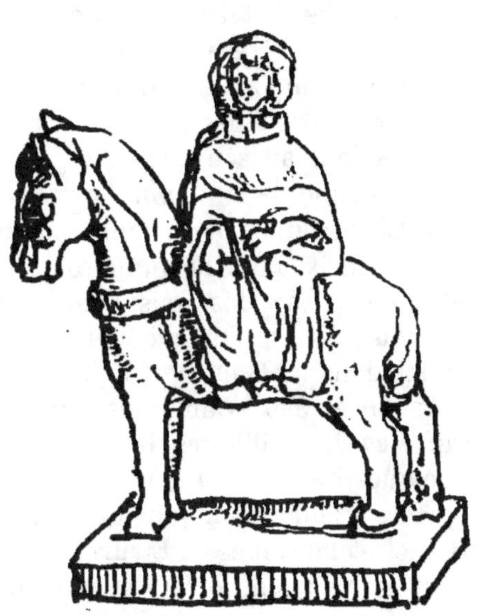
Figurine gauloise de ma collection.

ou Naltus[1], ce qui pourrait encore indiquer des céramistes rc mains. On a aussi souvent rencontré, avec ces pièces en terr blanche, des vases rouges d'Arezzo, ornés et vernissés ; des potc ries bronzées à ornements appliqués, des vases garnis de feuille exécutés en barbotine, et, enfin, des pièces dont les ornement taillés par la meule dans l'épaisseur de la surface, sont sem blables aux tailles des verres de Bohême et des premières por celaines rouges de Böttger. Les figurines et bustes gaulois n'on pas de piédestaux, comme ceux de la Grèce et de Rome; leur pieds forment des culots longs et creux, disgracieux et tro étroits pour assurer une base solide.

Tudot, le regrettable conservateur du musée de Moulins auquel on doit les premières découvertes importantes en c genre et un éminent ouvrage illustré par lui-même de toutes le œuvres des céramistes gaulois[1], penche, dans plusieurs endroit de son livre, à faire remonter l'origine des terres cuites gau loises avant l'ère vulgaire. « On a vu, dit-il, que, dans no contrées, l'importation des premiers types remontait au delà d la conquête de Jules César. » Et ailleurs : « La Gaule était libr alors, elle avait son existence propre, et un mot qui ne désign que l'époque de la domination romaine serait insuffisant, d'au tant plus insuffisant que non-seulement le culte des idoles pré cède dans la Gaule l'époque romaine... » Il motive son opinion plus loin, par des raisonnements historiques. Pour établi l'époque où a commencé l'introduction de la mythologie ro maine dans les Gaules, il suppose que des guerriers gaulois, qu livraient en 390 avant Jésus-Christ, la célèbre bataille de l'*Alli* (appelée ainsi d'après la rivière de ce nom, qui se jette à quelques lieues de Rome dans le Tibre), avaient bien pu rap porter, à leur retour, quelques-uns de ces dieux figurés en sta tuettes et fabriqués en Étrurie, qu'ils avaient vu adorer, et qu peut-être étaient déjà devenus pour eux des divinités tuté laires. — Partant de là, Tudot croit pouvoir faire remonter le premiers essais de l'art céramique gaulois bien au delà de l'ère chrétienne. Quand il dit : « L'art grec était beaucoup mieux connu ; peut-être eût-il été plus rationnel de placer le berceau

1. Voir au chapitre de la *Poterie romaine* la liste des noms des potiers romains ou gallo-romains.

1. Collection des figurines en argile, œuvres premières de l'art gaulois, avec les noms des céramistes qui les ont exécutées. Paris, 1860, in-4°.

de ces petites statuettes, que les Gaulois ont imitées, chez les Hellènes, » il va beaucoup trop loin! Les dieux lares étaient bien moins en *usage* chez les Grecs que chez les Latins, — et il est difficile d'admettre que les Gaulois aient cherché leur art chez les Grecs[1]. Dans tous les cas, il importe moins à l'amateur de connaître d'*où l'idée* première est venue aux Gaulois, que de savoir si ces figurines sont ou *romaines*, ou *imitées d'après celles des Romains par les Gaulois*, ou si elles sont d'*invention gauloise*. Je pense que la seconde hypothèse est la plus rationnelle.

Tudot a cité dans son travail plus de quatre cents noms de céramistes, tous copiés minutieusement sur les empreintes estampillées des figurines et poteries. Je crois que ce sont là vraiment des noms de céramistes romains et non pas gaulois, au moins la plupart, et particulièrement ceux recueillis sur des modèles dans le genre des poteries d'Arezzo. On sait que les lois romaines obligeaient les fabricants d'ouvrages en argile à marquer leurs productions. Ces lois étaient sans doute les mêmes dans les Gaules sous la domination romaine. Presque tous les noms que Tudot donne sont *latins*. L'habitude des Gaulois d'abandonner leurs noms pour prendre des noms latins, ne s'est introduite dans les Gaules que bien longtemps après Jules César. La production gauloise des figurines en argile est pour moi une pure imitation romaine, dont la première manifestation ne peut dater que de trois à quatre cents ans de notre ère, et Tudot me paraît trop affirmatif quand il dit, à la page 46 : « Ce n'est pas seulement un nom que nous pouvons revendiquer, c'est en même temps un art, etc. »

Quand Tudot classe les plus grossières productions aux premières époques et les plus artistiques aux dernières, il me paraît se tromper complétement. Mon avis est qu'il faut classer les belles productions, au rebours du système de Tudot, tout au

1. Il faut cependant observer que les Phéniciens, qui doivent avoir eu des colonies aux côtes de la Gaule maritime, comme le démontrent les nombreuses traces dans la Basse-Bretagne (entre autres la Roche-*Moloch* de la petite île de Bas ou de Batz, vis-à-vis la ville de Roskoff [Finistère], nom de roche qui indique l'endroit où les Phéniciens sacrifiaient les petits enfants à leur dieu sanguinaire, ainsi qu'une pierre à lettres cuniformes trouvée dans l'île par mon ami le docteur Denis, à Roskoff), ont pu y introduire leur mode de fabrication, mais il na rien de commun avec celui des potiers gallo-romains et gaulois, qui avaient pris leurs modèles chez les Romains. Les types grecs sont tout autres et se retrouvent plutôt dans les poteries modernes de la presqu'île de Guérande ou aux environs de Pornic (Loire-Inférieure).

commencement de la production gauloise; imitées d'abord par les *barbares* avec l'aide de quelques ouvriers, artistes ou apprentis romains, d'après les beaux modèles, elles tombaient à la longue jusqu'aux grossières productions, trouvées presque dans toutes les fouilles. Il est incontestable que cette fabrication s'est continuée jusqu'à l'époque carolingienne : la figurine de la femme à cheval de ma collection le démontre. Cette figure, qui représente une espèce de religieuse en habit à capuchon, a tous les caractères du moyen âge, — et son exécution est aussi grossière que celle de la Vénus Anadyomène. — Des figurines et poteries semblables, sous plusieurs rapports, ont été trouvées aux bords du Rhin, et les fouilles du Tannenberg, dans la Hesse, ont prouvé que l'on imitait encore en Allemagne, au dixième siècle et jusqu'au quatorzième, les poteries romaines de toute espèce. Mais si je ne me trouve pas ici d'accord avec feu Tudot, sur la valeur artistique et sur l'ancienneté des produits gaulois, si je ne puis partager son admiration pour ces ébauches grossières, je dois cependant reconnaître qu'aucun ouvrage français du même genre ne réunit autant d'exactitude pour les reproductions, autant de minutieuses et savantes investigations et d'intéressantes descriptions, que la publication deTudot, à qui appartient aussi la priorité. On y sent la main de l'artiste guidée par celle du savant. Ce qui charme, dans ce livre, c'est un langage élevé, — un style que l'on chercherait vainement dans beaucoup d'ouvrages archéologiques, où, souvent, la stérilité du langage surpasse encore celle du sujet. Tudot avait compris, comme Humboldt, qu'il faut donner de la couleur aux livres de science, pour les rendre accessibles à un plus grand nombre de lecteurs, et que la vulgarisation d'une découverte double sa valeur réelle. Je ne puis m'empêcher de citer textuellement ici la description qui accompagne le dessin de l'*Enfant au dauphin*.

« D'après la tradition antique, les âmes des justes, *montées* sur des dauphins, se rendaient aux îles des bienheureux. Ce texte, si précis, fut pour nous un trait de lumière; l'explication du sujet n'offrait plus d'incertitude : c'était bien ce voyage représenté avec bonheur, et dont l'idée nous a été transmise par la tradition. Quelle ravissante image, en effet, présente à la pensée cette jeune âme emportée par un dauphin et souriant d'avance au bonheur qui l'attend ! »

La formation d'un nouveau musée, à Saint-Germain, destiné

exclusivement aux antiquités gauloises, a été décrétée depuis longtemps. — A quand l'ouverture? M. de Longpierrier pourrait peut-être nous le dire. —Les musées de Vannes et de Nantes, de Chartres et du Mans, possèdent de ces statuettes gauloises.

On trouve à la collection de la Société des Antiquaires, à Manheim[1], en Allemagne, une statuette équestre en terre cuite, rougeâtre, toute semblable à celle de ma collection, dont le dessin a été donné ci-dessus, ainsi qu'une statuette en argile blanche, représentant la *Vénus Anadyomène*, au bras droit relevé, mais vêtue en partie d'une robe parfaitement drapée. Ces curieuses poteries, trouvées dans des fouilles opérées à *Herrenheim*, à une heure de Worms, y ont eté sans nul doute fabriquées par des Gaulois, qui à ces époques y avaient des colonies.

POTERIES ALEMANES (du deuxième au sixième siècle) ET FRANKES (du troisième au sixième siècle).

D'une fabrication plus grossière même que celle des poteries scandinaves et germaniques de la première époque, on ne rencontre presque point d'ornements sur les poteries frankes et alemanes, qui, confectionnées aussi en terre noirâtre et perméable, sont exemptes, comme les premières, de grains de quartz, dont la pâte des poteries lacustres ou celtiques seule est parsemée.

Il existe des contrefaçons de cette poterie, probablement faites à Nürnberg; j'en ai trouvé dans le musée germanique et dans la collection du colonel de Gemming; c'étaient des gobelets ou plutôt des cornets, où la *légèreté* de la pâte et des ornements appliqués à la barbotine me les ont fait de suite reconnaître.

POTERIES OPAQUES ALLEMANDES

(Voir aussi aux chapitres qui traitent des poteries germaniques alemanes et frankes.)

Les poteries opaques allemandes peuvent se diviser en cinq écoles, dont quatre assez distinctes :

I. L'*École saxonne* ou *du nord, y compris les produits silésiens et bohémiens*, qui est la plus ancienne, car la poterie de Schlestadt

1. C'est un commencement de collection de poteries lacustres ou celtiques, romaines et gallo-romaines, alemanes et frankes, armes, sculptures en bois et en pierre, etc., etc.

est restée indéterminée et les époques de celles de Regensbu et même de Baireuth ne peuvent être fixées avec certitud C'est de la Saxe que la fabrication est entrée en Bohême et Autriche, par la Silésie, ce qui m'a déterminé à joind les poteries de la Bohême à la division qui traite de l'école nord. Le plus célèbre peintre céramiste de cette école ét *Schaper*, de Harburg.

II. L'*École franconienne*, qui embrasse tous les produits cé miques de la Franconie, appartenant en majeure partie à Bavière; dérivée de l'école saxonne, elle a été particulièreme illustrée par la famille des *Hirschvogel*, de Nürnberg.

III. L'*École souabe*, qui florissait dans le quinzième, et p particulièrement durant le seizième siècle; un de ses plus c lèbres artistes était *Hans Kraut*, de Villingen. Vers le mili du seizième siècle, cette école s'est répandue en Suisse, entrant par l'Argovie, du côté de la Forêt-Noire. La peintu céramique fut grandement et de tout temps exercée en Suis par des peintres céramistes allemands nomades, et durant le di septième siècle, par la célèbre famille des Pfauw et autres cé mistes de Winterthur, qui sont les auteurs des plus beaux poël

IV. L'*École rhénane*, qui a produit presque exclusiveme des grès; ce sont ces célèbres poteries artistiques connues so la fausse désignation de *grès de Flandres*. Comme les grès *Regensburg* (Ratisbonne) sont encore trop peu déterminés, j dû éviter leur classement rigoureux.

V. *Écoles bavaroise et autrichienne*, y compris les produ tions de la Styrie et du Tyrol, qui se sont signalées par nombreux poëles.

VI. *Poteries opaques allemandes, de localités inconnues indéterminées.*

Personne n'avait jusqu'ici fourni le moindre éclaircisseme sur ces localités où ont été fabriquées les poteries et faïen dites du *moyen âge*; presque tous les écrivains les ont ch chées en Italie, où l'on ne pouvait pas les trouver. Dans chapitre : *Céramique*, à la fin du quatrième volume, *le Moy âge et la Renaissance*, publié par MM. Paul Lacroix et Ferdina Seré, les auteurs reconnaissent l'existence de cette lacune qua ils disent : « L'histoire céramique du moyen âge est enc couverte d'un voile qui, probablement, doit rester impénétr ble. En effet, malgré les investigations incessantes des comi locaux, malgré la mise en lumière de chartes nombreuses, rien n'est venu résoudre les incertitudes de l'archéologue touchant les lieux où la fabrication de ces poteries a pris naissance. »

Je tâcherai, dans ce chapitre, de remplir la lacune.

I

ÉCOLES SAXONNE OU DU NORD

Y COMPRIS LES PRODUITS SILÉSIENS ET BOHÉMIENS.

ROSTOCK,

Sur le Warnow, ville mecklembourgeoise.

TERRES CUITES A ÉMAIL STANNIFÈRE. 1150 à 1200

Le musée germanique à Nürnberg possède des carreaux de pavage à émail stannifère bleu et blanc, provenant de l'église de Saint-Pierre, à Rostock, et qui ont été donnés par M. Müller, collectionneur à Leipzig.

STREHLA, MAHLBERG, COSSAWRA, (DRESDEN?), CAMEUS et autres localités de la vallée de l'Elbe.

TERRES CUITES AU VERNIS PLOMBIFÈRE. De 1100 jusqu'à ce jour.

TERRES CUITES SANS COUVERTE, CARRELAGE SUR MOSAIQUE. 1100 à 1250.

TERRES CUITES ÉMAILLÉES.

On voit au *Musée des objets d'art saxons du moyen âge*, à Dresden, plusieurs fragments de carreaux en terre cuite, provenant du couvent de Zelle, situé à dix lieues de Dresden, et remontant au douzième ou au treizième siècle. Il y en a de noirs et de rouges, dont quelques-uns sont bordés de blanc.

Une chaire, en terre cuite émaillée (?), *à la date de* 1545, du potier Melchior Tatze, né en 1521, existe encore à Strehla. Cette ville, dont le nom vient de *Sreyl*, qui signifie *flèche*[1] en langue wende, et qui se trouve déjà mentionnée *comme ville* en 1238, est connue depuis huit cents ans pour ses poteries de toutes sortes.

La chaire, œuvre d'artiste, repose sur le bras droit d'une figure de grandeur naturelle représentant Moïse, qui, suivant la

1. Cette *flèche* fait partie des armes de Strehla.

manière de l'époque, porte des cornes, et tient les tables de la loi de la main gauche. Au-dessus de la porte de cette chaire, on voit Dalila coupant les cheveux à Samson, et, au-dessous, le même Samson emportant les grandes portes de Gaza. Les quatre évangélistes, en haut-relief, au pied de la chaire, sont entourés de feuillages verts [vernis de cuivre (?)]. Au-dessus d'eux, huit grandes plaques à sujets en relief aux inscriptions suivantes :

In principio creavit Deus cœlum et terram. (Genesis, I.)

Abraham credito Deo reputatum est illi ad justitiam. (Rom., IV.)

Dominus dedit, Dominus abstulit, sit nomen Domini benedictum. (Ibid., I.)

Puer natus est nobis et filius datus est nobis. (Esaiæ, IX.)

Christus mortuus est propter peccata nostra et resurrexit propter justificationem nostram. (Rom., IV.)

Ascendit in altum, captivam duxit captivitatem et dona dedit hominibus. (Eph., IV, 8.)

Organum electum est mihi ipsi ut portet nomen meum coram gentibus ac regibus.

Inde venturus est judicare vivos et mortuos.

La chaire est assez grande pour donner une place suffisante au prédicateur.

A l'intérieur du pied, là où se trouve Moïse, l'artiste a placé l'inscription suivante :

Im Jahre Christi Geburth 1565, *ist diese Kanzel Gott zu Ehren gemacht durch Michael Melchior Tatzen, Töpfer und Bildschnitzern zu Strehla, meines alters im 24 Jahr.*

Le docteur Klemm a déjà parlé de cette curieuse chaire dans le *Sammler* de 1837, où il cite aussi l'*autel* de la même époque, également en terre cuite émaillée, qui se trouve à Pulnitz.

LEIPZIG.

TERRE CUITE A ÉMAIL STANNIFÈRE. 1207

Le couvent de Saint-Paul, dont la première construction fut entièrement achevée en 1207, avait une frise composée de grandes briques émaillées, où les sculptures, en haut relief, représentaient des têtes de Christ, de saints et d'apôtres. Lors de la démolition du couvent, pour faire place à l'Université actuelle, plusieurs furent replacées, d'autres brisées ou vendues. Deux furent acquises par le *Musée japonais* et le *Musée d'objets d'art national du moyen âge* à Dresden. Un troisième fait partie de ma collection. On n'en connaît pas d'autres. C'est une brique carrée de 35 centimètres sur 48 centimètres de grandeur, l'épaisseur de 5 centimètres 1/2 en comptant le haut relief, mesure 13 centimètres. Le sujet du modelage est une tête du Christ, espèce de *Véronique* [1] où la figure est re-

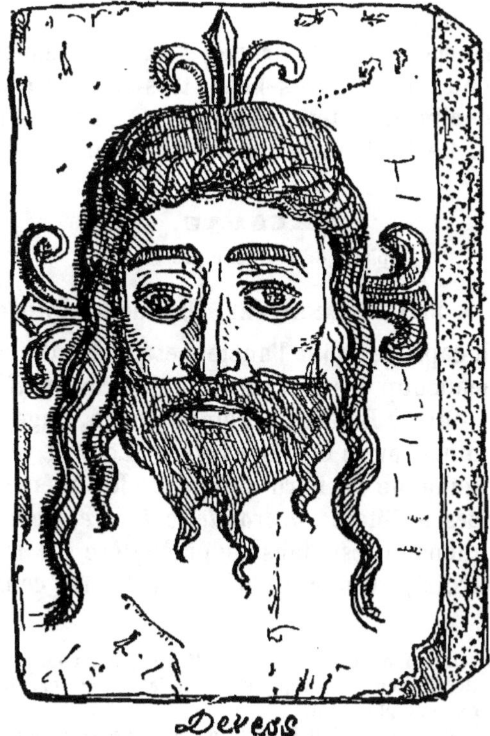

Brique émaillée du treizième siècle. De ma collection.

présentée *sans souffrance*, telle que les artistes la concevaient

1. *Sudarium sanctum*, *Véronique*, *Vernacle*, en italien *Volto-Santo*, du latin *vera*, vrai, et du grec *eikonikè*, portrait. — *Vera-icon* est un linge que l'on garde à Saint-Pierre à Rome, provenant, suivant la légende, d'une sainte femme, appelée, sans doute d'après ce linge, *Véronique*, qui essuya la face du Christ lorsqu'il succombait sous sa croix sur le chemin de Golgotha, ou après sa mort, lorsque le visage du martyr était couvert de sueur et de sang, de sorte que le linge garda miraculeusement l'empreinte de l'image. Il ne faut cependant pas

et l'exécutaient, du dixième au treizième siècle [1], et où tout est dans le caractère byzantin.

Ces briques, recouvertes d'*émail* en trois différentes nuances, sont, aussi bien que les carreaux de Rostock et le monument de Breslaw, de la plus haute importance pour l'histoire céramique; elles prouvent une fois de plus que la faïence à *émail stannifère* s'est fabriquée dans le nord de l'Allemagne deux cents ans avant celle de Luca della Robia de Firenze (Florence) à qui la vieille routine continue toujours encore à en attribuer l'invention.

L'émail qui recouvre cette brique, d'un vert nuancé graduellement jusqu'au noir, est très-beau, très-épais et d'une grande dureté. Les chairs de la tête, les cheveux, la barbe et les yeux sont coloriés. Le fond est également sur émail.

BRESLAU,

Capitale de la Silésie prussienne.

TERRE CUITE A ÉMAIL STANNIFÈRE. Grande sculpture. 1290

Une œuvre capitale, dont l'ancienneté et les dimensions dépassent de beaucoup les ouvrages de poterie *émaillée* de tous les pays, se trouve à Breslau. (Voir le dessin, page 171.)

Cette céramique, aussi bien que celle de Leipzig, prouve par sa date que l'Allemagne du nord a déjà produit même des terres cuites émaillées à l'étain *en grande sculpture*, deux cents ans avant les Italiens. C'est dans le presbytère du *Kreutzkirche* (église de la Croix), bâtie en 1280, que se trouve ce monument,

confondre cette sainte femme avec la sainte Véronique canonisée, née à Milan, et morte dans cette ville en 1497, que l'on fête le 13 janvier. L'adoration du linge véronique remonte plus haut.

Un bref de l'année 1011 établit le culte de cette *Vera-icon*, que l'on trouve déjà reproduite sur les belles planches du maître graveur hollandais dès 1466.

1. Ce n'est qu'à partir du quatorzième siècle que l'on trouve exprimées dans les traits des Christs la douleur et la souffrance de l'homme.

M. Salvetat, chimiste, probablement trop peu versé lui-même dans les études archéologiques, s'est référé, dans une note ajoutée à la traduction de l'ouvrage de M. Marryat, au jugement d'une fort plaisante autorité, qui voudrait attribuer cette tête au quinzième siècle. Je renvoie M. Salvetat à la note n° 1 du chapitre qui traite plus loin des faïences de Regensburg (Ratisbonne); il y verra que l'on connaît des signes certains pour fixer les époques. Je sais bien que le couvent dont il s'agit ici, a été reconstruit en grande partie à la fin du quatorzième siècle; mais les têtes de la frise datent évidemment de la construction primitive.

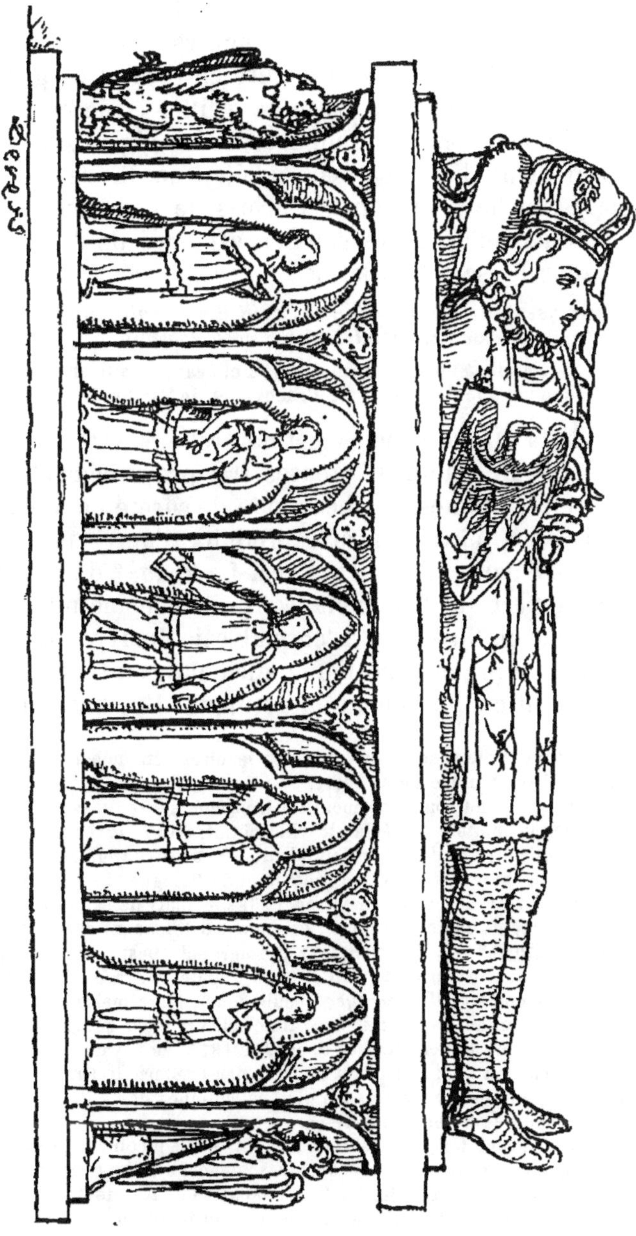

tombeau du duc Heinrich IV de Silésie[1], fondateur de l'église, et qui fut érigé après sa mort en 1290. Dans la forme d'un sarcophage entouré de vingt et une figures et autant de têtes d'anges en bas-relief, on voit la figure en pied et de grandeur naturelle du duc, couché en cotte de mailles et de cohardi, et recouvert du manteau d'hermine orné des aigles silésiennes. Coiffé du diadème ducal, sa main droite tient le sceptre-glaive et sa main gauche l'écusson aux armes de sa maison, l'aigle silésien, tandis qu'un autre écusson est orné de l'aigle polonaise. Autour l'inscription latine :

Hen. quartus, mille tria C. minus X, obiit ille egregiis annis Silesiæ Cracov. Sandomiriæ Dux, nocte Joannis.

Henri IV, mort en 1290 dans la nuit de Saint-Jean, à la fleur de l'âge, comme duc de Silésie, de Cracovie et de Sandomir.

La tête de la statue couchée est naturelle et vraie d'expression. Les plis du manteau, creusés très-profondément, dénotent une grande hardiesse et beaucoup de sûreté de la cuisson. Les détails sont minutieux et reproduits d'après nature; les couleurs des émaux, belles et vives. Le *rouge*[2] d'une grande vigueur et le *vert* qui dominent, sont de la même nuance que ceux de l'école de Nürnberg. L'ensemble de l'œuvre est exécuté dans le style du premier gothique allemand, ou plutôt dans le style de transition du roman au gothique. Les bas-reliefs du

1. Son *épitaphe* a été placée sous une des fenêtres, en même temps que le monument, en 1290, l'année de sa mort.

Breslau était, jusqu'au commencement du treizième siècle, sous la suzeraineté polonaise. Ancienne capitale d'évêché, la ville obtint, en 1261, les *droits et prérogatives de Magdeburg* et devint la capitale des *ducs allemands de Silésie*, qui s'intitulaient en même temps ducs de Cracovie et de Pologne. Le premier de ces ducs était Heinrich Ier, le Barbu, mort en 1238, le mari de sainte Hedwig; le second, Heinrich II, surnommé le Pieux, est mort sur le champ de bataille, contre les Mongols, en 1241 ; Heinrich III, qui agrandit beaucoup sa capitale, le suit; après lui vient Heinrich IV, dit *Probus*, réputé par la bonté de son caractère, et célèbre comme *Minnesinger* (troubadour). Cette maison, qui régnait à peu près depuis cent ans, s'éteignit avec Heinrich VI, mort en 1335. L'empereur Karl IV incorpora entièrement ce duché, en 1355, au royaume de Bohême. — Il devint autrichien en 1526 et fut conquis par Frédéric le Grand en 1741. C'est aujourd'hui une des provinces les plus patriotiques de la Prusse. Breslau adhéra entièrement à la Réforme dès 1523.

2. Le *rouge* au grand feu, que les Italiens n'ont jamais pu obtenir, se rencontre seulement aux anciennes époques, dans quelques faïences asiatiques et allemandes; plus tard, on le retrouve chez les Hollandais et dans les faïences de Rouen; le rouge des faïences françaises du dix-huitième siècle n'est ordinairement qu'en décor au petit feu de réverbère. Le poêle armorié, du quinzième siècle, au musée germanique, montre également du rouge, et un très-beau rouge.

sarcophage montrent encore le plein-cintre, et les *rochets* (rochetum), bien plus courts que le surplis (superpelliceum) dont les figures des prêtres du bas-relief sont revêtues, indiquent par leurs manches étroites et par leur peu de largeur les rochets à manches brodées des évêques et des chanoines de la fin du treizième et du commencement du quatorzième siècle.

Le nom de l'artiste est inconnu. C'est là certes la plus grande sculpture ancienne connue en terre cuite émaillée. Voilà donc incontestablement encore une œuvre allemande du treizième siècle.

M. Salvetat a encore fait observer dans une de ses notes à mon adresse, ajoutées à la traduction de l'ouvrage de M. Marryat, que rien ne prouve que le monument de l'église de la Croix de Breslau n'ait pas été exécuté un ou plusieurs siècles postérieurement à la mort du duc, malgré la parfaite concordance du costume et du caractère avec la fin du treizième siècle. Personne n'ignore pourtant aujourd'hui que les artistes du moyen âge et même souvent ceux des siècles suivants (comme par exemple ceux de toute l'école hollandaise du dix-septième siècle) ne tenaient aucun compte de l'himatiologie ; les anachronismes les touchaient fort peu. *Ils copiaient* dans leurs œuvres les armes et les costumes de *leur temps* et tels qu'ils les voyaient passer tous les jours devant leurs fenêtres. Si un artiste du quinzième siècle avait modelé ce monument, le duc serait représenté en costume du quinzième, et tout le reste aurait certes les caractères de l'époque de l'exécution postérieure.

LUBECK, WISMAR, LUNEBURG et BRANDENBURG.

TERRES CUITES AU VERNIS PLOMBIFÈRE OU A L'ÉMAIL STANNIQUE (?). 1300 à 1600

Les murs, les piliers et même les plafonds des plus anciennes églises de ces villes du nord de l'Allemagne, datant du quatorzième siècle, sont entièrement revêtus de terres cuites émaillées (?) ou vernies, et on y rencontre en outre nombre de maisons de la Renaissance également ornées de sculptures céramiques. A Luneburg, il y a tout un clocher qui surmonte la principale église qui est construit en poterie émaillée (?) à jour. L'église de Sainte-Catherine à Brandenburg montre dans ses nefs latérales des ornements et statues en terre cuite émaillée (?) vert, datant du quinzième siècle.

DANTZIG.

TERRE CUITE A ÉMAIL STANNIFÈRE. Vers 1400

Dans une salle de l'*Artus-Hof*, actuellement la bourse de Dantzig, construction achevée au quatorzième siècle, se trouve un énorme poêle de plus de vingt pieds de grandeur. Ce poêle en terre cuite à émail stannifère polychrome, et dont les bas-reliefs représentent toutes sortes de sujets, en partie humoristiques, date du commencement du quinzième siècle.

Le concierge qui le montre aux étrangers a la facétie de les engager d'étreindre ce poêle pour en mesurer la largeur, et chaque fois que le visiteur suit le conseil, sa bouche se trouve juste appliquée sur les fesses nues d'un paysan, que l'ingénieux potier a figurée à cet effet au milieu et à la hauteur convenable.

Cette farce a fait déjà depuis des siècles les délices des concierges et des compagnons qui font leur tour d'Allemagne, et continue encore aujourd'hui de les charmer.

HALBERSTADT

Ville prussienne dans la province de Saxe.

FAÏENCE A ÉMAIL STANNIFÈRE. Vers 1400

Un poêle en faïence à émail stannifère polychrome dont les carreaux, de petite dimension, sont tous ornés de bas-reliefs, à figures en costumes de l'époque, se trouve dans la maison de M. Hahn, marchand de toiles, à Halberstadt. Le Musée germanique à Nürnberg possède les photographies de ce poêle.

GANG, en Bohême.

TERRE CUITE. Vers 1450

Il y a dans l'église de cette localité une chaire en terre cuite (émaillée ou vernissée) dont le Musée germanique, à Nürnberg, possède un dessin que M. le directeur Essenwyn a eu l'amabilité de me faire photographier. Cette chaire est signée :

Hayek ou *Raysek.*

Si la signature est Raysek, ce serait celle d'un célèbre architecte de cette époque, et non pas d'un céramiste.

(Voir le dessin qui reproduit cette chaire, dans l'appendice).

WALDENBURG, près Chemnitz, en Saxe.

TERRE CUITE AU VERNIS MINÉRAL. 1550 à 1582

LOCALITÉS INCONNUES DE LA SAXE.

Terres cuites, a reliefs émaillés en polychrome. Durant le dix-septième siècle.

Les émaux polychromes en émail stannifère sont brillants et peints ordinairement sur des bas-reliefs et sur un fond en vernis minéral brun-noir. Cette poterie, consistant le plus souvent en cruches, *ressemble aux grès* de Creussen, mais on n'a qu'à prendre le couteau pour s'apercevoir que la pâte est en terre cuite qui s'entame facilement.

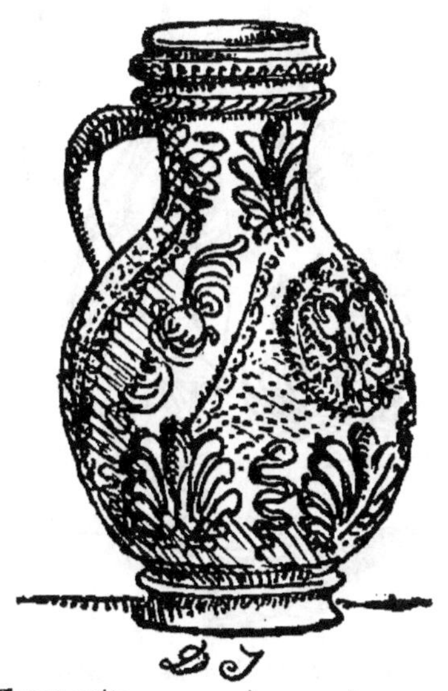

Terre cuite saxonne brune, à ornements en relief et coloriée d'émaux stannifères polychrômes. De ma collection.

Une cruche de 21 centimètres de hauteur de ma collection, à reliefs émaillés et dorés, montre sur la panse les armes de l'empire, l'aigle à deux têtes.

Une semblable cruche, mais décorée seulement de palmettes blanches, bleues et jaunes et de grappes de raisins, sur fond brun-noir, se trouve à la collection Sauvageot au Louvre, où le catalogue l'a classée par erreur parmi les grès.

BUNZLAU, près Liegnitz, en Prusse.

Grès gris-brun, a glaçure alcaline brune, couleur café au lait. 1580 jusqu'à ce jour.

Ces célèbres fabriques produisent encore aujourd'hui toutes sortes de vaisselles, entre autres des cafetières, que l'on appellerait, en France, à cause de leurs formes, chocolatières; elles sont seulement émaillées à l'extérieur. Les produits des derniers siècles se distinguent de ceux de nos jours par leurs ornements en relief, en pâte jaune mat, qui consistent ordinairement en branchages, fleurs et armoiries.

Il s'y est aussi fait de ces grès décorés et dorés, mais ils sont excessivement rares. Un de ces derniers, une cafetièr qui se trouve dans ma collec tion, porte les armes de Pruss coloriées en bleu et rouge à l place de blanc et noir; elle es ornée de branchages dorés. L bouton qui imite le tricorne d grand Frédéric et les arme prussiennes indiquent que la fa brication de cette pièce dat d'une époque postérieure à l conquête de la ville (1742) qu était auparavant saxonne. C genre de grès appartient exclusi vement à Bunzlau et n'a pu êtr imité nulle part; il est très-du et très-fin de grain.

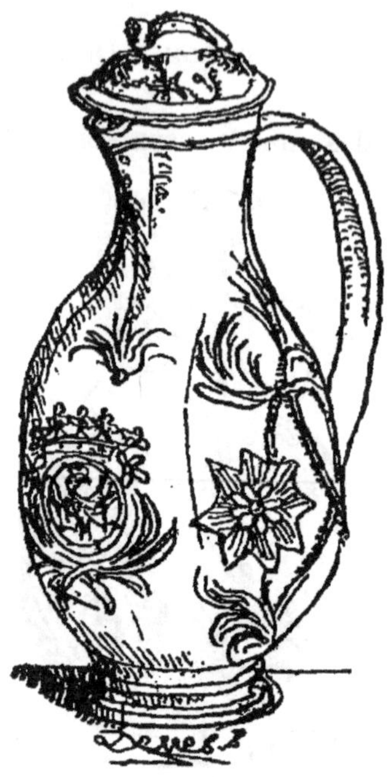

Grès décoré et doré de Bunzlau de ma collection.

Il existe aussi à Bunzlau u *pot* qui dépasse en grandeur e en célébrité, le fameux tonneau de Heidelberg, puisque annuelle ment la corporation des potier y dîne autour d'une grande table ronde.

Dans une localité, tout près de Bunzlau, d'ingénieux céramistes ont construit tout un *orgue* en terre cuite.

HARBURG sur l'Elbe, vis-à-vis de Hamburg.

FAIENCE A ÉMAIL STANNIFÈRE. 1620 à 1670.

Johann Shapper ou *Shaper*, né à Harburg vers la fin du seizième siècle, florissait de 1620 à 1670 (mentionné déjà par Doppelmayer). Peintre renommé sur verres et gobelets de cristal dont les décors sont fixés au feu de four, il est encore plus célèbre par ses peintures sur faïence et peut être appelé le plus grand peintre céramiste allemand ancien. La réputation de Schaper, connu jadis uniquement parmi les amateurs en Allemagne, est devenue européenne, depuis la publication de mes *Guides*; puisque personne ne peut contester la valeur si éminemment artistique de ses œuvres, toutes exécutées à la loupe et avec ne finesse incroyable. Les peintures de Schaper sont ordinairement en camaïeu noir, et plus rarement en polychrome, souvent signées en toutes lettres :

I. SCHAPER,

quelquefois de son monogramme, un *I* et un *S* réunis; mais toujours si imperceptiblement, qu'il faut prendre la loupe pour trouver signature ou monogramme.

Un verre peint par ce maître se paye aujourd'hui cent francs, un vase ou cruchon en faïence jusqu'à cinq cents francs. Mort le 3 février 1670, ses élèves ont produit à la même époque de fort jolis ouvrages dans le genre du maître, mais le plus souvent sans leurs signatures. La seule signature que j'ai pu recueillir est celle-ci :

Bendert ou *Bomkerf,*

qui se trouve sur un verre de la collection Pikkers, à Nürnberg. — Cette signature me paraît celle d'un Hollandais.

Les œuvres des élèves de Schaper sont également recherchées et se payent souvent aussi cher que celles du maître lui-même; mais la touche artistique et pleine de génie du maître ne s'y rencontre pas.

Un pot ou cruchon à anse, de ma collection, émaillé de blanc et de quatorze centimètres de hauteur, est décoré en camaïeu noir d'un médaillon encadré de superbes ornements de style de renaissance[1] et où le sujet représente des ruines dans un paysage animé de trois figures, parmi lesquelles un seigneur à cheval. Le tout est exécuté avec une finesse incroyable en champ levé à la manière des vitraux suisses du seizième siècle, sans que l'ensemble ait du léché et du mesquin. Ce pot porte le monogramme :

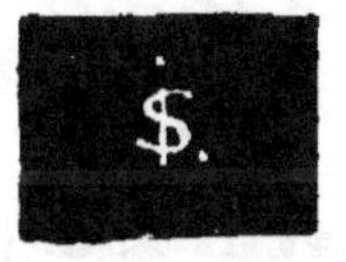

(Voir la reproduction de cette faïence dans l'appendice.)

1. C'est la fin de la Renaissance. Il y a beaucoup de mascarons; mais ces mascarons sont admirables de physionomie et de caractère.

Une semblable céramique, mais moins riche en ornementation, appartenant à M. Pikkers, à Nürnberg, est signée :

IOH. SCHAPER. 1665.

Le musée de Sigmaringen possède un très-joli pot à anse, un peu plus grand et signé en toutes lettres. S. M. le roi Ferdinand de Portugal a fait acheter à la vente de la collection Hertel, à Nürnberg, deux exemplaires signés de même.

Les verres 7005, 7007 à 7012, au musée de Kensington, me paraissent l'œuvre des continuateurs de l'artiste ; mais le n° 7006 porte la signature.

ARNSTADT, près d'Erfurth.

FAIENCE A ÉMAIL STANNIFÈRE. A partir de vers 1750

M. T. Staniforth de Storrs, Windermere, possède une faïence au décor camaïeu bleu, qui est signée :

Pinxit J. G. Hiegel ou *Fliegel*
Arnstadt d. 9 *may* 1775

HUBERTUSBURG, en Saxe.

GRÈS A GLAÇURE ALCALINE. 1784

Fabrique établie par le comte Marcolini, le même qui fut ministre et directeur de la fabrique de porcelaine à Meissen. On y a imité en outre les poteries de Wedgwood.

TEINITZ, en Bohême.

FAIENCE A ÉMAIL STANNIFÈRE. Vers 1790

Welby, potier, a marqué

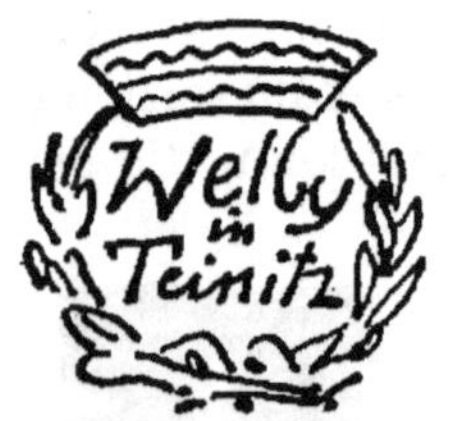

FRANKFURT-S.-O. (Prusse).

FAIENCES EN GRÈS. Époque actuelle.

MM. *Mattschass jeune et fils*, fabricants.

MM. *Paetsch et Hintze*, fabricants.
M. *Stahl*, fabricant.

BERNBURG (Anhalt-Bernburg).

ERRES CUITES. Époque actuelle.

M. *Jannasch*, fabricant. (Voir aussi pour ses porcelaines ures.)

HOHENSTEIN, près Teplitz, en Bohême.

TERIES FINES. Époque actuelle.

M. *J. de V. Haffzky*, fabricant.

Eckardstein, *Belgern*, près Merseburg, *Konigsberg*, *Rheinserg*, *Breslau* et *Naumburg* sont cités dans un ouvrage statisque de la Prusse, de 1826, comme centres de fabrication de oteries de toute sorte; *Bonn*, *Valendar*, *Magen*, *Tonnigstein*, *angenwerth* et *Frechen*, comme centres de fabrication de grès, t *Berlin*, *Konigsberg*, *Proskau* et *Gleenitz*, en Silésie, *Neustadt-berswalde*, *Magdeburg*, *Neu-Haldensleben* et *Wetter*, pour la brication de la faïence.

CHARLOTTENBURG, près Berlin.

ERRE CUITE ET FAIENCE A ÉMAIL STANNIFÈRE ET A VERNIS PLOMBIFÈRE. 1845.

Marsch, potier, fabricant.

Je mentionne cette fabrique, de création récente, spécialeent à cause de sa production d'œuvres hors ligne et d'une *nportance* telle, qu'aucune fabrique en Angleterre ni en France 'en a obtenu de pareilles.

J'ai vu, de cette manufacture, aux bains publics et lavoirs de société anglaise à Berlin, de grandes baignoires; — des ortes et des revêtements de murs d'une seule pièce (de plus de eux mètres carrés), en faïence du plus bel émail.

Les ornements en terre cuite de l'Arc de Triomphe qui orme le portail de la grande vigne royale, à Potsdam, sont galement sortis de cette manufacture, qui doit être monée sur une très-grande échelle et posséder des artistes de hérite.

LOCALITÉ INCERTAINE.

TERRE CUITE.

Dans une localité de la Bohême allemande, on fabrique, depuis le commencement de ce siècle, des poteries en terre cuite dite *glace sidérolithe;* elles sont rouges, couleur d'or et aussi de lave noire.

Les ornements sont moulés. Le conservatoire des Arts et Métiers, à Paris, en possède quelques exemplaires.

II

ÉCOLE FRANCONIENNE.

NURNBERG.

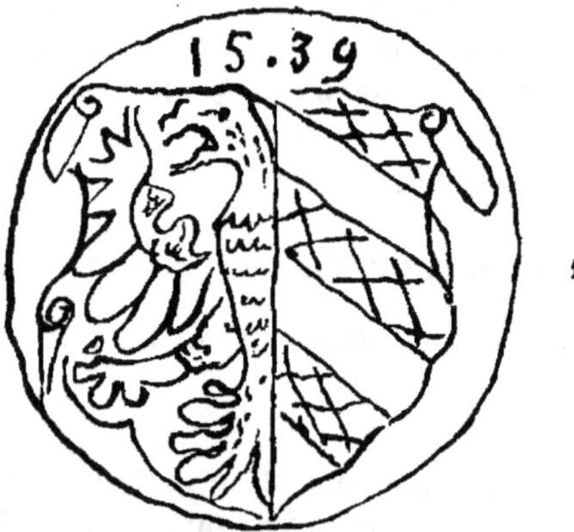

[1]

ARGILES CUITES SANS COUVERTE (Figurines). 1300 à 1500

TERRES CUITES AU VERNIS PLOMBIFÈRE ET A ÉMAIL STANNIFÈRE (Poêles, etc., monochromes et polychromes.) 1400 à 1700

FAÏENCES A ÉMAIL STANNIFÈRE. 1400 jusqu'à ce jour

Après l'apparition des œuvres céramiques peu importantes, apparaît la famille des célèbres *Hirschvogel*, potiers et peintres sur vitraux, presque contemporains des Della Robbia et pré-

1. Cet écusson, qui montre les armes de Nürnberg, avait remplacé celui du treizième siècle, où l'aigle double à corps *muraillé et à tête d'homme couronné* figurait en entier.

décesseurs de Bernard Palissy; elle se composait des cinq artistes suivants :

Veit Hirschvogel le vieux, chef de la famille, né à Nürnberg en 1441 et mort en 1525 (Luca della Robbia, le Florentin, est né en 1400 et mort en 1481).

Les vitraux des quatre fenêtres ogivales de la nef de l'église Saint-Sebald à Nürnberg, représentant le margrave Frédéric d'Ansbach et Baireuth, avec son épouse et ses enfants, ont été peints et dessinés par Veit en 1515.

A cette époque, si riche en œuvres d'art, la peinture de vitraux, universellement répandue en Allemagne, n'était plus, pour ainsi dire, un art, mais plutôt un métier. Tous les maîtres vitriers s'en occupaient, puisque la cuisson et la préparation technique y jouent un grand rôle; seulement ils travaillaient d'après les dessins des maîtres peintres, tandis que les grands artistes peintres sur vitraux exécutaient leurs propres cartons. C'est ce que fit Veit.

Habile émailleur, ce chef des Hirschvogel jouissait aussi d'une grande réputation comme chimiste. Il n'est cependant pas l'inventeur, non plus que Luca della Robbia, de l'émail stannifère européen, puisque nous avons vu que la fabrication allemande de poteries *émaillées* remonte bien au delà, tout au moins vers le treizième siècle.

Veit Hirschvogel le jeune, fils du précédent, potier et peintre de vitraux, était aussi célèbre comme graveur. Né en 1471, il est mort en 1553.

August ou *Augustin Hirschvogel*, autre fils du vieux Veit, né en 1488, mort en 1560[1], était, comme son frère, potier habile, peintre et graveur. Ses productions sont supérieures à celles des autres Hirschvogel et, en grande partie, *modelées à la main*. Comme il possédait l'art de l'émaillerie à un haut degré, ses poteries sont toutes recouvertes de beaux émaux. On croit qu'il fut le maître de Bernard Palissy, né en 1510 à la Chapelle-Biron, ou plutôt à Montpazier, et revenu d'un voyage en Allemagne en 1539[2]. Voyageant en Italie, Augustin communiqua son secret céramique des faïences à *émail stannifère* aux Vénitiens et,

1. Jérôme della Robbia partit pour la France en 1528 seulement.

2. Voir, à la fin de l'article biographique de *Bernard Palissy*, ce que Brongniart pensait déjà sur les tendances que ce céramiste avait suivies.

16

marié à Venezia, il s'y perfectionna dans l'art de la ciselure et de la fonte, et retourna à Nürnberg, où il imita alors la *poterie antique,* qu'il avait appris à connaître en Italie. On prétend que cette imitation était tellement parfaite, que beaucoup de ses produits se trouvent aujourd'hui dans les musées parmi les vrais étrusques [1].

Abandonnant bientôt après ses ateliers à ses ouvriers compagnons, il se remit à voyager, parcourant la Hongrie, les Principautés et tous les États héréditaires du roi Ferdinand, auquel il dédia un grand nombre de planches gravées qui représentaient des vues et des paysages de ces pays [2]. Il est aussi connu comme l'auteur d'un ouvrage, très-estimé à cette époque, qui traite de

1. On lit, dans la VIIe Lettre d'Albrecht Durer, datée de Venise, à son ami Willibald Pirkheimer : « J'ai salué pour vous Bernard Hirschvogel, qui est dans une grande affliction : son fils est mort. » Ce Bernard, serait-ce Auguste Hirschvogel ? Durer a pu confondre les prénoms. On trouve encore deux autres mentions sur les Hirschvogel dans le Journal d'un voyage fait dans les Pays-Bas pendant les années 1520 et 1521, où Durer dit : « J'ai fait le portrait du serviteur de Hirschvogel du nom de Friedrich ; » et ailleurs : « J'ai dîné deux fois avec *Fritz Hirschvogel* à Antwerpen. » Voilà encore un *Fritz* aussi inconnu que *Bernard*. M. Lochner, archiviste à Nürnberg, m'a cependant fait observer qu'en outre de la famille artiste des Hirschvogel, il existait encore d'autres familles de ce nom, parmi lesquelles plusieurs étaient fort riches et adonnées au commerce.

Hirschvogel s'occupa aussi de la fabrication des poêles artistiques, il produisit des figurines et des bas-reliefs. La ville de Nürnberg possède des documents où on lit « que les potiers avaient porté plainte, en 1530, auprès du magistrat pour demander que la confection des poêles et autres terres cuites fût interdite au peintre Auguste Hirschvogel ; » mais le conseil rejeta la demande et décréta même « qu'il était interdit aux potiers d'empêcher d'aucune manière la fabrication de Hirschvogel et de ses compagnons. » Le magistrat avança même de l'argent à Hirschvogel pour des *travaux d'art* commandés par la ville, — sommes qui lui furent déduites, à la livraison, sur le montant de ce qui lui était dû.

On voit donc par là que Hirschvogel confectionnait déjà, en 1530, des ouvrages artistiques et de grande dimension, — si artistement faits, que le magistrat refusait de donner suite aux réclamations des potiers, regardant les ouvrages de Hirschvogel comme des productions d'artiste, et ne pouvant faire tort aux privilèges d'une corporation ou maîtrise.

2. Un vase du musée Sauvageot, le n° 979, de jolie forme, à orifice droit et très-étroit, dit *à surprise* (bouteilles que les Hollandais appellent *stortebekers*, et dont ils attribuent l'invention, en 1520, au faïencier et modeleur Cornélis Hendriksen Vroom, de Haarlem), qui se remplit d'en bas, et où les deux panses doubles, formées par des dragons en émail vert, sont superposées par des feuilles d'acanthe, est orné sur le milieu et de chaque côté de la panse de deux médaillons dans un cadre doré, dont l'un représente le buste de Ferdinand Ier, né en 1503, mort à Wien en 1564. Ce vase n'est pas en grès, comme le catalogue l'indique, mais en terre cuite émaillée de Hirschvogel. (Voir *Musée Sauvageot.*)

a perspective et de l'emploi du compas, ouvrage qu'il dédia à on ami Starcken. Johann Gabriel Doppelmayr a donné, dans on « *Historische Nachricht*, Nürnberg, 1730, » des gravures de nédailles qui avaient été frappées, au seizième siècle, en l'honeur des artistes les plus marquants de Nürnberg. Celle d'Augustin Hirschvogel s'y trouve, — elle est sans millésime. La ête de l'artiste, gravée en profil, est ornée de la grande barbe é l'époque, qui sans être aussi longue que celle des autres ortraits, est taillée en pointe. Le front est beau, le nez grand, 'ensemble de la figure, qui manque de distinction, représente n homme de cinquante ans.

Hans Hirschvogel, autre frère, est mort jeune, sans que l'on onnaisse de ses ouvrages.

Sebald Hirschvogel, fils de Veit le jeune, est né en 1517; il nourut en 1589, riche et considéré, et avait la réputation d'un on artiste.

La maison qu'a habitée cette famille, de 1485 à 1532, existe ncore à Nürnberg, dans la Laufergasse, nº 800; elle est actuelement occupée par un fabricant de gants, et montrait encore, l y a quelques années, des restes de fours. Une autre maison abitée par des Hirschvogel se trouve dans la Hirschelgasse.

A mon dernier voyage à Nürnberg (juillet 1866), j'ai encore rouvé aux archives de l'hôtel de ville, quatre documents inonnus jusque là, sur Augustin Hirschvogel, et qui enrichissent n même temps l'histoire céramique de deux noms de potiers rtistiques : ceux de

Oswald Reinhardt et de

Hans Nickel,

ui tous les deux ont visité l'Italie. Ces documents que je dois la complaisance de l'archiviste, M. le docteur Lochner, les oici :

« *Archives* 1er *mars* 1531.

« *Hans Nickel* et *Oswald Reinhardt*, potiers, reconnaissent voir reçu du Grand-Conseil un prêt de cinquante florins.

« *Archives*, 5 *mars* 1531.

« Jeronimus Reich reconnaît avoir reçu de *Hans Nickel* et l'*Oswald Reinhardt*, le remboursement des vingt-cinq florins u'il leur avait prêtés à *Venise*.

« *Archives*, 27 *décembre* 1531.

« Traité d'association pour la fabrication des *verres de Vene-*

zia[1] (Schmelzen von venitianischen Glasswerck) entre *Augustin Hirschvogel* et *Oswald Reinhardt*. Ce traité montre que le premier a remplacé *Hans Nickel* qui s'est séparé d'Oswald Reinhardt.

« *Archives*, 15 *mai* 1532.

« Traité d'association entre *Augustin Hirschvogel* et *Hans Nickel* pour la fabrication de toutes sortes de *verreries d'art*. »

Les terres dont Hirshvogel et les autres potiers de son époque à Nürnberg se servaient, venaient d'une localité près d'*Amberg*, d'où on les tire encore aujourd'hui, mais non pas du même terrain, puisque les couches y sont épuisées.

M. le conseiller Kolbe, directeur de la manufacture royale de porcelaine à Berlin, a fait, pour le musée céramique de la manufacture, à la vente de la collection Minutoli, l'acquisition d'un pot à anse de Hirschvogel. Ce pot, payé dans le temps, à Augsburg, par M. Minutoli, 50 florins, a été vendu au musée pour 83 thalers. Décoré dans le goût des majoliques italiennes, il s'en distingue cependant facilement par les nuances plus vives et plus belles de l'émail. Au-dessous d'une crucifixion, on voit dans trois niches trois figures représentant la Foi, l'Espérance et la Charité, le tout en bas-relief et recouvert de beaux émaux polychromes, parmi lesquels les verts se font reconnaître comme appartenant à l'école allemande. Au musée de Sèvres il y a un pot de ce genre *des continuateurs* des Hirschvogel, ainsi qu'au musée de Darmstadt une bouteille de chasse de dix pouces sur sept et demi, œuvre magnifique signée

Blasius ordinavit, 1563.

Les sujets polychromes représentent Salomon, Dalila, etc. Cette bouteille a été reproduite dans l'ouvrage de M. de Hefner-Alteneck.

Le musée germanique de Nürnberg possède une cruche de 17 centimètres de hauteur, par Hirschvogel (Beilage, 10, Catalogue, fol. 28). Le travail en relief représente Adam, Ève, la Vierge avec l'enfant Jésus et plusieurs bustes en costume de l'époque, le tout entouré de fleurs et d'ornements. Deux autres

1. Les verres *à ailes* (Flügelgläser) attribués, dans toutes les ventes, à Venezia, mais que les amateurs qui ont voyagé en Italie, et les Italiens eux-mêmes, ne reconnaissent pas comme ayant été fabriqués là, proviennent peut-être des ateliers de ces trois céramistes, si toutefois ils ne sont pas faits en Bohême.

cruches dans le même genre sont au musée national bavarois à München. — Dans ma collection se trouvent deux carreaux de poêle en faïence polychrome, d'une fort jolie ornementation, d'Augustin Hirschvogel ; plusieurs bas-reliefs, ainsi qu'un *pot à anse*, sur la panse duquel se voit le relief de la fameuse médaille satirique de la Réformation, frappée, en 1517, à l'occasion de la publication, par Luther, de ses quatre-vingt-quinze propositions contre le dogme des indulgences, médaille qui porte les effigies du pape, d'un évêque, du diable et la tête d'un fou[1]. — Le plus beau et le plus grand vase que je connaisse de ce maître, appartient à l'antiquaire Pickert[2], de Nürnberg. L'artiste a malheureusement placé en haut de ce vase des maisonnettes de mauvais goût qui font un vilain effet.

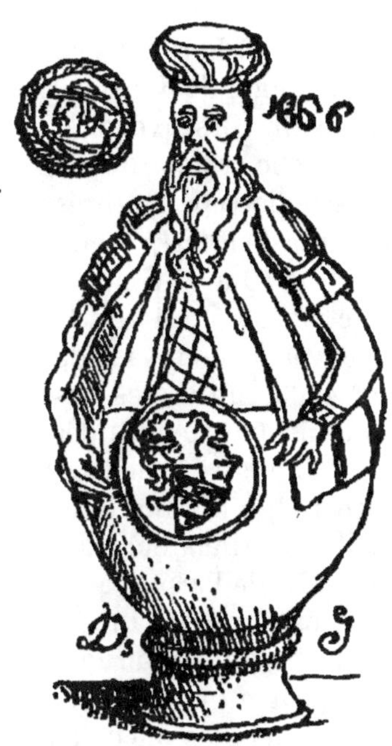

Un autre très-beau vase existe au musée de Sigmaringen; là, le sujet représente l'Adoration des mages, Adam et Ève, etc.

Un semblable appartient au musée de Darmstadt; il a 16 pouces de hauteur, la panse est couverte de figures en pied représentant des chevaliers. — Ce pot a été reproduit dans l'ou-

1. L'*Intermédiaire* (n° 12, 31 août 1864 ; Paris; Duprat, libraire) parle d'une de ces médailles dont la légende, tirée probablement d'une sentence de Luther, dit : *Ecclesia perversa tenet faciem diaboli*; et la légende du revers, empruntée à un verset du Psalmiste : *Stulti aliquando sapientes*. Le nombre 666, que l'on remarque à côté de la tête du pape, est une allusion au passage de l'Apocalypse, chap. XIII, v. 18 : « Que celui qui a l'intelligence compte le nombre de la bête, « car c'est le nombre d'un homme, et ce nombre est 666. » Les protestants désignaient ainsi le pape comme l'Antechrist.

La collection Sauvageot, au Louvre, possède un pion de damier en bois sculpté, où on reconnaît la même satire.

2. Cet antiquaire, qui demeure sur la place, vis-à-vis la statue d'Albert Durer, expose en vente, dans plus de trente chambres et corridors, une collection d'objets d'art de toute espèce, que l'on peut visiter contre un droit de vingt-quatre kreutzers.

vrage de M. d'Alteneck. Le duc de Cambacérès, à Paris, possède aussi un très-bel exemplaire de Hirschvogel.

Un vase de cette même provenance appartient au prince *Czartoryski* à Paris; ornée de reliefs, dont l'un représente l'empereur Rudolf de Habsburg, cette céramique doit être attribuée à Augustin Hirschvogel.

Une belle cruche, de la collection de M. Etlinger, à Wurzburg, couverte de reliefs représentant l'histoire de Jonas; une autre au musée de Köln[1], avec reliefs de portraits d'hommes en pied, mesurant 50 à 60 centimètres de hauteur, ainsi que le pot de la collection de M. Milani[2], à Frankfurt-sur-Mein, sont tous de Hirschvogel. Le musée de Kensington, à London, possède, sous le n° 4005, un de ces vases qu'il n'a payé que 6 livres, tandis que le n° 4004, œuvre des continuateurs de Hirschvogel, a été payé 6 livres 15 schellings. Le musée Britannique a, dans l'armoire 136, à la salle dite : *Mediæval-collection*, de ces mêmes pots des continuateurs, ainsi qu'un fort curieux encrier à sujet de chasse. M. de Parpar, à Thun, en Suisse, possède également un pot de cette provenance : il est couvert de reliefs. M. Michelin, à Paris, en a deux où les reliefs représentent le *Père éternel* et le *Baptême du Christ dans le Jourdain.*

Une cruche de ma collection, de 27 centimètres de hauteur et à *anses contournées* (comme toutes celles que ce potier a faites), montre en relief un sujet qui représente la *résurrection du*

1. Le *nouveau musée*, dit *musée Wollraff-Richartz*, à Koln, composé de tableaux, d'antiquités romaines, de bronzes, médailles et monnaies, de sculptures en bois et en ivoire, meubles, armes, armures et objets céramiques, occupe aujourd'hui une nouvelle construction, de style gothique, d'une conception assez heureuse. La partie céramique y est encore pauvrement représentée, mais les anciennes écoles allemandes de peinture sont riches. L'organisation chronologique est parfaite et admirable pour l'étude, et le catalogue, rédigé par le docteur Wolfgang Müller, est satisfaisant sous tous les rapports.

2. La collection de M. Karl-Anton Milani est peut-être l'une des plus remarquables que l'on puisse voir, à cause des grandes et solides connaissances de cet amateur, qui sait à fond tout ce qui se rapporte aux petits arts du moyen âge. C'est un de ces rares collectionneurs chez qui des connaissances universelles ont développé l'amour des collections spéciales. — Il joint au *goût* et au *flair instinctif* de Sauvageot une science critique que celui-ci ne possédait pas. On trouve, quant au choix des objets, beaucoup de rapports entre ces deux collectionneurs, qui se sont attachés de préférence aux charmants ouvrages de ciselure et de sculpture sur fer et sur bois de la meilleure époque.

La collection de M. Milani est peut-être la seule qui mérite d'être visitée à Frankfurt.

Christ avec les deux *gardes endormis*. Les couleurs des émaux sont le brun, le bleu, le jaune, le vert et le blanc.

Un gobelet de ce même potier, également de ma collection, montre un *singe à cheval dans le costume garni de grelots du bouffon de l'empereur* et entouré de jolis ornements. Ces deux pièces, si elles ne sont pas du maître lui-même, sont sorties de son atelier. Le gobelet provient de la collection Loeve, de Köln.

Une gourde de pèlerin, de ma collection, fort curieuse pour sa forme, imitant la poire à poudre en fer de cette époque, et qui a

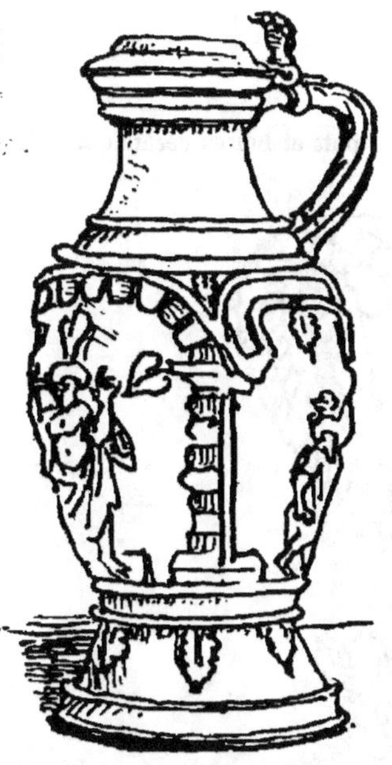

Cruche en terre cuite à émail stannifère de Hirschvogel.

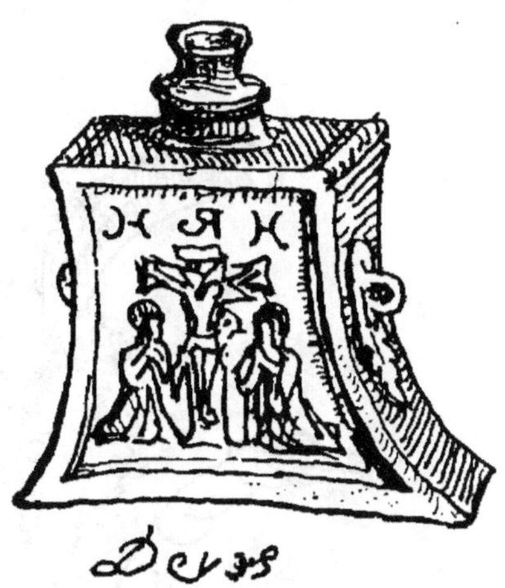

Gourde de pèlerin en terre cuite, à émail stannifère polychrome de Hirschvogel.

(De ma collection.)

peut-être même servi à renfermer de la poudre, montre sur les deux faces le *Christ sur la croix entre les deux Magdeleines*. Cette précieuse pièce porte ce monogramme :

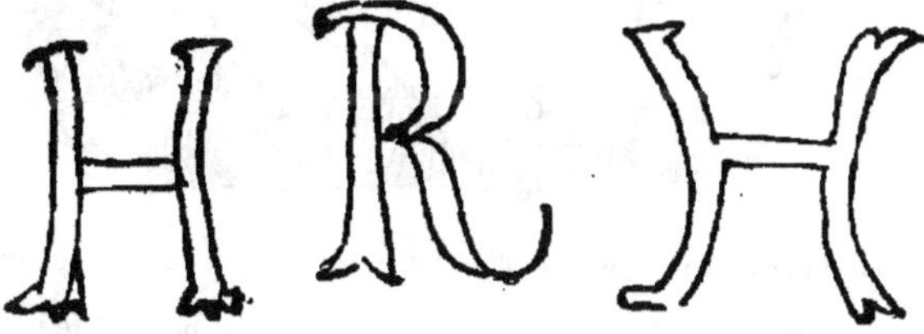

Il est tiré du nom du potier; ces lettres sont les trois principales lettres de la première syllabe de HiRscHvogel[1].

1. Le musée de Berlin et le cabinet d'estampes de München conservent de nombreuses gravures de ce maître, dont l'œuvre est estimé par Bartsch à cent trente-six pièces, composées de paysages, de portraits, de sujets historiques et d'ornements. Trois paysages, datés de 1546, sont tout ce que le cabinet impérial à Paris possède de Hirschvogel, dont le monogramme sur les gravures est

15 43

J'en ai sept gravures; trois représentent des pots et buires céramiques, dont une est reproduite ici :

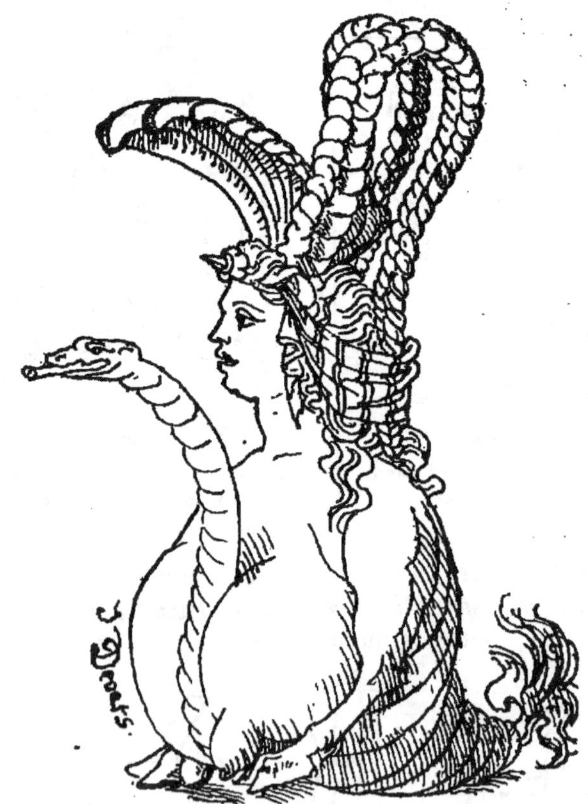

Reproduction d'une gravure originale d'Augustin Hirschvogel (de ma collection).

et trois, des ornements en belle renaissance allemande. Six portent le millésime de

Deux bas-reliefs de 20 centimètres carrés, de ma collection et provenant de celle de M. Nadar, sont également attribués à la fabrique de Hirschvogel. L'un représente, dans un médaillon, le buste de Johann Friedrich I, dit le Magnanime, électeur de

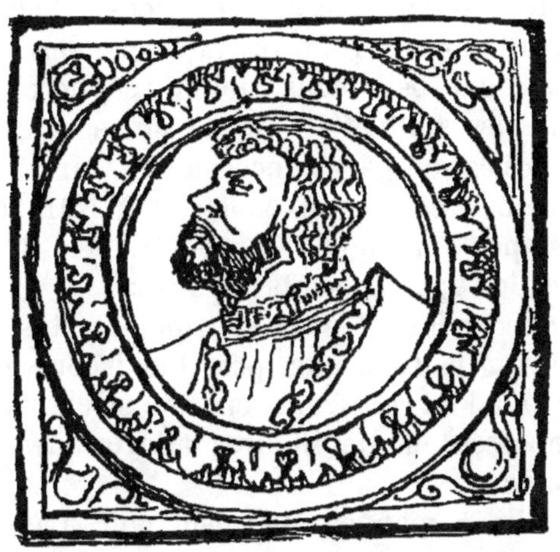

Saxe, né en 1503, mort en 1554, et dont l'avénement eut lieu en 1532. C'est ce duc qui fut vaincu et fait prisonnier en 1547, à la bataille de Muhlheim, par Charles-Quint, qui lui fit endurer cinq ans de captivité en Espagne. L'autre représente le buste d'une femme, probablement celui de l'épouse du duc Johann Friedrich, la princesse Sibilla de Clève, morte 9 jours avant son mari, en 1554. Le cabinet impérial d'estampes à Paris possède un beau portrait gravé de l'électeur, daté de 1543. Les nuances du *jaune* très-vif et très-clair que l'on voit parmi les émaux de couleur de ces bas-reliefs me font cependant hésiter à les attribuer à l'*école* franconienne, ni à celle de la Souabe; ils pourraient fort bien être de l'école saxonne ou du Nord.

Un grand nombre d'autres ouvrages en terre cuite émaillée et en faïence de l'école de Nürnberg, soit de la même époque, soit des époques antérieures ou postérieures, se rencontrent dans les musées et les collections de la Bavière et de la Prusse, ainsi

1543 et une celui de 1547 à côté du monogramme. Un des pots montre dans sa composition des réminiscences *indiennes* et italiennes.

Quelques-unes des gravures de Hirschvogel sont datées de Wien, de la capitale de l'Autriche, du temps de ses voyages dans ce pays.

que dans celles des autres pays allemands. Ce sont particulièrement de beaux poêles, carrés de forme, le plus souvent de deux mètres de hauteur sur un mètre de largeur et de profondeur. Ornés de corniches et de cannelures, ils sont montés sur plaques de fonte, qui reposent sur des pieds détachés, de sorte qu'ils ne touchent pas le sol. Le tuyau, caché derrière, fait que l'ensemble forme une belle construction régulière ressemblant aux piédestaux des statues[1]. Voici la nomenclature des plus remarquables *poêles* que j'ai eu l'occasion de voir.

Au *Burg*, château et donjon construit à Nürnberg, sur un rocher de grès, par l'empereur Conrad III, en 1030, on en a placé neuf dans les appartements royaux :

1° Dans la galerie des tableaux se trouve le plus grand, provenant du château de Trausnitz, près Landshout (école bavaroise). Riche travail en relief, du seizième siècle. Ses sujets en polychrome représentent des figures allégoriques des quatre parties du monde.

2° Dans la salle à manger, un poêle noir avec dorure, du seizième siècle.

3° Dans l'antichambre du roi, un poêle en émail vert monochrome à hauts-reliefs, de la fin du seizième ou du commencement du dix-septième siècle (un carreau de poêle du même genre, de ma collection, porte le millésime de 1612 en creux dans la pâte et recouvert de l'émail).

4° Dans la salle d'audience, un poêle pareil avec dorure.

5° Dans la chambre du roi, un autre sans dorure.

6° Dans la chambre à coucher du roi, un magnifique poêle

1. M. Fleichmann, à Nürnberg, fabrique ce genre d'anciens poêles ; il a aussi créé une série de moules originaux qui *imitent* les anciens. Le potier Vieselmann de cette ville en fait également. (Voir plus loin.)

On a cru que les premiers poêles en faïence connus dans le sud de l'Allemagne avaient été ceux du *Frauenhaus*, à Coblenz, datés de l'année 1423, et mentionnés dans l'histoire de cette ville, que Günther a publiée en 1815 ; mais c'est une erreur : les premiers poêles remontent au moins au douzième siècle ; j'ai même rencontré en Suisse (voir l'article sur les *faïences suisses*) des carreaux de poêle au vernis plombifère qui ont tout le caractère du style roman. Au couvent du Bec, l'abbé Roger, mort en 1178, avait déjà fait établir des *kemmenâten* (de *caminata*) ou *pièces chauffées par des poêles*. Au couvent de Saint-Gallen il existait des poêles en briques dès 850, et au château de Marienburg (1309), la résidence des grands-maîtres de l'ordre teutonique des chevaliers de Saint-Jean, il y avait un poêle de 12 pieds de long sur 10 de large. Le mot allemand *Ofen* (poêle), paraît dériver du goth *Auhns* et démontrer encore l'ancienne origine de ce mode de chauffage.

olychrome du quinzième siècle, tout couvert de figurines odelées à la main. Elles représentent des épisodes biliques.

7° Dans la chambre à coucher de la reine, un poêle polyhrome du quinzième siècle, où les figurines, également modelées la main, représentent Jonas, le sacrifice d'Abraham, le bapême du Christ, etc., etc.; le tout d'une exécution parfaite. C'est plus belle pièce conservée dans ce *Burg*.

8° Dans la chambre de la reine, un pareil poêle, mais un peu oins riche.

9° Dans le salon de la reine, un autre du même genre, dont s sujets sont tirés de la mythologie.

Un des plus beaux poêles connus (école autrichienne), datant u quinzième siècle, existe encore sur son emplacement primif; on le voit au château de la ville de Salzburg. Un amateur nglais en a déjà offert 36,000 francs. (Voir l'Appendice.)

Le *musée germanique de Nürnberg* [1] possède aussi quelques oêles du même genre. Un, en pur gothique, couvert d'arhoiries en polychrome des chevaliers de la Franconie, entreêlées de saints, doit être de la fin du quinzième siècle. M. de lefner-Alteneck en a donné le dessin dans son ouvrage sur les bjets d'art et meubles du moyen âge et de la Renaissance. Un es carreaux de ce poêle où le sujet en bas-relief, émaillé en

1. Le musée germanique, à Nürnberg, a été fondé en 1852, à l'occasion d'une ssemblée d'historiens et d'archéologues allemands, tenue le 17 août à Dresden, ous la présidence du prince héréditaire Johann de Saxe. M. d'Aufsess, le derier directeur, en a été l'instigateur. Ce musée, reconnu et adopté par la diète ermanique comme *institution nationale*, fut établi, en 1857, dans un ancien ouvent dont les longs dortoirs, les corridors et la construction gothique sont tout fait propres à sa destination actuelle. Formé d'abord uniquement de dons, le usée acquiert chaque jour de nouvelles richesses artistiques sur un fonds égaement composé de dons volontaires des membres honoraires, qui se trouvent isséminés sur toute la surface de la grande Allemagne, sans distinction de proince; et, quoique établi en Bavière, le musée n'est pas moins la propriété de la ation entière. Une bibliothèque et des archives y ont été ajoutées depuis, et le out est à la disposition du public, qui a même le droit de demander des renseinements historiques ou archéologiques par correspondance. Le personnel est ombreux; il consiste en une vingtaine de personnes, parmi lesquelles il en est alheureusement plusieurs qui ne connaissent rien de la partie à laquelle elles ont attachées. Ce musée, restreint d'abord, voit ses collections s'accroître rapiement et deviendra bientôt un des plus curieux de l'Allemagne.

Le docteur von Eye, littérateur distingué, est le conservateur; et M. le proesseur Essewyn, savant architecte, le directeur actuel.

bleu, blanc, brun, jaune et vert, représente un varlet couché fait partie de ma collection. (Voir l'appendice.)

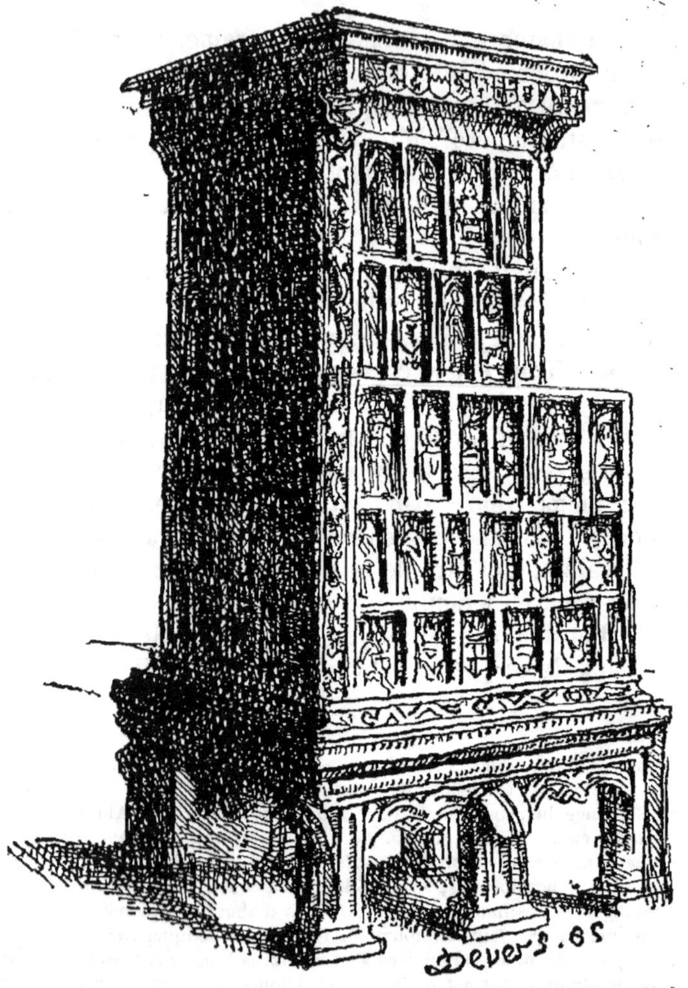

Poêle en terre cuite à émail stannifère polychrome, du quinzième siècle. Au musée germanique.

Un autre poêle de ce musée représente les âges de la vie. — Il est également de style gothique, mais d'une date postérieure

Six magnifiques poêles polychromes en beau style de Renaissance allemande, dont l'un a deux tours, ainsi qu'un petit poêl artistique en émail noir, à ornements et aux armes de Bavière nais entièrement démoli (un fragment dans ma collection), se trouvent au château de Trausnitz, à Landshut. Le château de Sigmaringen a aussi dispersé, dans presque toutes ses dépendances, de ces superbes poêles dont l'un, du quinzième siècle, est orné des portraits des électeurs allemands de l'époque, et un autre, du même siècle, montre de charmants reliefs qui représentent des épisodes de l'histoire biblique. Les poêles du dix-septième et du dix-huitième siècle qui sont à Sigmaringen me paraissent de fabrication suisse.

M. Nadar a fait monter dans son atelier, à Paris, un poêle en faïence polychrome, émaillé et moulé, de Nürnberg, dont les reliefs représentent des figurines de saints et des médaillons-bustes, en costumes de la fin du quinzième siècle. L'émail n'est pas beau et le modelage est mal venu. On y lit le millésime 1521 : Ce poêle n'est pas monté convenablement. La malheureuse idée qu'on a eue de le monter sur un piédestal quand il devrait reposer sur des pieds détachés, et le tuyau à la française placé au-dessus, lui ont enlevé le caractère et le style de l'époque. Il y avait aussi dans la collection de M. Nadar, vendue en janvier 1866, plusieurs carreaux de la même provenance; ils étaient du quinzième et du seizième siècle, en bel émail jaune et vert.

Une chose assez curieuse c'est que les carreaux de ces poêles allemands sont presque tous garnis à l'envers de toile collée sur la terre de four *avant* l'application des *Colombins* et qui, pour ne pas être brûlée dans le four, a dû être recouverte d'un engobe de cette même terre de four. (On appelle *colombins* les traverses et encadrements saillants en terre cuite qui consolident le carreau à l'envers. On les trouve, le plus souvent, en Suisse, remplis de cailloux et de terre de four pour empêcher qu'ils ne soient trop fortement chauffés et que le contact direct du feu ne les fasse éclater.)

Au *musée national bavarois de München* [1], on trouve des car-

1. Le grand musée national de München, dont la formation est due à l'infatigable énergie du baron d'Arretin, est installé dans le palais sur la façade duquel on lit *Meinem Volke zur Ehre und Forbild* (à l'honneur et pour la stimulation de mon peuple). Il est à regretter que le style de ce monument soit de mauvais goût et sans aucune signification. La façade est plate et ressemble par les ornements à un décor de théâtre, dont le détail mesquin et le manque d'ampleur rappellent les ouvrages des confiseurs.

Ce musée sera un des plus considérables de l'Europe; car on pourrait se faire

reaux de pavage en terre cuite émaillée, à dessins monochromes et polychromes du douzième siècle; un tryptique d'autel portatif en faïence, brun-chocolat, du quinzième siècle; un très-beau et curieux encrier dont les figures, du milieu du seizième siècle, représentent Pyrame et Thisbé; un plat en polychrome, style italien, daté de 1599, dont le dessin représente Énée avec l'inscription allemande, orthographe de l'époque :

Ainie, lieb gegen seinen Vaterland.

(Énée, aimant sa patrie.)

On voit encore, au musée de München une cuvette à relief, Christ et Vierge, à fond bleu de ciel, pareil au bleu des Della Robbia; de plus un poêle magnifique en terre cuite coloriée *non émaillée*, à hauts-reliefs et rondes-bosses, entièrement couvert de figurines de l'histoire de la Bible, et en bas de quelques portraits en pied des membres de la famille patricienne à laquelle il a appartenu. Il porte le millésime 1589 et le monogramme

R. A.

Des plats et assiettes, style italien, avec la marque

H. F.

et d'autres aux armes de la cour de Bavière et avec le monogramme

D. o. P [1]

Le musée de Berlin est particulièrement riche en *petits modèles* de ces sortes de poêles des quatorzième, quinzième, seizième et dix-septième siècles, provenant de la collection Minutoli.

Deux de ces modèles, en bel émail vert, du seizième siècle,

difficilement une idée du nombre et de la grande richesse des objets d'art que M. d'Arretin a su faire sortir de l'oubli des châteaux et résidences royales. M. d'Arretin est un de ces amateurs possédant le feu sacré, qui seul permet d'accomplir et de mener à fin des entreprises de ce genre.

1. Je les crois de la fabrique de Memmingen, sinon de la Suisse.

ont partie de ma collection ; on en voit un semblable au musée de Köln, et M. Wittmann, à Geisenheim, en possède un en terre cuite noire et dorée qui est un vrai bijou. Orné de portraits en relief d'une exécution magnifique, il est marqué

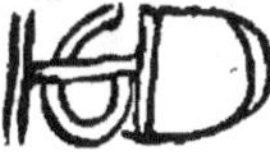

1550

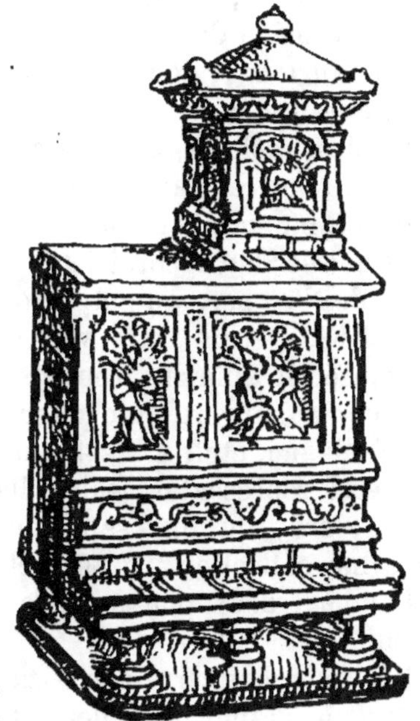

Modèle de poêle de ma collection.

Cette charmante petite céramique a été reproduite dans l'ouvrage de M. de Hefner-Alteneck.

Un de ces petits poêles-modèle, également du seizième siècle, où les reliefs du fond vert de cuivre représentent *la Tentation*, etc., se trouve dans la collection de M. Wasset, à Paris. Ce poêle est en outre couvert de plusieurs médaillons à bustes en relief et émaillés en polychrome.

Sous les décombres du château Tannenburg, incendié et démoli complétement après avoir été pris d'assaut en 1399, on a trouvé, dans des fouilles opérées par ordre du grand-duc de Hesse et du Rhin, de nombreux débris de poêles gothiques en faïence à émail stannifère, d'un émail vert et jaune (vernis?), fabriqués au commencement du quatorzième siècle. M. J.-H. de Hefner-Alteneck en a publié les dessins dans l'ouvrage : *Le Château de Tannenburg et les fouilles qui ont été faites dans ses ruines, travail rédigé par ordre de S. A. R. le Grand-Duc;* chez Keller, Francfurt-sur-Mein. Cette monographie contient aussi des dessins de cruches de formes romaines, mais fabriquées en Allemagne au commencement du quatorzième siècle. Ceci est un fait très-remarquable, et prouve une fois de plus combien l'archéologue doit se garder de juger d'après les formes seules, sans se livrer à un examen raisonné. Ces poteries se rapprochent de certaines poteries gauloises, que l'on appelle communément gallo-romaines, décrites par Tudot dans son ouvrage que j'ai eu déjà l'occasion de citer.

Au *Wartburg*, dans la forêt de Thuringe, où Luther fut retenu durant dix mois par des amis dévoués, on a également déterré un poêle de cette espèce qui avait été placé dans la petite chambre que le grand réformateur avait habitée et où il a traduit la Bible en allemand.

Le musée Sauvageot, à Paris, possède trois beaux carreaux de poêle de Nürnberg en polychrome, du quinzième siècle (nº 931, 932 et 933), et un autre vert du dix-septième siècle (nº 934). Au musée de Cluny se trouve, sous le nº 2212, un bas-relief de poêle en émail vert, du dix-septième siècle, représentant César, Charlemagne, etc.; nº 2242, un groupe en terre cuite émaillée en vert, représentant saint Georges; un grand bas-relief en émail vert, du dix-septième siècle, couvert de dorures, dans ma collection. Nº 4043 et 4063 au Kensington-Museum, à London, deux pots à tabac en émail vert du dix-septième siècle.

Un bas-relief carré du seizième siècle, de 18 sur 20 centimètres de grandeur, également en terre cuite à émail stannifère blanc, vert, brun et doré, de ma collection, représente Charles-Quint (1519-1556) en buste. (Voir la reproduction ci-contre.)

Il porte l'inscription :

Carolus Keisser (sic).

M. Delaherche possède deux forts beaux bas-reliefs, vert de cuivre, qui représentent le roi David et Charlemagne. Le caractère de ces deux figures est beau et les costumes indiquent le seizième siècle.

Plusieurs faïences allemandes assez curieuses sont conservées au château de Heidelberg, et on y trouve aussi quelques remarquables pièces dans la collection de feu de Graimberg, collection exposée au château dans des salles du premier étage.

On a trouvé, en 1865, dans des fouilles opérées à Nürnberg, tout près du Laufer Schlagthurm, une grande quantité de petites statuettes en argile sans couverte et assez mal faites, dans le genre de celles d'Augsburg, et des statuettes gauloises. Elles représentent des femmes en costume gothique du treizième au quatorzième siècle. Le grand nombre de *déchets*, ou pièces de rebut, paraît prouver qu'il y avait là une fabrique. On a trouvé parmi ces

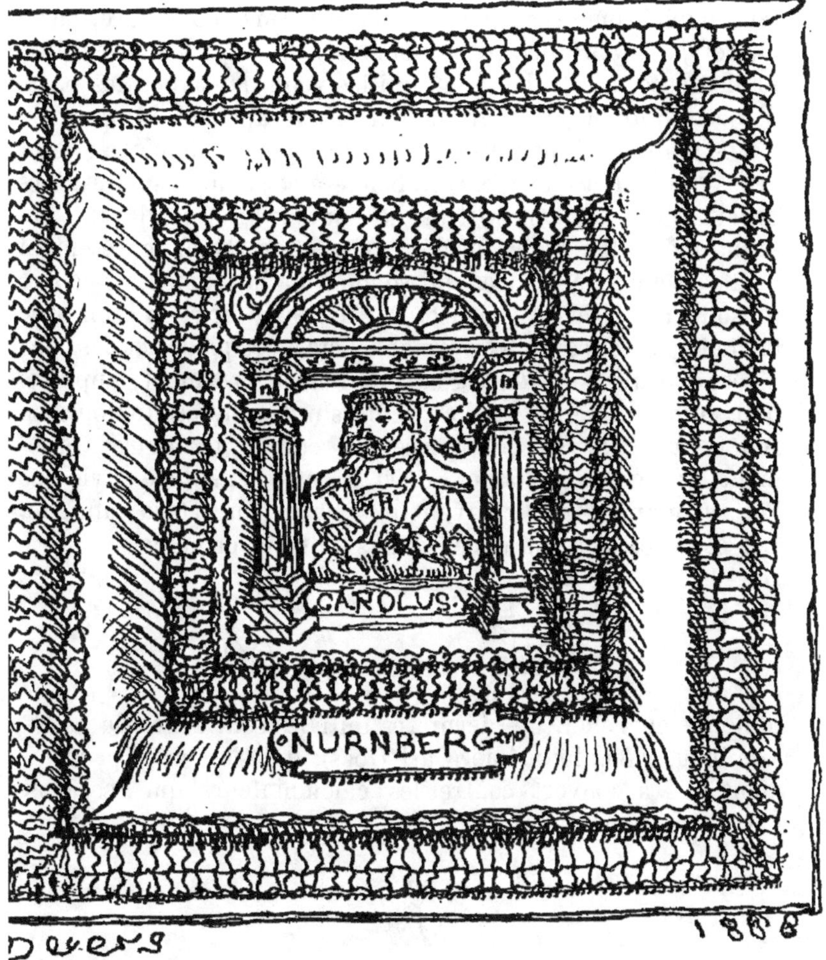

Bas-relief en terre cuite à émail stannifère polychrome, de l'école franconienne. (De ma collection.)

figurines des *Kerzendreier*, c'est-à-dire des *porte-sous*, destinés pour les cadeaux que les *compères* et les *commères* avaient l'habitude de faire à l'occasion des baptêmes. Un certain nombre est maintenant au Musée germanique, plusieurs autres exemplaires dans ma collection.

C'est la place ici de dénoncer une contrefaçon habile de canettes et de plats anciens, en terre cuite, que des amateurs français et anglais ont déjà achetés pour de l'ancien. Cette poterie polychrome sans couverte, ou à vernis plombifère, jaune ou vert, est fabriquée par un nommé Carl Goes, pâtissier, 788, Laufergasse, à Nürnberg, et qui les vend dans tous les pays, de sorte que des amateurs en ont même rapporté d'Italie.

Les plats ont à peu près 30 centimètres de diamètre et sont ornés d'un sujet en relief, semblable à ceux des canettes. Les canettes ont 32 centimètres de hauteur. Sur le devant, un grand médaillon ovale, formé d'un sujet en relief, représentant le Christ entouré d'anges qui sonnent de la trompette, couvre presque la moitié de la panse. Derrière, un Christ en croix avec la Madeleine et saint Jean l'évangeliste à ses pieds; et des deux côtés, d'autres sujets religieux. Un large ornement, appliqué tout autour du pied et dont le dessin dentelé est toujours en relief, jure par ses réminiscences contre les autres ornements purement gothiques. C'est à cette hérésie de style que j'ai reconnu la fraude, avant d'avoir découvert la fabrique. Les canettes sont marquées en bas du sujet principal

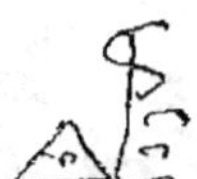 et en haut : CG

toujours en relief. Ces dernières initiales sont celles du pâtissier industrieux lui-même (Carl Goes), qui s'est ainsi prudemment mis à couvert contre les calomniateurs qui oseraient l'accuser de mauvaise foi.

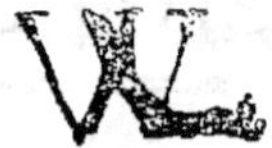

est le monogramme d'un célèbre *modeleur et céramiste* qui doit avoir travaillé à Nürnberg vers la dernière moitié du seizième et au commencement du dix-septième siècle. Le musée germanique possède plusieurs remarquables modèles en argile blanche cuite sans couverte, qui ont probablement servi à la confection es moules céramiques. Un de ces exemplaires avec monogramme t un autre sans monogramme, font partie de ma collection.

GL et aussi GL

ont les marques du *modeleur* et *céramiste Georg Leibolt de Türnberg*, qui y a travaillé durant la première moitié du dix-eptième siècle. Plusieurs de ses modèles et moules en argile lanche cuite sans couverte, au Musée germanique et dans ma ollection, sont datés de 1621 à 1667.

Abraham Helmhack, né à Regensburg (Ratisbonne), en 1654, nort à Nürnberg, en 1724, était un peintre céramiste et de vitraux, célèbre par ses couleurs rouges.

Nürnberg est aussi encombré de moules à chocolat et à pâtisserie, en argile blanche cuite sans couverte. Ces moules datent pour la plupart du dix-septième siècle, et sont intéressants pour l'étude des costumes. L'amateur doit cependant faire attention à ne pas se laisser vendre des contrefaçons, qui se reconnaissent par le peu de vif des contours des dessins, tous surmoulés sur d'anciennes argiles ; elles n'ont pas la netteté de celles-là. Grand nombre d'exemplaires au Musée germanique et plusieurs dans ma collection.

FABRIQUE DE VAISSELLE EN FAÏENCE, A ÉMAIL STANNIFÈRE, 1712 à 1850.

Cette fabrique, qui existait encore en 1850, avait été établie en 1712, à Nürnberg dans la Karthaeussergasse, nº 939, vis-à-vis du couvent des Chartreux, aujourd'hui Musée germanique, par

Christoph Marx, ancien maître potier d'étain, né en 1660, mort en 1731, associé à

Johann Conrad Romeli, mort en 1720 ;

G. Salomon Kees y succéda à la mort de Marx, et

Georg Friedrich Kordenbusch de Buschenau, né en 1731, mort en 1802, y figure plus tard comme associé, tandis que l'oncle de ce Georg,

Andreas Kordenbusch figure dans le personnel de la fabrique de la première moitié du dix-huitième siècle comme *peintre céramiste*.

Joh. Tobias Eglert, gendre de Kees, qui épousa, après la mort de ce potier, son unique fille, en 1783, se trouve mentionné, en 1791, comme *fabricant de faïences et marchand patenté de verre de Venise, de cruchons hollandais* (Delft) et de *grès de Coblentz*; il eut pour successeur

Joh. Heinrich Strunz, qui est le dernier potier sous lequel la fabrique a cessé.

Murr, dans la description de Nürnberg, édition de 1801, appelle cependant encore l'usine « fabrique de faïence de Kees », et la dernière mention s'en trouve dans l'Almanach de commerce de la ville de Nürnberg de l'année 1850.

Des documents se rapportant à cette fabrique existent aussi à l'hôtel de ville : L. 976, L. 191, n. 392, folio 6-8, et Roth en parle dans son histoire de Nürnberg.

Quant à la famille des Kordenbusch, voici ce que M. Lochner, l'archiviste de la ville, a bien voulu me communiquer :

Paulus Kordenbusch, teneur de livres, marié avec Anna-Margaretha Römin, fille d'un secrétaire de guerre sous Gustave-Adolphe, a laissé quatre fils : *Georg*, marié avec Anna Barbara, est mort sans enfants (le testament de sa veuve, daté de 1745, institua comme héritier universel le neveu Georg Kordenbusch, plus tard Kordenbusch de Buschenau); *Andreas* le peintre; un autre fils, probablement peintre céramiste aussi, mais dont on n'a pas trouvé les prénoms; et *Friedrich*, ministre à l'église de l'hôpital, mort en 1736, homme riche et père du George Kordenbusch de Buschenau, son unique enfant, qui, par les deux héritages, devint fort riche et se fit anoblir en 1790. En 1796, après l'invasion des armées républicaines françaises, il fut emmené en otage dans les Ardennes. Les armoiries de cette famille, déposées depuis 1631 et renouvelées par ce dernier Georg, avec lequel la famille des Kordenbusch s'est éteinte, sont parlantes. Deux arbrisseaux (Büsche) brûlants sur un champ rouge qui entourent un cœur (cor).

Une plaque en faïence à émail stannifère blanc, décorée en camaïeu bleu aux armes [1] de Christoph Marx, et qui fait partie de ma collection, porte l'inscription suivante :

Herr Christoph Marx, Anfänger der allhiesigen Porcelaine Fabrique, natus 1660, den 25 Decemb., denatus anno 1731 den 18 März.

1. Tête de femme surmontée d'un casque à visière fermée, et qui est couronné d'un griffon qui tient le globe impérial.

Le musée de Berlin possède six plaques sur lesquelles on lit
revers de celle marquée du n° 582 :

rr Johann Conradt Romeli, Anfenger dieser allhiesigen Porcelaine Fabrique, an. 1712. *In Gott verschieden, an.* 1720. *Atates sua* (sic) 1672, *Nürnberg Tauber, bemahlt, anno* 1720, 22 *November.*

en français :

Jean Conrad Roméli, commençant de cette fabrique indigène de porcelaine, an. 1720; décédé en Dieu, an. 1720, Nürnberg. Georg Tauber, peint., année 1720, — 20 novembre.

Les deux mots *Anfenger* et *Anfänger*,— voulant dire tous les eux *commençant,* sont diversement orthographiés, et le mot *emahlt* (peint) contient un *h*. Le mot porcelaine est également crit de différentes manières, — de sorte que toute cette orhographe variée prouve le peu de certitude grammaticale alors.

Georg Tauber en 1720 était donc aussi un peintre céramiste, mployé à la fabrique de Marx.

La plaque de faïence de ma collection et les six plaques en aïence transparente, dite « porcelaine à pâte tendre, » et que e crois tout simplement en faïence opaque, du musée de Berlin, vec leurs inscriptions, forment donc une biographie authenique et précieuse des deux potiers.

Une belle cloche de cette fabrique, conservée au musée de Sèvres, est décorée en camaïeu bleu aux armes de Nürnberg, t porte l'inscription suivante :

Christoph Marx, Johann Jacob Mayer, des H. Reich. Stadt. Nürnberg, 1724.

C'est-à-dire :

La ville de Nürnberg du saint empire romain.

Je n'ai rien trouvé qui puisse faire supposer que ce Johann Jacob Mayer ait été aussi associé; était-il peintre?

On y lit encore la signature de STROEBEL, le peintre. Cette signature avec la date 1730 se trouve aussi au même musée sur un grand plat décoré en camaïeu bleu, où on voit au milieu une coupe chargée de fruits, avec un paon.

M. W. Seibt, à Frankfurt-sur-Mein, a dans sa collection un pot forme aiguière et à anse tressée, de 27 1/2 centimètres de hauteur, où le décor en camaïeu bleu, avec médaillon sur la panse, représente la figure allégorique de l'Abondance, et qui est signé

G. F. Grebner, 1720.

Dans la collection de M. C. W. Reynolds se trouve un plat en décor camaïeu (bleu, jaune et rose), dont le centre montre l'Ascension avec les soldats endormis dans un paysage rocheux. Ce plat est signé et daté

Nürnberg
1723
Glüer.

Ce Glüer était probablement encore un des peintres de cette fabrique.

M. E. Laborie, à Paris [1], a dans sa collection deux de ces plats godronnés qui doivent être peints par Possinger ou par Grebner.

J'ai rencontré une cruche qui portait la même signature de peintre, avec le millésime de 1731 et les initiales B. K.

M. Willet, à Amsterdam, a dans sa belle collection un plat rond à bord godronnés et à décor polychrome à sujet, exécuté sans poncis, qui est signé

Grebner 1726.

Deux charmants plats, semblables au précédent, et mesurant 26 3/4 centimètres, également décorés en polychrome, mais où le bleu domine, se trouvent dans la collection de M. W. Seibt, Frankfurt-sur-Mein. Les sujets du milieu représentent les figures allégoriques de l'Eau et de l'Air, et sont d'une exécution fort artistique. Ces plats qui paraissent peints par ce même Grebner ne portent pour toute signature qu'un

B

(Voir aussi pour cette même marque *Schrezheim*.)

1. La collection Laborie est composée de tous les genres d'objets d'art des meilleures époques, et particulièrement du seizième siècle. La faïence y est moins richement représentée que le fer ciselé, le bois sculpté, les émaux, etc.

M. le baron de Bibra [1], à Nürnberg, a dans sa collection une sse à décor polychrome et où tout indique le commencement ı dix-huitième siècle comme époque de fabrication, qui est ıarquée

C. B

Il y a encore deux plats (toujours godronnés) au musée de ̦vres, dont l'un est une imitation lointaine de Faenza, et l'au-e, décoré d'un dessin allégorique sur Luther, avec les rimes

Betracht diess Gemahl
Und schau was das Jahr
Dir fur ein Jubel Bild in solchen stellet dar.
Gott lass dein Word uns reine führen
Bis, in der Seligkeit wir ewig jubiliren.

Anno 1730, 25 *juin.*

G. F. Greber, anno 1720 *et* 1730. *Nürnberg.*

En français :

Regardez ce tableau,
Et voyez ce que cette année
Y représente de Jubilée.
Laisse, ô mon Dieu, nous conserver ta parole
Jusqu'à ce que notre âme à l'éternité s'envole!

Le décor représente Luther d'un côté et vis-à-vis de lui le ırince électeur de Saxe, — séparés par une Bible ouverte, sur aquelle on lit :

Au.	*Con.*
Gusta.	*Fes.*
Na.	510

Autour des personnages se trouve tracé :

ohannes Herzog zu Sachsen. Kurfurst, manificus Lutherius, der h. Schrift, Doctor und Professor zu Vittenberg.

A quel événement ce dessin allégorique peut-il se rapporter? Il a pu être exécuté, pour rappeler au pays et au prince apo-stat [2] l'anniversaire soit de la confession d'Augsburg de 1530,

1. Ce savant collectionneur, connu pour ses travaux chimiques et ses spirituelles nouvelles, habite une maison du seizième siècle, qui est entièrement meublée dans le goût de l'époque et remplie de fond en comble d'objets d'art et de curiosités.

2. L'électeur Friedrich Auguste I, ou Auguste II, abjura la religion protestante pour monter au trône de Pologne, et il renia par intérêt, comme Henri IV en France, la foi du progrès.

soit de la paix de Nürnberg de 1532. Un plat tout pareil existe dans la collection de M. Loisel, à la Rivière Thibouville (Eure).

La signature de Greber me paraît celle de *Grebner*, écrite fautivement.

Madame Cavé, à Paris, possède deux plats semblables, mais sans aucune marque. L'un des sujets représente deux personnages, homme et femme, dans un paysage taillotté dans le goût du dix-huitième siècle. Le costume de l'homme et son chapeau tricorne indiquent l'époque du grand Frédéric. Ce sont encore deux exemplaires qui me paraissent être peints par ce même Grebner.

Possinger, autre peintre de la manufacture de Marx, est de la même époque où *Stroebel*, *Tauber*, *Glüer*, *Grebner* et le célèbre *Kordenbusch* y ont travaillé.

Un plat rond godronné, de 24 centimètres de diamètre, de ma collection, provenant de celle de M. Nadar, et qui, décoré dans le genre des plats susmentionnés, montre au milieu un paysage

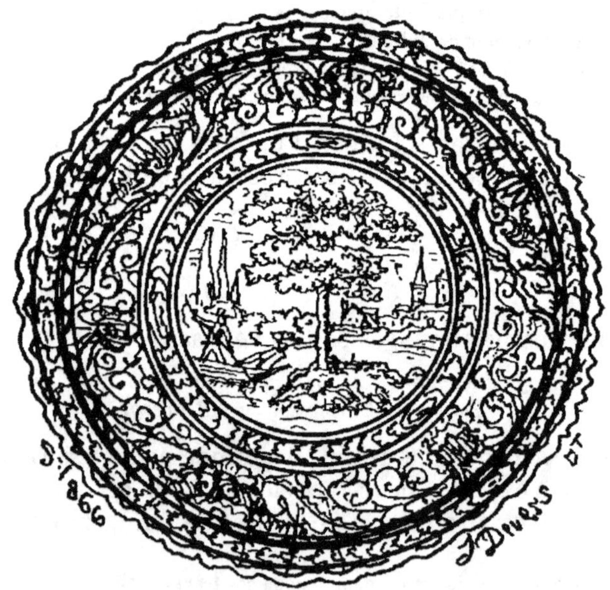

Plat en faïence de Nürnberg, peint par Possinger. (De ma collection.)

très-vert de couleur, et des ornements polychromes sur le marli, porte la signature

Possinger, 1727.

Dans ma collection, un grand plat ovale, à centre ombiliqué t bords festonnés, de 42 sur 50 centimètres, décoré en camaïeu leu et sur le cru, d'une infinité d'ornements de grande finesse,

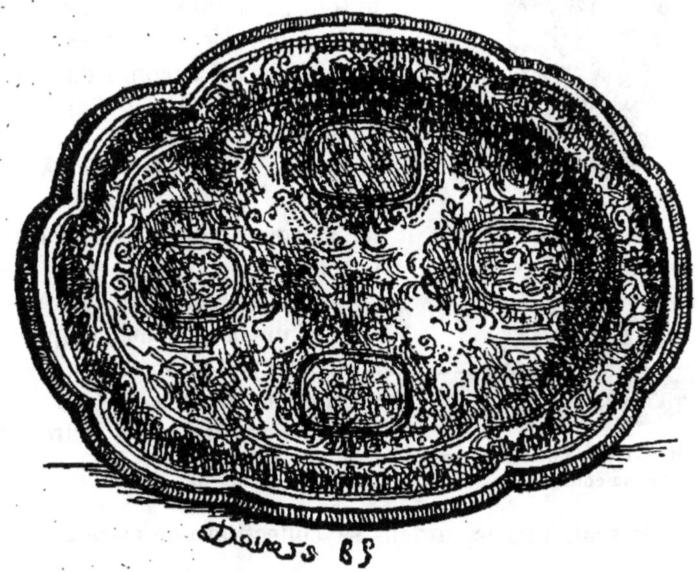

Plat en faïence de Nürnberg, pièce de maîtrise, peint par Kordenbusch. (Faisant partie de ma collection.)

xécuté sans poncis, montre quatre médaillons ou cartels, dont es sujets représentent la naissance du Christ, la Circoncision, e Baptême dans le Jourdain et la Bénédiction des Enfants.

Ce plat porte l'initiale d'*Andreas Kordenbusch* réunie à celle le Marx.

Cette belle faïence est la pièce de maîtrise de ce célèbre peintre céramiste, l'oncle de Georg Friedrich Kordenbusch de Buschenau, l'associé de la fabrique après la mort de Marx.

J'ai encore de cette fabrique un gobelet à pied, forme calice, le 20 centimètres de hauteur, et dont le décor en camaïeu blanc sur le cru consiste en ornements et en deux armoiries : l'une, probablement les armes de Brunswick, accompagnée des lettres Z. B. (Zu Braunschweig?); l'autre, composée d'un bras armé, sortant de nuages et tenant trois glands de chêne, le tout surmonté d'un casque à visière fermée et couronnée. L'armoirie est accompagnée du millésime de 1736 et d'un monogramme

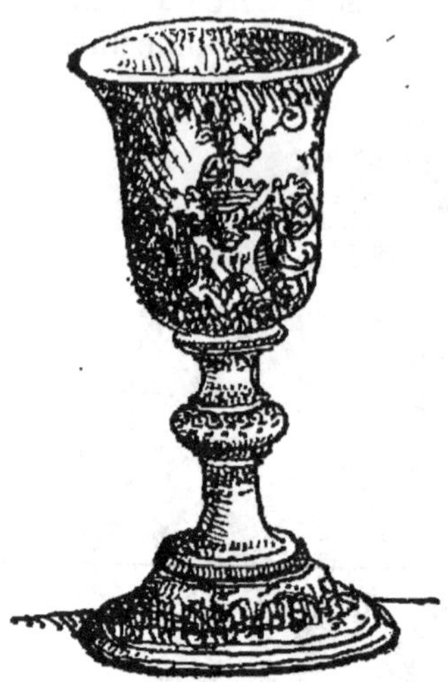
Gobelet en faïence de Nürnberg, de ma collection.

I. G. K

la marque d'un des Kordenbusch.

Le musée de Cluny[1] possède, d'un de ces mêmes peintres, deux plats drageoirs à compartiments et décorés en camaïeu bleu, qui sont marqués

K.

M. E. Pascal, à Paris, a dans sa collection une assiette armoriée, marquée

B. K.

J'ai aussi rencontré une assiette armoriée où l'écusson montre un cerf, entouré des lettres C. C. I+I., et le millésime M Ɔ ƆC X L I., qui était signée

G. Kordenbusch.

M. Willet, à Amsterdam, possède une cuvette avec son pot, toujours en camaïeu bleu, marqué

b. K.
———
E

La galerie d'antiquités de feu Charles de Graimberg, au château de Heidelberg, possède, de cette fabrique de Nürnberg, un

1. Le musée « des Thermes et de l'hôtel Cluny, » à Paris, est établi dans les ruines du palais des Césars de l'antique Lutèce, construit au quatrième siècle, connu sous le nom des *Thermes de Julien,* et dans l'hôtel gothique contigu, construit par Jehan Ier de Bourbon, l'abbé, et par Jacques d'Amboise, abbé de Cluny et évêque de Clermont, de 1400 à 1490. La création de ce musée date de

ot avec sa cuvette en décor à camaïeu bleu. Le pot porte les rmoiries de l'évêque de Wurzburg, au millésime de 1724, et inscription suivante :

Vivat Christophorus Franciscus von Hullen et Stolzenberg, Bischof zu Wurzburg und Herzog zu Franken.

Dans ma collection, un plat colossal en camaïeu bleu, de 2 centimètres de diamètre, décor genre chinois à trophées ır les bords et animaux au fond, peint sur le cru ; — N° 3502, u musée de Kensington, à London, un pot forme aiguière, à déor camaïeu bleu, attribué *faussement* à *Nevers,* sont encore de ette provenance.

Une grande plaque, décorée en camaïeu bleu d'un portrait e saint Pierre, au musée de Kensington, n° 3073, est marquée

Johann Seebalt *Frantz*
1724

On l'attribue à Delft, mais les prénoms et leur orthographe ie font supposer qu'elle a été fabriquée à Nürnberg.

Enfin, comme curiosité, voici l'inscription que j'ai recueillie ır l'enseigne d'un potier de Nürnberg, et que le brave homme évidemment tirée du dix-huitième chapitre de Jérémie :

« Comme l'argile est dans la main de ce potier, ainsi êtesous dans ma main. Le vase que ce potier fait de l'argile, il le gâte ou qu'il lui semble mauvais, il le brise et le jette et efait un autre vase comme il lui semble bon de le faire. »

En terminant l'article sur les anciennes faïences de Nürnerg, je dois encore renvoyer le lecteur au curieux inventaire u patricien Willibald Im-Hof II, qui a été placé à la fin du hapitre des faïences italiennes.

ERRE CUITE A VERNIS PLOMBIFÈRE ET A ÉMAIL STANNIFÈRE, de 1829 jusqu'à ce jour.

M. *Christian Wilhelm Fleischmann*, né à Erlangen, en 1780,

année 1843 seulement, où il fut fondé avec la collection Du Sommerard, que État avait achetée. Il était d'abord destiné à renfermer des antiquités nationales, ais il se compose actuellement de toutes sortes de productions d'art provenant es époques gothique et de la Renaissance. Il se trouve sous la direction de M. du ommerard, fils du fondateur, qui lui a donné une grande impulsion.

L'hôtel Cluny lui-même est un des plus beaux spécimens de l'art gothique.

fonda à Nürnberg, en 1829, une manufacture d'objets d'art industriel en papier mâché et en argile cuite, qui prit bientôt une très-grande extension, et il obtint des médailles et des encouragements à toutes les expositions, distinctions parmi lesquelles figure l'ordre bavarois de Saint-Michel.

M. *Wilhelm Fleischmann,* le fils du précédent, né à Nürnberg en 1824, a pris la suite de la manufacture en 1859.

C'est des ateliers de ce dernier que sont sorties les cariatides de douze pieds de hauteur, qui ornent le nouveau palais royal à München.

Outre une collection complète de préparations anatomiques et pathologiques, de squelettes et de monstruosités, la fabrique produit aussi toutes sortes d'imitations d'armures et de poteries anciennes, soit pour les théâtres, soit pour les collections, les ateliers de peintres et les musées, et qui y servent à remplacer des originaux rares par des copies fidèles. Cette manufacture a aussi reproduit, en terre cuite émaillée, une *quinzaine de modèles de poêles anciens*, soit gothiques, soit de style renaissance et imités des originaux du Musée germanique, et de la collection *Forster*, à Nürnberg. On y trouve quelques poêles anciens en monochrome et en polychrome, qui appartiennent à la fabrique et datent de 1490 à 1630. Il y a parmi les reproductions un bon exemplaire imité du poêle du *Burg*, au millésime de 1590, qui est orné en haut-relief et en ronde bosse de sujets bibliques ; et un autre poêle, également imité d'après un modèle ancien, du musée, qui est tout couvert d'armoiries datant de 1490 à 1510. Ces poêles ont ordinairement 10 pieds de hauteur sur 5 de profondeur, mais le fabricant peut modifier les dimensions. La marque de ce manufacturier consiste dans les armoiries de la famille Fleischmann, ornées de la décoration de Saint-Michel, telles que les voici :

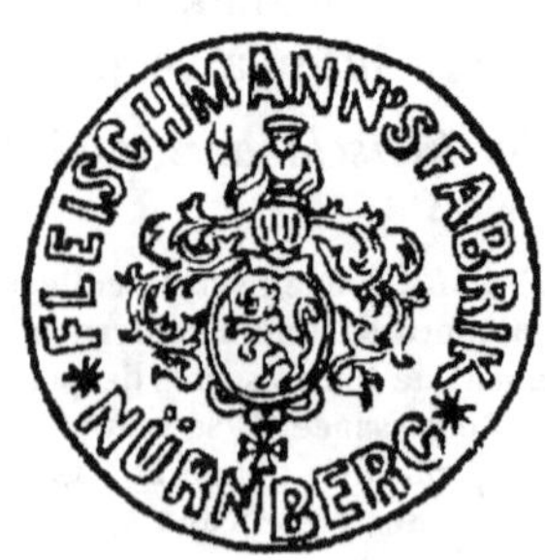

M. *Vieselmann* est un potier qui copie aussi actuellement, à Nürnberg, les vieux poêles du moyen âge et de la renaissance; il réussit admirablement dans la fabrication de ceux où le vernis est en vert de cuivre, et son poêle avec des bustes, en grandeur naturelle, est ce que l'on peut trouver de mieux imité.

BAIREUTH.

(Ancienne orthographe : BAYREUTH), ville franconienne sur le Main rouge, au nord de Nürnberg.

GRÈS BRUNS COMMUNS, ornés ordinairement de médaillons style moyen âge et de la renaissance. 1000 à 1700

FAÏENCE A ÉMAIL STANNIFÈRE. 1500 à 1800

A mascarons et à cartouches en relief; ces cruches portent très-souvent des devises. Sur une pièce de ma collection, où les figures sans barbe des médaillons indiquent le quinzième siècle, on lit :

Drink. und. est. Godes. nit. verges.

(Bois et mange en pensant à Dieu).

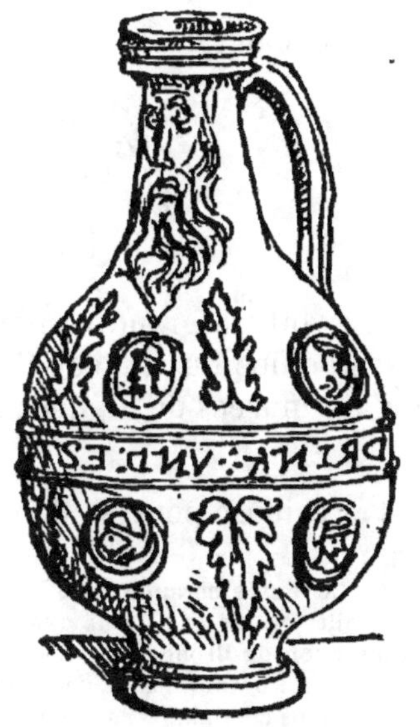

Grès de ma collection attribué à Baireuth, mais probablement rhénan.

Comme ce même genre de grès a été aussi fabriqué aux bords du Rhin, à Neuwit, Lauenstein, Hunenstein, Coblenz et ailleurs, comme on en rencontre beaucoup encore à Köln, où les marchands de curiosités et le peuple les appellent *Bartmanekes* (hommes barbus), d'où les Anglais ont sans doute dérivé leurs noms de *Bellarmine* et *Long-Beard* sous lesquels ils les désignent, et comme on rencontre même très-souvent ces pots dans les environs d'Avignon, où le commerce les a tirés dans le temps des bords du Rhin, je doute que ce genre de grès ait jamais été fabriqué à Baireuth, comme cela est admis.

Quant à la faïence de Baireuth, son origine est incontestable; presque toujours en camaïeu bleu, son décor se signale par le bleu *pâle* et par des dessins tracés au pinceau dans une espèce de hachures semblables aux dessins à la plume ; la pâte est belle et légère, et toute cette faïence ressemble beaucoup à celle de la fabrique de Christophe Marx de Nürnberg, de 1712.

Le musée de Sèvres[1] possède un grand pot à anses, marqué en toutes lettres :

Baÿreuthe

ou le monogramme

K Hu.

On voit un grand nombre de pièces en décor à camaïeu bleu dans l'office du château de la Favorite, près Baden-Baden, ainsi qu'aux musées de Sigmaringen, où la bouteille au millésime de

1524

est précieuse pour sa date.

1. Le musée céramique de la manufacture impériale de Sèvres, qui remplit huit salles et une galerie de quatorze fenêtres, a été fondé de 1805 à 1812, sous la direction de Brongniart, et doit beaucoup à M. Riocreux, le zélé conservateur qui y a tout organisé avec une grande prédilection. Composé de toutes sortes de productions céramiques, aussi bien modernes qu'anciennes, il est particulièrement destiné à l'étude technique des poteries, de la marche progressive de leur fabrication et des manufactures des différents pays. Brongniart a expliqué (Introduction de la *Description du Musée céramique de la manufacture royale de porcelaine de Sèvres*, par Brongniart et Riocreux ; in-4°, 1845) le but de la formation de ce musée de la manière suivante :

« Quant aux points de vue sous lesquels les produits qui composent le musée doivent être considérés, ils sont aussi bien déterminés par le but unique auquel doivent tendre les sujets, que ces objets eux-mêmes le sont par leur nature ; c'est la « considération technique » dans tout son développement qui doit y dominer. « Ce ne sont ni des objets d'art sous le rapport des formes, des compositions, du « dessin, etc. ; ni des objets historiques sous celui des objets représentés ; ni même « des objets archéologiques sous celui des inscriptions, etc. » Et plus loin : « Il

J'ai rencontré partout, de cette fabrique, un grand nombre de cuvettes, de potiches et de jardinières, avec ou sans marques. Baireuth est une ville de quinze mille âmes; elle possède encore actuellement une fabrique de porcelaines, à *Saint-Georges-sur-l'Étang*, bourg situé à un quart d'heure de la ville, sur le côté opposé du Mein.

CREUSSEN ou KREUSSEN,

Petite ville de 1000 habitants, située sur la droite du Main rouge, à trois lieues de Baireuth, dans la Franconie.

GRÈS BRUNS A BAS RELIEFS ET A GLAÇURE ALCALINE, 1600 à 1690
GRÈS BRUNS A BAS RELIEFS A GLAÇURE ALCALINE ET A ÉMAIL STANNIFÈRE POLYCHROME. » »

Cette petite ville où les premières monnaies des Burgrafen de Nürnberg ont été battues en 1246, a acquis une certaine célébrité par ses grès à reliefs, décorés d'émaux stannifères, qui sont connus des amateurs en Allemagne sous le nom de *Creusner Steingut*.

Les *Apostel-Krüge* ou cruches ou *pots aux apôtres* et des quatre évangélistes, ainsi que les *Jagdkrüge* ou cruches ou *pots aux chasses*, sont très-recherchés aujourd'hui par les musées et les collectionneurs; la valeur de ces grès a augmenté d'une manière surprenante, car un *pot aux apôtres*, que l'on achetait il y a dix ans pour quinze francs, vaut aujourd'hui cent et cent

« faut donc éviter de confondre ce musée avec ceux où des objets faits avec des « matières céramiques ou vitriques sont réunis sous l'une des considérations pré- « cédentes, etc. »

Ces considérations n'ont cependant pas empêché que ce musée ne soit devenu, sous l'intelligente direction de M. Riocreux, la plus importante de toutes les collections céramiques de la France et peut-être de l'Europe.

La classification, quoique tout à fait autre que celle suivie par moi, en est très-bonne; elle est faite au point de vue historique. La fabrication des productions céramiques, depuis la brique jusqu'à la porcelaine, y est représentée par ordre chronologique depuis les époques les plus reculées jusqu'au temps actuel.

Toutes les pièces sont étiquetées, mais il n'y a pas de catalogue, ce qui est très-regrettable pour l'étude, puisqu'il faut toucher chaque objet pour en lire l'étiquette, — ce qui naturellement est impraticable; — de sorte que le visiteur qui vient dans l'intention d'étudier est rarement satisfait, d'autant plus qu'il faut une permission spéciale du conservateur pour pouvoir circuler sans être accompagné d'un de ces gardiens ignorants, qui font marcher le visiteur au pas de course. Pour qu'un musée soit utile au public, l'amateur doit être abandonné à lui-même, et pouvoir stationner, aussi longtemps que cela lui convient, là où un objet l'intéresse.

cinquante francs, et les *pots aux chasses*, comme étant plus rares, encore davantage.

J'ignore s'il y a eu plusieurs ou une seule fabrique à Creussen, mais il est prouvé par les costumes des personnages des bas-reliefs, ainsi que par des dates recueillies sur ces pots, que la fabrication a eu lieu uniquement durant le dix-septième siècle.

Les plus recherchés comme les plus rares, sont les grès de Creussen qui sont ornés de chasses au courre, des armes de l'empire germanique ou d'armoiries de princes, de nobles et de familles patriciennes. Le musée Sauvageot possède un tel exemplaire ainsi que plusieurs autres cruches *aux apôtres*. Au musée de Cluny, n° 1279 et 1278, ce dernier avec inscription : « Godfried Samuel Beheme » ; d'autres exemplaires aux musées de Berlin et de Munchen ; au Musée germanique, datés de 1622, 1667 et 1686 ; au Musée britannique, dans la salle de la *Mediæval-collection*, armoire 137; au musée de Kensington (40, 56, etc.); aux collections du duc Tascher de la Pagerie et du docteur Belliol, à Paris; dans la célèbre collection de grès de M. de Weckherlin, à La Haye, vendue depuis à M. Gambart, à London, etc. Le pot à la chasse à courre, qui se trouve représenté ici, appartenait à cette dernière collection.

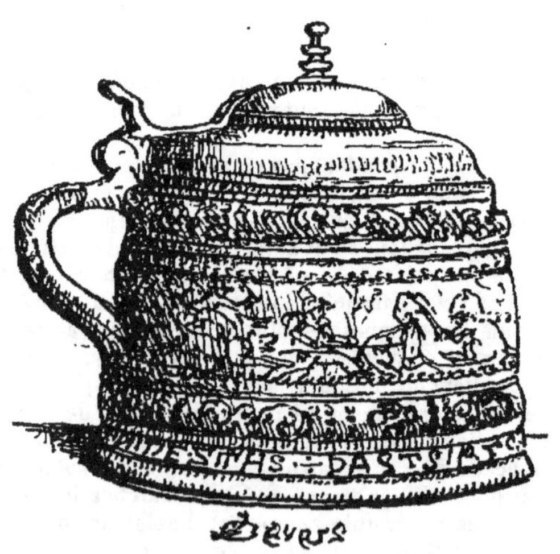

Grès de Creussen, orné de bas-reliefs décorés en émail polychrome.

Un semblable exemplaire, où les costumes des bas-reliefs de la panse représentant une chasse au lièvre, indiquant le commencement du dix-septième siècle, et dont les émaux sont en bleu, vert, jaune, blanc, brun, rouge, et *couleurs chair* (couleur presque inconnue aux anciens céramistes), se trouve dans ma collection. Le musée des antiquités nationales à Stuttgard en possède un semblable.

Ces grès, sans les émaux de couleurs, se trouvent encore en profusion et ont peu de valeur marchande ; ce sont des exemplaires de rebut que la fabrique a vendus sans les faire décorer, parce que les bas-reliefs n'étaient pas sortis assez nets des moules. On trouve un tel grès dans la collection Sauvageot, il porte l'inscription à lettres en relief *Balthasar Schmidt*.

La contrefaçon s'est aussi emparée de ces pots de rebut et les décore à froid. La fraude se reconnaît quand on gratte les couleurs avec un couteau : l'émail seul résiste et la peinture s'enlève.

Il faut observer que tous les pots et cruches de *Creussen* sont bien en grès, c'est-à-dire de cette matière dure que le couteau n'entame pas (décrite à la fin de l'Introduction). Les pots et cruches ornés également de reliefs décorés (le fond brun un peu plus foncé) en *terre cuite*, qui s'entame au couteau, sortent d'une fabrique saxonne du seizième au dix-huitième siècle, dont je n'ai pu encore découvrir la localité et dont on trouve reproduit un exemplaire, pris de ma collection, à la fin du chapitre précédent, qui traite des faïences saxonnes.

N° 981, le pot à bière à anse et à couvercle d'étain et décoré d'émaux de couleurs du musée Sauvageot, n'est pas, comme le catalogue le porte, en *grès*, mais dans cette *terre cuite de Saxe*, susmentionnée.

Claude-Louis Ziegler, peintre d'histoire et céramiste (voir l'article sur cet artiste), a reproduit des grès décorés en émail stannifère polychrome dans sa fabrique à Voisinlieu, vers 1838, mais il n'y a imité aucune des formes de Creussen.

Le Musée germanique possède trois bas-reliefs en argile blanche cuite, qui ont servi à la confection des moules avec lesquels on a fabriqué les ornements appliqués sur les grès de Creussen.

Une de ces charmantes sculptures qui représente les armoiries de la famille des Gugel de Nürnberg, famille *honorable* mais non pas *patricienne*, selon la désignation du temps, c'est-à-dire qui n'était pas admise aux emplois du gouvernement, est signée :

Den 26. 7bcr. Georgius Vest, Possirer und Hafner zu Creusen. Anno 1608.

c'est-à-dire :

Le 26 septembre, année 1608, Georges Vest, modeleur et potier à Creussen.

Un autre de ces bas-reliefs, qui représente une figure en pied, porte :

Caspar Vest,

avec son monogramme

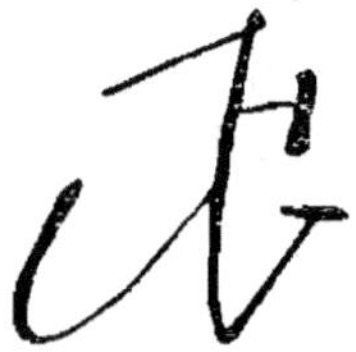

et un troisième :

Hans Cristoph Vest. 1610,

avec le même monogramme.

Il est donc fort probable que ces frères *Vest* sont les céramistes qui ont laissé tous ces beaux grès que les musées se disputent aujourd'hui.

NEUMARK, près Nürnberg.

TERRES CUITES SANS COUVERTE. 1780

Le musée japonais, à Dresden, possède, classés sous la dénomination de *Neumark* [1], plusieurs groupes, datés de 1780, qui représentent des chasses au loup, au sanglier, au cerf, au lièvre, etc. Ce sont de véritables œuvres d'artistes.

Grand nombre d'exemplaires de ces groupes d'animaux dans la collection du colonel de Gemming à Nürnberg.

1. Il y a des amateurs qui croient que Neumark désigne plutôt le nom d'un artiste qui habitait Nürnberg, et non pas Neumark, localité.

III

ÉCOLE SOUABE

L'école céramique de Souabe peut rivaliser avec celle de Nürnberg et de toute la Franconie. On verra dans la suite de ce chapitre que de véritables artistes ignorés et perdus dans l'insignifiance des plus petites villes, jusqu'au milieu de la Forêt-Noire, si isolée à cette époque de la civilisation, ont laissé de vrais chefs-d'œuvre. Hans Kraut, de Villingen, par exemple, et les potiers inconnus de Nördlingen, sont des céramistes qui n'ont été nulle part dépassés à cette époque.

HEILBRONN, sur le Neckar.

TERRE CUITE. 1000 à 1200

Le musée des antiquités nationales à Stuttgard possède un carreau de poêle (nº 401) provenant du château de Neuberg, près Heilbronn, et dont les bas-reliefs, composés de figures et d'ornements de style roman, indiquent le onzième siècle.

SCHLESTADT (Schelestadt), en Alsace.

FAÏENCE OU TERRE CUITE A ÉMAIL STANNIFÈRE OU PLUTÔT AU VERNIS DE PLOMB. vers 1245

On a cru que la faïence *émaillée* aurait été inventée dans cette ville. (Voir *Annal. dominicanorum Colmariens.* — *Urstis. Script. Rev. German.*, v. II, page 10.)

Schlestadt, dont les produits céramiques anciens ne peuvent être classés que parmi ceux de la branche souabe de l'école allemande, tandis que la vaisselle moderne de la ville alsacienne appartenait à la production française, — doit, selon la routine des compilateurs, avoir inventé la *glaçure* ou l'émail imperméable et insoluble de la poterie. Est-ce la glaçure *plombifère* ou *alcaline*, ou tout autre vernis minéral déjà connu des Égyptiens et des Grecs[1] ? Est-ce l'émail *stannifère*, déjà employé par les Musulmans et par les Allemands du nord aux onzième, douzième et treizième siècles ? — Personne ne le sait, et rien

1. Voir, dans l'Appendice, les poteries de Tarse, en Cilicie.

ne prouve que le potier de Schlestadt ait recouvert ses poter d'un véritable émail stannifère ou simplement d'un vernis n néral tel que l'on en rencontre sur des poteries bien plus a ciennes.

Schoepflin, dans son *Alsatia illustrata*, fixe la mort du pot inventeur de Schlestadt à l'année 1283.

Il faut rappeler ici encore une fois les recettes que le mo Theophilus a données dans sa *Schedula diversarum artium*, 16. Cf. III, 65 ; et mes découvertes des faïences *émaillées d'éta* de Rostock (1150), Leipzig (1207), Breslau (1290), etc., les gra ouvrages en terre cuite dans les églises de Danzig, Luneburg Brandenburg, les carreaux verts suisses en style *roman* (voir Z rich), car tout cela ôte de l'importance à cette attribution de *première glaçure* de Schlestadt, puisque ça établit que des poter émaillées ont été faites avant et vers la même époque sur plusie points en Allemagne. Dans le chapitre qui traite de la céramiq écrit par MM. Riocreux et Jacquemart, à la fin du quatriè volume de l'ouvrage intitulé *le Moyen Age et la Renaissance*, p *Paul Lacroix et Seré*, que j'ai eu déjà occasion de mentionn les auteurs confondent encore l'émail avec le vernis miné quand ils disent : « Le même doute plane sur l'origine « l'émail plombique et ses diverses applications. » Cette err est reproduite à un degré plus marqué encore dans la suite l'article, où ces messieurs parlent d'un « fragment de vas reliefs d'une glaçure *plombifère* » provenant de l'abbaye Jumièges, de l'année 1120, qu'ils appellent « la première p terie émaillée connue, » comme si les Chinois, les Égyptiens les Grecs ne nous avaient pas laissé de si nombreuses preu du contraire?

Du reste, je penche de plus en plus à croire que l'émail sta nifère même a été connu déjà dans la plus haute antiquité. L perles des colliers, mentionnées dans l'article : *Augsburg*, s fort probablement de fabrication égyptienne, et les verrer romaines contiennent aussi déjà de l'émail stannifère.

GMÜNT-SOUABE (Schwäbisch-Gmünt).

Sur la Remse, à cinquante-trois kilomètres de Stutgard.

TERRE CUITE AU VERNIS VERT DE CUIVRE. A peu près de 1350 à 13

Gmünt est une très-ancienne ville libre ou immédiate

'Empire germanique, souvent mentionnée dans l'histoire des *Hohenstaufen*; elle est aussi la ville natale du célèbre archi- tecte *Aller.*

Deux *tuiles de croupe*[1], de la collection de M. Soyter au

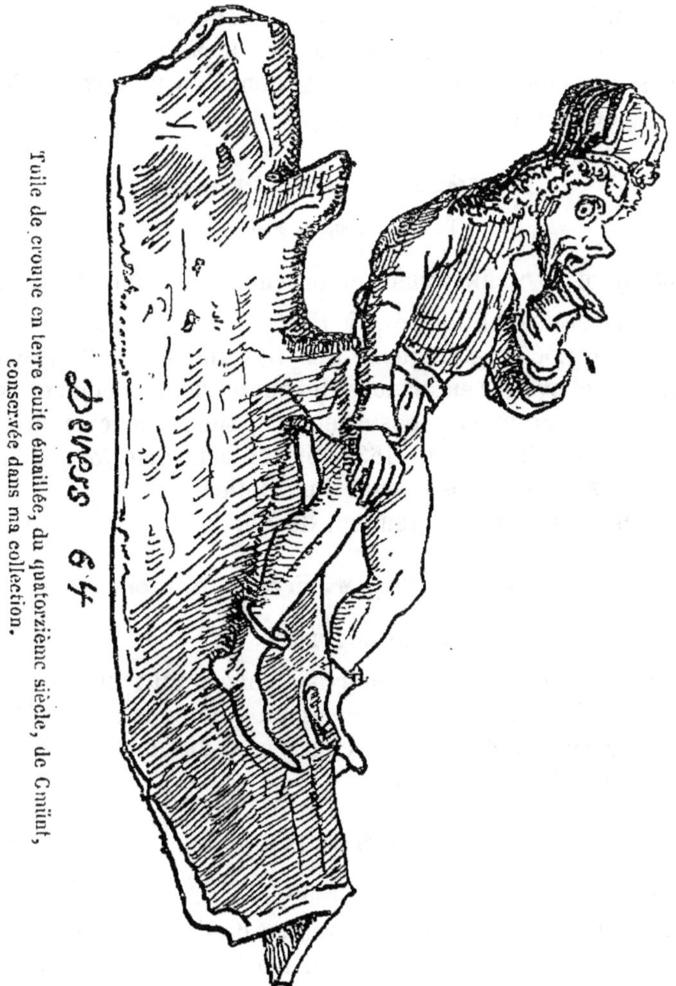

Tuile de croupe en terre cuite émaillée, du quatorzième siècle, de Gmünt, conservée dans ma collection.

musée Maximilian de la Société historique d'Augsburg et une semblable, conservée dans ma collection, qui représentent des marmousets modelés à la main, d'une manière fort naïve,

1. Ces tuiles servent à couvrir les *arrêtières* des combles.

proviennent du clocher de la vieille église de la Croix, brûlée, et dont la construction eut lieu de 1351 à 1371. Recouvertes d'un vernis vert de cuivre, sur un engobe blanc ou peut-être même sur émail stannifère blanc, ces tuiles sont très-curieuses pour l'étude des costumes et particulièrement des coiffures de l'époque. Les deux tuiles appartenant à M. Soyter représentent des marmousets fort obscènes, dont l'un montre sa pleine lune dépouillée de tous vêtements.

PFORZHEIM sur l'Enz,

Dans le duché de Bade.

TERRE CUITE AU VERNIS VERT DE CUIVRE. Vers 1350-1400

Au musée des antiquités, à Carlsruhe[1], on conserve des carreaux de poêles gothiques. Les bas-reliefs de l'un représentent un chevalier en armure du quatorzième siècle, et ceux de l'autre, d'une époque postérieure et sans couverte, le mot *sterck* avec le millésime de 1533. Sterck veut dire *fort*, et n'indique probablement pas le nom d'un potier.

Tous ces carreaux proviennent de Pforzheim.

BEBENHAUSEN, près Tübingen.

TERRE CUITE SANS ENGOBE NI COUVERTE. 1350-1460

Au couvent de Bebenhausen existe encore tout un carrelage de briques à niellures, fabriquées au quatorzième siècle, et dont un certain nobmre sont conservées au musée des antiquités nationales à Stuttgard.

AUGSBURG.

ARGILE CUITE SANS COUVERTE ; FIGURINES. 1420-1460

Des fouilles opérées dans les jardins de l'ancien couvent des Carmélites, à Augsburg, qui appartient actuellement aux Bénédictins, ont fait découvrir une quantité de figurines en terre cuite, presque toutes cassées et défectueuses de fabrication. On croit qu'elles proviennent des rebuts d'une fabrique qui y a existé de 1420 jusqu'en 1460. Cette découverte est pré-

1. Musée fort remarquable, conservé par M. de Beyer, peintre et archéologue de grand mérite.

euse pour l'étude des costumes; elle prouve aussi une fois de lus que les artistes allemands de cette ville étaient très-vancés pour le modelage. On y a trouvé es figurines équestres de chevaliers courant le tournoi la lance au poing et la isière baissée, d'artisans, d'hommes de uerre et de châtelaines, de vierges, d'enfants Jésus et de femmes enceintes nues, ans le goût des gravures de Beham et e Durer, le tout d'un fort curieux travail. lusieurs de ces figurines sont au musée e Berlin ainsi que deux dans ma collecon, dont l'une représente un arbalétrier, l'autre l'enfant Jésus.

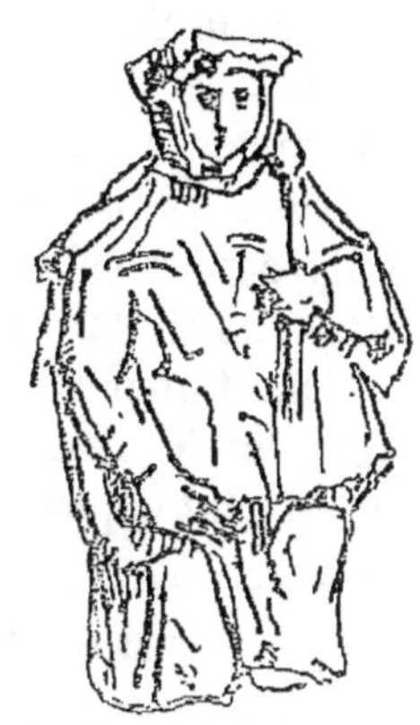
Argile cuite d'Augsburg, du quinzième siècle, conservée dans ma collection.

Les statuettes de femmes nues, enceines, servaient à cette époque de cadeau ux nouveaux mariés; bénies par l'Église déposées dans les temples, c'étaient des ons votifs pareils aux béquilles des paralytiques; on leur ttribuait la vertu de la fécondité, comme les Romaines l'attriuaient aux priapes qu'elles portaient suspendus au cou.

ERRE CUITE A ÉMAIL STANNIFÈRE.

A l'hôtel de ville d'Augsburg, on admire trois énormes poêles n émail noir, d'une construction monumentale; ils sont ornés e belles et grandes figures en haut-relief. Ce sont des œuvres gnées *d'Adam Vogt*, au millésime de 1620. Adam et son ère, Wilhelm Vogt, nés à Landsberg, en Prusse, étaient des tistes céramistes qui ont travaillé à Augsburg. (Voir le dessin ans l'appendice.)

Quant aux bijoux en terre cuite vernissée et peut-être aussi maillée à l'étain, comme colliers, bracelets, etc., trouvés à ugsburg dans les tombeaux chrétiens, ils remontent au quaième siècle et au cinquième. Ces bijoux font partie de la ollection de la Société historique d'Augsburg. Un spécimen, un arré en terre cuite rouge ferrugineuse, orné de niellures en rre blanche, et recouvert d'un vernis minéral de four, transcide et imperméable, fait partie de ma collection.

Un collier dans ce même genre, de 84 perles en terre cuite émail stannifère blanc, vert, rouge, etc., qui a été trouvé à

Wahlstadt près de Manheim, dans un tombeau chrétien, montant au cinquième siècle, fait aujourd'hui partie de la lection de la Société des antiquaires de Manheim.

Au musée des antiquités de Mainz (Maïence), on tro même exposés de ces tombeaux complets dans lesquels fi rent plusieurs parures entières en perles céramiques.

Malgré tout cela, il y a doute. Ces sortes de perles se r contrent aussi dans des tombeaux romains et même égyptie ce qui me fait pencher à les attribuer à l'Égypte, d'où le c merce de l'Orient les a probablement portées aux Roma Rien ne peut cependant être fixé avec certitude. (Voir ausi G gingen.)

OBERDORF, frontière bavaroise.

FAÏENCE A ÉMAIL STANNIFÈRE. 1

Hansen Seltzmann, potier.

Un magnifique poële gothique à fond vert de cuivre e ornements jaunes, qui se trouve dans une antichambre château haut (Hoche Schloss) de Fuessen en Bavière, p l'inscription suivante :

Dieser Ofen wol gestalt wurd gemacht da man zallt 1514 Iaar, ba Hansen Seltzmann vogt zu Oberdorf,

ou

Ce poêle, si bien conformé, a été fait par Hansen Seltzmann, bailli à Oberdorf, lorsqu'on comptait 1514 ans.

Cette belle œuvre, qui a été exécutée à la demande de vêque Henri IV, neuf ans après la mort de l'évêque Friedric a été reproduite, très-peu artistement, dans l'ouvrage : *nements du moyen âge*, par Karl Heideloff, Nürnberg, 1838

BIBERACH,

Petite ville dans le Wurtemberg.

TERRES CUITES SANS COUVERTE. vers 1520-

Le musée des antiquités nationales à Stuttgard possède certain nombre de figurines en terre cuite, où les costu indiquent le seizième siècle. Elles ont été trouvées dans fouilles opérées à Biberach, où probablement existait un brique de poteries.

NÖRDLINGEN,

Très-ancienne ville, ci-devant libre ou immédiate de l'empire, située entre Augsburg et Nürnberg.

TERRE CUITE A ÉMAIL STANNIFÈRE. Vers 1520

La vieille cité de Nördlingen, qui a conservé jusqu'à ce jour ses tours et ses murailles, et qui a donné le jour à de nombreux artistes peintres, dont l'élève de Durer, Hans Schäuflin, l'auteur de la magnifique fresque à l'hôtel de ville de Nördlingen, est le plus célèbre, a aussi brillé dans l'art céramique.

M. Soyter, à Augsburg, possède deux remarquables bas-reliefs à figurines, entièrement modelés à la main et recouverts d'émaux stannifères polychromes qui proviennent d'un poële de l'hôtel de ville de Nördlingen, où il avait été monté vers 1520, puis démoli et jeté aux décombres vers 1830, sous l'inintelligente administration du bourgmestre Doppelmaier. Les deux bas-reliefs susnommés et un joli petit fragment de la corniche,

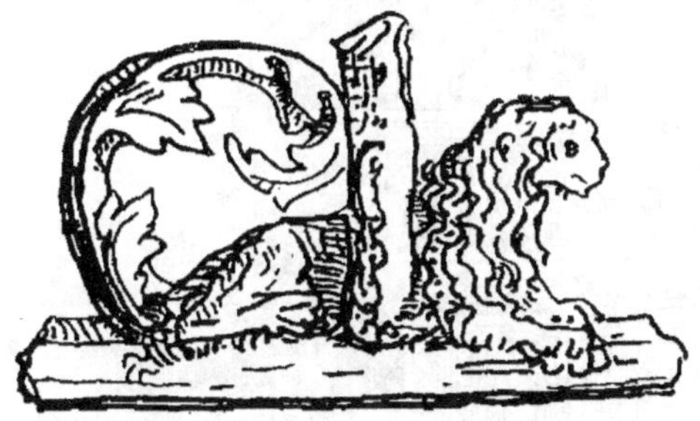

Terre cuite à émail stannifère de Nördlingen, du commencement du seizième siècle, conservée dans ma collection.

un lion enchaîné, voilà tout ce qui a été sauvé des mains de ces vandales administratifs.

C. W. 1582.

sont des initiales et le millésime recueillis sur des carreaux de poëles à ornements en relief et à émail stannifère, assez artistement travaillés, qui proviennent d'un autre céramiste de Nördlingen, et qui se trouvent dans la collection du professeur Hauser [1].

1. Le professeur Hauser et le docteur Böhm sont les seuls collectionneurs à Nördlingen.

VILLINGEN, sur la Brigach,

Petite ville industrielle dans la Forêt-Noire, duché de Bade.

FAÏENCE ET TERRE CUITE A ÉMAIL STANNIFÈRE. De 1520 à 1590

Vers le milieu du seizième siècle, vivait à Villingen, cette ancienne cité autrichienne de la Forêt-Noire, aujourd'hui ville badoise, le céramiste

Hans Kraut.

Le talent de ce grand artiste se trouve affirmé par plusieurs de ses œuvres parvenues jusqu'à nous, par des poêles en faïence à émail stannifère et à décor polychrome, qui se

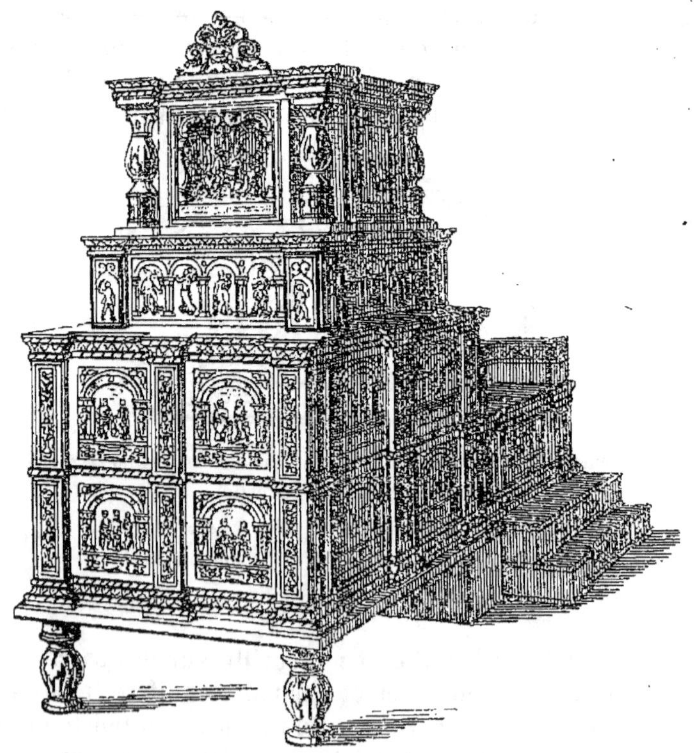

Poêle en faïence de *Hans Kraut*, appartenant à M. Meder.

distinguent tous par leurs bas-reliefs artistiques dont les sujets, pour la plupart, sont tirés de l'histoire biblique. Un de ces chefs-d'œuvre se trouve au *Hof-Burg* (château impérial), à Vienne en Autriche ; un autre ornait encore, au commencement de ce siècle, la maison du tanneur Jacob Fleig, à Villingen, et un troisième appartient aujourd'hui à M. Meder, à Paris. Ce dernier poêle, dont ci-contre le dessin, provient de la salle d'une maison de la ville d'*Engen* dans le Hegau; il a déjà été mentionné par le docteur Joseph Bader dans le premier volume, page 505, de sa *Badenia*, où on lit : « J'ai été dans l'occasion de voir une belle antiquité dans une maison de la grande place du marché ; c'était un poêle en faïence émaillée du seizième siècle, à décor polychrome, où on voyait entre autres un magnifique bas-relief, dont le sujet représentait le *Triomphe de Mardochée après sa justification, et la pendaison du traître Aman.* Ce poêle a été acheté par l'orfévre Schilling et expédié à Paris. »

Le bas-relief dont M. Bader parle, est l'œuvre d'un véritable artiste ; on voit qu'il est modelé à la main, d'inspiration et sans moule. Le goût de la composition des détails et de l'ensemble de ce poêle, de style renaissance, fait cependant déjà sentir l'influence funeste de la renaissance italienne qui, à la fin du seizième siècle, avait fini par envahir l'étranger, et qui y était la cause de ces grotesques pastiches antiques, qui ont fait disparaître alors le beau gothique et la renaissance allemande, pour frayer le chemin aux abominables créations du temps des perruques. Le bas-relief principal est cependant une œuvre de mérite, et les ornements des pilastres, également en bas-reliefs coloriés, rachètent largement la faiblesse des sujets peints qui décorent les carreaux à fonds blancs. Une des corniches porte la signature, en partie effacée, de l'artiste, avec ses armes, la roue du potier.

Au-dessous du principal relief, qui représente *Mardochée à cheval, la pendaison d'Aman et Esther banquetant avec le ro Assuérus* (Artaxerxès Ier), on lit en mauvais allemand :

Aus neid und hass, Haman gedenkt
Wie Mardacheus würd gehenkt
Doch sich des Glück bald um hat Kert,
Er selb wirdt gehenkt und dieser geert.... 1577 et 1578.

(Le bonheur fit que la haine et l'envie qui avaient poussé Aman à la perte d Mardochée, lui mirent la corde au cou. C'est lui-même qui fut pendu et Mardo chée honoré.)

Un quatrième poêle de cet artiste se trouve encore au cou vent de Saint-Pierre, près Burg, sur la route de Freiburg, où il occupe l'angle droit de la chambre que le *prince-abbé* (Fürst Abt) occupait, quand il venait visiter ce riche monastère re nommé par ses pèlerinages. Le décor polychrome, tout en émai stannifère, est magnifique, et l'ensemble du poêle ressemble à celui décrit ci-dessus; mais, à la place du bas-relief historié on voit des armoiries également modelées à la main, et sous lesquelles on lit :

Gallus Albus zu sant Peter und zu sant Peter und Ulrich, und Probst zu Sölden auf dem Schwarzwald.

A côté, le millésime 1586 et le monogramme de l'artiste :

HK.

Au-dessous d'une autre armoirie qui orne la partie latérale du poêle, on lit :

Blasius von Gottes Gnaden, Abt von sant Georg, Gottes Hauses auf dem Schwarzwald.
1587

Les deux dates, différentes, paraissent indiquer que l'artiste a mis toute une année à la confection de son œuvre.

Un cinquième poêle enfin, couvert de décor et d'argenture, a été vendu par M. Dettelbach, marchand de curiosités, à un amateur parisien dont j'ignore le nom.

J'ai trouvé en outre, à Villingen, deux jolis fragments, faits également par ce Hans Kraut : l'un, statuette de 20 centimètres de hauteur, qui représente la Justice, recouverte de beaux émaux stannifères blanc, bleu, jaune, brun et vert; l'autre, une encoignure de poêle, de 35 centimètres de hauteur, et coloriée des mêmes émaux que la statuette. Ce morceau, couvert de reliefs en style de renaissance, composé de figures et d'ornements, est signé :

HS. K. VN. (*Hans. Kraut. Villingen*)

et porte le millésime de 1532. (Voir les reproductions dans l'appendice.)

C'est la date la plus reculée que l'on ait recueillie sur les œuvres de l'artiste, qui paraît être mort avant 1590 et qui a aussi laissé un certain nombre d'armoiries de différents pays et de différentes villes et familles. On connaît encore plusieurs carreaux de poêle ornés de sujets qui représentent l'histoire de l'*Enfant prodigue*, provenant d'une maison d'habitation de ce potier; carreaux qui se trouvaient dans la collection de feu le baron de Beust, ci-devant assesseur à Villingen, pendant l'occupation prussienne, après l'insurrection de 1849. A l'hôtel de ville de Villingen, on voit les armoiries que l'empereur avait données à cette ville en 1530, et que Kraut a exécutées en terre cuite émaillée.

Une œuvre bien plus considérable et même bien plus artistique encore, c'était le magnifique tombeau en terre cuite, à l'église du chapitre des Chevaliers de Saint-Jean, à Villingen, érigé en 1536 à la mémoire de *Wolfgang de Müsmünster*, commandeur de l'ordre de Saint-Jean. Le maître y avait représenté la bataille de Rhodes. Ce précieux monument céramique fut démoli par des condamnés enfermés dans l'église, lorsqu'elle avait été transformée en prison communale. Un grand bas-relief seulement a été conservé par M. Oberle, curé à Dauchingen.

L'inscription que j'ai recueillie sur ce bas-relief, qui représente un combat naval avec cinq vaisseaux, la voici :

Anno 1523 ist der ehrwurdige edel gestrenge Her Wolfgang von mas Münster. St.-Johannis Ordens-Ritter Comentur zu Villingen in der Schlacht zu Rodos gewesen, hernach alhier mid Todt abgegangen und in dieser Kirche und ritterlichen Johanniterhaus begraben.

(Ci-gît Wolfgang de Müsmünster, grand-maître de l'Ordre de Saint-Jean, mort à Villingen, et qui a combattu à la bataille de Rhodes en 1523.)

Ce bas-relief a un mètre et demi de longueur.

N° 2176, au musée de Cluny, à Paris, autre bas-relief en terre cuite peint avec rehauts d'or, représente en pied probablement le même grand-maître de l'ordre des chevaliers teutoniques de Saint-Jean, pour lequel Hans Kraut avait exécuté le tombeau à Villingen, et porte l'inscription suivante :

Wolfgang von Gottes Gnaden, Administrater und Mester teutsches Ordens.

(Wolfgang par la grâce de Dieu, administrateur et maître de l'ordre Teutonique [1].)

On pourrait presque avec certitude attribuer cette terre cuite au célèbre artiste de la Forêt-Noire. Le costume indique bien le seizième siècle, époque où, à partir du grand-maître Walter de Cromberg, et après qu'Albrecht de Brandenburg s'était déclaré, en 1525, pour la Réforme, avait pris femme et sécularisé les possessions de l'Ordre en Prusse, le siége fut transporté de Marienburg (en Prusse) à Marienthal ou Mergenheim, en Franconie. Le Wolfgang du bas-relief n'est probablement autre que le Wolfgang de Müsmünster, mort vers 1536. Si on pouvait trouver un dessin du tombeau démoli, il serait facile de vérifier cette attribution que tout me porte à maintenir jusqu'à preuve du contraire.

Les tuiles émaillées en différentes couleurs, parmi lesquelles grand nombre de tuiles de croupe en crochet ou crosses gothiques servant à garnir les arrêtières des combles à croupe, angles des toits qui couvrent les deux tours élancées du *Münster* (église principale) de Villingen et sur lesquelles trois siècles ont passé sans avoir terni leur éclat le moins du monde, sont encore des œuvres conservées de ce céramiste.

On peut aussi mentionner les quelques moules, appartenant à M. Kraus, fabricant de poêles à Freiburg en Breisgau, parmi lesquels ceux qui servaient au modelage d'enfants nus démontrent des connaissances anatomiques et une étude du nu extraordinaires; ce sont des créations suaves, dignes du plus grand maître.

A la mort de Hans Kraut, vers 1590, la superstition populaire, pour qui à cette époque l'artiste et le sorcier étaient souvent synonymes, lui refusa la sépulture dans le cimetière; il fut enterré hors de la ville, sur une place déserte appelée *Hach-*

1. L'ordre religieux et militaire des chevaliers teutoniques fut fondé à Saint-Jean d'Acre, vers 1190, après que les riches bourgeois de Lübek et de Bremen, dont le commerce avec l'Orient se faisait sur une grande échelle, y avait déjà établi un hôpital en 1128, qui servit de base. Chassé à la fin des croisades, cet ordre s'établit en Europe. Les artistes et même quelques écrivains, confondaient souvent durant le moyen âge et la renaissance cet ordre avec celui de Saint-Jean dont il partageait presque l'origine, puisque, dès 1121, l'ordre de Saint-Jean devint aussi militaire. Depuis 1852, l'ordre Teutonique s'appelle même l'ordre évangélique de Saint-Jean. — Hans Kraut a donc pu confondre ces deux ordres, et dans ce cas, les deux Wolfgang ne seraient qu'une seule et même personne.

bühl, où une simple pierre, ornée d'*un tour de potier*, sans inscription, désigna longtemps la place. Cette pierre a été transportée depuis au cimetière de la ville.

La maison du potier, que j'ai visitée, se trouve dans le *Löwengasse* et est habitée par un voiturier.

Joseph Walser, autre céramiste, né à Villingen vers 1775, mort vers 1840, était célèbre dans sa patrie pour ses petites statuettes en terre cuite sans couverte et décorées à froid. Ces statuettes, d'une hauteur de 8 à 12 centimètres, représentent ordinairement des personnages de la vie, de la passion et de la mort du Christ; elles servaient à orner les *Weichnachtsberge* (montagnes de Noël), que les familles de la Forêt-Noire ont l'habitude de construire pour la célébration du jour de naissance du Christ. M. Meder, à Paris, possède une vingtaine de ces curieuses céramiques, toutes modelées à la main. Deux exemplaires font partie de ma collection.

M. Jules *Schweizer* et M. Mich. *Kafer* fabriquent encore actuellement, à Villingen, des poêles émaillés, et Karl *Ummenhofer*, mort en 1866, était réputé pour ses animaux dorés et bronzés.

(Voir, pour l'influence des céramistes de la Forêt-Noire sur la céramique suisse, l'article qui traite des poteries de Zurich; et voir aussi, dans le chapitre des porcelaines allemandes, la *porcelaine de Villingen.*)

SCHREZHEIM,

A une heure d'Ellwangen, dans le Wurtemberg, à 95 kilomètres de Stuttgard et à 64 d'Ulm.

FAÏENCE A ÉMAIL STANNIFÈRE. 1620 à 1810

Les *Wintergurst*, potiers de père en fils, y ont fabriqué des faïences depuis le dix-septième siècle jusqu'au commencement du dix-neuvième.

C'est de cette fabrique que sont sortis les beaux services de table dont chaque plat ou couvercle représente un animal, des légumes ou des comestibles.

Il y en a plusieurs au château de la Favorite, près Baden-Baden qui figurent l'un un jambon, l'autre une hure, etc., et dont l'un porte la marque

B.

(Voir aussi pour cette même marque la fabrique de Marx, de Nürnberg).

M. H.-G. Bohn, en Angleterre, possède une de ces pièces de services, marquée

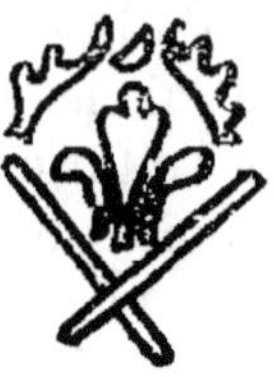

qu'il attribue faussement à Rouen.

Les deux bois de daim, pris parmi les armes du Wurtemberg, indiquent, il me semble, l'origine; et si cette pièce n'est pas de Schrezheim, elle est de Ludwigsburg, mais certainement pas de Rouen.

On peut voir encore dans une chapelle située tout près de Schrezheim, un autel en faïence également sorti de la fabrique des Wintergurst.

De grandes quantités de faïences anciennes de cette importante manufacture qui étaient restées emmagasinées à Schrezheim jusqu'en 1865, ont été vendues seulement à cette époque aux marchands de curiosités.

Les nombreux tableaux à cadres rocaille, entièrement en faïence et décorés au petit feu, que l'on rencontre aujourd'hui dans le commerce de la curiosité, viennent de cette vente et paraissent presque modernes à cause de leur bonne conservation.

Une fabrique qui tire ses argiles d'Ellwangen s'y est rétablie depuis 1852, mais la production est bien moins artistique, et consiste pour la plupart en choppes à bière que les potiers d'étain de la Bavière et du Wurtemberg garnissent de couvercles à charnières.

STUTTGARD.

FAÏENCE A ÉMAIL STANNIFÈRE. 1624

Le musée des antiquités nationales à Stuttgard possède un poêle en faïence à émail stannifère et décoré en polychrome qui est daté de 1624, et provient de la vieille maison dans laquelle se trouve installée actuellement l'école de musique. Ce poêle est modelé et peint tout à fait comme ceux fabriqués en Suisse, vers le milieu et la fin du dix-septième siècle. On y voit le même genre d'inscriptions bibliques, comme il en existe sur les poêles de Winterthur.

GOGGINGEN et FRIEDBERG,

Proche d'Augsburg.

FAÏENCE A ÉMAIL STANNIFÈRE. 1700 à 1790

Cette fabrique fut d'abord établie à Augsburg même, près le Jakobsthor et transférée au bout de peu de temps à *Goggingen*, localité dont le nom est inscrit sur la plupart de ces faïences.

Au musée Maximilian de la Société historique à Augsburg, on trouve des plats et des soupières décorés en camaïeu bleu ainsi que des assiettes aux armes de la famille Von Stetten, avec ces vers allemands sur l'une :

Aufrichtig und redlich
Ist besser als falsch und höflich.

(La franchise et l'honnêteté sont préférables à la politesse et à la fausseté.)

Et sur l'autre :

Ein frommes gutes Weib.
Erfreut dem Mann das Herz im Leib.

(Une femme pieuse et bonne réjouit le cœur de l'homme.)

Ces pièces sont signées en toutes lettres :

Goggingen.

ULM, sur le Danube,

Ancienne ville souabe, ville libre depuis 1486, et qui fait partie aujourd'hui du Wurtemberg.

TERRE CUITE SANS COUVERTE ET PEINTE A FROID. 1780 à 1800.

Rummel, potier, y fabriquait à l'époque où cette ville était encore ville libre toutes sortes de statuettes, qui représentent les habitants dans des costumes de toutes les conditions et de toutes les classes. L'Association des Amis de l'art et de l'archéologie[1] en possède une série ; ce sont de véritables œuvres d'artiste, faites par un simple artisan.

Un très-grand nombre de ces statuettes se trouvent encore dans la possession des familles dont le potier avait modelé les aïeux d'après nature.

1. Ce petit musée est composé en majeure partie de débris de sculptures, de quelques tableaux, de terres cuites et d'objets ethnographiques du moyen âge ; de vestiges de l'antiquité romaine, germaine et celte ; d'un petit nombre d'objets céramiques ; de manuscrits et miniatures, de quelques pièces d'art industriel et d'armes.

M. le comte Wilhelm de Würtemberg et M. le professeur Hassler, à Ulm, possèdent aussi de remarquables collections de tableaux et d'objets d'art du moyen âge.

Un soldat du temps de la république fait partie de ma collection.

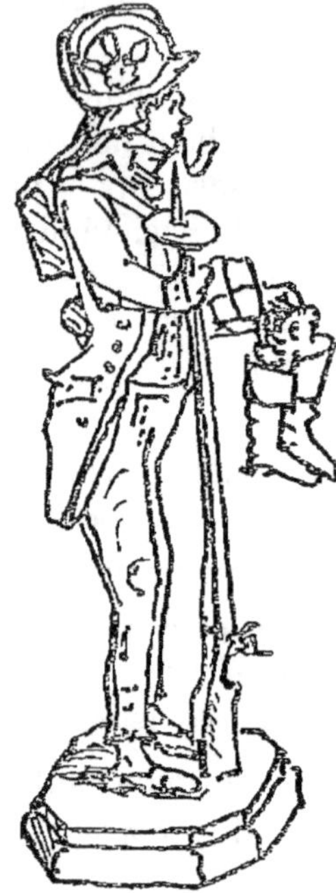

Terre cuite par Rummel, d'Ulm, conservée dans ma collection.

LUDWIGSBURG, en Wurtemberg,

Ville moderne, fondée en 1805.

FAÏENCE A ÉMAIL STANNIFÈRE. De 1730 à 1824.

(1758 à 1770) (1758 à 1806) (1806 à 1813) (1818)

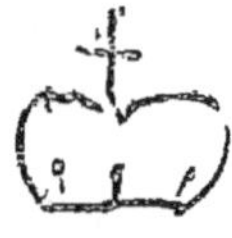

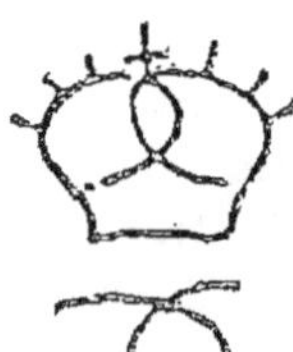

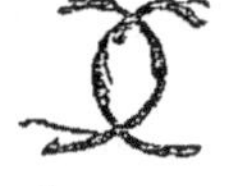

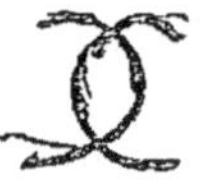

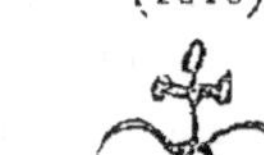

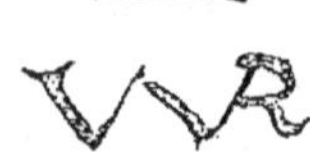

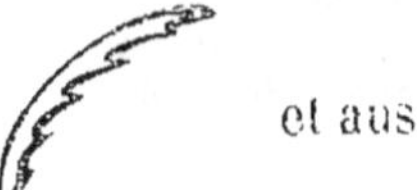

et aussi

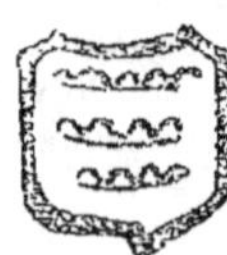

(Voir les marques des porcelaines de cette fabrique, qui étaient les mêmes pour les faïences.)

KARLSRUHE, capitale du duché de Bade,

Fondée en 1715.

TERRE CUITE. Époque actuelle.

Au nouveau château de Baden-Baden on trouve un poêle et une cheminée, ouvrages fort artistiques, exécutés par *Meyer et Weiserdorf*, de Karlsruhe.

SCHRAMBERG, dans le Wurtemberg.

TERRES DE PIPE AU VERNIS PLOMBIFÈRE. Époque actuelle.

Cette manufacture, établie en 1820, occupe plus de 400 ouvriers, et ses produits sont ordinairement décorés par l'impression et marqués

SCHRAMBERG. (Estampillé dans la pâte.)

(Voir les porcelaines de Schramberg.)

KRELSHEIM,

A six heures de Schwäbisch-Hall, dans le Wurtemberg.

POTERIES DE TOUTES SORTES. Époque actuelle.

Les autres localités du Wurtemberg où se fabriquent actuellement les poteries communes sont : *Heidesheim*, *Reutlingen*, *Backnang*, *Nagold*, *Aalen*, etc. Les fabriques de poteries de ce petit royaume occupent ensemble près de 1,800 ouvriers.

ZITZENHAUSEN,

Près Stockach, dans le duché de Bade.

ARGILE CUITE SANS COUVERTE, DÉCORÉE A FROID. Époque actuelle.

M. Théodore *Sohn*, est le potier qui y fabrique ces statuettes et groupes humoristiques que l'on rencontre si souvent en Allemagne. Il suffit de citer *la Chasse au lièvre*, où l'on voit une dizaine d'hommes tenir une lance comme s'il s'agissait d'attaquer un éléphant, tandis qu'un pauvre petit lièvre s'y tient debout et paraît les narguer.

Un groupe représentant un paysan avec sa femme dans le costume si pittoresque de Hauenstein de la Forêt-Noire, fait partie de ma collection. (Voir le dessin de l'appendice.)

SCHOPFHEIM, dans le duché de Bade.

TERRES CUITES AU VERNIS PLOMBIFÈRE ET A ÉMAIL STRANNIFÈRE. Époque actuelle

M. Heinrich *Gebhard*, y fabrique des ornements d'architecture et des poêles.

ZELL, sur l'Hammerbach.

FAÏENCES. Époque actuelle

M. J.-F. *Lenz* y fabrique des faïences depuis cinquante ans C'est une manufacture importante qui a produit, une des premières, les plaques du devant ou cadrans en faïence, pour les horloges en bois dites coucou.

HORNBERG, dans le duché de Bade.

FAÏENCES ET TERRES DE PIPE. Époque actuelle

Fondée en 1832 par les frères Horn, cette importante manufacture occupe plus de 200 ouvriers, et marque :

Hornberg. (Estampillé dans la pâte.)

La plupart de ses produits sont décorés par l'impression. (Voir les porcelaines de Hornberg).

DONAUECHINGEN, dans le duché de Bade.

FAÏENCES A ÉMAIL STANNIFÈRE. Époque actuelle

M. *Birsner* y fabrique des poêles.

Le duché de Bade occupe en tout, pour la fabrication des poteries, environ 1,100 ouvriers.

IV

ÉCOLE RHÉNANE

La majeure partie des productions de l'école rhénane consiste en grès de toute espèce et en terres cuites; les fabriques de faïences à émail stannifère y sont plus rares, et presque toutes antérieures aux époques où les autres écoles céramiques allemandes ont excellé déjà dans la fabrication de cette poterie qui a été le précurseur de la porcelaine. Aux bords du Rhin comme en France, c'est vers la fin du dix-septième et durant le dix-huitième siècle que la fabrication de la faïence a fleuri, mais par contre celle des poteries au vernis minéral et des grès remonte à des époques fort reculées, et aucun pays n'a produit tant de grès que ces contrées où, du reste, la poterie alcalinique déjà connue des Chinois, paraît avoir été réinventée en Europe.

TIEPENHAUSEN,

Près Geisenheim, sur les bords du Rhin.

TERRE CUITE AU VERNIS PLOMBIFÈRE. vers 1300

Tiepenhausen était un village qui fut détruit par une trombe et par des éboulements, en 1350. Il y avait des fabriques importantes de poteries dont les produits étaient si répandus, que le peuple de Francfurt-sur-le-Main appelle encore aujourd'hui un pot (*Topf*, en bon allemand) un *Tiepen*, expression que l'on ne comprendrait pas autre part en Allemagne, et qui dérive du nom du village de Tiepenhausen. Le peintre Wittmann[1], à Geisenheim, petite ville située vis-à-vis du château de Johannisberg, si renommé par ses vins, possède toute une *fournée*, c'est-à-dire un grand nombre de poteries qui garnissaient un four lors de la terrible catastrophe. J'ai même cru reconnaître sur plusieurs endroits des traces d'émail stannifère. Les fouilles ont été faites par M. Wittmann lui-même, qui a cédé une partie des trouvailles au musée de Mainz (Mayence).

DRYHAUSEN, en Hesse,

A deux heures de Marburg.

GRÈS BRUNS ALCALINS COMMUNS. A partir de 1300 jusqu'à ce jour.

Ce sont probablement les plus anciennes fabriques de la Hesse, qui comptent aussi parmi les plus anciennes fabriques de grès de toute l'Allemagne. (Voir la classification des grès ci-après.)

1. La collection de cet amateur se compose d'objets d'art gothiques et de la Renaissance. Il y a peu de poteries; les armes, bois sculptés, etc., l'emportent sur la céramique.

SPEIER, WORMS et le CHATEAU DE RAMBERG,

Près Pirmadenz, etc.

TERRES CUITES A NIELLURES. De 1300 à 1400

Le musée des antiquités de Manheim[1] possède un certain nombre de briques ou carreaux de pavage à niellures, en terre cuite, provenant des localités susnommées et dont quelques-uns sont ornés de fleurs de lys.

La majeure partie est visiblement du quatorzième siècle.

Bords du Rhin, environs de KÖLN (Cologne), de NEUWIED, de COBLENTZ, de BONN et de beaucoup d'autres lieux rhénans[2], dont j'ai classé la fabrication sous la dénomination générale de l'ÉCOLE RHÉNANE.

I. GRÈS BRUNS ET GRIS JAUNATRE. De 1350 jusqu'à ce jour.
II. GRÈS GRIS BLANCHATRE, *dits* BLANCS ALCALINS. 1506 à 1600
III. GRÈS GRIS ET BLEUS, GRIS-BLEUS ET VIOLETS. A partir de 1500 jusqu'à ce jour.
IV. FAÏENCES A ÉMAIL STANNIFÈRE.

Le grès (*Steingut*, en allemand) de Köln, de Neuwied et autres lieux rhénans, que l'on devrait appeler avec plus de raison *grès des bords du Rhin*, puisqu'il a été constamment fabriqué dans cette contrée, est connu en France sous la fausse dénomination de *grès de Flandre*. Les trois espèces doivent être classées comme suit :

I. Grès *bruns* et grès gris jaunâtre, les plus anciens, à partir de 1350.

II. Grès *blancs alcalins* d'une couleur grise-blanchâtre qui se

1. Exposé dans la belle salle rocaille du château monstre, et qui contenait jadis la bibliothèque, ce musée, conservé par le professeur Fickler, consiste en antiquités germaniques, celtiques, romaines, gauloises, alemanes, frankes et allemandes; parmi les dernières il faut signaler un fort précieux encensoir du douzième siècle.

2. Ce qui a fini par me convaincre que la fabrication des poteries de grès dites *de Köln* et aussi, faussement, *de Flandre*, n'a probablement pas eu lieu dans la ville de Köln même, c'est l'absence de toute trace de noms de potiers, modeleurs et graveurs céramiques dans les archives et registres hypothécaires, dont M. Merlo a publié les extraits : *Nachrichten von dem Leben und den Werken Kölnischer Künstler*, von J.-J. Merlo, in-8°, Köln, 1850; car je ne pense pas que M. Merlot eût rejeté l'art céramique comme indigne de figurer à côté de celui des peintres, émailleurs, orfévres, armuriers, brodeurs, et autres.

sont fabriqués du commencement jusqu'à la fin du seizième siècle et qu'on ne sait plus faire aujourd'hui.

III. Grès *gris et bleus*, *gris-bleus* et *violets* qui datent également du seizième siècle; ils se fabriquent encore aujourd'hui, comme les grès bruns.

Le grès brun (I) qui a déjà été fabriqué à partir du commencement du quatrième siècle, s'est aussi fabriqué simultanément avec le grès blanc alcalin (II), et les grès gris et bleus, gris-bleus et violets (III).

Aujourd'hui on fabrique encore de ces mêmes espèces et qualités de grès *gris-bleu* et *gris manganèse* (violet), à *Lauenstein*, *Valendar* (Coblentz), *Magen* (Coblentz) et autres lieux rhénans; mais c'est de la marchandise commune qui n'a plus rien d'artistique. Le secret de la fabrication de l'ancien grès *gris-blanc* paraît être perdu puisqu'il ne se fait plus nulle part. MM. Villeroy et Boch à *Pappelsdorf* (Bonn), fabriquent bien du grès qui se rapproche de la nuance de l'ancien grès gris-blanc, mais la qualité n'est pas le même; les formes en sont toutes différentes et il est le plus souvent orné de décors platinés.

J'ai déjà fait observer dans l'introduction que les beaux bas-reliefs d'une si grande valeur artistique et archéologique qui couvrent la plupart de ces précieux grès, s'obtenaient par de petits moules en bois, au moyen desquels on les estampillait. Plusieurs de ces moules sont conservés dans les musées d'Allemagne.

Les armes de la ville de Köln consistent dans un écusson coupé au milieu, en travers, dont la partie supérieure porte trois couronnes d'or sur champ rouge et la partie inférieure onze flammes d'or sur champ blanc; l'écusson est surmonté d'une couronne murale. On les rencontre sur un grand nombre de ces grès, le plus souvent sur des spécimens où le style du premier gothique prouve que leur fabrication remonte au delà, au quinzième siècle, et que l'opinion de feu Brogniard, qui a fixé la fabrication du premier grès européen au seizième siècle, est insoutenable, puisque, en Hollande même (voir grès de Jakoba), on fabriquait déjà du grès au quinzième siècle.

Un lion gothique qui forme une écritoire, et qui provient de l'hôtel de ville d'une petite ville des bords du Rhin, appartient à *la seconde espèce de la première catégorie* des grès *gris jaunâtre.* Celui-ci et le pendant, qui fait partie de l'ancien collection de M. de Weckherlin, sont deux spécimens du pr

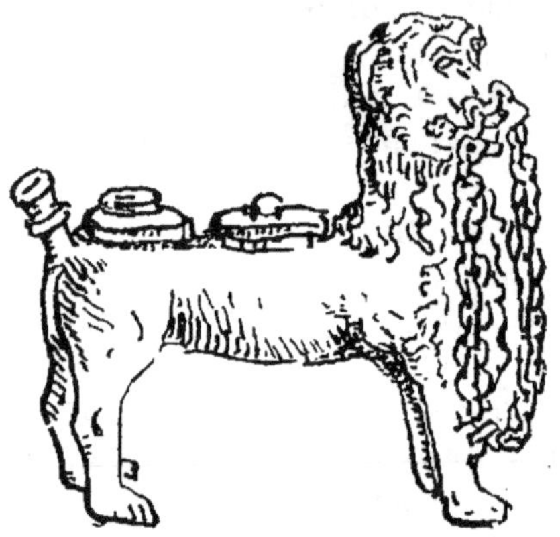

Écritoire en grès gris rhénan, de ma collection.

mier gothique. Une lampe de ce même grès, ornée de figur et dont le caractère indique le quatorzième siècle[1], se trou au musée de la Société archéologique d'Amsterdam.

De la seconde catégorie, du *gris blanc alcalin* (II.), le m lésime le plus ancien que j'aie rencontré, est celui que port une canette conique de la collection Essingh à Köln (vend en septembre 1865). Voici ce que l'on lisait sur la panse :

Sich für tich, Freud is mislich 1537,

et les initiales du potier

L. W.

Le millésime le plus ancien connu après celui-là est 155 je l'ai recueilli sur un candélabre, au musée de la porte Hall à Bruxelles. Quant à la canette ayant, selon l'attrib tion, appartenu à Luther, et qui est conservée au musée Berlin, on en trouve la mention à la fin de ce chapitre, puisq la date de 1523 *gravée au burin dans l'étain* ne peut pas offr

1. Le musée de Sigmaringen possède un certain nombre de cruches et débris de cruches en grès gris rhénan dit de *Köln*, le tout trouvé dans les fouil faites au *Burg* Erperath, près Neutz, du côté de Düsseldorf, château fort q avait appartenu jadis à l'archevêque de Mainz, et que les Suédois ont détr dans la guerre de Trente ans. Une de ces cruches porte les armoiries du d d'Anjou d'Espagne.

une garantie d'authenticité suffisante. Elle peut avoir été ajoutée par la spéculation.

Sur une canette conique de ce même grès blanc alcalin, appartenant au docteur Beliol[1], à Paris, on lit la date de 1558.

Cette cruche est ornée de trois bas-reliefs représentant Lucrèce se poignardant après l'outrage de Tarquin ; Judith venant couper la tête à Holopherne ; et Seila, la fille de Jephté, pleurant son sacrifice. (On sait que Jephté avait fait vœu d'immoler à Dieu la première créature humaine qui se présenterait devant lui à sa rentrée en ville après la victoire, et que cette première personne fut sa propre fille.)

Autour de ces bas-reliefs on lit une inscription latine dont voici la traduction :

Mon père, puisque vous avez fait un vœu au Seigneur, tenez-le, et faites-moi subir tout ce que vous avez promis ; accordez-moi seulement la liberté durant deux mois, afin que je puisse parcourir les montagnes pour pleurer ma virginité.

Une semblable canette fait partie de la collection de M. E. Fleischhauer[2], à Colmar. En outre de l'inscription susmentionnée, on y lit encore en langue allemande de l'époque :

Tarq dein Gultig keit und Bösart,
Schendet Lucretia das eidl Weibchen zart ;
Wie alles so vergänglich hier,
Ach Gott hilf mir. 1558.

(Tarquin, tes crimes et méchancetés ont violé Lucrèce, cette noble et tendre petite femme. Comme tout est passager ici, secoure-moi, mon Dieu. 1558.)

M. Suermond à Achen (Aix-la-Chapelle) possède une fort jolie cruche ou canette conique de cette espèce qui porte le millésime de 1573, et une autre de ma collection, celui de 1588. Cette dernière est ornée de bas-reliefs qui représentent l'empereur Constantin, le roi Arthur de la Table ronde, et Hector le Troyen ; mais en costume et armures du genre que la sculpture et la peinture avaient adoptés à l'époque de la fabrication.

1. La collection de cet amateur-connaisseur est riche en grès et cruches de toute espèce et en armes anciennes.
2. Cet amateur possède une belle collection d'armes anciennes.

L'inscription en vieil allemand dit :

Konnig Artus 1588. *Keiser Constantin*, *Hector von Troie*.

Une autre canette de la même espèce, de 25 centimètres de hauteur, et également de ma collection, montre trois reliefs excessivement curieux.

Le premier représente le Christ repoussant le diable. On y lit :

Pack dich Teveel, in. intrum.

Le bas-relief sur le devant de la panse figure un affreux dragon à trois corps de serpents entrelacés et qui se terminent par les têtes d'un pape, d'un Turc et d'un moine. Le ventre de cette bête apocalyptique laisse voir une tête de diable vomissant des flammes, tandis que la queue de rat se perd dans l'infini entre les étoiles du firmament. Le troisième relief montre le Christ, une hache à la main, coupant l'*arbre de Rome*, auquel il a mis le feu, tandis que le clergé catholique tire de son côté à des cordes attachées à l'arbre, pour empêcher qu'il ne tombe. Les branches sont surchargées de bulles d'excommunication, d'encensoirs, de bénitiers, de burettes, de rosaires, de scapulaires, etc., etc. On y lit :

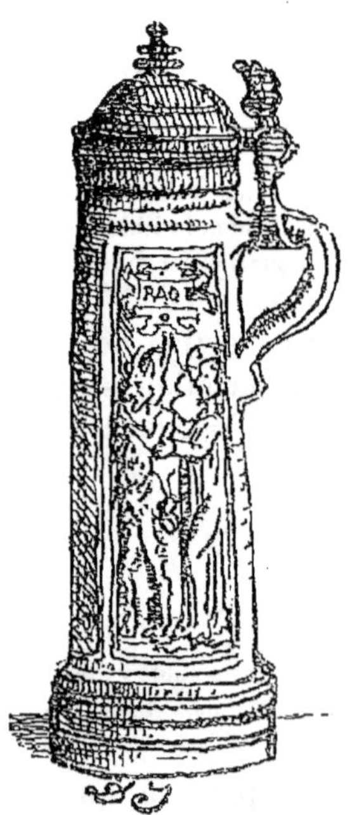

Das Unkrut wil ich aus roten
Und werfen es ins Feur,

vieux allemand qui veut dire :

J'arracherai les mauvaises herbes et je les jetterai au feu.

Sur une belle buire en grès blanc, au musée de Sigmaringen, on lit :

Got allein de Eir (*sic*). (A Dieu seul l'honneur.)

Le musée de Cluny possède un grand nombre de ces canettes coniques, non encore cataloguées; le musée du Louvre, trois, le musée germanique à Nürnberg et M. Karl Anton Milani à Frankfurt-sur-le-Main, deux canettes semblables aux grès du Dr Beliol décrites plus haut; ces dernières ont 13 pouces de hauteur, et leurs bas-reliefs représentent l'histoire de l'enfant prodigue; signées :

F. T. et 1559.

Au musée royal de Berlin se trouve la canette que l'on désigne comme ayant appartenu à Luther, puisqu'on y lit gravé au burin sur le couvercle en étain :

D. M. L. M. D. X. X. III.

(*Doctor Martin Luther.* 1523.)

Ce même musée possède aussi une canette (n° 14) ayant appartenu au duc de Clèves, Gulich et Berg.

Un autre de ces grès coniques de la collection Essing à Köln (vendue en 1865), montrait en bas-relief les armoiries de Philippe d'Espagne à côté du millésime de 1594 et les initiales du potier :

H. H.

Une semblable canette au musée de Middelburg, en Hollande, est ornée des armes d'Autriche, d'Espagne et d'Angleterre. Ce musée possède outre cela des grès blancs alcalins où les reliefs représentent des sujets divers.

III. *Les grès gris et bleus, gris-bleus et violets,* qui datent du seizième et du dix-septième siècle, offrent comme forme et comme ornementation les spécimens les plus artistiques. La plus ancienne date que j'aie rencontrée sur ces pièces est celle de 1539, millésime qui se trouve sur une cruche de la collection de M. Suermond à Achen, et dont il sera fait mention plus loin. Cette date, antérieure de quelques années à la plus ancienne qui me soit connue des grès blancs alcalins, n'a pu cependant changer ma conviction, qui me fait ranger dans l'ordre chronologique ces grès blancs alcalins *avant* les grès qui nous occupent ici. J'ai déjà fait observer que la désignation de *grès de Flandre,* sous laquelle la plupart des catalogues des musées en France les font figurer, est fausse, puisque toutes les inscrip-tions et presque tous les sujets et armoiries sont allemands.

Il reste à rechercher encore si véritablement les Flandre ont seulement produit des grès *artistiques*, ce dont je doute for-tement [1], n'en ayant point rencontré jusqu'ici la moindre tracé car les inscriptions sont en vieux allemand. Dans tous le cas, d'Huyvetter, et après lui Brogniart, se sont complètemen trompés, lorsqu'ils ont attribué les plus beaux de ces grès à l fabrication flamande, et les moins beaux aux fabriques d'Alle magne. C'est tout le contraire qui pourrait être vrai. La proxi mité des centres rhénans de la fabrication a sans doute donn lieu à cette méprise, réfutée constamment par les noms et le devises allemands.

Fort peu, sinon aucun, des grès dits *flamands*, ne porter d'inscriptions, ni d'allégories catholiques, mais bien au co traire des allégories anticatholiques et des sentences de la R forme, comme on a pu voir par la description des bas-relie et de l'inscription de la cruche conique de ma collection. me paraît donc évident que les lieux de fabrication des grès a tistiques étaient situés dans des pays protestants, puisque l Flandres catholiques n'auraient certes pas inscrit de pareill devises, et si on en rencontre avec des inscriptions en langu flamande, les grès pourraient fort bien avoir été fabriqués à commande de quelques seigneurs flamands ou hollandais, p les potiers allemands. L'erreur qui a toujours régné sur l'origi de cette poterie, jusqu'à la publication de la première éditi de mon Guide, était même poussée par des personnes comp tentes jusqu'aux plus choquantes méprises. M. Marryat, p exemple, appelle dans son ouvrage ce beau grès ornemen dont il donne même un dessin (n° 72) des *Jakobakanetjes* (v le grès de la Hollande), nom qui désigne une espèce de pots grès commun, de fabrication hollandaise, qui ne ressemb absolument en rien aux grès rhénans artistiques.

En Angleterre aussi, le premier grès connu s'appelait *grès Koln* et non pas *grès de Flandre*. Le British-Museum a co servé une pétition adressée, sous le règne d'Élisabeth, par nommé William Simpson à lord Burgley, qui demande un p

1. Voir cependant, au chapitre des poteries opaques belges, l'horloge h draulique, ou clepsydre, du musée de Cluny, à Paris.

vilége pour la fabrication des *grès de Köln*. La pétition ne mentionne d'aucune manière des *grès de Flandre* ou de Hollande.

Une des plus belles et en même temps la plus ancienne production de ce grès bleu, porte souvent les initiales :

I. E. et aussi les noms : *Jean Ernst.*

M. Suermond, à Achen, possède une de ces belles cruches qui est marquée :

I. E. 1539.

A Ernst
se rencontre quelquefois sur de semblables cruches du dix-septième siècle[1].

Balden Menniken à Rorren (Allemagne ?)

est une autre signature recueillie sur des pièces fort artistiques.

Sur un vase de ma collection, de 23 centimètres de hauteur, en grès gris et bleu, d'une belle forme architecturale, et couvert d'ornements en relief et en creux dans le style de la renaissance, on lit :

HELFIES.·. BOVCHENLER.·. VON.·.
AUSBVRGH.

Inscription que le potier y a imprimée en lettres mobiles et qui me paraît le nom de la personne à laquelle ce vase a appartenu, et non pas celui du céramiste.

Je pense que cette inscription fautive veut dire :

Helfies, libraire à Augsburg.

La contrefaçon qui a voulu s'emparer de ces poteries, n'a rien pu produire qui doive faire craindre au collectionneur un peu expérimenté d'être trompé. Les anciens potiers n'ont jamais mélangé les styles dans leurs ornements qui peuvent servir de modèles de pureté, et leurs armoiries étaient toujours authentiques. Les pièces de la contrefaçon sont d'abord grossièrement modelées et souvent en *terre cuite vernissée*, au

1. Il paraît donc qu'il existait deux fabricants du nom d'Ernst, peut-être frères, l'un *J.* ou Jean, l'autre *A.* Ernst.

lieu d'être en grès. L'ornementation est un amalgame d'époques diverses, et les armoiries de composition fantaisiste.

La plus célèbre collection de ces poteries était celle d'Huyvetter, de Gand, vendue après sa mort et acquise en partie par M. de Weckherlin. La collection de ce dernier devi alors la plus belle de toutes les collections de grès et cont nait des pièces même plus remarquables que celle qui lui ava servi de base. M. de Weckherlin qui s'était défait des pièc secondaires et qui avait augmenté sa collection d'autres trè rares l'a vendue depuis à M. E. Gambart, de London.

Il est intéressant pour l'histoire de l'art de décrire que ques-uns des grès de cette collection, qui sera peut-être un jo dispersée.

On peut citer d'abord :

1. Une cruche en grès brun de 40 centimètres de hauteu de ce que l'on connaît de plus beau. La panse porte en reli le portrait en pied d'un personnage princier, probablement France, à en juger par les fleurs de lis surmontées d'une cou ronne ducale, et deux bustes d'homme et de femme, dont premier est entouré des lettres :

K. K. G. M., et l'autre de N. M.,

ainsi que d'armoiries avec le millésime de 1573. Sur le co on lit le chiffre 1568, *ce qui prouve que la fabrique avait dé produit ces grès vers cette dernière date, et qu'elle a utilisé po la fabrication de la cruche de* 1573, *les moules en bois fai en* 1568.

2. *Vase en grès bleu* (75 centimètres de hauteur). — Entière ment couvert d'ornementations, provenant de la collectio d'Huyvetter, le n° 1 de ses dessins et le n° 104 du catalog de vente. Il a été adjugé 1,900 fr. Voici textuellement la de cription de M. Bénoni Karel Verhelst :

« Ce vase, unique par sa beauté et sa grandeur, a servi fontaine et est entièrement couvert d'ornements dont le moulag est du fini le plus précieux. En faire la description exacte se rait une chose impossible; il faudra donc se borner à dire qu est orné, entre autres, de quatre rosaces travaillées à jour, que sur la ceinture ou zone du milieu se trouvent représenté dans des niches, par de petits bas-reliefs, composées de deux trois figures chacune, les sept œuvres de miséricorde, do quelques lettres dans les entre-voûtes des niches expliquent le sujet, et que l'artiste a été obligé de répéter quatre fois, vu la grande circonférence. Les autres ornements consistent principalement en têtes de clous guillochées, placées en tous sens, en cercle, par rangées perpendiculaires et obliques. En bas de la panse est adapté un tuyau court, qui permet d'y poser un robinet. Le col est de forme aiguière. L'émail du fond est grisâtre, mais richement peint de bleu de lazulite et de brun jaspé. Il est d'une conservation irréprochable. »

3. *Gourde aplatie à pied en grès brun* (42 centimètres de hauteur). — Panse aplatie, goulot orné d'une gueule de lion, tenant un anneau d'étain. Sur le milieu du vase les armes de Saxe. Autour de la panse aplatie, des guirlandes. Les armoiries sont surmontées d'écussons, avec la légende :

P. E. Kravch. Cons. Et. Secret. Mogvn.

Cette pièce, de toute beauté, porte le monogramme du potier :

I. R. 1588.

4. *Gourde à panse sur pied, en grès blanc* (42 centimètres de hauteur). — Panse aplatie et long col. Armoiries sur les deux faces. Deux dragons en étain, traversant quatre oreillets de la pâte, servent d'attaches à une chaîne du même métal, le tout de l'époque. Marque du potier :

M. G. 1586.

5. *Aiguière en grès brun* (34 centimètres de hauteur). — Le haut du col est terminé par un beau mufle de lion, dont une répétition se trouve à la naissance de l'anse. La plate-bande, surmontée d'une torsade à jour, représente les trois vertus théologales, les quatre vertus cardinales et les sept arts libéraux. Entre ces figures se lisent ces deux inscriptions :

Wan. Got. Wil. so. is. mein. Zil.

(Mon but est là où Dieu me conduit.)

Mestre. Balden Mennicken. Pottenbecker. wonende. zo. den. Rorren. In. leiden. gedolt. 1577.

(Maître Balden Mennicken, potier, demeurant à Rorren. Patience dans la douleur [1].)

1. Une cruche avec même signature et même sentence est au musée de Sèvres.

6. *Cruche en grès brun* (47 centimètres de hauteur). — Riche ornementation, style renaissance, entourage, trois médaillons

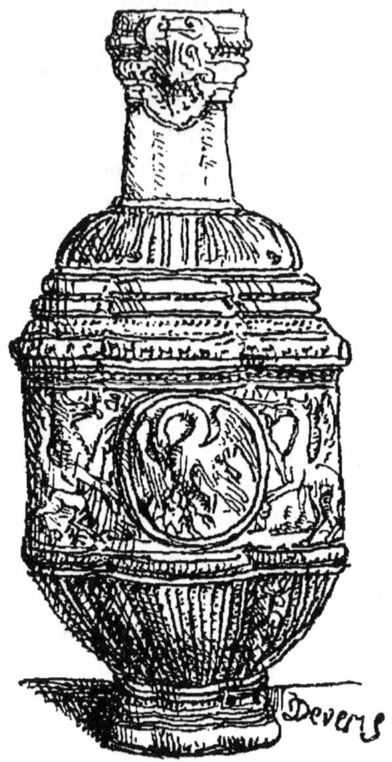

Grès bleu de 40 centim. de hauteur, de la collection de M. de Weckerlin.

aux armes des villes de Köln et de Speier. En haut, d'autres armo ries et un cercle de mascarons. Sur la plate-bande, l'inscription

Dit. Is. Ein. Kunst. Die. Kunst. Ausz, Gottes. Gunst. Wert. Die. Kunst. Noc
So. Schon. So. Mosse. Sei. Sich. Geffen. Zu. Den. Dot. 1589[1].

(Ceci est un art. Tout art vient de Dieu. N'importe à quelle hauteur l'art s'élève, sa fin sera toujours la mort.)

(Les photographies de toutes ces belles pièces, au nomb

1. Il y avait dans la collection Essing, à Köln, vendue en septembre 186 une pareille cruche portant le millésime de 1578.

A. W.

est la marque d'un potier de grand mérite, et que l'on trouve souvent sur

de soixante-deux, sont chez moi à la disposition des artistes et amateurs qui désirent les voir).

Après la collection des grès de M. de Weckherlin, c'est celle du musée de la porte de Hall, de Bruxelles, qui est la plus remarquable; les nos 747 et 748, cruches entrelacées, en sont les plus belles et les plus rares.

Un grand cornet bleu évasé ou plissé à douze côtes, est une très-belle pièce qui fait partie du musée Sauvageot; — ainsi qu'un grand vase à anses, de forme ovoïde, formant fontaine, au millésime 1619.

Au musée du Louvre, on trouve trois grès bleu.

Au musée de Cluny, n° 1251, une grande cruche en grès gris et bleu, avec la sentence allemande :

Ich. Weisz. Nichts. Pessers. Im. Himel. Und. Auf. Erten. Dan. Das. Wir. Durch. Christum. Zelig. Werden.

En français :

Je ne connais rien de meilleur sur la terre et dans le ciel, que de savoir que nous serons des bienheureux de par Jésus-Christ.

Au musée Sauvageot, on a relevé les marques et monogrammes suivants :

Nos 936 :	*L. W.*
939 :	*W. T.*
952 :	RVH [illegible]
949 :	*M. O.*
958 :	*S. M.*
959 :	[illegible]
975 :	*W. R.*

Une fort curieuse cruche en grès jaune, provenant de la vente Becker, de 1853, et qui a fait partie de la collection Le Carpentier, est signée du nom du potier, déjà mentionné :

An. Ernst.

beaux grès *gris-bleus*. M. Willet, à Amsterdam, a plusieurs remarquables pièces marquées ainsi.

et porte autour de la panse une légende allemande dont voici la traduction :

Gars, sonnez fort. Alors dansent les paysans jusqu'à ce qu'ils deviennent enragés. Allons, dit le curé, j'y perds ma chasuble. Celui qui veut conserver sa tête ne dérange pas les chiens et laisse danser les paysans.

Le sujet du bas-relief qui court tout autour de la cruche, ne dément pas la légende. On y voit en effet des paysans dansant comme des enragés.

Une semblable cruche à la collection Essing, à Köln (vendue en septembre 1865), avait pour inscription :

Peifert Gefehrt, der mus blasen
Dan danssen die Bouren, als weren sie rassen
Wer will halten seinen Schetel gans
Las den Bouren ihren Tanz. Anno 1637.

(Fifre sonne fort, alors les paysans dansent comme des enragés. Qui veut garder son crâne intact n'empêche pas les paysans de danser.)

Feu Lecarpentier, à Paris, possédait une cruche en grès gris et bleu de la qualité la plus fine et la plus artistique de cette espèce, qui était signée :

Jean Ernst.

La signature des *Ernst* ou leurs initiales se rencontrent aussi sur des grès blancs (voir au commencement de ce chapitre).

Une buire, toujours de cette même espèce, et dont le pied montre absolument les mêmes empreintes de moules, fait partie de ma collection, et doit être attribuée au même potier. Elle à 19 centimètres de hauteur. La partie supérieure est en étain et porte l'inscription gravée au burin :

F. V. O. 1543,

surmontée d'une couronne et d'un casque.

On remarquera que ce Jean Ernst a vécu cent ans avant An. Ernst.

La collection Essing, à Köln, possédait un grand pot à anse

en grès gris et bleu, qui portait la signature du potier *Tilman*. On y lisait :

Durch Godes Gnat. zu versich. hat. Tilman. Woll. diese Kann aufgerich. Anno 1661.

(Par la grâce de Dieu, Tilman a fait cette pinte. Année 1661.)

M. Etlinger, à Würtzburg, a aussi dans sa collection de ces grès qui méritent mention.

M. Fourau, à Paris, possède trois cruches magnifiques : une, en grès gris-bleu et ornée de nombreux mascarons, est remarquable pour sa forme rare; les deux autres, en grès brun, sont armoriées et de grande taille.

Le musée de Köln même, commencé trop tard et disposant de peu de fonds de réserve, n'est pas riche en exemplaires de grès; — mais les quelques pièces qu'il possède sont remarquables. En grès gris clair, une lampe, un pot forme hibou, une buire à grand et long goulot et à bas-reliefs qui représentent des figures en pied, et plusieurs cuvettes, sont des pièces de premier ordre; un encrier-flambeau à lions et bas-reliefs en grès gris, bleu et brun est aussi beau. En grès gris et bleu, le musée possède d'abord un grand vase à anses, à bourrelets à jour autour de la panse, avec médaillons historiés et au millésime de

1687,

et une superbe buire, de quatre-vingt-dix centimètres de hauteur, couverte d'ornements en relief — une des plus belles pièces connues — malheureusement un peu endommagée.

A *London*, c'est le musée de Kensington qui est riche en grès de Köln : les n°s 4006, 4008, 4009, 4011, 4013, 4019, 4024, 4028, 4031, 4033, 4034, 4035, 4037, 4038, 4039, 4041, 4043, 4044 et 4047 en sont; — les n°s 4011 et 4024, tous deux aux armes de..., figurent encore sous la fausse désignation de grès de *Flandre* et *anglais*, ainsi que beaucoup d'autres; 4018 et 4021, en vieux grès rhénan bien connu, sont appelés dans le catalogue *terre de pipe!* Le n° 4035, toujours désigné sous le nom de grès de *Flandre*, porte cependant la devise allemande :

Trau nicht es sticht.

c'est-à-dire

Méfie-toi — elle pique (la rose).

Une statuette-groupe, en grès *gris-bleu et violet*, qui représente la Vierge avec le Christ mort sur ses genoux (la *Pieta* des Italiens, ou la *Leidensmutter* ou *Mater dolorosa* des Allemands), de treize centimètres de hauteur, de ma collection, offre cette singulière anomalie que le Christ y est représenté aussi décharné que ceux des Byzantins, tandis que la Vierge paraît avoir une espèce de crinoline.

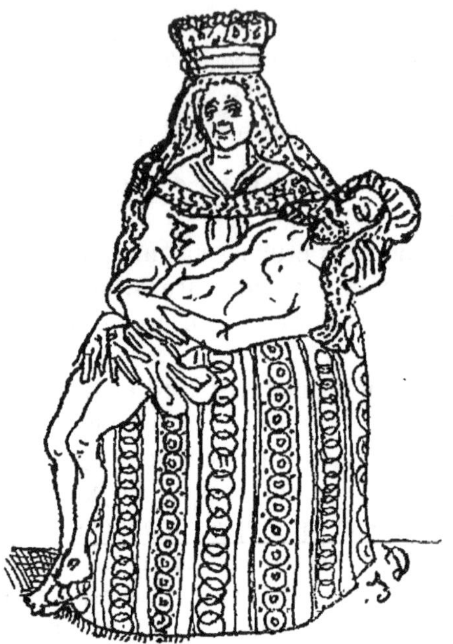

M. Catt, en Angleterre, possède une grande figure en grès gris (un mètre de hauteur) qui représente un joueur de vielle. — C'est une œuvre du dix-septième siècle — qui me paraît non pas allemande, mais de fabrication *anglaise,* probablemement de Fulham.

(Voir cette localité au chapitre des poteries opaques anglaises.)

Les armoires 135 à 139 de la salle de la *Mediæval - Collection,* au musée Britannique, renferment quatre-vingt-dix pièces, la plupart insignifiantes, hors la bouteille de chasse en grès blanc dont la panse est ornée de bustes en relief de deux archevêques — surmontés d'écussons dont l'un montre un cor de chasse et l'autre une étoile. Tous ces grès sont *allemands*, mais le catalogue les désigne comme grès de Flandre, — quoique formes, *inscriptions en langue allemande,* couleurs et armoiries démontrent leur véritable origine.

Au musée royal de La Haye, quatre jolies canettes ou pots à bière en grès blanc et *deux vases à chaines* en grès brun (*chaînes en grès*). Aux archives de la ville d'Utrecht, deux belles cruches à beaux reliefs historiés en grès brun.

Le duc Tascher de la Pagerie, à Paris, possède aussi une série de pots de grès, dont plusieurs fort remarquables[1].

Cremer, potier à Köln, probablement de la fin du dix-huitième ou du commencement du dix-neuvième siècle, a marqué

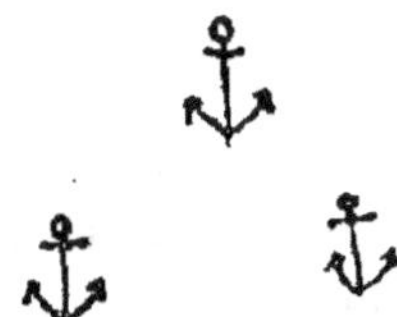

On voyait de ce potier, dans la collection Essingh, à Köln (vendue en septembre 1865), une canette cylindrique à anses et à couvercle d'étain, qui imitait la majolique italienne. Le sujet représentait un *épisode de la vie de saint Guillaume.*

Le *Dictionnaire des postes aux lettres*, par Lecousturier, de l'année 1802 (Consulat), mentionne aussi une *fabrique de faïence* à Cologne.

S. Olwern et Meister ont fabriqué à Köln, au commencement de ce siècle, des *faïences* dont quelques échantillons, acquis en 1809, se trouvent au musée de Sèvres.

Avant de quitter ce chapitre, je dois faire observer que les modèles en grès bleu ancien, les plus rares aujourd'hui, et pour lesquels les amateurs payent les prix les plus élevés, ont la forme d'un gros anneau, sur pied et à embouchure, soit anneau simple, soit double en sens inverse, tels que les exemplaires, un de chaque genre, conservés dans la collection Sauvageot, au Louvre. Les bouteilles en forme d'anneaux doubles sont encore bien plus rares que celles qui ne forment qu'un simple anneau.

MARBURG, dans la Hesse.

POTERIE EN TERRE CUITE AU VERNIS PLOMBIFÈRE, *à ornements en relief en pâte colorée par le manganèse, le cuivre, etc.* 1500 jusqu'à ce jour.

Cette poterie, que l'on peut ranger dans celle de l'école rhénane, a été toujours confectionnée et se confectionne encore

1. La collection du duc était belle et nombreuse avant son entrée en France, et remplissait presque toutes les pièces de son vaste hôtel à München. Celle qu'il

actuellement à Marburg à des prix très-réduits. Ce sont de pots et casseroles tous ornés de bas-reliefs modelés à la mai et composés de pâtes colorées à la manière de celles des pote ries dites de Palissy. Les ornements sont l'œuvre des femme qui les appliquent, sans moulage ni autre aide mécaniqu avec une rapidité incroyable.

Il y a encore plusieurs fabriques dont la plus artistique e celle du potier *Conrad Amenhausen*, située dans la rue di *Ketzerbach*. Cette poterie se vend à un bon marché extraord naire et est fort artistique.

Un échantillon moderne se trouve dans ma collection, ain qu'un petit plat rond creux du seizième siècle ou du commen cement du dix-septième, de quinze centimètres de diamètr forme poêle et garni de six manches tout autour. C'est un curie échantillon des cadeaux de noces que le peuple hollandais ava souvent l'habitude de faire aux nouveaux époux le jour de le mariage, et que les potiers allemands de Marburg expédiaie en Hollande avec leurs envois de poteries ordinaires.

Je l'ai acheté à Amsterdam. On y voit en relief les emblèm de l'Amour : deux tourterelles, deux cœurs d'où sortent d mains qui se joignent (bonne foi), et le sablier et la tête de mo s'y trouvent singulièrement réunis pour rappeler aux jeun mariés la fragilité du bonheur terrestre et le devoir de pens à une mort chrétienne. Ce plat est marqué des lettres G. W. P. C. en creux dans la pâte ; sans doute les initiales des marié

On attribue, en Hollande, ce genre de poterie, qui s'est aus fabriqué en plus grandes dimensions, à *Gennep* (voir cette lo calité), à Delft, mais c'est une erreur (voir aussi *Aziano* *Avignon*).

ANNENHAUSEN,

Village près Rüdesheim, aux bords du Rhin.

TERRE CUITE AU VERNIS MINÉRAL.	1550 à 158
GRÈS GRIS ET BRUN A GLAÇURE ALCALINE.	1600 à 178

a actuellement au Louvre est moins nombreuse, mais toute composée de pièc de choix : porcelaines de Saxe, faïences, tableaux précieux des anciennes écol allemandes, dont un de Turkmayer. Des cadres renaissance très-précieux, en fi sculpture d'os, de coco, nacre, etc., composent encore un ensemble d'une grand valeur artistique.

GRENZHAUSEN, en Nassau.

GRÈS GRIS A ORNEMENTS BLEUS. De 1600 à 1780.

Ce grès, d'une très-belle fabrication, est facile à confondre avec les autres grès, bien plus anciens, des bords du Rhin. Ce

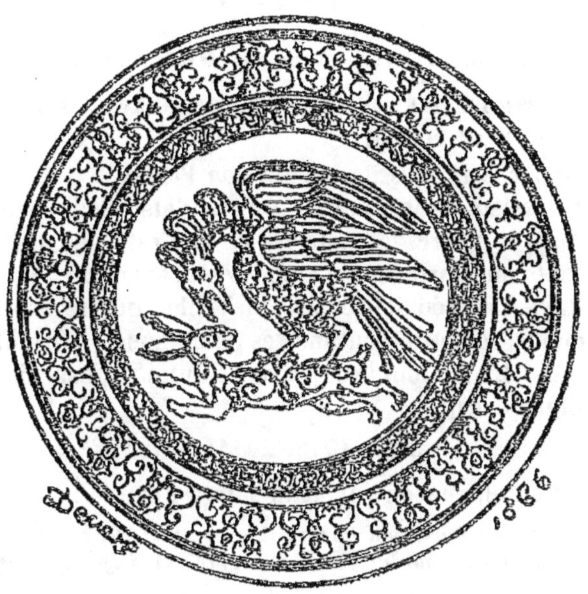

Plat en grès de Grenzhausen, collection Lecarpentier.

sont, pour la plupart, des plats où le décor, en bel émail bleu sur fond gris, est obtenu par une gravure à la main, en champ-levé, imitant très-heureusement le genre de la renaissance et même le gothique. Les dessins sont exécutés à la main, et en partie d'inspiration. Des exemplaires à Sèvres, au musée de Mainz, dans ma collection et dans celle de feu Lecarpentier, vendue en 1866.

HANAU (Prusse).

POTERIE (genre inconnu). 1550 à 1650

Dans un manuscrit de 1707 (inventaire d'un ménage patricien nürembergeois) qui se trouvait en la possession de feu le docteur Roessler, conseiller de la cour à Sigmaringen, on lit : « Zwein weiss und blaue hanauer Krug mit Zinn beschlagen. »

On lit aussi dans le *Handbuch der Erfindungen von Busc* Journal für Fabriken 1797, März. S. 210 :

« Vers le milieu du dix-septième siècle, deux négociar néerlandais établirent une fabrique de faïences à Hanau, q fut achetée au commencement du dix-huitième siècle par Sim van Alphen. »

GENNEP[1],

[Localité située dans le Luxembourg allemand, près de la forteresse fédérale entre Grave et Venlo, dans le ci-devant duché de Clèves.

TERRE CUITE DÉCORÉE SUR ENGOBE, SOIT GRAVÉE, SOIT EN RELIE ET VERNIE AU PLOMB. A partir de 17(

Le potier *Antonius Bernardus von Vehlen.* 17

Ce céramiste a fabriqué de grands plats vernis, jaune, bru vert, dans le genre des poteries de la Frata, où les dessins ornements sont formés en champ levé sur engobage. M. Schwaa à La Haye, possédait de ce von Vehlen quatre énormes pla d'au moins soixante centimètres de diamètre, portant des in scriptions. L'un, dont le sujet représentait le sacrifice d'Abra ham, était marqué :

Anno 1712, 20 *Augustus*;

un autre sur lequel on voyait la sainte Famille :

St. Joseph und Maria mit ihrem lieben Jesulein unter einen Apfelbaum. Antonius Bernardus von Vehlen 1770. 24 *August. Gennep*;

le troisième montrait la même signature suivie du millésime 177 et le quatrième, dont le sujet représentait la Vierge de Kevelai près Clèves, qui attire annuellement à l'église de cette ville d nombreux pèlerinages, montrait l'inscription suivante :

Uns lieve Frauw von Kevelar. Antonius Bernardus von Vehlen 1771. 19 *Marz. Refucium Pecato Rum ora pronobis.*

Un grand plat rond, de la collection Nadar (vendu en janvie 1866, n° 95 du catalogue), était décoré d'un sujet comique contr le tabac, avec inscription hollandaise, le millésime 1724 et le non

Albert Murs,

probablement celui du potier. — Le sujet était composé d figures en pied.

1. Un des archevêques de Köln portait le nom de cette localité, puisque l statue en marbre noir, de huit pieds de hauteur, qui se trouve à côté de l'autel dans le transept du dôme de Köln, est celle de l'archevêque Wilhelm von Gennep

Un grand plat de ce genre, au musée de Sigmaringen, montre l'inscription et la signature que voici :

Peter-Menten, 1738.

Je l'attribue également à Gennep.

Tout porte à croire que l'on y fabrique encore ce même genre.

(Voir aussi à la fin du chapitre qui traite des faïences *belges*, ainsi que *Marburg* en Allemagne, et *Schafhausen* en Suisse.

HÖCHST,

Sur le Mein, près Mainz (Mayence).

FAÏENCE ET TERRE DE PIPE A ÉMAIL STANNIFÈRE. 1720

Fondée par Geltz, de Francfurt-sur-Mein, cette fabrique a produit les plus jolies figurines que l'on puisse voir. Tantôt en faïence, tantôt en terre de pipe, elles sont quelquefois sans aucune marque, mais le plus souvent marquées des armes de Mainz, la roue[1].

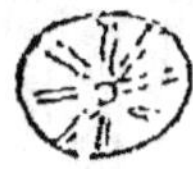

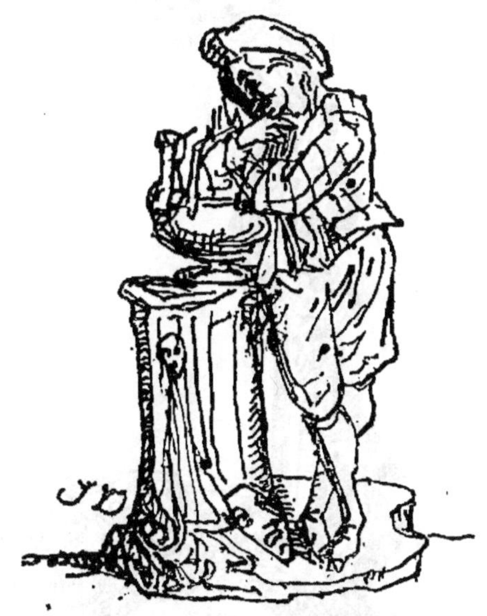

Statuette en faïence de Höchst.
De ma collection.

M. le docteur Guerard[1], à Paris, a dans sa collection une soupière qui, outre cette roue, porte encore le monogramme

E. H.

J'ai dans ma collection un patineur dont la finesse d'exécution dépasse de bien loin ce

1. L'origine des armes de la ville de Mainz est attribuée à l'humilité de l'archevêque Williges. Ce bon prêtre, fils d'un pauvre charron, était en butte aux railleries de l'aristocratie, qui fit peindre, pendant la nuit, une roue, en couleur blanche, sur les murs en briques de l'hôtel archiépiscopal. Williges, loin d'en avoir honte, adopta cette roue blanche sur fond rouge pour armoiries, qui devinrent plus tard celles de l'archevêché, et même de la ville de Mainz.

2. La collection Guerard est très-riche en petits objets de curiosité : en

que Meissen a fait en porcelaine. Elle a été modelée par le cé-lèbre Melchior vers 1770.

Deux bordures qui encadrent des tableaux religieux et qui mesurent 51 sur 65 centimètres, font également partie de ma collection. Elles ont été recueillies à Mainz et vendues à M. Muller, marchand de curiosités à Baden-Baden où je les ai acquises. Ces charmants exemplaires de la fabrique de Höchst sont en rocaille et décoré en polychrome.

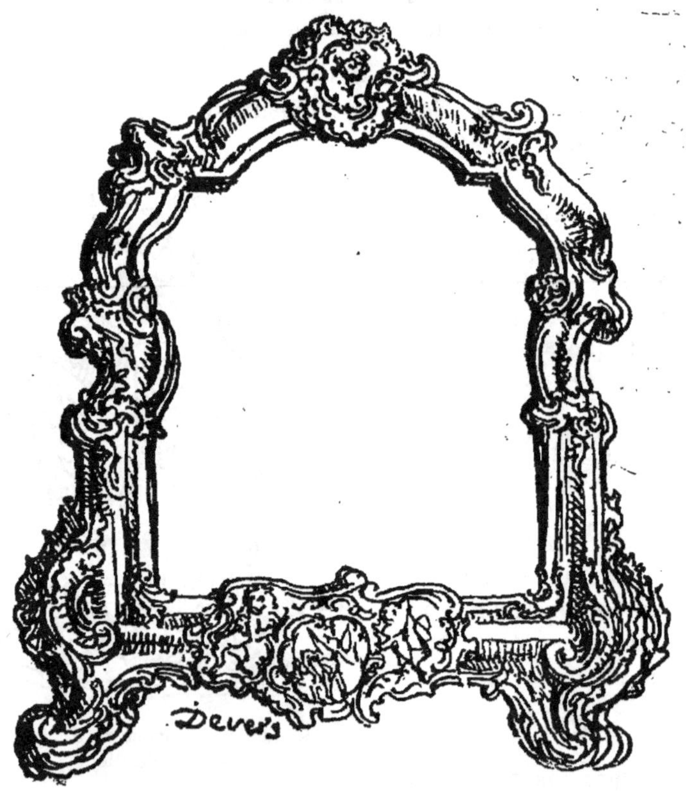

Bordure en faïence de Höchst (de ma collection).

Au château de la Favorite, près Baden-Baden, on trouve deux cornets, à fleurs appliquées en relief, ainsi que des perroquets et des colombes, tous marqués de la roue.

faïences, en porcelaines de Chine et du Japon, en terres cuites et en excellents tableaux, dont une grande et belle toile de Van der Helst.

J'ai vu, en Allemagne, un grand médaillon oval en terre de pipe blanche, orné du bas-relief, fort bien modelé, d'un buste du prince-évêque d'Ingelheim (localité peu éloignée de Mainz), et qui était marqué d'une sorte de clef. Comme la perruque à rallonge dont l'évêque est coiffé indique à peu près la même époque où la fabrique de Höchst florissait, il se pourrait que la clef soit encore une marque de la localité.

(Voir aussi *Damm* et les porcelaines de Höchst.)

VALENDAR,

Près Coblentz.

GRÈS GRIS ET BLEU A GLAÇURE ALCALINE. 1780

Ce grès qui se vend encore actuellement en grande quantité en Hollande, est généralement connu sous le nom de *grès de Coblentz* (Coblentzer Steingut).

LAUENSTEIN,

Près Coblentz.

GRÈS BLEU ET GRIS A GLAÇURE ALCALINE. 1750 jusqu'à ce jour.

Ce grès, orné de fleurs gravées dans la pâte, etc., se vend encore actuellement en grande quantité sur les marchés de la Hollande, où il arrive sur les bateaux du Rhin, qui y ancrent dans les canaux et servent en même temps de magasins de vente.

MAGEN,

Ville du cercle de Coblentz.

POTERIES ET GRÈS. Époque actuelle.

POPPELSDORF[1] et METTLACH,

Près Bonn, Prusse rhénane.

GRÈS GRIS ET BLANC A ORNEMENTS EN RELIEF ET PLATINÉS.
FAÏENCE. Époque actuelle.

Fabrique de MM. *Villeroy* et *Boch*.
Exemplaires à Sèvres et aux Arts et Métiers, à Paris.

1. La bibliothèque de l'Université de Bonn, est installée dans les salles du château de Poppelsdorf.

Le monogramme que j'ai recueilli sur des faïences de ce localité consiste dans une ancre

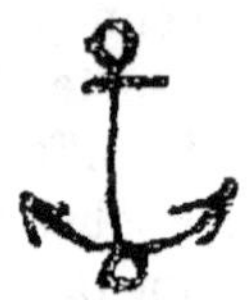

qu'il ne faut pas confondre avec les trois petites ancres, marq de Kremer de Köln, ni avec celles de la porcelaine tendre *Sceaux* et de *Chelsea.*

On voyait, dans la collection Essingh, à Köln, vendue en se tembre 1865, une *cafetière* en faïence de Poppelsdorf, où, da un cartouche, le décorateur avait peint *Rébecca à la fontai* et deux autres *canettes* à sujets bibliques.

SAARBRUCK, sur la Saar en Prusse.

FAÏENCE A ÉMAIL STANNIFÈRE ET TERRE DE PIPE.

MM. *Dreyander* et *Schmidt*, et
MM. *Schmidt*, frères, y fabriquent encore actuellement.

DAMM, près Achaffenburg.

TERRE DE PIPE A ÉMAIL STANNIFÈRE. 1836-18

Figurines moulées dans les anciens moules de Höchst. (V la porcelaine et la faïence de Höchst.)

La marque était comme celle de cette localité, *une rou mais accompagné d'un* D.

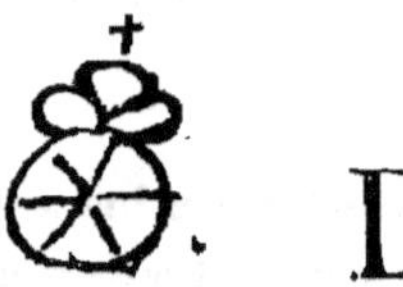

V

ÉCOLE BAVAROISE ET AUTRICHIENNE

Y COMPRIS LES PRODUCTIONS STYRIENNES, TYROLIENNES ET HONGROISES.

Les populations des pays franconien et souabe se sont tou

jours distinguées de celles de la vieille Bavière par un esprit politique et religieux plus mobile et plus libéral, et par un goût prononcé pour l'art qui, en Bavière, n'a été implanté qu'artificiellement par le roi Ludwig. Aujourd'hui, il est vrai, le peuple, en Franconie, est aussi indifférent à cet art, qui a constamment charmé la vie de ses ancêtres, que le peuple bavarois lui-même, et l'un comme l'autre ne connaîtront bientôt plus d'autre mobile pour les passionner que la variation des prix et de la qualité de la bière. Ce que j'entends par école bavaroise ce sont les productions des vieilles villes bavaroises où l'influence de l'art tyrolien s'est fait autant sentir que celui des écoles franconienne et souabe, car le grand nombre d'objets d'art que l'on rencontre encore dans les châteaux et dans les cités tyroliennes prouve combien l'art y a été cultivé durant le moyen âge et particulièrement à l'époque gothique. La plupart des œuvres gothiques en fer ciselé, conservées dans les musées, proviennent du Tyrol.

Pour l'école autrichienne, même observation que pour celle de la Bavière ; elle est un composé de traditions franconiennes et souabes et de l'art tyrolien qui, de son côté, a probablement subi l'influence de l'Italie, pays dont les frontières touchent à celles du Tyrol. — J'ai donc dû confondre les deux écoles ensemble, et ne tenir compte ici que d'un ordre chronologique.

Les signes caractéristiques pour reconnaître les productions céramiques de ces deux écoles sont difficiles à enseigner ; — l'œil et l'expérience du connaisseur seuls peuvent les distinguer des produits des pays limitrophes. — La nuance du jaune pourrait peut-être guider l'amateur : c'est un jaune sale et tirant sur le jaune brun du *lhem*, que les potiers autrichiens ont de préférence employés dans leurs décors.

REGENSBURG, en Bavière.

Terre cuite au vernis plombifère. Vers 1250
Faïence. Époque actuelle.

Une tête de Christ mort, de ma collection, de huit centimètres de hauteur, faite à Regensburg, débris d'un bénitier[1] et où le creux intérieurment est verni au plomb, a tous les caractères de l'école byzantine ; mais la couronne d'épines

1. L'institution de la bénédiction de l'eau date du quatrième siècle.

indique le treizième siècle, puisque jusque-là les têtes de Chri étaient représentées nues ou bien couronnées d'un diadèm mais sans les épines[1].

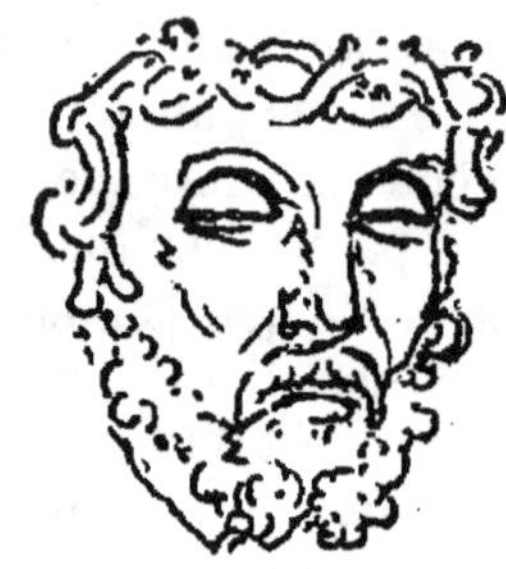

Tête de Christ mort en terre cuite de Regensburg, de ma collection.

Plus tard on y a aussi fabriqué des grès et quelques ama teurs croient que ce sont même les plus anciens grès alle mand. Cette fabrication s'est continuée jusque vers 1750, mai on manque de documents positifs.

Jérôme Hopfer, grand ornemaniste et graveur (1523), qui vécu à Regensburg, signait les bois qu'il confectionna pour l fabrication des grès

I. H.

initiales qui se trouvent sur un pot de grès, au musée de Berlin

David, *Daniel* et *Jérôme* sont les trois frères *Hopfer*, don l'œuvre complet de 236 pieds, a été publié par David Frantz de Nürnberg, au dix-septième siècle. Les gravures des Hopfe sont aussi connues sous le nom des *maîtres du chandelier* et d *bourgeon de Hublon*, nom tiré du monogramme qui a la form du *hublon* (*Hopfen*).

1. Du *premier* au *sixième* siècle la croix était *sans Christ ;* au *dixième* siècl e Christ était représenté vêtu d'une longue robe, tandis que le *onzième* nous l montre vêtu d'une robe plus courte et sans manches; le *douzième* siècle avai raccourci davantage la robe et le *treizième* encore plus; à partir du *quator zième* enfin, on ne voit plus que l'étoffe qui couvre les parties.

Au *douzième* siècle la tête était nue; mais dès le commencement du *treizièm* on voit paraître *la couronne d'épines*.

Quatre clous indiquent ordinairement l'époque du commencement du dixième siècle jusqu'à la fin du onzième; et *trois clous*, celle à partir du douzième siècle.

Du dixième jusqu'au treizième siècle les artistes ont représenté la physionomie de leurs têtes de Christ avec une expression qui n'indique aucune souffrance.

David et Daniel ont ajouté à cette marque les initiales

D. H.

et Jérôme I. H.

Un autre Hopfer, probablement le troisième frère, s'est révélé par les initiales

C. B.

toujours à côté du *hublon*.

Le cabinet impérial d'Estampes à Paris possède un *Charles V* et un *Ferdinand* gravés par cet artiste, où on lit à côté de ses initiales le millésime de 1531.

Des ornements d'orfévrerie, publiés par Paul Furst, sont également marqués des I. H. de Jérôme Hopfer.

Deux très-grands vases en grès et servant à contenir l'eau-de-vie, au millésime de 1715, se trouvent dans la collection du *Historischen-Verein* à Regensburg [1].

M. Schwerdtner fabrique actuellement, à Regensburg, de la faïence.

(Voir les porcelaines de ce même fabricant.)

LANDSHUT, en Bavière.

TERRE CUITE SANS COUVERTE. Vers 1350

TERRE CUITE ET FAÏENCE A ÉMAIL STANNIFÈRE. Vers 1590

Une vierge et un saint Jean en *terre cuite*, conservés à la chapelle du château de Trausnitz[1], qui domine la ville de Landshut, ont été faits dans cette localité vers 1350.

Un bas-relief, carré en bas et demi-circulaire en haut, de 21 sur 33 centimètres, en terre cuite, à émail stannifère, prove-

1. « L'Historichen-Verein von Oberpfalz und Regensburg, » ou « Association historique de Regensburg et du Palatinat supérieur, » peut être appelé un petit musée, — non pas autant à cause du nombre des exemplaires, qu'à cause de leur variété et de leur valeur artistique et historique. Des tableaux par Melchior Feselen d'Ingolstadt (mort en 1538), par Séb. Kerchmayer, par Lucas Cranach, par Altdorfer de Regensburg (1448-1538), par Michel Ostendorfer (1519-....), par Wohlgemath (1434-1519), etc.; des manuscrits de 1242 à 1535; des incunables (de 1468 à 1481); des médailles et monnaies à commencer par le didrachme de Corinthe, etc.; une magnifique tapisserie du quatorzième siècle; des armures (une salle de Tournoi de 1296); des sculptures gothiques, des curiosités, etc., y remplissent plusieurs grandes salles.

1. Voir *Landshut* dans mes *Souvenirs de voyages, causeries d'un collectionneur*, etc., pages 161 à 177.

nant du couvent de Seligenthal aux portes de Landshut et c(servé dans ma collection, a été modelé par un potier de ce ville; le pendant se trouve au musée des objets d'arts moyen âge et de la renaissance de München (Munich). Ce

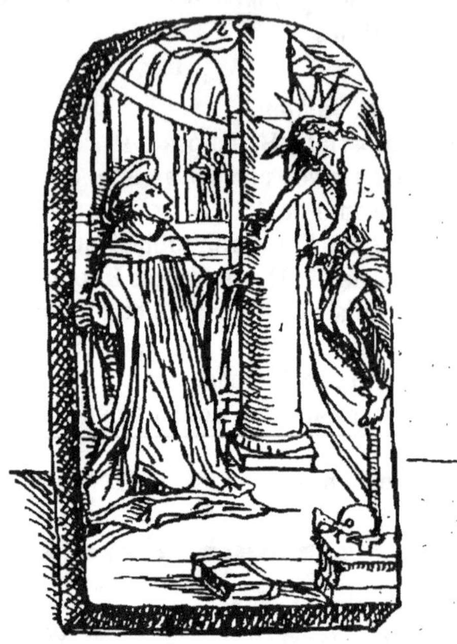

Bas-relief en terre cuite émaillée de Landshut.

belle œuvre de la fin du seizième siècle représente la *Visio* *saint Franciscus Seraph*, et se signale par son caractère de gr deur. Les émaux du décor sont blancs, bleus, verts, jau bruns et noirs.

Un fragment d'une terre cuite, également dans ma col tion et provenant d'un poêle du seizième siècle, de la chapel deux étages du château de Trausnitz, orné de dorures et peintures représentant les armes bavaroises.

Il y a encore six poêles émaillés en polychrome à ce m château, tous en style de belle renaissance, et dont celui d salle des princes est le plus remarquable.

SALZBURG, en Autriche.

TERRE CUITE A ÉMAIL STANNIFÈRE. vers 1

Un magnifique poêle gothique en émail stannifère p

chrome et à bas-reliefs et ornements à jours, se trouve au *château de Salzburg*. C'est une pièce tellement remarquable qu'un amateur anglais en a déjà offert inutilement 30,000 fr. On en trouvera dans l'appendice une reproduction complète et détaillée.

LINTZ, en Autriche.

TERRE CUITE A ÉMAIL STANNIFÈRE. vers 1550.

Un bas-relief carré de ma collection, de 26 sur 43 centimètres de grandeur, provient d'un poêle de Lintz. Ce carreau du seizième siècle est émaillé en bleu, vert, jaune, brun et

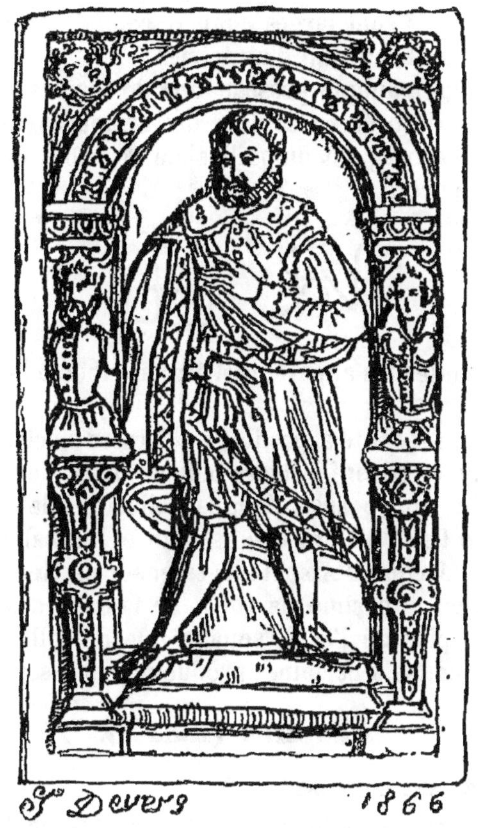

Terre cuite émaillée de Lintz, du seizième siècle, conservée dans ma collection.

blanc; le sujet représente un seigneur de l'époque, debout

dans une niche dont les ornements architecturaux sont remar quables.

M. de Frank, à M. de Fichler à Grätz en Autriche, possè une collection nombreuse de produits céramiques autrichien

MEMMINGEN,
Près Kaufbeurn, en Bavière.

TERRES CUITES ET FAÏENCES A EMAIL STANNIFÈRE. 1550 à 179

On y a fabriqué des poêles magnifiques, tantôt moulés, tant modelés, dont plusieurs musées possèdent des exemplaires.

Les plats et les assiettes en faïence de Memmingen sont or dinairement en camaïeu bleu; le dessin est du style renais sance, les bords sont larges comme ceux de la vaisselle ita lienne et il y en beaucoup d'armoiriés.

Le musée germanique possède une de ces assiettes à large bords qui est décorée en couleur des armoiries des patricien Im-Hof de Nürnberg, et du millésime de 1560. Cette assiett marquée à l'envers :

VR H

peut, selon toutes les apparences, être attribué à la fabrique d Memmingen.

Ce que cette localité a produit au dernier siècle, est de qua lité commune et décoré à fleurs polychromes, dans le genre d Marseille. On trouve aussi dans la collection de l'Associatio des Amis de l'art, à Ulm, une assiette et un saladier aux ar moiries de l'évêque d'Aischtadt, seigneur de Gemmingen; ce pièces sont au millésime de 1603. La faïence de Memminge se rapproche plus de l'école souabe que de celle de la Fran conie et ressemble à certaines productions suisses.

MÜNCHEN (Munich).

TERRE CUITE SANS COUVERTE. Vers 160

Trois fort remarquables tableaux, modelés en bas-relief e en ronde bosse, jadis tous les trois au château de Trausnitz e dont deux se trouvent actuellement au musée de München, son œuvre de *Rauch* de cette dernière ville, qui les a terminés vers 1600.

KUNERSBERG,

Près Memmingen, entre Ulm et Kempten, en Bavière.

FAÏENCE A ÉMAIL STANNIFÈRE. 1600 à 1800

Les bâtiments qui servaient à cette fabrique sont maintenant habités par des fermiers; elle avait produit de fort belles faïences, parmi lesquelles on peut signaler des beurriers et des encriers, etc., en forme poisson; des encriers forme oiseau, etc. J'ai vu à Augsburg une écritoire qui était marqué en toutes lettres :

Kunèrsberg.
E

Elle était décorée en camaïeu d'un violet grisâtre, d'armoiries qui montraient dans l'écusson et aux cimiers, un bœuf et tout autour des papillons. Un fruitier ou compotier à galerie à jour, de la collection Gasnault[1] à Paris, est également signé en toutes lettres.

HOLLITSCH[1] (Autriche?).

FAÏENCE A ÉMAIL STANNIFÈRE.

On rencontre des poteries émaillées signées :

Hollitsch.

WIEN,

Capitale autrichienne.

FAÏENCES.

Un ouvrage statistique publié en 1837, parle de six fabriques de faïence en pleine activité à cette époque, ainsi que un grand nombre de fabriques de poteries.

FRAIN en Moravie.

(Autriche.)

TERRE CUITE ÉMAILLÉE.

Il y a aux Arts et Métiers à Paris, un vase à fleurs, forme

1. La collection de M. Paul Gasnault est riche en pièces marquées, faïences et porcelaines, ainsi qu'en beaux verres anciens allemands et vénitiens.
1. Il existe une localité du nom de *Holicz*, en Hongrie.

antique, à fond brun, décoré d'or, et un autre vase tout marbr qui sont désignés comme provenant de Frain et me paraissen dater du commencement de ce siècle.

HAFNERZEL, en Bavière.

A douze kilomètres de Passau.

POTERIES. Époque actuell

Madame veuve Ph. Kalmeyer, fabricante.

HONGRIE.

(J'ignore les localités.)

TERRE CUITE. Époque actuell

Le musée de Wien possède des céramiques de ce pays q imitent les poteries antiques.

HIRSCHAU, en Bavière.

FAÏENCES. Époque actuell

M. *Dorfner*, fabricant.
(Voir les porcelaines de cette localité.)

WALDERBACH, en Bavière.

FAÏENCES. Époque actuell

M. *Waffler*, fabricant.
(Voir les porcelaines de cette localité.)

A *Deggendorf, Kroning et Peterskirchen*, en Bavière, existe de nombreuses fabriques de poteries communes.

POTERIES OPAQUES ALLEMANDES
DE LOCALITÉS INCONNUES.

FAÏENCE A ÉMAIL STANNIFÈRE. 168

Un plat de la collection Perillieu[1], à Paris, est marqué

A. F.
1687

Un délicieux vase à parfums de ma collection, de 30 centi

1. Cette collection, composée de faïences de toutes les époques et de tous pays, de porcelaines, de bois sculptés, de tableaux et d'objets d'art dits de cur sités, contient quelques exemplaires remarquables.

mètres de hauteur, en style rocaille ou Saxe, avec couvercle et trois anges parfaitement modelés, qui tiennent des écussons couronnés aux initiales

J. K. et M. F.,

le tout en polychrome porte la marque :

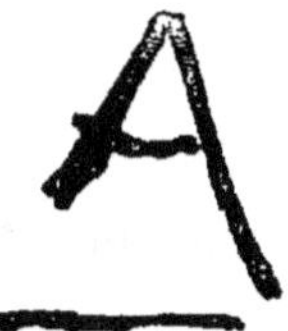

M. Théodore Grasse attribue à Anspach la marque suivante

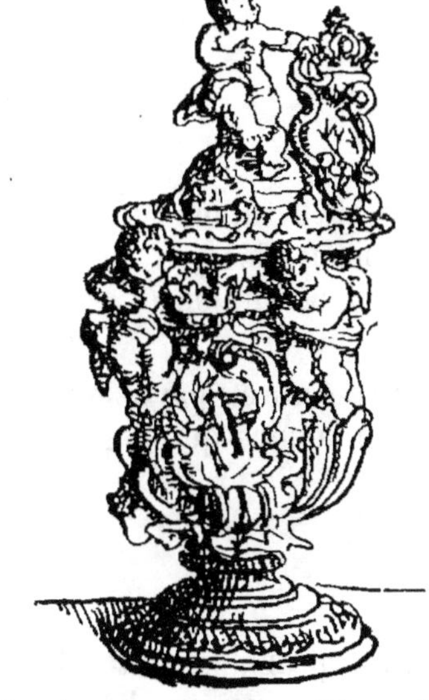

Vase à parfums en faïence allemande de ma collection.

Je la donne sous toute réserve.

Assiettes festonnées probablement de la fin du dix-huitième siècle, décorées en polychrome de sujets bibliques naïvement esquissés, mais fort originaux, de pâte lourde et d'un émail un peu jaunâtre, marquées :

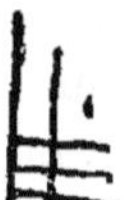

(Voir Memmingen pour un monogramme semblable.)

M. Gustave Arosa à Paris, posséde un groupe en terre cuite sans couverte, dont le sujet religieux est parfaitement bien modelé et qui est signé :

Gaspar Adendafll. 1788.

Le caractère et le style indiquent un artiste allemand ou suisse.

On trouve dans la collection de ce même amateur un plat ovale festonné qui est décoré d'un paysage animé de personnages en costumes de chasse, de la fin du dix-huitième siècle, et où le *vert criard* domine. Ce plat est marqué :

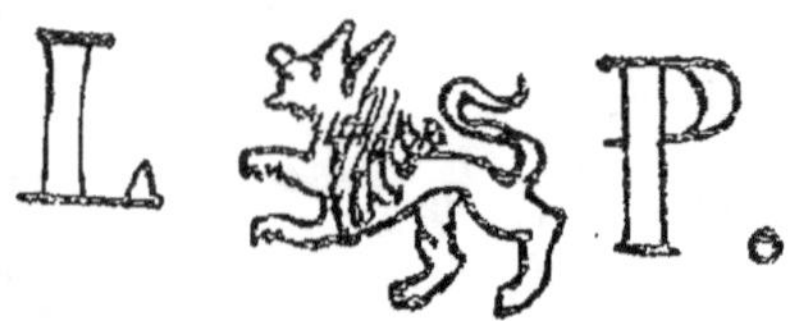

N° 4066, au musée de Kensington à London, une belle écuelle richement décorée en polychrome de sujets mythologiques, porte l'inscription :

G. F. B. 1783

Cette pièce a été payée le prix exorbitant de 16 liv. 10 sch. (410 fr.).

Une faïence que j'ai rencontrée, porte la marque :

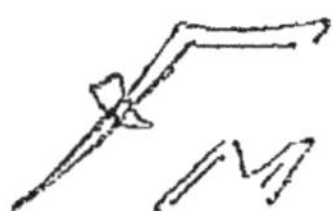

qui est probablement celle d'une fabrique allemande encore inconnue, ainsi que la marque suivante :

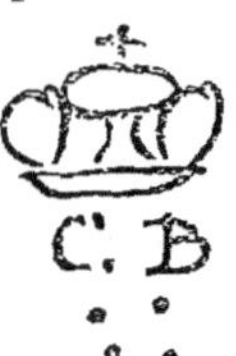

Le musée germanique à Nürnberg possède un grand plat rond à bords étroits et d'un émail blanc suave et sans nuances, qui est décoré en polychrome (jaune et bleu), d'une *Allégorie de la vie humaine* et d'un *Jugement dernier*. La peinture hardiment esquissée indique la main d'un artiste allemand de l'école de Goltzius; ce plat est marqué :

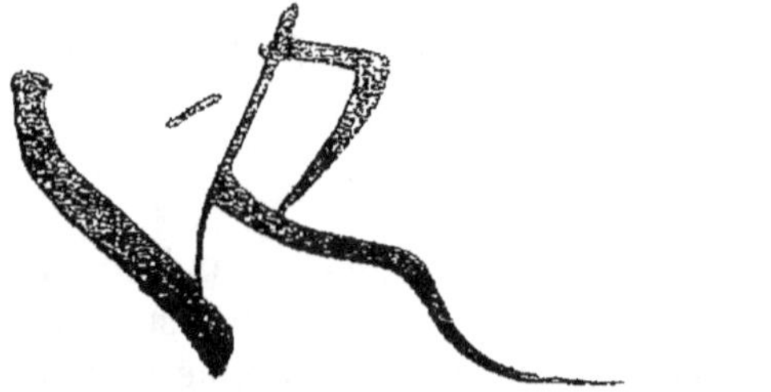

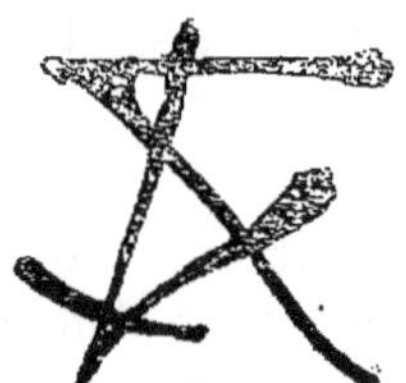

L'initiale

R

que l'on rencontre souvent en Allemagne sur des faïences à émail stannifère, décorées en camaïeu bleu d'ornements fins qui rappellent sous plusieurs rapports ceux de Moustiers, est celle probablement des produits d'un fabricant établi dans le courant du dix-huitième siècle, dans le midi de l'Allemagne, en Bade où en Wurtemberg. (Ne pas confondre avec les productions des frères Robert, de Marseille, qui ont aussi marqué d'un R.)

A et R.

sont encore des monogrammes recueillis sur des faïences allemandes au décor polychrome.

Une écritoire en terre cuite au vernis minéral, brun chocolat (manganèse et fer), semblable aux terres d'Avignon, et qui se trouve dans la collection d'antiquités de l'hôtel de ville à Freibourg en Breisgau, est marquée :

F. M. A. F. 1741

POTERIES SICULO ET HISPANO-MUSULMANES

SICILE[1].

Poterie siculo-musulmane a émail stannifère, a reflet métallique au bismuth, a l'antimoine ou a l'arsenic, sur fond blanc et a dessins bleus (simultanément avec reflet métallique brun). 821-1700

Le reflet métallique, qui s'obtient de différentes manières et à tout petit feu ; par des fumigations arsénicales et autres, par l'antimoine, par le bismuth, etc., ne contient pas d'or et encore moins de cuivre, comme plusieurs auteurs l'ont avancé par erreur. Le cuivre brûle au grand feu, et tourne au vert au feu de

1. Quelques voyageurs ont parlé de *Galata-Girone* où on a trouvé d'antiques fours de poteries. On y a aussi fabriqué à la fin du seizième siècle des poteries qui se trouvent mentionnées plus loin.

moufle même. Ces reflets sont obtenus tantôt par des sels, tantô par l'emploi de l'arsenic, métal que Brandt a étudié le premier, ei 1733, mais que Paracelse doit avoir connu, et dont le sulfate l'orpiment, était déjà appliqué par les Grecs et les Arabes.

Les divers genres de poteries fabriquées depuis l'invasion de Arabes en 827, sous les dynasties musulmanes des Aglabites e des Fatimites, jusqu'en 1090, furent confectionnés aussi à l'époque où Roger le Normand chassa les Arabes et prit le titr de grand comte de Sicile (1058 à 1690).

Les inscriptions dont la plupart des plats de cette provenanc sont pourvues, prouvent qu'ils ne datent que des quatorzième quinzième et seizième siècles, puisque les monogrammes son toujours en *écriture gothique minuscule*, laquelle avait remplac l'écriture dite *gothique nouvelle ou majuscule ronde*, depui 1360, et les monogrammes ont tous des significations chré tiennes. Un plat de ma collection (45 cent. de diamètre) es marqué d'un monogramme gothique minuscule, qui forme ei grec les trois premières lettres du nom de Jésus (ΙΗΣΟΥΣ) M. Mathieu Meusnier en possédait un semblable. On ne ren contre pas non plus de ces faïences avec inscriptions en lettre *Kufiques*, dont les anciens monuments arabes sont couverts e qui ont formé dans leur développement artistique l'écritur *Karmathique*, et plus tard *Neskhi*. Il faut donc admettre que l plupart des faïences siculo-musulmanes sont postérieures au quatorzième siècle et qu'elles ont été fabriquées par des potier arabes qui avaient embrassé le christianisme ou par des po tiers siciliens chrétiens.

Je possède un pot de pharmacie de 31 cent. de hauteur dont le reflet métallique et le fond blanc sont entrelacés pa des ornements bleus, et qui porte cette inscription en vieill langue arabe :

(*Gloire au victorieux !*)

c'est le seul exemplaire de ce genre que je connaisse de la faïence siculo-musulmane, remontant au delà de la conquête de Roger le Normand ou de 1058.

On attribue aussi à la fabrication siculo-musulmane du seizième siècle, ou plutôt à une fabrique sicilienne de

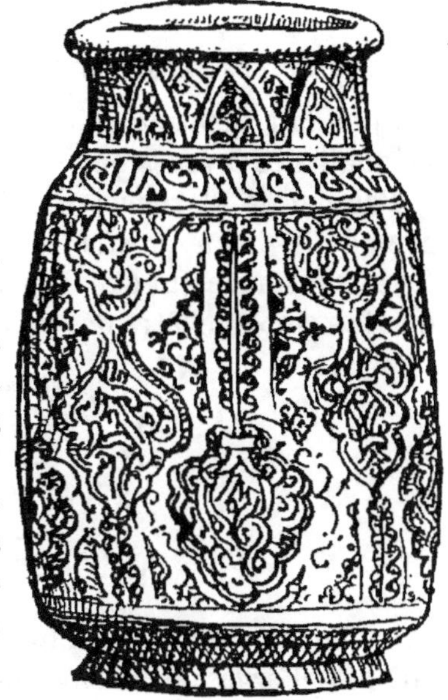

Pot de pharmacie en faïence siculo-musulmane de ma collection.

CALATA-GIRONE

des poteries recouvertes d'une sorte de glaçure à reflet métallique; le fond en est bleu-violet et couvert d'une infinité de petits ornements *aureo-cuivreux*, souvent vermiculés [1].

M. de Basilewski, à Paris, possède de cette poterie une grande soupière avec couvercle à bouton, qui n'offre cependant aucun caractère archéologique.

Au musée du Louvre, sous le n° 38, une *assiette* semblable que le catalogue désigne aussi sous le nom *Italo-moresque, est attribuée à Calata-Girone du seizième siècle*. Le revers de cette assiette est encore décoré sur fond bleu. Le musée de Cluny conserve également une potiche de cette espèce.

Les dénominations siculo-moresques aussi bien que italo-moresques et siculo-musulmanes me paraissent cependant ici impropres; l'élément musulman n'existait plus en Sicile au seizième siècle, époque où il s'était fondu depuis longtemps déjà dans la population italienne.

On fabrique actuellement en Sicile des poteries sans reflet métallique, qui ressemblent assez aux faïences communes de Perse.

Le musée de Sèvres, la collection Sauvageot au Louvre et plus particulièrement le musée de Cluny sont riches en exemplaires des fabriques siculo-musulmanes.

1. Je pense que ces poteries ne remontent guère au delà du dix-septième siècle.

ESPAGNE.

MASSÉLINA et CALENTE.

TERRES CUITES SANS COUVERTE. Vers 5

Pline fait mention de ces deux villes en Espagne où l'on fa briquait des *briques qui surnageaient sur l'eau.*

Fabroni de Florence en a fabriqué plus tard de semblabl avec de la *farine fossile,* dite : l'*agaric minéral* ou *lait de lune* Cette substance qui exhale une odeur argileuse et qui produi une fumée blanchâtre dès qu'on l'arrose d'eau, se compose de

55	parties de	silice,
15	—	magnésie,
12	—	alumine,
3	—	colle,
1	—	fer,
14	—	eau.

La farine fossile est infusible à la plus forte chaleur et n fait pas effervescence avec les acides. On la trouve sur le ter ritoire de Sienna, près de Castel del Piano. Une brique de cett matière ne pèse que quatre onces, tandis qu'une brique ordi naire de la même dimension pèse quelquefois cinq livres.

MALAGA.

FAÏENCES A ÉMAIL STANNIFÈRE A REFLET MÉTALLIQUE. HIS PANO-MUSULMANES, dites aussi HISPANO-ARABES et avec plus d raison HISPANO-MORESQUES. 1250 à 160

La première période de la faïence à reflet métallique mala gaise, qui ressemble à celle dite silico-musulmane, remonte pro bablement au treizième siècle, après la fondation du royaum de Granada en 1235.

Un voyageur natif de Tanger, Ibn-Batoutah, dit dans so mémoire, écrit en 1350 : « On fabrique à Malaga de belle po terie dorée que l'on exporte dans les parties les plus éloignées. Le *doré* paraît se rapporter à ce *reflet métallique* qui signal les poteries hispano et silico-musulmanes. Toutes les deux es pèces, ont souvent des parties émaillées en bleu et en blanc.

Il faut distinguer dans l'histoire d'Espagne, les deux époque musulmanes. La première, celle des *Arabes*, date de la conquête de l'Espagne en 710, jusqu'à la fin du califat de Cordoue, au commencement du douzième siècle ; la seconde celle des *Maures* ou des Amoravides, Almohades et Alhamanides (de Granada), de 1235 à 1492.

Le royaume de Granada que Mohammed I (Aben-el-Hamar), avait fondé en 1235, devint en 1345 tributaire de la Castille, et fut reconquis en 1492 par Gonzalve de Cordova. Les habitants maures ne furent entièrement expulsés qu'en 1610, et la ville de Granada si célèbre par l'industrie sous les Maures et peuplée de 400,000 habitants, fut réduite à 80,000 âmes par la perte de son commerce et de son industrie. Le sombre régime clérical obtient partout où il domine ce triste résultat !

L'amateur doit donc observer qu'il y a *deux époques* distinctes pour le classement des faïences hispano-musulmanes : l'une, du treizième au quinzième siècle, *toute musulmane ;* l'autre, du quinzième au commencement du dix-septième siècle, *musulmane-chrétienne*. Sur les pièces fabriquées durant cette seconde époque on rencontre seules les armoiries et les inscriptions chrétiennes. (Pour les observations concernant les différents genres d'*écritures gothiques*, fort nécessaires aussi pour reconnaître les époques, il faut voir l'observation aux faïences siculo-musulmanes.)

La plus belle pièce connue de la fabrique de Malaga, c'est le *Vase de l'Alhambra* de Granada, daté de 1320 et qui mesure 1^{m},38. Ce vase que la manufacture de Sèvres a essayé de copier en 1842, est également à dessins bleus et à reflets d'or sur fond blanc, comme le vase silico-musulman de ma collection, ce qui démontre que les deux pays ont suivi les mêmes procédés et employé le même genre d'ornementation.

Un autre très-beau vase de cette provenance fait partie de la collection Soulage en Angleterre, et le musée de Cluny possède un grand vase dont la forme moresque indique l'origine. Le nº 280 au même musée, un fragment de carreau émaillé en couleurs, du treizième siècle, provenant du pavage des alcôves de l'Alhambra, à Granada, porte la devise du fondateur de ce royaume, qui signifie en français : *Et il n'y a pas de fort si ce n'est Dieu.*

Les carreaux, appelés en Espagne *Azulejos*, qui ont été fabriqués du temps des Maures ou Amoravides, durant l'existence du royaume de Granada (1235-1492), sont ordinairement san reliefs, tandis que ceux produits par les Maures restés sous l domination chrétienne jusqu'à leur expulsion en 1610, et aus par leurs continuateurs, les Espagnols mêmes, sont souven estampillés à très-faibles reliefs et pareils à ceux fabriqué en France que l'on trouve conservés au musée de Nantes.

En 1755, les murs de l'Alhambra étaient encore recouvert de ces *Azujelos*, à huit pieds de hauteur.

Le Cuerto-Raal à Granada est décoré de briques émaillées fond bleu et où les dessins sont *chatoyants* [1], c'est-à-dire à refle métallique.

Il y a aussi de ces *Azujelos* à l'Aleizar de Sevilla (voir le faïences de cette ville), et on a placé dans la chapelle Majoi à Bristol en Angleterre, des carreaux qui provenaient de fa briques sévilloises.

N° 3038, au musée de Cluny, est un fragment de carreau d de la mosquée El Transite à Toledo.

La collection d'objets d'art de la bibliothèque à Saint-Gallen [2] possède un carreau semblable.

On peut encore attribuer à la fabrication malagaise le plat a musée du Louvre qui est signé :

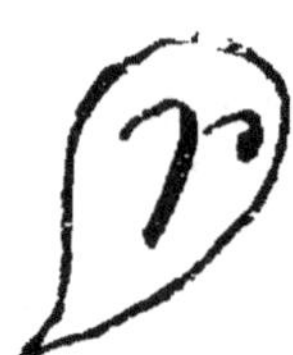

1. Les faïences allemandes, anglaises et françaises, coloriées d'une couvert *chatoyante*, peuvent aussi être assimilées, sous quelques rapports, aux faïences reflet métallique. *Chatoiement* est un mot qui désigne un reflet coloré chan geant tant soit peu sous les rayons de la lumière et qui a été composé avec le mo *chat*, parce que l'œil de cet animal offre différentes couleurs, selon le côté pa où la lumière le frappe. On obtient ce chatoiement de certaines couleurs céra miques en y mêlant de la dissolution d'argent et en exposant les pièces à l'actio de la fumée de matières animales que l'on introduit dans les moufles ou dans le fours.

2. Ce petit musée contient des antiquités celtiques, dites *lacustres*, de l'âg de la pierre ; des antiquités mexicaines, grecques et romaines ; une collectio ethnologique ; des armes anciennes et toutes sortes d'antiquités du moyen âge Des vitraux suisses, datés de 1543 à 1658, y représentent bien l'art industriel na tional dans lequel la Suisse a si grandement brillé.

ainsi que celui de la collection Amhurst, marqué :

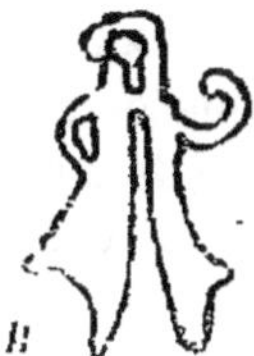

Le British-Muséum à London, possède plusieurs remarquables plats et cruches en faïence musulmane. Un de ces plats à côtes, décor bleu à reflet d'or, et aux armes de Castille et d'Aragon, date probablement de l'année 1380. Ce musée renferme en tout trois plats et une grande coupe siculo-musulmane, et sept plats et une petite coupe hispano-musulmane. — Ils sont exposés dans les armoires 125, 126, 128 et 129 de la salle de la *Mediœval-Collection.*

Dix-neuf exemplaires de faïences musulmanes (n°s 2440 à 2458) appartiennent au musée de Kensington.

Des figurines en terre cuite de fabrication malagaise moderne, sont conservées au musée Japonais, à Dresden, et au musée de Sigmaringen.

MAJORCA et IVIÇA,

Iles Baléares, dans la Méditerranée.

MÊMES POTERIES QUE LES PRÉCÉDENTES. 1260 à 1600

Majorca parait avoir été un des plus anciens centres de fabrication de faïences à émail stannifère, et quelques auteurs croient même que le mot Italien *Majolica* (faïence) dérive de Majorca. Il paraît que la petite ville d'*Inca*, située à quelques lieues de Palma, la capitale de Majorca, possédait aussi des fabriques, puisque plusieurs plats, un au Musée de Cluny et un autre au musée Britannique, portent les armes d'Inca.

Quant aux fabriques établies à l'île d'Iviça, on les connaît uniquement par la mention que Vargas en fait dans sa *Description des îles Baléares et Pityuses*, où il dit : «Il est bien re« grettable qu'Iviça ait cessé de fabriquer ces fameux vases de « faïence, etc. »

La faïence des îles Baléares est plus légère de pâte que celle attribuée aux fabriques de Malaga, et a un certain caractère terre de pipe. Le bleu s'y rencontre aussi plus rarement. musée de Cluny possède beaucoup d'exemplaires de cette pr venance, et un plat au musée de Sèvres porte les armes Blanche de Navarre, femme de Jean d'Aragon, morte en 144 Plusieurs beaux exemplaires aux musées de Berlin et de Sigm ringen.

Un joli vase à anses, de 22 cent. de hauteur, fait partie ma collection, dont le dess ci-contre.

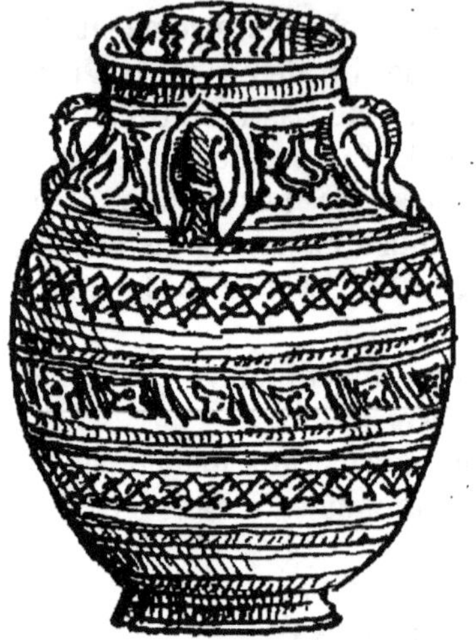

Faïence à reflet métallique de Majorca, de ma collection.

Une autre pièce de cette pr venance, également de ma co lection, plat magnifique, se s gnale par les curieux bords tr vaillés comme une argenterie couverts de têtes de clous d'arrêtes en relief; le cent ombilic, orné d'un écusson, r présente un château fort, su monté de quatre fers de lan et d'un *croissant*.

Le décor consiste dans une i finité de petits ornements, fin ment dessinés, brun d'or à refl métallique sur fond jaune pâl Le revers richement orné d'arabesques à feuillages, montre a centre ombilic une espèce de tête de lion au milieu de rayon solaires. (Voyez le dessin ci-contre, p. 275.)

Majorca été enlevée aux Musulmans (Sarazins), en 1230, par le Aragons, et érigée en royaume, en 1260, par Jacques Ier d'Ara gon en faveur de son fils Jacques. Le croissant au milieu d la grosse tour crénelée de l'écusson de ce plat pourrait fair supposer que la fabrication remonte avant la conquête de 1230

Il est fort difficile de fixer positivement l'attribution de ce armoiries. L'*Armorial* de Lopez de Haro[1], publié à Madri en 1626, ne donne aucune armoirie qui remonte au delà d

1. En outre de l'*Armorial* de Haro, on a encore les *Nobilarios* de Piffere (in-4°, 1857); de Tavanna (in-folio, Rome, 1640); et de Mexia (in-folio, Se villa, 1492), ouvrages dont il m'a été impossible de me procurer un exemplai à Paris.

ommencement du quatorzième siècle, et on n'y trouve que es croissants sans châteaux forts sur les écussons des comtes e Santagadea et de Ribadeo, du marquis de Molesclaros t du duc d'Argona. Quant au soleil, je ne connais que les rmes du comte de Covia qui le portent. Aucune armoirie espanole connue n'est surmontée non plus de quatre fers de lances, e manière que tout me porte à attribuer le plat, dont ci-dessous dessin, à une époque antérieure à la conquête de Majorca ar les Espagnols.

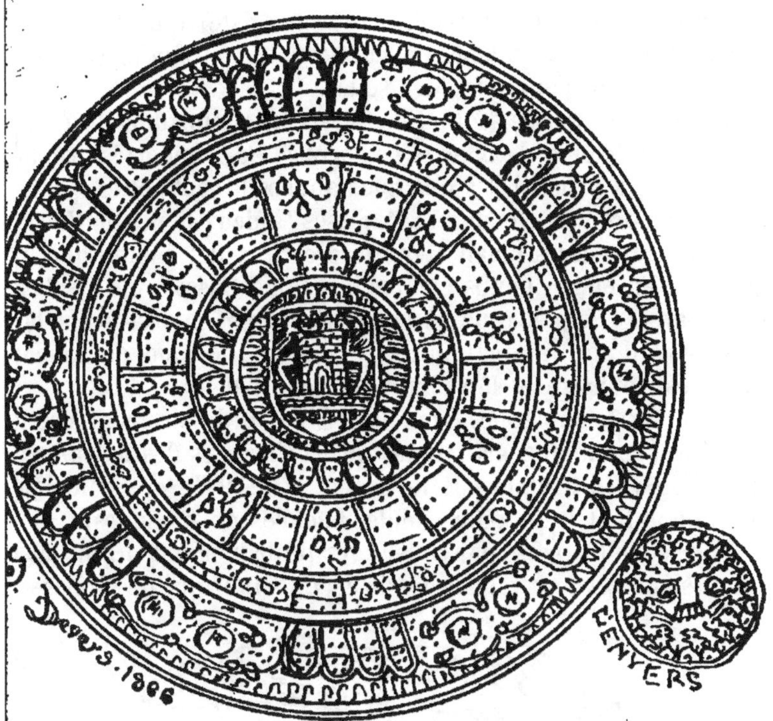

Faïence à reflet métallique de Majorca, de ma collection.

VALENCIA (Valence), MANISSES et ALCORA,

Près Valencia.

ERRES CUITES SANS VERNIS MINÉRAL, GENRE ÉTRUSQUE, Vers 20
AÏENCES A ÉMAIL STANNIFÈRE. 1400 — jusqu'à ce jour.

Quant à la fabrication de *poteries antiques* du royaume de Valence, elle est attestée par Pline, qui parle des produits de Saguntum (Sagonte) aujourd'hui Murviedro. Ces poteries appartiennent à l'école romaine ou plutôt grecque.

Le premier document qui constate la fabrication de la faïence au seizième siècle à *Manisses*, village près de Valencia, c'est un décret rendu en 1528 et rapporté par Capmany (Loza di Valencia).

Le village de Manisses est désigné comme centre de fabrication dans une description publiée en 1780 par le voyageur anglais Talbot Dillon. Fischer, voyageur allemand qui a publié en 1801[1] une *Description de Valence*, parle d'un nommé *Jayme-Cassans*, simple *posadero* (aubergiste) qui fabriquait encore, tout près de Valence, des tasses, etc., à reflet métallique et qu'il vendait pour quelques sous.

M. Gustave Arosa, à qui l'histoire céramique doit de nombreux et précieux *documents en terre cuite*, rapportés par lui d'Espagne, a visité il y a quelques années le seul potier qui fabrique encore actuellement à Manisses (à deux lieues de Valencia) des faïences à émail stannifère et à reflet métallique, et qui tient en même temps comme le Jayme-Cassans de Fischer un cabaret. Les pièces de sa collection que M. Arosa y a achetées, sont d'une fabrication fort commune, le fond de l'émail blond est jaunâtre et le reflet métallique pâle.

Les poteries anciennes que l'on attribue ordinairement à cette localité, sont moins artistiques que celles des îles Baléares et de Malaga. Elles n'ont pas le cachet et le style archéologique qui donne tant le prix aux vieilles faïences musulmanes.

Une écuelle dans ma collection, probablement du dix-huitième siècle, et dont voici le dessin est de la fabrique de Manisses.

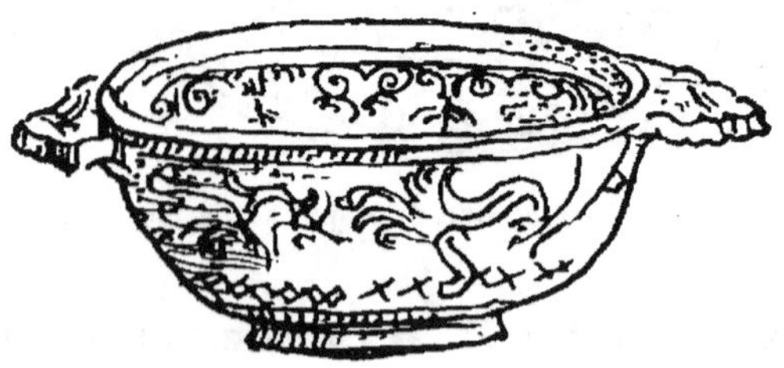

Écuelle en faïence à reflet métallique de Manisses.

1. M. Davillier a eu l'ingénieuse idée de rapporter ce fait, raconté par Fischer en 1801, comme un de ses propres épisodes de voyage, arrivé en l'an de grâce 1861, sans avoir même changé le nom du potier, de ce Jayme-Cassans, et

M. *Rayo* et M. *Sanchez* fabriquent actuellement des faïences à Valencia.

Les faïences, le plus souvent à camaïeu bleu, des fabriques du dix-huitième siècle de cette localité, de qui M. Arosa a rapporté un grand nombre de pièces intéressantes, ressemblent aux faïences fabriquées à la même époque aux faubourgs de Sevilla, à Triana; seulement le bleu est plus pâle. Le décor montre toujours de ces animaux fantastiques, de ces *léopards* et de ces *taureaux* que l'on croit sortis du crayon d'un Delacroix naïf. Une espèce de soupière, ou plutôt un plat à légume avec couvercle, également de la collection Arosa, et dont le décor ressemble un peu au décor en camaïeu bleu des faïences de Moustiers, est signé :

Saliba.

Alcora, tout près de Valencia, a également fabriqué des faïences, dès le dix-huitième siècle; elles sont en polychrome et marquées d'un

A., en jaune,

telles qu'on les trouve dans la collection de M. Arosa. (Voir les *porcelaines tendres d'Alcora.*)

Les plus belles pièces de faïence de cette localité que j'ai rencontrées, sont les deux grands légumiers, forme bélier, avec agneaux sur les couvercles, également de la collection de M. Arosa et provenant de celle de M. Nadar, dont le catalogue les désignait, sous le n° 141, comme faïences nivernaises. Ces céramiques décorées en polychrome sont d'un modelage qui imite parfaitement la nature, et elles sont marqués d'un

A.

M. G.,

en bleu, est la marque d'une faïence commune de Valencia, que j'ai encore recueillie sur un plat à décor polychrome de la collection Arosa.

Au musée de Kensington, on voit plusieurs tableaux formés de carreaux de faïence moderne au décor polychrome, qui pro-

termine ce merveilleux récit par la phrase non moins ingénieuse : « Voilà où en est *aujourd'hui* (1861) la fabrique de Manisses. »

(Page 44 de l'*Histoire des faïences hispano-moresques*. Paris, 1861, chez Didier; brochure in-18 de 55 pages.)

viennent de la fabrique de Gonzalez et Vals, de Valencia, et de l'exposition de 1853.

BARCELONA.

Faïence a émail stannifère. 1400 à 1600

La fabrication de ces faïences est attestée par une mention que Hieronymus Paulus, de Barcelona, fait dans une lettre adressée à Paulus Pompilius en 1491.

SEVILLA,

Capitale de l'Andalousie.

Faïence a émail stannifère, 1400 à 1790

Cette ville où fut décrété, en 1480, l'établissement de l'inquisition, qui devait bientôt ravager l'Europe entière, a jadis possédé de nombreuses fabriques de céramiques qui occupaient toute une rue et exportaient de grandes quantités de marchandises. On en peut remonter la fabrication avec certitude au commencement du quinzième siècle, et on la retrouve encore à la fin du dix-huitième.

Les azulejos, qui ornaient l'*Aleizar* à Sevilla, attribués par quelques archéologues à Malaga, ont été probablement faits à Sevilla.

Un azulejo à émail stannifère, de ma collection, et où le dessin estampé et colorié de vert, jaune et bleu, représente un sceau de fleurs et deux fleurs de lys, est attribué à la fabrique de Sevilla du quinzième siècle ; il provient de la colection Arosa.

La *Casa de Pilatos*, construite à Sevilla par *Don Pedro Enriquez, adelantado major d'el Andaluzia, y donna Casalina de Ribeira, sa mujer* (*sa femme*), vers 1520, à leur retour de Jérusalem, montre encore dans les escaliers de la cour (*Patio*) un revêtement d'azulejos, de deux mètres de hauteur où chaque compartiment renferme un écusson aux armes de Léon de Castille et de Navarre, à *reflet métallique*, tandis que les autres carreaux sont à émail stannifère blanc, à ornements estampés, espèces de cloisonnements, coloriés d'émaux verts, bleus, jaunes, bruns et noirs. Une inscription porte :

4 dias de Agosto 1519 entro en Jherusalem.

Plusieurs échantillons de ces azulejos dans ma collection et un grand nombre dans celle de M. Arosa.

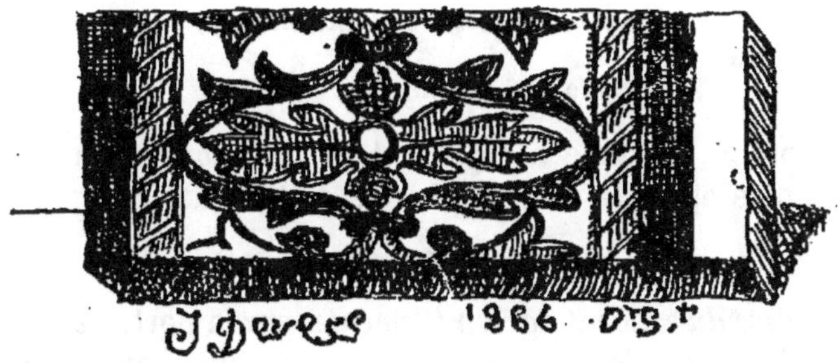

Azulejo de la casa de Pitatos (collections Arosa et Dommin).

A partir du commencement du seizième siècle, le reflet métallique sur les azulejos avait disparu, pour faire place au décor des couleurs ordinaires à émail stannifère que les Italiens avaient introduites, et ce n'est qu'au dix-septième et au dix-huitième siècle que le goût véritablement *espagnol* s'est manifesté dans les décors sur faïence, par des dessins au trait d'animaux fantastiques, de léopards, de tigres, de taureaux et de chevaux, et enfin de figures et de paysages.

L'influence italienne dans la fabrication des faïences de Sevilla est attestée par des monuments encore existants à Sevilla même, et qui portent les signatures des artistes suivants :

Nicolo Francisco de Pisano et

Augusta.

Voici la description de ces monuments, telle que M. Arosa a eu la complaisance de me la fournir :

A l'*Église Santa-Anna d'Eriana,* faubourg de Sevilla, située sur la rive droite du Guadalquivir : 32 carreaux de faïence à émail stannifère polychrome, qui recouvrent le tombeau du seigneur Lopez. L'œuvre est signée :

Nicolato Francesco Italiano me fecit, 1503.

A la *maison du Duc d'Albe*, des carreaux à reflet métallique et nacré, de l'autel de la chapelle abandonnée, qui remontent *avant* la venue des Italiens.

A la Chapelle, dite la *Chapelle de faïences* (*Capilla de azulejos*), à l'Alcazar, un devant d'autel qui représente dans un médaillon tenu par des Chimères *la Visitation*, peinte d'après une gravu[re] allemande où l'on voit dans une banderole la signature d[u] peintre :

Nicolaso Francesco Italiano me fecit,

et plus haut :

Agno (sic) *del mil CCCCC III.*

Au fronton, l'artiste a représenté l'*Annonciation* entour[é] d'ornements et de la devise des rois catholiques :

Tato mota (Tanto monta).

A l'*Église du couvent de San Clemente*, sur la porte, *le portra[it] de San Fernando*, de grandeur naturelle, en bleu, jaune et man[-]ganèse. Les murs de cette église sont revêtus, à deux mètres d[e] hauteur, de carreaux, datés de 1583. Les sujets des décors repré[-]sentent des *prophètes*, des *évangélistes* et des *saints*, entour[és] de grotesques, le tout de style italien, et en couleurs jaun[e,] bleu et violet (manganèse).

Au couvent de Santa Paula, à la porte d'entrée, dans un[e] espèce de cour (*Patio*) pavée de carreaux violets et blancs, le[s] murs sont garnis de carreaux blancs où les traits sont bleus[.] On y voit aussi représentés *quatre arbres verts*, pointus ressemblant aux arbres des boîtes de joujoux de Nürnberg, et l[a] *Santa Paula* encadrée par deux *colonnes vertes* qui suppor[-]tent un *plein-cintre* dont le *piédestal* est jaune.

Le reste du cadre, qui entoure le tout, est orné de *chimères*, *tambours*, *étendards romains* et *casques*, en bleu et en brun également peints sur fond jaune.

La figure de la sainte qui tient un livre ouvert est en éma[il] blanc, comme le sont ordinairement celles des figures des œu[-]vres des Della Rabbia ; mais l'auréole jaune indique une autr[e] école; la robe est brune.

La porte gothique de l'église dans la cour est entourée au[-]dessus de faïences sur lesquelles on voit des *chimères*, des *gro[-]tesques* (*chiens à tête de femme*), *sphinx*, des *corbeilles de fruits*, des *masques*, des *Pégasus*, des *amours à cheval*, etc., ressorti[s] sur un fond brun. Sept médailles à bustes encadrés de fruits e[n] haut relief, dans le style des Della Robbia, forment l'encadre[-]ment. Les sujets représentent : *Santa Paula; deux Moines porte[-]croix; saint Pierre et saint Paul; la Vierge et saint Joseph à ge[-]noux devant le berceau* (*Sainte-Famille*) ; *deux Saintes;* l'*ense[-] elissement* de *santa Paula* et *santa Paula au milieu d'un paysage*. L'émail est violet (*manganèse*), blanc, jaune et vert. L'ogive est surmontée par *deux anges debout* et *deux autres agenouillés*, *dix pyramides* et *deux têtes de chérubins*, etc. On y voit encore au-dessus de la porte de bronze, des carreaux de faïence décorés de *grotesques bleus* sur fond jaune où on lit sur un cartouche :

Pisano

sur un autre :

S. O. Q. R.

et sur un troisième :

Nicoloso Francesco Italiano me fecit el año de 1540.

Ici encore on retrouve le *tato-mota* et les initiales de F et I qui sont celles de *Fernando* et *Isabella*.

Au couvent de la *Madre de Dios*, le dessus d'une porte est orné d'un autre tableau en carreaux, dont le sujet représente l'*apparition de la Vierge et de l'enfant Jésus avec trois Moines et à trois Nonnes agenouillés*. Les figures sont toujours en émail blanc et les vêtements en manganèse (violet), jaune et bleu. On y lit la signature :

Augusta, fati 1507.

Je ferai remarquer que le coloris de toutes ces faïences se compose des couleurs ordinaires de l'école italienne où le rouge manque comme dans *presque* toute la peinture céramique de ce pays. Ce sont des verts de cuivre, des violets de manganèse, des bleus de cobalt, des oranges d'antimoine, de cuivre et de soufre. Les traits des dessins sont indiqués par le bleu de cobalt.

Quant aux sept bas-reliefs dans le genre des Della Robbia, appliqués sur la voussure, il est difficile de dire s'ils sont l'œuvre du même artiste, de ce Nicolo Francesco ; mais ils sont certainement de l'école *italienne*. M. Arosa a aussi rapporté un certain nombre de carreaux faits par les Italiens, qui portent la date de 1591, et dont il a bien voulu me céder une pièce. C'est le jaune jonquille qui domine dans le décor qui n'a rien, de moresque.

M. Arosa possède une bouteille carrée, de 30 cent. de hauteur, dans la forme de celles dont les Allemands se servent pour mettre l'eau-de-vie. Décorée en polychrome (jaune, man-

ganèse et vert). On y voit les armes de l'inquisition : ***La croi***
et *l'épée nue* et l'inscription :

Soi de Don Sebastian Moron y Ponze (*sic*).

Cette bouteille doit donc avoir appartenu au Don Sébastie
qui était l'alcade de la prison de l'inquisition à Séville, vers l
fin du dix-huitième siècle[1].

On trouve dans la même collection Arosa un modèle du clo
cher de *la Giralda*, la cathédrale de Sevilla. Il est décoré e
jaune et bleu.

Comme la bouteille en faïence à décor camaïeu bleu de m
collection, que j'avais attribuée à la côte de Genova, est sorti
du même moule, et comme la *panthère* fantastique et les même
branchages du décor espagnol du dix-huitième siècle s'y re
trouvent, je suis fixé maintenant pour la marque du poisson qu
voici :

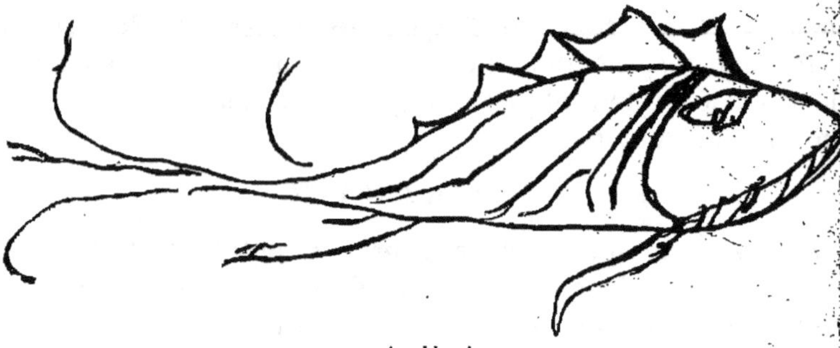

(en bleu.)

Cette marque est certainement celle d'une fabrique de Se
villa. M. Arosa a du reste encore rapporté d'Espagne un plat d
45 cent. de diamètre qui montre la même marque.

Triana, autre faubourg de Sevilla, du côté opposé à la rivière
a continué à fabriquer des faïences à émail stannifère jusqu'
la fin du dix-huitième siècle, et il y a encore actuellement de

1. M. Willet, à Amsterdam, possède une bouteille *à peu près* dans la mêm
forme, mais plissée sur les faces, décorée en polychrome, qui porte une d
marques de Savona :

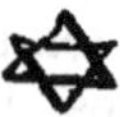

(Voir à la fin du chapitre des *Poteries opaques italiennes.*)

fabriques de faïences communes dont le décor polychrome rappelle les nuances des faïences nivernaises populaires du dix-huitième siècle. M. Arosa possède de nombreux pots de pharmacie de cette provenance, qui datent du dix-septième siècle; leur décor est en camaïeu bleu, d'un bleu *plus foncé* que celui des faïences du dix-huitième siècle de Valencia. L'observateur y retrouve les animaux fantastiques, ces *léopards*, ces chevaux, ces taureaux et ces oiseaux que j'ai signalés dans le dessin des décors de Sevilla et de Valencia. Un grand baquet toujours de la collection Arosa, décoré en jaune, manganèse (violet) et jaune, porte l'inscription :

***Saca tu pie con primor adresse que no vea el sangrador. Año* 1788.**

(Tends ton pied avec adresse, afin que tu ne voies pas l'opérateur.)

On voit que cette cuvette servait à un chirurgien dans ses opérations, car on saignait ordinairement en Espagne *au pied* et non pas au bras.

De nombreux azulejos dans les fabriques de Triana, du dix-septième et du dix-huitième siècle, dans la collection de M. Arosa ainsi que quelques exemplaires dans la mienne, montrent déjà la plus déplorable décadence.

Un de ces azulejos de ma collection, de 13 cent. carrés, exemplaire de la fabrication de Triana du dix-septième siècle, est décoré en camaïeu bleu d'ornements et d'une figure nue qui tient une échelle; un autre du dix-huitième siècle, en polychrome, est décoré d'un taureau entouré d'un médaillon.

Pickmann et Cie fabriquent actuellement des faïences à Sevilla.

MURICE, MORVIEDRO et TOLEDO.

FAÏENCE A ÉMAIL STANNIFÈRE.

Localités connues par l'ouvrage de Marineo.

ANDUJAR,

Petite ville de l'Andalousie.

FAÏENCES PEINTES SUR ÉMAIL STANNIFÈRE et

POTERIES DITES ALCARAZZAS[1], EN ARGILE BLANCHE SANS COUVERTE.

Nombreuses fabriques encore en activité.

2. Voir ce mot à la Table.

TALAVERA DE LA REYNA,

Sur le Tage.

FAÏENCE A ÉMAIL STANNIFÈRE.

M. Arosas possède de cette provenance un pot à eau, col pied plissé et décoré en manganèse (violet) et jaune aux trai où le céramiste a peint la Vierge sur le devant de la pan On fabrique encore actuellement à Talavera.

DENIA,

Port de mer dans la Méditerranée, du côté de Valencia.

FAÏENCE A ÉMAIL STANNIFÈRE. Au dix-huitième siè

On sait que le potier *Olery* de *Moustiers* avait travaillé p dant quelque temps dans cette localité espagnole, et je pe que le beau plat daté de 1739, appartenant à M. Saint-Lé à Paris, a été fabriqué à Denia, ainsi que celui appartenan M. Eugène Laurent, à Paris-Montmartre, sur lequel on li signature suivante :

Chris. Ovaleros ou *d'Valeros*

Le nom : Chris. Ovaleros, indique du reste un espagnol (v Moustiers en France).

POTERIES OPAQUES ITALIENNES

La marche de la peinture céramique en Italie est identi avec celle de la grande peinture de ce pays : quatre époq bien distinctes se gravent facilement dans la mémoire du rieux ; ce sont :

L'époque archaïque et *gothique*, qui a suivi immédiatem celle des potiers siculo ou italico-musulmans;

L'époque raphaëlique ou de *la renaissance;*

L'époque de transition, etc.

L'époque de la décadence.

La première a dans ses allures beaucoup de *gothique*, el signale par sa simplicité, par son grand caractère et pa naïveté. Les céramiques de ce temps sont peintes sous l'influence des *Giotto*, des *Taddeo Taddi*, des *Leppi*, des *Massaccio*, des *Roselli* et des *Philepepi*, et elles ont été particulièrement produites à Pesaro, avant même que l'on y eût repris les reflets métalliques des musulmans. La sainte Cécile de ma collection, dont on trouvera une reproduction dans le chapitre de Pesaro, indique ce genre archaïque.

La seconde époque, que j'appelle *raphaëlique* ou *de la renaissance*, est représentée dans les majoliques par des copies d'après Raphaël et d'autres maîtres de son temps où Léonard da Vinci, Michel Angelo, Titian, Corregio et Tintoret avaient fait école. Le plat peint par Orazio-Fontana, de ma collection, que l'on trouvera reproduit dans le chapitre qui traite des faïences d'Urbino, donnera une idée de cette belle peinture céramique.

L'époque de transition est celle de laquelle on trouve de nombreux exemplaires dans tous les musées, et une reproduction (potiche de ma collection), au chapitre de Castel-Durante.

La quatrième époque, celle de *la décadence*, est représentée en majeur partie par les produits des dix-septième et dix-huitième siècles, de la côte de *Genova*, de *Savona* et, avant tout, de *Caselli*. Ce dernier genre, peint pour la plupart par les *Grue*, les *Gentile* et leur longue suite d'imitateurs et d'émules, est le moins artistique de tous; c'est de la peinture de porcelaine au petit feu de mouffle appliquée sur de la faïence; elle n'a absolument aucun caractère artistique. (Voir aussi la note du renvoi à *Firenze*.)

La majeure partie des peintres céramistes étant nomades, les fabriques en Italie se sont de tous temps copiées les unes les autres, ce qui fait que l'on retrouve souvent la même signature sur des produits de différentes localités.

Vouloir ranger rigoureusement ces nombreuses productions de la céramique italienne par écoles, serait donc tout à fait impraticable.

Le catalogue récemment publié sur les majoliques conservées au musée du Louvre le prouve.

On ne trouvera donc dans ce chapitre, en fait de classement, que ce qui a pu être exposé avec clarté :

Ordre chronologique et

Sous-ordre chronologique par localités.

(Voir aussi poterie étrusque et romaine).

RÉCAPITULATION CHRONOLOGIQUE

des localités mentionnées dans le chapitre suivant :

Venezia, terres cuites au vernis minéral[1] 80
Castro-Nuevo, — 95
Astri, — 121
Firenze, terres cuites à émail stannifère............... 143
Faenza, faïence à émail stannifère............... 145
Castelli, terre cuite sous engobe (*veste di Terra*), et faïence à émail stannifère............... 145
Rovenzane, faïence à émail stannifère............... 145
Pesaro, — 149
Gubbio, — 150
Ferrara, — 150
Pavia, — 150
Urbino, Urbania ou Castel-Durante, Fermignano et Rovigo, faïences à émail stannifère............... 150
Pisa, Nocra, Rimini, Imola, Forli, Ravenna, Monte-Feltro, Deruta (Perugia), Spello, Galiano et Sienna, faïences à émail stannifère 150
Bologna, faïences à émail stannifère............... 152
Sacro-Monte, à Varallo, terre cuite sans couverte............... 152
Napoli, faïence à émail stannifère............... 152
Cita-Castella, terre cuite sous engobe............... 152
Trevigi, faïence à émail stannifère............... 152
Viterbo, — 154
Padua, terre cuite au vernis minéral............... 155
Verona, faïences à émail stannifère............... 156
Chaffagiolo, — 157
Angrano, — 157
Albissola, — 157
Savona, — 157
Turino, — 157
La Fratta, terre cuite sous engobe............... 158
Bassano, faïences à émail stannifère............... 159
Lodi, — 160

1. Les dates indiquées dans cette liste sont à peu près celles d'une *premiè* fabrication. Pour se rendre compte jusqu'à quelle époque on a continué à fabri quer et si on fabrique encore, il faut consulter l'article spécial de chaque localit

ma (?), faïences à émail stannifère.................... 1600
ntelupo, terre cuite au vernis plombifère, et faïences et terres cuites sous engobe, et quelquefois à émail stannifère...... 1600
n Marco Brussa Porco, faïence à émail stannifère.......... 1625
ndiana, — 1650
si, — 1730
ccia, — 1735
n-Quirico, — 1750
nova, — 1750
lano, — 1750
n-Giorgi, — 1765
ve (Lenore), terre de pipe sous vernis minéral.......... 1770
ndovi, faïence à émail stannifère.................... 1780
igliano, — 1780
lano, — 1780
jano, — 1780
n Cristopho, — 1780
dena, — 1780

-Savoie : Saint-Jean-de-Maurienne, — Moutiers, — Laforest, — Chambéry, — Nice, — La Roche-Guchet.

VENEZIA (Venise).

RRES-CUITES OPAQUES SOUS COUVERTE MINÉRALE IMPERMÉABLE.
(douteux). Vers 800

ÏENCE A ÉMAIL STANNIFÈRE. 1520

La première *faïence stannifère* de Venezia y a été probablement faite par Auguste Hirschvogel de Nürnberg[1]. Les productions céramiques du dix-septième siècle de Venezia sont plus souvent décorées en camaïeu bleu, comme celles de vona et de toute la côte de Genova.

Un plat au musée Meermann-Westreenen, à La Haye, plat nt le décor polychrome représente une bataille romaine ntre le roi Piré, porte l'inscription suivante :

I fortissimi Roma contra ire Pierro Baldantonio adi 13 *octo.* 1551.
In Venicio.

1. Voir les faïences de Nürnberg.

Ludovico ou *Lodouico*, était un peintre céramiste qui a travaillé à Venezia, vers 154

On connaît de cet artiste une pièce, signée

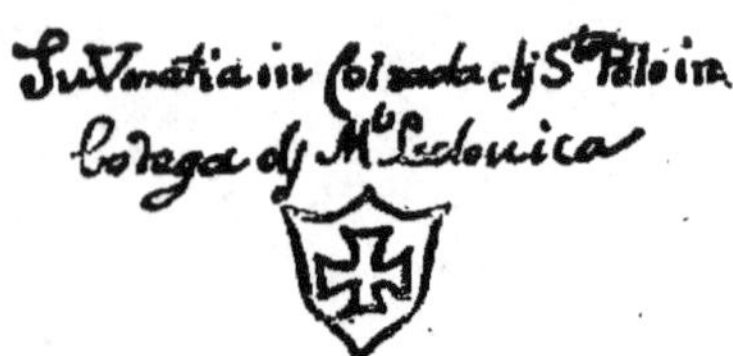

(La forme du bouclier en *cœur*, pointu en bas avec troi pointes en haut, qui se trouve au-dessous de cette signatur indique à l'archéologue le *seizième siècle.*)

Un plat de ce même peintre se trouve, sous le nº 2954, a musée de Kensington.

Deux vases pharmaceutiques de 38 centimètres de hauteu dans la collection de M. Fayet, à Paris, décorés d'une peintur rappelant la manière archaïque, largement facturée dans l genre des Urbino, et de l'époque des Malatesta; leur origin vénitienne est prouvee par l'inscription en *patois* vénitien :

Piata te mova. (Ayez pitié de moi.)

On sait aussi que le céramiste :

Francesco del Vasaro, de Castel-Durante, vint s'établir à Venise vers 154

Un plat, de la collection Narford, est signé

Fatto in Venezia
in Chastello
1546

Une belle plaque à cadre de faïence (28 sur 38 centimètres provenant de la collection Mathieu Meusnier, et qui fait aujou d'hui partie de celle de M. Fayet, est également de fabri cation vénitienne. Cette plaque décorée en polychrome d'u sujet architectural dans le goût d'Antonio du Canal, dit Cana letti de Venezia (1697 à 1768), ou dans celui de ses élèves Be ardo Bettoto, Jacopo Marieschi, Giuseppe Moretto ou Francesco Battaglioni, elle porte l'inscription :

Convento e chiesa della Madonna dell' Orio dei Padri Ambroziani in Venezia

Comme le sénat de Venezia avait concédé, en 1758, aux frères : *Gian Andrea* et à *Pietro Bertilini* (voir Lazari) l'établissement, et en outre un four à *Murano*, je pense que cette plaque provient de la fabrique de Murano qui ne fonctionna pas longtemps.

Hendrick Vroom[1], peintre en tous genres et créateur, pour ainsi dire, de la peinture de marine. Né à Haarlem, en 1566, après avoir déjà peint sur faïence dans sa ville natale, il est venu décorer des céramiques à Venezia et dans quelques autres villes italiennes.

(Voir aux faïences hollandaises : Haarlem.)

MM. Karrer et Ce, fabriquent actuellement de la poterie à Venezia.

CASTRO NUOVO, dans le Napolitain.

TERRES CUITES OPAQUES. Vers 950

On trouve au frontispice de l'église de S. Maria, à Mure, des terres cuites vernissées qui datent du dixième siècle.

ATRI, dans le Napolitain.

TERRES CUITES OPAQUES SOUS COUVERTE MINÉRALE IMPERMÉABLE. Vers 1279

Le campanile (le clocher) à Atri, de 1279, est en terre cuite vernissée.

FIRENZE (Florence).

TERRE CUITE A ÉMAIL STANNIFÈRE. 1430

Majolique fine des Della Robbia (Opere Della Robbia[2]).

La famille des célèbres sculpteurs et céramistes Della Robbia, — comme les Hirschvogel, les Hans Kraut et autres en Alle-

1. Het Schilderboeck, etc., door Karel Van Mander. Tot Haerlem 1604. Page 247.

2. Les *majoliques* ou *faïences* italiennes se divisent en trois classes : les demi-majoliques, les terres cuites émaillées, appelées « opere Della Robbia, » et les majoliques peintes. On peut classer ces dernières en quatre catégories ou

magne, et Palissy en France, renommés pour leurs sculptu[res] et leurs modelages plutôt que pour leurs peintures, — d[e] figurer en tête de l'art céramique de son pays.

Luca Della Robbia, élève de Leonardo, orfévre, et de Loren[zo] Ghiberti, sculpteur, et né à Firenze en 1400 (d'après Vasari 1388), mort en 1481, le plus célèbre des artistes qui se soie[nt] occupés de la fabrication des majoliques sculpturales italienn[es] a passé longtemps pour l'inventeur de la faïence fine ou à ém[ail] stannifère européenne[1]. Aujourd'hui il n'en est plus ainsi.

J'ai démontré que l'emploi de l'étain était connu déjà da[ns] l'antiquité et que les Phéniciens le venaient déjà troquer [en] Bretagne et ailleurs avant l'invasion romaine; on a aussi [vu] que mes recherches en Allemagne m'ont fait découvrir,

époques. Les faïences de la première époque, 1450 à 1520, sont ordinairem[ent] de grands plats, émaillés seulement d'un côté, et peints largement de coule[urs] brillantes, ou en bleu, et d'un jaune souvent à reflet métallique ou irisé. [La] faïence de la seconde époque, 1520 à 1530, est d'habitude de moins gran[de] dimension; ce sont des plats moyens et des assiettes, souvent décorés de bo[r]dures d'arabesques de couleur jaune et de rubis à reflet métallique. La troisièr[me] catégorie, de 1530 à 1569, est assez communément décorée de grands sujets m[y]thologiques qui couvrent entièrement le plat ou l'assiette. La quatrième époqu[e] de 1540 à 1590, se signale déjà par sa décadence : le dessin devient défectueu[x] les couleurs perdent de leur vigueur et paraissent sans éclat. Les sujets sont so[u]vent entourés d'arabesques sur les bords ménagés en fond blanc. Tout ce qui [a] été fabriqué dans les siècles suivants n'a presque plus de valeur artistique, [à] peu d'exception près.

Il faut remarquer que les potiers italiens de la première époque n'ont jama[is] pu obtenir du *rouge* dans leurs décors; cette couleur y est remplacée par u[n] violet sale.

Un certain nombre de terres cuites des Della Robbia et de leur école, sont seu[le]ment peintes sur engobe et sous couverte. Beaucoup de plats et assiettes d[es] autres majoliques italiennes peintes ne sont pas fabriqués différemment.

Une commission présidée par le gonfalonier de la ville de Firenze s'occupe depu[is] quelque temps de la formation d'un musée national d'objets d'art du *moyen âge* qui s'installe dans le palais du podestat (ancien prison d'État), et qui sera com[]posé d'abord de tous les objets, appartenant aux époques du moyen âge, qui pro[]viennent des palais Pitti et des Offices. On voit que les Italiens commencen[t] aussi à sentir l'importance des productions de l'art gothique, et que leur art d[e] la renaissance ne leur semble pas suffisant pour fournir seul des œuvres qu[i] doivent entrer dans la composition d'un musée.

1. Vasari reconnaît cependant « que, depuis 1300, la mode s'introduisit e[n] Italie d'orner les frontispices des églises avec des bassins en terre coloriée e[t] très-bien *vernissée*, qui produisaient un très-bel effet en réunissant dans leur[s] concavités les rayons du soleil et les réfléchissant avec un grand charme. » Reste à savoir maintenant si la terre était vernissée (plombifère), ou émaillé[e] (stannifère). Vasari ne se sert jamais du mot *émail*, et attribue, malgré ces bassins de 1300, l'invention de la majolique fine (faïence à émail stannifère) à Luca.

reslau et à Leipzig, des œuvres importantes qui datent du nzième, du douzième et du treizième siècle, ainsi que des oêles gothiques du quatorzième siècle, tout couverts l'émaux polychromes et stannifères.

Quant aux ouvrages de uca ils sont tous marqués au oin de la grande sculpture et u véritable artiste[1]. Bas et auts reliefs, ronde bosse, tatuettes, ornements d'édices, etc. Il a aussi sculpté e marbre. Il est *le chef* de la amille artiste des Della Robbia.

Andrea Della Robbia, son eveu, est né en 1437.

Giovanni, *Luca et Jeronimo* ont les fils d'André. Deux aures fils, dont l'un nommé *Amroise*, sont entrés au couent. Cet Ambroise a exécuté n 1504, un tabernacle dans église du couvent de Saint-arco. Ce tabernacle se trouve aujourd'hui dans l'église du aint-Esprit à Sienna.

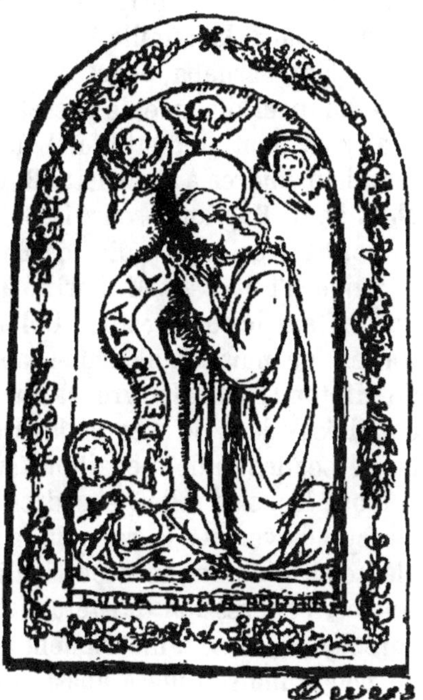

Terre cuite à émail stannifère à décor polychrome de Luca Della Robbia.

Avec *Jeromino*, qui vers 1528 partit pour la France, appelé ar le roi François Ier, la famille des Della Robbia s'est éteinte.

Octavio et *Agostino del Duccio*, étaient des élèves de Luca vieux. Vasari, et après lui Tieck, les désignent par erreur omme les frères de Luca; ni l'un ni l'autre n'appartenaient à famille des Della Robbia.

Par une déclaration authentique de 1470, Andrea, neveu du

1. Le vieux Luca fut même chanté dans son temps; voici des vers qui furent spirés par ses œuvres :

Terra, vivi per me cara e gradita
Che all'acqua e a'ghiacci come il marmo indu
Per che quanto men cedi oti maturi
Tanto più la mia fama in terra ha vita.

vieux Luca, fait connaître les rues et les maisons où naquire et habitèrent le chef ainsi que les autres membres de cette fa mille. La maison d'origine était située dans la rue de Saint Egida; puis, la famille habita une maison de la rue Guelf près Saint-Barnaba, achetée de Lippo di Biagio.

Baldinucci dit que le secret de la céramique (si secret il avait, ce dont je doute fort) fut divulgué par une femme de famille d'Andrea à Benedetto Buglioni, contemporain de Verr chio. Santi Buglioni, son fils, hérita de ce soi-disant secret, q se perdit avec lui, au dire de Baldinucci.

Aujourd'hui, c'est M. Ferlini à Bologna et M. Ginori à Docci qui imitent les œuvres des Della Robbia, et M. Joseph Dever Italien de naissance, demeurant à Paris. La célèbre fabriq de Minton, en Angleterre, fabrique également des terres cuit émaillées dans le genre des Della Robbia, maîtres qui o laissé beaucoup de médaillons sur lesquels on voit la Vierge l'enfant Jésus en relief, encadrés dans des guirlandes de fruits de feuilles vertes; la robe de la Vierge est presque toujours bleu ciel, d'une nuance particulière à ces potiers. Les cheveu rouges, l'expression des têtes, les belles mains et les *cercles* auréoles en *blanc* [1], distinguent les œuvres de Luca, dont le ve un peu jaunâtre diffère aussi du vert plus vif de ses continua teurs. Les feuilles de ses guirlandes sont plus creusées et se re fusent au surmoulage. Il faut citer de lui, au musée de Cluny

1. Parmi toutes les terres cuites de ce genre que j'ai vues, je n'ai pas trou une seule pièce avec *auréole jaune*, pouvant être attribuée a Della Robbia, mais y en a où l'auréole est en or.

2. N° 2177, une Vierge avec l'enfant Jésus, que le catalogue de ce musée d signe comme un Luca Della Robbia, ne me paraît nullement de cet artiste. L mains, le caractère de la tête, etc., indiquent suffisamment que cette céramiq ne peut pas être d'un tel artiste !

Un groupe représentant également *la Vierge avec l'enfant Jésus*, provena de la collection du cardinal Fesch et appartenant aujourd'hui à M. John Au gustin Tulk, porte la marque ci-dessous :

LR = FA
1454

(en creux dans la pâte.)

que l'on attribue à Luca della Robbia ; je ne l'ai pas vu et ne puis rien affirme

es nos 1148, 1149, 1150, 2034, 2035 et 2036, le premier avec orure, ainsi que le no 1149, acheté en 1842 pour la bagatelle e 356 fr.; quelques pièces au Louvre; le Custode, no 750 au nusée Sauvageot, provenant de l'église San-Miniato à Firenze; quelques pièces à Sèvres; les nos 618, 621, 626 et 663, au musée de Berlin, où le no 626 a un mètre et demi et le no 661, in médaillon, deux mètres de diamètre. Une grande vierge se rouve au musée de Sigmaringen[1].

Au musée de la porte de Hall, à Bruxelles, on voit un grand bas-relief, représentant un groupe de la sainte famille avec saint Pierre.

Un bas-relief de 19 sur 36 cent. de ma collection, œuvre de Luca lui-même, représente un chérubin à quatre ailes et à auréole, le *tout blanc* sur un bleu ciel où les nuages sont indiqués par des reliefs au-dessus de la tête de l'ange, qui est fort expressive et charmante de physionomie. Les yeux sont en émail brun.

A Marlborough-House, en Angleterre, existe une sainte famille, ainsi que six autres pièces, attribuées à un des Della Robbia, et M. Thomas Baring possède de cette famille d'artistes un maître-autel. Une Vierge avec l'enfant Jésus fait partie de la collection de M. Andrew Fountaine, à Narford-Hall. Le musée de Kensington, à London, a vingt-quatre exemplaires, no 100 à 124, que le catalogue attribue presque tous à Luca et à Andrea Della Robbia, mais dont une bonne partie n'appartient pas à ces artistes.

Des quatre terres cuites émaillées de la collection Pourtalès,

1. Le petit médaillon, « une Vierge adorant l'enfant Jésus, » également conservé dans ce musée, me paraît de la contrefaçon malgré la signature

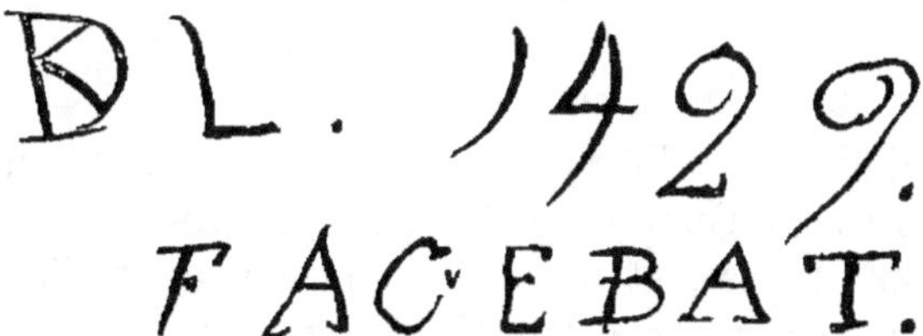

en creux dans la pâte, que je juge fausse. L'œuvre ne remonte pas au delà de cent ans au plus, et l'ensemble de l'exécution n'a rien de la manière des Della Robbia. — La main de l'enfant Jésus indique que ce n'est pas là l'ouvrage d'un artiste tel que Luca.

vendue en 1865, toutes attribuées par le catalogue à Luca Della Robbia, il n'y en avait que deux qui se rapprochaient de la manière de cet artiste, — et encore n'étaient-ce que des œuvres secondaires.

Dans la collection de M. le baron Dejean [1], à Paris, on peut voir une statuette de moine attribuée aussi à la fabrique des Della Robbia.

Les soi-disant » Luca Della Robbia ou de son école,» du musée Campana (aujourd'hui au Louvre), sont presque tous des productions d'*ouvriers*, qui ne remontent pas à plus de cent ans. — N° 29, le Christ au jardin des Oliviers, grand autel en terre émaillée, avec entourage de fruits et feuilles, que le premier catalogue désignait comme ouvrage d'*Andreo Verrocchio*, né en 1432, mort en 1488, et qui serait donc aussi d'un contemporain de Luca le Vieux, — est également très-médiocre et me paraît d'une époque postérieure.

Il faut voir, pour le même genre de travail, *Giorgio Andreoli de Gubbio.*

Les œuvres architecturales des Della Robbia, connues en Italie, sont les suivantes :

A FIRENZE (Florence),

Par Luca, le Vieux :

Une résurrection et une annonciation de Jésus dans l'église de Sainte-Marie-des-Fleurs. Une autre Vierge dans l'église Saint-Piérino. Une voûte et une coupole dans l'église de San-Miniato-al-Monte, près Firenze. Une vierge et une fleur de lis de cette ville, sur la façade d'Or-San-Michele. Une autre vierge au musée des Offices. Une semblable sur un mur du cartile de l'Académie des Beaux-Arts, et un Christ à l'église de Santa-Croce.

Par Andrea, neveu de Luca:

Neuf médaillons et la rencontre de saint Dominique sur la loge de San-Paolo. Quatorze médaillons, représentant quatorze enfants emmaillottés, et une Annonciation, dans l'hospice de Santa-Maria des Enfants trouvés. Une apparition, un saint

1. Cette collection est uniquement composée de pièces de prix et de choix: superbes faïences italiennes, françaises et musulmanes, émaux, ivoires, bronzes, tableaux, meubles sculptés anciens, etc.

[T]homas, une vierge et trois médaillons avec les emblêmes des [o]uvriers en bâtiments, dans la maison royale des dames de [M]ontalve à Ripoli. Une fontaine dans l'église Santa-Maria-No-[v]ella. Une vierge à la confrérie de la Miséricorde, une autre dans [l]'église Santa-Croce, et une semblable à la porte de l'enceinte de [S]an-Miniato-al-Monte. Une résurrection, une ascension et trois [v]ierges, à l'Académie des Beaux-Arts. Un calvaire dans l'église [S]anta-Maria Primerana.

[P]*ar Giovanni, fils d'André :*

Quarante-huit têtes de saints sur un mur du cartile de l'Aca-[d]émie des Beaux-Arts. Une vierge, dans l'église de Santa-Croce. [U]ne nativité, grande composition, œuvre authentique et signée [s]ous la date de 1521, dans l'église de Saint-Jeronimo. Un taber-[n]acle de Notre-Dame, autre grande composition dans la rue [T]edesca. Un Christ dans la chapelle du couvent de Saint-[O]nufrius.

A ROMA (Rome),

[P]*ar Luca, le Vieux :*

Une vierge dans la bibliothèque du Vatican.

A PRATO,

[P]*ar Luca, le Vieux :*

Une frise à l'intérieur de l'église degl' Arcieri.

[P]*ar Andrea :*

Une vierge dans la cathédrale.

A PISTOJA,

[P]*ar Andrea :*

Une vierge dans le dôme, datée de 1505.

Il y a aussi *la loge avancée*, très-grande composition, par *toute [l]a famille* des Della Robbia.

DANS ET PRÈS AREZZO,

[P]*ar Andrea :*

Une bordure composée de fleurs et de fruits, dans la chapelle [d]e Sainte-Marie-les-Grâces : une Vierge, un Jésus, une annon-[c]iation et un Dieu le Père, dans la cathédrale ; une vierge dans [l]'église de Santa-Maria-in-Grado.

A FIEZOLE,

[P]*ar Giovanni :*

Un Romulus, évêque de Fiezole, dans la cathédrale.

Par Andrea :

Un calvaire dans l'église Santa-Maria-Primerana, dont l pareil est au Louvre.

A SAN GIOVANNO (en Toscane),

Par Andrea :

Une assomption, à la porte de la principale église.

A AQUILA,

Par Luca :

Une résurrection, à l'église de S. Bernardino.

Les autres œuvres architecturales en terre cuite, qu'on vo encore en Italie, et qui sont attribuées aussi à cette famil d'artistes, me paraissent être de leurs continuateurs, ou a moins très-douteuses, de sorte que je n'en donne pas la des cription.

C'est ici la place de parler des *Bacini*.

Quelques auteurs, sur la foi d'un journal manuscrit de Daw son Turner, croient que les plus anciens plats, appelés « ba cini, » incrustés dans quelques monuments de Pise, proviennen d'un butin que les Pisanais avaient rapporté de la guerre contı les Maures des îles Baléares en 1114; — mais je les crois plutô de provenance sicilienne et de commerce, d'autant plus que l façade de l'église San-Sisto à Pisa, construite seulement a commencement du quatorzième siècle, est décorée de faïence siculo-musulmanes.

Il est vrai que Giambattista Passeri prétend que ces faïence sont de fabrication et d'exécution italienne, de Pesaro ; — ma cet auteur, né en 1794, a voulu tout simplement en attribue l'honneur à sa patrie, sans croire lui-même à ce qu'il avançai Quelques passages qui se trouvent dans les ouvrages de *Scali ger*, bien antérieur à Passeri, contredisent les insinuation de ce dernier.

On attribue aussi quelques plats signés

F. I. (*Firenze?*)

à la fabrication de Firenze, mais ils sont d'une époque bie postérieure.

Voir pour les *briques qui surnagent sur l'eau*, fabriquées pa Fabrioni de Firenze avec la *farine fossile*, à l'article des po teries hispano-musulmanes (Massilina et Calente), page 270.

Benedictus Buglioni est un céramiste modeleur qui vivait Firenze vers 1500, auquel on attribue des bustes et statuettes terre cuite.

Actuellement, ce sont M. *Freppa*, M. *Parigi*, M. D. C. *Puliti*, . *Villoresi*, et Mme *Furiani* et comp., qui y fabriquent des rres cuites de Signa[1] et des cruches émaillées. Voir *Doccia* *Alla-Doccia*), pour la fabrique de M. Ginori.

FAENZA,

Ville dans la Romagne. (Cette ville a donné son nom à la faïence en France.)

AIENCE A ÉMAIL STANNIFÈRE. 1450 à 1782

La pâte de Faenza est ordinairement mince et bien moins ourde que celle de Pesaro.

La plus ancienne pièce *signée* des poteries de Faenza que je onnaisse est celle de 1475, au musée de Cluny, dont voici inscription :

NIOOLAVS.DE.NASNOLIS
AD.NONOREM.DE FET
SANCT MICHAELIS.
FECIT.FIERFANO.1475

C'est une plaque circulaire portant au milieu le monogramme du Christ en caractères gothiques, entourée de guirlandes, de feuillages bleus sur fond blanc, et un monogramme dans la guirlande. L'inscription dit :

Nicolaus de Ragnolis ad Honorem Dei et sancti Michaelis fecit.
fieri, an. 1475.

Giano Brama, de Palerme, peintre. 1500 à 1550

Une superbe plaque de 46/65 cent., conservée au musée de Sigmaringen, provenant de la collection Minutoli, et dont le décor représente une descente de croix, est marquée :

Giovano Brama dj Palerma 1546
in Faenza.

1. *Signa* est un gros village sur l'Arno où l'on fabrique des chapeaux de paille.

M. De Lange m'a communiqué le monogramme suivant, qu'i

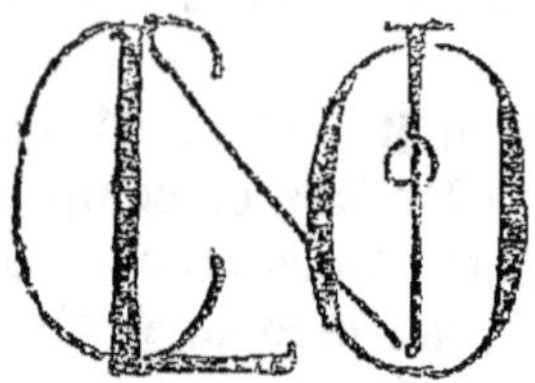

a recueilli sur un plat de la collection Basilewsky, où le déco représente Charles-Quint et porte en outre le millésime de 1521

(Probablement aussi un monogramme de Nicolo d'Urbino.

Un autre plat de la même collection est marqué :

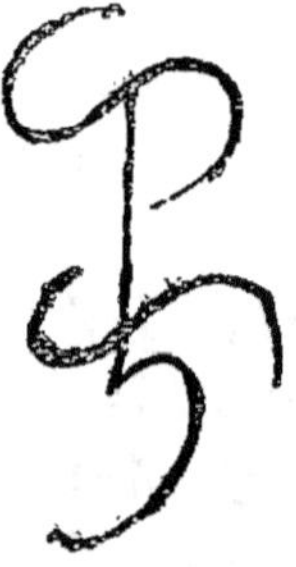

Baldesara Manaca ou Manara, potier. 1520 à 156

Une plaque ronde, au musée Britannique, porte de cet ar tiste l'inscription suivante :

Mille cinque cento trentasei a di tridi luie Baldesara Manara faentin faciebat

et une assiette, appartenant à M. le marquis d'Azeglio :

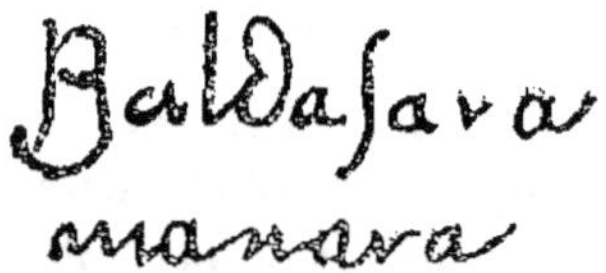

Vergillio Manred, potier.

Nicolo da Fano, peintre.

On lit sur un plat :

Fato hèllà Botéga di maestro vergillio da Faenza. Niclo da Fano.

Quelques plats portent la date 1455 et 1475, et des vase de pharmacie celle de 1500.

Derrière une plaque d'une grande beauté, dont la composi-

›n du décor est prise d'un carton d'Albert Durer, se trouve marque :

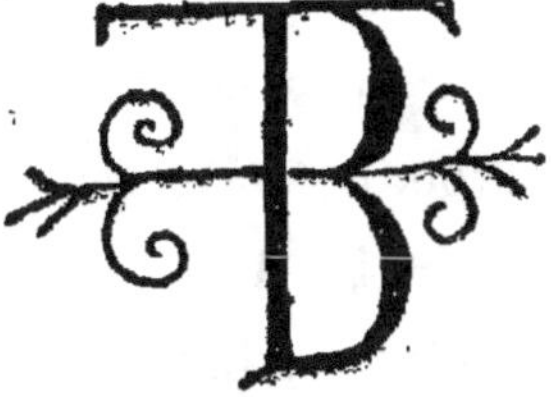

Une autre marque de Faenza est celle-ci :

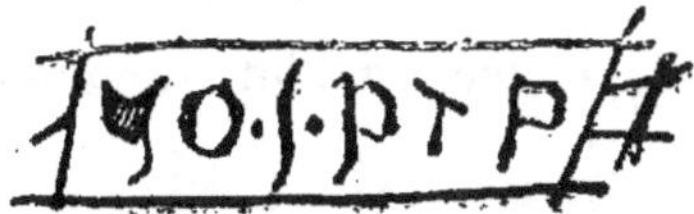

Sur un plat peint en camaïeu bleu, à rehauts d'or et reflets étalliques, représentant *Diane surprise au bain par Actéon*, après Montegna [1] et qui appartient au musée de Cluny, on la marque :

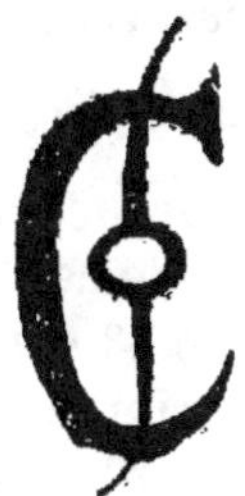

Un autre pièce de ce même musée, n° 2082, est marquée :

In Faenca.

Le n° 2081, un vase de pharmacie, est daté :

1500.

Un plat, à décor camaïeu bleu, toujours au même musée, ›rte :

1682.

Le n° 29, au musée Campana, est marqué :

In Faenca, 1561.

1. Peintre graveur né à Padua en 1430, mort en 1505.

Sur un plat de la collection du musée de Braunschweig, pr
venant de l'ancienne collection de Salzdalen (Salzdalum), on li

Faença oh opsus fecit a di 12 *de abrile* 1543. *Storia de lena.*

Au musée de Kensington. n° 2742, une plaque est signée :

F. R.

Un plat couvert de belles attributions en camaïeu bleu, d
la collection Fayet à Paris[1], porte le millésime de

1528.

Deux pièces de la collection Piot, vendue en 1864, étaie
marquées :

N C et T. S.

M. de Basilewsky possède un plat de Faenza qui est daté d
1503.

Deux grands pots de pharmacie de la collection de M. Lou
Flavigny, à Elbeuf, attribués par le catalogue de l'expositio
à Faenza, mais que je n'ai pas vus, sont signés :

Andrea Pantaleo pingit 1616 ;

et madame la vicomtesse de Grouchy, à Paris, possède un p
à goulot qui est décoré d'une vue de Faenza même.

Un grand et superbe plat de 48 centimètres de diamètre, d
la collection de M. Pietro Lorini, à Pesaro, où le sujet repr
sente la fille de Virginie devant Assius, qui est assis sur u
siége où on reconnaît la louve romaine, plat remarquable p
son bord à riches arabesques et sa bordure à dessin blanc fix
montre dans les ornements les initiales

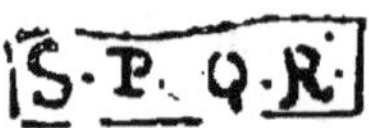

qui sont celles des mots :

Senatus Populusque Romanus,

inscription que l'on rencontre souvent.

1. M. Fayet, à Paris, possède une remarquable collection d'armes, de meubl
de faïences, de tableaux, miniatures, et de toutes sortes d'objets d'art *italie*
qu'il a recueillis dans ses voyages en Italie. Cette belle collection contient pl

Un médaillon de 17 centimètres de diamètre, de ma collection, décoré du portrait d'un *Paulus Oricella*, en costume du temps de Louis XIV, à grande perruque et peint en polychrome, porte l'inscription :

Paulus Oricella. Clar. Johannes. F. Is.

A l'envers de ce médaillon se trouve la date 1703.

Au musée royal de La Haye, on remarque un magnifique plat de la même fabrique. Le coloris des arabesques et celui des figures, dans le principal sujet, est fort beau. Le bord à fond bleu de perse, couvert d'arabesques à chimères et d'ornements de la Renaissance, est séparé du sujet par une bande en fond blanc jaunâtre à ornements en *blanc fixe*, d'un effet charmant. On trouvait aussi à la collection Mathieu Meusnier, un beau plat à cannelures flammes, en bleu à décor blanc fixe, et à médaillon jaune au milieu.

On rencontre beaucoup de plats de la provenance de Faenza. en fond bleu perse, quelquefois godronnés, dont les décors, le plus souvent en gris blanc, à ornements dits chimères, et à attributs de musique, rappellent les dessins d'Urbino. Ces plats sont ordinairement *minces de pâte.* et quelquefois couverts d'émaux en couleurs vives.

CASTELLI, au nord de Napoli,

Et les quarante-cinq fabriques dans les Abruzzes.

TERRES CUITES OPAQUES SOUS ENGOBE (*veste di terra*) et *à vernis plombifère*, dite *mezza-maiolica* et aussi *lavori alla Castellana* (travaux à la Castelli), vers 1450

FAÏENCE A ÉMAIL STANNIFÈRE, à partir de 1525, jusqu'à nos jours.

Raffaelli di Urbania et *Cipriano Piccol-Passo* ont mentionné cette première poterie engobée.

On trouve encore souvent des tessons de cette ancienne mezza-maiolica, dans des fouilles faites à Castelli.

sieurs pièces excessivement rares, parmi lesquelles se trouve l'épée en fer ciselé de Marco Visconti, et qui porte le portrait et le chiffre de ce guerrier perfide; les morions et armures gravés et sculptés provenant du champ de bataille de Pavie où fut vaincu en 1525 François Ier; le bahut en bois sculpté dont le sujet, en ronde bosse, représente la mort de César; la poire d'angoisse, dont se servaient les aides inquisiteurs; un rare petit meuble en cuir repoussé, ciselé et peint, ainsi que plusieurs manuscrits.

Les faïences à émail stannifère, introduites dans les usines de Castelli et des Abruzzes, au commencement du seizième siècle, probablement par Luca Della Robbia, ne peuvent pas être comptées parmi les plus artistiques de l'Italie, et Castelli n'a brillé que par les œuvres des *Grue,* des *Gentile,* des *Capelleti* et des *Funia,* qui sont tous des maîtres de la décadence de la fin du dix-septième et dix-huitième siècle, et qui, la plupart, ont peint au petit feu.

La plus ancienne faïence à émail stannifère de Castelli, *datée,* est un carreau de pavage (mattonella), appartenant à M. le docteur *Concezio Rosa,* amateur et savant distingué, auteur de l'histoire des faïences castellianeses. Ce carreau est marqué :

Fecit. Hoc.
Titus. Pon
Pei. M. D. X VI

De la fin du seizième siècle à la fin du dix-septième, Castelli a aussi fourni quelques remarquables œuvres de modelage, comme bas-reliefs, statuettes, etc.; et l'église de Saint-Donato, près de Castelli, offre un véritable musée pour l'étude de la peinture céramique de ce pays.

Voici tous les peintres céramistes connus de Castelli, rangés par ordre chronologique.

Lolli, Antonio, du seizième siècle, peintre du célèbre plat : *Giudizio di Paride* (Jugement de Paris), conservé au musée Bonghi, et qui est signé :

Antonius Lollus de Castellis. Inventor.

Pompei (Orazio), le vieux, également du seizième siècle.

Cet artiste, qui habitait la maison, à Castelli, connue sous le nom de *Casa Pompei,* l'avait ornée de nombreuses majoliques, dont une, placée entre les deux portes, représentait la *Vierge* avec *l'Enfant Jésus* (madonna col Bambino); on y lisait l'inscription :

1551. *Oro.* (Le maître de la maison?)

Il y avait aussi une autre inscription qui disait :

Hace est Deus Oratii Figuli. 1569.

M. le docteur Rosa possède une faïence de cet artiste, datée le 1588. Orazio, le vieux, n'a produit que des peintures au grand feu et d'une cuisson de vingt-quatre heures (*a vintiquattr'ore a gran fuoco*) et exécutées sur l'émail cru (*smatto crudo*).

Pompei (Orazio il giovine) (le jeune) a peint, en 1616, plusieurs faïences à l'église de Saint-Donato, près Castelli. M. le docteur Rosa possède de cet artiste un *Saint-Matthieu*, l'évangéliste, qui porte le millésime de 1610.

Guerreri (Giovanni), peintre céramiste du dix-septième siècle, connu par des majoliques de peu de valeur, à l'église de Saint-Donato, qui sont signées.

Canelli (Steffano) a peint au commencement du dix-septième siècle; des œuvres fort médiocres de cet artiste se trouvent à l'église Saint-Donato.

Pilippi (Girolamo). On connaît de ce peintre médiocre, à la même église, des majoliques de l'année 1616.

Pillipi (Jacobo). *Idem.*
Fracesco (di) (Berardino). »
Francesco (di) (Gio. Antonio). »
Fraticelli (Pasquale). »
Trito (Nicola). »
Simone (Setta). »
Rinalto (Marcantonio). »

Grue (Francesco)[1], né en 1594. On connaît de cet artiste une *Maria Maddalena* et une *Venue de la maison de Santa casa, à Loretto*, etc., majoliques qui ornent l'autel de l'église paroïchiale de Castelli; elles sont signées :

FG. DE. CHA. P. 1647.

Une pièce au *museo de Minicis*, à Fermo, porte :

F. Grue esemplai 1677.

Gentile (Bernardio il vecchio) (le vieux), mort en 1683, est

1. Francesco Grue, né en 1594, est le premier des Grue que M. le docteur Rosa a mentionnés. Lazari dit qu'un céramiste du nom de *Saverio Grue de Castelli* avait fait demander et obtenu, en 1569, un privilége de Gui d'Ubaldo II, pour la réinvention de la dorure, mais ce même fait est rapporté concernant le céramiste Giacomo Lanfranco (voir Pesaro).
Dans tous les cas je ne connais aucun Grue avant le Grue né en 1594.

l'auteur d'une majolique appartenant à M. le docteur Rosa e sur laquelle on lit :

Questo Crocifisso del Carmine lo fece Bernardino Gentile per sua devozione. 1670.

Grue (Carlantonio), fils de Francesco Grue, né en 1655, mort e 1723, est surnommé : *il restuuratore della pittura in maiolica* à Castelli, et il est le père des quatre peintres céramistes, *Fran cescantonio, Anastasio, Aurelio,* et *Libero* Grue. Cet artiste ordinairement signé :

C. P.

mais M. le vicomte d'Armaille possède deux charmantes as siettes, signées :

C. A. G.

que l'on attribue également à cet artiste.

Cappelletti (Candeloro), né en 1682, mort en 1772, était l'élèv de son oncle, Carlantonio Grue. Peintre, il s'est fait militair et est redevenu peintre. Il était bon paysagiste et modeleu M. le docteur Rosa possède de lui une statuette de *Saint-Giu seppe.*

Cappelletti (Nicola), fils de Bernardino, né en 1691, mort en 176

Grue (Francescantonio) (Francesco-Antonio-Saverino), fi aîné de Carlantonio Grue, né en 1686, mort en 1746, était u peintre qui avait obtenu le doctorat de théologie et de philo sophie. Les pièces signées *F. A. Grue* 1677, paraissent don être des produits de la contrefaçon, si toutefois elle ne son pas des œuvres de Francesco Grue.

M. Raff de Minicis, à Fermo, possède une céramique attribué faussement à ce docteur, qui est signée :

Fr. A. Grue eseprai
1677.

pièce qu'il devait donc avoir peinte neuf ans *avant sa nais sance!*

On voit de ce peintre à la petite église de *Sant-Angelo,* prè *Lucoli,* dans la province d'Aquila, un tableau exécuté dans un des fabriques de *Bussi,* qui représente saint *Francesco Saverino* et porte l'inscription suivante :

FRANC. ANT^s. XAVERS^s GRUE
PHIL. ET TEOL. DOCTOR
INVENTOR ET PINXIT
IN OPPID. BUXI.
ANNO D. 1713.

Au musée Bonghi, une assiette (tondino) décorée d'un paysage, est signée :

Doctor Franc. Ant. Grue. F. Neap. Anno 1718.

On connaît de ce savant artiste, qui a aussi travaillé à la manufacture royale de porcelaine à Naples, mais qui n'en a *pas* été le directeur, le sonnet suivant qu'il a fait à l'occasion de la canonisation de saint Francesco-Saverio :

Eccelse édificar Chiese novelle,
Oratori fondar stabili e fermi,
Contro l'empie d'Averno armi rubelle,
Agli huomini apprestar ripari e schermi;

Render tant'alme al Re del Cielo ancelle,
Prodar d'alta virtù rampolli e germi,
Piegar con prieghi al suo voler le stelle,
Vita a' morti donar, spirto agl' infermi ;

Haver candida mente e cor sincero,
Por freno di ragione ai sensi erranti,
Puro il sen conservar, casto il pensiero :

Questi que pregi son, questi que' vanti,
Onde già mosso il Successor di Piero
Il gran Francesco annovero tra Santi [1].

Gentile (Giacomo il vechio) (le vieux), oncle de l'autre peintre de ce nom et fils de Bernardino il vechio, né en 1668, mort en 1713.

Gentile (Carmine), autre fils de Bernardino il vechio, né en 1678, mort en 1763. Il a peint l'histoire sacrée. Le musée Benghi possède de lui une *Vierge* d'après le Domenichino, qu'il a signé :

C. G. P.

1. Le Dr. Rosa a reproduit dans son travail sur les faïences de Castelli, tout un poëme de 49 strophes de ce même peintre, et qui porte pour titre : *Vita e morte*, etc.

Mattucci (Stefano), né en 1681, était un peintre céramiste dont aucune œuvre n'est venue jusqu'à nous.

Martinio (De) (Tommaso) père, qui vivait entre 1697 et 1768, était un bon peintre céramiste.

Grue (Giovanni il giovine) (le jeune), né en 1698, mort en 1752. Je ne connais aucune de ses œuvres.

Roselli (Math.). Une grande et belle plaque carrée, au musée de Berlin, est signée :

Math. Roselli fec.

Rocco (G.). Une plaque ronde, au même musée, et dont le décor représente le baptême du Christ, porte :

G. Rocco di Castelli. 1732.

Grue (Anastasio), fils de Carlantonio Grue, né en 1691, mort en 1743.

Grue (Aurelio), autre fils de Carlantonio Grue, né en 1699 et qui vivait encore vers 1743, s'est appliqué à peindre des animaux et des sujets champêtres.

Grue (Pietro-Valentino), né en 1701, mort en 1776, était un fort médiocre peintre.

Grue (Liborio), dernier fils de Carlantonio Grue, né en 1702, mort en 1776. Il a peint l'histoire. Le musée Bonghi possède de lui une *Création de la Parole*, qui est signée :

Liboricus Grue P. (écrit au rebours.)

cet artiste a aussi signé :

L. G. P.

Olivieri (Dominico-Antonio), notaire et peintre céramiste, a vécu de 1710 à 1793.

Giaobbe (*di*) (Gaspare), né en 1714, mort en 1743.

Russi (Mattia), né en 1717, mort en 1790.

Gentile (Giacomo il giovine), le jeune, fils aîné de de Carmine Gentile, né en 1717, mort en 1765, peintre de scènes champêtres et quelquefois de sujets historiques. Ses pièces signées sont rares.

Matucci (Francesco), né en 1718, mort en 1798.

Grue (Francesco-Saverio), né en 1720, d'une branche des Grue, et mort en 1755. Il a peint des sujets d'histoire, des cosumes et des scènes de famille ; ses œuvres se signalent par expression des figures. (Voir les faïences de Naples.)

Tiberi (Pietrantonio) a vécu de 1710 à 1781, et a peint le aysage et les animaux.

Fuina (Nicol'Amato), père de Gesualdo Fuina, est né en 721, et était un peintre fort médiocre.

Grue (Nicolo-Tommaso), fils d'Ancidello, a vécu entre 1726 t 1781.

Gentile (Bernardino il giovano), le jeune, fils de Carmine entile, né en 1727, mort en 1813. Ce peintre, peu correct ans son dessin et dans sa perspective, et aussi nul pour les expressions de ses figures, a peint des scènes pastorales et d'histoire.

Cristafari (Giulio), docteur et céramiste, est connu pour un rgue, tuyaux et buffet, entièrement en faïence, et dont M. le octeur Rosa possède encore un tuyau.

Setto (Bartolomo), né en 1729.

Grue (Saverino), né à Naples en 1731 (voir la notice sur cet rtiste à l'article des faïences et porcelaines napolitaines) ; sa ignature est :

S. *Grue* et aussi 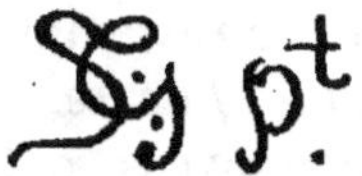 (au musée de Sèvres.)

Martinis (*de*) (Silvio), fils de Tommaso Martinis, né en 1731, rtiste dont les œuvres sont fort rares et qui a aussi travaillé à a manufacture royale de porcelaine à Naples. Il est l'auteur de a majolique à l'autel de l'église paroissiale de Castelli. Il y a eint la : *Venuta della casa in Loretto,* peinture qui montre le istique suivant :

Mors erat in promptu, vitæ spes nulla, vocato
Nomine mors abiit, spesque redivit orans

Fuina (Gesualde), fils de Nicol'Amato Fuina, né en 1755, ort en 1822. Ses peintures sont cuites au feu de mouffle : ce ont des animaux et des fleurs ; il a signé :

F. et aussi *Fuina*.

Gregorio (de Castelli) était un peintre de la fin du dix-huitiéme siècle, dont il est fait mention à *Deruta*, localité où s'est établi.

Les *Grue*, les *Gentile*, les *Fuina*, et autres, ont aussi travai à Naples. (Voir les faïences et les porcelaines napolitaines.)

Gianini est encore un nom de peintre céramiste que j'ai cueilli sur une assiette de Castelli et que j'attribue au dix-huitiè siècle.

M. Michel Pascal, à Paris, possède une tasse avec sa s(coupe, décorées en polychrome de paysages animés de figur qui sont marquées :

D. C.

et qui me paraissent également de Castelli, probablement d' des Grue.

Castelli a toujours produit beaucoup de plaques, et partic lièrement celles qui sont décorées de mauvais paysages. C'(la seule majolique italienne où le paysage n'a pas été toujou sacrifié, où il domine même le plus souvent. A côté de quelqu remarquables pièces, on y a fait de bien détestables chose de sorte que la grande quantité de marchandise de commerc a fait déprécier ces fabriques. L'Italie est inondée d'assiett des Abruzzes qui se ressemblent toutes et ont rarement le c chet artistique de la *faïence*.

Les couleurs employées sont le jaune, le vert, le violet, l'az et le noir ; le rouge était inconnu aux artistes de Castelli, q l'ont remplacé par un jaune foncé. On a peint l'histoire, l'all gorie, la fable, des batailles et des chasses, des costumes et d scènes de familles, des animaux et des fleurs, des bambochad et même des caricatures, mais avant tout le paysage.

Un grand nombre de faïences de Castelli a été décoré d': près les gravures de Domenicio Campagnola.

En 1743, il existait encore, à Castelli même, 35 fabriques. L *chicheres* (tasses à café) se payaient ordinairement 24 à 36 ca lins la douzaine, dès qu'elles étaient ornées de beaux paysag(et un peu plus, si les peintures étaient des sujets historique On voit par une lettre, écrite en 1725 par Carmine Gentile, mentionnée par M. le docteur Rosa, que cet artiste vendait douzaine de tasses avec la cafetière 28 ducats (à peu près 320 fr.

On travaille encore à Castelli, mais c'est une fabrication q n'a plus rien d'artistique.

ROVEZZANO.

TERRE CUITE A ÉMAIL STANNIFÈRE.

Bènedetto, céramiste. 1480 à 1550

PESARO,

Ville de l'ancien duché d'Urbino.

FAÏENCE A ÉMAIL STANNIFÈRE. 1490 à 1615

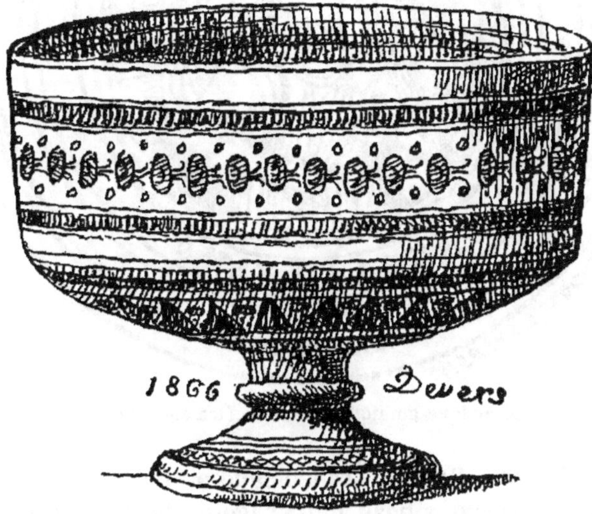

Coupe en faïence de Pesaro de la collection Lecarpentier.

M. Joseph Halphen possède une semblable coupe.

Les faïences de la première époque sont lourdes de pâte et naïves de dessin ; le bleu domine dans le décor.

La plupart des faïences de la seconde époque sont à reflet métallique, reflet qui n'a cependant rien du nacré de Gubbio, et qui ne ressemble pas non plus au reflet des faïences musulmanes.

Les premières productions de cette localité ont une touche sauvage. Un plat ou coupe, de ma collection, décoré d'une *sainte Cécile*, peinte en vert, jaune et brun, sur un fond bleu et blanc, est une de ces pièces anciennes que l'on pourrait appeler gothiques.

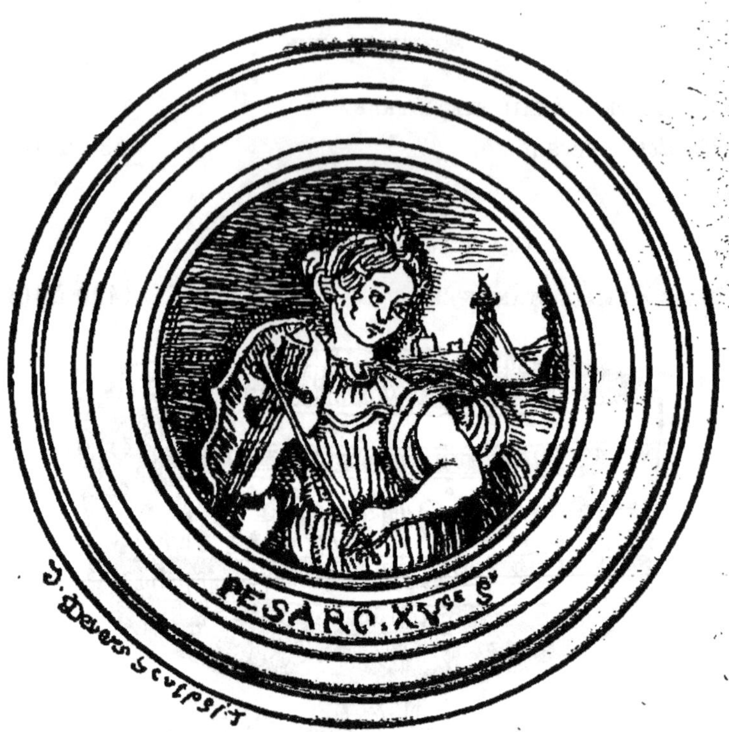

Céramique gothique de Pesaro (ma collection).

Giam. *Batista Passeri*, archéologue et célèbre géologue du dix-huitième siècle, a beaucoup exagéré, dans son *Histoire des peintures sur majoliques*, l'importance de la production de Pesaro, aux dépens des autres centres de fabrication du duché d'Urbino. Son livre paraît être uniquement écrit pour flatter quelques protecteurs, et la ville de Pesaro elle-même, nouvelle patrie de l'auteur, à laquelle il accorde la première place pour la fabrication des majoliques, quoique Urbino lui fût bien supérieure pour le style et la beauté de ses productions.

Gui d'Ubaldo II, della Rovere, duc d'Urbino, protecteur 1538

Geronimo Vasaro, potier, qui ajoutait souvent, après la signature de son nom, 1540

I. P. (*In Pesaro.*)

Como Gorio, peintre. Vers 1543

M. E. Fleischbauer, à Colmar, possède un plat rond à pied,

ù le sujet de la peinture représente : *Apollon tirant ses flèches* *ur les fils de Niobé*, et qui est signé :

Como Gorio. — Fiolli di Niobe, fato in Pesaro. — 1543.

Fantanó ou *Fantana*, peintre, probablement Orazio Fantana e Castel-Durante, déjà mentionné (voir *Urbino*). 1545

Batista Franca, peintre. 1550

Terencio, céramiste et peintre, fils de Mateo boccalaro (fabriant de bocaux) qui marquait : 1550

T. et aussi *Terentio*.

Passeri mentionne une assiette signée :

Fatto nella Bottega di Maestro Baldasar *Vasaro da Pesaro. Per la mano di* Terenzio *Figl. di Maestro Mattæo Boccalaro* Terrenzio *Fece* 1550.

Raphaël del Calle, céramiste et peintre 1555

Terenzio di Matteo, peintre. (Est-ce le frère du céramiste mentionné par Passeri, où est-ce le même ?) 1560

L'époque de la décadence et de la fin des fabriques de Pesaro est fixée par Passeri, vers 1575

En 1757, la fabrication fut reprise sous le cardinal Merlini.

Quelques plats de la première époque sont marqués :

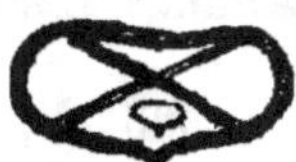

Frati mentionne, dans son catalogue de la collection Delsette, ne faïence pesarienne de la fin du quinzième ou du commencement du seizième siècle, qui est marquée :

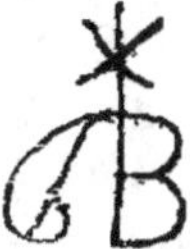

Giacomo Lanfranco de Pesaro[1] fut breveté par le duc Gui

1. On verra dans les chapitres qui traitent des faïences de Napoli et de astelli, que, selon Lazari, le céramiste Saverio Grue, demanda et obtint, en

d'Ubaldo II, en date du 1er juin 1567, pour l'application de l dorure. (Voir page 70 de l'Introduction.) Les Allemands en a pliquaient déjà au treizième siècle, et les Hollandais l'avaie également employée au commencement du quinzième siècl Le musée Sauvageot possède un vase de Hirschvogel de Nürn berg, de 1500, avec de la dorure.

Les plats creux, dans la forme des plats à barbe, mais to ronds, servaient dans le duché d'Urbino à donner des dragé et des sucreries aux dames préférées, dans les grandes fêtes bals, particulièrement aux fêtes de noces.

Passeri dit que l'on lisait sur un de ces plats, en italien :

O belle fleur,
Mon bel amour,
Mon cher amour,
La Grisola, la Grisola !

Un des plus rares plats de Pesaro est celui de la collecti Fayet, à Paris, acheté à la vente Leblond, sur lequel l'artiste peint le portrait de Raphaël en grandeur demi-nature, dans genre du portrait de la galerie de Firenze. Le buste, quoiq largement brossé, me paraît l'œuvre d'un élève du grand ma tre. C'est le *seul* exemplaire peint de cette manière que je co naisse. Deux autres plats appartenant également à M. Fayet, l' un *Combat naval*, l'autre *Adam et Ève après la chute, labourant terre,* sont marqués :

1525. V.

V. veut dire U. (*Urbino* ?)

Au musée de Berlin, un des plus riches de l'Europe en m joliques, se trouvent les œuvres suivantes, qui, comme style genre, doivent être classées parmi les productions pesariste nos 20, 25, 54, 70, 71, 96, 97, 98, 99, 109, 110, 111, 112, 11 114, 115, 116, 117, 118, 119, 128, 139, 150, 163, 168, 185, 18 190, 202, 203, 273, 275, 276, 277, 279, 280, 281, 282, 284, 34 419, 420, 422, 423, 449, 456, 470, 472, 490, 492, 494, 497, 49 504, 522, 532, 534, 566, toutes marquées d'un

E.

1569, ce même privilége. Y a-t-il confusion ou sont-ce effectivement deux tistes distincts qui ont obtenu chacun un brevet distinct (voir Castelli).

M. le docteur Rosa n'a mentionné aucun *Saverino* Grue du seizième siècle.

Quelques-unes portent même une date antérieure à celle fixée par Passeri.

N° 21 est marqué :

192 N

221 VR. Æ.

561 M. Q.

On trouve aussi un joli plat de Pesaro au musée des antiquités de la porte de Hall, à Bruxelles.

N° 2084, plat rond, décor chasse au sanglier et au lièvre, du musée de Cluny, est marqué

P.

Pesaro a également fabriqué des terres cuites, dites demi-majoliques ou à vernis plombifère.

Un potier français du Midi, probablement de Marseille ou de Moustiers, s'est établi vers la fin du dix-huitième siècle à Pesaro, où il a continué de fabriquer le genre français. On reconnaît ces faïences à leurs nuances de décor, où le rose, le jaune et le vert dominent uniquement, comme sur les faïences de Strasbourg et de Marseille. (Voir aussi Rolet à Urbino.)

Un plat de la collection De Bruge porte :

Pesaro. 1771.

Je ne l'ai pas vu. Il pourrait bien être une production de ce potier français, puisque depuis le commencement du dix-septième siècle, les majoliques artistiques ne se sont plus fabriquées à Pesaro.

Calegari est encore un potier de Pesaro. J'ai vu une soupière, où la forme et le style des dessins indiquaient la fin du dix-septième ou le dix-huitième siècle, marquée

G. G. Pesaro.

Cette soupière était attribuée à Calegari. Il se peut que les deux G dussent représenter deux C — c'est-à-dire la premièr lettre du nom de ce céramiste.

GUBBIO, MONINA et GUALDO,

Petite ville des États ecclésiastiques, tout près de Gubbio.

FAÏENCE A ÉMAIL STANNIFÈRE. 1490 à 155

Cette faïence est souvent en couleur rubis, tirant sur l'or ; o en rencontre aussi à reflets métallique et nacré. Les plats e assiettes d'une pâte mince ont quelquefois des reliefs et l centre ombilical.

En outre des faïences à reflets métallique, nacré et cuivr on a fabriqué dans cette localité des plats peints en couleur minérales ordinaires, comme dans les autres fabriques italien nes. N° 489, 491, 497, etc., au musée du Louvre, sont attribué par le catalogue à Gubbio, et n'ont point de reflet métalliqu

Un semblable plat avec l'inscription :

Speranzia. Mia. B,

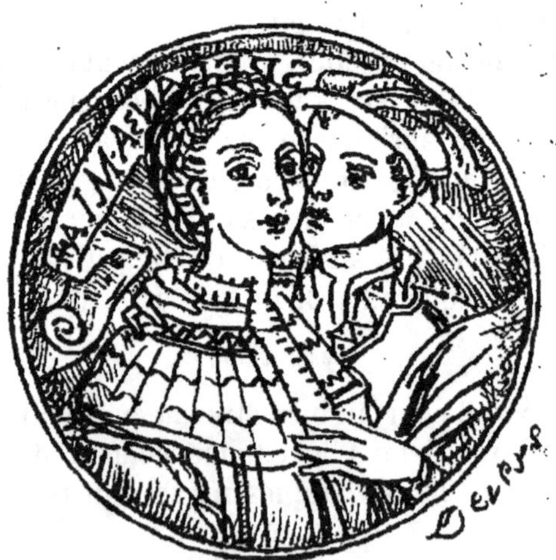

et dont voici le dessin, faisait partie de la collection Le Car pentier.

Je pense que cette attribution laisse des doutes.

Giorgio Andreoli di Pavi, statuaire et peintre céramist mort en 1540, florissait de 1498 à 154

Son monogramme authentique était[1] :

M. G. F. (*Maître Georgio fecit.*)

Le plat rond, n° 175, au musée de Sèvres, marqué :

Don Giorgio, 1485,

ne peut donc pas être de ce même maître.

La plupart des œuvres de cet artiste sont sans marque. Un beau plat, dont le dessin représente le dévouement de Curtius d'après Raphaël, appartient au musée de Cluny. Une coupe du même musée, n° 164, est marquée :

G

et les nos 458 et 486, superbes pièces également de Gubbio, sont marquées :

E.

(Voir pour cette marque, Pesaro.)

Ce maître Giorgio a ainsi varié ses signatures de bien des manières.

En 1519, il marquait :

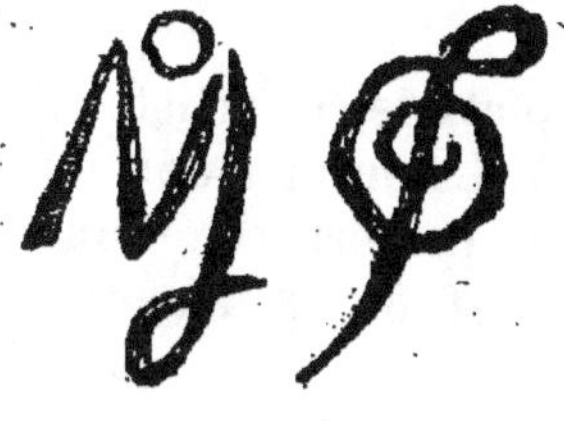

ou

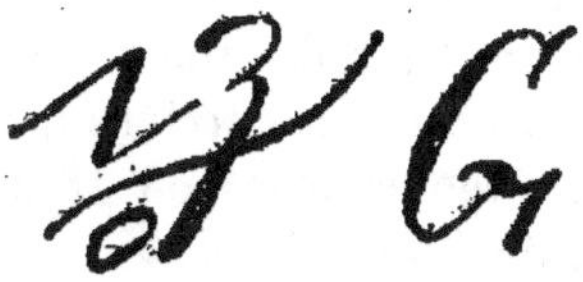

ou

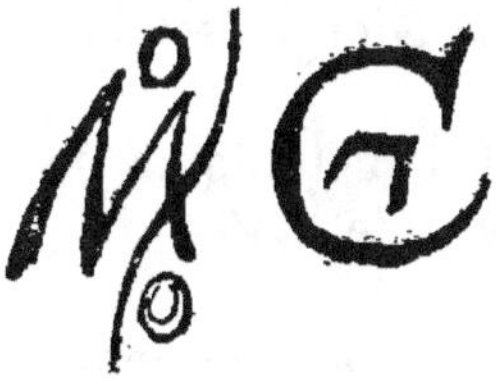

1. Voir *Raphaël d'Urbin et son père Giovanni Santi*, I, p. 422, ouvrage publié par M. Passavant.

En 1526, 1531 et 1537, il signait :

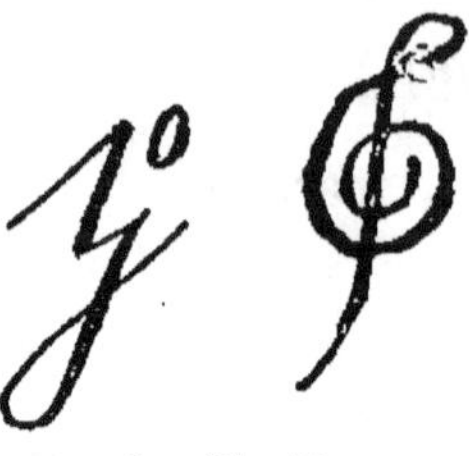

ou

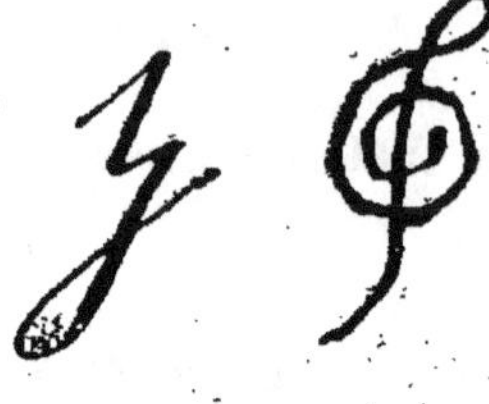

des Ugabio *da Ugabio*

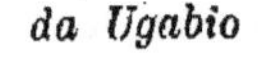

ou

Luigi Frati parle, dans son catalogue Delsette, d'une assiette (Tondino, nº 166), peinte par Giorgio en 1540, marquée :

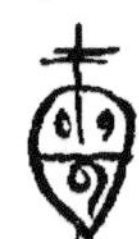

Au musée de Berlin se trouvent trois plats de cet artiste; ils portent les millésimes 1519, 1534 et 1540. Le dernier doit être de la fin de la carrière du peintre, qui serait mort, selon quelques biographes, en 1540. Les plats nºs 46 et 92, au même musée, marqués :

G

sont sans doute aussi de lui.

Un fort beau plat de Giorgio est l'ancien nº 533 du musée Campana.

Un autre plat à reflet métallique, de la collection Fayet à Paris, porte le millésime de 1540.

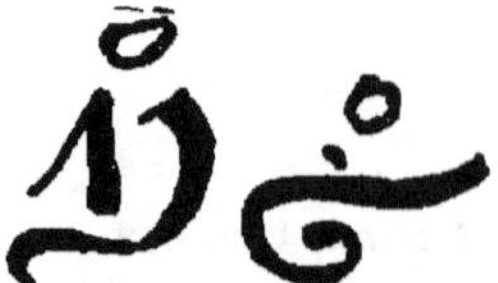

est le monogramme recueilli sur une céramiqne de la collection Soulages;

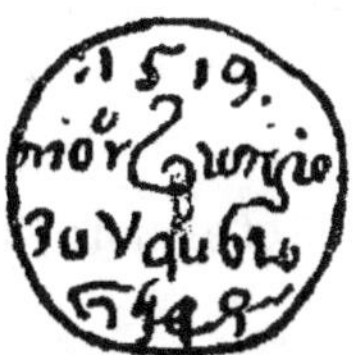

sur une assiette, appartenant au musée Kensington;

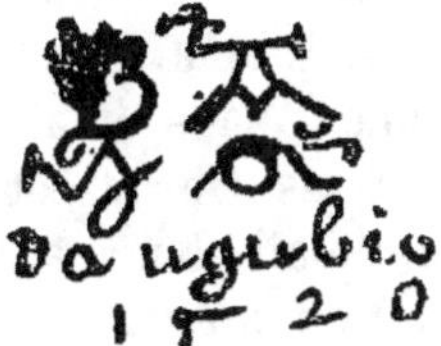

sur une assiette de la collection Barker;

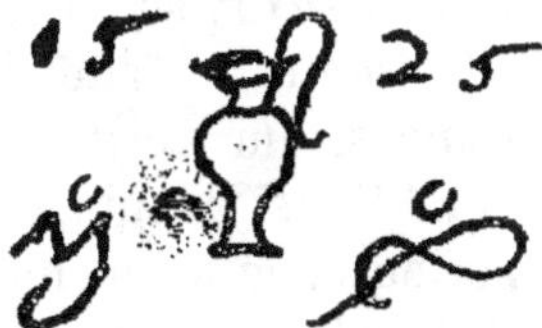

sur une assiette de la collection Narford;

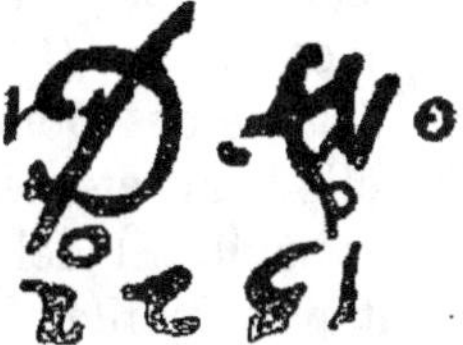

sur une assiette de la collection Amhurst.

Il existait dans la collection Meusnier un superbe plat à reflet métallique, où l'on voyait un homme à cheval couvert d'une armure et priant. Le dessin, tout à fait dans le caractère allemand, doit avoir été copié d'après un dessin du temps, d'Albrecht Durer ; on lisait autour la devise :

I. O. MARE. CHOM. A. DO. ANIO.

Un autre plat de la même collection et également du seizième siècle, portait sur le marli les noms « Gabriel da Gubio, » e tourés de quatre armoiries, et était marqué :

Y. A. E.

Un beau plat ornementé et armorié de ce maître, au British M seum, est signé :

M°. G° da Ugubio 1527.

Andreoli (Giorgio) a aussi exécuté des œuvres céramiques grande sculpture, en ronde bosse, haut et bas reliefs, dans genre de celles des Della Robbia. Les têtes de ses grandes cé miques sont ordinairement sans émail, et un cercle *jaune* doré entoure celles de ses Christs et Vierges; Luca laiss toujours ces cercles en émail blanc, s'il ne les dorait pas, m *jamais* ne il les colorait en *jaune*.

Le plus beau monument de ce genre que je connaisse maître Giorgio se trouve au musée Städel, à Francfurt-sur-Main

C'est un mur d'autel qui se divise en trois parties distinct La partie du milieu représente la Madonna del Popolo, debo et couronnée par des anges, qui abrite sous son manteau fidèles de toutes les conditions, depuis le pape jusqu'au pau pèlerin. La partie supérieure, de forme demi-circulaire, mont Dieu le Père bénissant, et adoré par deux anges. Sur le socle voit le Christ debout dans le tombeau; sainte Marie, sai Jean, saint Sébastien et saint Roch sont à ses côtés. Cette ric composition avait été exécutée en 1511 pour l'autel de la M donna del Rosario, de l'église des Dominicains à Gubbio. So l'occupation française elle avait été démontée, mais laissée et fut acquise, en 1835, par M. Städel. Les têtes et les mai des personnages ne sont pas émaillées, non plus que la robe la vierge qui est richement peinte.

M. Barker, à London, possède un grand et magnifique pl de Gubbio, qui est marqué :

H.

N° 2092, au musée de Cluny, un plat cerisé, attribué à Gio gio, est le seul exemplaire italien à ma connaissance, où potier ait atteint un véritable rouge; résultat obtenu par u fumigation à petit feu.

De Salimbene et de

Giovanni, les deux frères de Giorgio Andreoli, on ne conna ni marques ni monogrammes.

A. E. J.
P
1515

st la marque d'une assiette creuse à reflet irisé, de la collecion Eug. Tondu.

Centio, le fils de Giorgio, marquait.

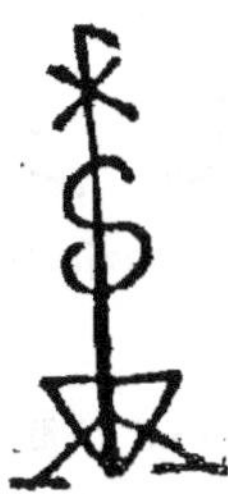

Un plat de cette marque, sur lequel on voit une tête de nègre surmontée d'un croissant, se trouve au musée Sauvageot.

Un élève de maître Giorgio a signé :

N.

M. le vicomte d'Armaille[1] possède un plat signé :

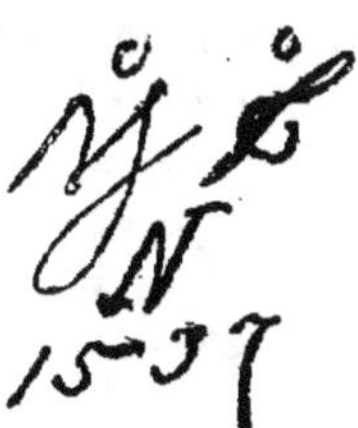

marque que l'on doit attribuer à cet élève.

Terencio, peintre. 1550

Prestino ou *Perestino*, Potier-peintre. 1550

Le nº 2458, une assiette, au musée de Kensington, et un

1. La collection de ce fin connaisseur se compose uniquement de pièces hors ligne, où d'armes de la renaissance du plus précieux travail, dépassant presque comme choix et rareté ce qui existe dans ce genre. De ses magnifiques meubles sculptés, on peut en dire autant.

bas-relief quadrangulaire au musée du Louvre, marqué :

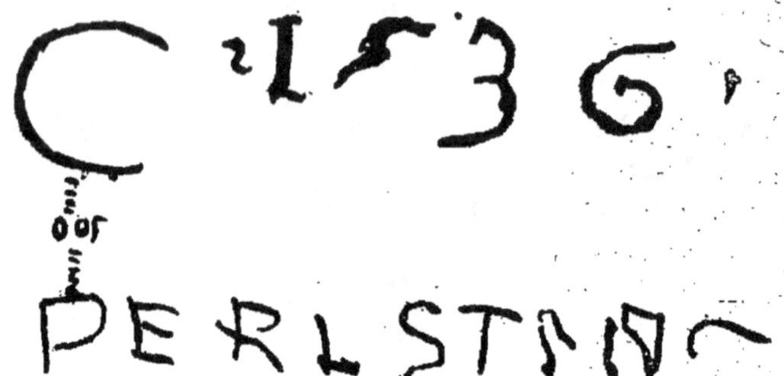

lui sont attribués, ainsi que l'assiette de la collection T. Falck signée en toutes lettres :

Fato in Gubbio per Mano di Maestro Prestino. 1557.

Le P

est aussi regardé comme la marque de cet artiste.

(Voir pour cette marque Pesaro.)

MM. Carocci, Fabbri et Ce, fabriquent aujourd'hui à Gubbio des vases et des plats, qui imitent parfaitement les anciennes majoliques à reflets métallique et cérisé de Maestor Giorgio; c'est au directeur, à M. Pietro Gay, que l'on est redevable de cette belle réinvention, pour laquelle l'artiste a obtenu la grande médaille à l'exposition de London en 1862.

Ce continuateur marque

(Voir la définition du reflet métallique à la table.)

FERRARA.

FAÏENCE A ÉMAIL STANNIFÈRE, vers 1500

Biagio, céramiste de Faenza, qui a travaillé à Ferrara vers 1501, paraît y avoir introduit la fabrication.

Antonio, autre céramiste de Faenza, a travaillé vers 152

Carli, dit *Frato*, de Fossombrone, peintre céramiste (voir pour cet artiste les *faïences de Deruta*), vers 1524

Catto, céramiste, vers 1528

Outre ces artistes, on connaît encore *Grasso* et *Zaffarino*, qui y ont peint également sur majolique.

Alphonso Ier d'Este, duc de Ferrara, le mari de la fameuse Lucrecia Borgia, et qui régna de 1505 à 1534, a introduit dans la fabrication des faïences italiennes, un nouveau mode : l'application d'un *émail plus blanc*, qui, tout en améliorant la qualité de la faïence, contribua à accélérer la décadence de la peinture sur majolique. Dès lors les soins des céramistes furent dirigés vers la pâte et l'émail et le décor artistique négligé, de sorte que les fabriques finissaient par ne plus produire que de la vaisselle ordinaire. On désigne ces sortes de productions sous le nom de *Blanc de Ferrare*. Ce qui a été fait sous le règne d'Alphonso Ier est certainement très-beau de formes et le décor ne se ressent encore en rien de la décadence future. Un pot à côtes, de 28 cent. de hauteur, à anse et à goulot forme mascaron, qui fait partie de ma collection et dont voici le croquis, provient de cette fabrication ducale. La forme est gracieuse, et le décor, exécuté uniquement en *noir* et *jaune* sur un fond blanc de lait, fort artistique. La femme à la pomme, ébauchée avec hardiesse sur le devant de la panse, indique la main d'un maître.

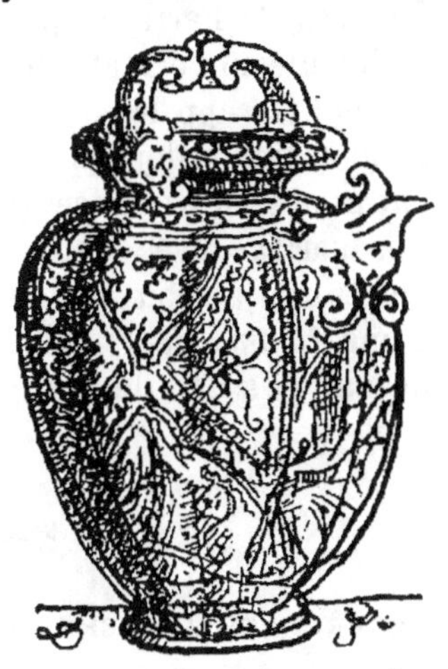

Céramique de Ferrare, de ma collection.

On voit au musée de Kensington, à London, sur le n° 2982, grand plat, peint sans art en camaïeu manganèse, et dont le sujet représente une bacchanale, la signature :

Thomoz Masselli
Ferrurien fe

qui me paraît celle d'un céramiste du *commencement du dix-huitième siècle*. — Le catalogue dit qu'il a été payé 4 l. 4 s.

Quelques amateurs attribuent aussi à la fabrique de Ferrar du dix-septième et du dix-huitième siècle, toutes les assiettes plats, modelés en pâte mince et très-sonore, à sujets relie tels que Savona et Angrano en ont fabriqué en camaïeu ble mais, pour moi, ce sont bien là des faïences d'Angrano (vo cette localité).

Cette vaisselle attribuée faussement à Ferrara est souvent d corée en camaïeu manganèse (lilas), d'un dessin relâché peu artistique. Le modelage ressemble à du papier mâché e tampé, dont il a aussi la légèreté.

P. S. M. Giuseppe Boschini a publié une brochure sur l faïences de Ferrara, que je n'ai pu me procurer.

Pungileoni constate que *Camillo Fontana* et *Giulio d'Urbi* avaient été appelés à Ferrara en 1567 pour restaurer la fabr cation tombée déjà en décadence : on croit que ces céramist ont produit des services pour le duc Alphonse II, à l'occasion son mariage avec Marguerite de Gonzaga, ainsi que d'autr pièces qui, selon quelques auteurs, seraient toutes marqué d'une *flamme de feu* et de la devise : *Ardent Eternum* — q formait le sceau du duc.

PAVIA (Pavie).

TERRE CUITE AU VERNIS PLOMBIFÈRE. 1500 à 170

Un plat rond, de ma collection, de 41 centimètres de dia mètre, à dessin en relief et gravé en champ levé sur engob d'un beau brun manganèse ferrugineux (nuance de pain d'épice orné d'arabesques et d'un sujet qui représente le *Baptême d Christ dans le Jourdain*, avec un ange à côté et au-dessus da les nuages *Dieu le père*, est incontestablement de cette locali et en est le plus ancien que j'aie rencontré.

On lit, au-dessous de l'ange : *Joannes Vicentius Marcellu* La forme des arabesques entremêlées d'animaux, d'armoirie d'*arquebuses à mèche* (1440 à 1500) et de la figure d'un cha seur, qui couvrent les bords, indiquent que la fabrication do remonter à la fin du quinzième ou aux premières années du se zième siècle.

Voir ci-contre la reproduction du dessin de ce plat :

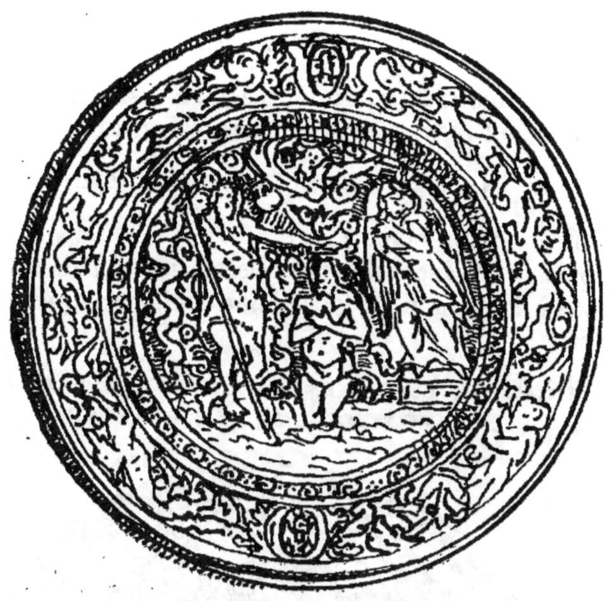

Céramique de Paula (ma collection).

Un autre plat, ressemblant à celui-ci, comme fabrication et couleurs, mais ne remontant qu'au dix-septième siècle, a été exposé dans une des ventes annuelles de M. Davilliers. Ce plat orné d'une armoirie et d'arabesques, portait le millésime de 1687 et au revers le nom

Paple.

On trouve aussi de cette provenance, au musée de Sèvres, un petit plat en terre cuite, recouvert d'un émail monochrome de couleur brun chocolat tirant sur le grenat, dans le genre des terres cuites de La Fratta et d'Avignon ; il porte l'inscription suivante :

Presbyter Antonius Maria Curtius, papiensis prothonotarius Apostolicus.
Fecit Anno dominicale 1693. Die 25 mardy.

Un pareil plat, un peu plus clair de nuance que j'ai rencontré, était daté également de 1693.

Un autre semblable plat de la collection Delsette, avec la même inscription et la date de 1695, porte en outre :

Solamente è ingannato chisi fida,

et au centre :

Papiae. 1695.

Nº 2506, une assiette, au musée de Kensington et une a
au musée de Cluny, sont également marquées :

Presbyter Antonius Mariæ Curtius Pavia. 1694 et 1695.

(Voir aussi Montelupo.)

Les *Guargiroli* sont des céramistes, qui, depuis 1650, se
succédé à Pavia dans la fabrication des faïences genre *Rou*
Marseille.

URBINO, URBANIA ou CASTEL-DURANTE[1], FERMIGNANO et ROVIGO.

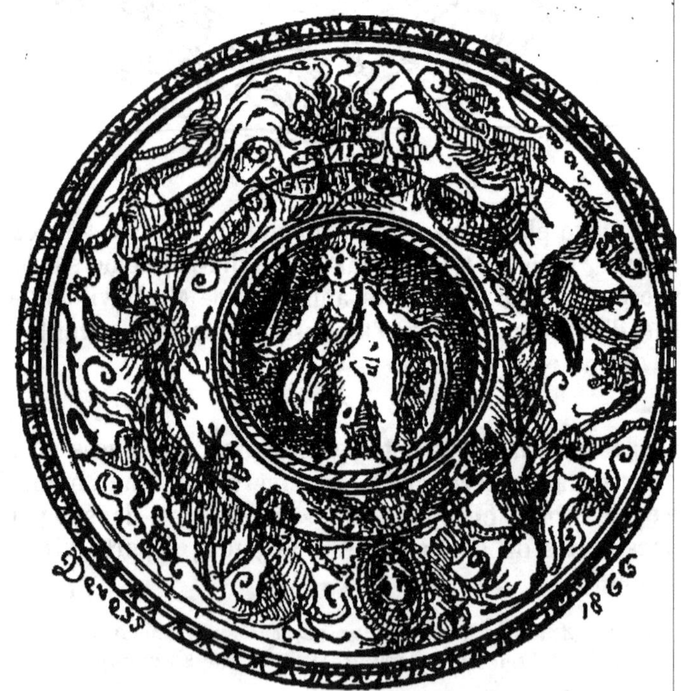

Plat en faïence d'Urbino, de la collection Lecarpentier.

Urbino est une ville des Apennins; Castel-Durante et Fe

2. Le nom de Castel-Durante fut changé en 1635, en Urbania, pour fla
pape Urbain VIII.

gnano, dans les environs, ne forment qu'un centre avec Urbino, pour la fabrication, puisque les plus célèbres peintres y ont travaillé alternativement.

On connaît deux privilèges, l'un de 1486, l'autre de 1508, accordés par le duc d'Urbino aux artistes de ces diverses localités, mais la fabrication n'a commencé qu'en 1508.

FAÏENCES A ÉMAIL STANNIFÈRE. 1508 à 1650

Cette faïence est souvent à ornements d'arabesques et de chimères jaunes sur fond blanc. Le beau urbino est, dès qu'il s'agit de l'ornementation, la faïence italienne la plus appréciée. On y a aussi fabriqué de belles briques (voir au musée Campana, 285 à 296), et des poteries à reflets métallique et nacré dans le genre de Gubbio, mais plus épais de pâte et sans les reliefs que souvent les potiers de cette dernière localité affectionnaient.

GIOVANNI MARIA D'URBINO, céramiste, vers 1508

Sir Henry T. Hope possède la plus ancienne pièce connue de Castel-Durante; c'est une coupe, signée :

1508, Adi 12 de seteb facta fu a Castel Durat Zona Maria Vro.

MARFORIO, céramiste, vers 1519

Le musée Britannique possède un grand vase sur lequel on lit l'inscription suivante :

Nella Botega d' Sebastiano d' Marforico. A di XI di Octobri Face 1519 in Casteldura.

Francesco Xantho Avello ou *Avelli de Rovigo* signait, tantôt en toutes lettres, tantôt en abrégé; il a souvent copié des gravures de Raphaël qu'il poncivait. — Cet artiste paraît aussi avoir travaillé ailleurs que dans son propre atelier, puisque M. Maryat a publié une inscription recueillie sur un plat de sa collection, dont le sujet, exécuté d'après une gravure de George Pons, représente la prise de Carthage, que l'artiste à changée en la prise d'un fort de la Goulette, par Charles Quint; l'inscription dit :

In Urbino, nella Bottega di Francesco de Silvano. X.

Francesco Xanto Avello a marqué :

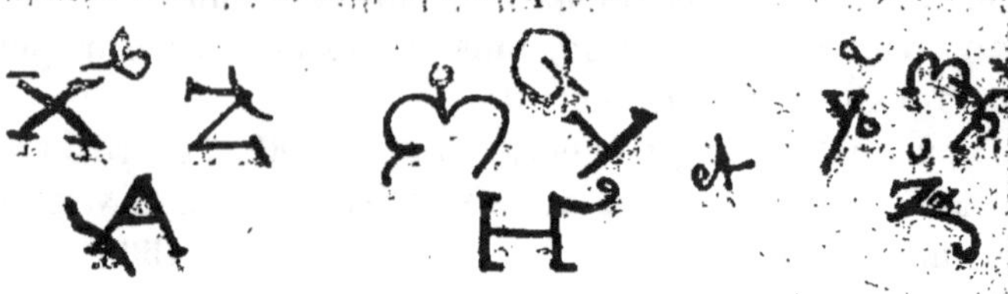

et 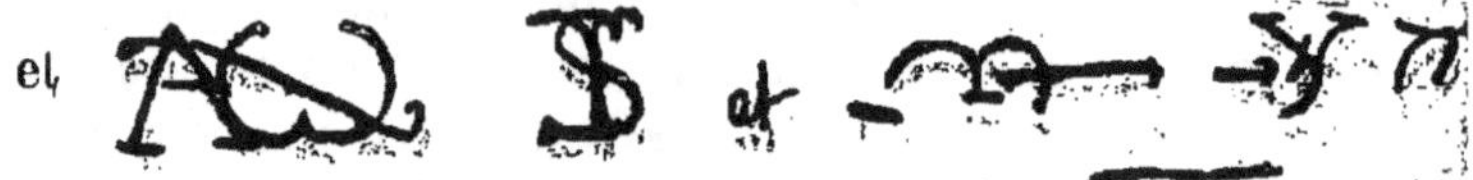

Une coupe à larges bords, au musée du Louvre, est sign en toutes lettres avec le millésime de 1532. Au musée de N vers un plat peint par cet artiste, où la composition mont une vestale qui apporte l'eau dans un tamis à l'autel, marqué :

F. X. 1535.

Un plat de la collection Basilewsky est signé :

Xanto Avello.

Il y a aussi des plats qui sont signés :

X, ou *Francesco Xantho da Rovigo,* ou *F. X. da Rovigo,*

ou quelquefois simplement :

Da Rovigo.

Une coupe, au musée de Berlin, est signée :

Fraxato A. da Rovigo P. Urbino.

Un grand plat (bibliothèque privée du grand-duc de Sax Weimar[1], au château de la résidence grand-ducale), au d duquel on lit : « Miridate » (sans doute Mithridate), me para également de Rovigo. — Il porte le monogramme :

R.X. f. (*Rodiani ?*)

1. Les appartements du grand-duc et de la grande-duchesse sont remp d'objets d'art du plus haut prix, et dont le choix indique un goût artistique élev

Un des plus beaux plats d'Urbino, de la collection du duc ; Cambacérès [1], en pâte très-légère et à bord à fond blanc uvert de jolies arabesques, montre une superbe peinture reésentant une fête.

Un plat creux, dans la forme des plats à barbe, mais rond, rvant à présenter des dragées aux dames, se trouve dans la illection de M. Barker [2], à London; il est marqué :

F. R.

(*Francesco, à Rovigo? — ou par un artiste de Faenza?*)

Le Carpentier, à Paris, possédait aussi un plat, d'un décor oscène, un buste composé entièrement de fallus, qui était gné :

F R

1536.

n y lisait en outre :

In homo me guarda come Fosse una testa de Cazi.

(Regarde-moi en mâle, comme si j'étais une tête de membre.)

t à l'envers :

El breue detro uoi legerite como guidei se ileder el uorite.

è que l'on peut traduire par :

Lisez la légende à l'intérieur du plat, elle guidera votre volonté.

Cette tête est incontestablement une copie du fameux ta-

1. Ce n'est pas ici à vrai dire, une collection, mais un choix d'objets d'art, exemplaires hors ligne, fait dans les plus larges conditions de l'éclectisme. La éramique, les bronzes, les sculptures en marbre (de Pigal entre autres), les maux, les ivoires (de superbes bocaux et un triptique du treizième siècle), le dé, le fer repoussé (un bouclier du seizième siècle, de travail italien, le plus el exemplaire que je connaisse); les meubles d'art et les tableaux sont généralement représentés par des chefs-d'œuvre : Greuze y figure avec la délicieuse *emme écoutant aux portes*; et Horace Vernet avec plusieurs de ses meilleures illes : *la Mort de Poniatowski, les Adieux de Fontainebleau, Napoléon à rcole*, etc.

2. M. Barker, qui possède une jolie collection de tableaux et des majoliques

bleau de Leonardo de Vinci (1452-1519), qui se trouve à F
renze.

Outre cela on connaît encore de Francesco une assiette a
musée de Kensington, marquée :

·1531·
f. X.A.R:
fi Vrbino.

D'autres assiettes portent :

f. co X:
Roù : et 1539 X

un plat de la collection Amhurst :

fran: Auullo R: p

Le musée de Kensington possède, sous les n°s 2900 à 291(
dix-sept pièces signées de ce Francesco Xanto.

italiennes d'une grande beauté, a un faible pour tout ce qui est italien, et l'o
dirait que l'art, pour lui, n'a jamais existé dans le Nord. Cette prédilection con
duit souvent M. Barker à de singulières attributions. J'ai vu, dans sa collection
un reliquaire gothique avec boîte de cristal de roche, du quinzième siècle; u
autre semblable, sans cristal et avec application en cuivre argenté, et une vierg
en cuivre repoussé d'Augsburg, tous objets d'un travail évidemment allemand
attribués imperturbablement à l'heureuse Italie.

La collection de cet amateur éclairé est remarquable. J'en citerai seulement
le médaillon des Malatesta, Isotta et Sigismond Malatesta, sculpté sur ivoire e
émaillé, œuvre curieuse pour l'histoire et à cause du caractère naïf, sinon arti
tique, de la sculpture; ce médaillon est renfermé dans un étui de cuir *cisel*
avec les armes, le chiffre et le portrait du prince. (Voir Sigmaringen, docteu
Rössler.) Un encrier en faïence d'Urbino ; une clef de la Renaissance, avec chimère
et ornements d'un travail italien (bien italien cette fois) remarquable ; les quatorz
chaises en ébène sculpté, avec incrustations de plaques en ivoire à gravure noire
les trois groupes d'animaux et les deux statuettes du célèbre orfèvre Dinglinger
de Dresden ; une belle boîte en ambre, travail allemand ; une boîte avec incrus
tations ivoire et nacre de travail italien; quantité de majoliques (au moin
150 pièces), de porcelaines de Sèvres, de tableaux italiens et de meubles Loui
XV et Louis XVI; des verres de Venise magnifiques; des ivoires, etc. L'amateu
français y trouvera aussi deux jolis tableaux représentant mesdames de Longue
ville et de Montespan.

L'auteur Pungileoni, cité par Lazari, a parlé d'un potier *Giovanni di Donino Garducci à Urbino, de* 1479, mais on ne connaît aucune de ses œuvres.

Francesco Garducci et *Ascanio del fu Guido*, sont des potiers d'Urbino mentionnés, des années 1501 et 1502, mais on ne connaît aucune faïence d'Urbino parvenue jusqu'à nous dont la date soit antérieure à 1508.

Federigo di Giannantonio,
Nicolo di Gabriele,
Gianmaria Mariani, 1530
Simone di Antonio Mariani, 1542
Luca del fu Bartholomeo, 1544
Cesare Cari di Faenza qui travaillait en 1536 à Urbino, sont des artistes dont je ne connais aucune pièce marquée, car l'attribution de la marque

Nicola da V

sur un plat du musée Britannique attribué à Nicolo di Gabriele, est incertaine, ainsi que le monogramme

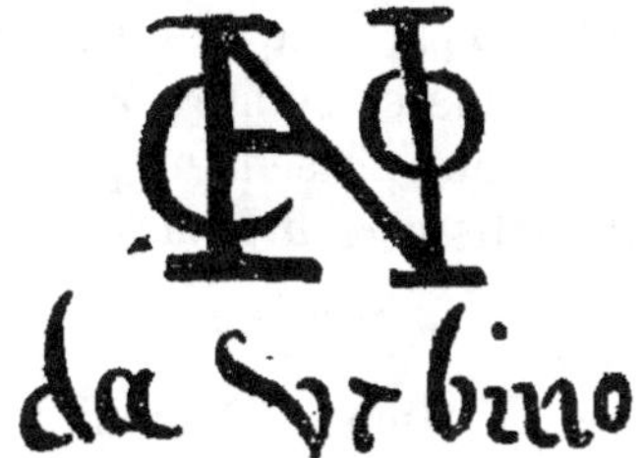

qui se trouve sur un fond de plat au musée du Louvre.

Un peintre inconnu signait, en 1543

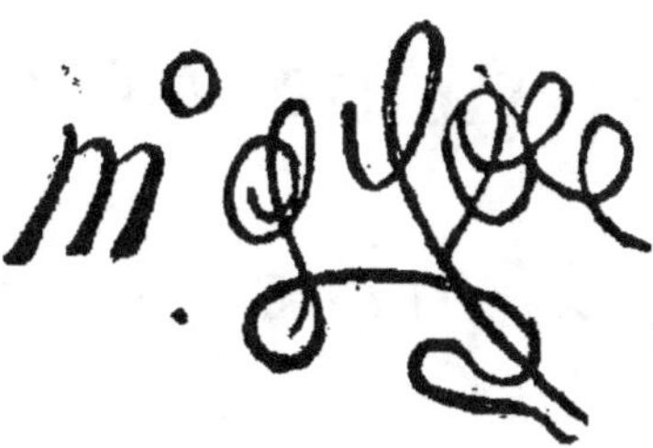

Orazio Fontana, né à Castel-Durante, mort en 1550, le plus

célèbre peintre céramiste d'Urbino, qui florissait vers 15
signait :

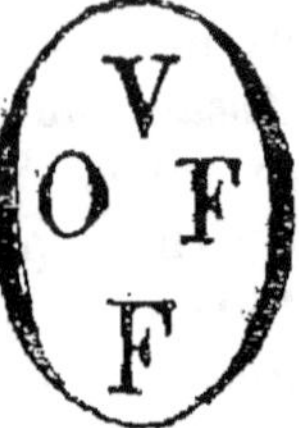

On trouve dans la collection Barker, à London, une magnifi
vasque, dont le dessin représente une terrible mêlée, une batai
où l'on voit sur le premier plan un éléphant blessé; il est sign

Fato in botega di maestro Orazio Fontana.

Deux autres majoliques signées de Maestro Orazio Fonta
se trouvent au musée Britannique et dans la collection
M. Sellières.

Une grande coupe ou plat creux de 27 centimètres de d
mètre, appartenant à M. Pietro Lorini, à Pesaro, coupe
laquelle est peint le *Dévouement de Curtius*, et qui est la pi
de faïence italienne la plus artistique que j'aie vue dans ce ger
doit être d'Orazio Fontana et peinte d'après Raphaël.

Ce même collectionneur possède un petit plat armorié où
sujet représente des artistes sculpteurs, signé :

Michael F.

Aurait-il existé aussi un Michaël Fontana? Le style et l'exé
tion de ce plat est dans le genre d'Orazio.

On lit sur un plat, attribué également à ce célèbre maîtr

Vitruuio de archite
ctura principe e
michael. F.

Nicolo ou Nicola Fontana (nom de famille : Pelliparo), céramiste. 1540

Guido Fontana, céramiste. 1535

Orazio, *Camillo* et *Nicola*, ses fils.

Un plat au Musée du Louvre est signé :

Nella botega di m° Guido
Durantino In vrbino

Au musée Britannique et dans les collections Sellières et Portalès (vendues), il existait des assiettes, signées :

In botega de M° Guido Durantino in Urbino 1535.

Un plat creux rond, de ma collection, de 21 centimètres de diamètre, peint par Orazio Fontana avec une *vigueur extraordinaire*

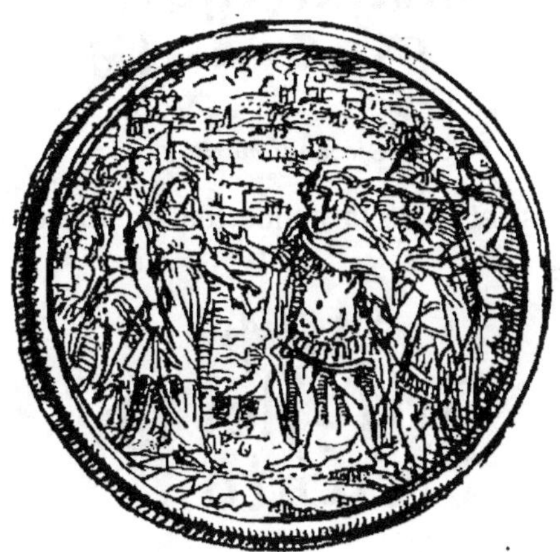

et d'une touche tellement hardie qu'elle rappelle celle de Rembrandt, montre la main du célèbre maître sur chacune des figures. Ce plat porte à l'envers l'inscription suivante :

La pieta de Coriliano. (La piété filiale de Coriolan.)

et doit être compté parmi les meilleures œuvres de ce céramiste,

Le sujet paraît peint d'après la gravure de Giulio Pippi (dit Giulo-Romano, né en 1499, mort en 1546, elève de Raphaël). Les beaux tons bleu et vert, la touche artistique, et encore bien plus les remarquables expressions des têtes de Coriolan et de sa mère Véturie, ainsi que la cambrure hardie du chéval du guerrier, de la suite de Coriolan, signalent cette pièce, dont ci-dessus le dessin, à l'attention des connaisseurs.

M. Fau, à Paris, possède du même maître et peint de la même manière hardie, un plat rond, dont le sujet représente une bataille de cavalerie romaine.

Nicola de Tolentino di Pesaro, peintre. 1540

Giovanni Vajaso, peintre, signait : 1542

OiA

Un bol de la collection de feu H.-T. Hope, portait l'inscription suivante :

1508 adi 12 de setẽb
fata fu i castel durãt
zouã maria vrõ.

(*Giovanni Maria.*)

Une autre assiette de la collection du marquis d'Azeglio, à London, porte :

1524
In Castel Du
.rante

D'après les mémoires de Raffaeli, il y avait aussi un céramiste : *Gentile*, qui fabriquait à Castel-Durante de la vaisselle, et était le fournisseur de la maison ducale d'Urbino. Il ne faut pas confondre ce *Gentile* avec un peintre ambulant du nom de Gentili, qui vivait vers 1700.

Rafaelle dal Colle, dit *del Borgo*, peintre. 1550

Batista Franco. 1550
e nº 2756, au musée Kensington, est signé :

B. Franco.

Guido Merlino, céramiste. 1550
ur un plat, nº 540, au musée Campana, on lit :

Fatto in botega di Guido Merlino in Urbino. 1550.

t sur un autre plat, de la collection du poëte Goethe, à Weiıar, où le sujet représente Scipion l'Africain en Espagne, ɔrsque les habitants lui apportent des présents :

1542. *Fato in Botega de Maestro Guido de Merlino da Urbino. — Idsapolo.*

Picolo Passi, de Castel-Durante, peintre et auteur d'un maıuscrit. 1560
Geronimo, peintre. (Voir aussi Bologna.) 1570
Un plat du musée de Sèvres, à arabesques en camaïeu blanc t à camées, porte :

Gironimo Urbino feccic. 1583.

Un plat, signé de cet artiste et marqué du millésime 1583, se rouvait à Marlborough-House, aujourd'hui à Kensington. Paseri parle aussi de ce maître, dont il cite un plat fait à Pesaro, ui était signé :

Nella Botega de Maestro Gironimo Vasaro I. P.

Le plateau nº 2771, au musée Kensington, est sans doute u même artiste.
Voir : *Albissola*, pour le tableau céramique probablement eint par ce maître, en 1576, et qui se trouve encore à la saristie de l'église paroissiale d'Albissola. Il y a signé :

Gerolamo Urbinato.

Gironimo et *Gerolamo*, sont-ce deux différents artistes, ou st-ce le même ?
Alfonso Patanazzi d'Urbino père, mort en 1620, a signé :

A. P.

Un plat, probablement de cette provenance, porte :

ZENER DOMENIGO
DA VENECIA
FECI IN LA BOTEGA
AL PONTESITO DEL
ANDAR A SAN POLO
1568

M. Vallée, à Paris, possède un beau petit plat dont le décor très-artistique représente Laocoon et ses fils étouffés par les serpents, sur lequel on lit :

A. Lacoon A.

Ces deux A, séparés par l'indication du sujet, pourraient bien être la signature d'Alfonso.

Une aiguière, au musée Sauvageot, est signée :

A. Patanazzi, 1604.

Un plat de cet artiste, au musée Kensington, est signé :

A L F. P. F.
VRBINI
1606

et un autre,

ALFONSO PATANAZZI FE VRBINI IN BOTEGA DI IOS BATISTA BOCCIONE.
1607

c'est-à-dire :

Alfonso Panatazzi a fait ceci dans la fabrique de Jean-Baptiste Boccione. 1607.

Vicenzio Patanazzi, jeune peintre, frère du précédent, né en 1601, a signé :

Urbino, Panatazzi fé,

ou :

Vizenzio Patanazzi da Urbino di elà d'anno trédicé del 1620.
(Agé de treize ans à peine.)

Francesco Patanazzi a signé :

F P
1617

et aussi :

VRBINI. EX. FIGLINA FRANCISCI PATANATII.
1608

Ces trois Patanazzi sont les derniers peintres remarquables avant la décadence.

Ipolito Rombariotti, céramiste, vers 1635

Au musée du Louvre (Campana), une assiette porte :

Ipolito Rombariotti Pinse in Urbania.

Giovanni Peruzzi, céramiste, vers 1693

On trouve mentionné cet artiste dans l'ouvrage de M. Maryat, comme signataire d'un paysage.

La famille des pottiers *Gatti*, de Castel-Durante, alla, en 1530, porter son industrie à Corfou.

Le musée du Louvre possède un plat d'*Urbania* (Castel-Durante), signé :

Nicolo d'Urbino, peintre. 1620

Une plaque de la collection Sauvageot, sur laquelle est représentée une partie de la composition du Parnasse de Raphaël, porte le monogramme :

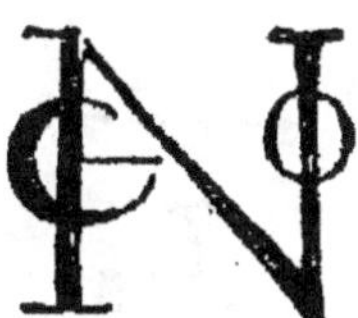

(Voir ce monogramme à Faenza.)

Il faut citer encore les céramiques suivantes, où les noms des céramistes sont inconnus ou douteux.

Un plat, sur lequel est représentée la mort de Marsyas, est signé :

1525. *In Castel Durante.*

Un autre plat, dont le sujet représente Actéon et Diane, est marqué :

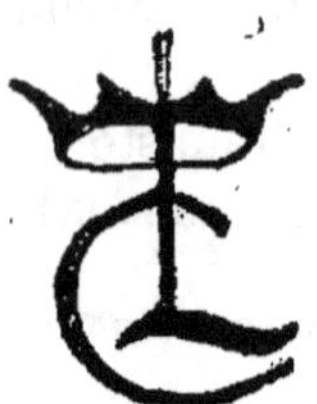

Une aiguière, de la collection de M. de Rothschild, à fon bleu avec des rinceaux en jaune et à boutons d'or, où l'on vo sur la panse un pélican entouré de l'inscription suivante :

Y masque Debuona cana

est marquée :

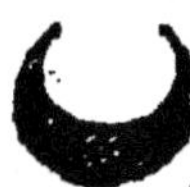

Une coupe au musée de Berlin, porte :

Ravieges P. Urcino. 1531.

On lit sur une plaque, au British Museum :

1519. *In Castel Dura.*

M. de Lange m'a communiqué le monogramme suivant, re cueilli sur un plat de la collection Basilewsky, dont le suje représente *Lucrèce*, et qui porte le millésime de 1549.

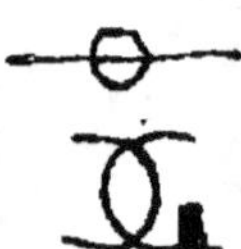

Un magnifique plat creux de 60 cent. de diamètre, de Caste Durante, en belle peinture polychrome dans le style de Raphaë (propriété de M. Penguilly l'Haridon, conservateur du musé d'Artillerie à Paris), est décoré d'un sujet qui montre Josu priant Dieu d'arrêter le soleil, représenté par Apollon sur u char. C'est une des plus belles œuvres italiennes que j'aie vues

Une paire de potiches de 22 centimètres de hauteur, de m

collection, et dont voici le dessin, probablement de la fin du seizième siècle, époque où a commencé la décadence à Castel-

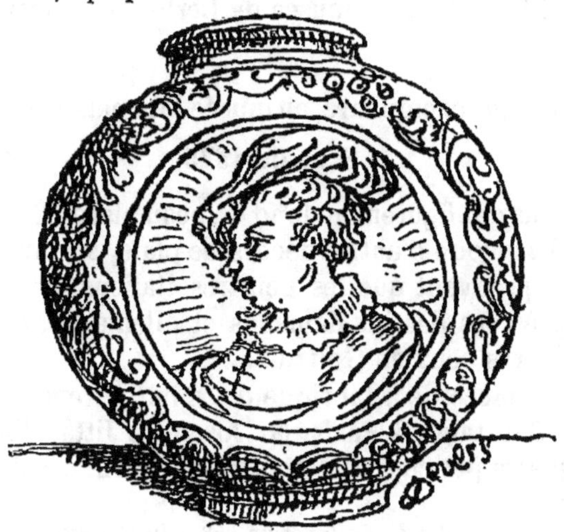

Durante, sont décorées sur les panses de bustes d'hommes et de femmes, brossés avec une grande vigueur.

J'ai rencontré un vase de pharmacie de cette même provenance et également décoré d'un semblable buste, sur lequel on lisait :

Caimo 1551.

Ce nom ne me paraît pas désigner celui du potier, mais plutôt celui du personnage dont le buste représentait le portrait.

Un plat du musée de Cluny, aux armes de la maison Borghèse, et un vase de forme ovoïde à côtes, fond blanc à arabesques, sont marqués :

C. Pia.

Un plateau, du même musée, porte :

L. P.

Une assiette à la collection Saracini est marquée :

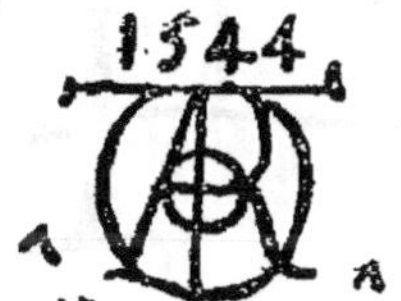

monogramme qu'une autre assiette ou coupe au musée Britannique porte également.

Les nos 245 et 174, au musée de Berlin, sont marqués :

T

et un magnifique exemplaire, au musée Japonais de Dresden, d'u

S et de 1575.

Les dessins qui figurent au fond du beau plat de Cluny, n° 115 ainsi que beaucoup d'autres décors de plats, au musée de Berl et ailleurs, prouvent que les peintres italiens ont souvent travaillé d'après des dessins flamands et allemands, et particuliè rement d'après ceux de Goltzius.

Une belle pièce de la fabrique d'Urbino se rencontrait dans collection Pourtalès, à Paris. M. Josephus Jitta, d'Amsterdam possède quatre potiches et deux grands vases ; ces derniers av inscription :

Carolus V. Calignorum 1687. *In Urbanio.*

Le n° 2752, au musée Kensington, est marqué :

V. B.

Le plat ovale n° 1158, au musée de Cluny, est un des pl beaux de la fabrique d'Urbino. — Un semblable a été vend récemment à l'hôtel de la rue Drouot, au prix de 800 franc M. de Basilewski, à Paris, possède le pareil. Le n° 48, au mus Campana, est digne de figurer à côté. La collection Marrya en Angleterre, est aussi très-riche en belles pièces de cet provenance.

Une coupe à pied de la collection de M. Pietro-Lorini, à P saro, où le sujet représente *saint Jérôme,* largement peint da la première manière des faïences de Faenza, est signée en roug

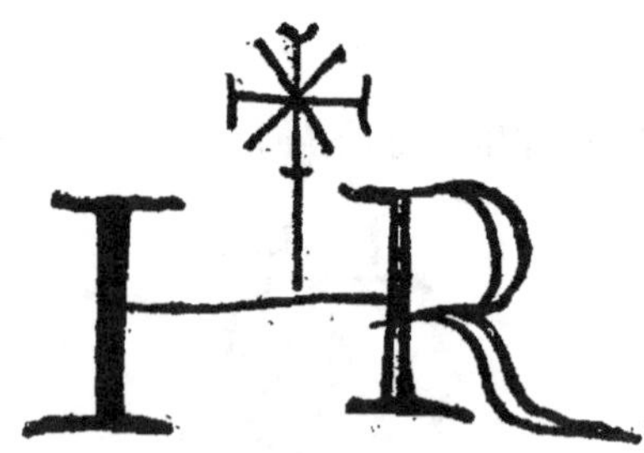

cette coupe pourrait bien être peinte par Ipolitto Rombariotti, mentionné plus haut.

Georgi Pichi est un artiste de Castel-Durante.

Rolet, céramiste français de Moustiers ou de Marseille, était établi à la fin du dix-huitième siècle à Urbino ; le musée Kensington possède de lui une lampe à tringle sous le n° 2993, signée :

Fabricia di majolica fina di monsieur Rolet in Urbino. 28 *abrile* 1773 ;

le décor est tout à fait dans le goût des faïences fines de Moustiers.

On a fabriqué à Urbino, aussi bien qu'à Pesaro, des carreaux de parquetage et de revêtement de mur, ornés de jolis dessins polychromes, style de la Renaissance et peints en émail stannifère : carreaux que les amateurs recherchent aujourd'hui comme excessivement rares, et qu'ils payent jusqu'à 200 fr. la pièce. Le musée Sauvageot possède une douzaine de ces pavés, et le musée Campana trois ou quatre exemplaires.

Deux de ces plaques de revêtement, bien plus grandes encore, mesurant 19 cent. carrés et qui ont 2 cent. d'épaisseur, font partie

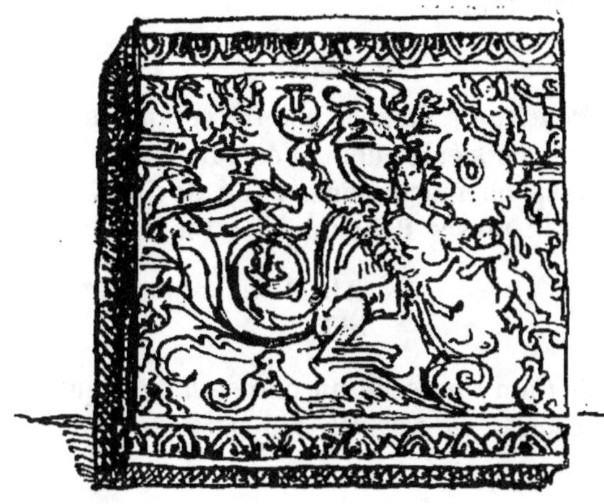

de ma collection et proviennent d'une frise à hauteur d'appui de la bibliothèque de Sienna (Sienne), ville de l'ancien grand-duché de Toscane. Les dessins également en style *Renaissance* italienne, à arabesques entremêlées de chimères, de dragons, d'enfants, de masques, de corbeilles, de paons, etc., le tout sur un fond noir, rappellent par leur ordonnance le genre du décor d'Herculanum. Ce sont des pièces rares par leurs dimension (ces sortes de carreaux ont ordinairement 10 à 12 cent. carrés), et pour la netteté, la vigueur des nuances : le vert est magnifique, l'orange y atteint presque le rouge, tandis qu le *fond noir*, *est très-uni et très-brillant.*

LABADIA, près Rovigo.

TERRE CUITE PLOMBIFÈRE AU VERNIS BRUN DE MANGANÈSE FER RUGINEUX.

Les produits de cette fabrique sont dans le genre des terr cuites d'Avignon, mais le brun est plus foncé, dans la nuanc de celle de Montelupo, et la pâte est plus légère, et souven ornée de dorures.

RIMINI, DERUTA (Prugia), SIENNA, FORLI, NOCERA MONTE-FELTRO, GALIANO, IMOLA, RAVENNA e SPELLO.

FAÏENCE A ÉMAIL STANNIFÈRE. 1508 à 160

Les marques de ces localités sont très-peu connues et mêm tout à fait indéterminées.

1° RIMINI.

Nicoloso Franciso de Pisano, peintre céramiste du commen cement du seizième siècle, dont il est fait mention au chapitr des faïences hispano-musulmanes (Voir Sevilla).

Une assiette au musée Britannique est marquée :

IN ARIMIN (*Rimini?*)
1535.

Le musée de Cluny possède un plat de la fabrique de Rimini *Adam et Ève chassés du paradis*, qui porte au revers :

In Rimini. 1535.

Un autre petit plat du même musée, le nº 1179, est peint d'a près Goltzius et me paraît également provenir de cette ville.

M. de Lange m'a communiqué l'inscription suivante, recueil lie sur un plat de la collection Basilewsky, et dont le sujet re présente le *cheval de Troie.*

In Arimini. (Rimini?)

2° DERUTA.

Un plat de *Deruta,* dans ma collection, également du commencement du seizième siècle, et dont le décor représente le buste d'un chevalier en armure du temps des Malatesta (famille qui avait vendu le duché de Pesaro aux Sforza), porte une devise, écrite très-illisiblement, dont voici la copie avec toutes ses fautes :

o
Uno. bello. motite. tutti a laui. to. nora (sic).

Ce plat, comme beaucoup de ces sortes de faïences qui proviennent de Deruta, est en grossière terre cuite recouverte, au revers, d'un vernis plombifère qui laisse transpercer la couleur jaune de la terre. Le catalogue du Louvre attribue ce genre de faïences à *Chaffagiolo,* mais je ne puis partager cette manière de classer les faïences.

Le Frate, céramiste, vers 1545

Une coupe de cet artiste, n° 576, au musée du Louvre, où le sujet représente : *Rodomont enlevant Isabelle,* scène tirée du *Roland furieux* de l'Arioste, est marquée :

.1545.

in deruta
frate fecit

Dans la collection de M. Raff de Minicis, de Ferma, une assiette est signée :

IN. DERVTA
EL. FRATE. PENSE.

(Voir, pour cet artiste, l'article sur les faïences de Ferrara.)

Le n° 27, marqué :

B

et les nos 44, 260 et 261, à l'ancien musée Campana, étaie[nt] également de la fabrique de Deruta.

Les vases, forme pomme de pin [1], sont également de cet[te] même fabrique ou de la Fratta. Voir au musée Campana, n°s 283, 478, 479 et 480; ainsi que le plat n° 389, sur lequel [on] lit :

In Deruta. 1554.

M. de Lange m'a communiqué le monogramme suivant, re[-]cueilli sur un plat de la collection Basilewsky, dont le suj[et] représente *la Fuite d'Ovide* et qui porte le millésime de 154[.]

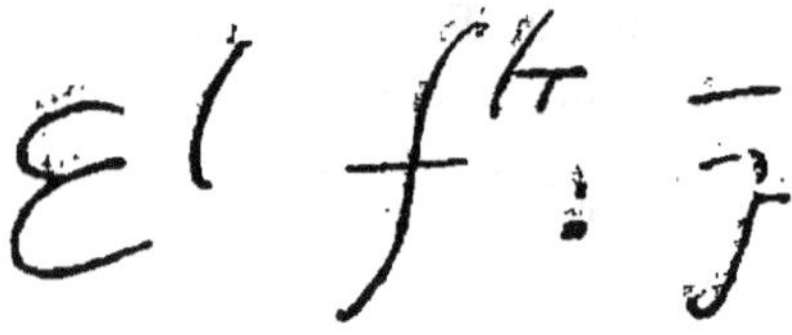

Une assiette, à la collection Narford, est marquée :

Fatta in Diruta
1525 ;

et une autre au musée Kensington :

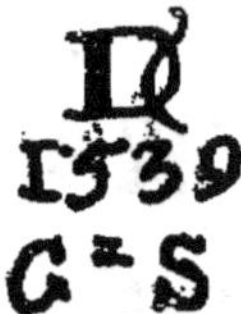

A *Giorgio Vasajo*, céramiste, on attribue la marque :

G. V.

Une assiette de la collection Campana, est signée :

Antonio Lafreri [2]
In Deruta 1554,

1. Augsbourg, en Allemagne, dont les armes sont composées d'une pomme de pin, — a également produit en terre cuite des vases de cette forme.

1. Ce nom n'est pas celui d'un céramiste, mais d'un *graveur* qui florissait à Rome de 1550 à 1575, et dont le peintre a copié une gravure.

ndis qu'une belle assiette de la collection Barker est marquée :

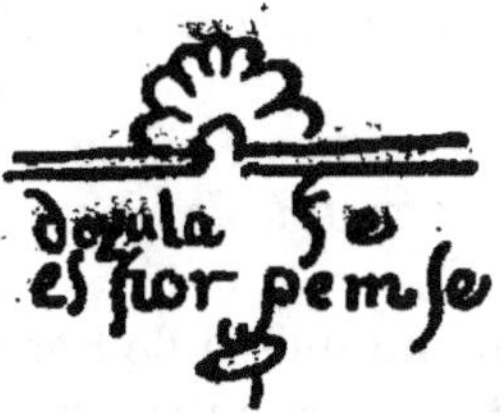

Une assiette à la collection Pourtalès était marquée :

El Flr. J. Deruta 1541.

Un plat semblable, sous le n° 779, est au musée Sauvageot.

M. Paul Gasnault à Paris, possède une assiette rocaillée et à fond chamois, qui est signée :

1771. *Fabrica di Majolica*
fina di Gregorio Castelli
in Deruta.

On a aussi fabriqué à Deruta de la faïence qui ressemble quelque peu aux faïences siculo-musulmanes, moins le reflet d'or. — Le fond en est ordinairement d'un jaune pâle.

3° SIENNA.

Les carreaux de revêtement de la frise de la bibliothèque de Sienna, du seizième siècle (voir Urbino), et dont deux font partie de ma collection, me paraissent de la fabrique d'Urbino ; il se pourrait, cependant, que Sienna ait aussi produit ce genre. Ces carreaux sont décorés à ornements polychromes, en style de Renaissance sur fond noir, et rappellent le goût grec.

Les pavés carrés et pentagones du musée du Louvre, et du seizième siècle (113, 114, 115, 116, etc.), catalogués comme provenant des fabriques de Caffagiolo, ne peuvent être que d'Urbino ou de Sienna; ils ont tout à fait le même caractère et montrent le même mode de fabrication que la frise à la bibliothèque de Sienna.

Benedetto et *Ferdinando Maria Campani*, qui travaillaient de 1720 à 1750, sont des potiers ou peintres de Sienna, de la décadence.

Le musée de Kensington possède un plat signé :

Faioi signa Da m° Benedetto

attribué faussement au seizième siècle.

Ferdinando Maria Campani de Sienna, peintre céramiste, travaillait entre 1730 et 1750.

Une plaque, n° 2743, au musée de Kensington, est signée du nom de ce dernier, et sur une autre assiette, n° 2802, on lit :

Ferdinando M. A. Campani. 1747.

Un plat, au musée Britannique, porte l'inscription :

Ferdinando Maria Campani Senesse dipinse 1733 ;

et un autre la marque : F. C.

Un plat de la collection Montferrand porte:

Ferdinando Campani dipinse in Siena 1747,

et on lit sur une céramique, au musée de Berlin :

Terenzio Romano of Sienna. 1727.

4° FORLI.

Quant à la faïence de *Forli*, on ne sait pas au juste si les fabriques en étaient établies dans la ville de Forli des États ecclésiastiques (légation de Forli), ou dans un autre Forli de l'ancien royaume de Naples (Sannio). Une assiette, n° 2976, au musée de Kensington, porte :

Fatta in Forli.

Leacadio Salombrino était peintre ou céramiste à Forli, au seizième siècle.

Une assiette de cet artiste à la collection Barker, est signée

Leochadius Solombrinus
Pincsit. Fordliome ce
M D L V

t un plat de la même collection, provenant de celle de Delsette, est signé :

Léacadio Salombrino. Forli. Pincit, 1555,

ainsi qu'un fruitier :

Fatto in Forli.

Un plat, n° 555, au musée Campana (Louvre), *le Massacre des innocents*, d'après une composition de Baccio Bandinelli, porte au revers :

Fatto in Forli, 1542,

ainsi que le n° 431, où on lit :

Fatto in Forli.

Une assiette au musée Kensington, est marquée :

In la botega d M° Jero
da Forli

5° NOCERA.

On croit que les faïences de *Nocera* sont signées d'un :

N.

6° MONTE-FELTRO.

Le musée de Cluny possède, de *Monte-Feltro*, un grand plat, n° 2103, où l'*Enlèvement d'Hélène*, d'après Raphaël, est représenté avec l'inscription :

V. Rate d'Elena. Fatto in Monte,

et le n° 1527, au musée de Berlin, que j'attribue également à Monte-Feltro, porte le monogramme

M.

7° GALIANO.

Un plateau, au musée de Kensington, porte la marque :

In GALIANO *nel ano*
1547

Je ne connais aucune majolique de

8° IMMOLA, RAVENNA DI SPELLO,

localités auxquelles on attribue aussi quelques faïences.

PISA (Pise), en Toscane.

FAÏENCE A ÉMAIL STANNIFÈRE.

Un grand vase, de la collection de M. Alphonse de Rothschild, à anses forme serpents, et décoré dans le genre de faïences d'Urbino (arabesques sur fond blanc), est signé :

PISA.

MM. *J. et S. Palma*, et M. *Renzoni*, fabriquent encore actuellement des faïences à *Pisa*.

BOLOGNA.

TERRE CUITE A ÉMAIL STANNIFÈRE. 152[illegible]

On croit qu'il y a eu des fabriques céramiques vers cette époque, et on connaît un peintre du nom de *Agostino Milelli*, né à Bologne, en 1609.

La fabrique de M. Ferlini, qui y est établie actuellement imite les *Della Robbia*.

SACRO-MONTE, à Varallo,

Ville à 54 kilomètres de Novare.

TERRES CUITES, PEINTES A FRESQUES. De 152[illegible] jusqu'à la fin du dix-septième siècle.

La grande église et les quarante-quatre chapelles, construites sur la cime de cette curieuse montagne de *Sacro-Monte* qui a la forme d'un gros dé à coudre de tailleur d'habits, contiennent un millier de figurines, de statuettes et de statues, dont plusieurs équestres, la plupart de grandeur naturelle et toutes en terre cuite, et peintes à fresque. C'est l'œuvre de plusieurs pléiades d'artistes qui s'y étaient établis successivement durant cent cinquante ans, à seule fin de poursuivre l'achèvement de cette immense galerie sacrée et biblique. Les chapelles sont ssi remplies de statues de marbre et de bois, et ornées d'un rand nombre de belles peintures et de dorures; le tout exécuté ar des maîtres renommés.

La première et la meilleure série des statues en *terre cuite*, st due aux élèves et contemporains de Leonardo da Vinci e Firenze (1452-1519), et de Raphael Sanzo d'Urbino (1483-520), tels que *Gaudenzio Ferrari* (1525), aussi habile peinre que sculpteur et modeleur, qui introduit le style de Rahaël dans la Lombardie, et son élève *Fermo Stella*. Après ux, il faut nommer : *Giacomo Bargnola*, dit *Valsolda; Ravello i Campertagno; Gaudenzio Saldo* dit *Camasco*, élève de Dioigi Bussola; *Giuseppe Arigoni, de Milano; Antonio Tandarini*, it *Valsassina* et le plus fécond de tous, l'auteur du plus grand ombre des statues, *Giovanui d'Enrico*, mort en 1644, et son lève *Giacomo Ferro*.

Les chefs-d'œuvre en terre cuite de Sacro-Monte valent à ux seuls un voyage en Italie.

NAPOLI (Naples).

FAÏENCE A ÉMAIL STANNIFÈRE. 1524 à 1780

(Voir Castelli, localité qui a fourni à Naples le plus grand ombre de peintres céramistes.)

Paulus Franciscus Brandi, céramiste qui travaillait en 1680.

M. Georges Guiffroy et M. Sommier à Paris possèdent trois rands vases à anses chimères, décorés en camaïeu bleu, dans le enre des faïences de Savona. L'un sur la panse duquel le eintre a représenté *la Cène*, avec l'inscription :

Discumbentibus et edentibus discipulis dixit Jesus : Unus ex vobis me traditurus. (MARC, c. XIV.)

(Aux assis et mangeants disciples, Jésus dit : « Un d'entre vous me trahira. »)

st signé en toutes lettres.

Paulus Franciscus Brandi
Pinx. 1684.

L'autre, où le décor représente la pêche miraculeuse, est arqué :

(Voir cette marque au *verso*.)

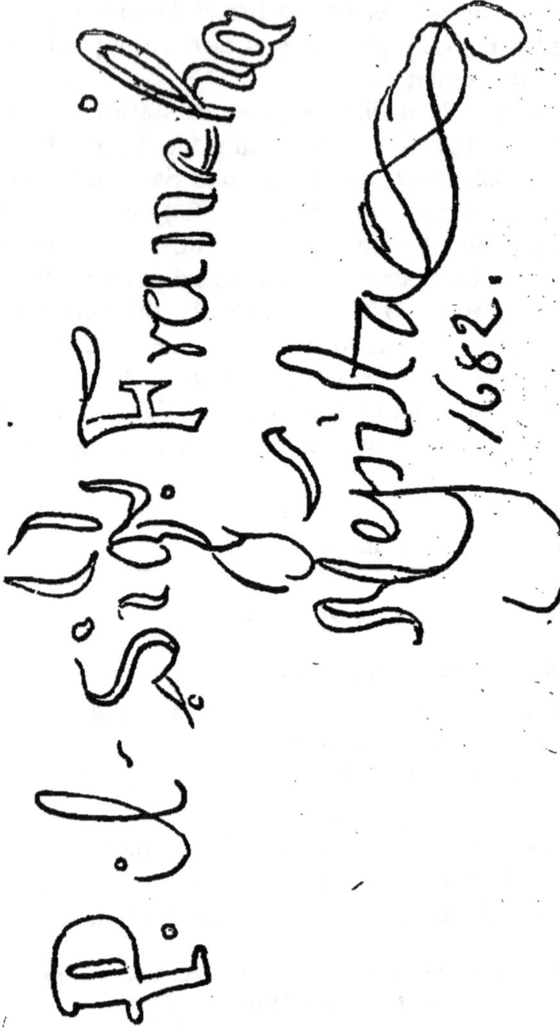

Le troisième, sur lequel le peintre montre le Christ dans l
jardin des Oliviers, avec l'inscription :

Tristis est anima mea usque ad mortem (Mat., XXVI),

est signé *Fran. Brand.*
Napoli
Casa Nova.

Il porte en outre le monogramme suivant :

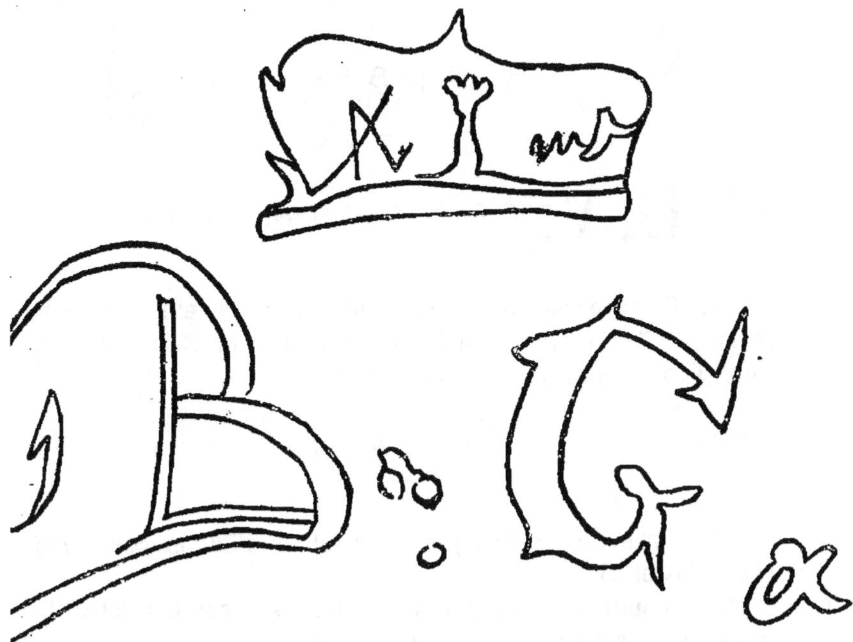

Cette couronne-ci :

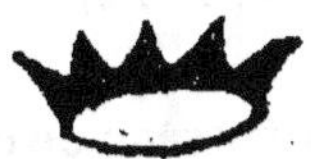

recueillie sur une faïence attribuée à Castelli, paraît être de Napoli.

Des assiettes au musée de Sèvres, sont signéees :

H. F. et HF

On rencontre en outre des vases, bols et pots en faïence, attribués à Napoli, qui sont marqués :

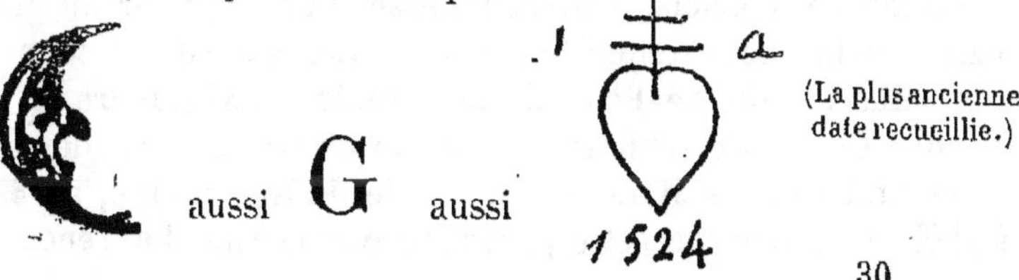

(La plus ancienne date recueillie.)

N, aussi 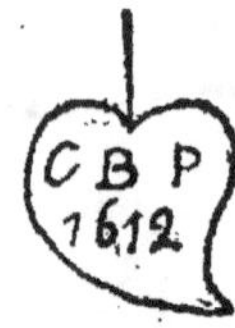 ou J

F. D. V. (*F. Del Vecchio*, à Napoli, du dix-huitième siècle)

Grue (Francesco-Antonio-Saverio), né à Castelli, en 1686, mort en 1786 (voir Castelli), a travaillé vers 1720 à Napoli. Lord Tabley possède un vase, signé :

Frs. Ants. Grue. P.
Napoli 1722

Grue (Francesco-Saverio), né à Castelli en 1720, mort en 1755 (Voir Castelli.)

M. le comte de Montbrun avait dans son cabinet deux plaques de cet artiste, qui étaient signées :

S. Grue. P. Napoli 1749.

M. Feuillet de Conches possède de ce même artiste un *Triomphe de Galathée.*

Un plat, peinture pareille, au musée de Berlin.

Grue (Saverio), né à Naples en 1731, mort après 1806. (Voir les porcelaines de Naples et les faïences de Castelli.)

Les *Fuina*, les *Cappelletti* et les *Gentile* (voir les faïences de Castelli) ont également travaillé à Naples.

M. Giustiniani a fabriqué à Naples des imitations de vases étrusques, et il imite encore aujourd'hui les faïences anciennes d'Urbino et de Castelli.

Le musée Japonais, à Dresde, possède de ce potier un grand vase sur la panse duquel se trouve une copie de la composition musivienne de Pompéi, la bataille qu'Alexandre livra à Darius. Ce musée renferme aussi, de ce Giustiniani, des figurines en costumes italiens. Au musée de Kensington, nº 3200 à 3205, six pièces de cette provenance moderne. J'ai rencontré des poteries de ce même céramiste, qui portaient un monogramme au-dessous de la signature :

Giustiniani
I ♁ N

D'autres qui étaient marquées d'un simple :

G

Les autres fabriques actuelles à Napoli sont celles de MM. *Savarese*, *Colonet*, *Patry* (qui fait aussi de la porcelaine), et *Del Vecchio*. Cette dernière fabrique, située à la Mariana (marine), existe depuis le dix-septième siècle. M. de Paolis à Paris, possède un lustre en faïence, style Louis XVI et décoré en polychrome, qui a été fabriqué à *la Mariana*. Souvent on rencontre de ces faïences (sortes de terres de pipe), particulièrement celles du dix-huitième et du dix-neuvième siècle, qui sont marquées :

F. D. V. (*Fabrica Del Vecchio.*)

Ce qui paraît démontrer que la fabrique a marché déjà longtemps sous les Del Vecchio.

CITA CASTELLO,

Dans la Marche d'Ancône.

FAÏENCE AU VERNIS PLOMBIFÈRE, PEINTE SUR ENGOBE. 1525 à 1600

Cette fabrique est citée par Cyprian Piccolpassi, dans ses trois livres de l'*Art du potier*, que l'on croit avoir été écrits en 1548, mais qui n'ont été publiés, à Rome, qu'en 1857.

Les produits de Cita Castello étaient connus sous la dénomination « à la Castellana. »

Cette faïence ressemble aux poteries musulmanes, à reflet métallique. Le n° 784 du musée Sauvageot, plat rond creux, et d'une forme connue à cette époque sous le nom de « Coppa-amatoria » qui servait à offrir des *confetti* ou dragées aux dames, est à bord plat ; décoré d'arabesques jaunes en saillie, sur fond chamois, il a tout à fait le caractère de la faïence siculo-musulmane.

Il ne faut pas confondre le *cita-castello* avec le *fratta* qui est *gravé* sur engobe et recouvert de vernis plombifère (Voir *La Fratta*).

TREVIGI (Trévise),

Dans la Vénétie, à 30 kilomètres de Venise.

FAÏENCE A ÉMAIL STANNIFÈRE. 1525

Un bol, de la collection Addington, attribué à cette localité, est signé :

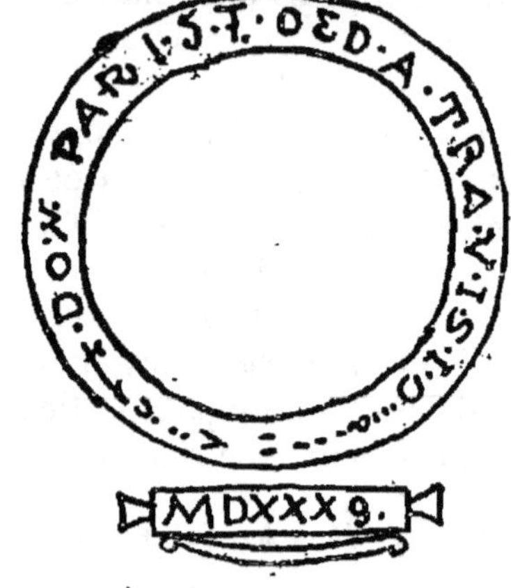

On a aussi fabriqué à Trévise, durant la deuxième moitié du dix-huitième siècle, des faïences de pâte lourde et à fond blanc, décorées de fleurs de couleurs rose, vert, jaune, etc., qui cuites au feu de réverbère, ressemblent à la faïence de Marseille, de Strasbourg et de la Lorraine.

VITERBO (Viterbe),

Ville de l'ancien État ecclésiastique, à 97 kilomètres de Rome.

FAÏENCE A ÉMAIL STANNIFÈRE. 1544

Un plat au musée de Kensington, est marqué

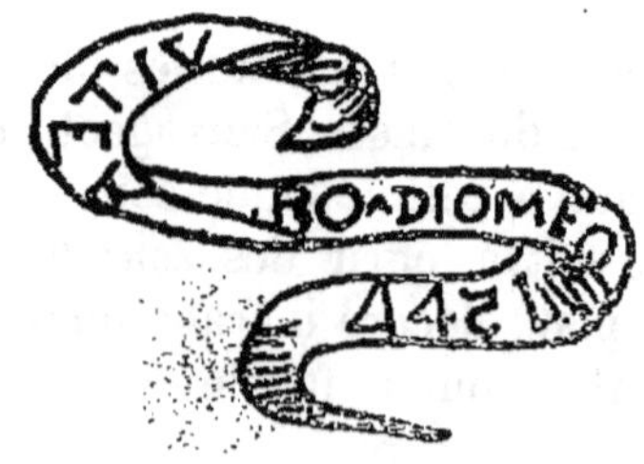

PADUA (Padoue).

FAÏENCE A ÉMAIL STANNIFÈRE. 1550

Un plat de la collection de M. Barker, en Angleterre, est marqué

Adamo, Eva, 1563. *Padoa.*

et un autre, au British Museum

1564. *Padea.*

Tous les deux sont en décor gris-lilas.

Au musée de Kensington une assiette marquée

PADUA, 1548.

M. le baron de Schwiter, à Paris, possède un grand et beau plat, orné de personnages d'après Carpaccio, du quinzième siècle, et fabriqué tout à fait comme les terres cuites de *La Fratta*, c'est-à-dire décoré sur engobe par la gravure en champ levé et vernis au plomb, plat qui a été vendu en Italie à ce collectionneur comme œuvre authentique du maestro

Nicoletto de Padua,

mais que j'attribue à la Fratta.

VERONA.

FAÏENCE A ÉMAIL STANNIFÈRE. 1563

Giovani Batista, peintre céramiste de Faenza travailla vers cette date à Verona.

Sur un joli plateau de la collection Berney (Bracon Hall), on lit :

1563
adi i5 zenavo
fiu giouani Batista
da faenza
In Verona

CHAFFAGIOLO (CAFFAGIO, CHAFFUGIUOLO OU GAFAGIZOTTO),

En Toscane, entre Firenze et Bologna.

FAÏENCE A ÉMAIL STANNIFÈRE. 1570

J'ai vu un plat portant :

In Chaffagio la fato adj. 21 junio 1570,

et un autre de cette même fabrique fait partie du musée Sauvageot, sous le n° 787. Sur une assiette n° 2962, au musée Kensington, on lit :

S. P. Q. R.

Un plat au musée de Cluny, est marqué :

Gafagizotto.

Le musée de Kensington possède une assiette, attribuée à Chaffagiolo, qui est marquée :

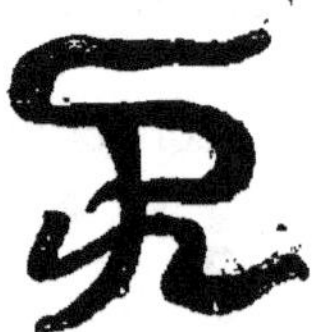

et M. le baron A. de Rothschild, un p'at marqué :

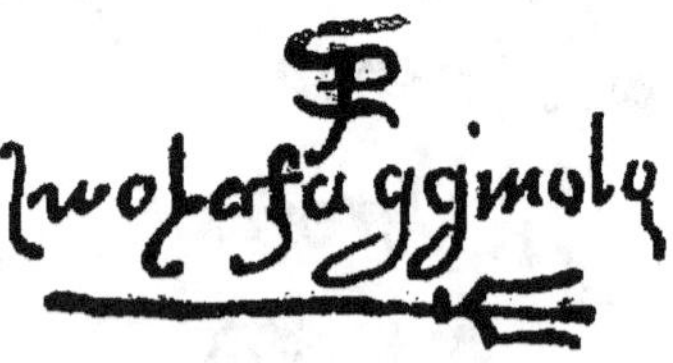

Un autre plat, de la collection de lord Hasling (Metten-Constable), porte à peu près cette même marque :

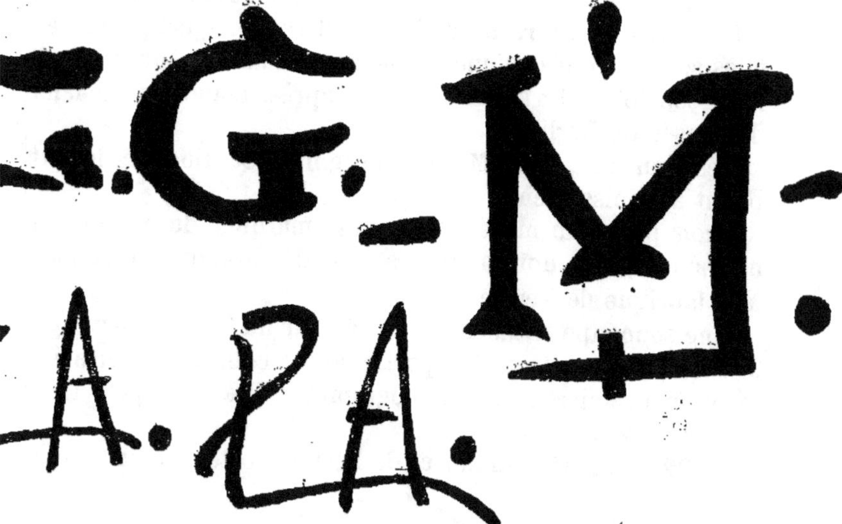

Ces cinq monogrammes reproduits par le catalogue du Louvre, et recueillis sur les nos 153 (coupe), 143 (plat), 144 (coupe), 150 (plateau), et 151 (plateau), tous attribués à Chaffagiolo, me paraissent très-douteux.

M. Willet, à Amsterdam, possède un plat rond, attribué à Chaffagiolo, qui est marqué :

ANGRANO ou ANGARANO,

Près Bassano, dans la Vénétie.

FAÏENCE A ÉMAIL STANNIFÈRE, A PARTIR DE 1570

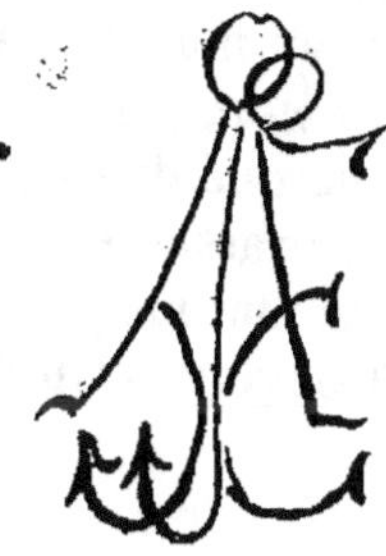

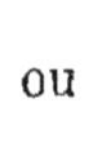

ou

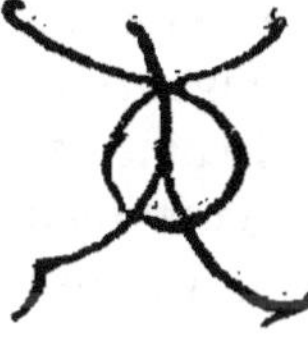

sont les marques des faïences de cette localité; elles sont to à fait dans le genre de celles de Bassano. Quelquefois au elles sont marquées d'une simple ancre maritime, ou plutôt d'i hameçon tel qu'il a été reproduit ci-après, copié sur une faïen du musée de Berlin.

Ces marques, MM. Maryat, Brogniart et Riocreux les att buent à Venise même.

Trois plats, au musée de Sèvres, marqués du premier m nogramme, sont donc attribués, par MM. Brogniart et Riocreu à la fabrique de Venise.

Une soucoupe ondulée, armoriée sur un fond de paysage le bleu domine, et qui fait partie de ma collection, porte éga ment le premier grand monogramme. C'est une pâte très- gère et très-sonnore.

N° 225, assiette, au musée de Berlin, porte le monogramm

1522

Ce même monogramme avec le millésime 1591 se trouve une assiette de la collection Uzielli.

M. Forget, à Paris, possède deux assiettes dont l'une est m quée du premier monogramme d'Angrano, et l'autre :

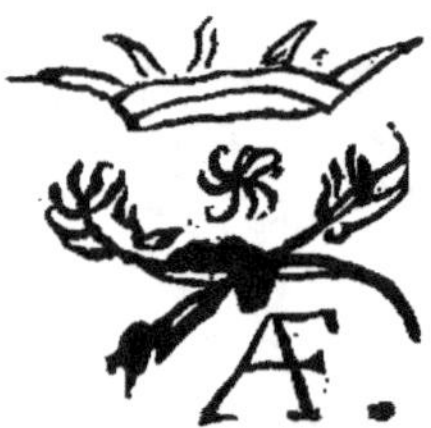

qui peut être celle d'Antonio Teschi, ou signifier *Fabrica à garano*. M. C.-W. Reynolds et le *British Museum* possèd des pièces qui portent cette même marque.

N° 2972, un grand plat à fond blanc, au musée de Clu où le sujet en camaïeu bleu représente : *Samson massacran Philistins* [1], vigoureusement esquissé, est marqué du second nogramme, l'*hameçon*. Recueillie aussi sur une assiette, au mu de Dublin, le catalogue de Cluny a pris cette marque pour u

Un plat, qui appartenait à Roger de Beauvoir, et prove

1. Copié par Madame Jacquart.

e la succession d'Eugène Delacroix[1], où le sujet consistait en six hevaux libres qui se battent, peints naïvement et grossièreıent en bleu et en manganèse sur fond jaune, était marqué, ntre ces deux mêmes hameçons :

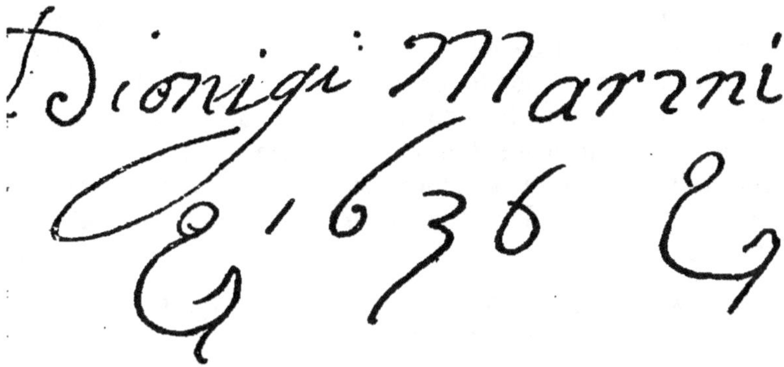

ignature que l'on doit lire :

L. Dionis Marini.

L'*Hameçon* ou l'*ancre de marine* pourrait donc être la marue particulière de ce *Dionis Marini*, puisque la date de 1636 u plat de Roger de Beauvoir se rapproche de celle (1622) e l'assiette du musée de Berlin, et puisque l'hameçon et ancre ont trait au nom de *Marini*.

Angrano a aussi fabriqué des faïences, la plupart des plats t assiettes, modelés en pâte mince et très-sonore, décorés plus souvent en camaïeu manganèse (brun-violet pâle) d'un essin relâché et peu artistique, et où le modelage est dans des ormes qui rappellent l'argent et le cuivre repoussés, et ressemlent pour la légèreté à du papier mâché. (Voir l'observation l'article Ferrara.)

J'ai recueilli sur une telle assiette le monogramme que voici :

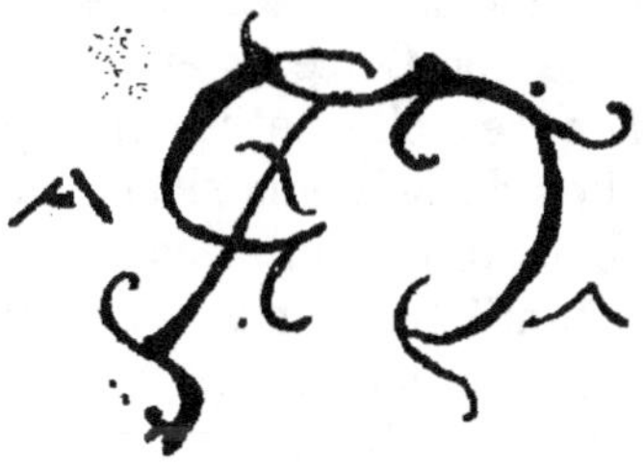

1. Ce plat a été également copié par Madame Jacquart.

ALBISSOLA,

Aux portes de Savona. — (Voir *Savona*.)

FAÏENCE A ÉMAIL STANNIFÈRE. vers 157

Dans la sacristie de l'église paroissiale d'Albissola, exist encore un tableau de deux mètres de grandeur, composé d plaques de faïences peintes en polychrome, où le jaune domin comme dans le carrelage du château d'Écouen, et qui représente *la Naissance du Christ*. Cette peinture céramique qu Tortèroli compare très-improprement à la peinture des anciens vitraux à laquelle elle ne ressemble d'aucune manière est signée :

Fatto in Arbisola (sic) *del 1576 per mano di Agostino.....*
Gerolamo Urbinato lo dipinse.

A la place du nom effacé du potier, se trouvent les mots *morto impenitente*, substitués par l'intolérance du clergé. — O ignore ainsi le nom de famille de ce Agostino qui ne peut êtr Agostino Ratti, le peintre du dix-septième siècle de Savona.

Hendrick Vroom, peintre hollandais en tous genres, et qu peut être appelé le créateur de la peinture de marine, né Haarlem, en 1566, a décoré des faïences à Albissola, qui s'écri vait alors souvent Arbizzola ou Arbissola.

Vroom avait déjà peint sur faïence dans les fabriques de s ville natale avant sa venue en Italie. (Voir Haarlem et Venezia

SAVONA ou SAVO (Savone).

(Voir aussi *Albissola*.)

FAÏENCES A ÉMAIL STANNIFÈRE. 1575 à 175

Ancien centre de productions céramiques, Savona expédia déjà, durant le treizième siècle, ses vaisselles en terre cuit vernissée, en Ligurie, en Corse et en Provence. Quant à l fabrication de la faïence, elle ne remonte probablement pa plus haut qu'au milieu du seizième siècle, où les portiques de maisons furent ornés de terres cuites émaillées, dont on pouva encore voir deux échantillons, il n'y a pas longtemps, rue *Sc ria superiore*, à l'ancienne maison de la famille Pavesi, et qu sert aujourd'hui à l'école publique des prêtres de la Mission et rue *Vaccioli*, maison Vaccioli. Comme les grandes démol ions de 1528 et 1542 ont emporté beaucoup, j'ignore si n avait fabriqué déjà avant cette époque des faïences de erre cuite, et si elles étaient *vernissées ou émaillées.* Les naisons, propriétés des couvents, des abbayes, etc., étaient ussi désignées alors par des plaques de faïence, dont la peinure représentait le patron de la communauté à laquelle les naisons appartenaient. Il existe encore aujourd'hui à l'église aint-Jacques une chapelle qui était toute couverte de plaques e faïence, et à la bibliothèque publique, trois grands vases eints en camaïeu bleu, mais peu artistiques, pour lesquels on pourtant déjà offert mille francs.

Agostino di Monti, qui a parlé avec un éloge pompeux des aïences de Savona, pousse la naïveté si loin, qu'il dit textuelement : « Que ces poteries étaient supérieures aux porcelaines e Chine même, puisqu'elles n'étaient *pas* translucides, tandis ue les Chinois ne savaient faire que des poteries *transpaentes!* »

Redi n'est pas moins Italien, quand il dit dans son épître dressée en 1688, à monsignor *Rinaldo degli Albizzi:*

Reverei prima il veleno
Che un bicchier che fosse pieno
Dell' amaro e rio caffé.

(Poison, café bu en verre ! — Délice, pris en vase de terre !)

antoni chante encore cette même poterie en 1783 :

A parca mensa vive senza a affanno
Chi cibi in vasi savonesi accoglie,
Né i cheti ponni a disturbar gli vanno
Sordide voglie.

(Celui qui se contente d'un modeste repas, servi dans les plats de Savone, vivra heureux, et son sommeil ne sera troublé d'aucun rêve lubrique.)

C'est au commencement du dix-septième siècle que florissait a faïence à Savona.

Quelques auteurs ont aussi parlé d'un :

Girolamo Salomone vers 1650.

auquel on attribue le monogramme que voici :

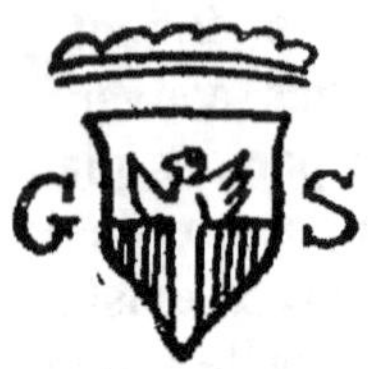

mais je n'en ai trouvé nulle trace, ni dans les documents liens, ni sur des poteries.

Les peintres les plus renommés étaient : .

Gian Antonio Guidabono, natif de Castel-Nuovo, en Lom die, qui s'établit à Savona, vers 1640, où il s'appliqua à pei la faïence, sans abandonner la peinture de fresque et à l'h on lui attribue un plat au musée de Kensington, marqué :

S. A. G. S.

Bartolomeo Guidabono et *Domenico Guidabono*, les fils d' tonio Guidabono ;

Agostino Ratti, qui travaillait vers 1700, et de qui le m de Berlin possède un exemplaire au millésime de 1720 ;

Gian Tommaso Torteroli, surnommé le *Sourd* (di Sordo) ;

Giacomo Boselli, était un céramiste qui avait acquis d réputation par ses *biscuits* (terres sans vernis ni émail), dont les descendants ont continué de fabriquer de la faïe et ont essayé à la fin d'imiter les faïences françaises et glaises.

Le premier fondateur de l'industrie céramique niverna était le patricien *Conrade*[1], de Savona, et le musée de Ne possède quelques exemplaires des faïences *polychromes*, pro blement de la seconde époque ou de la fin du dix-septi siècle, de la fabrication savonaise.

La faïence de Savona est le plus souvent, ou plutôt généra ment, en camaïeu bleu et d'un dessin relâché. Les plats s ordinairement festonnés et *façonnés* dans le genre des p martelés et repoussés de l'orfévrerie savonaise, dont les m dèles servaient sans doute aux potiers, à leurs moulages, ce

1. Voir Nevers.

leur épargnait les frais de façon. La pâte de cette faïence est légère, mince et sonore.

Les marques sont très-nombreuses et encore indéterminées. Un très-beau plat rond de 60 centimètres, de ma collection, ouvragé en haut relief, style Renaissance, un peu rocaillé,

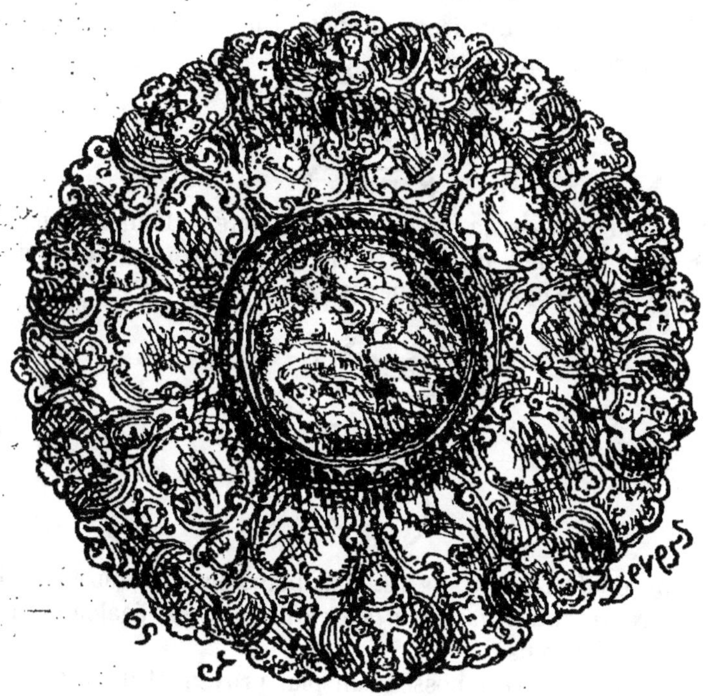

avec chimères et décoré en camaïeu bleu, à sujet mythologique au milieu, est marqué :

M.-C. (surmonté d'une couronne.)

Dans la collection de M. Édouard Pascal, à Paris, on trouve plusieurs plats et assiettes marqués différemment :

N. G.

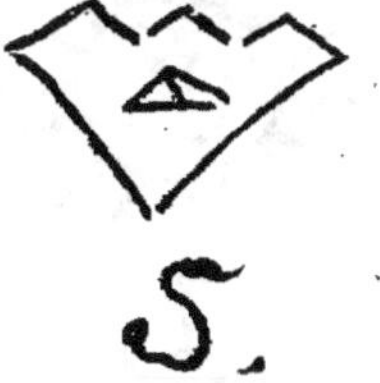

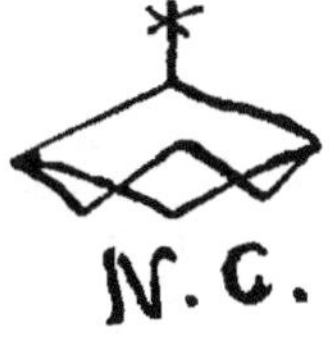

Un autre plat de la même collection, dont le décor, en camaïeu bleu, montre trois Amours dans un paysage, porte cette marque-ci :

que l'on désigne ordinairement sous le nom de la marque du *château fort;* et une écuelle :

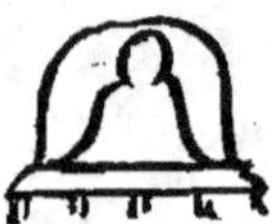

Un grand plat de la collection du docteur Belliol jeune, à Paris, dont le sujet, peint en bleu, représente un faune, des femmes et des Amours, est marqué :

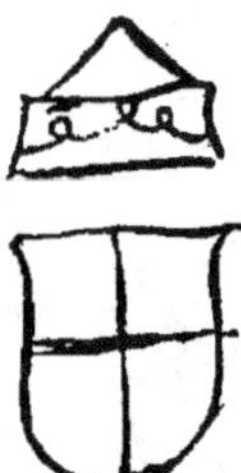

Au musée du Louvre, nº 16, plat peint en camaïeu bleu où le sujet représente : *des cavaliers en marche*, est également de provenance savonaise.

Le musée de Nevers possède un plat provenant de la collection Devers, qui est marqué

B. A. (surmonté d'une couronne.)

M. le baron de Switer, à Paris, a dans sa collection un pot, marqué :

et M. Stanifort (of Storrs Windermere), deux exemplaires, qui portent :

C A G

On trouve encore deux beaux plats de cette fabrique au musée de Sigmaringen : l'un à bas-reliefs, l'autre uni ; tous les deux en camaïeu bleu. M. Mathieu Meusnier avait dans sa collection un magnifique plat de 43 centimètres, décoré également en camaïeu bleu, dont les ornements, bas-reliefs, etc., consistent en chimères, coquilles et mascarons, ainsi qu'une délicieuse gourde de chasse de la plus belle forme de la Renaissance, à ornements d'enfants en relief et ronde-bosse, décorés en bleu et jaune, gourde attribuée par plusieurs amateurs à la fabrique de Nevers et qui fait aujourd'hui partie de la collection de M. Crémieux.

M. Vallée[1], à Paris, possède de la fabrique de Savona, deux grands vases décorés en camaïeu bleu, et armoriés en bleu, rouge et jaune, qui sont marqués sous les pieds :

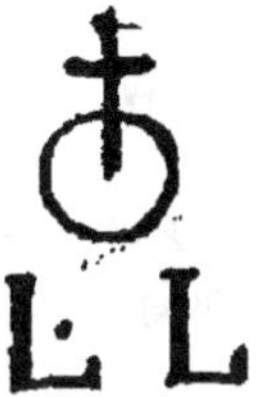

M. Domenico Mazzi, antiquaire, à Genova, m'a signalé cette même marque, où les deux L se trouvent remplacées par :

C B.

On doit en outre attribuer à Savona la marque suivante,

1. Cet amateur possède une collection d'armes, de belles crédences et des bahuts en bois sculpté du seizième siècle, et de nombreux exemplaires de porcelaines et de faïences. Parmi ces dernières, on peut signaler un beau plat hispano-musulman à arête et orné d'un emblème héraldique, qui représente un lion ; un autre de la Fratta et plusieurs faïences italiennes de différentes époques.

que l'on rencontre sur des faïences communes, souvent décorées en polychrome :

S

Quelques amateurs ont voulu attribuer ce monogramme à l'Espagne, à Sevilla; mais je crois que c'est une erreur, puisque j'ai rencontré des plats en camaïeu bleu et à reliefs, dans le genre courant de Savona, qui étaient ainsi marqués.

Ce même signe, sans le S, se trouve sur une bouteille carrée, haute et plissée sur les faces, de la collection de M. Willet, à Amsterdam; décorée en polychrome de branchages et d'un château fort, elle rappelle la bouteille aux armes de l'Inquisition, en faïence espagnole du dix-huitième siècle, de la collection Arosa, à Paris, et dont il a été fait mention au chapitre des faïences de Sevilla.

Il se pourrait cependant que ce monogramme *sans le S*, soit celui d'une fabrique espagnole, puisque le caractère du décor des pièces marquées ainsi est tout à fait espagnol.

M. Paul Gasnault, à Paris, possède un plat, qui porte la marque :

D. B. R.

MM. Michel et Robellaz, à Avignon, ont dans leur collection plusieurs assiettes au décor polychrome, brun, bleu, vert, jaune et bleu, et consistant en personnages, oiseaux, papillons, etc., visiblement peintes au dix-huitième siècle, sans l'aide du poncis, mais aussi sans finesse; ces assiettes sont marquées en noir au pinceau :

M. Willet, à Amsterdam, a dans sa collection un plat marqué :

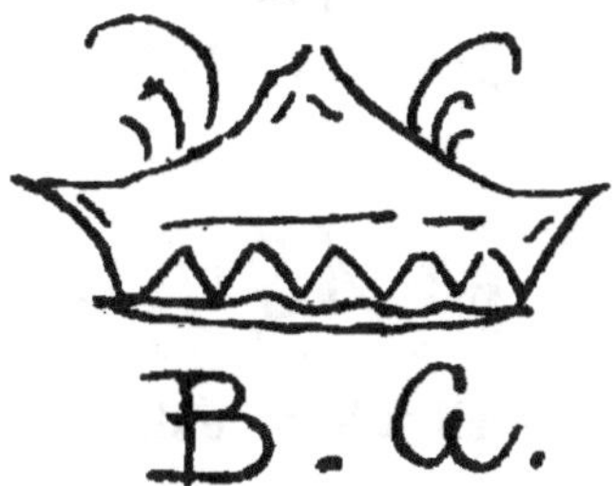

J. H.

sont des initiales que j'ai recueillies sur un magnifique vase, de belle taille, dont le décor en camaïeu bleu, exécuté avec une grande finesse, rappelait celui de Kortdenbosch, de mon plat de Nürnberg (1712). Ce vase où les anses étaient d'un joli modelage, était également de Savona.

On sait en outre que le nommé *Jacques Borelly* (selon d'autres Boselly), fabricant de faïence, à Marseille, est allé, en 1780, s'établir à Savona, où il a continué de fabriquer. Une coupe de ma collection, est marquée :

Jacques Borelly. 1781. (Voir Marseille.)

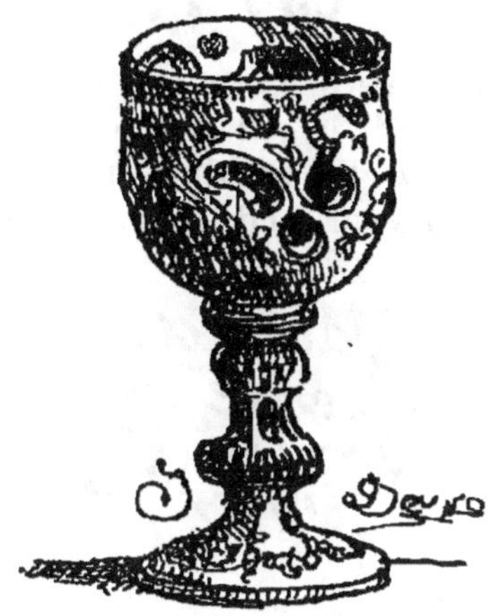

Coupe en faïence de la fabrique de Jacques Borelly (ma collection).

Sur deux grands vases, ce même potier a signé :

Jacques Borrelly, *Savonne.*
1779, 24 septembre.

M. le marquis d'Azeglio possède une pièce, signée :

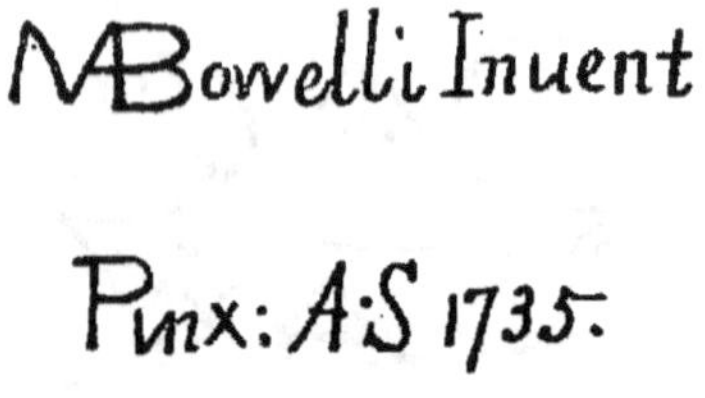

MBorelli Inuent

Pinx: A:S 1735.

Ce M. B. Borrelli, serait-il le père de Jacques ?

TORINO (Turin).

FAÏENCE A ÉMAIL STANNIFÈRE. A partir du seizième siècle.

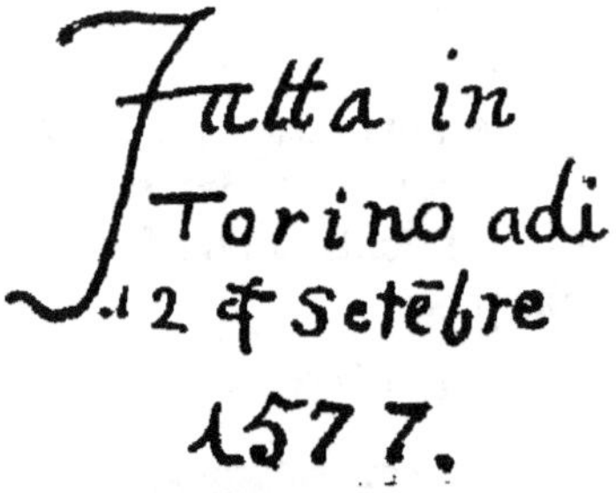

Fatta in
Torino adi
12 ꝯ Setēbre
1577.

est la plus ancienne marque connue de cette localité : elle se trouve sur un plat de la collection de M. C.-W. Reynolds.

M. le marquis d'Azeglio possède un grand plat de cette faïence, décoré à fleurs sur fond blanc, marqué :

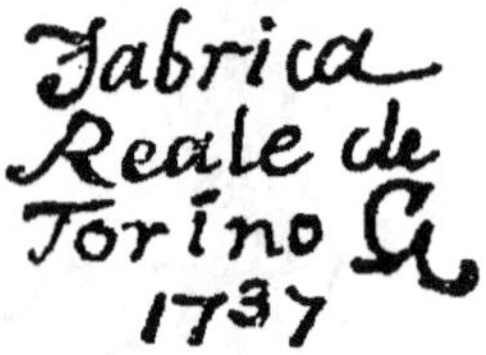

Fabrica
Reale de
Torino G
1737

un autre à sujet, signé :

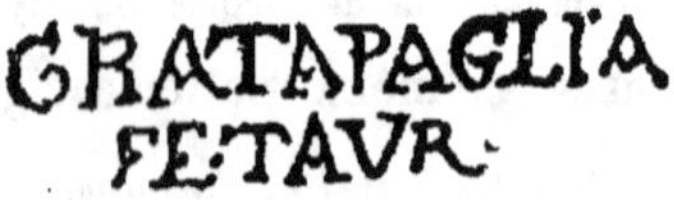

GRATAPAGLIA
FE:TAVR.

et un plateau, marqué avec les armes de la ville de Torino :

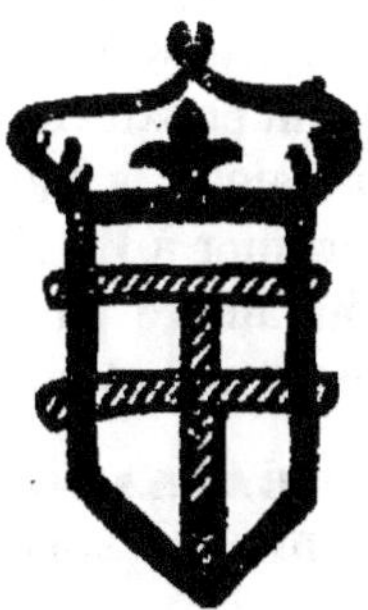

Bourgent, est le nom d'un céramiste de cette même localité. MM. Musso, Folco, Ricci, Pittamiglio et P. Marcenaro, fabriquent actuellement des faïences à Savona.

LA FRATTA,

Près de Pérugia, dans la Romagne.

TERRE CUITE AU VERNIS PLOMBIFÈRE DÉCORÉE PAR LA GRAVURE EN CHAMP LEVÉ. 1580 à 1800

Plats, coupes, etc., gravés et décorés sur *engobe*, c'est-à-dire que l'objet, avant d'être verni, est entièrement engobé de terre et qu'on y *grave* des ornements après l'avoir séché à l'air, procédé qui fait ressortir la première couche de terre en champ levé. Les terres cuites de La Fratta sont ordinairement vernies en jaune sale, vert et brun, genre qui s'est, du reste, fabriqué aussi dans d'autres localités italiennes, et même en Allemagne. Le musée du Louvre possède une grande et belle coupe ornementée en relief, sur pied triangulaire formé par trois lions, et où deux figures, une châtelaine et un varlet, se trouvent gravées intérieurement sur le fond.

Le plat le plus colossal que je connaisse de cette provenance, se trouve dans la collection de M. Joseph Halphen, à Paris.

Les n°s 2974, 2074, 2075, 2076, au musée de Cluny; un plat de 17 centimètres dans mon cabinet ; un autre dans la collection Mathieu Meusnier (collection vendue en 1864). Un beau plat à la collection Ivon, où le sujet représente six personnes attablées et jouant aux cartes, et deux jolis plats dans la collection de M. Soyter, à Augsburg, ont tous été fabriqués à La Fratta. Le musée Britannique possède de cette fabrique une bouteille *forme baril*, exposée dans l'armoire 126 de la salle de la *Mediæval collection*. Un très-curieux plat de cett provenance, intérieurement et extérieurement historié, se trouv aussi dans la collection Dejean, à Paris.

On a continué de fabriquer à La Fratta ce genre de poterie comme on peut s'en convaincre par l'exemplaire exposé sou le n° 3919, au musée de Kensington. (Voir aussi Padua.)

BASSANO,

Dans la Vénétie.

FAÏENCE A ÉMAIL STANNIFÈRE. 159

Lazari[1] mentionne un genre de travail céramique, de Basaggio — c'est-à-dire de la majolique de Bassano. On attribue un assiette marquée :

1595, S. M.

au céramiste *Simone Marinoni*, qu'il ne faut pas confondr avec *Dionigi Marini* de 1636, d'Angarano. *Bartolommeo Teschi* de *Roma*, et *Antonio Terschi*, sans doute parents du précédent Teschi mentionné à l'article *Roma*, ont travaillé à Bassano puisque je connais une pièce de la collection Le Blanc, qui es marquée :

B.o Terchj

Bassano

et une assiette au musée du Louvre (n° 559), où le sujet représente, en traits violets et en chairs jaunâtres, *Loth et se filles fuyant*, marquée :

Antonio Terchi

in

Bassano.

1. Dans une lettre publiée par le marquis d'Azeglio, ce savant collectionneu

Le musée de la ville de Basel possède aussi deux exemplaires signés de ces peintres céramistes.

Une plaque au Louvre, est signée :

Bav. Teschi Romano
in St. Quirico.

St. Quirico est situé dans les Marches d'Ancône, où il paraît avoir existé une fabrique sous la protection du cardinal Chigi (Voir cette localité).

LODI (Lombardo-Vénitien).

FAÏENCES A ÉMAIL STANNIFÈRE. 1600 à 1770

Cette fabrique a produit un genre très-peu artistique (exemplaire au musée de Nevers).

Une céramique dans la collection de M. C.-W. Reynolds, est marquée :

M.
Lodi 1764

ROMA (Rome).

FAÏENCE A ÉMAIL STANNIFÈRE. 1600

Outre les diverses faïences attribuées avec peu de certitude à la Ville éternelle, l'histoire céramique doit signaler :

A. *Bartolommeo Teschi* ou *Feschi*[1], célèbre céramiste romain nomade, qui vécut au dix-septième siècle, et qui fut connu pour

reproduit la réponse qui lui avait été faite par Lazari, directeur du musée Correr à Venise, sur sa demande de renseignements concernant les *porcelaines* de Venise. Cette réponse apprend peu et prouve que Lazari ne savait pas seulement distinguer la faïence de la porcelaine, puisqu'il dit que Venise se fournissait pour ses porcelaines principalement à la fabrique *Antonibon de Bassano*. Cette réponse renferme deux erreurs : Antonibon était établi à *Nove*, près de Bassano et non pas à Bassano même, et il fabriquait de la faïence et non pas de la porcelaine (voir Nove ou Le Nove).

1. On peut lire tantôt Feschi ou Ferchy, tantôt Teschi ou Terschy, — et rien n'a encore fixé l'incertitude de l'orthographe.

ses plats ondulés et festonnés, souvent à ornements en reliefs, d'une pâte dure et très-sonore. Il a aussi laissé des plats peints dans le genre des Castelli, reconnaissables aux tons plus pâles de leur coloris. Les chairs sont jaunâtres et les traits ordinairement violacés.

Sur de grands vases, au musée de Berlin, en partie émaillés et en partie peints à l'huile, on lit la signature de cet artiste :

Bar. Teschi Romano.

Une grande plaque, au musée Campana, où le sujet représente : *Moïse faisant jaillir l'eau du rocher*, porte la même signature.

Volpate, autre célèbre modeleur céramiste romain *nomade* du dix-huitième siècle, a laissé de beaux bustes et de belles statuettes en *terre de pipe blanche, recouvertes de vernis plombifère* et quelquefois à émail stannifère; ses œuvres sans aucun décor sont cependant remarquables comme modelage et très-artistement faites. L'expression des têtes de ses figurines est ordinairement belle; parmi les bustes ce sont ceux des christs qui se distinguent.

Le musée de Berlin possède aussi un plat qui porte l'inscription suivante :

Benedetto Luti, Pittore di sua Maesta Cesarea. Roma.

M. Arosa, à Paris, possède une faïence décorée en camaïeu bleu, marquée :

F° à R° 1760,

que je suis tenté d'attribuer à Roma.

Une terre cuite coloriée, imitant l'étrusque, se fabrique actuellement à la villa Belvédère à Frascati.

MONTELUPO,

Entre Pisano et Firenze.

TERRES CUITES PEINTES SUR ENGOBE ET VERNISSÉES AU PLOMB.

Vers 1600

Cette ancienne fabrique existe encore aujourd'hui. Les poteries consistent en assiettes et plats en pâte blanche, au décor polychrome naïf et grossier, mais très-curieux comme type de costume. Ce décor est peint sur engobe et recouvert d'un vernis minéral transparent. On y a aussi fabriqué d'énormes jattes ainsi que des poteries dans le genre de celles d'Avignon, c'est-à-dire en terre cuite coloriée par l'oxyde de fer ou par le manganèse ferrugineux, *en brun*, mais plus foncé que le brun d'Avignon, d'un brun presque noirâtre. Ces dernières poteries sont souvent garnies de mascarons ou autres ornements en jaune ou brun et en relief, parmi lesquels on trouve aussi des armoiries italiennes. Les trois quarts de ces poteries passent en France pour de l'Avignon. J'attribue à Montelupo[1] : les deux vases brun-chocolat du musée du Louvre; la ruche jaune et vert, à ornements en relief, de la collection de M. Feuillet de Conches à Paris; la coupe à dragon, en brun noirâtre et décorée de marbrés *blanc fixe*, de la collection Belliol; le plateau 2955, au musée Kensington, qui porte le millésime 1627 et la *Fruttiera* 2998, au même musée, signée :

Rafaello Girolamo fecit. Mte Lpo. 1639.

Un plat rond de Montelupo, de 33 centimètres de diamètre, de ma collection, est décoré naïvement d'un sujet qui représente

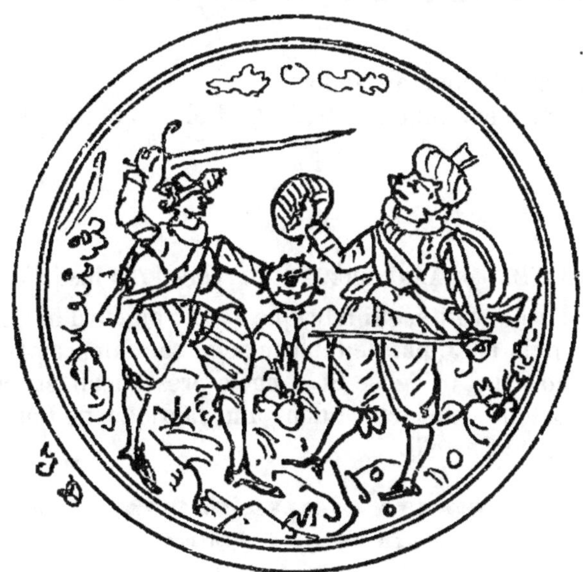

deux combattants. Le décor polychrome montre du beau vert,

1. Les plats bruns, recouverts de peintures assez artistiques, exécutés *à froid* et quelquefois dorés, pourraient aussi provenir des fabriques de Montelupo.

du bleu, du brun et du jaune. Le fond peint en jaune a presqu[e] fait disparaître l'engobe blanc.

(Voir aussi Pavia.)

SAN MARCO BRUSA PORCO.

FAÏENCE A ÉMAIL STANNIFÈRE. Dix-septième siècle

J'ai vu de cette fabrique des assiettes, décorées à ornement[s] en couleurs vives et où le vert dominait, qui étaient marquées

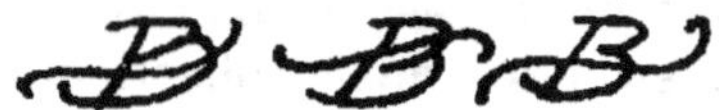

CANDIANA.

FAÏENCE A ÉMAIL STANNIFÈRE. 1620

Au musée de Sèvres se trouve un plat à dessins persans, signé :

Candiana, 1620 ;

et à la collection Azeglio, un vase marqué :

P. A.. C. R. O. SA.

qui est aussi attribué à Candiana.

Un autre, mentionné par M. J.-C. Robinson, était daté de

1637

BUSI.

FAÏENCE A ÉMAIL STANNIFÈRE. Vers 1700 jusqu'à ce jour.

Cette petite localité, qui fabrique encore aujourd'hui, est déjà connue depuis 1713, par le tableau peint sur faïence par Francescantonio Grue, à l'église St.-Angelo près Lucali, et que l'artiste de Castelli a fait cuire dans une fabrique de Busi. (Voir les faïences de Castelli.)

DOCCIA ou ALLA-DOCCIA,

A dix kilomètres de Florence.

FAÏENCE A ÉMAIL STANNIFÈRE UNIE, A RELIEF ET RONDE-BOSSE IMITATION DES DELLA ROBBIA, etc. 1735

La manufacture de la famille Ginori, fondée par le marquis

Charles Ginori en 1735, fabrique des faïences communes et fines. On croit qu'un des Ginori était, en 1750, le premier directeur de la manufacture royale de porcelaines, à Naples. La manufacture de Doccia, encore en pleine activité, produit aussi de la porcelaine très-artistique. Imitant toutes les anciennes majoliques italiennes, y compris les terres cuites de Della Robbia, elle est arrivée à une grande perfection. On peut voir, au musée de Sèvres, quelques produits de la manufacture des Ginori, dont l'exécution est si parfaite, que des connaisseurs peu expérimentés ont de la peine à les distinguer des anciennes faïences. Le n° 3215, au musée de Kensington, à London, est aussi un échantillon de Doccia.

M. Lejolivet, peintre d'histoire à Paris, possède, de cette fabrique, une grande buire à anses tortillées.

Les Ginori marquaient leurs produits, durant le dix-huitième siècle, d'une petite étoile rouge ou bleue au grand feu.

La marque actuelle est :

✱, ou : ✱ ou ✱ et quelquefois: (Ginori Florence.)

Mais on en rencontre aussi beaucoup sans aucune marque ou marqués :

Genori. (Estampé dans la pâte.)

SAN QUIRICO,

Dans la marche d'Ancône.

FAÏENCE A ÉMAIL STANNIFÈRE.

Une plaque décorée dans le genre de Castelli, au musée du Louvre, porte l'inscription suivante :

Bar — Terchi — Romano
in S. Quirico.

On voit que cet artiste nomade a travaillé partout.

GENOVA (Gênes).

FAÏENCE A ÉMAIL STANNIFÈRE. 1750

Cette poterie est ordinairement marquée du phare de Genova,

tantôt de la forme ci-contre, tantôt d'une forme où le pied est moins large et la colonne plus forte.

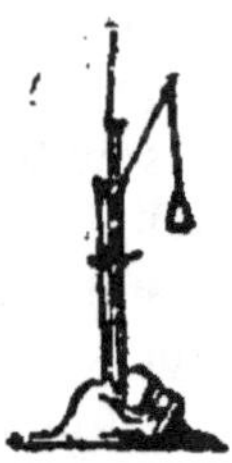

Deux grands plats, au musée de Sigmaringen, sont marqués ainsi.

On a fait à Genova beaucoup de plats ouvragés, façon orfévrerie repoussée dans le genre des faïences de Savona. M. Devers, céramiste à Paris, a dans sa collection un de ces plats, décoré en camaïeu bleu, avec les armoiries de la famille de Durasse, l'ancien doge. Ce plat est marqué

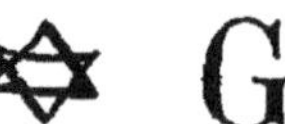

Quelques porcelaines dures de Nimphenburg, en Allemagne, sont marquées de ce même pantalphe (*Salus Pythagoræ*) franc-maçonnique; seulement, à la place du G, il y a des chiffres aux coins des triangles. (Voir aussi Savona pour cette marque.)

ARIANO,

Entre Napoli et les Abruzzes, dans le royaume de Naples.

TERRE CUITE AU VERNIS PLOMBIFÈRE. — FAÏENCE A ÉMAIL STANNIFÈRE. — TERRE DE PIPE. 1750 à l'époque actuelle.

Cette fabrique qui existe encore aujourd'hui, a fabriqué à partir de la dernière moitié du dix-huitième siècle toutes sortes de poteries. J'en ai vu des vases, style Louis XVI, en pâte marbrée café au lait à veines blanches, et ornés de bas-reliefs en pâte jaune, semblable aux poteries d'*Apt*. On a aussi fait à Ariano des poteries dans le genre de celles de *Marburg* (voir cette localité) et d'*Avignon*.

SANGIORGI.

FAÏENCE A ÉMAIL STANNIFÈRE. 1764

Un bas-relief en polychrome, au musée de Meermann-Westreenen, à La Haye, bas-relief qui représente une *Sainte Famille*, est signé :

Battela. 1764. *Sangiorgi*.

NOVE (Lenove),

Près Bassano, en Lombardie.

FAÏENCE A ÉMAIL STANNIFÈRE. 1750
TERRE DE PIPE AU VERNIS PLOMBIFÈRE.

J'ai vu un magnifique surtout de table, en polychrome, qui portait l'inscription :

Dalla fabrica di Gio. Batta — Amonibon (ou *Amionibon*) *nalle none di vicen. An.* 1755. (*Sic.*)

que l'on doit traduire :

De la fabrique de Jean-Baptiste Amonibon, au *vieux noir de Vicence.*

On peut le lire et le traduire aussi :

Nelle nove di decen A. 1775.
Antonibon.

(Le 9 décembre 1755. Antonibon[1].)

Conformément à cette dernière lecture, le surtout serait fait à *Lenove* ou *Nove* où quelques auteurs croient qu'une fabrique a déjà existé vers la fin du dix-septième siècle, et où ce *Gio. Batta Antonibon* aurait travaillé. — Mais tout cela repose uniquement sur des suppositions, et si M. Chaffers m'accuse d'être négligent dans la copie de mes monogrammes, je suis étonné qu'il ait fait son livre presque entièrement avec ce qu'il a pris dans le mien.

Baroni, potier.

J'ai vu chez un marchand de curiosités, sur le quai, à Ge-

1. Voir la note à l'article qui traite des faïences de Bassano.

nève, un grand vase de forme ovoïde, en terre de pipe[1], probablement une fabrication du dix-huitième siècle, qui est décoré au petit feu de mouffle comme la porcelaine. Le sujet représente la famille de Darius aux pieds d'Alexandre, d'après Le Brun. Ce vase qui n'a rien du caractère de la faïence, et qui mésure 74 centimètres de hauteur, est marqué dans la pâte :

Baroni . Lenove

Un vase dans la collection Gladstone, qu'un auteur anglais désigne comme porcelaine, mais qui est probablement en terre de pipe comme le vase mentionné ci-dessus, porte :

Fabrica Baroni Nove

(Voir les porcelaines de Nove et la note au chapitre qui traite des faïences de Bassano.)

VINOVO (Vineuf),

Situé à quatre lieues de Torino.

FAÏENCE A ÉMAIL STANNIFÈRE. Vers 1780

Les *Giovanetti*, potiers, y ont fabriqué des faïences dans le genre de Strasbourg et de Marseille, qui étaient marquées :

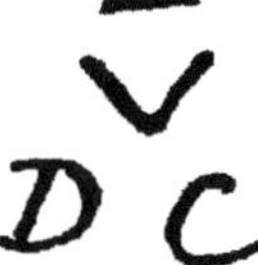

aussi +

(Voir les *porcelaines* italiennes de Vinovo.)

MONDOVI,

Entre Savona et Genova.

TERRE DE PIPE AU VERNIS PLOMBIFÈRE.
FAÏENCE A ÉMAIL STANNIFÈRE.

Musso frères, céramistes, vers 1780. Ces potiers ont signé :

M

M. de la Vilestreux avait dans sa collection une soupière en

1. Cette terre de pipe a été achetée depuis par M. C.-W. Reynolds, en Angleterre.

forme de mitre, où le décor, la pâte et l'émail auraient plutôt indiqué une provenance allemande, de la fabrique de Schretzheim, et qui était marquée de cet *M.* Je pense que c'était une céramique faite à Mondovie, car certaines couleurs du décor étaient plutôt italiennes qu'allemandes.

AVIGLIANO,

Dans la Basilicate.

FAÏENCE A ÉMAIL STANNIFÈRE.

Fabriquée à la fin du dix-huitième siècle, cette faïence ressemble à s'y méprendre aux faïences marseillaises. On croit que la fabrique d'Avigliano a été fondée par des potiers marseillais (voir *Trevigi* et *Savona*, pour ce même genre de poterie).

MILANO (Milan), et MILESIMO,

Dans la Lombardie. Village.

FAÏENCE A ÉMAIL STANNIFÈRE.

Je pense qu'il faut confondre ces deux fabriques, dont les produits ne remontent pas au delà du milieu du dix-huitième siècle.

On y a imité les décors des porcelaines chinoises et japonaises, en polychrome et or.

J'en ai rencontré qui étaient marquées :

F
L R
Mil = no

Au musée de Sigmaringen, on trouve deux plats et quatre assiettes en décor japonais très-fin, marqués :

M^il.

Deux assiettes de la collection Azeglio sont marquées :

Milano.

tandis que l'on voit dans la collection Reynolds, tout un servic marqué :

G. Milano
F 4 C

Une jardinière de la collection Gesnault à Paris, montre signature que voici :

F
di Pasquale
Rubati
Mil°

M. Aigoin [1], à Paris, possède une assiette à bordure, à déc chinois, et ornée au milieu d'armoiries surmontées d'une cou ronne ducale. Cette belle faïence ressemble par la suavité d son émail, et par la beauté des couleurs et de la dorure, au plus belles faïences de Delft. Elle est marquée :

Milano
F 4 C

Joannes d'Enrico, de Milano, est le nom d'un artiste conn comme habile modeleur de terre cuite sans couverte ; figurines statuettes, etc.

MM. *A. Boni et Ce*, à Milano, même, et

MM. *Richard et Ce*, à San-Christopho, fabriquent actuelle ment des faïences et porcelaines.

SAN CRISTOPHO,

Près Milano.

TERRE DE PIPE ET FAÏENCE. Époque actuelle

MM. *Giulio Richard et Ce*, déjà mentionnés sous Milano, fa briquent actuellement des faïences et des porcelaines.

1. La collection de cet amateur se compose d'à peu près cent cinquante pièce de faïences de *premier choix*, dont soixante-quinze provenaient des fabriqu de Rouen, trente cinq de celles de Delft et le reste de diverses autres contrée Le Rouen, le Nevers, le Strasbourg y brillent par des exemplaires hors ligne il y a peu de pièces secondaires.

Le musée de Sèvres possède de cette fabrique des pièces de services en terre de pipe, ainsi que d'autres qui imitent le wedgwood, et même la marque de cette fabrique anglaise.

Quelques pièces portent cependant les initiales du fabricant:

G. R.

MODENA.

FAÏENCES ET POTERIES DE TOUTES SORTES. Époque actuelle.

MM. *Tamburini et Ghibellini,* et M. *Fornasari,* à Modena même, et M. *Rubbiani,* à Sassuolo, dans les environs, fabriquent actuellement.

SAINT-JEAN DE MAURIENNE (Moriana) en Savoie,

Sur l'Are, à 50 kilomètres de Chambéry, ancien chef-lieu du comté et de la vallée de Maurienne et évèché.

FAÏENCE A ÉMAIL STANNIFÈRE. 1720 à 1770

J'ai vu, de ces fabriques, des vases ou pots dont les formes se ressentaient un peu de l'influence de celles des anciens vases étrusques. Ils sont ordinairement de la capacité d'un litre, et ont deux anses *pleines* et plates. Les plus anciens sont décorés en camaïeu bleu, et les autres en bleu et jaune. Ils sont le plus souvent datés et pourvus d'inscriptions. J'en ai rencontré datés de 1718, 1754 et 1759.

L'un portait la légende suivante sur une de ses faces :

Meu. (Mathieu?) *Didier, chanoine*
de St-Jean de Moriene
de la cathedralle 1723
Promoteur de l'évêché;

il était décoré sur l'autre face d'un saint Jean, le tout en camaïeu bleu.

MOUSTIERS en Savoie.

FAÏENCE A ÉMAIL STANNIFÈRE.

Cette faïence ressemble à celle de *Moustiers-Sainte-Marie*, en France (Basses-Alpes).

LAFOREST, en Savoie[1].

FAÏENCE A ÉMAIL STANNIFÈRE.

M. Jules Michelin, possède un légumier, tout à fait dans le genre du Moustiers-Sainte-Marie (Basses-Alpes), signé :

Laforest en Savoye, 1782.

CHAMBÉRY, en Savoie[1].

FAÏENCE A ÉMAIL STANNIFÈRE.

Le *Dictionnaire des postes aux lettres*, par Lecousturier, de l'année 1802 (Consulat), mentionne une fabrique de faïence de cette localité.

NICE, en Savoie[1].

POTERIE. Époque actuelle.

MM. Allard frères.

LA ROCHE-GACHET, en Savoie[1].

FAÏENCES ET POTERIES. Époque actuelle.

ANNECY, en Savoie[1].

POTERIE.

LOCALITÉS INCONNUES.

ENNIVS. RAINERIVS
F. F. 1557.
(*Ennius Rainerius Fecit Fieri*),

Gio Battista Rainerio et *Jonnes. Babt. Rubeus. Rainerio*

sont trois signatures inscrites sur différentes majoliques.

N° 204, au musée de Sèvres, un grand plat rond, décoré en camaïeu bleu et violet, dont le sujet représente une bataille que l'on croit être la bataille victorieuse que l'empereur Rudolf II gagna sur Amurat III en 1592, est marqué :

E. V. F.

1. Toutes ces localités font aujourd'hui partie de la France.

M. Bréauté [1], à Vernon, en Normandie, possède six plats ou plutôt plaques rondes, provenant de la succession de M. Vien, architecte du Palais de l'Industrie. Le décor polychrome représente des *têtes grotesques, espèces de caricatures grimaçantes*, qui me paraissent peintes d'après les gravures de Frederik Van Hulsen, né à Middelburg en 1566, et mort à Frankfurt-sur-le-Main après 1655.

Le cabinet impérial d'estampes à Paris, possède quinze de ces gravures; ce sont des têtes grotesques, composées d'ornements qui font déjà pressentir le style rocaille.

Alessandro Seraglia, sculpteur, mort en 1631, a laissé plusieurs petites œuvres de maître en *terre cuite sans couverte*.

M. George Guiffrey, à Paris, possède un vase de fabrication moderne et décoré en polychrome, qu'il attribue à la fabrication italienne moderne, mais qui pourrait bien être fabriqué en France. Ce vase est marqué :

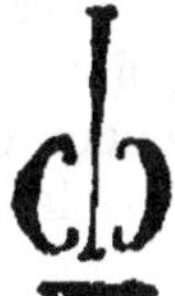

M. Devers et M. Lugi Toselli sont deux céramistes italiens, actuellement établis à Paris (voir faïences françaises).

COLLECTIONS DE FAIENCES ITALIENNES.

EN ALLEMAGNE.

On lit dans l'*Œconomisch Encyklopedie*, par Georg Krunitz, Braunschweig, 1788. In-12 :

« Il y a à Salzdalum (Salzdalen), près Wolfenbüttel, *mille pièces* de majoliques aux dates de 1537 à 1576. » C'est à une époque où on ne pensait encore guère en France à former de telles collections. Les pièces dont l'auteur parle ne se trou-

1. La collection de cet amateur, installée coquettement dans une maison à laquelle le propriétaire a su donner une tournure gothique, consiste en faïences, bois sculptés, ferrures et particulièrement d'un curieux choix de *boutons de toutes les époques*, et qui contient plusieurs exemplaires vraiment artistiques.

vent plus aujourd'hui à Salzdalen; elles font partie du *musée de Braunschweig*, un des plus riches en majoliques.

Le *musée de Berlin* n'est pas moins riche en faïences italiennes parmi lesquelles il faut signaler des Della Robbia hors ligne.

Une douzaine de belles pièces sont aussi conservées à la *bibliothèque de Weimar* ; le Duc en possède autant dans son habitation, et la *collection Gœthe* de la même ville en est également pourvue.

A *Ludwigsburg*, on trouve à peu près 200 pièces, parmi lesquelles de bien beaux vases.

Le *musée Japonais*, à Dresden, possède les plus beaux vases que je connaisse. Les anses de ces chefs-d'œuvre sont formées de serpents, et les panses décorées d'après des dessins du Dominiquin ; les sujets représentent : *Diane avec ses nymphes, Bacchus, Silène* et une *Bacchanale*. Elles ont été payées 1,300 ducats, par Auguste III. Ce musée possède en tout 180 pièces en faïence italienne, datées de 1532 à 1536.

Le *Verein für Kunst und Altershum*, à Ulm, a dans sa collection un magnifique plat, d'au moins 18 centimètres de diamètre, accompagné de sa buire; le décor représente une *bataille romaine*, et on lit sur le revers du plat :

Romani certant cum Gallis et victores sunt.

Lés musées de Sigmaringen, de Frankfurt-sur-le-Main, de München, le musée germanique, etc., possèdent également des exemplaires remarquables.

EN FRANCE.

Le musée du Louvre possède 616 pièces, et celui de Cluny une nombreuse collection ; le musée de Sèvres est moins riche en majoliques italiennes.

En outre, des collections mentionnées par les citations diverses contenues dans le chapitre des faïences italiennes, on peut nommer, pour leurs belles et nombreuses pièces, les cabinets de MM. de Rothschild, Patrice-Salin, Crémieux, Fau, d'Ivon, Basilewsky, etc.

Comme œuvres architecturales remarquables, exécutées en France, durant le seizième siècle, par des artistes céramistes italiens, il faut mentionner les carrelages en faïence à émail stannifère et au décor polychrome de l'église de Brow, d'une chapelle de la cathédrale de Langres, et des châteaux de Polisy (daté de 1545[1]), de Bois et d'Écouen.

Deux grands tableaux de 5 ou 6 pieds de grandeur chaque (*Marcus Curtius et Mucius Scœvola, avec les armes des Montmorency*), qui proviennent de ce dernier château et décorent actuellement un salon à Orléans-House, Twikenham, en Angleterre, propriété du duc d'Aumale, ont été exécutés à Rouen, par ces artistes étrangers, comme le démontre l'inscription :

A Rouen, 1542.

Il est à remarquer que la date recueillie sur le magnifique carrelage de Polisy n'est postérieure que de trois ans à celle d'Écouen, ce qui fait supposer que ce sont là des œuvres d'un même artiste.

EN HOLLANDE.

Plusieurs belles pièces au *musée de La Haye*, et une vingtaine de ces faïences au *château Billion*[2].

EN SUISSE.

La collectionde M. Parpar, à Thun.

EN ITALIE.

Dans la *Santa-Casa*, à *Loretto*, 300 bocaux, la plupart avec couvercles, qui remplissent deux salles. Toutes ces majoliques proviennent des pharmacies du dernier duc d'Urbino, Francesco Maria II, qui, dans un accès de folie, avait cédé son duchéau Saint-Siége. L'héritier, Ferdinando di Medicis, envoya toutes ces belles pièces de faïence à Firenze, à l'exception des vases de pharmacie, qu'il laissa à Loretto :

Au musée de Firenze.

A Roma et à Napoli.

1. Reproduit dans l'ouvrage de M. Émile Amé.

2. L'ancien castel *Billion*, à Velp, à une heure d'Arnhem, arrangé aujourd'hui en château de plaisance, par les soins de l'architecte, M. Éverson, d'Arnhem, et qui est la résidence de M. le baron de Hardenbruck, renferme un grand nombre de céramiques et d'autres objets d'art qui méritent que l'on fasse le petit voyage d'Amsterdam.

A Pesaro, la collection de feu le chevalier Massa de Pesaro à peu près 1,600 pièces. Elle a été vendue à la ville pour la bagatelle de 4,000 écus, et remplit cinq salles de l'hôtel de ville.

Arezzo, possède à peu près 300 pièces, et

Forly, autant.

Monsignor *Cajoni,* président du tribunal de la Rota, à Roma possède aussi une fort belle collection de ces faïences.

EN ESPAGNE.

A l'*Escurial,* l'amateur trouvera une vasque à laver la vaisselle, dont le décor représente le *Jugement de Salomon.*

EN ANGLETERRE.

Le musée Britannique possède 170 pièces de faïences italiennes, renfermées dans les armoires 125 à 129 (salle de la *Mediæval-Collection*), et le musée de Kensington en est aussi riche.

Les collections privées les plus importantes en Angleterre sont celles de :

MM. S. Addington,
Azeglio (le marquis d'),
Barker,
Bate (B.),
Berney (I.),
Berney (Thomas),
Campbell (Hugh Hune),
Coope (O.),
Eatoke (Isaac),
Falcke (Isaac),
Fischer (R.),
Ford,
Forthum (C. D. E.),
Fountaine (Andrew),
Gaig (Gibson),
Henderson (John),
Holburne (William),
Holland (Robert),

MM. Hope (T.),
Joseph (H.),
Magniac (H.),
Marryat,
Mayers (Joseph),
Law (Markham),
Morgan (Octavius),
Morland (G. H.),
Napier (R.),
Reynolds (C. W.),
Rothschild (le baron A. de),
Rothschild (le baron L. de),
Slade (Félix),
Spencer (le comte),
Stanhope (H. S.(,
R'Smith (Martin),
Taylor.

Quant aux autres collectionneurs moins importants pour

cette partie de la céramique, il est inutile de donner ici leur noms; le lecteur les trouvera dans la table et dans le chapitre précédent où ils ont été cités chaque fois qu'il s'est agi de signaler une œuvre remarquable ou un monogramme. Il y a des amateurs en Angleterre, et ils sont nombreux, dont les collections de majoliques peuvent rivaliser avec beaucoup de musées, car le goût anglais s'est presque toujours porté exclusivement vers l'art italien.

Avant de terminer cet article qui traite des faïences italiennes, je veux encore communiquer au lecteur un extrait du livre de dépenses (*Unkostpuch*) de Wilibald I Im-Hoff de Nürnberg, des années 1564 à 1577, qui se trouve aux archives de Nürnberg.

Le *compte de l'année* 1565, tenu par Wilibald, ce riche et fastueux patricien, prouve qu'il tirait déjà des majoliques artistiques italiennes directement de Venise. Il était amateur et collectionneur.

« Zu a a f. 40 weisse Maiolika mit Wapen, und andere Maiolikas. Ducat. 8 a 137 1/2 Florin. 11. 1. 9

(40 majoliques bleues armoriées, et autres, florins 11. 1. 9.)

Dans le compte de l'année 1571.

« I Krug und perk. Maiolika di Urbino. Ist das perk prochen. Ducat. 3. thal. Florin. 4. 3

(Une cruche de majolique d'Urbino, florins. 4. 4. 3.)

Furlon. Florin. 1/2 (voiture ou transport de Venise à Nürnberg. 1/2 florin.)

Dans un autre inventaire du même Im-Hoff, on lit :

« Plusieurs majoliques qui se font en Italie et notamment à Pesaro, peuvent être partagées en parts égales :

1. Une grande cuvette à eau, de la forme d'un vaisseau, me coûte Florin. 9

Ici on lit une annotation d'Im-Hoff III, qui dit que cet objet d'art a été *partagé* le 22 janvier 1585.

2. Deux cuvettes à eau, en faïence blanche, avec leurs pots à eau, que j'estime, chaque paire, Florin. 4

Im-Hoff III fait observer ici, dans un renvoi, qu'elles ont été également *partagées* le 22 janvier 1585.

On voit que ces objets d'art se payaient assez cher; car 20 francs pour la cuvette, à cette époque, représentent aujourd'hui au moins 300 francs, et ce que quelques auteurs ont dit des vils prix auxquels les majoliques se vendaient à ces dates reculées, ne peut se rapporter qu'aux marchandises communes et de commerce, telles que Piccolo Passi en a laissé des dessins. Quelques auteurs ont fait le calcul sur la valeur du blé à différentes époques pour arriver à la valeur comparative de la monnaie, mais cette base de calcul offre peu de sûreté; les bonnes, les mauvaises récoltes et les disettes influent trop sur le prix des denrées pour qu'elles puissent servir de base.

POTERIES OPAQUES FRANÇAISES

Il serait fort difficile de diviser les productions céramiques françaises en écoles distinctes et rigoureusement déterminées. Les fabriques italiennes, allemandes et hollandaises ont fait sentir leur influence en France, tantôt à tour de rôles, tantôt à la fois, et cela à toutes les époques, de manière que l'on rencontre souvent l'influence allemande et hollandaise dans le midi et quelquefois celle de l'Italie dans le nord.

Les écoles allemandes avaient trouvé leurs imitateurs dans la Normandie, aux bords de la Loire comme à ceux de la Charente, où l'on voyait aussi fabriquer des poteries vernissées telles que l'école Saxonne ou du Nord, et l'école franconienne en avaient produites depuis bien des siècles.

Tout ce que les potiers de Beauvais, de Fontainebleau, de Manerbe, de Noron et peut-être de cinquante autres localités avaient fabriqué, a été imperturbablement attribué à Bernard Palissy, à qui l'ignorance et la routine avaient fini par attribuer même des poteries où les ornements et les costumes indiquaient des époques éloignées souvent de centaines d'années de celle dans laquelle le potier de *Montpazier* avait vécu.

A Rouen, où, à mon avis, le plus beau décor français a été produit, les influences italienne, nivernaise, hollandaise, paraissent s'y être trouvé en concurrence dès la création de la première manufacture.

Le goût pour la rocaille et l'adoption de la cuisson au feu du réverbère qui permettait l'emploi du rouge de Cassius, se sont répandus de l'Alsace et de la Lorraine jusqu'à Marseille, et

Les faïences françaises du *dix-huitième* siècle, sans en excepter celles de Moustiers et de Nevers, sont des produits obtenus sous l'influence des porcelaines de Meissen, dont les fabricants s'efforçaient d'imiter les formes.

Tout ce que l'on pourrait tenter afin d'arriver à un certain classement, ce serait de diviser la poterie française en cinq catégories :

Poteries en terre de pipe vernissée, dites de Henri II ;

Poteries en terre cuite vernissée, dites de Palissy ;

Faïences de Nevers et de ses écoles ;

Faïences de Rouen et de ses écoles ;

Faïences de l'Alsace, de la Lorraine, de Marseille, et même de Moustiers.

Mais il est impossible, soit à cause de l'ordre chronologique adopté dans ce livre, soit à cause de l'absence totale d'une marche régulière de la fabrication de l'un ou de l'autre genre de poterie, de pouvoir ranger régulièrement ici dans des cadres les nombreuses productions françaises.

L'ordre adopté, c'est donc toujours l'ordre chronologique, avec des sous-ordres chronologiques pour chaque localité.

(Voir aussi la céramique gauloise.)

RÉCAPITULATION CHRONOLOGIQUE

des localités mentionnées dans le chapitre suivant, qui traite des poteries opaques françaises (terres cuites, grès et faïences).

Troyes, terre cuite au vernis minéral	1225
Paris[1], (poterie de dragage), terre cuite sans couverte	1225
Malicorne, terre cuite au vernis minéral	1300
Pont-Valin, —	1300
Lygron, —	1300
Saint-Denis, terre cuite en mosaïque	1300
Saint-Pierre-sur-Dive, terre cuite à niellure et engobe	1300
Abbaye de Toussaintes, —	1300
Abbaye de Cluny et autres, —	1300
Andelys (?), terres cuites sans couverte	1380
Beauvais, Voisinlieu, etc., grès	1380
Valence, terre cuite sans couverte	1400
Avignon, terre cuite au vernis minéral	1500
Saintes, —	1500

1. Voir la note de renvoi du premier article : Paris.

Valenciennes, faïence à émail stannifère.................. 1730
Luneville, — 1731
Saint-Clément, — ....
Limoges, — 1734
Mennecy,, — 1735
Vauvert, — 1736
Sinceny, — 1737
Bourg-d'Ognes, — 1737
Sceaux, Penthièvre, — 1740
Samadé ou Samadet, — 1740
Legault, — 1740
Aprey, — 1740
Paris, rue Basfroy, faïences.................. 1740
— 41, rue de la Roquette, faïences.................. 1742
Saint-Amand-les-Eaux, faïence à émail stannifère.................. 1746
Niderwiller, — 1746
Paris (Pajou), terre cuite sans couverte.................. 1750
Toulouse, faïence à émail stannifère.................. 1750
Marain, — 1750
Poupre, — 1750
L'Ile d'Elbe, — 1760
Paris (Lecomte), terre cuite sans couverte.................. 1760
Tavernes, faïences à émail stannifère.................. 1760
Chaumont-sur-Loire, terre cuite sous et sans couverte...... 1760
Meillonas, faiences.................. 1765
Versailles (Houdin), terre cuite sans couverte.................. 1765
Paris, rue Charenton, faïence bronzée.................. 1766
— rue Saint-Honoré, faïence.................. 1766
Châtillon, faïence.................. 1766
Vincennes, faïence à émail stannifère.................. 1767
Nîmes, — 1767
Tours, terre cuite au vernis minéral et émaillée ; faïences.... 1770
Sarguemines, terre de pipe au vernis minéral.................. 1770
Marties, faïence à émail stannifère.................. 1775
Creil et Montereau, terre de pipe au vernis mtnéral.................. 1780
Paris (Marin), terre cuite sans couverte.................. 1780
— (Ramey), — 1780
Nancy, faïence à émail stannifère.................. 1780
Moulins; — 1780
Cognac, — ....
Aiezy, — 1780
Douai, — 1782

Première, faïence à émail stannifère.......................... 1782
Sèvres, — 1785
Bergerac, — 1786
Islettes, — 1790
Choisy-le-Roi, — 1790
Amigny-Rouy, — 1790
Castilhon, — 1790
Épinal, — 1790
Ramberwiller, — 1790
Bourg-la-Reine, — 1790
Dieu-le-Fit, — 1790
Paris, rue Fontaine-au-Roi, faïence à émail stannifère....... 1790
Forges-les-Eaux, — 1790
Toul, — 1790
Riom, faïence à émail stannifère.......................... 1790
Localités mentionnées dans l'extrait des archives de Nevers, faïence à émail stannifère.......................... 1790
Varzy, — 1794
Avron, — ....
Vallauris, poteries..........................
Chantilly, terre de pipe au vernis minéral.................. 1794
Paris, 141, rue Popincourt, terre de pipe au vernis minéral.. 1801
Localités recueillies dans les *Dictionnaires des postes aux lettres*, par Lecousturier, des années 1802 et 1817.
Arras, terre cuite au vernis minéral.................. 1809
Thuiz, — 1809
Du Montet, poteries.......................... 1819
Saint-Gaudens, terre de pipe au vernis minéral.......... 1829(?)
Miromont, poteries.......................... 1830
Paris, 5, rue des Trois-Couronnes, faïence à émail stannifère. 1833
Saint-Samson (Oise), poterie, encore aujourd'hui en activité.. 1834
Rubelles, terre de pipe à émail ombrant plombifère et alcalin. 1836
Vaudancourt, grès.......................... 1836
Uzès, faïence (?).......................... 1837
Courbeton, grès.......................... 1839
Paris (Devers), faïence à émail stannifère, etc............ 1847
Paris (Barbizet), terre cuite au vernis minéral et émaillée..... 1850
Batignolles-Paris, poteries de toutes espèces............... 1850
Paris-Vaugirard (Pul), terre cuite au vernis minéral et émaillée. 1856
Paris (Deck), faïence à émail stannifère et à engobe......... 1859
— (Jean), — 1859
— (Collinot), — Époque actuelle.

Langeais, terre cuite au vernis minéral et émaillée. Époque actuelle.
Paris (Gassin), terre cuite sans couverte......... —
— (Pascal), terre cuite sous couverte......... —
Onnaing, terre de pipe au vernis minéral....... —
Nans, faïences.................................. —
Gien, — .... —
Rongis, — .... —
Gambois, — .... —
Paris (Brocarel, Engel et Tremblai, Fraddizi, Levestau et Radot, Scheib, et V. Vogt), terre cuite et faïence..... Époque actuelle.
Boult, — .... —

Liste alphabétique des localités francaises (291), où on fabrique actuellement des poteries opaques (briques, poteries en terre cuite, terre de pipes, grès et faïences) ; fabriques qui ne pouvaient pas être mentionnées parmi les anciennes et sur lesquelles je manque aussi de renseignements plus détaillés.

Poteries francaises de localités indéterminées.

Les peintres céramistes sur faïence, dont il est fait mention dans ce même chapitre, sont les suivants :

M. Balze, Madame Bossé, M. Bouquet, MM. Genlis et Rudhardt, M. Gouvion, MM. Houri, M. Jacquart, M. Pinart, M. Portales, M. Rousseau, M. Solon, M. Toselli et ceux de la Société de la rue Chaptal.

Annotation pour les collectionneurs.

TROYES en Champagne (Aube).

TERRE CUITE AU VERNIS PLOMBIFÈRE, vers 1225
FAÏENCES, actuellement.

M. Viollet-le-Duc mentionne dans son *Dictionnaire raisonné de l'Architecture*, v. 5, p. 273, un *épi*[1] en terre cuite, au vernis de plomb jaune et de cuivre vert, qui appartient à M. Valtat[2],

1. *Épis et étocs*: c'est ainsi que s'appelaient dans quelques villes, en France, les espèces de tourelles de forme fantastique en terre cuite vernissée que l'on plaçait en haut des pignons des maisons. L'un de ces pignons de la collection de M. Champfleury, provenant de Limoges, est curieux par ses figures grotesques. En architecture, on appelle épis, l'assemblage des chevrons autour du poinçon d'un comble pyramidal, ainsi qu'*épi de bordage*, les barrages en menuiserie, en charpente ou en facines qui de la rive de la mer ou d'un cours d'eau s'étendent en long ou en travers. Les barrages en pilotis et planches placés au-dessous des falaises sur les plages de la Normandie, s'y appellent tous *épis*.

2. Cette curieuse pièce a été exposée depuis par son propriétaire à l'exposition rétrospective de 1865, au Palais de l'Industrie à Paris.

sculpteur à Troye, et qui remonte à la première moitié du treizième siècle.

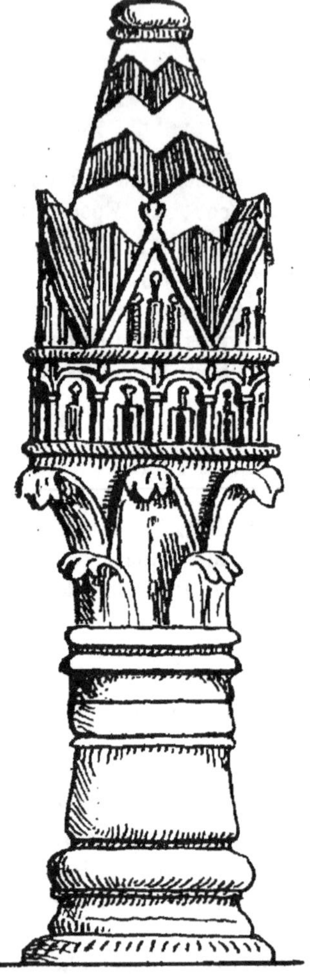

D'une hauteur de 75 cent. d'une seule pièce et modelé à la main, il est composé d'un bout de fût de colonne qui, sur un chapiteau feuillu ou à crochets, porte un édicule circulaire terminé par cinq gables. Les ouvertures tout autour qui figurent des meurtrières ou petites fenêtres sont percées à jour.

Cette poterie dont on trouve le dessin ci-contre, est de style roman : elle est une des plus ancienne de ce genre connue en France.

Un autre épi, provenant de l'ancien hôtel de ville de Troyes, et où les plein-cintres figurés indiquent également le style roman, se trouve au musée de l'archevêché de cette même ville. Carré en plan, et surmonté d'une pyramide à fleurons et à quatre pans, il est recouvert d'un vernis de plomb; on l'attribue au quatorzième siècle.

Il y a encore à ce même musée[1], n° 201, un épis de style roman, en terre cuite coloriée de vert de cuivre, et provenant de l'église Saint-Remi; n° 202, crête de comble au vernis vert de cuivre et au style roman, provenant de Sainte-Scolastique-de-Vielaines, et n° 204, épis au vernis

1. Le musée de Troyes, dont la fondation date de 1831, se trouve installé dans l'ancienne abbaye de Saint-Loup; il comprend une galerie de tableaux, des collections géologique, minéralogique, botanique, zoologique et ethnographique. Il y a des poteries *gallo-romaines rouges*, des poteries *gauloises blanches*, des poteries *frankes noires*, des émaux de Limoges, des faïences de Nevers, etc.

noir, provenant d'une maison de la rue de Corterie, à Troyes.

MM. Bigot et Naillot, — Nollot et Rapprest, — fabriquent aujourd'hui des faïences à Troyes.

PARIS[1].

TERRE CUITE SANS VERNIS NI COUVERTE. 1200 à 1300

TERRE CUITE AU VERNIS PLOMBIFÈRE. 1300 à 1500

M. A. Forgais, auteur d'un ouvrage intitulé : *Collections de Plombs historiés trouvés dans la Seine*, publié en 1864, et qui depuis longtemps s'occupe déjà de fouilles, entreprises dans le lit de la Seine, y a aussi trouvé de nombreuses poteries, dont les plus anciennes, de fabrication vraiment française, remontent au treizième siècle. Elles sont en terre cuite jaunâtre, faites au tour et ornées de quelques traits ou raies rouges ferrugineux, de haut en bas, mais entièrement dépourvues de vernis. Voici le dessin d'un exemplaire qui fait partie de ma collection :

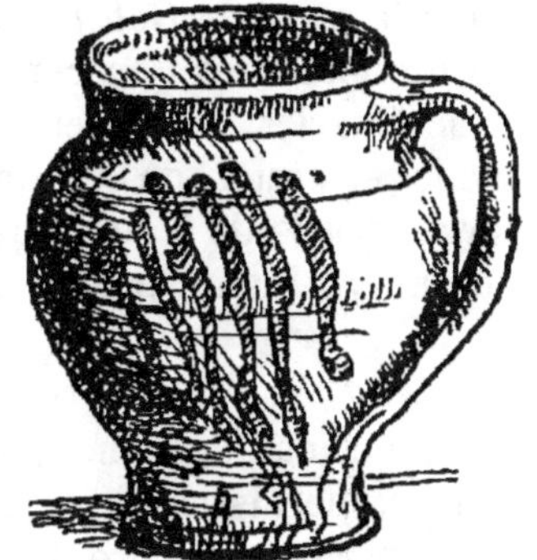

Les poteries provenant de ces fouilles et attribuées au quatorzième siècle, sont visiblement la suite de la précédente fabrication. Couvertes de vernis minéraux, vert, jaune ou brun, elles montrent, les mêmes raies du haut en has, mais en relief et quelquefois des *ornements*, comme on voit sur l'échantillon offert par M. Forgais, au musée de Sèvres.

En somme, ces poteries ne donnent pas une haute idée de la céramique parisienne du treizième au quatorzième siècle, et n'ont absolument rien d'artistique.

Dans un passage des *Misérables*, l'auteur parle de la rue des Postes, au faubourg Saint-Marcel, à Paris, qui s'appelait autrefois *rue des Pots*, et fut habitée au treizième et au quatorzième

1. Pour les céramiques et les céramistes de Paris, j'ai dû m'écarter de la *classification chronologique par ville*, adoptée dans ce livre. Le grand nombre d'artistes, de fabricants, de genres de poteries et de décors que cette capitale a produits durant les différentes époques, a rendu un classement simplement chronologique plus convenable.

siècle par des potiers; il dit qu'il y existe encore une maison dont la façade porte l'inscription suivante :

De Goblèt fils, c'est ici la fabrique; Des pots à fleurs, des tuyaux, de la brique,
Venez choisir des cruches et des brocs, A tout venant Le Cœur vend des carreaux.

Cette enseigne, si toutefois elle a jamais existé, ne s'y trouve plus aujourd hui ; il convient de laisser à M. Victor Hugo la responsabilité de son assertion, qui paraît d'autant plus *fantaisiste* que le nom de Gobelet appartient à un moine belge, qui introduisit une certaine fabrication de verres en France, et d'où vient le nom de *Gobelet*, et non pas du celtique Gobe, comme les dictionnaires l'enseignent faussement.

M. Charles Rossigneux, à Paris, possède un plat en faïence, ovale et creux, de 50 sur 39 cent. de grandeur, y compris les larges bords de 8 cent. qui, décoré en camaïeu bleu sur émail stannifère blanc, porte l'inscription :

Paris, 17 mars 1654.

Ce curieux spécimen, où la forme, les bords larges, la pâte lourde, paraissent indiquer la main d'un potier italien, est grossièrement décoré d'un sujet assez obscène. L'esquisse représente le marché Maubert, où l'on voit une vieille harengère se disputer avec un vieux patricien qui lui montre d'une manière fort équivoque un très-gros bilboquet, pendant qu'un larron est occupé de vider doucement à la poissarde sa poche, qui est encore dessinée d'une manière aussi équivoque que le bilboquet, et paraît être représentée ainsi pour indiquer qu'elle pourrait fort bien contenir ce que le bonhomme montre à la harengère. Outre l'inscription déjà mentionnée et qui indique la ville et la date, on y lit encore :

Dame Christine. — Plaisanteries du pédant Hérentius et de la harengère Christine. — Baquet de la place Maubert,

et au dos de la dame de la Halle :

Je t'emm....

Un compilateur Anglais, qui a eu la délicatesse de faire un gros livre très-vite, et fort commodément, avec ce qui m'a coûté dix ans de travail, a eu la naïveté de parler d'un potier, *Fran-*

çois *Briot* de Paris. Je renvoie le lecteur à l'article sur Bernard Palissy, où il verra que Briot était *Suisse*, qu'il n'a jamais fait des poteries, mais que plusieurs de ses plats d'*étain* ont été surmoulés par des potiers français.

(Voir pour les faïences fabriquées postérieurement à Paris, à la suite de ce chapitre).

MALICORNE, LIGRON et PONT-VALIN,

Canton de Pont-Valin, dans le département de la Sarthe.

TERRE CUITE AU VERNIS PLOMBIFÈRE. 1300 jusqu'à ce jour.
FAÏENCES ET GRÈS. Époque actuelle.

Ligron est une des plus anciennes localités françaises connues pour la fabrication de la poterie commune. On a trouvé un titre qui constate que les potiers de Ligron fournissaient l'an 1300 à Charles de Courcelles, cent boisseaux d'avoine, en redevance de terres prises sur ses domaines. On y a fabriqué plus tard des épis genre de poterie dont le musée de Sèvres et M. Champfleury possèdent des exemplaires. M. Burger a une tasse, forme canard, qui porte la marque d'une de ces fabriques :

I. G. (en relief dans la pâte.)

Je n'ai cependant jamais rencontré des poteries de Ligron qui remontent au delà du dix-septième siècle. Le musée du Mans possède des pièces d'ornements pour autels, faites à Ligron, qui sont recouvertes d'un vernis de plomb. Le musée de la ville du Mans, installé à la préfecture, possède aussi une grande cuvette de poterie où l'on voit sur le fond des grenouilles, surmoulées d'après nature, dans le genre des poteries dites de Palissy, qui est signée :

Lacouves Gallet de Ligron. 1787 ;

ainsi que plusieurs grands épis[1].

Une écuelle, au musée de Sèvres, y est désignée comme provenant de *Malicorne.*

1. L'un des deux musées du Mans, qui appartient à la Société archéologique, est installé dans un espèce de sous-sol du théâtre, où il fait tellement obscur, que l'on ne distingue presque rien. Il est à regretter que la ville ne fournisse pas un meilleur local à cette intéressante collection !

A *Malicorne*, ce sont actuellement MM. Ch. Beatrice, Ch. Cador, Rabigot et Landeau-Soucher qui fabriquent des faïences tandis que madame veuve Laumonier y fabrique des grès, genre de poterie que M. Huntreux fabrique aussi à Ligron.

MM. Barrier, Bouteillier, Cormier et Foucault sont des peintres sur faïence de cette localité.

M. Touchard fabrique à Pontvalin des poteries.

Voir *Manerbe, Auge, Imfréville, Châtel-la-Lune* et *Armentières*, où l'on a fabriqué également des *épis*.

LOCALITÉS DE FABRICATIONS INCONNUES.

CARRELAGES.

I. Carreaux en mosaïque. 1100 à 1250

Ces pavages étaient composés de pièces de portions de cercles, de triangles, de carrés, de losanges, etc., en *terre cuite à engobe, sous ou sans vernis transparent plombifère*. L'engobe est *noir*, *vert foncé*, et quelquefois rouge ou jaune. On en a trouvé à l'église abbatiale de Saint-Denis, que M. Viollet-le-Duc attribue au temps de Suger; à la chapelle de la Vierge, décrits par M. Didron; et à la chapelle de Saint-Cueuphas, décrits par M. Alfred Ramé. Ces carreaux ont été aussi fabriqués à la même époque en Allemagne. (Voir Strehla, Mahlberg, Casawra, Camus et Dresden.)

II. Carreaux a niellures et engobe que les Anglais appellent *encoustic-tiles*, noir et blanc. 1250 à 1400

Ces carreaux en *terre noire à niellures de terre blanche*, et dont les plus anciens connus en France sont ceux de Saint-Pierre-sur-Dive, près Caen en Normandie, ont été attribués par M. Viollet-le-Duc et M. Alfred Ramé au douzième siècle, mais ne me paraissent remonter qu'au treizième, comme l'aigle a deux têtes des ornements [1] l'indique par sa forme. J'ai rencontré en Normandie plusieurs fois ces carreaux. C'est une brique rouge plaquée d'une forte couche de terre noire dans laquelle se trouvent incrustées des niellures de terre blanche auxquelles le vernis plombifère transparent donne une teinte jaunâtre. Ces briques

1. Reproduite dans le *Dictionnaire raisonné de l'architecture*, de M. Viollet-le-Duc.

ont été fabriquées dans des moules, probablement de bois sinon de plâtre, où les dessins des niellures étaient sculptés en relief.

M. Émile Amé signale entre autres, dans son ouvrage : *les Carrelages émaillés*, etc., celui de l'ancienne abbaye de Toussaints (Marne [1]).

M. Boulanger aîné, à Auneuil (Oise); MM. Bock frères, à Maubeuge (Nord); M. Dubois, à Paris, et M. Millard, à Troyes, fabriquent ces carreaux aujourd'hui, ainsi que M. Loebnitz, à Paris (Pichenot). Ce dernier est le potier qui a fourni tous les beaux carrelages qui ornent le château de Blois, et qu'il a fabriqué avec une grande habileté d'après les charmants dessins archéologiques de l'architecte du palais des Beaux-Arts, M. Duban.

Les usines de M. Loebnitz sont fort importantes, et ce sont peut-être les seules où l'amateur peut obtenir à des prix raisonnables tout ce qui se rapporte à l'art du moyen âge. Les moules à ornements en relief dont M. Loebnitz se sert pour la fabrication des carreaux à niellures, sont en plâtre.

III. Carreaux a engobe, rouges a dessins blancs (jaunâtres). 1350 à 1600

Ces carreaux se distinguent des précédents par les faibles reliefs produits par l'engobe de terre blanche avec lequel on a formé les figures et les ornements au moyen de patrons découpés, ornements qui, recouverts d'un vernis plombifère transparent, paraissaient jaunes.

M. Loebnitz, à Paris, a dans sa collection un *petit* carreau de cette espèce qui provient du Mont-Saint-Michel; à juger par sa forme, par sa petitesse et par le caractère gothique pure des feuillages et ornements, il doit remonter au commencement du quatorzième siècle.

Le musée du Louvre possède de ces carreaux, qui sont ornés de lettres gothiques *majuscules* (en usage de 1200 à 1360), et proviennent de l'abbaye de Cluny; d'autres exemplaires, conservés dans ce même musée, ont appartenu à l'abbaye de Saint-Amand à Rouen.

Un carreau de cette espèce, de ma collection, provient d'un

1. M. Amé paraît cependant confondre dans son travail le *vernis* avec l'*émail*.

vieux monument bordelais du quatorzième siècle, sinon de
zième; il est orné de la figure d'un homme armé que l'on
représenter Édouard V, prince de Galles, le héros de Po
et de Najera, surnommé le prince Noir d'après la couleu
son armure, né en 1330, mort en 1376, et qui avait fixé la
sidence de sa cour vraiment royale, à Bordeaux, lors de
investigation à la principauté d'Aquitaine (Guyenne).

M. J. Suconi a aussi signalé, dans l'*Intermédiaire*, une
ces sortes de carreaux, trouvée dans des fouilles faites à l'e
placement de l'ancien château de *Beauté-sur-Marne* (au bois
Vincennes), connu par la mort de Charles V, et par les amo
d'Agnès Sorel, carreau qui porte inscrite la strophe du *Dicti
naire du sage et du fol*, que voici :

BELLE. A. BIAV. VIS. ET. BLONDES. TRESSES.
QUI. A. DOV. BRAN. ANTRE. LES. FESSES.

Cette inscription suit une seule ligne, sous forme de grecq
ou de spirale carrée; elle est en *rouge* sur fond jaune.

M. J. Suconi pense que ce carreau se trouve aujourd'hui
musée de Cluny où je ne l'ai cependant pas pu découvrir.

N° 155, au musée des Antiquités installé à la Tour du co
nétable à Vannes[1] (Morbihan), est un de ces carreaux où l'écri
ture en lettres gothiques minuscules (quatorzième au qui
zième siècle) est en relief; il provient du château de Ca
en Noyal Muzillac; et le n° 121, du château de la Villegl
Lantillac.

A l'église de Saint - Nicolas à Troyes, on trouve enco
un carrelage dont un carreau montre, au-dessous du mon
gramme du Christ, le millésime de 1552. Des carrelages d
cette espèce, provenant de l'ancien couvent de Jeres, pr
Brunoy (Seine-et-Oise), qui se trouvent dans ma collection e
dans celles de M. Loebnitz et de M. Perillieu, sont ornés d
dessins qui représentent des fleurs de lis, des animaux fanta

1. Ce petit musée composé de poteries romaines, gauloises, médailles, scul
tures, etc., appartient à la Société archéologique. Il est remarquable pour l
haches et autres ustensiles de l'âge de la pierre, parmi lesquels il y a des chlor
mélanites, des fibrolites, des jadéites, des diorites, etc., d'une grandeur extra
ordinaire, tous trouvés dans le pays et dont je n'ai vu de semblables qu'au musé
de Nantes.

tiques, des chevaliers à pied et à cheval, des varlets, des hallebardes, etc. Quelques archéologues ont voulu attribuer la fabrication de ces carreaux au treizième siècle, mais c'est une erreur. Les carreaux du treizième siècle sont ou plus petits, ou recouverts d'une couche de terre noire dans laquelle on a incrusté les niellures de terre blanche. Les *armures* plates ou à plaques *articulées* dont les chevaliers sont revêtus, ainsi que *les hallebardes* (arme introduite en France seulement en 1450), prouvent que la fabrication ne peut pas être antérieure au quinzième siècle.

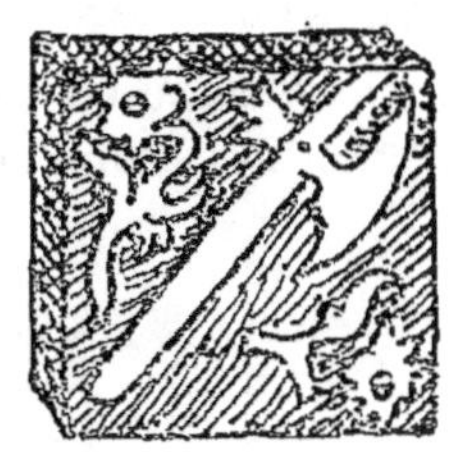

La chapelle de Saint-Firmin au village de Daubeuf, sur la route de Tongres entre Criquebœuf et Tongres, est pavée de cette sorte de briques qui, du reste, se rencontre dans grand nombre d'anciens châteaux de la Normandie. A *Avranches* existe un tombeau complet formé de ces briques dont l'abbaye de Conches, à quatre lieues d'Évreux, a été également pavée. M. Raymond-Bordeau, à Évreux, a recueilli à Conches plusieurs exemplaires de ces carreaux, et de semblables, de ma collection, proviennent du château Talmont-Vendée.

On trouve au musée de Troyes de ces carreaux dont quelques-uns ont jusqu'à 15 centimètres, et datent de la fin du quatorzième jusqu'au commencement du seizième siècle, comme l'écriture gothique minuscule l'indique. Ils proviennent de l'hôtel du petit Louvre, du couvent des Cordeliers, des abbayes de Larrivour et de Mentièramey, du château de Chappes, des communes de Mesnil-Saint-Père, Gerodot, Mailly, Avant, Rouilly, Saint-Loup, Rigny-le-Feron, Marcilly-le-Hayer, etc.

Un nombre infini de combinaisons de dessins de carrelage a été reproduit dans les *Récréations mathématiques d'Ozanam.*

M. Loebnitz, à Paris, fabrique également ces carreaux. C'est lui qui a fourni le pavage de la grande salle des États du château de Blois.

Voir plus loin les carreaux de fabrication française *à émail stannifère* de *Lisieux*, *Neufchâtel*, *Nevers*, *Rouen*, et des châteaux d'Écouen et de Polisy, etc., etc., ces derniers faits par des Italiens.

LOCALITÉ DE FABRICATION INCONNUE,

mais probablement dans les environs des Andelys, en Normandie.

TERRE CUITE SANS COUVERTE EN PARTIE VERNIS OU PLOMB, vers 1380

Un groupe en terre cuite de ma collection, provenant de la démolition d'une chapelle, près le Grand-Andelys, groupe dont

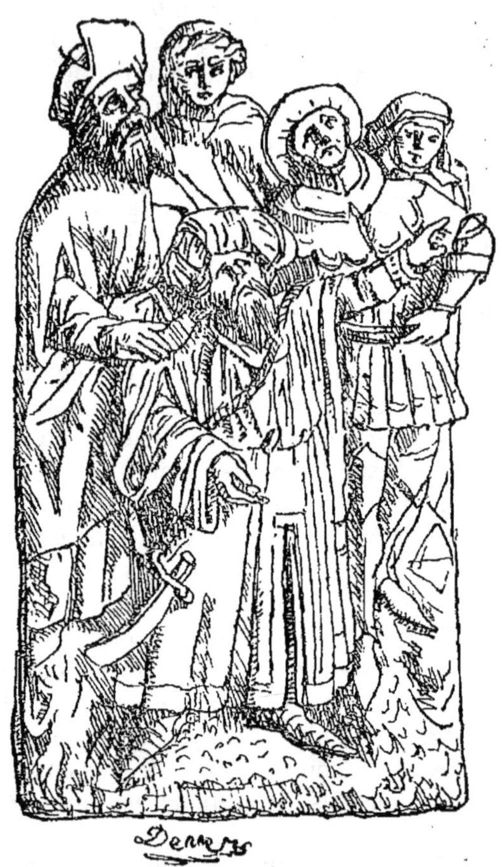

Céramique gothique française, de ma collection.

plusieurs parties sont recouvertes d'un vernis minéral [1] et qui était entièrement doré à froid, représente cinq figures en cos-

1. Comme les endroits vernissés montrent des couvertes de différentes nuances, il faut admettre que ce groupe a été cuit dans le même four avec d'autres poteries desquelles les vernis ont découlé et tacheté le groupe.

tume de la fin du quatorzième[1] siècle ou du commencement du quinzième.

C'est une pièce fort remarquable pour l'étude de l'*hématiologie*, et particulièrement pour les armures de cette époque; elle démontre une fois de plus combien l'influence italienne a été pernicieuse plus tard au développement si original de l'art chrétien. Le caractère presque archaïque et la variété des physionomies des têtes, l'ampleur de la composition, tout en signale une œuvre gothique-normande fort remarquable.

BEAUVAIS, VOISINLIEU, SAVEIGNIES, PONT-ALLONE, L'ITALIENNE, etc.

TERRES CUITES AU VERNIS PLOMBIFÈRE. 1300

GRÈS AU VERNIS ALCALIN. 1500

GRÈS AU VERNIS ALCALIN, AVEC DÉCOR POLYCHROME EN ÉMAIL STANNIFÈRE. 1838

Une preuve que le grès se fabriquait déjà dans ces endroits du temps de Rabelais (né à la fin du quinzième siècle), pourrait être tirée du passage (II. 29) où cet auteur parle des poteries *azurées* de Savignies, près Beauvais. — Poteries azurées, ce sont bien là les grès bleuâtres à émail alcalin que l'on produit encore aujourd'hui à Savignies, en même temps que des grès bruns communs.

Les terres cuites vernissées de ces localités sont à compter parmi les plus anciennes de France.

M. de la Chesnevaye possède un plat de Beauvais, sur lequel on lit en lettres *gothiques minuscules* (caractères en usage du quatorzième au seizième siècle) :

Santé sans argent ça donne maladie.

Plusieurs exemplaires de cette même provenance, au musée de Sèvres.

Claude-Louis Ziegler, peintre de grand mérite[2], élève de

1. Outre la forme des chaussures et des armes, *la longue barbe* des deux personnages indique le quatorzième siècle, puisque la barbe ne s'est plus portée au quinzième siècle, où on se rasait toute la figure.

2. On trouve de lui à l'église de la Madeleine, à Paris, l'*Epopée du christianisme*, vaste composition, et au musée du Luxembourg un tableau qui accuse l'influence de l'école italienne. Au musée de Nantes une grande composition, *Daniel dans la fosse aux lions*. Ziegler a aussi publié un livre : *Études céramiques, recherches sur le beau dans l'architecture*, etc., Paris, 1850, avec un atlas de douze planches, reproductions des meilleurs modèles de ses poteries.

M. Ingres, né à Langres en 1804, mort à Dijon en 1856, qui était alors directeur du musée, fonda en 1838, à *Voisin*, en association avec M. Mansart, une fabrique de poterie artistique de grès bruns. Les modèles qu'il y créa dénotent presque tous une grande étude de l'antiquité, et se distinguent par la pureté de leurs formes et par la légèreté de la pâte.

Le musée du Conservatoire des Arts et Métiers, à Paris, possède un grand nombre de pièces des produits de cet artiste. Le plus remarquable c'est le grand vase de près d'un mètre de hauteur, dont le couvercle est surmonté de la figure du Christ, et la panse ornée tout autour des douze Apôtres en bas-relief, le tout dans le style byzantin-roman. Un vase, forme gourde aplatie, style moresque, en grès bronzé, mérite également une mention.

Plusieurs beaux grès, ornés d'émaux stannifères polychromes *rouges, blancs, verts, jaunes, bleus* et *noirs*, sont des échantillons des grès décorés que *Ziegler* avait imités le premier en France d'après les grès allemands du dix-septième siècle fabriqués à *Creussen*.

Le musée de Sèvres possède également de beaux exemplaires de cet artiste, ainsi que M. Barthold Suermondt, à Aachen (Aix-la-Chapelle), dont la galerie est ornée de deux de ces grands vases décrits plus haut. Un échantillon qui se trouve dans ma collection est décoré de vignes à grappes de raisin, en émail *vert, rouge* et *bleu.*

Lorsque Ziegler avait quitté la manufacture, M. Mansart continua seul, jusqu'en 1854, mais la production déclina tellement que les modèles ne représentaient bientôt plus que des formes disgracieuses et lourdes, et on était arrivé à ne fabriquer que des articles de commerce dont l'unique écoulement consistait dans des ventes faites aux marchands de faïences et de poteries communes.

Ziegler a souvent marqué :

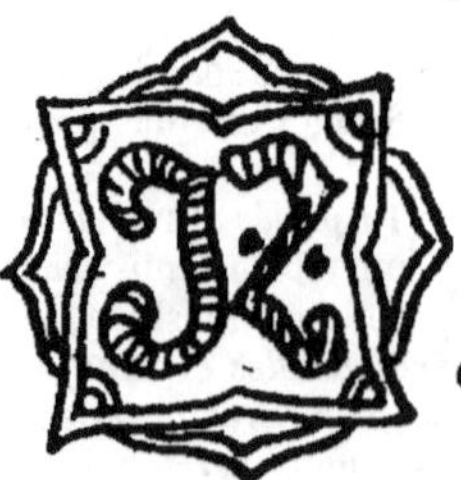 et aussi : 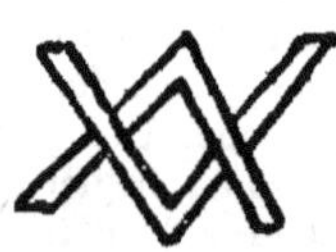 en creux dans la pâte.

L'échantillon de ma collection porte cette dernière marque. On trouve aussi quelques pièces où le mot

Voisinlieu

est estampé en toutes lettres.

MM. Reine-Duval et fils, qui ont leur dépôt à Paris, au passage des Petites-Écuries, sont les successeurs actuels de Ziegler, mais ils ne fabriquent plus que l'article courant.

A peine Ziegler avait eu l'heureuse idée d'appliquer son goût et ses connaissances au modelage des grès artistiques, l'engouement du public pour ses produits fut universel en France, mais aussitôt qu'il eut abandonné la direction de sa fabrique, cet engouement cessa complétement. D'autres maisons formées d'après ses procédés et par ses anciens ouvriers, qui ne visaient plus qu'à produire beaucoup et à bon marché, firent si mal, que ces grès descendirent encore davantage et ne consistaient dorénavant qu'en productions industrielles de la plus grossière espèce, On ne voyait alors que des pots à tabac, formes boisseaux, des cornets grossièrement modelés, et, le tout, très-épais et très-lourd de pâte, qui ne rappelait plus en rien les premières productions du maître.

M. *Desmoustiers*, ancien potier de la fabrique de Ziegler, s'était établi à *Pont-Allone*, près Beauvais; et madame veuve *Signey*, en 1854, à l'*Italienne*, près Grancourt, localité qui se trouve également dans les environs de Beauvais.

Michel qui y avait déjà fabriqué en 1795, était connu pour ses produits dans toute la Picardie; ils consistaient en figurines de saints.

L'ancienne fabrique de madame Signey appartient actuellement à M. *Ludovic Pilleux*, dont le dépôt, à Paris, est rue Hauteville; il marque souvent ses produits :

L'Italienne. (en creux dans la pâte.)

J'ai aussi rencontré de la *faience à émail stannifère*, commune, qui était marquée de la même manière.

Selon des spécimens conservés au musée de Sèvres, il y avait encore à *Saveignies* les fabricants de grès suivants :

M. *Laffineur*,	en 1806
M. *Delamarre*,	— 1806
Madame veuve *Patte*,	— 1806

M. *Bertin*. en 1833

Gaudin et *Michel* (voir plus haut) sont deux chefs de fabriques qui ont produit de la *faïence* à *Saveignies*, vers la fin du dix-huitième siècle, et dont le musée de Sèvres possède des échantillons acquis en 1806.

VALENCE.

TERRES CUITES COLORIÉES D'OXYDES DE FER ET DE MANGANÈSE. 1400 à 1600

Les poteries attribuées à cette localité sont en brun, couleur pain d'épice comme celles d'Avignon et de Pavia.

AVIGNON.

TERRE CUITE AU VERNIS PLOMBIFÈRE depuis 1500 jusqu'à ce jour.

La fabrication des poteries paraît avoir été assez importante à Avignon, puisqu'il y avait jadis une rue qui s'appelait la rue du *Four-de-la-terre*, et un quai qui porte le nom de quai de l'*Oulle*, qui signifie *marmite*.

Les recherches faites dans les archives ont fourni les noms de potiers suivants :

Calle, potier ; 1500
Veran Merlesicus, potier ; 1517
Guilhermeos David, — 1519
Petrus Roqueté, — 1551
Antoine Castan, — 1596

que l'on doit considérer comme des fabricants de poteries tout à fait communes et à l'usage des cuisines.

Vauceton et vers 1650
Monclergeon étaient des fabricants de pipes ; — 1694
Louis Fauquet, potier ; vers 1715

M. Ruel, ainsi que les frères *Blanchard*, y fabriquent encore actuellement.

On attribue à Avignon, les plats, vases, buires, coupes, salières, surtouts de table, etc., en brun foncé, marbré ou uni, en émail coloré de manganèse et de fer, et imitant les nuances de la carapace polie d'une tortue ; quelquefois marbré noir, d'un beau vernis, aussi à mascarons jaunes, comme on en peut voir sur des buires aux musées de Cluny et du Louvre. La pâte de ces poteries est roussâtre et les formes en sont artistiques ; elles ne portent généralement pas de marques. On a fabriqué de pareilles poteries à Clermont-Ferrand. Les nos 3013, 3014 et 3015, que le musée de Cluny a portés dans le catalogue sous la dénomination d'Avignon, me paraissent d'un émail trop noir pour provenir de cette localité. Ce sont plutôt des faïences italiennes de Montelupo[1], situé entre Pisa et Firenze, aussi bien que les nos 2978 et 2979. Le musée du Louvre possède de la fabrique d'Avignon un beau surtout ou plateau ondulé à galeries à jour, espèces de balcons.

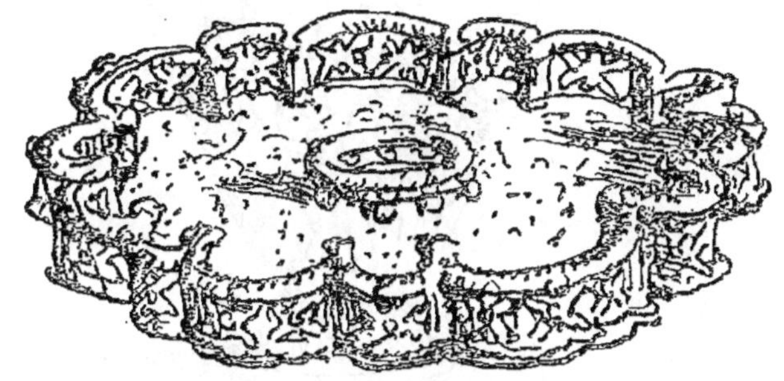

Surtout en terre cuite d'Avignon (collection Demmin).

Le pendant fait partie de ma collection, et un autre, un peu plus petit, appartenait à celle de M. Mathieu Meusnier. Au musée de Kensington, les nos 3823 et 3824 sortent également de la fabrique d'Avignon.

MM. *Michel* et *Robellay*, d'Avignon, collectionnent avec ardeur tout ce qu'ils peuvent rencontrer en poteries artistiques des productions des anciennes fabriques de la ville.

Les buires en terre cuite brune vernissées, ordinairement unies et sans ornements en relief, ont quelquefois des *facettes* comme des pierres taillées et les premiers grès de Böttger.

Une buire de 24 cent. de hauteur, de ma collection, à long goulot, tête de chimère, au vernis minéral jaune et vert, et qui doit remonter au seizième siècle, est recouverte d'ornements en reliefs, appliqués par la barbotine; ces ornements consistent en mascarons, arabesques, amours et autres figures nues dont les petites têtes sont pleines d'expression. Cette

1. Voir page 321.

buire, à *surprise* [1], se remplit par le socle et n'a pas d'ouverture par en haut.

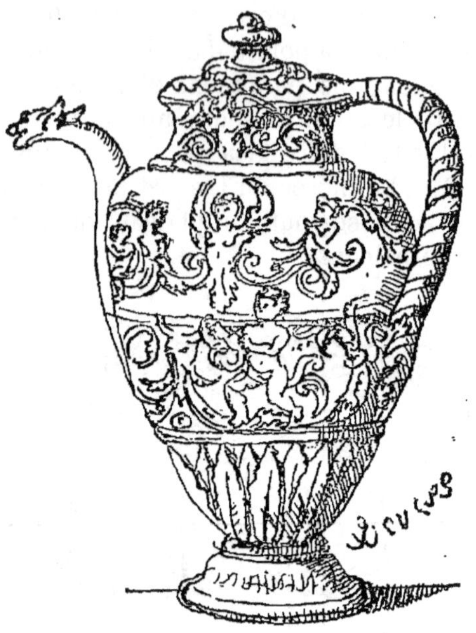

Buire en terre cuite d'Avignon, de ma collection.

LHÉRAULE,

A 12 kilomètres de Beauvais et près de Songeons.

TERRES CUITES AU VERNIS MINÉRAL, à partir du seizième siècle.
GRÈS, encore actuellement.

On y a fabriqué de tout temps de grossières terres cuites qui ressemblaient tant soit peu à celles dites de Bernard Palissy.

M. *Godin-Thuillier* y fabrique actuellement des grès; des appareils pour les produits chimiques sont sa spécialité.

1. Voir aussi, pour ce genre de poterie, *Marburg*, *Ariano* et *Apt*.
N° 979, de la collection Sauvageot, au Louvre, vase que j'attribue à August Hirschvogel (1488-1560) de Nürnberg, et dont la panse est ornée du buste de l'empereur Ferdinand Ier, est aussi *à surprise* et montre la même construction. Les Hollandais appellent cette forme de poterie *stortebekers*, et en attribuent l'invention, en 1520, au faïencier et modeleur Cornelis Hendriksen Vroom, de Haarlem, père du célèbre Hendrik Vroom, le créateur de la peinture de marine, artiste dont il est fait mention dans l'article qui traite des faïences hollandaises de Haarlem et celles de Venezia, page 289.

LOCALITÉ INCONNUE.

TERRE DE PIPE AU VERNIS PLOMBIFÈRE ET A NIELLURES, DITE DE HENRI II, DE DIANE DE POITOU[1], D'OIRON, etc., fabriquée vers *la fin* du seizième siècle, comme tout l'indique dans son style.

La révélation de l'existence de cette poterie artistique ne remonte pas plus haut qu'à une trentaine d'années, à l'exception de celle conservée dans la collection Walpole.

On connaît les marques suivantes, toutes en bleu dans la pâte :

La Salamandre de François Ier :

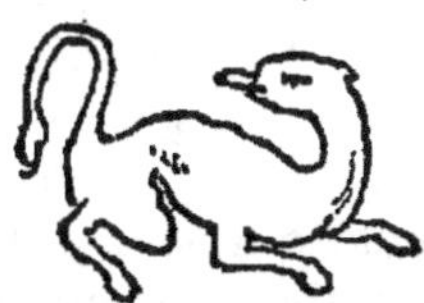

Les croissants entrelacés de Diane de Poitiers (qui sont aussi les armes de la ville de Bordeaux) :

Le chiffre de Henri II :

H.

Le monogramme de Henri II et de Catherine de Médicis :

HD ou C-D[2]

1. Où ne va-t-on pas chercher les dénominations? C'est cette misérable femme qui, après s'être prostituée à François Ier, fit exécuter par Jean Goujon, dans la cathédrale de Rouen, à la mémoire du vénérable duc de Brézé, son mari déshonoré, un magnifique tombeau, où on la voit agenouillée en face de la Vierge ; elle fit inscrire cyniquement sur la pierre tumulaire :

> Indivulsa tibi quondam et fidissima conjux,
> Ut fuit in thalamo, sic erit in tumulo.

C'est-à-dire : « comme l'épouse ne te quitta jamais et t'était fidèle dans le lit nuptial, elle te le sera aussi dans la tombe! » Elle garda en effet, à son époux mort, la même fidélité qu'elle lui avait jurée vivant. Ayant été la maîtresse du père, elle continua son métier avec le fils, Henri II, qui avait vingt ans de moins qu'elle. Enterrée au château d'Anet, maudite des femmes protestantes, « dont elle s'était fait fête de voir brûler les parents, en société de son noble amant, » elle sert aujourd'hui à augmenter le nombre des *grandes figures* de certains historiens.

2. C'est le monogramme avec lequel Henri II avait l'habitude de signer ses

Les armes de Montmorency-Laval.

Les armes des Coetmen de Bretagne.

Le monogramme du Christ.

L'écu de France, surmonté d'une couronne de prince et en touré du cordon de Saint-Michel[2] :

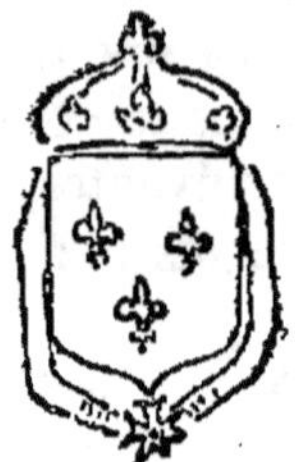

La seule pièce connue qui porte, outre la marque nobiliair de la famille ou des particuliers auxquels elle a appartenu, u monogramme distinct, est le plateau rond, à intérieur godronn de la vente d'Espaulart (mai 1857), qui y figurait sous le n° 3 et qui appartient aujourd'hui au duc d'Hamilton en Angle terre :

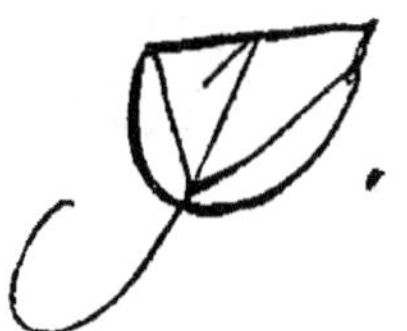

(en creux dans la pâte.)

Cette terre de pipe, que quelques auteurs ont appelée le Ph nix et le Sphinx de la curiosité, est faite d'une espèce de terr blanchâtre, avec ou sans ornements en haut-relief, tels qu mascarons, cannelures, écussons et même figurines (toujour nues) en ronde-bosse et presque toutes dégagées du corps de l pièce. Les dessins du décor ne sont pas tracés au pinceau o au burin, mais en niellure, c'est-à-dire en incrustations jaun d'ocre, liserées de brun, style mixte renaissance, à feuillages

lettres, comme on peut voir folio 2, manuscrit n° 3143, à la Bibliothèque im périale à Paris.

Ce monogramme est composé, selon les uns, du double C, l'initiale d *Catherine* et du H, initiale de *Henri II* ou *Henri III*, puisque Catherine de Médic et Henri III ne sont morts qu'en 1589, la même année. Selon d'autres, ce mono gramme est celui de Henri II seul.

2. L'ordre de Saint-Michel a été remplacé en 1778 par celui du Saint-Esprit

bandelettes et fleurettes. La fabrication a été obtenue par les *fers des relieurs de livres*, avec lesquels ils *dorent* les livres, et elle n'offre aucune difficulté. En plusieurs dessins on reconnaît les fers gravés par *Lucas Kranach* (1472-1553), qui ont servi à beaucoup d'anciennes reliures françaises. Quelques pièces sont, par endroits, vernissées en verts, bleus ou rouge d'œillet. La fabrication en a été attribuée à plusieurs nations et à différents artistes. — M. André Potier, de Rouen, qui le premier (en 1839, dans l'ouvrage de Willemin) a parlé des faïences de Henri II, croit qu'elles sont l'œuvre des artistes florentins. M. Burger dans son article de 1846, publié par l'*Alliance des arts*, les attribue à Ascanio, l'élève de Benvenuto Cellini, opinion plaisante à laquelle M. Tainturier, en 1840, se range dans sa brochure descriptive de ces faïences. L'opinion la plus étrange, et la moins soutenable cependant, est celle de M. Delangle, qui voudrait en faire remonter la fabrication à Girolamo della Robbia, à cause d'un espèce de G marqué dans l'aiguière appartenant à M. Hollingworth Magniac, en Angleterre. — Quel rapport, même éloigné, peut exister entre les œuvres des della Robbia et les faïences de Henri II?

Aucune de ces attributions n'est donc soutenable; leurs formes ne rappellent d'ailleurs en rien le goût pur de Benvenuto Cellini, pour qu'on puisse en faire honneur même à son élève; et nous ne possédons aucun indice qui permette de supposer qu'Ascanio se soit jamais occupé de céramique. On sent du reste, à première vue, que le style de la renaissance italienne ne s'y trouve pas : le goût et la main d'un Français y ont passé, et il se pourrait bien que ces pièces fussent l'œuvre de plusieurs artistes adonnés à copier en terre des ouvrages d'orfévrerie, en se servant des fers de doreurs de reliures; mais on doit les placer pour la plupart à la *fin* du seizième siècle.

Dans un style si prétentieux, qu'il rappelle le caquetage d'une poule qui annonce son œuf, un amateur de province a eu tout dernièrement la naïveté d'écrire un gros volume, où il remonte jusqu'au temps d'Adam et d'Ève pour prouver que ces poteries ont été fabriquées à *Oiron*, près Thours (Deux-Sèvres), avec les terres de *Regné*, ou de quelques autres localités de la même contrée; elles seraient, selon lui, uniquement l'œuvre de deux artistes, de *François Charpentier* et de *Jean Bernart* ou *Bernard*, gardien de la librairie et secrétaire d'Hélène de *Hangest-Genlis*, veuve d'*Arthus Gauffier*, morte en 1537. Le monogramme de Catherine de Médicis et de Henri II, ce double D ou C — formant par son milieu réuni le HC, c'est-à-dire les initiales de Catherine et Henri réunies, — serait, selon ce curieux archéologue, le monogramme de Hangest et de Gauffier. Tout cela est trop peu sérieux pour s'y arrêter. La plupart de ces poteries montrent bien d'autres monogrammes encore, et n'ont été imitées ainsi que leurs monogrammes, *d'après des pièces d'orfèvrerie*, qu'à *la fin* du seizième siècle, lorsque la brave dame Hélène de Hangest était enterrée depuis longtemps, et elles sont visiblement l'œuvre de plusieurs personnes et exécutées à des époques différentes.

Les prix énormes payés pour cette poterie, qui n'est pas seulement émaillée (elle est vernissée au plomb), ne sont pas justifiés par sa valeur artistique. Vingt à trente mille francs payés pour une terre cuite qui ne peut être comptée que parmi les productions du « petit art, » c'est trop ! Si un biberon de cette terre de pipe, fabriqué, en fin de compte, par des procédés manufacturiers, — c'est-à-dire par couches répétées et préparées, — vaut vingt mille francs, la chaise en fer ciselée du célèbre Thomas Rukers, propriété du comte Falkstone, vaudra des millions.

Toutes les pièces des faïences de Henri II connues ont été trouvées en Touraine et en Vendée; mais la plupart dans le premier de ces deux pays. De sorte que l'on peut admettre que le lieu de la fabrication était en Touraine.

En Angleterre, M. H. Minton, qui fabrique des carreaux de revêtements niellés, à dessins Alhambra rouges et verts, a aussi imité ces faïences de Touraine, ainsi que madame veuve Dumas et M. Théodore Deck, à Paris. M. Avisseau fils, de Tours, a envoyé à la dernière Exposition universelle de London, deux pièces dans le genre des poteries de Henri II qui lui ont valu la médaille.

Il est à remarquer qu'aucune des cinquante-cinq[1] pièces connues ne se répète; — elles sont toutes plus ou moins différentes. En voici la liste exacte :

1. Aujourd'hui on compte soixante-sept pièces, dont plusieurs ont été fabriquées plus tard, ce qui paraît bien démontrer que cette fabrication n'a pas eu lieu à un seul endroit.

EN FRANCE :

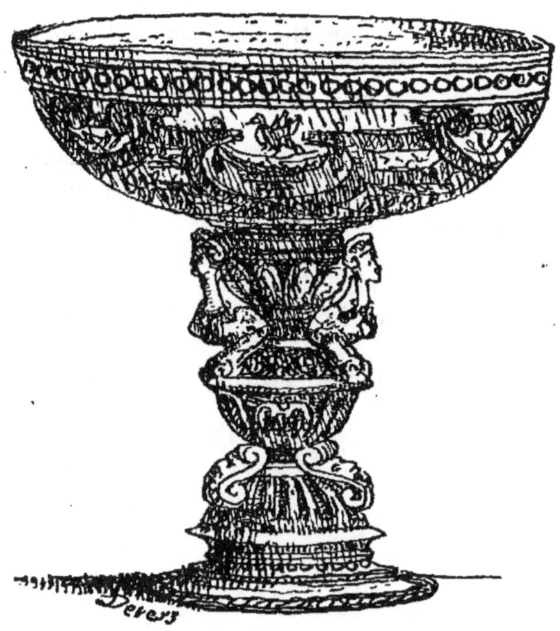

Poterie dite de Henri II, conservée au Louvre.

1.	Coupe,	3 croissants de Diane,	Musée du Louvre.
2.	Salière,	Chiffre de Diane,	»
3.	Couvercle,	Écu de France,	Musée de Sèvres.
4.	Couvercle,		»
5.	Coupe à pied et à couvercle,	Écu de France (nº 806),	Musée Sauvageot.
6.	Vase à goulot, ou biberon (théière),	Armes de France (807),	»
7.	Salière,	Armes de François Ier (nº 808),	Musée Sauvageot.
8.	Salière,	Trois croissants de Diane (nº 809),	»
9.	Salière,	Trois croissants de Diane (nº 810),	»
10.	Coupe à couvercle,	Armes des Coetmen de Bretagne,	Musée de Cluny.
11.	Flambeau,	Fleurs de lis,	M. le baron Gustave de Rothschild.

12. Hanap,	—	»
13. Canette ou vider-come,	Armes d'un membre de la fam. Montmorency,	M. le baron Alphonse de Rothschild.
14. Salière,	Trois croiss. de Diane, (armes de Bordeaux.)	»
15. Petite aiguière,	—	»
16. Coupe,	—	M. le baron James de Rothschild.
17. Gourde de chasse,	—	M. le duc d'Uzès.
18. Coupe,	—	»
19. Couv. de coupe,	—	»
20. Biberon,	Écu de France,	Collection Portalès [1].
21. Salière,	—	M. le vic. de Tusseau [2].
22. Coupe à couvercle,	Chiffre de Diane,	M. Hutteau d'Origny.
23. Salière,	—	Madame d'Yvon.
24. Couv. de coupe,	—	M. Benjam. Delessert.
25. Flambeau,	—	M. Norzy.
26. Salière,	—	M. Grasset, Charité-sur-Loire, à Tours.
27. Biberon,	—	»
28. Salière,	—	»

EN ANGLETERRE :

29. Plateau rond,	Trois croissants,	Musée de Kensington.
30. Coupe,	—	M. Duyne de Hamilton.
31. Salière,	—	»
32. Aiguière,	—	M. le baron Antony de Rothschild.
33. Coupe,	Double D de Henri II,	»
34. Hanap,	—	»
35. Flambeau,	Écu de France et armes de Clerm[t]-Vivonne [3],	M. le baron Antony de Rothschild.
36. Coupe,	Trois croissants,	»
37 et 38. Deux porte-bouquets,	—	»
39. Couv. de coupe,	—	»

1. Vendue, depuis, 27.000 francs.

2. A l'exposition rétrospective de 1865, au Palais de l'Industrie à Paris, M. le vicomte de Tusseau a exposé 3 *pièces*.

3. Diane de Vivonne, femme de Claude de Clermont, baron de Dampierre, né en 1515, mort en 1583.

40.	Biberon (théière),	—	M. le baron Lionel de Rothschild.
41.	Salière,	—	»
42.	Aiguière (la plus belle pièce)[1],	G,	M. Hollingworth Magniac.
43.	Couv. de coupe,	Armes de Montmorency,	»
44.	Flambeau,	A. et armes, dito,	M. Andrew-Fountaine.
45.	Biberon,	*A. M.* (monogr. d'Anne de Montmorency,	»
46.	Salière,	—	»
47.	Salière,	Trois croissants,	M. Robert Napier.
48.	Salière,	Armes de François Ier,	M. George Field.
49.	Salière,	Trois croissants,	M. S. Addington.
50.	Drageoir,	Trois fleurs de lis,	M. John Webb.
51.	Pied d'aiguière (fragm.)	—	M. Henry P. Hope.
52.	Petite aiguière,	—	»
53.	Petite aiguière,	—	M. T. Smith.
54.	Coupe,	—	M. Henry Durlacher.

EN RUSSIE :

55.	Biberon,	—	M. le prince Galitzin.

M. Robinson a minutieusement décrit dans le catalogue des collections d'amateurs du musée Kensington (London, 1862) toutes les faïences de Henri II qui se trouvent en Angleterre.

La coupe n° 2139, au musée de Cluny, a éprouvé de singulières variations de prix. Achetée un franc par la grand'-mère de M. Burger dans une vente faite, en 1793, à la Flèche (Sarthe), d'objets provenant du couvent de Saint-François et vendue à un marchand de curiosités pour 60 fr., — elle fut rachetée immédiatement par M. Burger, qui la revendit plus tard au musée de Cluny pour la somme de 800 fr.

SAINTES (Charente-Infér.).

TERRE CUITE COMMUNE VERNISSÉE AU PLOMB, 1500 ET A PARTIR DE 1539, TERRE CUITE ARTISTIQUE, VERNISSÉE ET COLORIÉE DANS LA PATE.

FAÏENCES A ÉMAIL STANNIFÈRE. Époque actuelle.

Poterie fabriquée par Bernard Palissy et par d'autres potiers.

1. Exemplaire estimé par M. Robinson 50,000 francs.

La poterie vernissée de Saintes, de la première époque, est généralement en vert de cuivre, pareil à celui des poêles de Nürnberg du dix-septième siècle. Un plat vert de ce genre, au millésime de 1511, est au musée de Sèvres. Les K (Karl ou Charl) que l'on y voit, l'ont fait attribuer au règne de Charles VIII. Il porte aussi la signature du potier *Massé* et une inscription latine dont voici la traduction :

O vous qui passez en ce chemin, regardez, et voyez si votre douleur est comparable à la mienne. La paix soit avec vous. Fait en décembre 1511.

Le dessin du bas-relief représente les instruments de la Passion.

Un pareil plat se trouve dans la collection de M. le baron de Rothschild, à Paris, et deux autres au musée de Cluny et dans la collection Fau.

Au musée Sauvageot, les nos 920 et 921 sont deux pots également en terre cuite vernissée, verts, de cette provenance.

Bernard Palissy peut être considéré comme le créateur de la géologie, ou au moins comme le premier pionnier de cette

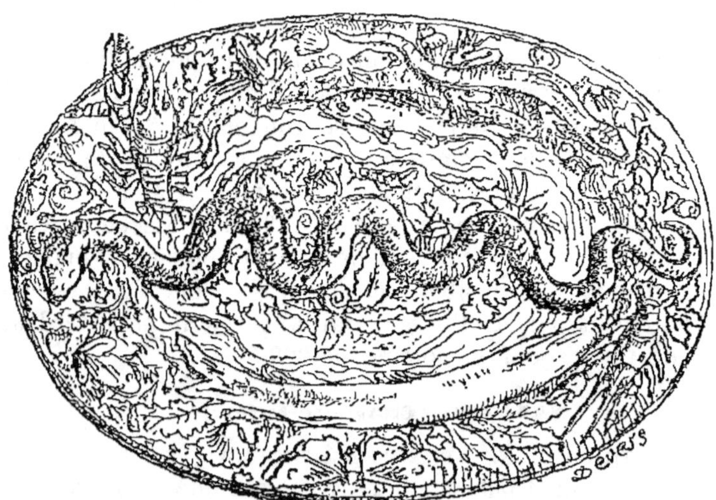

Poterie à surmoulage de végétaux et d'animaux, dite de Palissy, le seul genre que l'on peut lui attribuer.

science moderne. Dans un cours de minéralogie qu'il fit à Paris, en 1575, il combattit déjà l'idée que les fossiles fussent de simples jeux de la nature[1]. Il soutint le premier l'opinion que les fossiles de coquilles trouvés aux sommets des montagnes y sont apportés par les mers qui jadis couvraient les continents. Son mérite comme *potier* a été cependant grandement exagéré.

Palissy qui avait aussi à Paris un cabinet d'histoire naturelle, le premier connu dans cette ville, et dont les exemplaires lui servirent dans les démonstrations de ses cours, ignorait cependant les premières notions de la chimie naturelle et pratique à laquelle les Arabes avaient déjà donné une si grande impulsion à partir du onzième siècle. Les idées de Palissy sur la chimie et l'alchimie étaient souvent bien étranges, et on se demande comment, à côté de cette ignorance, se trouvent souvent des éclairs d'une grande pénétration scientifique.

Palissy prétend entre autres dans son ouvrage que le verre jaune que l'on fabriquait alors dans la Lorraine était teint par des résidus coloriants tirés du *bois pourri*. Croire que des *végétaux* que le feu consume peuvent servir à colorer des matières *minérales* qui doivent recevoir leur coloration en état de fusion est aller bien loin dans les hypothèses. Ce jaune obtenu par les couches du bois de bouleau, n'est qu'une fumigation propre à teindre légèrement le verre à une très-basse température.

Ferrand, dans son *Art du feu ou de peindre en émail*, etc. (1731), dit aussi que la couleur des chênes, doit être préparée avec « du cœur de bois de vieux chêne pourri depuis longtemps, mais d'un arbre vivant et planté dans une terre vitriolée. »

Pierre le Vieil, le consciencieux auteur du traité de l'*Art de la peinture sur verre*, publié en 1768, à fait passer la recette de Palissy dans son livre, et il y ajoute celle de Ferrand en parlant de la *poudre jaune qui se trouve dans les vieux chênes*. Je pense que tous les trois, en se copiant les uns les autres, ont confondu ici le *fondant* avec le *colorant*, puisque les cendres servent ordinairement à former de bons fondants et que tous les bois pourris contiennent des *sels*.

Inférieur aux Della Robbia et aux maîtres de Nürnberg, dont il avait fréquenté l'école, et qui modelaient leurs ouvrages en

1. Voir dans l'appendice la mystification géologique à Würtzburg, au dix-huitième siècle.

grande partie, et les émaillaient à l'étain[1], Palissy qui moulait les siens et les vernissait au plomb, ne saurait être compté en première ligne. C'est à cause de cette facilité de moulage que les œuvres de Palissy se répètent et manquent de variété. Ses moules, vendus après sa mort, ont servi à des reproductions continuelles. Les luttes et les misères de cet artiste, plus savant qu'artiste, racontées par lui-même et popularisées en France d'une manière romanesque, ont beaucoup plus contribué à lui faire sa grande réputation, que ses plats ornés de poissons et de grenouilles. La masse du public ne sait guère que ces luttes et ces misères sont presque toujours le partage du plus grand nombre des artistes. Le genre des ouvrages de Palissy offre aussi un champ trop accessible à la contrefaçon. On les imite actuellement dans plusieurs fabriques, comme j'ai eu déjà l'occasion de le signaler au début de cet ouvrage. M. Aviso et quelques autres potiers à Tours ; M. Barbizot et M. Pull à Paris ; M. Minton à Stoke on Trent, en Angleterre, en sont les fournisseurs actuels. Le plus beau plat de la collection du Louvre, le grand plat oval à la *langouste*, et à la coloration plus foncée, si supérieur, en vérité et finesse d'exécution, à tout ce que l'on a attribué à Palissy et à ses continuateurs est *moderne ;* c'est une œuvre de feu Avisseau père, de Tours. Depuis la mort de Palissy, des continuateurs ont produit, sans interruption jusqu'à nos jours, des ouvrages qui bien souvent passent pour les siens[1]. J'ai vu vendre une figurine qui représente une paysanne (connue sous la désignation de *la Nourrice*, et dont le musée de Sèvres possède un exemplaire) 800 fr. dans une vente publique, et j'ai rencontré depuis cinq fois la même figure au prix de

1. Le genre des terres cuites à figures, modelées soit à la main, soit par le moule, attribué à Palissy, a été fabriqué avant lui et à son époque par tous les potiers de l'Allemagne des écoles saxonnes, franconniennes et souabes, en *émail stannifère.*

1. Il est très-difficile de reconnaître le vrai Palissy de la contrefaçon *ancienne.* Les reliefs que Palissy a reproduits, comme fougères, branchages, reptiles, poissons, etc., sont cependant tous surmoulés sur des sujets trouvés *aux environs de Paris.* Les *serpents,* comme ornements de plats, que les continuateurs ont imités d'après Palissy, — se reconnaissent souvent à leur couleur plus *brune,* — et diffèrent de l'espèce de reptiles trouvée aux environs de Paris. Mais les modernes imitateurs ont aussi réussi à bien imiter les couleurs de Palissy et ses divers *genres d'animaux,* en les surmoulant sur ses propres plats. Tout cela démontrera à l'amateur que le Palissy est peu propre à être collectionné, parce qu'il offre trop de mauvaises chances.

25 et 30 fr., qui certes était sortie du même moule. Il y en a une pareille au musée du Louvre et deux autres aux musées Sauvageot et de Cluny (nº 2140). *Aucune* n'est de Palissy, puique le costume de cette campagnarde indique l'époque de Louis XIII[1]. Enfin, M. Pull, à Paris, a fabriqué de nouveau ce même modèle, ainsi que le joueur de vielle, mais un peu plus grand.

Il n'y a pas longtemps encore que l'engouement pour les terres cuites vernissées, *attribuées* à ce maître, était poussé aussi loin que celui pour les faïences dites de Henri II. Deux coupes au chiffre de Henri II et de Catherine de Médicis, ont été payées 12,500 fr. à la vente Rattier. Depuis mes publications, par lesquelles j'ai tenté de faire comprendre au public combien il y a peu de certitude et aucune preuve authentique qu'une pièce soit du maître même, — ces sortes de terres cuites émaillées n'atteignent guère plus de 200 à 800 fr., et les prix d'un exemplaire ordinaire attribué à Palissy monte maintenant de 50 à 300 fr. tout au plus.

Bernard Palissy ou *Palissis* est né en l'année 1510, suivant plusieurs auteurs, à la Chapelle-Biron, village du Périgord, ou à Montpazier[2], chef-lieu de canton du département de la Dordogne, d'après mes dernières recherches. Auteur d'un mémoire et d'autres remarquables ouvrages parmi lesquels l'*Art de terre*, qui traite de la céramique[3], il doit être rangé comme potier

1. Pour toutes les personnes versées tant soit peu dans les études archéologiques, il est évident que cette statuette ne peut dater que de la fin du règne de Henri IV ou du commencement de celui de Louis XIII. On n'a qu'à regarder le bonnet du nourrisson emmaillotté pour être fixé sur l'époque.

2. La petite ville de Montpazier, qui était jadis sous la suzeraineté de la famille Biron, dont le château ne se trouve qu'à une lieue de distance, a, dans sa construction, — où les rues forment des promenades à l'abri de la pluie, par la suite continue des arcades couvertes de ses maisons, — un caractère espagnol très-prononcé, et son marché aux chevaux, qui tire son origine de la vente des coursiers d'une nombreuse troupe revenue des croisades, indique l'antiquité de la ville.

3. Les premières éditions des ouvrages de Palissy, publiées durant la vie de l'auteur, ont paru à Lyon en 1557, à La Rochelle en 1563 et 1564 et à Paris en 1580.

Deux volumes in-8, l'un de 255 et l'autre de 525 pages, ont été publiés depuis par Robert Fouet à Paris en 1636, sous les titres, l'un : « Moyen de devenir riche et la manière véritable par laquelle tous les hommes de la France pourraient apprendre à multiplier leurs trésors et leurs possessions, avec plusieurs autres excellents secrets des choses naturelles, lesquelles jusqu'à présent l'on n'a ouï. »

L'autre : « Seconde partie du moyen de devenir riche, contenant les discours

dans l'école de Nürnberg. Protestant sincère, homme de bien il est mort à 80 ans, en 1590, à la Bastille (d'après d'autres au teurs, au Châtelet) sous Henri III. Lorsque ce roi pusillanim vint le voir à la Bastille pour obtenir sa conversion sous pein de mort, en lui disant : *Je suis contraint*, — Palissy répondit *Et moi, sire, je sais mourir*[1]. L'ancien catalogue de Clun appelait cette mort, *une mort au milieu des honneurs*.

On prétend qu'il existe de Palissy des plats signés en creu dans la pâte,

mais je n'en ai jamais rencontré; tous ceux que j'ai vus étaie sans signature : cette marque se trouve sur la *Nourrice* (n° 41

admirables de la nature des eaux et fontaines, tant naturelles qu'artificielles, d fleuves, puits, cisternes, étangs, mares et autres eaux douces, de leur origin bonté et autres qualités. De l'alchimie, des métaux, de l'or potable, du mitrid des glaces, des sels végétatifs ou génératifs, du sel commun. Description d marez salans, des pierres, tant communes que précieuses. Des causes de le génération, formes, couleurs, pesanteur et qualités d'icelles; des terres d'a gile, de l'art de terre, de son utilité et du feu, de la marne et du moyen de cognoistre; par M. Bernard de Palissy de Xaintes, inventeur des Rustiques fig lines du Roy. »

Après cela out paru : « OEuvres de Bernard Palissy, » revues sur les exe plaires de la bibliothèque du roy, avec des notes par Faujas de Saint-Fond Gobet, Paris 1777, in-4, et plusieurs autres éditions plus modernes dont notice se trouve dans la nomenclature des ouvrages à l'introduction de ce guid

1. « Mon bon homme, » lui disait ce prince méprisable, « il y a quarant cinq ans que vous êtes au service de la reine, ma mère, et de moi; nous avo enduré que vous ayez vescu en votre religion, parmi les feux et massacre maintenant, je suis tellement pressé par ceux de Guise et mon peuple, qu'il m fallu malgré moi mettre en prison ces deux pauvres femmes et vous; elles sero bruslées et vous aussi, si vous ne vous convertissez. » — « Sire, » répond Be nard, « le comte de Maulevrier vint hier de vostre part pour promettre la vie ces deux sœurs, si elles vouloient vous donner chacune une nuit. Elles ont r pondu qu'encore qu'elles seroient martyres de leur honneur comme de celui d Dieu. Vous m'avez dit plusieurs fois que vous aviez pitié de moy; mais moy j' pitié de vous qui avez prononcé ces mots : « J'y suis contraint; » ce n'est p parler en roi! Ces filles et moy, qui avons part au royaume des cieux, nous vo apprendrons ce langage royal, que les Guisarts, tout vostre peuple, ni vous n pourriez contraindre un potier à fléchir les genoux devant des statues. »

Les deux femmes auxquelles Palissy fait allusion ici, étaient les filles de Ja ques Foucaud, procureur au Parlement; elles furent brûlées quelques mois aprè le 28 juin 1558.

lu musée de Sèvres, qui certainement est de Guillaume Dupré, le Fontainebleau (voir plus loin), et ce monogramme repré-ente deux D et non pas deux B et deux P.

A. B. V. C.

lont les trois premières lettres réunies en hiérogramme, et

F.,

ont des marques qui se rencontrent également sur des pièces ıttribuées à Palissy, et quatre de ces terres cuites vernissées ;ont marquées, toujours en creux dans la pâte, *d'une fleur de ïs pleine*, estampillée.

Palissy avait voyagé longtemps, et visité les Flandres, les Pays-Bas et l'Allemagne. C'est de ces deux derniers pays qu'il rapporta es notions sur la fabrication de la poterie qui, à son retour à Saintes, vers 1539[1], le décidèrent à commencer ses essais céramiques. Auguste Hirschvogel, de Nürnberg, dont Palissy paraît ıvoir suivi la voie, est né en 1488 et mort en 1560. Jérôme Della Robbia partit pour la France en 1528, pendant que Palissy

1. Bernard Palissy raconte lui-même que le hasard qui fit tomber entre ses nains une coupe en terre émaillée d'une grande beauté, devint la cause de sa ıassion pour la fabrication de la terre cuite, et probablement aussi de celle qui e poussa à voyager en Allemagne. C'est cette coupe, sans doute, œuvre de Iirschvogel, qui le décida à aller visiter Nürnberg. Brongniart était là-dessus du nême avis, quand il dit dans sa *Description du musée céramique* : « Cette oupe sortait certainement de la ville de Nürnberg et non de l'Italie, comme on e dit communément. Nous fondons notre opinion sur les points de ressemblance ;ans la manière dont l'art est formulé, dans l'emploi des moyens matériels l'exécution, rapports qui manquent à la comparaison italienne. Les personnages ıistoriques, qu'assez souvent on voit représentés sur la faïence de Nürnberg, itabliraient au besoin la preuve irrécusable de sa préexistence sur celle de Palissy. De grandes et belles pièces que nous avons eu occasion de voir, sur lesquelles, entre autres personnages, était représenté le prince Maximilien Ier, mort ıu 1519, porteraient à faire croire que cette fabrication florissait sous le règne le ce prince. » On voit que l'époque revendiquée par Brongniart correspond ɔarfaitement à celle où Auguste Hirschvogel florissait à Nürnberg. Cet Augustin ɔu Auguste Hirschvogel, dont on trouve la biographie au chapitre des faïences le Nürnberg, était, comme Palissy, savant et artiste en même temps. Il publia, ɛn 1533, un traité in-4° sur la géométrie, intitulé : *Eigentliche und gründliche Anweisung in die Geometrie, sonderlich aber wie alle regulirte und unregulirte Corpora in den Grund geleget, und in die Perspective gebracht, auch mit ihrem Linien aufgezogen werdem sollen.* S'appliquant plus tard à l'astronomie et à la géographie, il publia une carte géographique de l'Autriche, gravée ɩur bois par Johann Weigel de Nürnberg (mort en 1590), qu'il dédia à l'empereur Ferdinand. Un autre point de ressemblance entre ces deux maîtres, et qui paraît démontrer que Palissy avait aussi suivi les Hirschvogel dans leur principale

voyageait encore. Bernard et ses frères ont travaillé à Paris pour le roi et la reine vers 1570, date qui est établie par les comptes d'un manuscrit dont je parlerai plus loin.

La poterie vernissée attribuée à Palissy est artistique; ses ornements sont généralement en bas et haut relief : poissons, reptiles, coquillages, etc.; aussi en ronde-bosse; les coulenrs vives et souvent d'après nature. Les *Rustiques figulines*, auxquelles les amateurs attachaient durant quelque temps un si haut prix, sont aujourd'hui presque introuvables[1]. Palissy les avaient créées pour orner ces *cabinets* de jardins dont il parle dans ses ouvrages; elles représentaient de petits monuments champêtres, des rochers, des fontaines, des bosquets, des animaux et des coquillages. Son chapitre du *Jardin délectable* en donne la description.

La manie ou plutôt la supercherie de certains marchands, qui attribuent toutes sortes de terres cuites barbouillées de couleurs, à Palissy, va aussi loin que l'ignorance et la niaise bonne foi de quelques amateurs. On rencontre partout de ces soi-disant palissy où pourtant la fraude se reconnaît à première vue : dans l'exécution du sujet, dans les costumes, dans

branche artistique, c'est que l'un et les autres ont peint des vitraux ; mais, tandis que les artistes nurembergeois comptent parmi les premiers maîtres de la peinture de cette branche, Palissy n'a laissé que des œuvres peu importantes, peu nombreuses et dépourvues de couleurs variées.

Les nos 851 et 852 (deux vitraux au musée de Cluny, l'un aux armes et attributs de François Ier : la Salamandre et la couronne de France entourées d'arabesques en grisaille, exécuté en 1544 pour le château d'Écouen; l'autre, au chiffre du connétable Anne de Montmorency, provenant du même château, avec les vingt-deux vitraux représentant l'histoire de Psyché d'après les cartons de Raphaël, de la collection du duc d'Aumale, en Angleterre; j'ignore s'ils ressemblent à ceux du musée de Cluny) forment tout ce que l'on connaît de Palissy et tout ce qu'on lui attribue en ce genre. Les vitraux du musée de Cluny, peints presque entièrement en grisaille et en jaune, ressemblent aux vitraux des vitriers hollandais du dix-septième siècle, et ont fort peu de mérite comme émaux. On a voulu aussi attribuer à Palissy les vitraux de l'église d'Écouen, qui pourtant ne ressemblent en aucune manière à ceux de Cluny, et qui sont l'œuvre d'un artiste allemand ; j'y ai trouvé une inscription *allemande* dont j'ai pu déchiffrer deux mots seulement : *Alles* (tout), et *Goedes* (Dieu). Ces vitraux sont d'un coloris brillant.

1. La seule pièce que je connaisse, imitant un rocher, et provenant peut-être (j'en doute) de ces *rustiques figulines* dont Palissy parle, se trouve dans la collection Perillieu, à Paris. C'est un angle de roche *coagulé*, couvert de surmoulés de fougères, de crabes, de tortues, de serpents et de lézards ; de nombreux trous ménagés dans les sinuosités du rocher indiquent qu'il a dû servir à la confection d'un jet d'eau. Les couleurs me paraissent cependant bien ternes pour pouvoir être comparées à celles des poteries que l'on a l'habitude d'attribuer à Palissy.

les ornements, dans l'architecture, qui indiquent des époques postérieures par les mélanges.— Si la contrefaçon s'était contentée de copier servilement, on pourrait encore comprendre que de pareilles imitations fussent admises pour du palissy ou pour des poteries de son temps; — mais accepter comme telles des œuvres où tout choque, où tout indique un époque éloignée de celle où vivait l'artiste, cela dénote une forte dose d'ignorance.

Je suis même convaincu que Palissy n'a jamais fait autre chose que ces plats *rustiques*, c'est-à-dire garnis de surmoulés d'animaux, et que tout ce qui est *figure* et *ornement* ne provient pas de lui. Cette opinion que j'avais déjà exprimée dans les précédentes éditions de ce Guide, m'a été confirmée depuis par les onze moules trouvés dans le four de briqueterie au Tuileries, en 1865, et recueillis par M. Lefuel, l'architecte en chef, qui les a fait reproduire en plâtre par M. Simoulard.

Ce sont tous des surmoulages de *fougères* et de *corps d'hommes vivants* garnis de coquillages; ils prouvent à l'évidence que Palissy ignorait le modelage. Les moules ne sont que de simples surmoulés de corps d'hommes et montrent même les empreintes des toiles grossières avec lesqnelles Palissy avait recouvert les corps, puisqu'il lui importait peu d'en obtenir des épreuves propres; il s'en servait uniquement, en les couvrant de coquillages, pour faire de ces figures plaisantes en terre cuite et en grandes proportions, que les matelots fabriquent, en petites dimensions en véritables coquillages, et qu'ils vendent dans les ports de mer.

On rencontre des faux palissys partout : le n° 851 de la collection Sauvageot est orné d'un sujet qui représente Henri IV au milieu de sa famille; le n° 855, Louis XIV enfant; les n°s 846 et 847, et le n° 136, au musée Kensington de London, un des sujets où les jardins ressemblent à ceux de Le Nôtre [1], du temps de Louis XIV. Le n° 3053 (un joueur de vielle), au musée de Cluny, porte un costume qui est d'une époque postérieure de beaucoup au seizième siècle. Depuis mes précé-

1. Le plus amusant, c'est que ce même genre de plats figure dans une récente publication illustrée comme *specimen* de Palissy. Le sujet est copié d'après une gravure nommée Oleactus, du peintre-graveur hollandais Ciprian ou Crispin Cort, dont les ouvrages portent le millésime de 1602 à 1638. Un exemplaire de cette gravure se trouve au cabinet des estampes de la biblioheèque impériale à Paris.

dentes éditions, où j'avais signalé déjà ces fausses attributions, dont l'erreur est si clairement démontrée par les costumes et par le style, des recherches nombreuses ont été faites, et on sait maintenant que le *Joueur de vielle*, *la Nourrice*, *l'Enfant sur le dauphin*, *l'Enfant aux chiens*, etc., sont l'œuvre de *Guillaume Dupré*, qui les a fabriqués au dix-septième siècle, à Fontainebleau. (Voir cette localité.) Le musée Meermann Westreenen à La Haye exhibe également de faux palissy, ainsi que le musée de la porte de Hall à Bruxelles. On y voit, comme au Louvre, les portraits de Henri IV et de sa femme, Marie de Médicis, moulés d'après les médaillons de Dupré et de Varin, ainsi que l'effigie de Louis XIII enfant. Le grand plat rond surmoulé sur un plat d'étain de *François Briot*, né à *Lucens* (Lobsingen), en Suisse, près Lausanne, comme cela est établi par mes recherches, et qui travaillait seulement au commencement du dix-septième siècle, *est encore* imperturbablement attribué à ce bien heureux Palissy qui pourtant était enterré déjà en 1580, c'est-à-dire soixante ans au moins avant que l'auteur de l'*original* ne fleurît. Ce surmoulé attribué à Palissy a été pourtant payé plusieurs fois avec des milliers de francs, puisque l'amateur l'a acheté pour « *du palissy!* »

M. Alfred André a exposé en 1865, au Palais de l'Industrie, un épis ou pignon du seizième siècle, provenant d'une fabrique de la Normandie qui avait tous les caractères des poteries attribuées à tort à Palissy. Couvert de figures, de bustes, de plantes et de feuillages, on y voyait même jusqu'aux *rochers* de ces rustiques figurines et les tons des couleurs, était dans les mêmes nuances des vernis minéraux de Palissy. Tout cela est curieux à constater.

La plupart des plats à *ornements*, dont les musées de Cluny, du Louvre et de Sauvageot possèdent un grand nombre, ne proviennent donc pas de Palissy.

Il est à remarquer qu'il n'existe pas de pièce attribuée à Palissy qui porte une trace quelconque d'armoirie nobiliaire, ce qui paraît prouver que sa fabrication s'est plutôt adressée à la bourgeoisie, et qu'il n'était pas aussi répandu à la cour que ses biographes-romanciers veulent bien le faire accroire.

Les seuls plats *attribués* à Palissy, qui portent un signe armorial, sont au nombre de quatre, dont un, le n° 862, se trouve au musée Sauvageot. C'est un plat rond à huit compartiments, marqué sur le revers d'une fleur de lis en creux dans la pâte, et que j'attribue à la fin du dix-septième siècle. On a voulu conclure par la présence de cette fleur de lis que ce plat aurait été fait pour le service du roi à l'époque où l'on dit que Palissy avait un atelier aux Tuileries, en même temps qu'un petit laboratoire dans la rue Saint-Jacques[1]. Mais comme rien ne démontre que ce plat soit véritablement de Palissy ou de son temps, et comme la fleur de lis se retrouve dans un grand nombre d'armoiries allemandes, suisses, italiennes et françaises, cette supposition n'est pas assez motivée.

On connaît beaucoup de *faïences* du dix-huitième siècle marquées de fleurs de lis, tantôt en bleu ou en rouge, tantôt en vert, dont l'origine est également douteuse, et que j'attribue à Savy de Marseille (voir Marseille), à cause du *vert* particulier qui se trouve dans le décor. Quelques faïences de Rouen, comme par exemple la salière de M. Michel Pascal, sont aussi marquées d'une fleur de lis, mais elle est au *trait* et *non pas pleine*.

Feu Sauvageot[2] était peu connaisseur en faïences. Il suffit de citer pour le prouver qu'il a fait figurer, dans le catalogue écrit de sa main, la coupe de faïence de Henri II sous la dénomination de « faïence de Bernard de Palissy, marquée du chiffre de Henri II. » Il avait pourtant collectionné un grand nombre de ces faïences que l'on attribue à Palissy. Comment a-t-il pu confondre ces deux espèces différentes? Y a-t-il le moindre rapport dans la pâte, dans l'émail, ou dans les formes?

Parmi tous les pseudo-palissy de cette collection, — il y en a peu que l'on pourrait attribuer à ce potier. C'est comme au

1. La maison qui porte le n° 24, rue du Dragon, à Paris, est aussi désignée par l'inscription : « *Ancienne demeure de Bernard de Palissy en* 1575, » comme ayant été habitée par ce maître. Un médaillon en mauvaise terre cuite peinte et bien plus moderne, qui représente Hercule combattant un lion, et entouré de la légende : *Au fort Samson*, doit servir à appuyer ce dire. J'ignore sur quelles preuves le propriétaire de la maison (actuellement un petit hôtel garni de chétive apparence) base son allégation. 1575 était l'année durant laquelle Palissy tenait à Paris ses cours publics de minéralogie.

2. Sauvageot est l'amateur qui a laissé sa belle collection, évaluée aujourd'hui à un million de francs, au Louvre. C'est lui qui a servi de type à Balzac pour son cousin Pons dans les *Parents pauvres*, et à Champfleury pour son Gardillanne dans le *Violon de Faïence*. Alexandre-Charles Sauvageot, fils de négociant, naquit à Paris, en 1781 ; premier prix de violon au Conservatoire, violon à l'Opéra, employé aussi à la douane, il collectionna toute sa vie, fut nommé chevalier de la Légion d'honneur et mourut en 1860. Sauvageot avait la passion, le tact, le goût du beau et la main heureuse, mais point de connaissances archéologiques.

musée de Cluny, au Louvre, à Sèvres et au musée japonais de Dresde, où un plat ovale est encore faussement attribué à Palissy: Le musée de Berlin possède un autre petit plat ovale marqué

$$\frac{a}{j}\ \frac{c}{a}$$

encore faussement attribué au même potier.

Un plat oval de 19 sur 25 cent., dont les ornements indiquent le seizième siècle, fait partie de ma collection. Il peut être attribué aussi bien ou plutôt aussi mal à Palissy que tous les autres plats modelés à la main.

Une œuvre capitale toujours attribuée à Palissy, mais qui a disparu entièrement, c'était la Passion du Christ en seize tableaux d'après Albert Durer, exécutée pour la chapelle du château d'Écouen; ces bas-reliefs, comme le pavage du château, étaient incontestablement des œuvres italiennes.

Les ouvrages de Palissy furent, comme ceux de Luca, chantés par les poëtes. Voici une de ces naïves pièces :

Mais cela n'approche point
Des rustiques figulines
Que tant et tant bien peint
Et dextrement imagine.

Le plus beau a bien esté
Enrichi par éloquence.
Le tien a plus de beauté
Que la langue d'élégance.

Les ranes (grenouilles) en un estang
Ne sont pas plus infinies,
Mais leur coax ne s'entend,
Car elles sont sériphies.

Mégères au chef tant hydeux,
Portraits des serpents nuisantes,
Mais, toy, non moins hasardeux,
Les fais partout reluisantes.

La collection Sauvageot, installée aujourd'hui au Louvre, y a été incorporée dans le musée de la Renaissance. Composée de 1424 numéros, pour la majeure partie de pièces de choix de l'art chrétien, elle est remarquable par ses bois ciselés d'Augsburg, ses fers martelés et ciselés français, ses faïences de Henri II, et par quelques sculptures allemandes sur pierre à lithographie et en marbre, dont les deux principales sont : la jolie fille d'Augsburg, par Aldgrever, élève d'Albrecht Dürer, Otto et Heinrich, statuette en ronde-bosse attribuée à Dürer. Les grès sont pour la plupart sans grande importance.

Rien en faïences hollandaises et quelques pièces allemandes ; les faïences françaises presque absentes et celles d'Itatie faiblement représentées. Les meubles et bois sculptés, et l'ensemble de la collection, étaient composées d'objets qui ne remontent pas, à peu d'exceptions près, au delà de la fin du moyen âge ; presque tout est de la Renaissance. L'ancien catalogue, sauf quelques faibles erreurs inévitables dans un pareil travail, était parfaitement rédigé et faisait preuve du jugement consciencieux du conservateur, M. A. Sauzay. Il est à regretter que la dispersion de la collection ne permette plus de s'en servir.

On voit que ce rimeur ne parle pas des ouvrages *ornementés*, etc., genre de plats dont le style prouve ordinairement jusqu'à l'évidence qu'ils sont d'une époque postérieure à celle où vivait Palissy.

Bernard a eu deux frères nommés *Nicolas* et *Mathurin* Palissy, qui s'étaient associés à ses travaux céramiques. La certitude en est fournie par un manuscrit grand in-4° appartenant à la Bibliothèque impériale de Paris. On lit entre autres choses, dans ce « Compte des dépenses faictes par maître Jean de Verdun, clerc des œuvres du roy : »

« Autre paiement faict, à cause de la dicte grotte, ausdits Bernard, Nicolas et Mathurin Palissy, cy-devant nommés, la somme de deux cens livres tournoys à eux ordonnés... pour tous les ouvraiges de terre cuicte esmaillée qui restent à faire pour parfaire et parachever les quatre pons au pourtour du dedans de la grotte encommencée pour la royne en son pallais lès Louvre, à Paris, etc. »

Outre Nicolas et Mathurin, ses frères, Palissy a eu pour contemporains de nombreux émules dans ce même genre d'ouvrage, *Jehan Chipault pére et fils* et *Jehan Biot*, dit Mercure (ne pas confondre avec le suisse François Briot, déjà mentionné potier d'étain du commencement du dix-septième siècle, dont les modèles ont été surmoulés en terre cuite). Dupré à Fontainebleau, du dix-septième siècle, a également laissé des œuvres, comme il a été déjà dit, que l'on attribue encore à Palissy.

Clerici, à Fontainebleau, qui florissait au milieu du dix-septième siècle, ne peut pas être compté parmi les potiers du genre de Palissy, car ses poteries étaient en terre *sigillée*. (Voir, pour la définition de ce terme, la table

Un grand nombre des terres cuites émaillées et vernissées de l'ancien château de Madrid au bois de Boulogne, près Paris, étaient encore attribuées à Bernard [1]. Le château, bâti par François Ier, était presque partout recouvert de ces ornements : statues, bas-reliefs, cheminées, etc., tout était en terres cuites émaillées. Le journal d'Evelein de Paris, 26 avril 1650, en parle

1. Brongniart attribue cependant les faïences de Madrid à Jérôme et à César Della Robbia, petits-neveux de Lucca. Nous avons vu que *Jérôme* seul partit pour la France en 1504 et qu'il n'y avait pas de *César* dans la famille des Della Robbia.

avec admiration. Le château fut vendu en 1793, comme propriété nationale, à un paveur, qui l'achetait dans l'intention de réduire les terres cuites d'art en poudre pour en faire du *ciment!*

Le docteur Belliol jeune, à Paris, possède une grande bouteille en terre cuite à émail brun, marquée dans la [illegible] du millésime 1648, qui paraît provenir d'une fabrique de Saintes.

Un plat encore attribué à Palissy dans la vente Soltikof, et qui était probablement allemand, portait les armes de Willem von Berg, prince de l'empire et évêque d'Anvers, de 1598 à 1601, et un autre, de la même vente, avait les armoiries de Jan Lemire, évêque d'Anvers, de 1604 à 1611.

Les terres cuites de Palissy sont *vernissées* et non pas émaillées [1]. Il colora souvent la terre *avant le vernissage*, soit en pétrissant la pâte de matières colorantes, soit en la trempant par parties, et la peignant d'une barbotine coloriée.

Les carreaux de parquetage de la grande salle du château d'Écouen, qu'on a aussi voulu attribuer à Palissy [2], sont de fabrication italienne. Ces faïences stannifères n'ont absolument rien des procédés de fabrication ni des couleurs du maître; c'est tout ce qu'il y a de plus italien. Les deux grands tableaux que M. le duc d'Aumale a emportés en Angleterre (signés *Rouen*, 1542), de six pieds de hauteur, formés de carreaux de vingt centimètres, et dont les compositions représentent le dévouement de Mucius Scévola et celui de Curtius, sont également de travail italien. M. du Sommerard, directeur du musée de Cluny, qui a bien voulu me communiquer les dessins coloriés d'après

1. On ne rencontre pas la moindre parcelle d'émail stannifère, *blanc* ou autres, sur les poteries attribuées à ce maître. Le *blanc* est une terre blanchâtre qui, couverte d'un vernis incolore, conserve sa blancheur.

2. Le château d'Écouen, construit en style de la Renaissance française, sous François Ier, par Anne de Montmorency, est semblable à celui d'Anet. Situé sur une hauteur d'où l'on jouit d'une vue magnifique, il est d'une conservation telle qu'on le croirait terminé tout récemment. Éloigné de Paris de quatre lieues, l'amateur peut s'y rendre en une heure en prenant le chemin de fer jusqu'à Villiers-le-Bel. Ce château passa des Montmorency dans la maison de Condé, et Napoléon Ier y établit une maison d'éducation de jeunes filles des membres de la Légion d'honneur sous la direction de madame de Campan; cette maison fut réunie, sous le règne de Louis XVIII, à celle de Saint-Denis. Revendiqué après 1848, il sert de nouveau aujourd'hui de maison d'éducation. Ce château est aussi tristement célèbre par l'infâme édit que Henri II y rendit en 1559, édit qui frappait de mort tout protestant.

nature, les attribue aussi à Palissy. C'est pour moi l'œuvre de quelques artistes italiens qui les ont confectionnés à Rouen, probablement dans une des usines où l'on fabriquait à cette époque la poterie commune au vernis plombifère, puisque la faïence à émail stannifère de Rouen ne date que du dix-septième siècle. (Voir Rouen.)

On trouve encore ce même précieux pavage de carreaux italiens à émail stannifère dans une chapelle de la cathédrale de *Langres*, où l'intelligente fabrique de l'église l'a fait couvrir d'un parquetage en bois, de manière que le visiteur ne peut pas même se douter de l'existence de ce travail artistique.

En France, les collections les plus riches en exemplaires attribués à Palissy sont celles de MM. Bouvrier à Amiens, Capmas à Dijon, Meixmoron à Dijon, Trimolot à Lyon, madame veuve Febre à Mâcon, MM. le baron Dejean, La Foulatie, Em. Péreire, baron Rothschild, baron Seillière, marquis de Saint-Seine et Tevel à Paris. Le musée de Lyon en possède également quelques exemplaires.

Les collectionneurs, en Angleterre, des pièces attribuées à Palissy sont : MM. Addington, — Isaak Falcke, — H. T. Hope, — J. Dunn Gardner, — H. Magniac, — Eduard Marwoed Elton.

Il existe au musée de Kensington vingt-cinq pièces désignées comme étant de Bernard Palissy : ce sont les n°s 3800 à 3825; une statuette porte le monogramme indiqué plus haut, les deux D; elle est donc l'œuvre de Dupré de Fontainebleau et non pas celle de Palissy.

Le musée du Conservatoire de musique ainsi que M. Laborie à Paris, possèdent des cors d'appel forme serpent, de 75 centimètres de longueur, qui ont été également fabriqués dans le genre de ces terres cuites coloriées sous vernis, par des potiers du dix-septième siècle, et qui se rapprochent de ce que l'on est convenu d'appeler du palissy.

Une charmante paire de flambeaux de 28 centimètres de hauteur qui font partie de ma collection sont aussi une œuvre d'artiste dans ce genre de poterie, et imitent des chinoiseries, ce qui permet de les classer parmi les productions du dix-septième siècle.

Voir le dessin ci-contre :

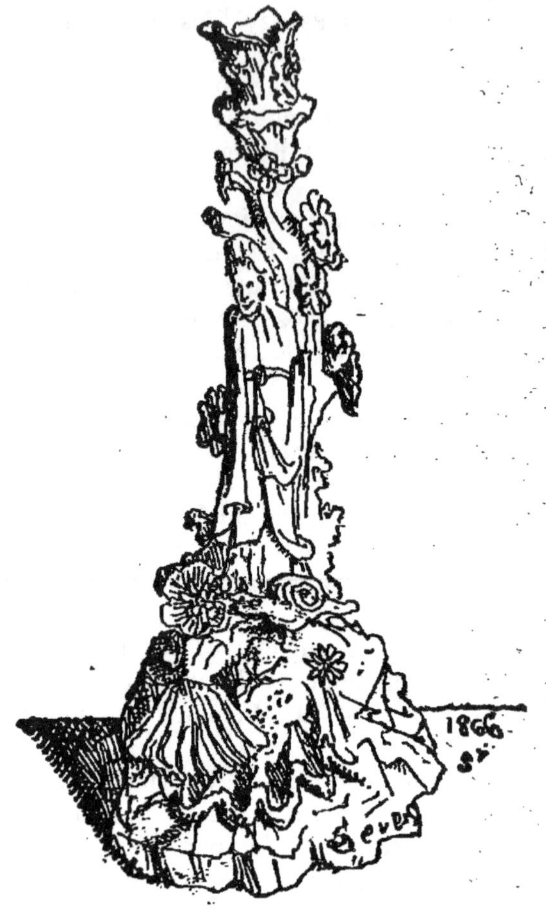

M. Bodin fils, et MM. Prévost et Gaston de la Tour, fabriquent actuellement à Saintes des faïences et poteries.

P. P.
a Limage N. D.
a Saintes
1680

est une marque que l'auteur de l'*Art de terre chez les Poitevins* donne comme preuve d'une fabrique de faïence à Saintes au dix-septième siècle; preuve que l'on ne peut admettre comme un évangile, puisqu'un marchand de la ville de Saintes peut bien avoir fait fabriquer ailleurs des faïences pour son commerce et à l'enseigne de sa boutique.

La liste des faïenciers-pétitionneurs de l'année 1790, trouvée dans les archives à la ville de Nevers, mentionne deux fabriques de faïences existantes à cette époque à Saintes, et le *Dictionnaire des Postes aux lettres par Lecousturier*, de 1817, parle aussi d'une *faïencerie* à cette localité.

ROUEN (Seine-Infér.)

TERRES CUITES AU VERNIS PLOMBIFÈRE. 1540
FAÏENCES A ÉMAIL STANNIFÈRE. 1640[1]

On connaît deux arrêts accordant des lettres patentes : l'un, daté de 1644, en faveur de *Nicolas Poirel*, sieur de Granval, l'autre, de 1673, en faveur d'*Edme Poterat*, sieur de Saint-Sever, à qui Poirel avait déjà fait cession de son privilége, et qui est mort en 1687. La fabrique de ce dernier fut continuée au commencement du dix-huitième siècle par Guibaud. Il y a des amateurs qui veulent faire remonter la fabrication rouennaise au seizième siècle, comme on le voit dans la note placée plus bas; mais on ne connaît jusqu'à présent aucune preuve qui puisse motiver cette opinion. L'histoire des faïences de Rouen, que M. Potier prépare, apportera sans doute à ce sujet quelques éclaircissements. Le premier fabricant rouennais connu jusqu'à présent est donc Poirel de Granval, qui commença par imiter les faïences de Delft, ville d'où il avait certainement fait venir des ouvriers, puisque le procédé et la manière de faire de

1. Les archéologues et les amateurs rouennais veulent faire remonter les premières fabriques de faïence au delà de 1640 ; mais il leur a été impossible d'apporter à l'exposition rouennaise de 1861, des œuvres marquées d'une date antérieure à 1647, et le catalogue publié sous le titre : *Exposition d'art et d'archéologie de Rouen*, chez Brière, à Rouen, in-18, 1861, dit textuellement : n° 539, « plat de faïence de Rouen de la plus ancienne espèce, daté de 1647, et provenant de la fabrique du sieur Poirel de Grandval, premier importateur de cette industrie dans la ville de Rouen. » Les dates 1650, 1675, 1699, 1710, 1712, 1735, 1736, 1781 et 1792 figuraient sur d'autres pièces.

On connaît, il est vrai, deux grands tableaux de six pieds de hauteur, formés par des carreaux de faïence de vingt centimètres, et où les figures des sujets dont l'un représente le *Dévouement de Mucius Scévola*, et l'autre celui *de Curtius*, ont deux pieds de hauteur, signés *Rouen*, 1542, et que M. Du Sommerard attribue à Bernard Palissy.

Ces faïences, qui proviennent du château d'Écouen, ancienne propriété du duc d'Aumale, et dont M. Du Sommerard possède les dessins coloriés, sont pour moi l'œuvre d'un Italien, qui les a sans doute fabriquées dans une de ces usines de Rouen où l'on produisait les poteries communes au vernis plombifère, puisqu'on

la vieille fabrication rouennaise sont les mêmes que ceux de Delft[1].

ne connaît aucune fabrique de faïence à émail stannifère de cette ville, qui remonte au seizième siècle.

Dans les dessins de ces tableaux, les armures et les casques des guerriers ont tous cette tournure carnavalesque italienne de mauvais goût qui s'imposa un siècle plus tard à l'Allemagne, et y changea la belle manière du gothique et de la Renaissance allemande en grotesques compositions que nous appelons aujourd'hui le style *perruque;* parmi les couleurs, le rouge manque et le jaune et le bleu pâle seuls dominent; enfin l'*émail* et *toute* la fabrication, où l'on sent la même main d'artiste que dans les carreaux du pavage de la grande salle du château d'Écouen, dont j'ai déjà parlé au chapitre consacré à Palissy, prouvent évidemment l'origine italienne. Leur épaisseur aussi diffère de celle que l'on rencontre dans les carreaux rouennais, qui n'ont généralement que 15 millimètres (par exemple à Rambouillet dont voici le dessin), tandis que les carreaux d'Écouen ont 25 millimètres d'épaisseur.

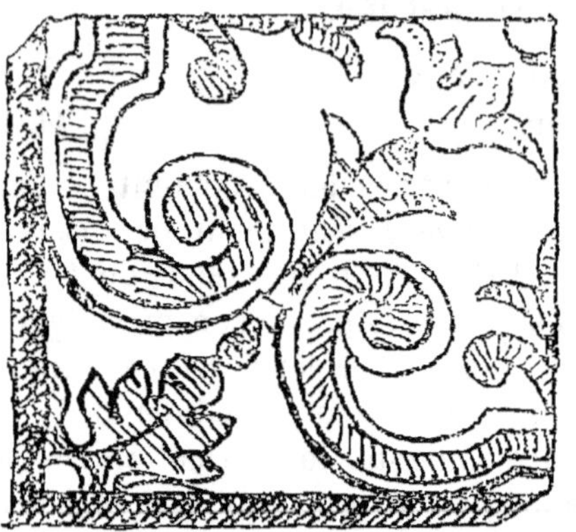

Carreau de pavage en terre cuite à émail stannifère de Rambouillet, conservé dans ma collection.

M. Potier de Rouen croit cependant devoir attribuer aussi ces faïences à l'industrie rouennaise et en avoir retrouvé l'auteur dans un nommé *Maclou Abasquene*, mentionné en 1549 par la chronique; mais je doute fort que ce potier ait seulement produit de la faïence à émail stannifère quelconque.

Quant à vouloir attribuer toutes ces faïences à Palissy, la thèse est encore bien moins soutenable, puisque l'émail, les couleurs, les émaux ni même la pâte ne ressemblent aux productions connues de ce potier. Comme on sait, du reste, que ses premiers essais *à Saintes* ne datent que de 1539, il serait bien étonnant de le voir passé maître déjà dans un art si difficile, en 1542, *à Rouen*, ville qu'aucun document ni rien dans ses propres écrits désigne comme une localité que Palissy aurait habitée ou visitée.

Il est incontestable que les tableaux et le pavage du château d'Écouen, tous en *faïence à émail stannifère*, et les *terres cuites à vernis plombifère*, en partie *coloriées dans la pâte*, de Palissy, sont deux fabrications diamétralements opposées : l'une est de la majolique de l'école italienne, l'autre est de la terre cuite de l'école nurembergeoise, dans le genre des Hirschvogel.

Les beaux carrelages des châteaux d'Écouen, de Bois, celui à l'église de Brou et de la chapelle située au nord de la cathédrale de Langres, ainsi que le magnifique pavage du château de Polisy (Aude), au millésime de 1545 que M. Émile Amé a reproduit dans son ouvrage, sont incontestablement des œuvres italiennes, exécutées en France par des artistes italiens.

1. M. Haillet de Couronne a fait publier par M. Léopold Delisle une notice qui dit en substance : madame de Villeray, fabriquait de la faïence à Rouen, au milieu et à la fin du dix-huitième siècle, et elle a laissée une note dans laquelle il est dit que Poirel « *commença son entreprise sur la foi de quelques ouvriers*

Quant à Louis Poterat de Saint-Sever, le fils d'*Edme*, qui établit la fabrique, on croit ordinairement qu'il a suivi l'école de la branche italienne; mais je ne le pense pas non plus. Le plat de M. Baudry, de Rouen, que l'on cite à l'appui de cette opinion, me prouve juste le contraire. Ce plat est signé par Claude Borne en 1736[1], potier qui était de l'école lilloise et hollandaise. L'autel portatif à Sèvres, signé Jacques Feburier et Marie Étienne Borne, 1716, de Lille, est tout à fait décoré dans le style de Delft, et ces deux œuvres sont probablement de deux frères; mais celui de Feburier, en pur style hollandais, est de 1716, — donc de vingt ans antérieur au plat de Claude.

Mannory dit dans son Mémoire pour le faïencier du faubourg Saint-Antoine de Paris, dressé en 1753, au tome XI de ses plaidoyers :

« En 1731, des commissions du Conseil constatèrent par un procès-verbal le nombre et l'étendue des fours des faïenciers construits dans la ville de Rouen. » Ce procès-verbal pourrait être très-utile pour l'histoire de la poterie rouennaise.

La liste des faïenciers pétitionnaires de l'année 1790, trouvée dans les archives de Nevers, mentionne seize fabriques existantes à cette époque, et prouve combien était encore importante la fabrication rouennaise à la fin du dix-huitième siècle.

La pâte de faïence de Rouen est lourde et épaisse, beaucoup plus épaisse que celle de Delft, mais les dessins et les ornements sont pleins de goût. Il y a des décors en camaïeu bleu et en couleurs variées. Les gros dessins sont formés pour la plupart dans le genre du décor rechampi, et que l'on croit obtenu par le champ-levé, c'est-à-dire que le blanc est produit par enlèvement sur le fond bleu, mais ce procédé ne peut avoir

qu'il fit venir de Nevers. » Cette note ne fournit à mon avis aucune preuve. Il est fort possible que Poirel ait fait venir aussi des ouvriers de Nevers, la seule localité française, alors réputée pour la fabrication des faïences, mais je persiste à soutenir que les premières faïences fabriquées à Rouen, ont toutes les caractères du delft et très-peu celui de Nevers. Madame de Villeray qui n'était point contemporaine de Poirel, aura écrit, comme beaucoup de monde écrit, c'est-à-dire sur des *propos en l'air !*

1. Le plat est en décor italien jaune et a une bordure rouennaise polychrome. Claude Borne, peintre céramiste de Lille, a travaillé à Sinceny en 1751. Une famille de potiers, du nom de Borne, figure aussi à Nevers dès 1650. Mais un Marie Étienne Borne travaillait à Lille en Flandres en 1716, aussi bien qu'un Claude Borne, et leurs œuvres n'ont absolument *rien* d'italien, mais toutes les caractères de la faïence de Delft.

été appliqué à la peinture sur le cru. Rouen a aussi fabriqué des plats et assiettes à fond bleu Raymond, d'un bleu un peu plus pâle que celui de Nevers, et décorés en décalques blancs et quelquefois jaunes, appelés *blancs* ou jaunes *fixes*.

Il existe aussi des potiches et autres objets à fond bleu de Perse, à décor en relief polychrome, genre qui imite l'émail sur cuivre. Le décor de la corne d'abondance et à fleurs est le plus répandu dans le rouen.

La faïence rouennaise est la première et la plus artistique de toutes les faïences françaises, à cause du caractère national de son décor, où le style régulier et architectural de l'ornementation française brille dans toute sa pureté et dans tout son éclat. Il existe de simples assiettes qui servaient jadis à l'usage domestique populaire, et se fabriquaient à très-bas prix, où l'ornementation du décor est souvent un chef-d'œuvre.

Le bleu camaïeu est le décor le plus ancien.

Le décor polychrome qui suit, se divise en bien des espèces qui représentent autant d'époques et de fabricants. Il faudrait des développements à perte de vue pour expliquer tout, et la pratique seule peut donner ici la connaissance à l'amateur.

Faicil à Rouen en 1647,

les plus anciennes marque et date connues, se trouve sur le plat déjà mentionné de M. G. Gouellain.

Brument, 1699,

est la signature sur un saladier appartenant à M. l'abbé Collas; — mais je pense que ce n'est pas là le nom du potier.

Guillebaud est le nom d'un potier qui fabriquait à Rouen, il a marqué : vers 1730

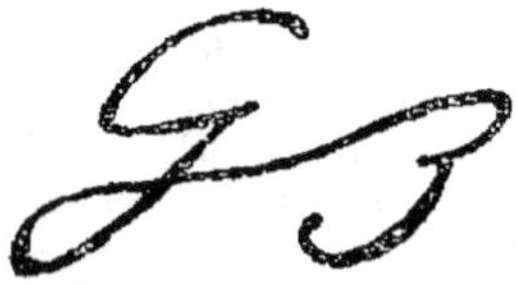

monogramme que j'ai trouvé sur plusieurs pièces au musée de Rouen, et sur une aiguière de la collection Loisel.

G. A.

est une autre marque de ce Guillebaud.

Un plat de la collection de M. Hue, maire d'Hectomare, porte un simple

G.

La faïence de Guillebaud est ordinairement décorée de pavillons chinois et de *treillages* quadrillés sur les bords, genre que Sinceny a plus tard imité plus grossièrement et que Rouen et Delft avaient pris aux Chinois.

Nicolas Gardin est le nom d'un autre potier de la même époque. Un saladier est marqué :

Gardin,

et un plat de la collection Feuchère :

Nicolas Gardin, 1759.

M. Michel Pascal possède deux assiettes à décor camaïeu bleu, dont l'une est signée :

D. G. (*Dominique Gardin?*)

et l'autre :

Gardin.

Coissy est le nom d'un potier de Rouen, qui épousa la fille du potier ...., de Quimper et d'origine nivernaise, auquel il succéda et qui à son tour maria sa fiille à Delahubaudière, dont la manufacture, sous la raison sociale Delahubaudière et Ce, est encore aujourd'hui en pleine activité et dirigée par un des associés, M. Fougeray (Voir Quimper).

Madame de *Villeray* était une autre fabricante de cette époque (Voir la note au bas de la p. 430).

Vavasseur, fabricant de la fin du dix-huitième siècle, a laissé des signatures souvent estropiées, comme par exemple :

Va. Valleur, à Rouen.

Je l'ai rencontré ainsi sur une écritoire et sur une jardinière, décorées au petit feu, à paysages animés de figures, véritable décor de porcelaine peu artistique, qui imitait le genre de Strasbourg, où le vert, le jaune et le rose dominent.

On connaît peu de faïences de Rouen avec longues inscriptions ou avec des facéties; mais il existe des assiettes avec des vers mis en musique.

M. A. Assegond[1], à Bernay en Normandie, possède une telle assiette, où on lit le couplet suivant, mis en musique :

Air : *Jean aime Jeanne.*

Chantons la gloire d'Ynache,
Chantons le feu de Jupin ;
Rien n'est si charmant qu'Ynache,
Rien n'est si beau que Jupin.

Chantons Ynache,
Chantons Jupin.
Ce joli Jupin aime bien Ynache,
La gentille Ynache aime bien Jupin.

J'ai rencontré une semblable assiette sur laquelle on lisait :

Canon à trois voi *de M. Demondoville* :

Nargue de toy quand je bois,
Tu ne sçait pas t'en y-vrer comme moy ;
La rayson s'en va, puis l'amour vient.
En ce cas-là je vous — dirais bien :
Prendre ton cœur et te don-ner le mien,
Mais dès que mon vin est cu-vé,
Hélas ! je suis forcé de rompre mon marché.

Sur une autre assiette de la collection de M. Édouard Pascal, le céramiste a inscrit la chanson suivante, qui y est accompagnée de musique :

Suivons Bacchus, c'est un Dieu tout aimable,
N'oublions pas notre amoureux soucy ;
Faisons qu'à table et dans le lit
On dise icy que le jour et la nuit
Nous sommes des gens infatiguables.

Une assiette à décor camaïeu bleu assez commun, de la collection de M. Michel Pascal, porte les vers que voici :

Partout où règne le chagrin
L'on ne me voy jamais paroître,
Partout où je sçay du bon vin,
Ou gy suis ou gy voudrois estre.

L'orthographe indique le siècle de Louis XIV.

Deux de ces assiettes, conservées au musée de Cluny, et provenant de la collection Leveel, portent les couplets suivants, également mis en musique ; l'une :

Croyez-vous qu'Amour m'at-trape
De m'avoir ôté Catin?
Qu'ai-je faire de la grappe
Quand j'ai fait le raisin?
Quand j'ai foulé le raisin,
Croyez-vous qu'A-mour
M'attrappe d'avoir ôté Catin?

1. Collection composée presque exclusivement de faïences françaises et où le beau Rouen et le Nevers sont dignement représentés.

l'autre :

Pour passer doucement ma vie
Avec un petit revenu,
Amis, je fonde une abbaye
Et je la consacre à Bacchus.

Une belle gourde de chasse, de la collection Assegond, montre un superbe âne, avec l'inscription :

Nous sommes deux.

et un plat festonné, où l'on voit saint Pierre avec son coq, qui porte :

Pierre, m'aimez-vous ? — Oui, Seigneur ; vous sçavez que je vous aime.
Joseph Agron 1781,

ainsi qu'une assiette avec la même inscription et le millésime 1778.

Deux plats au musée de Cluny, nos 2156 et 2157, sont marqués :

H.

Un pot de la collection Michel Pascal à Paris :

C. H.

Un monogramme que l'on rencontre souvent, et le plus fréquemment sur d'importantes pièces est

Dans ma collection, un légumier creux couvert, dont le bouton est formé par un serpent vert, et admirablement dé-

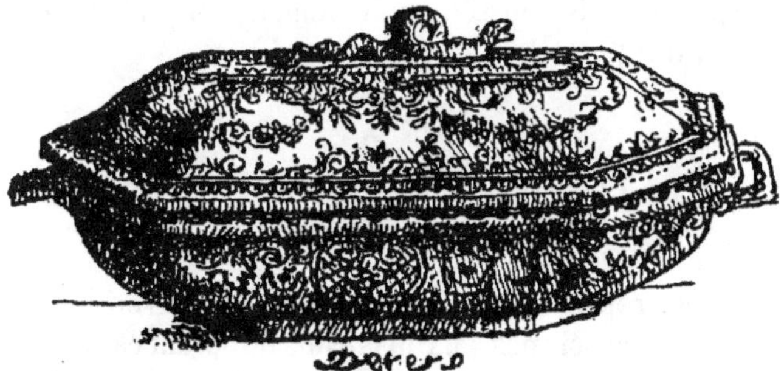

Légumier en faïence de Rouen, au décor polychrome, de ma collection.

coré, extérieurement et intérieurement, de guirlandes de fleurs et d'ornements en polychrome, véritable chef-d'œuvre de l'ornementation française, est signé :

Le décor de l'intérieur consiste en ornements sur fond bleu rechampi [1], et d'une corbeille à fleurs.

Une salière en décor camaïeu bleu, de la collection Michel Pascal, est marquée d'une *fleur de lis,* tracée au pinceau en *traits* et non pleine. C'est le seul exemplaire de cette marque en *faïence rouennaise* que je connaisse.

C'est aussi bien à Rouen qu'à Sinceny et autres lieux, que l'on a fabriqué, à la fin du dix-huitième et au commencement du dix-neuvième siècle, ces affreuses médailles à reliefs et coloriées, ces grossiers surmoulés des médailles de Nini, que les marchands s'efforcent de vendre aux amateurs novices à des prix élevés.

M. Édouard Pascal, à Paris, possède des pièces de Rouen aux marques DV, PP, BB, PD, M.D, DV, GD, N.F, L,D, C.Q, AD, H.V, V, D.Z, G, FD, H.G, et *Dieu*, ainsi que de nombreuses pièces de services, divers plats, assiettes, etc., décorés, à la corne d'abondance, des styles chinois et de celui de Louis XIV, à lambrequins ou à guipure.

M. Charles Rossigneux possède un pot marqué

D.D.

Une salière de la collection Perillieu est marquée :

P. D.

M. Aigoin, à Paris, possède une riche coupe, décorée en camaïeu bleu, qui porte le monogramme :

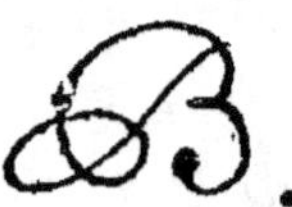

Les bustes, représentant les quatre Saisons avec leurs consoles, servant d'enseignes aux magasins de faïences de M. Gré-

1. *Rechampir* désigne, en terme de peinture céramique, *rehausser* par des teintes ou par un fond que l'on pose entre les ornements ou entre les fleurs.

non, rue Mabillon, à Paris, doivent certes être comptés parmi les plus remarquables spécimens de la fabrique de Rouen ; le duc d'Hamilton, à London, en a encore de plus beaux dans sa collection, et il a donné au musée de Kensington un magnifique buste d'Apollon (n° 3607) sur piédestal. Cette pièce, peut-être la plus belle connue de Rouen, est du dix-huitième siècle. Elle a 7 pieds de hauteur, et est couverte de fleurs et d'arabesques en polychrome. M. Forgeron, à Paris, possède deux *Satyres* de la même grandeur; mais ils sont en émail blanc, sans aucun décor. On peut encore signaler le n° 3603 du musée de Kensington.

M. Joseph Halphen, à Paris, possède deux grands bustes représentant *Marc-Antoine* et unefemme, pièces magnifiques qui pourraient bien aussi être de provenance rouennaise, malgré la couleur manganèse des chairs.

Les lions couchés et assis, les chiens, levrettes, ou autres pièces du même genre qui servent d'enseignes à plusieurs faïenciers à Paris et en province, sont ordinairement de provenance lunévillaise et plus rarement rouennais. Une tradition populaire veut qu'il y ait deux chiens de garde en faïence de Rouen dans les *Creuniers*, sur la route entre Trouville et Villerville, que les anciens propriétaires du château de Hennequeville y auraient fait placer comme ornements dans le souterrain qui devait conduire de là jusqu'à la mer. Il m'a été impossible d'y trouver un seul souterrain qui pourrait justifier cette croyance. Comme pièces curieuses, on peut encore citer un grand soupirail de cave ou de grenier qui fait partie de la collection de Sèvres. C'est un bel exemplaire qui démontre combien l'emploi de la faïence de Rouen était répandu et servait déjà même à l'usage architectural.

C'est à Rouen aussi que les premières faïences de *toilette* ont été fabriquées, avant que Strasbourg et le Midi aient pu les imiter. Un produit dont la forme, le décor et le nom caractérisent si bien l'époque, c'est le petit vase de nuit ovale et orné d'un œil à l'intérieur, entouré souvent de légendes plus ou moins grivoises et connu sous le nom de *Bourdaloue* [1], produit

1. Le nom que ces vases portaient à la fin du dix-septième et au commencement du dix-huitième siècle, est celui du fameux prédicateur jésuite L. Bourdaloue, né à Bourges en 1632 et mort en 1704, le même qui fut chargé dix fois de prêcher l'Avent ou le Carême devant Louis XIV, et de convertir les malheu-

de la fin du dix-septième siècle et du commencement [illegible] huitième.

La collection Le Veel [1], à Paris, et la collection Pottier [illegible] Rouen, étaient riches en faïences de Rouen.

Aujourd'hui on peut citer les collections Patrice-Salin, [illegible] Boullay, Émile Crémieux, de Cambry, de Liesville, [illegible] Michel Pascal, Aigoin, et autres, à Paris.

Au musée Sauvageot on voit deux jolies consoles, têtes [illegible] faune en décor camaïeu bleu.

Une salière de la collection Perillieux est marquée :

P. D.,

et j'ai vu dans la collection Michel Pascal, un plat marqué :

M. S.,

une théière,

I. B.

M. Malassis, à Paris, possédait un magnifique pot et un [illegible] plat polychrome, ainsi qu'un autre plat de 60 centimètres [illegible] diamètre, en camaïeu bleu, aux armes de la famille [illegible] de Normandie.

Une des pièces rouennaises fort remarquable est le [illegible] saladier à côtes de M. Forget, à Paris. Décoré, en camaïeu [illegible]

reux protestants du Languedoc lors de la révocation de l'édit de Nantes, [illegible] Le P. jésuite s'étant mêlé à toutes les intrigues des ruelles, et [illegible] tous les secrets d'alcôve de la cour, la malignité publique désigna [illegible] usage secret et abject par le nom de *Bourdaloue*. D'autres veulent que la [illegible]nation de Bourdaloue provienne de ce que les sermons du révérend père [illegible] si longs, que les dames se voyaient obligées d'emporter avec [illegible] pensable, pour pouvoir rester jusqu'à la fin. On appelle aussi cet [illegible] en Normandie *écope*, d'après l'instrument qui sert à rejeter l'eau du fond des bateaux.

1. La collection Le Veel se composait presque exclusivement de faïences françaises du dix-septième au dix-huitième siècle, époque où cette poterie ne se fabriquait en France que pour les usages domestiques et avait remplacé la *vaisselle* en métal. Bien qu'une telle collection, par sa spécialité, ne forme pas un ensemble propre à l'étude céramique, elle est très-précieuse au point de vue de l'industrie française, puisqu'elle représente bien la production manufacturière française de faïence. Cette collection se trouve aujourd'hui au musée de Cluny.

2. M. Pottier, à Rouen, possédait après Sèvres, incontestablement, la plus intéressante collection de faïences qu'il y ait en France, puisqu'elle a été formée à l'aide de connaissances archéologiques spéciales et d'après un savant système. Elle est aujourd'hui au musée de Rouen.

et bleu, de dessins qui rappellent la manière italienne, on voit au milieu le médaillon d'un portrait de femme, et à l'envers, le millésime 1708.

Un grand plateau octogone, de 62 centimètres de longueur sur 50 de large, de ma collection, est décoré en polychrome d'une bordure d'ornements rocaillés à oiseaux, entrelacée de feuillages, de fleurs et de branches. On voit, au milieu, un grand sujet composé de quatre figures, de 25 centimètres de hauteur chaque, en costume du temps de Louis XV, personnages qui jouent au trictrac sur une boîte à jeu posée sur leurs genoux. L'ensemble du dessin est bien et les couleurs assez réussies, sauf celles des chairs qui sont peintes en teintes plates et trop pâles, mais l'expression est bien caractérisée. C'est encore une des pièces remarquables des fabriques rouennaises.

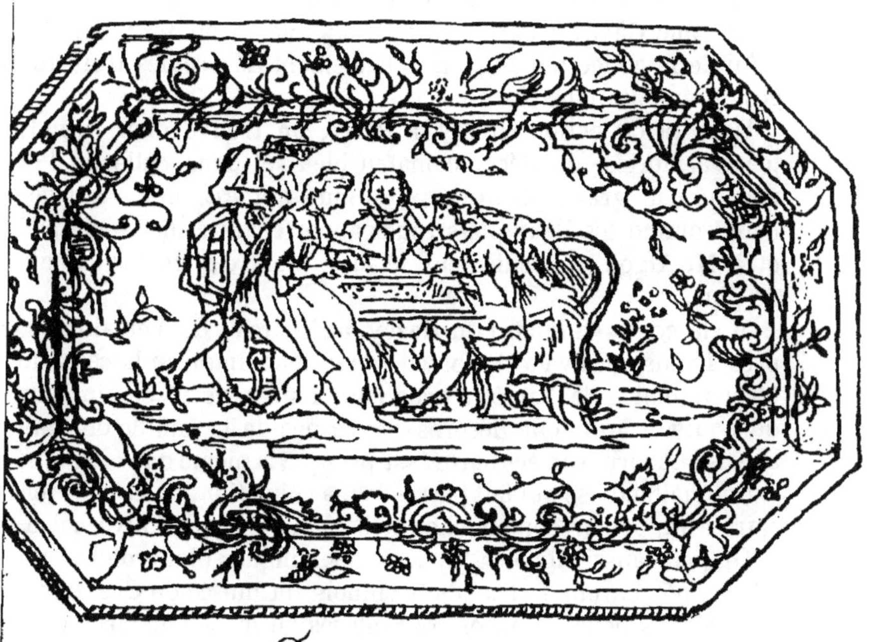

Devess

Plateau en faïence de Rouen au décor polychrome, de ma collection.

M. A. Loisel, à la Rivière-Thiberville, station de Beaumont-le-Roger (Eure), possède un grand nombre de faïences de Rouen, parmi lesquelles sont quelques pièces rares et curieuses. La collection de cet amateur se compose de douze cents pièces, un peu trop recueillies sans choix.

On trouve dans la belle collection de M. Aigoin, à Paris, plusieurs pièces de la faïence rouennaise, véritablement *hors ligne*. Entre autres un plat rond de 57 centimètres peint au polychrome et dont le milieu est orné d'un médaillon de 20 centimètres à bord festonné, où l'on voit trois Amours en camaïeu bleu jouant du violon et dansant. Ces trois figures se détachent sur un fond brun jaunâtre à petits ornements et à arabesques noires. La bordure de 16 centimètres de largeur de ce plat est composée de fleurons et de guirlandes peints en bleu et orange et d'une grande richesse. Un autre plat de la même collection, décoré en polychrome et rayonnant de l'étoile ombilic en sept jets jusqu'à la bordure, est remarquable par l'élégance de ses fleurons et la hardiesse de ses rinceaux.

Madame Cavé, à Paris, possède un plat rond tout pareil à celui de la collection Aigoin, et également décoré des trois anges ou enfants musiciens.

Dans la collection Gressy, à Paris, on trouve deux grands plats armoriés, en décor camaïeu bleu, et dans celle de Perillieux, un grand plat ovale festonné qui est tout à fait décoré comme les deux plats ronds appartenant à madame Cavé et à M. Aigoin, — seulement le sujet montre quelques enfants de plus.

M. le comte Édouard du Hazey, au château de Versainville, près Falaise (Calvados), possède deux magnifiques plateaux de 60 centimètres de diamètre avec leurs buires, de 55 centimètres de hauteur, qui sont décorés des armes de la famille de Marguerie. La forme de ces buires est presque la même que celle d'origine hollandaise qui fait partie de ma collection, et les anses en spirale rappellent comme chez celle-là la fabrication nivernaise.

On peut aussi signaler les deux magnifiques plats ronds, aux décors polychromes et à sujets chinois, du musée de Chartres[1], et quelques belles faïences rouennaises au musée historique de la ville du Mans.

1. Ce musée qui possède une collection zoologique, des tableaux, des bronzes, des poteries de toutes sortes et des verreries, est particulièrement remarquable par sa belle collection d'armes et d'armures gothiques, parmi lesquelles il y a cependant une partie de cotte de maille fausse, celle que l'on a attribuée à Philippe le Bel. Je parle de la partie inférieure où l'absence des rivés indique la contrefaçon moderne.

M. Henri de Brecourt, à Joigny (Yonne), a dans sa collection un magnifique plat d'une grandeur peu commune de 58 centimètres de diamètre, au décor camaïeu bleu d'une infinité d'ornements admirablement agencés, et que l'on doit attribuer à la fin du dix-septième siècle.

Deux magnifiques plats polychromes, ronds et de 50 cent. de diamètre, de la collection Dejean, à Paris, plats qui ont été payés 1,500 fr, et dont les bords, couverts de charmants ornements, portent la signature du céramiste

Leleu,

sont décorés de peintures historiques. L'un représente la *Samaritaine et le Christ à la fontaine,* l'autre *Judith et Holopherne.*

Un semblable plat et de la même grandeur, qui appartient à M. Assegond, a pour sujet : *Atalante entouré d'Amours,* apportant à *Calidon* une *hure.*

Dans la collection Meusnier on trouvait grand nombre de belles assiettes, de buires, et particulièrement un grand tonneau à cidre, avec son piedestal, décoré en camaïeu bleu ; le costume des trois figures assises devant une table indiquait l'époque de Louis XIV.

Feu Lecarpentier avait dans sa collection un plateau octogone

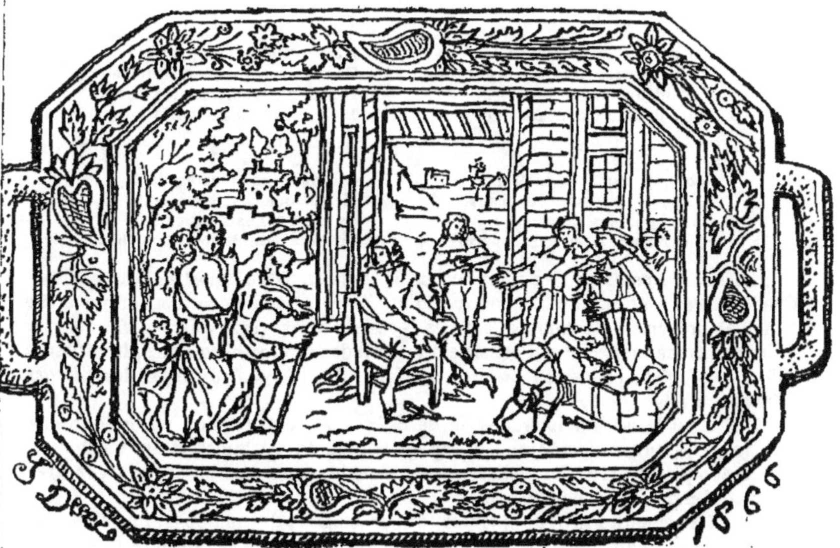

Plateau en faïence de Rouen à décor polychrome, de la collection Lecarpentier.

à anses, qui est décoré en polychrome d'un sujet d'intérieur d'après une gravure d'Abraham Bosse[1]; c'est une pièce fort précieuse parmi les faïences rouennaises où la figure a été peinte rarement; bien que ce plat eût été restauré et repeint par endroits, il a été adjugé à la vente publique à 355 fr. M. Gouellain, à Rouen, possède un plateau d'une forme semblable, fabriqué entre 1730 et 1750, et également décoré en polychrome. Le sujet est encore plus remarquable : c'est Achille à la cour du roi de Seyrol, d'après Rubens.

M. E. Paris, à Paris-Bercy, possède un légumier décoré en polychrome à la corne qui est marqué :

P. A. R.,

marque dont les deux dernières initiales sont réunies en monogramme.

M. A. Assegond a dans sa collection une cheminée complète, pareille à celle qui se trouve au musée de Rouen, ainsi qu'un curieux damier, marqué :

R. D. *Septembre* 1765.

1. Le sujet est copié d'après la gravure : *Vestir les nuds*, sous laquelle on lit les vers suivants :

1

Par un effet assez connu,
L'homme, vrai sujet de misère,
Sortant du ventre de sa mère,
Entre dans le monde tout nu.

2

Pour s'exempter de la froidure
Il se couvre, contre ses maux,
De la laine des animaux,
Et se chauffe avec leur fourrure.

3

Mais comme par la pauvreté
Toutes choses luy sont contraires,
Il peut manquer des nécessaires
Et le voir dans sa nudité.

4

Alors par un soing véritable,
Il faut que charitablement
Tu l'assistes de vêtements,
Prenant pitié de ton semblable.

Abraham Bosse, peintre-graveur, né à Tours en 1610, mort en 1678, a travaillé à Paris et marqué ses œuvres d'un A. B., réunies en monogramme. Le cabinet impérial d'Estampes à Paris possède trois gros volumes formés par l'œuvre de ce maître et qui consistent en grandes figures historiques, la série des *Femmes fortes*, celles de l'*Enfant prodigue*, des *Vierges saintes* et des *Vierges folles*, en siéges, etc.

Il a aussi laissé une longue série de *Scènes de conversation* et de *Coutumes du temps*, excessivement précieuses pour l'étude des costumes et des meubles de cette époque et parmi lesquelles on peut signaler, pour son laisser-aller, la gravure qui montre l'*Accouchement*.

Bosse a encore gravé des plantes, des ornements, des plafonds, des études de dessins et d'architecture, des mascarons et des cheminées et l'histoire d'Homère. Le cabinet de Paris possède tout cela.

Un semblable damier, dans la collection de M. Maesse, à Franqueviller, porte la même marque.

MM. Lottin de Laval[1], aux Trois-Vals, près Bernay en Normandie, Loisel, Assegond et Gouellain, possèdent d'autres beaux plats de cette faïence, dont plusieurs ont 50 à 56 centimètres de diamètre.

Une belle fontaine de la collection Loisel est marquée :

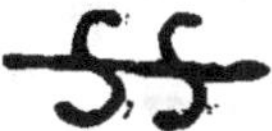

Deux assiettes aux armes de Jean Lenormand, évêque d'Évreux, portent :

M.;

et une autre assiette décorée de l'armoirie de la famille des Crussol-Uzès :

F. B.

Une grande baratte, également en camaïeu bleu, aux armes des ducs de Bouillon, et un superbe couvercle de soupière aux armes accolées des familles du Chesne de Saint-Marc de Préaux et du Chesne des Chatelliers, sont d'autres pièces remarquables de la collection Loisel.

La liste des fabriques de faïence existant en France en 1790, conservée aux archives de Nevers et dont on trouvera plus loin la copie, mentionne seize usines, et montre par là combien la fabrication des faïences a été importante à Rouen où, vers 1809, M. *Letellier*, vers 1823, M. *de la Metterie*, et vers 1827, M. *Amédée Lambert*, fabriquaient toujours cette poterie, ce qui est démontré par les échantillons que le musée de Sèvres possède.

Aujourd'hui il n'existe plus, que je sache, aucune fabrique de faïence ni de poterie artistique à Rouen.

1. M. Lottin de Laval, connu par son ouvrage : *Voyage dans la péninsule du Sinaï*, écrit au retour de la mission dans le Kurdistan, la Perse, l'Arabie, l'Égypte, dont il avait été chargé par le gouvernement, possède une superbe collection d'objets céramiques, de tableaux, de meubles anciens et de curiosités de toute espèce, exposés dans des salles, décorées par cet amateur lui-même au moyen de sa Lottinoplastique, genre de moulage qu'il a inventé et dont il a publié le procédé.

LISIEUX (Calvados),

Et dans les environs de cette ville.

TERRES CUITES A ÉMAIL STANNIFÈRE ET A ENGOBE CLOISONNÉ. 1550 à 1750.

POTERIES COMMUNES. Époque actuelle.

Des briques de carrelage ou carreaux en terre cuite à décors polychromes, ordinairement émaillés en bleu, blanc, jaune et chocolat au lait, et où les dessins obtenus par les différentes couleurs d'émail et par des engobages sont séparés entre eux par des incisions qui les font ressembler à la mosaïque, ont tous été fabriqués dans les environs de Lisieux. Beaucoup de châteaux et grand nombre de riches maisons bourgeoises à Paris, particulièrement dans les quartiers qui environnent les Tuileries [1], en avaient jadis les chambres et corridors carrelés. (Échantillons aux musées de Sèvres et de Rouen, et dans ma collection.)

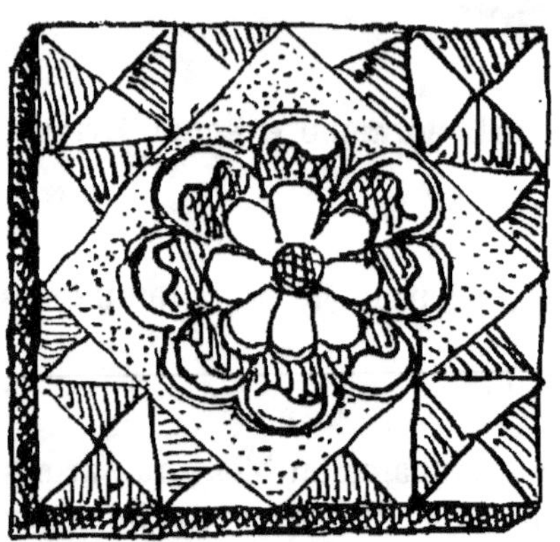

Carreau en terre cuite émaillée de Lisieux, conservé dans ma collection.

Le musée de Sèvres ainsi que M. Loebnitz possèdent aussi de ces carreaux peints à Lisieux, qui sont marqués à l'envers :

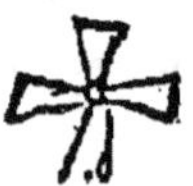

(en creux dans la pâte.)

Il y en a d'autres au musée de Nantes [2] qui ont tous les

1. M. le docteur Coqueret, à Paris, possède deux de ces carreaux, qui proviennent d'une maison démolie dans la rue Saint-Amand du Louvre, où elle faisait face à la place du Carrousel et aux écuries des Tuileries.

2. Le musée des Antiquités de Nantes, se trouve installé dans l'ancien Oratoire, et a été fondé en principe dès 1843 et ouvert au public dans le local actuel en 1856. Il est le plus riche en France de poteries péruviennes anciennes : quarante-sept pièces magnifiques, recueillies et rapportées par M. J.-B. Renaud,

caractères des Azulejos espagnols (voir Sévilla); ce sont les nos 535 et 748; ils proviennent de la Bouteillière, près le village des Couëts, commune de Rezé (Loire-Inférieure), et du château de Tours (d'Arvault). L'émail est en vert, brun, blanc et bleu. Les nos 970 à 976 sont cependant comme le dessin ci-contre et probablement faits à Lisieux.

Le musée historique de la ville du Mans possède aussi des carreaux dans le genre des Azulejos espagnols, j'ignore l'origine.

Ces carreaux ont été refaits avec succès tout dernièrement dans la fabrique de M. *Loebnitz* (voir ce nom), pour le pavage de quelques salles du château de Tours.

(Voir aussi les carrelages en faïence italienne des châteaux de Polisy, Écouen et Bois, et ceux de l'église de Brou et de la cathédrale de Langres.)

MM. Barbanchon, — Barbier (à Saint-Désir), — Leblanc (à Saint-Désir), — Beaudouin et Ce (à Saint-Désir), — et Moulant, fabriquent actuellement des poteries communes à Lisieux.

MANERBE,

Près Lisieux, en Normandie.

TERRES CUITES AU VERNIS PLOMBIFÈRE ET COLORIÉES DANS LA PATE

M. Raymond Bordeaux reproduit, dans le *Bulletin du Bouquiniste* (1er semestre de la 6e année), le passage suivant du septième volume de la *Géographie blavienne*[1] : « La vaisselle de terre de Manerbe, près de Lisieux, se rapporte à celle de Venise par son artifice et sa beauté. »

Les terres cuites qui décorent les toits des vieilles maisons et manoirs des environs de Lisieux proviennent donc sans aucun doute des fabriques de Manerbe, et M. Bordeaux croit même que, parmi les terres cuites de Manerbe, il y en a de si bien faites que les marchands les vendent aux amateurs pour de rustiques figulines de Palissy.

et que le catalogue désigne toutes sous le nom fort vague et impropre de *Huaqueros*, qui signifie simplement, en langue quichuase, *cimetières*. On y trouve des poteries étrusques, romaines, celtiques, gauloises et frankes, de belles haches de l'âge de pierre, des sculptures en pierre et en bois du moyen âge, des médailles, etc., etc.

1. Publiée par Blaeue au dix-septième siècle.

Un plat ovale de la collection Loisel, avec riche composition de figures en pieds, sujet historique, est attribué à Manerbe et ne diffère en rien dans sa fabrication des terres cuites dites de Palissy.

Manerbe a aussi confectionné des *épis* ou étocs en terre cuite vernissée, espèce de tourelles de formes fantastiques dont on ornait le haut des pignons des maisons, pareils à ceux fabriqués à *Troyes* et à *Malicorne*, près Pont-Valin, dans la Sarthe.

Un de ces épis, appartenant à M. Alfred André, a tous les caractères des poteries attribuées à Palissy (voir l'article sur Palissy), les mêmes nuances de vernis minéral, les surmoulages de plantes et jusqu'aux *rochers* des rustiques figulines, se retrouvent sur cet épi.

Un autre, orné de mascarons et de fleurs de lis, dont voici le dessin, faisait partie de la collection de feu Lecarpentier.

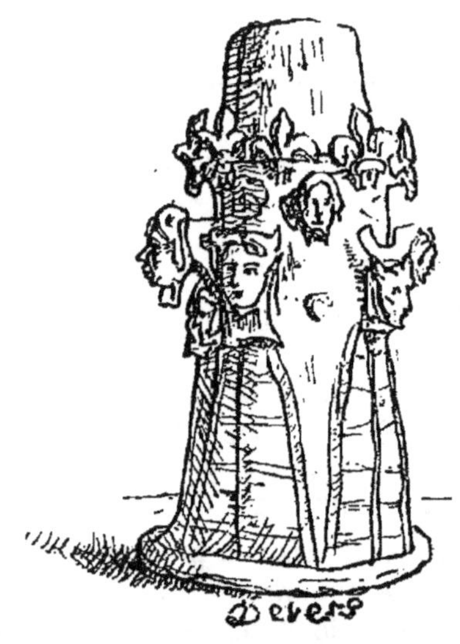

Cet étoc est en terre cuite et simplement verni au plomb, mais il est fort intéressant comme forme.

NEUFCHATEL en Normandie.

TERRES CUITES AU VERNIS PLOMBIFÈRE. 1550-1750

On a fabriqué dans cette localité des briques ou carreaux de pavage à niellures, formés dans des moules de plâtre. On les reconnaît à leur couleur entièrement *grise*.

Exemplaires aux musées du Louvre, de Sèvres et de Rouen et dans ma collection.

PRE D'AUGE, en Normandie,

Village tout près de Manerbe, aux environs de Lisieux.

TERRES CUITES AU VERNIS PLOMBIFÈRE. 1550-1800

M. de Glanville et M. Delaunay en avaient envoyé à l'Exposition de Rouen de 1841 deux beaux échantillons, que M. de Beaurepaire indique comme étant de la fabrique de Pré d'Auge[1].

L'usage des terres cuites pour orner les toitures des maisons existe encore aujourd'hui dans la basse Normandie. A *Saussemenil*[2], aux environs de Valognes et de Cherbourg, on rencontre beaucoup de ces *épis* fabriqués en Normandie (voir aussi *Malicorne* dans la Sarthe, *Troyes*, etc.).

Feu Lecarpentier, à Paris, possédait une fontaine en forme de

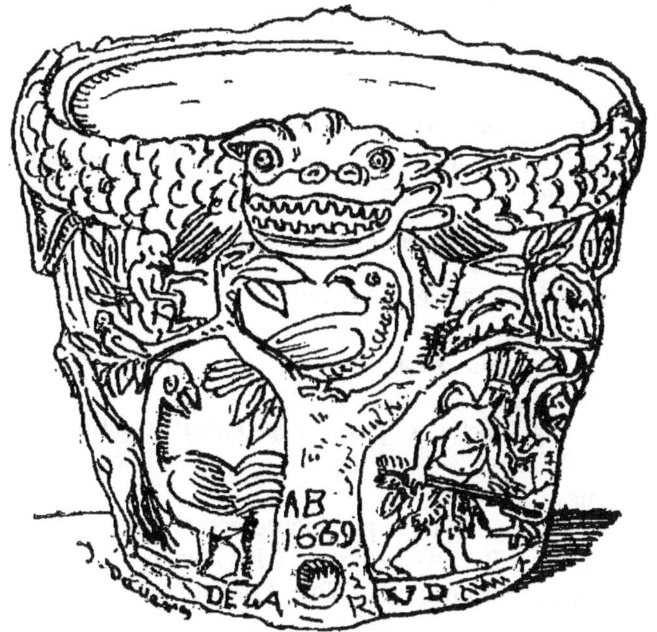

Fontaine en terre cuite au vernis minéral, probablement de Pré d'Auge, de la collection Lecarpentier.

1. Voir page 922, vol. de 1861, du *Bulletin de la Société des antiquaires de Normandie*.

2. Voir l'*Annuaire normand* de 1861, page 257, l'article de M. de Caumont.

seau, en terre cuite, recouverte d'un vernis vert de cuivre, pièce fort curieuse que l'on doit attribuer à ces localités.

Le bord est formé par deux dauphins et le corps recouvert tout autour de bas-reliefs d'une exécution naïve, qui représentent des Indiens chassant le crocodile, d'arbres et animaux de toutes espèces. De l'inscription gravée en creux, autour du pied, par endroit effacée, on ne peut déchiffrer que les mots suivants :

..... ILPTE.. PAR.. P. I.. GUIMONNEAU.. DE LA.. FURIE.. CHIRUGIEN.. A...........RGELLES.. A POTE......
1669

INFRÉVILLE, CHATEL-LA-LUNE, en Normandie.

TERRE CUITE AU VERNIS PLOMBIFÈRE. Depuis 1550

On y fabriquait jadis les *épis* ou *étocs*. Aujourd'hui on n'y produit que des pots à fleurs et des tuyaux.

LA HAYE-MALHERBE (Eure).

TERRE CUITE AU VERNIS PLOMBIFÈRE.

M. Victor Guesné, à Elbeuf, possède une fontaine jaune de cette provenance.

ARMENTIÈRES (Eure).

TERRE CUITE AU VERNIS PLOMBIFÈRE.

Jean Guinestre, potier.

Le musée de Rouen conserve de ce potier un encrier, en forme de cœur, qui est signé en toutes lettres.

M. Leguerney, à Brionne, possède également de cette ancienne fabrique un bénitier.

On y a aussi fait des *épis*.

M. *Blochet*, potier, y fabrique encore actuellement.

Madame veuve Bertin-Gérard, M. F. Bordu, et M. Moise-Bordu, y fabriquent des grès. [Voir Armentières (Oise).]

LESSAY (Manche),

A 20 kilomètres de Coutances, et grand nombre de localités environnantes.

TERRE CUITE AU VERNIS DE PLOMB, ET GRÈS COMMUNS.

Ces localités sont connues depuis des siècles pour la fabrication de la poterie, et on y trouve toujours grand nombre de potiers qui apportent leurs produits aux marchés de Lessay, ville où les maisons sont encore ornées d'épis et de pignons, et dont quelques-unes remontent au seizième et au dix-septième siècle.

NORON, près Bayeux (Calvados).

TERRES CUITES AU VERNIS PLOMBIFÈRE. Depuis 1550

On a fait en tout temps à Noron de grandes cruches brunes, grisâtres et vertes, à panses aplaties et ornementées de reliefs. (Un exemplaire dans la collection Loisel.) Le genre de Palissy y a été aussi fabriqué comme à Manerbe.

Des fabriques considérables de grès et de poteries vernissées existent encore aujourd'hui à Noron, elles appartiennent à MM. Th. Charlotte, A. Levêque, P. Marie, T. Moussel et P. Quignot.

LYON.

FAÏENCES. 1556

TERRE CUITE SANS COUVERTE. 1792

Les fabriques lyonnaises, dont on ne connaît aucune pièce artistique, ne se trouvent mentionnées ici que pour mémoire, car les poteries inconnues attribuées à Lyon devaient, selon leur origine, plutôt figurer parmi celles de l'école italienne.

Cyprian Piccolpassi a déjà cité Lyon en 1548 comme centre de fabrication (voir la note 2, page 55), mais la délibération du conseil communal de 1556, sur la demande d'un nommé *Sébastien Griffi*, *marchand génevois*, où il est dit textuellement que : *la fabrication de faïence est nouvelle en ceste ville et au royaume de France;* ainsi que la requête de *Julien Gambyn* et *Domenge Tardissi* et de *Francesco de Pesaro*, prouvent que cette fabrication, *toute italienne* et dont les produits ne peuvent pas être comptés parmi ceux des faïences françaises, ne remonte pas au delà de 1556.

C'est peut-être aussi une nouvelle preuve que les carreaux d'Écouen, fabriqués à Rouen en 1542, sont bien *italiens*.

Comme aucune poterie des maîtres susmentionnés n'est connue on ne saurait pas même dire à quelle espèce elle appartient, car M. le comte de la Ferrière-Percy, auquel on doit la première mention de ces fabriques, n'a pu donner non plus le moindre éclaircissement sur le genre de cette fabrication.

Le plat de 45 centimètres, au musée de Sèvres, décoré dans le style de Pesaro et avec l'inscription *française*, suivante :

La Royne de Sabat qui vient à Sallomon au 3 livre des Roys chapitre X.

que l'on attribue à Lyon, ne prouve rien. Il pourrait fort bien être fabriqué en Italie à la commande d'un Français.

Ce qui m'affermit dans l'opinion que la faïence n'a pas été faite à Lyon avant la fin du dix-huitième siècle, c'est le mémoire rédigé seulement en 1746, par Boilliond, chanoine régulier à Saint-Antoine, à Rouen, dans lequel il révèle aux Lyonnais, ses compatriotes, les divers procédés des plus habiles faïenciers normands. Il serait surprenant que ce chanoine se fût donné toute cette peine si la fabrication de la faïence avait été déjà connue à Lyon. La première mention authentique de fabriques de faïences lyonnaises se trouve dans la pétition de l'année 1790, où il est constaté qu'il y existait alors trois usines.

Climard, sculpteur lyonnais.

Un médaillon rond, bas-relief de son propre buste, de la collection Eugène Tondu, vendu en 1865, était signé :

Climard, Lyon, 1792.

NANTES (Loire-Infér.)

FAÏENCES (?) 1588 et 1654

FAÏENCE A ÉMAIL STANNIFÈRE. 1752

On croit que *Jean Ferro*, gentilhomme verrier, créa à Nantes, en 1588 une fabrique de *faïence à émail blanc*, et les archives mentionnent un autre fabricant, le nommé *Charles Guermeur*, qui vers 1664, y produisait des marchandises *très-blanches* et quelquefois *décorées de fleurs de lis*, etc. Tout cela est bien vague et je n'ai jamais pu voir une seule pièce de ces deux fabriques.

Leroy de Montillée fonda, en 1752, une fabrique de faïence qui passa au bout de quelques années entre les mains de *Delabre* qui dut la vendre en 1771 à *Perret et Fourmy*, sous lesquels elle prenait une telle extension qu'en 1774 elle obtint le titre de *Manufacture royale de Nantes*. L'arrêt de cette patente a été publié en toutes lettres dans l'*Art de Terre chez les Poitevins*.

La pétition des faïenciers de l'année 1790, trouvée dans les archives de Nevers, constate qu'une fabrique existait encore à cette époque à Nantes.

M. Michel, à Avignon, possède une gourde, forme sabot, en faïence à émail stannifère, décorée en polychrome de fleurs et d'un vaisseau sous voiles et à pavillon français *tricolore*; deux petits sabots forment les anses. Cette gourde est signée :

L. B.
de Nantes.

Est-ce la marque d'une fabrique ou sont-ce les initiales du propriétaire?

Les anciens *Dictionnaires des Postes aux lettres de* 1802 *et* 1817 ne mentionnent aucune fabrique de cette localité.

M. T. Derivas y fabrique actuellement des faïences.

BRIZAMBOURG, près Saintes.

FAÏENCE. vers 1600

L'auteur de l'*Art de terre chez les Poitevins* mentionne Brizanbourg; selon lui, un nommé *Enoch Dupas, maître faïencier*, y aurait travaillé vers le commencement du dix-septième siècle.

NEVERS.

FAÏENCE A ÉMAIL STANNIFÈRE A DÉCOR MONOCHROME ET POLYCHROME. 1602

Cette faïence est de l'école italienne, savonaise. Sa fabrication doit être divisée en plusieurs époques.

1re époque, de 1602 à 1670, tradition italienne;

2e époque, vers 1640, imitation persane;

3e époque, de 1640 à 1750, imitation de chinoiseries hollandaises;

4e époque, de 1750 à 1810, franco-nivernaise, ou populaire, ou patriotique-républicaine, à partir de 1789.

Les *Dictionnaires des Postes aux lettres*, par Lecousturier, des années 1802 et 1817, mentionnent « *de belles fabriques de faïence à Nevers.* »

Dans la première époque de la tradition italienne, Nevers est quelquefois même supérieure, comme coloris, aux productions d'Italie, aussi bien dans le camaïeu bleu que dans le polychrome. Le dessin est cependant relâché, et moins artistique quant aux caractères, mais le décor moins surchargé d'ocre, le jaune plus pâle et plus doux. L'amateur reconnaîtra les belles pièces de la première époque à ce signe, que les *figures* du décor y sont ordinairement en *jaune*, sur *fond* bleu, tandis que les peintres italiens ont le plus souvent peint leurs figures en *bleu* sur *fond jaune*. Nevers n'a jamais employé les couleurs *rouges*.

Pendant la deuxième époque (imitation persane), ce centre a fabriqué des faïences à fond *Bleu*-Raymond (lapis ou bleu de Perse), à blancs fixes[1] et avec décor blanc-tigre[2], sur fond lapis et aussi sur fond jaune jonquille. Ces dernières espèces ont donné lieu à des controverses. Quelques amateurs les croyaient originaires de Perse, où on fabrique de semblables poteries. Aujourd'hui il n'y a plus de doute, elles sont définitivement classées parmi les faïences nivernaises. Une tasse bleue, de fabrication italienne, avec millésime et devise, qu'on voit au musée de Sèvres, paraît prouver que Nevers a imité son premier bleu des Italiens. Les potiches tigrées de Nevers de cette époque sont souvent ornées de mascarons et d'anses torses ou contournées.

La troisième époque, désignée : « d'imitation chinoise, » est plutôt une imitation hollandaise, aussi bien pour le caractère des chinoiseries que pour les nuances du bleu et les formes des potiches. Ceux-ci sont en camaïeu bleu sur fond blanc, quelquefois entremêlés de décors brun-lilas, et représentent des chinoiseries.

La quatrième époque, la « franco-nivernaise, » comprend un

1. Voir, pour l'explication de ce terme, la table. Delft a produit le même genre à la même époque, et on ne saurait dire qui de ces deux localités a imité l'autre. M. Villet, à Amsterdam, possède un pot à anse en bleu de perse (lapis ou raymond), à décor à blancs fixes, que tout connaisseur prendrait pour du nevers, si le monogramme

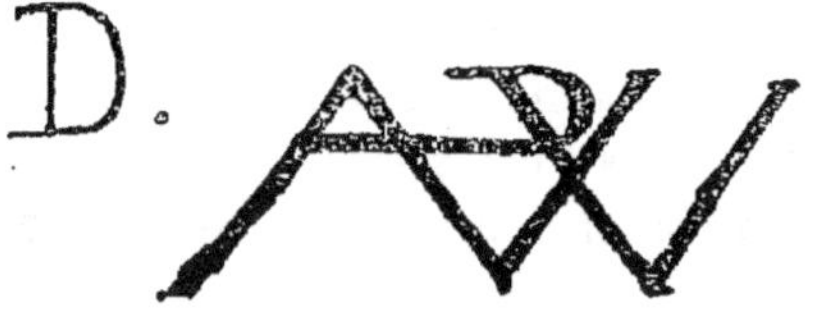

et la provenance connue par le propriétaire, n'ôtait pas le moindre doute sur son origine hollandaise.

Une assiette de Delft, décorée dans le même genre, mais plus grossièrement, fait partie de ma collection, ainsi qu'une autre, où le bord festonné, la pâte et l'émail indiquent une fabrique de Rouen du dix-huitième siècle.

2. Une grande soucoupe dans ma collection.

laps de temps de près de soixante années. Ce sont des faïences d'usage domestique, telles qu'assiettes, marmites, pots à confitures et saladiers à inscriptions; c'est de cette catégorie que M. Champfleury possède une collection nombreuse, et particulièrement du temps de la Révolution, où il existait encore à Nevers douze fabriques.

C'est le gentilhomme savonais *Conrade* qui a établi la première fabrique en 1602; Louis XIV et la régente, sa mère, ont octroyé plus tard un brevet à Antoine de Conrade. On y lit : « Estant bien informé de son industrie et grande expérience à faire toutes sortes de vaisseaux de faïence, par une science rare et particulière, réservée secrètement de père en fils en la maison D. de Conrade. »

La famille des Conrade qui était venue s'établir en France, se composait des *trois frères* Dominique, Baptiste et Augustin, mais c'était dans la branche de *Dominique* que la fabrication de la faïence s'est propagée.

La plus ancienne marque nivernaise connue est celle recueillie sur une statuette de la Vierge de la collection Fillon, on y lit :

J Boulard
a Neuers
1622

Ce potier était donc contemporain des Conrades.

Un plat creux de 34 centimètres de diamètre, d'*Antoine Conrade*, fils de Dominique Conrade, le fondateur des fabriques nivernaises, plat que j'avais attribué faussement dans la deuxième édition de ce Guide à une fabrique de Delft, sur la foi des renseignements donnés par la famille qui me l'avait vendu à Delft, fait partie de ma collection. En pâte lourde, le décor de ce plat, peint sur le cru en bleu et jaune (l'espèce de nuance verte que l'on voit est le produit d'un mélange, le coulage du bleu et du jaune), imite la majolique italienne et consiste, sur les bords, qui sont étroits, en ornements de style renaissance, composés de sphinx ou chimères et de têtes grotesques, réminiscence qui rappelle les ornements des carreaux de revêtement de la bibliothèque de Sienna. Au milieu, ce plat montre un sujet de quatre figures sur un fond de

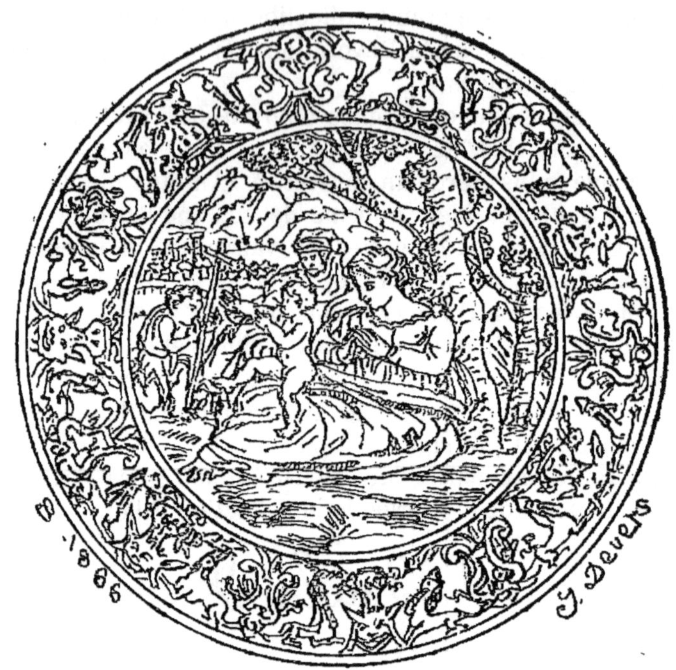

Plat en faïence, de ma collection, signé par *Antoine Conrade, de Nevers*, en 1634.

paysage, copie naïve de la *Sainte Famille*, de Raphaël. On lit, dans un des ornements du marli, le millésime de 1633. Ce plat est marqué à l'envers du monogramme d'Antoine de Conrade, né en 1604, et mort en 1648 :

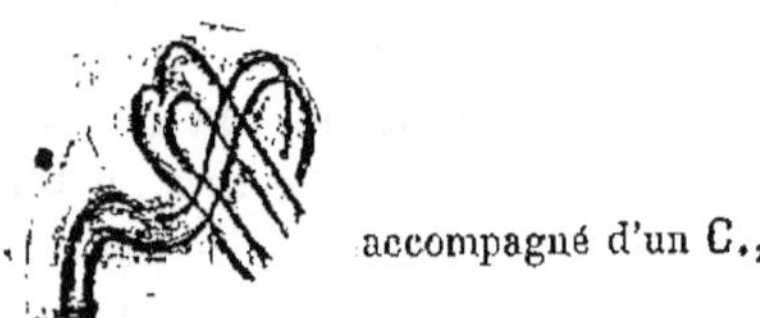

accompagné d'un C.,

également tracé irrégulièrement en bleu et au pinceau.

Le musée de Sèvres possède un autre plat à décor genre

italien, de ce même Antoine de Conrade, fils de Dominique qui est marqué :

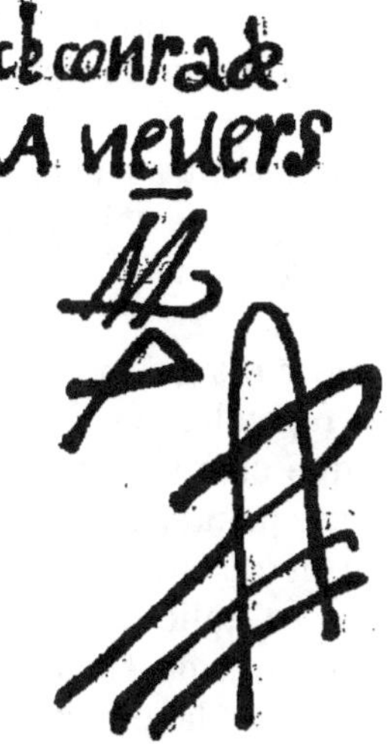

Antoine de Conrade, né en 1604, *maistre potier*, servit aussi comme gentilhomme et gendarme la reine mère, et mourut en 1648, laissant un fils du nom de Dominique.

Un très-grand plat rond au musée du Louvre, légué en 1865 à ce musée par feu Guillemardet, appartient à la fin de cette première époque. Les bords sont à fond bleu fort mal réchampis et couverts de figures d'hommes et d'animaux; le milieu est décoré d'un sujet mythologique, probablement l'enlèvement de l'Europe; le tout fort peu mouvementé et d'une peinture plate qui indique la décadence. Les couleurs sont le bleu, le jaune, le vert et le violet (manganèse).

Quelques amateurs ont voulu faire remonter la fabrication nivernaise à 1560, au temps du duc Ludovico de Gonzague; mais Charles-Antoine Parmentier, né à Paris en 1719, avocat au Parlement, qui était venu vers 1750 à Nevers, dit dans ses *Archives de la ville de Nevers*, t. II, p. 75, 76 et 77 : « On prétend que c'est Ludovico de Gonzague qui a fait venir de Faenza les premiers manufacturiers de faïence qui aient existé à Nevers. Je ne sais ce qui peut fonder ces opinions, car il n'en est fait aucune mention de son temps, ni dans les livres de la ville, ni dans l'inventaire général des titres du duché, fait par l'abbé de Marolles, avec le plus grand soin, par ordre de la princesse

Marie, depuis reine de Pologne. En tout cas il ne paraît pas qu'il y ait eu d'établissement solide, que fort longtemps après les premières lettres patentes, qui ne datent que du mois de juin 1668 et sont pour la ville de Mantes, — d'une manufacture de faïence. »

On voit que Parmentier était au plus près de la vérité ; l'époque fixée par lui n'est que de soixante-six ans postérieure à celle où le Savonais Conrade y avait commencé à faire ses premiers essais.

De Thou prétend que c'est grâce à Henri IV que la faïence était universellement répandue en France vers la fin du seizième siècle, et il dit que ce roi : « éleva des manufactures de faïence, tant blanche que peinte, à Paris, à Nevers et en Saintonge, et celle que l'on fit dans ces ateliers fut aussi belle que la faïence que l'on tirait d'Italie. » Les recherches de M. du Broc ont cependant prouvé que de Thou n'était pas dans le vrai.

Diderot, disait déjà, « que la première fabrique fut fondée à Nevers par un Italien qui, ayant accompagné en France un duc de Nivernais, aperçut en se promenant aux environs de Nevers une terre de l'espèce dont on faisait la faïence en Italie. Il la prépara et fit construire un petit four où fut fabriquée cette faïence. Des artistes italiens, attirés par le premier succès, s'établirent bientôt dans les environs, et furent protégés par la cour et la noblesse, qui commençait à prendre goût à la vaisselle en terre cuite d'après le mode déjà répandu en Italie. » A partir de 1650 on voit surgir les familles des potiers *Custode* et *Borne*, la dernière sans doute d'origine flamande, puisqu'on trouve des *Bornes*, nés à *Tournai*, et travaillant à *Lille* et à *Sinceny*.

Outre la fabrique des Conrades, on connaît encore celle de *Barthélemy Bourcier*, aucien émailleur à la lampe établie en 1632.

Denis Lefebvre, potier, qui selon l'auteur de l'*Histoire de la faïence nivernaise*, a marqué :

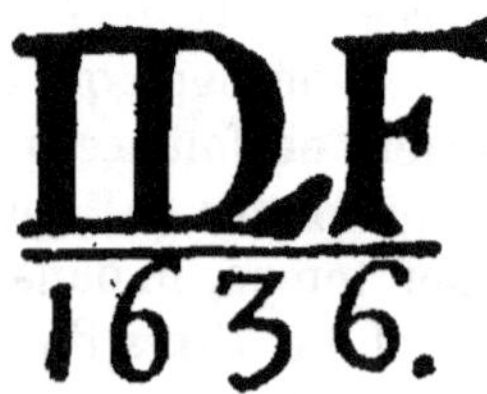

Nicolas Estienne, qui fonda une troisième fabrique sous l'enseigne de l'*Ecce-Homo*, vers 1652
fabrique qui a été continuée jusqu'à ce jour.

Pierre Custode et *Esme Godin*, y fondèrent une quatrième fabrique, sous l'enseigne de l'*Autruche*, vers 1652

Jacques Bourdu, céramiste, qui travailla vers le milieu du dix-septième siècle, à la fabrique d'Antoine de Conrade, a marqué :

Cette marque pourrait cependant aussi être celle de *J. Boulard*.

Henri Borne, qui travailla à cette même époque, a marqué :

H. B.
1689

Initiales qui se trouvent sur une statuette de 54 cent. de hauteur et dont le socle porte l'inscription : *Saint Henry, priez pour nous.*

Nicolas Violet, peintre céramiste, né en 1678, a marqué :

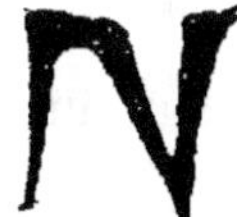

lettre recueillie sur un plat exposé au musée de Nevers.

Une boîte ronde, à plusieurs compartiments et à couvercle, décorée en camaïeu bleu dans le goût de la troisième époque (1640 à 1750), où les dessins imitent le chinois hollandais, boîte que j'ai rencontrée chez un marchand de curiosités de la rue des Martyrs, à Paris, portait le monogramme

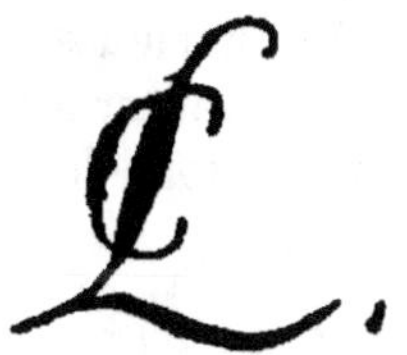

M. André Pottier, à Rouen, possède une céramique signée :

Jehan Custode ff

œuvre de Jean Custode (1602-1660), qui peignait déjà à l'âge de douze ans.

J'ai vu un saladier, qui, décoré en camaïeu bleu d'ornements et d'une armoirie composée de trois arbres et couronnée d'un casque à visière fermée, avec les lettres I. P., portait en outre l'inscription que voici :

IPEINCA

Cette inscription paraît cependant indiquer l'origine hollandaise, et il se pourrait que cette faïence appartînt à la fabrication delftoise.

François Rodrigue, dit Duplessis, a signé :

F. R. 1734.

et

Claude Bigourat
1764

est une marque recueillie sur un bénitier de la collection Dubroc.

Une statuette donnée, par M. Grasset, au musée de la ville de Varzy, et qui représente *saint Hubert*, à cheval (pièce capitale de 1 m. de hauteur, sur 55 cent. de largeur), du céramiste *François Haly*, né à Nevers, vers 1700, mort en 1782, est signée en toutes lettres :

F. Haly 1734

Cette statuette richement décorée en polychrome, bleu, vert, blanc et manganèse, est fort curieuse.

Ce même M. Grasset, conservateur du musée de Varzy, a dans sa propre collection sept imitations de fruits, également œuvres de ce céramiste, et signées :

F. Haly 1774

Deux gros lions qui ornent la façade d'une maison à Tours, portent la signature :

Custode, Nevers, 1788

Ce sont des produits d'un des descendants des premiers Custodes établis à Nevers vers 1650.

Jacques Seigne a signé :

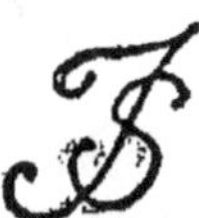

Un bidon, forme couronne, à frise de vigne peinte en bleu, marqué ainsi, se trouve au musée de Sèvres.

La pétition des faïenciers de l'année 1790, conservée aux archives de Nevers, constate qu'il n'y avait plus, à cette époque, que deux fabriques à Nevers.

Sous le règne de Louis XV, on a aussi fabriqué de jolis services décorés d'arabesques et d'armoiries en camaïeu bleu, qui se rapportent un peu au genre de Moustiers. M. Francis Wey, à Paris, possède plusieurs de ces assiettes aux armoiries du maréchal de Richelieu, réunies à celles de sa seconde femme. Pour moi, la provenance en est douteuse.

M. Michel Pascal, à Paris, a deux plats pareils à ces assiettes, dont l'un avec les mêmes armoiries d'alliance du duc, et l'autre avec les armes de madame de Pompadour (les trois tours), qu'il attribue à Moustiers, centre de fabrication auquel l'*émail* se rapporte, mais non pas le dessin.

M. le baron Pichon, à Paris, m'a montré deux seaux à fleurs en polychrome, et dont la forme imite l'osier natté, que j'attribue également à la fabrication nivernaise du commencement du dix-huitième siècle.

Des carreaux de pavage, provenant du palais du duc de Nivernais, et du temps de Louis XIV, à fond bleu de lapis, avec des décors d'ornements et d'oiseaux en *blanc fixe*[1] et

1. Ce *blanc fixe* que les céramistes ont aujourd'hui tant de peine à produire, n'est pas toujours *stannifère*, mais s'obtient aussi par les phosphates de chaux, c'est-à-dire de l'os brûlé (sel résultant d'une combinaison d'acide phosphorique avec de l'os), qui, mélangé avec du fondant et recouvert d'un vernis plombifère

jaune jonquille, font partie du musée de Nevers, ainsi que de ma collection.

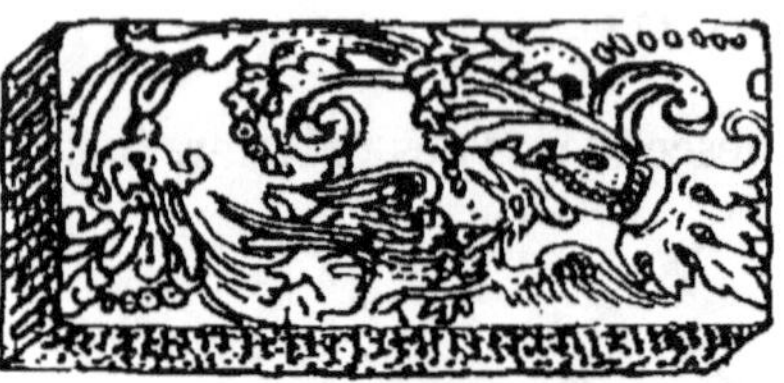
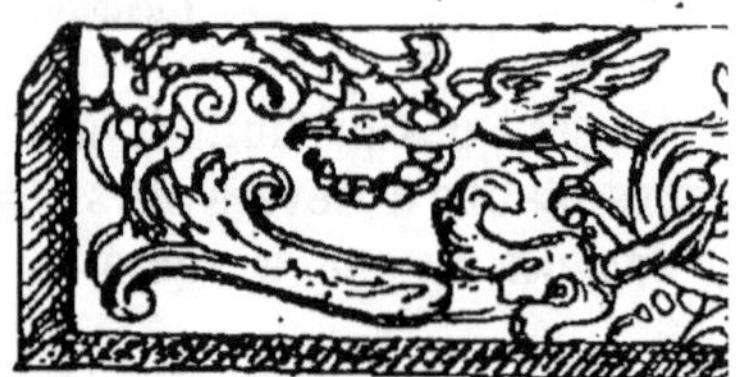

Un exemplaire hors ligne de cette faïence nivernaise bleue à blanc fixe, c'est le superbe vase qui tout récemment a été donné au musée de Cluny par le gouverneur de l'hôtel des Invalides, M. le maréchal de Lawoestine.

Les plus belles pièces connues de la première époque sont : une belle plaque à relief et plusieurs vases et cornets au musée de Nevers; — deux grandes aiguières décorées de sujets de chasse et de mythologie au musée de Cluny (n°s 2147 et 2148), ayant appartenu à M. Grasset, à Varzy, et dont les anses sont formées par des guivres aux ailes écartées, et la panse ornée d'une tête en haut relief, aiguières de 55 cent. de hauteur; une autre grande aiguière avec son bassin, décorée de figures de naïades et de fleurs, au même musée (n° 2150); le n° 2149, toujours à Cluny et provenant encore de la collection Grasset, représentant le triomphe d'Amphitrite, avec des tritons et des naïades se jouant dans les flots (hauteur totale, 86 cent.); tous ces objets sont en décor polychrome; — enfin, le plat célèbre, au musée de Sèvres, et le plat n° 1235, à Cluny, dont le dessin représente le « Combat des Centaures et des Lapithes, » avec l'inscription sur le dos :

Troubles arrivés aux noces de Pirythoüs et de Hippodame, par Eurite, cruel chef des sanguinaires centaures, 1682,

en camaïeu bleu. Une superbe pièce de l'époque persane, c'est le beau plat appartenant au musée de Nevers; et de la troisième époque, l'imitation chinoise, ce sont les n°s 2990, 2991, 2999, 3001 du musée de Cluny, qui ne se trouvent nulle part aussi

transparent, forme un bon blanc, un peu convexe. C'est probablement ce blanc qui se trouve sur les terres cuites de Palissy, poterie qui est dépourvue d'émail stannifère.

belles. Au musée de Kensington, à Londres, on conserve deux beaux vases à fond bleu, désignés souvent comme provenance rouennaise. Il en est de même du n° 3605 à décor à blanc fixe et du n° 3506, une bouteille dite de pèlerin, du dix-septième siècle, de la première époque de la fabrication nivernaise, dont les sujets représentent Apollon et Daphné et une bacchanale en polychrome sur *fond bleu;* fort belle faïence de Nevers. M. C.-W. Reynolds, en Angleterre, possède aussi un grand plat en fond bleu perse à décor blanc fixe. Les anciens n°s 915 et 916, deux hauts-reliefs au musée Sauvageot, me paraissent douteux. Enfin, M. Michel Pascal, à Paris, possède plusieurs remarquables bouteilles à fond bleu de Perse, provenant de la collection du docteur d'Anvers.

J'ai dans ma collection une assiette aux armoiries des familles Blampin et de Magniani. Un magnifique plat rond du dix-huitième siècle fait partie du musée historique de la ville du Mans.

M. Gresy, à Paris, le savant président de la Société archéologique, a dans sa collection plusieurs remarquables pièces de ces faïences à fond bleu de Perse à décors blancs et jaunes fixes, et M. Lerou et MM. Pascal ont également des exemplaires remarquables.

Comme faïence *populaire* nivernaise du dix-septième siècle, on peut mentionner une bouteille de la collection de M. Champfleury, sur laquelle on lit :

A moy brave chevalier,
Segondon le ...... homme;
Il nous faut toujours travailler
Pour nous venger de la pomme,
Soutenons comme une arreste
Quand du vin de la rest

Que beuvons par excellence.
Il sera l'aimable vengence,
Puisque Noé nous y convie;
Suivons ce patriarche insigne,
Puisqu'il nous redona la vie
Lorsqu'il nous a planté la vigne.

La confection des faïences nivernaises populaires de la quatrième époque, dite *franco-nivernaise*, commence à partir de 1750 et se poursuit jusqu'en 1810. J'en ai même rencontré à la date de 1817. Ces poteries, couvertes de toutes sortes d'inscriptions, sont communes, et les potiers n'y brillent ni par l'esprit ni par la mesure dans leurs rimes. Les grands saladiers, décorés en polychrome, sont particulièrement riches de ces rimes populaires; l'*Arbre d'amour* [1] y joue un grand rôle; voici la

1. Un des sujets copiés sur l'*Imagerie populaire du dix-huitième siècle.*

copie exacte des inscriptions recueillies sur l'un de ces grands saladiers :

L'Arbre d'amour.

Six femmes au pied d'un arbre, sur lequel neuf hommes en costumes du dix-huitième siècle et un gros et superbe Amour sont perchés, adressent à ces messieurs les séductions suivantes :

D'agréable manière Recevez cette tabatière.

(Une de ces *sirènes* lui tend la boîte.)

D'une main la belle Suzanne	Avec son cordon
Tire ce gros badeau	Et de l'autre lui présente une canne.

La charmante Isabeau
Lui présente un beau chapeau.

Deux de ces aimables dames scient l'arbre au pied, et on y lit :

Courage, Margot,
Nous aurons pièce ou morceau.

Le tout est couronné par la flatteuse interpellation :

Poltrons et lâches.

Tout autour du saladier, le spirituel potier a placé les vers suivants :

Belles, quittez-moi c'est amants
Qui ne sont que pour vous des glacé,
Dénichez-les de dessus cette arbre,
Cessez de leur faire des présents.
Coupez-moi l'arbre par le tronc
Et moquez-vous de leur audace,
Faites-les tomber sur la place.

Mes dames, nous allons descendre,
Appaizée toute votre fureur,
Nous allons vous donner nos cœurs,
Que voulée vous donc entreprendre?

Allons, descendée, chers amants,
Et ne soyez plus rebelles
Vous serez chérits tendrement
De vos maîtresse fidèle.

Il paraît que les Nivernais ne détestaient pas non plus les vers grivois et la plaisanterie risquée. Sur un saladier du musée de Nevers (que l'administration a pudiquement caché derrière le tuyau du poêle), on voit une jeune et jolie femme assise sur une chaise sous laquelle coule un ruisseau. Un cordonnier agenouillé prend mesure, pendant que son chat regarde impudiquement l'image que l'eau reflléte. On lit :

Ce chat prend pour une souris	Certes, il se dit ceci,
Un objet qui n'a point de prix,	Je ne contemple que la copie,
Mais qui fait tout son envie.	Oh! comme j'aimerais l'original.

Un semblable saladier, de la collection de M. Champfleury, où le peintre a placé un amour sur un piédestal, qui de son flambeau paraît *allumer le cœur* de la belle qui s'approche vers lui. On y lit :

Anevers (à Nevers) *l'an 4 de la Republique francais. Que que tu soi, voici ton maître*[1].

A côté, on lit :

AIR : *Toi que mon cœur adore*, de Cadi Dupe,

et un nom qui suit. Plus loin :

AIR : *Lise chantait dans la prairie*, de *Blaïs* et *Babet*,

également suivi de vers.

Sur un broc de vigneron, appartenant à M. Champfleury, la muse des potiers nivernais se montre encore moins estéthique, mais aussi forte en orthographe. Le peintre l'a orné de six groupes différents. Celui du milieu représente un Bacchus assis sur un tonneau, avec l'inscription suivante :

Je m'appelle M. Boittoujours, Dit le Jamais sans le sou Qui s'en fout!

Un grenadier, peint à côté, tient le discours suivant :

Et moi qui a été vieux tapin[2] des grenadier, je t'en repousserai, mais sec. On dit c'est du vin dans mon gigier.

Le groupe suivant représente deux aimables femmes, qui s'expliquent en se prenant aux cheveux. Voici leur discours :

Tiens, si j'étais aussi soule que toi, je t'arracherois le gozier.

Lâche-moi, saloppe, ou je fais voir ta marmotte.

Deux amoureux qui trinquent sont entourés de l'acclamation suivante :

Voyez la belle Suzon Qui veut faire assaut avec son tendron.

1. Voltaire. — 2. Tambour.

Un gros charbonnier, représenté plus loin, s'écrie:

Allons, l'ami des crânes, toi qui fais peur aux petits enfants, à ta santé.
Je veux m'arroser le pinet (?).

Le sixième groupe représente deux femmes les jambes en l'air, que le peintre paraît avoir placées ainsi, comme les poëtes placent à la fin des fables *une sentence morale*, car on lit:

Voyez ces jolie Goton Qui m'ont avallé de mon poinçon[1];
Elles en font voir leur mirliton.

On aurait de la peine à reconnaître dans cette poésie nivernaise des échos de la vie pastorale du bon La Fontaine, et on se demande si M. Champfleury parle vraiment sérieusement, quand il dit qu'on devrait affecter dans le musée du Louvre une salle spéciale pour ces ignobles productions, qui, selon lui, devraient faire suite au musée des Souverains!

Une œuvre de maîtrise[2], représentant une forteresse armée, égalcment de la fin du dix-huitième siècle, se trouve au musée de Cluny sous le n° 2174.

Nevers a aussi fabriqué des lions dans le genre de Lunéville, ainsi qu'une grande quantité de statuettes de saints, de saintes vierges et de christs.

Les assiettes sont ordinairement décorées d'un saint, du millésime et du nom du propriétaire dont le saint est le patron. Une assiette de ma collection porte l'inscription :

Philippe Laroche, 1752.

et une autre:

Martin Diot, 1778.

Les assiettes populaires de l'époque de la Révolution, dont M. Champfleury possède une nombreuse collection, ont des inscriptions des plus variées. — En voici quelques-unes:

Aimons-nous tous comme frères, 1793.

Ah! ça ira.

Au bon laboureur, François Simonin, l'an 4 de la liberté.

La Liberté, 1791.

1. Pièce de vin.
2. L'origine de cette poterie me paraît douteuse; je l'attribue à Paris.

Le malheur nous réunit.

(On voit un prêtre et nn noble se donner la main.)

Aux mânes de Mirabeau, la patrie reconnaissante, 1790.

Le serment civique.

Je jure de maintenir de tout mon pouvoir la constitution.

Vivre libre ou mourir!

Dansons la carmagnole, vive la carmagnole, 1793.

Vive le roi citoyen!

Les lis ramènent la paix.

Je bourre les aristocrates!

(Un enfant bourre un canon avec des personnages.)

J'ai écarté les cœurs, il a la pique, et je suis capot.

(On voit Louis XVI jouer au piquet avec un Sans-Culotte).

Nous jouons de malheur, le plus fort l'emporte.

(L'épée et la crosse épiscopale, attachées à l'extrémité d'une bascule, sont balancées en l'air par le pied d'un cultivateur posé sur l'autre extrémité.)

L'espoir et le soutien de la France,

(Inscription qui entoure le portrait de *Necker*, peint sur un broc.)

Vivre libre ou mourir; le serment civique, la nation, la loi et le roi; le tiers état nuit; si les choses ne changent de face, nous serons bientôt à la besace; guerre aux tyrans, paix aux chaumières, etc., etc.

Un plat à barbe, toujours de la même collection, porte l'inscription suivante, qui, à défaut d'orthographe, montre au moins une certaine jovialité de perruquier :

Je Suit Rassé	Vive la Republique
Par un Bon garson	Et la nation. *Ravisy*.

Si, à la place de ce nom de Ravisy, il se trouvait celui de *Sanson*, cette inscription serait d'un sinistre effrayant !

Un autre *artiste* en coiffure a fait inscrire sur son ustensile (qui appartient aussi à M. Champfleury) :

Vive mon razoir! 1793!

Cette devise accolée à la date de quatre-vingt-treize ne peut-elle pas donner le frisson? J'aime mieux la vieille plaisanterie qui se trouve sur un autre plat à barbe de la collection Champfleury, le :

Ici de min on Rase pour Rien 1793.

Celle-ci paraît prouver qu'on plaisante toujours en France, même en 93 !

Sur un encrier qui a appartenu à M. Thoré (Burger) on lit :

Guerre aux tyrans et paix aux chaumières,

avec : Indivisibilité de la république.

M. Arosa, à Paris, qui possède aussi une nombreuse collection de ces assiettes à devises populaires, en a une sur laquelle on voit un coq huché sur un canon et la devise :

Je veille pour la nation.

un autre, qui est orné de têtes de mort sur le marli et au milieu d'une urne ombragée de saules pleureurs, avec l'inscription :

Mânes des ministres françois assassinés à Rastadt par l'homicide Autriche ;

et une troisième où l'on voit un enfant nu (Sans-Culotte) prêcher du haut de la chaire à deux autres enfants nus :

Je vous annonce le bonheur de la France.

Une assiette, qui me paraît dater d'une époque antérieure, et qui appartient également à M. Arosa, a pour devise :

Mon cœur est si petit Qu'il n'y loge qu'un ami.

Un grand saint André grossièrement décoré, de cette même collection, porte l'inscription suivante :

A. Nevers ce premier juin 1742, votre voisint et amis qui crois vous faire plaisire.
M. André grand maison recevez ce saint de mmint de Martin le Conte (*sic.*)

M. A. Assegond, à Bernay en Normandie, possède une assiette sur laquelle le facétieux potier a représenté un cerf qui a perdu ses cornes, avec l'inscription :

Je pleure ce que bien D'Autre voudrait A Voir perdu !

Nevers n'a jamais réussi à produire le *rouge*, que quelques maîtres italiens, Nürnberg, et après eux Delft et Rouen ont obtenu. Nevers, avec les procédés et les recettes italiennes, n'a jamais pu arriver au delà du *jonquille* plus ou moins foncé des maîtres italiens ordinaires, à qui le rouge a manqué également. La figure de la République, représentée sur la vaisselle coiffée d'un bonnet phrygien *jaune*, paraît toute bonne personne et un peu *cornette*. Garibaldi l'appellerait une République mauve.

Chose digne de remarque, je n'ai pas rencontré dans tous les musées de l'Allemagne une seule pièce de Nevers des deux premières bonnes époques, ce qui prouve que cette fabrication a été bien peu importante. Nevers possède encore quelques artistes céramistes éminents, entre autres,

M. *Chantries*, peintre d'histoire, ancien conservateur au musée de Nevers, et qui habite actuellement Moulins. M. Chantries a peint ses propres compositions. J'ai vu de cet artiste un plat de 65 cent. de diamètre, appartenant à M. du Broc, à Nevers, où sont représentés les patrons (saints et saintes) de la famille de Segange avec un sentiment religieux et historique fort remarquable.

La fabrique de M. H. *Signoret* y est aujourd'hui la plus importante fabrique de faïence; elle cuit à une très-haute température; voici quelques dessins de poteries fort artistiques, sorties de cette belle usine :

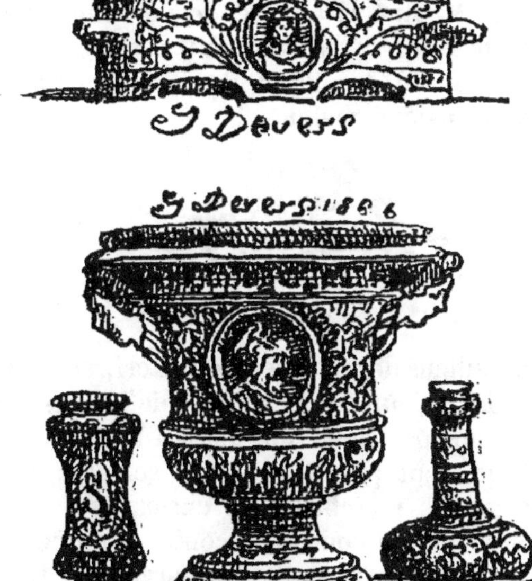

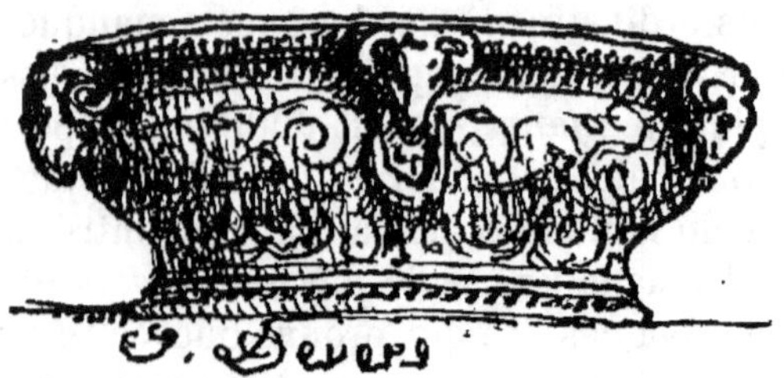

qui s'est aussi attaché M. *Lhuilier*, peintre céramiste, élève de M. Renaudin. Ce peintre y imite avec succès les anciennes faïences de Nevers et de Rouen. Les jardinières rondes, au décor camaïeu bleu et polychrome de Rouen, y sont reproduites en grande quantité.

MM. *François Leblanc;* Lestang; Isidore Pierrot et Lyons, fabriquent aussi à Nevers.

M. Tite-Henri *Ristori*, sculpteur, Italien d'origine, a fabriqué à Marzy, près Nevers, vers 1850, des faïences dont la pâte est *excessivement mince* et *légère*, et les émaux bleus et jaunes réputés. On reprochait au décor de ce céramiste d'imiter trop le papier peint et la porcelaine, mais je trouve que les faïences de M. Ristori sont artistiques et conserveront une place dans les collections. M. Ristori a cessé depuis longtemps de fabriquer et a quitté Nevers ; j'ignore où il est allé.

A l'exposition de 1855, à Paris, il obtint une médaille de première classe ; il a signé quelquefois :

R
Marzy (Nièvre)
1855

Beaux échantillons des faïences de Ristori, au musée de Kensington à London, d'autres aux musées de Nevers et de Sèvres.

Les collectionneurs trouveront aussi à Nevers :

M. Barrat, qui peut passer pour une SOMMITÉ ou même une *éminence* parmi les marchands de curiosités du département.

J'ai déjà signalé que l'on ne rencontre presque jamais dans les anciennes faïences de Delft des services à thé ni à café; même observation pour les faïences de Nevers. Je n'en connais aucune tasse, aucune théière ancienne. L'usage du thé et du café a été seulement introduit en France lorsque l'ancienne fabrication eut cessé.

MIREBEAU,

Sur la Bère, département de la Côte-d'Or. Ce bourg est situé à 23 kil. de Dijon.

TERRES CUITES VERNISSÉES AU PLOMB. 1620 jusqu'à ce jour.

Cette fabrique, qui existe encore aujourd'hui, a été dirigée depuis 1620 par la famille *Faïtot* : on y confectionne actuellement des *briques vernissées*.

AUXERRE,

Chef-lieu de l'Yonne.

FAÏENCE A ÉMAIL STANNIFÈRE. 1640 à 1792

L'existence de la fabrique d'Auxerre, dont j'avais parlé le premier dans ce Guide, vient d'être affirmée par M. Grasset de Varzy, qui a fourni ainsi une nouvelle preuve de la légèreté avec laquelle M. Dubroc de Segange a compilé son histoire des *Faïences et faïenciers Nivernais.*

Il paraît que l'on a fabriqué déjà à Auxerre des faïences *bleu de Perse à blanc fixe* en même temps qu'à Nevers, ce qui remonterait l'établissement avant 1640.

La fabrique cessa vers 1792.

Il y existait un potier nommé *Boutet.* M. Chantries de Nevers, actuellement à Moulins, a dans son cabinet quelques exemplaires de cette provenance.

On fabrique encore aujourd'hui à Auxerre des faïences communes, des poteries, des tuiles et des carreaux dits de Bourgogne.

NÉRAC (Lot-et-Garonne).

FAÏENCES (?), POTERIES (?). 1620 jusqu'à ce jour.

On m'a signalé des vases de cette fabrique, qui seraient ornés des armes de la famille d'Albret et remonteraient peut-être au temps de Henri IV. On sait que Catherine de Médicis signa, en 1579, dans la *capitale* du duché d'Albret, le traité de Fleix, qui garantissait douze places fortes aux protestants.

Je n'ai pas vu ces vases, et je ne saurais rien fixer là-dessus.

Aujourd'hui, il existe encore une *Verrerie* à Nérac.

SAINT-VÉRAIN, près de Nevers.

GRÈS. vers 1640.

M. Renault, à Luçon, possède une écritoire en grès bleu, qui est signée en creux dans la pâte :

Fait le 5 mai 1642 par Edme Brion, demeurant à St-Vérain.

FONTAINEBLEAU (Seine-et-Marne).

TERRES CUITES AU VERNIS MINÉRAL. Vers 1620
POTERIES EN TERRES SIGILLÉES. 1640
FAIENCES. 1817

Guillaume Dupré y a fabriqué au dix-septième siècle des terres cuites au vernis minéral qui, avant la publication de ce Guide, ont été imperturbablement attribuées à Bernard Palissy. Les pièces dont on est certain, sont : le *Joueur de vielle*, la *Nourrice*, l'*Enfant sur le dauphin*, l'*Enfant aux chiens* et quelques autres[1].

Feu Lecarpentier, à Paris, avait dans sa collection un charmant petit édifice dont voici la reproduction, que j'attribue également à Fontainebleau.

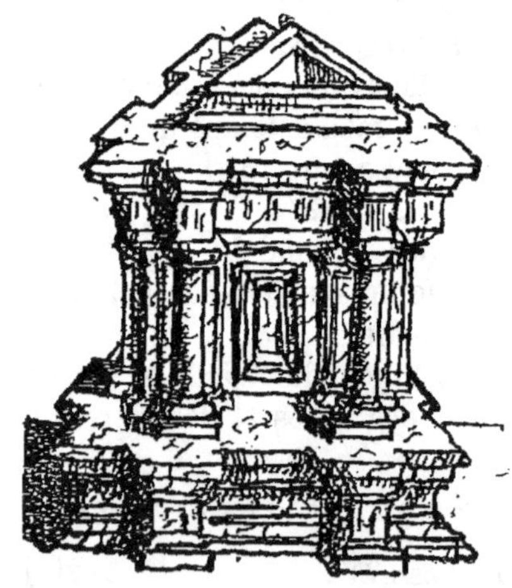

Terre cuite marbrée, probablement de Fontainebleau, (collection Lecarpentier).

Antoine Clerissy (probablement de Marseille), vers 1640, a fondé à Fontainebleau une fabrique de poteries en terres *sigil-*

1. Mémoires d'un médecin de Louis XIII.

lées. (Voir à l'article de Marseille pour la définition de ce terme.)

Le *Dictionnaire des Postes aux lettres*, par Lecousturier, de l'année 1817, mentionne aussi une fabrique de faïence, établie à Fontainebleau, où M. Jacquemin et autres fabriquent actuellement de la porcelaine (Voir les porcelaines françaises).

ÉPERNAY (Marne).

TERRE CUITE AU VERNIS PLOMBIFÈRE. 1650 jusqu'à ce jour.

Produits dans le genre d'Avignon; l'émail est d'un brun un peu plus clair et plus rougeâtre, et la pâte est aussi moins légère.

Marqués quelquefois *Épernay*,

et le plus souvent sans marques.

Une espèce de pot-buire en terre cuite d'Épernay, qui fait partie de ma collection, et dont le haut représente un personnage à perruque à queue, coiffé d'un chapeau à trois cornes, et où la panse est couverte de fleurs et branchages en relief, et le socle de rats, de souris, de chats, etc., est d'une construction intérieure très-ingénieuse. En remplissant ce vase par un trou pratiqué au milieu du socle, le liquide ne peut plus ressortir que par le goulot, sans que le trou soit bouché. Cette pièce porte l'inscription suivante en creux dans la pâte :

Fait par moi, Jacques Guillet, 1761.

Un grand plat ovale à couvercle, au musée de Sèvres, est marqué

Épernay.

Le *Dictionnaire des Postes aux lettres*, par Lecousturier, de l'année 1802 (Consulat) ne mentionne aucune fabrique à Épernay, mais celui de 1817 parle de *poteries fines*.

Actuellement ce sont MM. Chevillet-Collet, Ébréart-Rousseau, Guillaume-Bacquois, Guillaume fils, J.-B. Vallet et Lisnard, qui y fabriquent des poteries.

On trouve dans la collection céramique des Arts et Métiers à Paris, un échantillon de poteries en terre blanchâtre, jaspée violet, qui y représente les fabriques modernes d'Épernay.

LOCALITÉ INDÉTERMINÉE.

Quelques auteurs désignent sous la dénomination de faïence

de *Claude Révérend* — (industriel qui avait obtenu par lettre patente un privilége de Louis XIV, en 1664, de fabriquer et d'*importer* les faïences de Delft à Paris) — celles qui sont marquées :

A. P., ou R, ou AR, ou AR.

Mais tout dans ces faïences est hollandais; la pâte et l'émail sont ceux des Flandres et de Delft, de sorte que je range plutôt ces faïences dans la fabrication hollandaise. Le monogramme est probablement celui d'un des A. Pennis de Delft.

Comme ces mêmes faïences se trouvent répandues en Hollande, en grande profusion, on peut admettre que Claude Révérend, si jamais ce personnage a donné suite à son projet, les a seulement importées en France. Les costumes des personnages du décor indiquaient aussi une époque postérieure à celle de Louis XIV, et les quelques inscriptions françaises, le style et l'orthographe, l'étranger. Les auteurs, qui ont attribué ces faïences à Révérend, veulent qu'il ait même fabriqué de la porcelaine; ces hypothèses ne méritent pas que l'on s'y arrête.

RENNES (Ille-et-Vilaine).

FAÏENCE A ÉMAIL STANNIFÈRE. A partir de 1650

Dans l'abbaye de Saint-Sulpice-la-Forêt on trouve encore quelques plaques funéraires en faïence du dix-septième siècle, dont l'une porte l'inscription suivante :

Cy gist le corps de defeunte Jane Le Bouteiller, dame du Plecis Coialu, décédée le 29 janvier, l'an 1653, âgée de 50 ans.

Un groupe également fait à Rennes, est signé :

Bourgouin, 1764.

Le musée de Cluny possède un grand plat de cette localité qui mesure à peu près 55 centimètres, et qui est décoré en camaïeu bleu, de fleurs et d'ornements en feuilles.

M. Édouard Pascal possède un couvercle de soupière qui porte l'inscription :

Fait à Rennes, rue Hüe. 1770.

Dulattag et

Jollivet, sont en outre deux noms de potiers de Rennes, connus.

La liste des pétitionnaires faïenciers de l'année 1790, conservée dans les archives de Nevers, constate qu'il existait à Rennes, vers la fin du dix-huitième siècle, une fabrique de faïences, et le *Dictionnaire des Postes aux lettres*, par Lecousturier, des années 1802 et 1817, en mentionne également une.

MM. Binet et Benard, M. Réné Girandière, M. Vaumort sont les fabricants actuels.

ORLÉANS (Loiret).

FAÏENCE A ÉMAIL STANNIFÈRE. De 1660 à 1783
TERRE CUITE A ÉMAIL STANNIFÈRE. En 1817, et actuellement

Le musée de Chartres possède une faïence (n° 90) *Bacchus à califourchon sur un grand tonneau*, décoré peu artistiquement en polychrome, qui est signé :

Orléans 1668.

C'est la plus ancienne pièce que je connaisse de cette localité.

Jacques-Étienne Dessaux de Romilly (rue du Bourdon-Blanc (?) obtint, en 1753, une patente qui lui accorda, entre autres faveurs, le droit d'appeler la fabrique à établir :

« *Manufacture Royale de faïences de terre blanche purifiée,* » et de marquer ses produits d'un

O

« *couronné et peint au bleu de Saxe, sous couverte.* »

M. de Langulier, conservateur du musée d'Orléans, possède deux petits vases de cette marque devenus excessivement rares.

Louis-François Leroy, un des intéressés, figure aussi au commencement, comme *directeur* de la fabrique, qui plus tard devint, en 1757, la propriété de *Charles-Claude Gerault-Daraubert*, lequel mourut en 1792, et dont la veuve cessa l'exploitation.

Jean-Louis, de Strasbourg était le sculpteur-modeleur.

De 1756 à 1757, la manufacture occupait 55 ouvriers et artistes, et 29 seulement en 1763.

Mazière, aux Dames-Blanches, et *Mazière jeune, rue de la Grille,* sont deux faïenciers. Vers 1776

Fedèle, rue du Dévidet, faïencier. Vers 1788

Leroy-Deguoy et *Gouller-Duplessis*, directeurs d'une faïencerie du faubourg.

Veuve Reaubreuil, aux ci-devant Carmélites, et *Asselineau-Grammont*, sur le *Marché à la volaille*, faïenciers. Vers 1797

On voit au musée de Sèvres, un petit vase en terre cuite agathisé, dans le genre des faïences de Rubelles, qui provient de la fabrique de ce dernier potier.

On m'a aussi parlé d'un faïencier, *Barre*, à Orléans.

La liste des pétitionnaires faïenciers de l'année 1790, conservée dans les archives de Nevers, mentionne deux fabriques existantes à cette époque à Orléans (probablement celles de veuve Reaubreuil et d'Asselineau Grammont); et le *Dictionnaire des Postes aux lettres,* par Lecousturier, de l'année 1817, parle d'une faïencerie à Orléans, tandis que celui de 1802 n'en parle point.

Le musée de Sèvres possède aussi des échantillons de la fabrique de M. Gaumont (?) (1830): ce sont des faïences et des terres marbrées, ainsi que de la fabrique de M. Laurent-Gilbert (1834).

MM. Gaspard-Gilbert; — Jacquet et Parde; — Jacquet; — Laberthe-Picard; — Musson-Grammont et Renaut; — Rivière et Saint-Elme; Archambault-Brillant y fabriquent actuellement toutes sortes de faïences et poteries.

MANTES (Seine-et-Oise).

FAÏENCE A ÉMAIL STANNIFÈRE. Vers 1668

Charles-Antoine Parmentier, né à Paris en 1719, avocat, qui était venu à Nevers vers 1750, et qui y a laissé des *Archives de la ville de Nevers*, dit que des lettres patentes avaient été délivrées en 1668, pour l'établissement d'une fabrique de faïence, à la ville de Mantes.

AGEN (Lot-et-Garonne).

On croit que la faïence a été fabriquée dans l'Agénois, mais rien n'a encore pu être fixé à ce sujet.

PARIS,

Rue de la Roquette, faubourg Saint-Antoine.

TERRE CUITE AU VERNIS PLOMBIFÈRE. 1675

François Dezon, potier.

FAÏENCE A ÉMAIL STANNIFÈRE.

Genest, potier. 1730 à 1750

Jean Binet, potier. 1750

« Jean Binet, ouvrier en faïence *brune* et *blanche*, demeurant rue de la Roquette, faubourg Saint-Antoine, est inquiété pour raison du commerce qu'il fait, et il s'agit pour lui de sa ruine totale. C'est dans ce commerce qu'il a mis toute sa fortune et celle de sa femme. Le prétexte que l'on prend pour le troubler dans ce commerce, est un arrêt du Conseil d'État du 9 août 1723, qui fait défense à toute personne d'établir, à l'*avenir*, aucuns fourneaux, forges, martinets et verreries, sinon en vertu de lettres patentes, bien et dûment vérifiées, à peine de 3,000 livres d'amende et de démolition des fourneaux, forges, martinets et verreries, et de confiscation des bois, charbons, mines et ustensiles servant à leur usage. Le motif de cet arrêt est qu'une partie considérable des bois, qui étaient destinés au chauffage du public, est consommée par ces nouveaux établissements qui ne doivent être mis en usage que pour la consommation des bois qui ne sont pas apportés des rivières navigables et des villes, et qui par leur situation ne peuvent servir ni aux constructions ni au chauffage. Jean Binet prouvera que l'établissement de ce commerce dans la maison qu'il occupe n'est pas postérieur à l'arrêt du 9 août 1723, mais très-ancien, et remonte au 15 janvier 1675, — quarante ans avant cet arrêt, et que depuis ce temps il y a toujours eu un four exploité dans cette maison, « et un peu plus loin. » La maison qu'occupe le sieur Binet en qualité de locataire a été vendue le 15 janvier 1675 à François Dezon, maître *potier de terre*. — Depuis ce temps, Dezon et ses enfants y ont fait le commerce de potiers de terre, avec leur four. Cela est prouvé par les *anciennes listes des potiers de terre*, où l'on voit ledit Dezon, demeurant dans cette maison. A ce potier de terre succéda Genest, *fabricant de faïence*, qui pendant vingt années a fait son métier dans la même maison. Le sieur Genest, le 4 décembre 1750, a cédé et vendu son fonds à Jean Binet, etc., etc. »

(Mémoire pour les faïenciers du faubourg Saint-Antoine, dressé en 1753. — Tome XI des plaidoyers et mémoires de Mannory, ancien avocat au parlement. Paris, Herinaut, 1764, in-12.)

BLOIS (Loir-et-Cher).

FAÏENCE A ÉMAIL STANNIFÈRE. Vers 1680 à 1700

Le conservateur du musée de Blois m'a signalé l'existence d'une fabrique de faïence dans cette ville, qui aurait été en activité vers la fin du dix-septième siècle et qui aurait signé :

Lebarquet.

Je laisse la responsabilité de l'attribution à M. Ulysse Benard, n'ayant jamais vu moi-même des exemplaires marqués ainsi. Il se pourrait que ces faïences ne datent que du dix-neuvième siècle, car le *Dictionnaire des postes aux lettres*, par Lecousturier, de l'année 1817 mentionne une faïencerie à Blois.

Actuellement il y a les fabriques de faïences et poteries de M. A. Bretonneau, de M. Meunerque et de M. Bauchet.

M. Ulysse Benard, artiste peintre céramiste, conservateur du musée et professeur de l'école de dessin de Blois, sa ville natale, né en 1826, a établi, en 1862, une fabrique de faïences artistiques, rue Levée-du-Foix, dans les bâtiments de l'ancien couvent de la Croix-des-Pèlerins, fondé sous le règne de Louis XIII pour héberger gratuitement des pèlerins.

Cette fabrique qui possède un grand four d'une capacité de 1,200 pièces, est aujourd'hui en pleine prospérité.

Cuisant tout au grand feu de la plus haute température, M. Ulysse produit de la belle faïence à émail stannifère. C'est le genre italien d'Urbino qu'il a choisi pour ses peintures où le jaune domine, et qui consistent presque exclusivement en arabesques.

M. Ulysse ferait peut-être bien de varier ses jolis décors avec du bleu et du vert, il éviterait l'uniformité inévitable que l'emploi exclusif d'une même série de tous produit nécessairement.

La marque consiste dans la copie de l'enseigne de l'ancienne hôtellerie-couvent que la fabrique occupe.

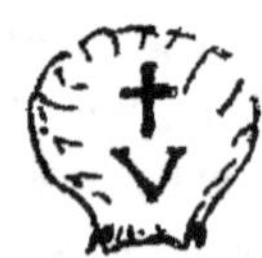

SAINT-CLOUD (Seine-et-Oise), près Paris.

FAÏENCE A ÉMAIL STANNIFÈRE. 1690

Chicaneau, père et fils, potiers.

Trou, potier, qui marquait :

S^t. C
T

On sait que la fabrique fut visitée en 1700 par la duchesse de Bourgogne.

(Quelques pièces au musée de Sèvres et dans ma collection).

Cette faïence, ordinairement en camaïeu bleu, est facile à confondre avec la faïence de Rouen quand elle n'est pas signée; elle se reconnaît pourtant à *un trait noir* qui se trouve dans le dessin bleu.

Ni le *Dictionnaire des Postes aux lettres* de l'année 1802, ni celui de 1817, ne mentionnent plus de fabrique de faïence à Saint-Cloud.

MOUSTIERS-SAINTE-MARIE

(Basses-Alpes), à 44 kilomètres de Digne.

FAÏENCE A ÉMAIL STANNIFÈRE. 1690 jusqu'à ce jour.

On attribue à un religieux servite, d'origine italienne, la révélation du secret (?) céramique exploité dans cette ville; mais je pense que c'est là encore un de ces contes dont les écrivains et chroniqueurs se payaient jadis si facilement. La fabrication de la faïence répandue dans presque toute l'Europe depuis plus de cent ans avant l'établissement de la première fabrique à Moustiers, et le *genre* de la pâte et de l'émail, la forme souvent festonnée de la vaisselle, etc., tout m'indique que la fabrication y a été plutôt introduite par des ouvriers venus du nord. Paganiol de la Force, le médecin Darluc, l'avocat Gournay et autres du dix-huitième siècle, ont déjà mentionné les fabriques de Moustiers.

Pierre Clerissy, qui vivait vers 1686 et qui est mort en 1728, et son successeur, *Pierre II Clerissy*, fils d'*Antoine Clerissy*, de Marseille (sans doute le même qui a fabriqué à Fontainebleau, en 1641, des terres sigillées), le signataire d'un plat mentionné dans l'article qui traite des faïences de Marseille, sont les plus anciens potiers connus de Moustiers, mais on ne connaît aucune pièce marquée de Pierre I. Clerissy, et on ne sait donc pas s'il avait déjà fabriqué de la véritable faïence à émail stannifère ou seulement de la poterie vernissée.

Il y avait à Moustiers onze ou douze fabriques. En outre des *deux Clerissy*, on connaît :

Pol ou Paul Roux, potier, qui y exerçait son métier vers 1727.

F. Viry qui a signé le plat ovale de la collection Davillier en toutes lettres :

F. Viry F. à Moustier, chez Clericy.

Joseph Olery, connu par son voyage fait à Denia, en Espagne, et auquel on attribue le monogramme

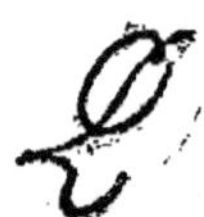

Logier, *Delory* et *Rion*, de qui M. J. Saint-Léon, à Paris, possède une espèce de soupière ou plutôt un plat couvert à légumes, de forme festonnée et à trois griffes, décoré en polychrome dans le goût ordinaire des faïences du midi, du dix-huitième siècle, où le vert, le rose et le jaune dominent. Les dessins forment des chimères, des personnages et trois médaillons sur le couvercle. On lit à l'intérieur, en toutes lettres :

Rion, à Moustiers.

M. le docteur Blondel, de Moustiers, cite encore les potiers suivants : *Acharel, Berbiguier et Feraud, Bondit père et fils, Combon et Antelmy, Ferrat frères, Fouque père et fils* (voir Saint-Gaudens), *Laugier et Chaix, Mille, Pelloquin et Berge* et *Jocard et Feraud*,

ferrat moustiers

est une marque recueillie sur un plat au musée de Sèvres.

Il paraît que le nommé *Thion* y avait également fabriqué.

Feu Lecarpentier, à Paris, avait dans sa collection une faïence de Moustiers, signée

Paul Manette,

qui me paraît être encore le nom d'un potier.

Antoine Guichard est un potier de la décadence de qui M. Champfleury possède un pot avec la devise : « Vive la paix ! 1763, » et qui est signé en toutes lettres :

Antoine Guichard de Moustier, 1763, *le* 10 *Dc.*

Pierre Fournier est un potier qui a travaillé vers 1775.

Rolet, potier français établi à *Urbino*, en Italie, vers la fin du dix-huitième siècle, était encore de Moustiers, à en juger par le décor de la lampe à tringle au musée de Kensington, qui est signée :

Fabrica di majolica fina di monsieur Rolet in Urbino 28 *abrile* 1773.

(Voir Urbino.)

Les peintres en réputation, étaient :

F. Viry, déjà nommé, *Grangel*, *Cros*, *Soliva*, et *Miguel Vilax*. C'est de ces peintres que M. Édouard Pascal[1] possède six plaques ovales, signées :

F. O. Grangel, Cros, Soliva, Miguel Vilax, C. A.

, ; – G. A. ; – A.P.F.,
réunis en monogr.

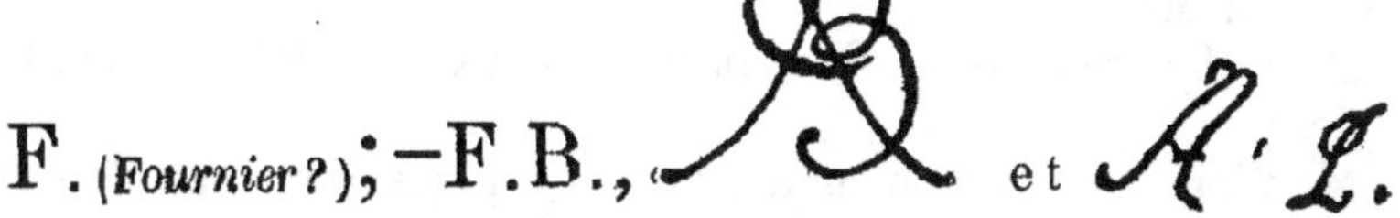

sont d'autres monogrammes recueillis sur des faïences de Moustiers. La dernière marque pourrait bien être celle d'Antoine Clerissy.

1. Un de ces collectionneurs, qui préfère avant tout les faïences du midi de la France, M. Édouard Pascal, connaît parfaitement bien les époques et ce qui est véritablement artistique. Sa collection est fort bien composée. En outre de ses nombreuses faïences françaises, on peut signaler ses horlogeries allemandes, ses fers martelés, ses meubles sculptés, etc.

M. Saint-Léon, à Paris, possède un beau plat rond où l'on voit Samson emporter les portes de Gaza, et qui est daté de 1739. (Voir Denia.)

Un magnifique plat festonné ou plutôt une coupe, décorée richement en polychrome d'ornements et de grotesques, appartenant à M. Eugène Laurent, à Paris-Montmartre, est signé :

Chris. Ovaleros ou *D'Valeros* (voir Denia).

La liste des faïenciers pétitionnaires de l'année 1790 conservée dans les archives de Nevers, constate qu'il existait encore cinq fabriques à Moustiers à cette époque.

MM. *G. Fouques* et *Barbarou* sont des fabricants de Moustier contemporains, dont le musée de Sèvres possède quelques produits.

Aujourd'hui, ce sont : MM. Jauffret et Mouton qui y fabriquent toujours de la faïence.

Comme pièce remarquable, on peut citer encore les deux plaques appartenant à M. Métairie, à Paris, au décor polychrome sur fond blanc, de 50/35 centimètres de diamètre, qui sont d'une grande rareté, parmi les produits de Moustiers. Le décor de l'une représente le « Jugement de Pâris, celui de l'autre le « Sacrifice d'Iphigénie. » Ces plaques ne portent ni marques ni monogrammes.

Le prince héréditaire de Hohenzollern-Sigmaringen possède une plaque ovale de 45 centimètres, dont la bordure, en décor polychrome, encadre le portrait en blanc de Louis XIV en haut relief. Le prince l'a achetée personnellement d'une bonne vieille femme à Marseille.

M. J. Laugier, à Toulon, possède deux semblables exemplaires.

M. Michel, à Avignon, m'a envoyé le calque d'un plat de sa collection, qui a 50 cent. de diamètre, et où le dessin est en bleu et de toute beauté.

Une écuelle de mon cabinet, dont le couvercle, qui porte le monogramme d'Olery, à coté d'un F (fecit?), et le bol, le même monogramme précédé d'un G, est ornée de dessins et monochromes verts, d'arabesques et de grotesques, dans la manière de Callot.

On connaît des pièces où le décor accuse souvent des copies

des dessins du sculpteur *Toro*[1], et des ornements et armoiries empruntés aux gravures de *Leclerc*[2], et à celles de *Berain*[3].

1. *Bernardo Toro*, dessinateur des vaisseaux du roi, probablement Italien de naissance, est mort à Toulon en 1731. Le Cabinet impérial d'estampes, à Paris, possède de lui une quarantaine de feuilles gravées par Honoratus Blanc ; ce sont de charmants ornements d'arabesques, de chimères, de mascarons à expressions caractéristiques et originales, de fleurons à corps de femmes sortant de gaînes, de buires, de consoles et d'encadrements.

L'influence du style rocaille s'y fait fortement sentir, mais c'est beau et artistique.

2. *Sébastien Leclerc*, dessinateur et graveur ordinaire de Louis XIV, et chevalier romain, dont le portrait a été gravé par P. Dupin, d'après le tableau de Delacroix, au commencement du dix-huitième siècle, est né à Metz en 1637, et mort à Paris en 1714. Il était le fils de l'orfèvre Leclerc, de Metz, né en 1590, mort en 1695. L'œuvre de ce fécond graveur est évaluée à quatre mille pièces. On trouve de lui au Cabinet impérial d'estampes, à Paris, trois gros volumes composés de pièces d'histoire, de mythologie et d'histoire naturelle. Il y a aussi des siéges, des sujets tirés des *Métamorphoses* d'Ovide, des Fables ; des paysages et vues de ruines et des parcs à la Lenôtre, des cours d'architecture d'après Vitruve et autres, des plans et études de fortifications, etc. Ce sont ses cartouches et médaillons, ses armoiries et emblèmes que les céramistes lui ont empruntés. On connaît une pièce de Leclerc, un siége de Metz, qui porte le millésime de 1650, date qui démontre que l'artiste l'a exécuté dans sa treizième année. Dans tout l'œuvre de Leclerc, qui était un vil flatteur de Louis XIV, il n'y a rien qui dénote la moindre originalité, et tout y respire le mauvais goût de l'époque.

3. *Johannes* ou *Jean Berain* était Lorain, né à Saint-Mihiel (département de la Meuse, à 17 kilomètres de Commercy) en 1634, et mort en 1711. Ce *dessinateur ordinaire de la chambre et du cabinet de* Louis XIV, révélé depuis fort peu de temps seulement au monde artistique, peut être regardé comme un continuateur des petits maîtres ornementistes allemands de la fin du seizième et du commencement du dix-septième siècle, maîtres dont il s'était certainement inspiré aussi bien que des Italiens. Les dessins où l'arabesque règne largement sont des composés spirituels de réminiscences de la renaissance allemande, mêlées à celles des maîtres italiens (quelquefois *copiés* d'après *Nicolas Beatricius*, autre Lorrain. Les œuvres de Berain sont malheureusement trop influencées par le goût de son temps. Tout ce qu'il a produit est cependant fini et soigné, et d'un goût assez sobre pour son époque. Ses œuvres sont de véritables trésors pour l'art industriel. Il a dessiné des grilles de jardins, des plafonds et autres ornements d'appartements, des initiales entrelacées, des flambeaux, candélabres et lustres, des chapiteaux et ornements de fusils, et même des gondoles de plaisance, des parcs à la Lenôtre, des vues de scènes d'opéra et des siéges. Bérain a particulièrement excellé dans les ornements à l'usage des artistes industriels. Grand nombre de ses compositions se signalent par une profusion de bustes de femmes sortant de gaînes, souvent surmontés de baldaquins, imités d'après Agostino di Musis, et encore bien plus d'après Nicolas Beatricius, maîtres du milieu du seizième siècle.

Son portrait a été gravé en 1709 par Viveen.

Ses œuvres que le Cabinet impérial d'estampes, à Paris, a réunies, forment trois gros volumes, où on trouve, entre autres, la reproduction des ornements de la galerie d'Apollon du Louvre, publiée en collaboration avec Chauveau et Lemoine.

Les cérémonies des pompes funèbres qui ont eu lieu à Saint-Denis en l'honneur

Profusion de Vénus marines et de Neptunes sous des baldaquins, et quelquefois des sujets mythologiques d'après *Frans Floris*[1].

La contrefaçon s'était aussi mise, durant quelque temps, à imiter le décor de Moustiers, et particulièrement les sujets mythologiques d'après Frans Floris, lorsque l'engouement peu justifié payait encore pour ces faïences des prix exagérés. Un plat oval de faïence ancienne qu'un décorateur actuel de Paris avait décoré peu artistement en camaïeu bleu du sujet des *Nymphes au bain* et qui appartenait à M. le marquis de Monville, à qui on l'avait vendu pour du véritable moustiers, faïence et *décor* anciens, a été adjugé à la vente publique de la collection de cet amateur, pour 300 fr.

Moustiers a produit des plats et assiettes à bords étroits, plats festonnés, services de table complets, plaques, etc., décorés le plus souvent d'après les dessins de Berain. Dessins fins au

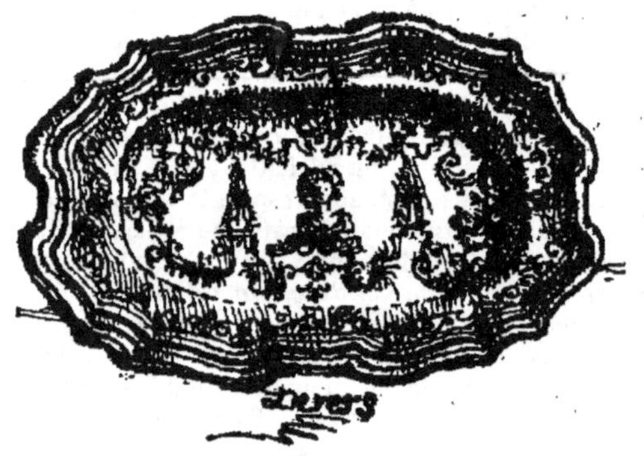

trait, ornements à arabesques, à chimères, à petites figures et bustes, assez bien faits, mais calqués, en vert, jaune ou bleu camaïeu, presque toujours sur fond blanc.

Tout y est fait au poncif, genre de reproduction qui multiplie à l'infini un même sujet, qui ôte à la fabrication sa va-

du Dauphin et de Louis XIV, ont été gravées par le fils de Berain, qui s'appelait également *Jean*. On croit que Jean Berain père a travaillé en collaboration avec un de ses frères, qui s'appelait *Louis*.

1. *Frans Floris*, né à Anvers en 1520, mort en 1570, était un peintre d'histoire qui n'a gravé lui-même qu'une seule pièce, mais de qui H. Cock a publié toute une série de gravures exécutées par Philippe Galle d'une manière fort peu agréable. Ce sont de grands sujets bibliques, allégoriques et historiques, où les figures, généralement maigres, sont dures de traits. Le Cabinct impérial d'estampes, à Paris, possède de cet artiste un gros volume.

riété et son originalité et la valeur artistique et marchande.

En définitive, c'est une faïence peu décorative, une vaisselle qui représente dans la famille de la poterie, la *valetaille* et l'*habit brodé du laquais*, tandis que le rouen, avec son grand air, est la faïence du seigneur d'une époque fastueuse.

M. Champfleury possède, de la fin du dix-huitième siècle, une *écuelle de mariage* dans laquelle on servait du vin à la mariée, le lendemain de la noce, on y lit :

Coit le moment de faire un petit enfant, 1791 ; vive la nation ; vive l'amour ; vive la constitution 1791.

Le besoin de faire un petit enfant était-il le résultat de la *Constitution* ou est-ce la nation qui, en prévoyant la grande consommation d'hommes à partir de 93, poussait les citoyens à la besogne ?

Le flambeau 3602, au musée de Kensington, est de Moustiers et non pas de Rouen.

Il existe aussi des faïences, fabriquées à *Moustiers* en Savoie, près Chambéry, qui ressemblent à celles de Moustiers en France.

VAUX-DE-CERNAY (Seine-et-Oise).

TERRE CUITE SANS COUVERTE. 1694

Il existait à l'avant-dernière marche du grand escalier, au monastère de Vaux-de-Cernay, un carreau en terre cuite à six pans, sur lequel était écrit en creux et avant la cuisson :

L'*année* 1694, par *Michel Chéron*.

LILLE EN FLANDRE (Nord).

FAÏENCE A ÉMAIL STANNIFÈRE. 1696

Cette faïence, dont l'origine est fixée par des documents aux archives municipales à l'an 1696, a tous les caractères de la fabrication hollandaise. Elle est fine, légère et d'un beau blanc de porcelaine. Son décor n'est jamais dans le genre de celui de la faïence alsacienne ou lorraine, où le rose et le vert dominent, mais presque toujours en bleu, jaune et manganèse (violet).

D'autres centres de fabrication de faïences hollandaises ont déjà existé dans les environs de Lille, vers 1640, d'où les ouvriers avaient probablement transporté les procédés à Moustiers et à Marseille, puisque les faïences de ces localités ont toutes les caractères des faïences du Nord.

En 1696, les sieurs *Jacques Feburier*, *de Doornick* (Tournay), et *Jean Bossu*, *de Gent* (Gand), furent appelés par *le magistrat* (conseil communal) de Lille pour y établir la première fabrique.

On lit dans la requête de ces potiers qu'ils ont fait découverte de certaines terres, très-propres à fabriquer *à la façon de Hollande, et d'aussi belle et bonne qualité, et beaucoup plus fine que celle que l'on fabrique à Tournay.*

Jacques Feburier est mort en 1729. La manufacture continua sous *François Boussemaert*, gendre de Feburier, et devint si importante en 1732, qu'elle occupait plus de quatre cents familles, et avait quatre fours et deux grands moulins à six chevaux.

Le sieur *Petit* succéda à Boussemaert, mort en 1778.

Le musée céramique de Sèvres possède de cette manufacture lilloise une espèce d'hôtel portatif, ou ornement, à décor camaïeu bleu, sur lequel on lit l'inscription suivante :

Fecit Jacobus Feburier
Insulis in Flandria
Anno 1716
Pincet Maria Stephanus[1] *Borne*
Anno 1716.

Le décor est tout à fait dans le genre de Delft.

Le Christ qui se trouve au milieu porte le cachet évident de l'école hollandaise.

Ce *Marie-Etienne Borne;* un autre *Claude Borne*, né en 1710, son frère ou fils, qui travaillait plus tard à Rouen et en 1751 à Sinceny, et dont on connaît un plat, au cabinet de M. Beaudry, à Rouen, décoré dans le goût rouennais, et signé :

Claude Borne 1756 [2]

et enfin, *Etienne Borne*, qui vivait vers 1773, et que les archives désignent comme le «Doyen des peintres, membre de l'Aca-

1. Étienne en français.

2. On a vu dans l'article *Nevers* qu'il existait aussi dans cette ville des potiers qui s'appelaient Borne, ce qui me paraît indiquer que Nevers, aussi bien que Rouen, Lille et autres centres de fabrication de faïences et porcelaines de cette époque, étaient encore obligés de faire venir des ouvriers et artistes des Flandres et de la Hollande.

démie de peinture, et adjoint pour la décision des prix de l'école de dessin, » sont les trois Borne, dont se compose cette famille de céramistes.

Claude Borne, qui travailla plus tard, en 1751, à Sinceny en Picardie, se retrouve en 1752 à Doornick (Tournay) et à Mons.

Aucune marque n'est connue de la manufacture de Feburier et Boussemaert, à laquelle on a cependant voulu attribuer, mais sans preuves ni raisons plausibles, le monogramme :

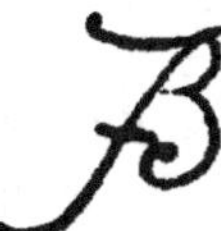

que M. Lejeal attribue à la fabrique de Fouquet de Saint-Amand, sans plus de probabilité.

On a aussi observé que la marque de la *fleur de lis* pouvait également être attribuée à Lille, puisque les armes de cette ville consistaient de 1667 jusqu'à la révolution, dans « *de gueule à une fleur de lis en chef.* »

En 1711, les sieurs *Dorez*[1] et *Pelissier* avaient acheté, comme nous verrons au chapitre qui traite des porcelaines lilloises, une ancienne *manufacture hollandaise*, établie depuis 1708, et repris la fabrication dans une construction, située *au quai de la Haute-Deûle*, sous les remparts, et tout près de la manutention militaire, où un grand tableau de faïence se trouvait placé au-dessus de la porte.

Cette manufacture ne cessa que vers 1828 ou 1829, et non pas au commencement du dix-neuvième siècle comme M. Houdoy le croit.

Un grand pot d'une collection d'amateur à Lille, qui porte l'inscription :

N. A
Dorez
1748,

c'est-à-dire la signature de *Nicolas-Alexis Dorez*, petit-fils de Barthélemy Dorez, est la seule pièce connue, marquée d'un nom de céramiste.

Le sieur Héreng était, de 1750 à 1755, propriétaire de la

1. Barthélemy Dorez, le même qui a fabriqué de la porcelaine à pâte tendre.

manufacture, qui, en 1786, passa à *Hubert-François Lefevre*, et après lui aux sieurs *Masquelez* ou Masquelier, son gendre, et *Lefevre jeune, le fils*, sous lesquels elle cessa entièrement vers 1827 ou 28. Une théière de la collection Level, actuellement au musée de Cluny, est marquée :

Lille 1768.

Le *Dictionnaire des Postes aux lettres* de l'année 1802, ne mentionne plus de fabrique de faïence à Lille, mais celui de 1817 en parle.

Cambray est la signature qu'un amateur, qui possède un bol marqué ainsi, attribue à un peintre céramiste de Lille, du temps de Masquelez. Cette signature pourrait bien être celle de la *ville* de Cambray.

Les carreaux en faïence que M. Houdoy possède, et dont il a donné quelques-uns au musée archéologique de Lille, après l'acquisition faite à la mort de Lefevre, fils d'Hubert-François Lefevre et beau-père de Masquelez, n'ont pas été peints à Lille comme M. Houdoy le croit, mais à Paris, en 1823 ou 1824, par le peintre sur porcelaine *Tragère* père, dont un des fils, M. Jules Tragère, est encore employé aujourd'hui à la manufacture de Sèvres en qualité de peintre de fleurs. Ces carreaux ont été peints en couleurs tendres et cuites au feu de mouffle, de manière que ces exemplaires ne devraient pas figurer parmi les produits purement lillois.

On a aussi essayé de fabriquer dans cette usine des *faïences en mosaïque*, c'est-à-dire par morceaux rapportés, semblables aux anciens vitreaux peints avant le seizième siècle. Ces essais de mosaïques ont été peints aux couleurs tendres, cuites au petit feu de mouffle, comme le décor de la porcelaine à laquelle ils ressemblent, et réunis ensuite en tableau. M. Hachette jeune, le fabricant des plaques en lave pour le numérotage des rues, à Paris, possède encore un de ces tableaux peints par M. Mortelèque, à Paris, qui est signé de lui, et porte le millésime 1823. MM. Lebour et Martinet ont pris en 1863 un brevet pour la fabrication de ces faïences mosaïques : ils ignoraient sans doute la priorité lilloise.

On rencontre quelquefois, comme on a vu plus haut, des faïences signées :

Lille

mais très-rarement, et il est difficile de fixer à laquelle de ces différentes manufactures lilloises elles doivent être attribuées.

C'est dans la manufacture fondée par Barthélemy Dorez, que le peintre céramiste lillois, M. Hippolyte Pinart, a passé sa jeunesse avec son ami Aimar, ancien fabricant de faïence retiré des affaires, et dont j'ai signalé l'essai de la reprise de la fabrication de la poterie à émail de lave. Les localités où la manufacture était installée sont occupées aujourd'hui par une filature.

En 1740, le sieur *Wamps*, de Lille, y établit une troisième fabrique de faïences, destinée, comme l'énonce sa requête, à *la fabrication des carreaux de faïence, à la façon de Hollande*, dont le sieur *Masquelier* ou Masquelez (pas confondre avec Masquelez ou Masquelier, le gendre de Lefevre) devint, en 1755, propriétaire, et qui y joignit la fabrication des faïences de toute espèce, et particulièrement celle des fontaines, qui furent ordinairement marquées du monogramme :

M.

En 1758, *Héreng*, probablement le Héreng déja nommé, y établit une fabrique de poêles; en 1773, l'Anglais Guillaume *Clarke de Newcasle*, une fabrique de faïences anglaises, et, en 1774, un sieur *Chanon* y monta une sixième fabrique pour la confection des *terres cuites brunes à vernis plombifère, dites de Saint-Esprit, et à la façon d'Angleterre et du Languedoc.*

Une belle cheminée en faïence de Lille, décorée en camaïeu bleu, se trouve au musée de Cluny, à Paris.

La pétition des faïenciers de l'année 1790, conservée aux archives de Nevers, constate aussi l'existence, à cette époque, de deux fabriques à Lille. M. Debruyne et M. Salomon y fabriquent encore aujourd'hui des poteries, mais il n'y existe plus de fabriques de faïences.

MARSEILLE (Bouches-du-Rhône).

TERRE CUITE AU VERNIS PLOMBIFÈRE. 1625
FAÏENCES A ÉMAIL STANNIFÈRE. 1697

Dans un manuscrit de la Sorbonne, rangé sous M. S. H. I. 44., on lit dans une pièce intitulée : « *Extrait des parties employées en l'estat général des bastiments du roy, dont la dépense est à faire et commandée par S. M., en la présente année* 1625, » qu'un certain Antoine Clericy, de la ville de Marseille, travaillant pour donner plaisir à S. M., *en terre sigillée* et *autres terres pour faire des carreaux esmaillés, pots, vases* et *autres choses*, avait obtenu pour gages 600 livres, mais que cette somme fut réduite à 300 livres. »

On ne connaît aucune pièce marquée de ce potier qui pourrait prouver qu'il ait fabriqué de la vraie faïence à émail stannifère, puisque le plat marqué de son nom, ne peut pas lui être attribué; il aurait dû le faire à l'âge de cent ans ! Le mot *esmaïllé* était employé à cette époque aussi bien pour désigner les vernis plombifères et alcalins de la poterie que le véritable émail, et la *terre sigillée* est une terre glaise des Iles de l'Archipel. La poterie en terre sigillée de ces îles porte ordinairement l'empreinte d'un sceau et n'a rien de la faïence. Les anciens attribuaient à la terre sigillée toutes sortes de vertus.

Un plat du plus ancien fabricant de faïence connu de Marseille, de *A. Clerissy*, est signé :

A. Clerissy, à Saint-Jean-du-Désert, 1697, *Marseille*;

c'est-à-dire daté une année après l'établissement de la fabrique lilloise.

Ce plat a-t-il été fait accidentellement dans ce faubourg de Marseille ? doit-on faire remonter la fabrication des faïences Marseillaises effectivement à la fin du dix-septième siècle, et non pas à 1709, au potier Jean Delaresse, dont on retrouve plus loin une mention ? Les documents manquent pour pouvoir se prononcer avec certitude.

La pétition des faïenciers de l'année 1790, conservée dans les archives de la ville de Nevers, constate qu'il existait encore à cette époque 11 fabriques de faïences à Marseille.

On verra aussi dans l'article qui traite des faïences de Quimper, qu'un potier du nom de *Bousquet de Marseille* y a fondé vers le commencement du dix-huitième siècle la première fabrique; mais rien ne prouve que Bousquet avait auparavant déjà une fabrique à Marseille.

M. Moussoury de Rozan fabrique encore aujourd'hui de la faïence, et MM. Martin frères, de la poterie.

La faïence de Marseille est dans le genre de celle de Moustiers, et rappelle aussi la fabrication de Strasbourg. La majeure partie est cuite au petit feu de réverbère. Le *vert de Savy*, plus vif que la plupart des verts employés à Strasboug, et un peu de relief que les émaux du décor forment sur la face plane de l'émail blanc, la font distinguer au connaisseur expérimenté, de la faïence de Strasbourg. Généralement dans les styles Louis XV et Louis XVI, beaux de rocaille, elle est d'un émail blanc et suave. La pâte en est cependant un peu épaisse. (Une assiette de Savy se trouve dans ma collection.)

Cette faïence, quand son décor montre du rose, genre de l'Alsace et de la Lorraine, est, à quelques exceptions près, aussi commune que la faïence ordinaire de Strasbourg. Son rose est un peu plus foncé et plus empâté, et le sujet souvent chinois[1] ou les têtes sont plutôt marseillaises que chinoises. On connaît de ces fabriques très-peu de pièces importantes. Les belles fontaines et les autres grands ouvrages dans ce genre de décor proviennent plutôt des fabriques de la Lorraine ou de l'Alsace que de celles de Marseille. Zurich, en Suisse, a fait le même genre, et les fabriques du Nord, comme celles du Midi, avaient adopté la rocaille saxonne; mais la rocaille, fabriquée dans le Midi, est moins bien modelée et moins variée que celle du Nord.

Savy, dont la manufacture fut établie en 1745, obtint en 1777, après la visite de Monsieur, frère du roi, un brevet de ce prince. On croit qu'à partir de cette époque ses faïences furent marquées d'une fleur de lis[2]. Cette marque se rencontre souvent sur des faïences dont les décors, la pâte et l'émail indiquent le type du Midi, sans qu'on puisse les lui attribuer encore avec

1. *Sinceny* en Picardie, et quelques autres usines du Nord ont cependant produit ce même genre de chinoiserie.

2. La fleur de lis ne se rencontre pas seulement sur les objets d'art de provenance française, elle est de tous les pays, et son origine même pourrait être attribuée à plusieurs contrées. Il y a des archéologues qui croient y retrouver l'abeille impériale dégénérée. Les écussons à fleurs de lis se rencontrent d'abord, antérieurement au douzième siècle, sur les sceaux des empereurs d'Allemagne, sur la couronne de quelques rois d'Angleterre et sur l'écusson des rois de Navarre, et ce n'est que depuis cette époque que la fleur de lis figure dans les armoiries des rois de France. On verra dans l'appendice qu'un bas-relief en terre cuite de ma collection, et fabriqué à Nürnberg au quinzième siècle, montre même Charlemagne recouvert d'un manteau orné de fleurs de lis.

Les fleurs de lis sont assez communes en Allemagne, en Suisse et même en Italie. Dans ce dernier pays, ce sont les fleurs de lis de Firenze (Florence) qui sont les plus connues.

On est donc autorisé à supposer que ces emblèmes viennent d'Allemagne, d'autant plus qu'ils tirent leur origine de la forme, non pas d'une fleur, mais d'un

certitude. On croit que Savy a aussi fabriqué plus tard la porcelaine, mais j'en doute.

Madame Beaven[1], à Paris, possède un confiturier charmant qui est marqué de la fleur de lis, ainsi qu'un dessous de veilleuse qui porte à côté de la fleur un

P,

initiale qui ne se rapporte nullement au nom de Savy et qui montre par là que rien n'est certain dans l'attribution de cette marque.

En 1779, existaient les usines suivantes :

Agnel et *Sauze; — Battelier; —* et *Antoine Bonnefoi*, qui marquait

B.

Boyer ; — Michel Eidoux; — et *Fauchier*, qui marquait

F.

(Une assiette dans ma collection.)

fer de lance ou plutôt d'un fer de hallebarde, arme qui n'est connue en France que depuis 1450. Vouloir fixer les époques, d'après les différentes formes des fleurs de lis, est inadmissible, puisque les plus anciennes formes ont été souvent reprises à des époques postérieures. Rey (dans son *Histoire du Drapeau, des Couleurs et des Insignes de la monarchie française*, Paris, 1837, œuvre écrite sans la connaissance des travaux archéologiques étrangers) dit, « qu'il n'est pas possible de décider à quel siècle appartient un monument fleurdelisé par la forme que les fleurs de lis y affectent, et que la grande ressemblance prouve l'impossibilité de les classer systématiquement par siècle. » On lit aussi dans ce même ouvrage « que la cotte d'armes de saint Louis était déjà fleurdelisée; qu'on attachait du prix, en ce temps, à obtenir du roi comme récompense la faveur de placer dans ses armoiries la fleur de lis des armes de France ; que Philippe-Auguste avait, avant son départ pour la Terre sainte, en 1199, donné des armoiries à la ville de Paris où il mit, entre autres pièces, des fleurs de lis d'or sans nombre déterminé ; que la municipalité de Lille avait déjà, en 1280, des fleurs de lis dans ses sceaux, » etc. On croit que Charles V fixa à *trois* les fleurs de lis de l'écusson de France, nombre indéterminé précédemment ; mais j'ai rencontré de ces écussons à trois fleurs de lis sur des ouvrages martelés du treizième siècle. Tout ce que je puis indiquer, afin de guider l'amateur dans l'appréciation des époques des différentes formes de fleurs de lis, c'est qu'elles étaient, du douzième au quatorzième siècle, étroites et hautes, comme des fers de hallebarde, et quelquefois ornées de chaque côté d'une tige de fleur. — A partir du quinzième siècle elles prirent des formes larges et courtes et furent rarement ornées de tiges de fleurs.

1. La collection céramique de cette dame est une des plus riches et des plus importantes pour les porcelaines de Chine, de Sèvres et de Saxe, ainsi que des anciennes fabriques artistiques françaises et allemandes (Vincennes, Chantilly, Wien, Berlin, Funkesthal, Ludwigsburg, Nimphenburg, etc.). On y trouve entre autres une potiche de Chine à fond bleu et décorée de fleurs, branchages et oiseaux, dans le genre des émaux sur cuivre, dont je n'ai vu nulle part l'équivalent.

Fesquet et Cᵉ; — *Leroi aîné;* — *Manusque;* — *Pierre Perrin fils* et *Abellard*, qui marquaient

P.

(Une soupière dans la collection de M. Jubinal.)

Veuve Perrin, qui marquait

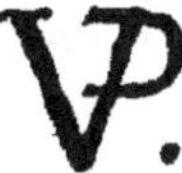

Joseph, et *Gaspard Robert*[1], qui marquaient

R., aussi

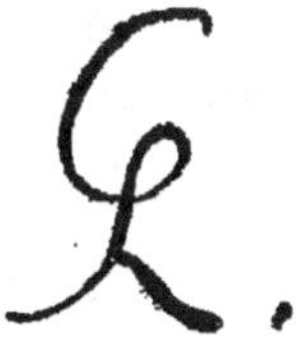

Honoré Savy; — et *Jean-Baptiste Viry.*

Il y avait aussi, en 1709, à Marseille, un potier qui s'appelait *Jean Delaresse*, mais il n'y a pas fabriqué de faïence.

Jacques Borelly ou *Boselly* signait en toutes lettres.

Une coupe, forme calice, de ma collection, espèce d'ébauche

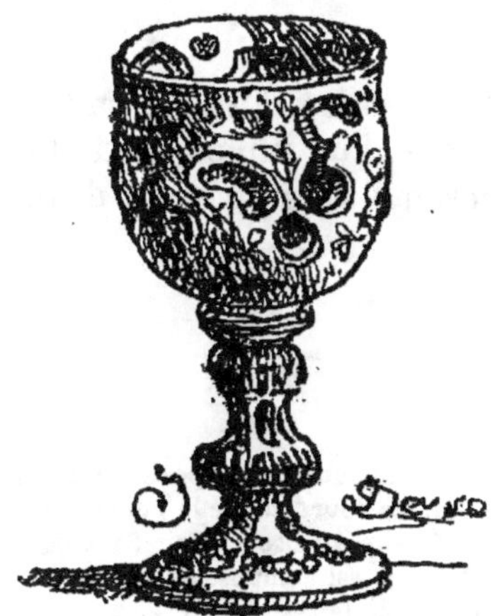

1. Gaspard Robert, député à l'Assemblée du tiers-état en 1789, paraît avoir cessé ces fonctions en 1793.

très-artistique de forme et travaillée à jour, en pâte lourde, en décor rouge et vert, et un cache-pot, sont signés :

Jacques Borelly, 1781[1].

Sauze, de 1809, est le dernier fabricant de faïences connu de Marseille; c'était sans doute un fils ou petit-fils du *Sauze* de la fabrique d'*Agnel* et *Sauze* déjà nommée plus haut.

Une assiette de la collection de M. Francis Wey, à Paris, est signée :

φ P.

Cette marque qui ressemble à celle de Moustiers, paraît être le monogramme de Perrin.

B. P.

est le monogramme recueilli sur une salière appartenant à M. Caillot, à Paris.

Les *Dictionnaires des Postes aux lettres*, par Lecousturier, des années 1802 et 1817, ne mentionnent plus aucune fabrique de faïence à Marseille.

Quelques plats que l'on pourrait attribuer à Marseille et qui sont conservés au château de la Favorite, près Baden-Baden, sont marqués :

G.

Au cabinet de M. Leroux[2], à Paris, on trouve une garniture de drageoir, composée d'un milieu rond et de six pièces demi-circulaires, d'un ensemble de 60 cent. de diamètre, marquée :

R
P
M. R.

1. M. Oscar Honoré écrit le nom de ce potier *Boselly*, et croit qu'il est allé s'établir à Savona en Italie. La lourdeur de la pâte de la coupe de ma collection autorise à penser que M. Honoré a raison. (Voir Savona.)

2. Le cabinet de M. Leroux est composé de pièces de choix. La céramique y figure par de magnifiques exemplaires de Nevers, de Rouen, de Moustiers, de faïences musulmanes et italiennes, et de quelques beaux grès d'Allemagne. Tableaux, meubles, ivoires, émaux, bronzes, cuivres repoussés, horloges, etc., complètent cette collection remarquable.

La forme des fleurs et feuillages, où le vert, le jaune et le brun indiquent *ou* les fabriques de l'Alsace *ou* celles du Midi, me porte à attribuer cette céramique à *Marseille*, puisque le décor forme au toucher un faible *relief*, ce qui signale ordinairement une provenance méridionale.

M. Leclerc, à Lisieux, possède deux compotiers, forme feuille, décorés dans le genre courant des faïences de l'Alsace et de Marseille, c'est-à-dire à fleurs, vert, rose et jaune, qui portent le monogramme

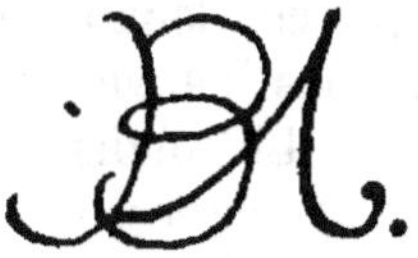

Une grande aiguière avec sa cuvette, de la collection Guerard à Paris, deux pièces décorées à fond vert de mer, les plus beaux exemplaires que je connaisse de la fabrique de la veuve Perrin, porte la marque de cette fabricante, le

V P. (réunis en monogramme, v. p. 491.)

Le musée de Kensington, à London, possède des exemplaires de la fabrique marseillaise sous les nos 3604 et 3832; ce sont deux pièces d'un service à thé, à fleurs en relief, que le musée a payées 5 *livres sterling!*

Rolet, potier (voir les villes de Moustiers et d'Urbino).

Parmi les faïences de Marseille, on en rencontre souvent qui sont marquées simplement d'une croix noire tracée au pinceau. On pense que c'est là une pratique superstitieuse du décorateur, qui y appliquait cette marque quand il avait terminé sa douzaine.

Il existe d'anciennes faïences de la Silésie prussienne qui ressemblent beaucoup à celles de Marseille.

La fabrique *Memmingen,* près Kaufbäuern en Bavière, en a produit de semblables, et Avigliano, dans la Basilicate, en Italie, a vu s'établir également dans ses murs, à la fin du dix-huitième siècle, des potiers marseillais qui ont fabriqué des faïences, différant seulement par la lourdeur de la pâte de celles de Marseille. Le décor est absolument le même, et les formes adoptées étaient celles du style rocaille, comme dans le midi de la

France, où l'influence de la fabrique de Meissein s'est fait sentir comme il a été déjà observé.

La faïence de Marseille et du midi de la France, en général, doit être classée parmi les imitations de la faïence de la Lorraine et de l'Alsace. La première fabrication de la fin du dix-septième et du commencement du dix-huitième siècle, qui diffère tant soit peu dans les nuances des faïences de Strasbourg, et montre l'influence des poteries de Flandre et de l'Italie, était insignifiante.

J'ai déjà fait observer que ces deux différents produits, quand ils sont dépourvus de marques, peuvent être confondus — tellement ils se ressemblent. — Le soi-disant *vert de Savy* se retrouve sur les faïences alsaciennes, — et la forme festonnée des plats et assiettes est aussi la même. Je dois donc répéter que l'amateur peut néanmoins reconnaître les faïences de Marseille à ce signe, que les émaux de couleur du décor forment, pour ainsi dire, relief sur la surface blanche, de manière à être *sentis* quand on passe la main dessus; tandis que les décors de la faïence de Strasbourg ne forment *aucun relief* sur la surface blanche, *qui est toute plane au toucher*.

Les potiers du Midi ont, comme ceux de Nevers, fabriqué quantité de faïences industrielles à inscriptions. Les devises et rimes nivernaises montrent plus de caractère et plus d'originalité ; mais celles du Midi, copiées souvent d'après les œuvres locales de quelques poëtes du temps, dénotent plus de goût, quoique aussi peu d'orthographe et de mesure. Comme type de ce dernier genre, je citerai cinq assiettes des fabriques de Marseille, décorées finement en camaïeu jaune et très-bien dessinées ; elles appartiennent à M. Saint-Léon, à Paris; les inscriptions se trouvent sur les marlis [1].

Sur une de ces assiettes, où l'on voit trois personnages en costume Louis XV, il y a l'inscription suivante :

Le berger Pâris couronna
Jadis une pucelle,
Et la pomme qu'il donna
Était pour la plus belle.

Un dieu, princesse, dans ce jour
Vous rend le même hommage,
Et vous recevez de l'amour
Un tendre gage. (Air de Joconde)

1. *Marli* signifie, en terme de potier, le bord intérieur de l'assiette ou du plat. *Filet au marli* désigne les lignes d'or ou de couleur que le peintre décorateur trace sur la limite de l'extrémité intérieure du bord qui court en parallèle avec le centre.

Sur une autre assiette, dont le décor montre un homme ivre, représenté entre deux femmes, le potier a inscrit :

> Par la vapeur d'un vin nouveau
> Lucas s'était un jour embrouillé le cerveau.
> En revenant chez lui sa *veüe estoit* si trouble
> Que sa femme lui parut double.
> Grand Dieu ! s'écria-t-il, par quel forfait affreux
> *Ay* je *peu meritter* un sort si déplorable :
> Je n'avais qu'une femme et j'étais malheureux,
> Lancez sur moi la foudre redoutable
> Plutôt, grand Dieu ! que de m'en donner deux !

La troisième assiette, où le décor représente un âne portant sur son dos une famille tout entière, et qu'un garçon de bonne mine conduit, porte l'inscription suivante :

> Fuyons, fuyons l'embarras de la ville ;
> Dans ce détestable séjour,
> *Parans,* amis, procès, amour,
> Causent mille chagrins ; on n'est jamais tranquille.
> Tout rit, tout plaît dans ces hameaux,
> Un doux repos y flatte la nature,
> Pas d'autre bruit que *celluy* d'un ruisseau
> *Quy,* d'un agréable murmure, nous reproche à table
> Qu'on méprise ses eaux,
> Qu'on méprise ses eaux !

Le décor de la quatrième assiette montre un berger et deux belles dames, toujours en costumes de Louis XV, qui font fuir par l'ampleur de leurs *paniers*-crinolines, deux oies, qui se sauvent en criant ; l'inscription dit :

> Quand je *boys* de ce bon vin
> Ma raison s'en va beau train ;
> L'on en sert aux dieux de moins délicieux ;
> Son feu monte à la tête.
> Mais *celluy* qui vient de vos yeux,
> C'est au cœur qu'il s'arrête,
> C'est au cœur qu'il s'arrête, Philis !

Sur la cinquième assiette, le peintre a représenté *trois* personnages qui paraissent former une de ces petites troupes d'acteurs de pantomimes que Callot a reproduits dans ses dessins.

Un pierrot est juché sur un âne, un des autres cabotins frappe sur le tambour. On lit :

Buvons à nous *quatre chaqu'un* quelques coups
S'il y a quelqu'un d'entre nous *quy* en *veille* rabattre,
Donnons-lui cent coups,
Donnons-lui cent coups.
Si l'amour nous *prenne*
Chassons-le bien loin,
Prenons le verre à la main.
Si c'est de nos maîtresses
Prenons du vin encore plus grand soin !

Le musée de Cluny possède plusieurs grands plats et terrines à couvercles qui représentent des animaux (coqs, poules, etc.), et que l'on attribue à Marseille. Pour moi, il y a doute. Ces plats proviennent plutôt de la fabrique de *Schretzhheim*, près d'Ellwangen dans le Wurtemberg, où les potiers Wintergurst en ont fabriqué et dont on peut voir quelques exemplaires dans l'office du château de la Favorite, près de Baden-Baden.

MONTPELLIER (Hérault).

POTERIE.

FAÏENCE A ÉMAIL STANNIFÈRE.

Le Vouland, potier, a marqué :

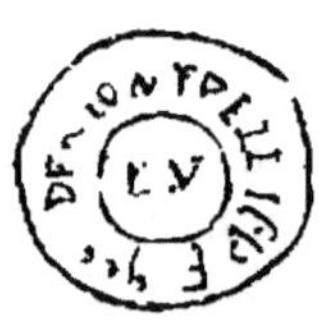

Jacques Olivier y a fabriqué à partir de 1718, et obtenu en 1729 une patente royale.

Une autre fabrique, établie par

André Philippe de Marseille, a ses produits représentés au musée de Sèvres; établie vers 1790, elle existait encore en 1820. Ce doit être de cette dernière fabrique que proviennent les vases, les porte-bouquets et les tasses décorées en camaïeu jaune avec l'aigle impériale, que l'on rencontre souvent à Montpellier, et qui y ont été fabriqués sous le premier empire.

La liste des faïenciers pétitionnaires de l'année 1790, conservée dans les archives de Nevers, constate qu'il existait à cette époque deux fabriques de faïences à Montpellier.

M. *Jean Joullié* y fabrique actuellement de la poterie.

DU MONTEL (Saône-et-Loire), près Charolles.

M. Laurjoris, qui a exposé en 1819 et 1830, a marqué :

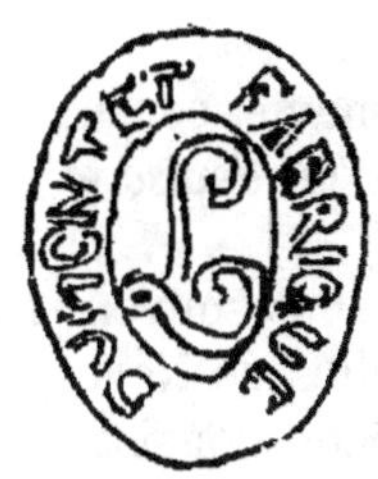

BORDEAUX (Gironde).

Faïence a émail stannifère, selon les uns à partir de 1705 selon les autres, de 1714

(Voir les carrelages bordelais, p. 398.)

Le chevalier *Jacques de Hustin* établit la première fabrique de faïence à Bordeaux, en 1705, dans la rue qui porte encore aujourd'hui son nom, et obtint (en 1745, selon M. Henri Devier, en 1717 selon d'autres), grâce à M. de Tourny,[1] le brevet de faïencier royal.

Hustin et ses successeurs ont fabriqué les faïences connues sous le nom des *faïences de la Chartreuse*, destinées à l'usage de cette communauté établie au faubourg de Bordeaux, près du cimetière. Cette faïence est souvent marquée :

Cartus. Burdig

abréviation de Cartusia-Burdigalensis. Le musée de Sèvres possède une de ces pièces. L'inscription est le plus souvent accompagnée des *armes du cardinal de Sourdis*, François d'Escubleau, surmontées de la croix archiépiscopale et d'un chapeau de cardinal, et des *armes du frère Ambroise de Gasq*, surmontées de la toque de conseiller au Parlement. M. Joseph-Simon Ferrère, à Bordeaux, possède deux assiettes ornées *seulement* du chiffre de cet ancien conseiller, mort au couvent des Chartreux en Calabre et qui, avant son entrée en religion, s'appelait Blaise de Gasq, baron de Portets, et était conseiller au Parlement de Bordeaux. Il avait institué pour son héritier universel ce même ordre des Chartreux, à condition de fonder un couvent de Chartreux et une église à Bordeaux.

De Sourdis fut un autre bienfaiteur qui y établit un hôpital. C'est donc par reconnaissance que les Chartreux firent souvent accoler sur leur vaisselle les armoiries de ces deux seigneurs.

Plusieurs vases de pharmacie, conservés dans des collections d'amateurs, portent aussi la *devise et l'écusson des Carmes de Bordeaux.*

Les faïences de Hustin sont souvent fort artistiques, et ressemblent quelquefois à celles de Nevers, de Rouen et de Moustiers. Les couleurs du décor consistent en *bleu, vert* et *violet* (manganèse foncé, dans le genre de celui de Nevers); mais on ne rencontre *jamais du rouge,* ce qui paraît indiquer que l'on y a suivi l'école nivernaise.

M. Ferrère, déjà mentionné, possède aussi, de la fabrique de Hustin, une grande fontaine à deux médaillons et à deux robinets, et une bouteille, cette dernière datée de 1776.

Raimond Monsau était un autre fabricant, presque contemporain de Hustin, et qui fit venir des ouvriers de Nevers. M. le docteur Charraupin, à Bordeaux, possède de ce potier une gourde qui est signée:

Monsau 1783,

et un bénitier, marqué:

M.

André et Jean-Étienne Monsau, fils de Raimond Monsau, étaient renommés, l'un comme modeleur, l'autre comme décorateur.

Une famille de potiers nivernais, du nom de *Letourneau*, vint se fixer à Bordeaux en 1789, et y fournit une pléiade de faïenciers, hommes et femmes, qui y introduisirent tout à fait le genre de fabrication de leur pays.

Jean-Étienne Monsau fut longtemps associé aux travaux de cette famille, et ne s'établit seul que bien plus tard, vers 1798.

Plusieurs autres fabriques de faïences ont aussi succédé simultanément à celle de Hustin, qui dut s'éteindre à l'époque de la révolution, car la liste des pétitionnaires faïenciers de

1790, conservée aux archives de Nevers, constate 8 fabriques existant à cette époque à Bordeaux.

La plus importante en était celle de *Boyer*, qui n'a cessé qu'en 1840.

Un M. Monsau, petit-fils et neveu des faïenciers susnommés, vit encore à Bordeaux et s'occupe de peintures céramiques.

Bardou; — *Gammin*; — *Desbats*; — et *Musset* étaient des fabricants de faïences à Bordeaux, et il y en a encore d'autres dont on ignore les noms, mais aucun de ces potiers n'a produit des faïences qui méritent une place dans la collection d'un amateur. (Voir aussi Gorsin, à Saint-Gaudens.)

Johnston, associé au céramiste *Saint-Amans* (voir Lamarque, Sevres et Creil), établit en 1835 la grande usine de Bacalan à Bordeaux (voir les porcelaines bordelaises), dont les successeurs MM. *Vieillard*[1] *et Ce* y fabriquent aujourd'hui de fort remarquables poteries où les décors rappellent les meilleures productions de Moustiers.

Letourneau est le nom d'un autre fabricant à Bordeaux, qui produit également encore.

Les collectionneurs bordelais les plus zélés sont MM. Azam, Brochon, Charraupin, Desmaison du Palan (Caderon), Henry Devier, Ferrère, Jouriaux et Roussel.

Pour éviter des méprises, l'amateur doit observer que les armes de la ville de Bordeaux consistent en *trois croissants entrelacés* et sont *absolument* les *mêmes* que *celles de Diane de Poitiers*. L'engouement de vouloir attribuer tout ce qui porte des croissants entrelacés à cette hideuse courtisane pourrait souvent entraîner à des erreurs.

QUIMPER (Finistère).

FAÏENCE A ÉMAIL STANNIFÈRE. Vers 1705

Fabrique importante fondée au commencement du dix-huitième siècle, par le potier *Bousquet de Marseille*, dont je n'ai pu trouver aucune trace parmi les faïenciers de cette localité. (Voir Marseille). Bousquet maria une de ses filles, au potier de Nevers, son successeur, qui à son tour maria sa fille unique

1. M. Vieillard, l'ancien précepteur de l'empereur Napoléon III.

à son successeur, le potier *Coissy de Rouen*, à qui M. Fougeray attribue avec probabilité la marque

C. O.

recueillie sur une céramique de sa collection.

Un énorme plat rond de 60 cent. de diamètre, à décor camaïeu bleu, appartenant à madame Rouvier, à Roskoff (Finistère), et qui porte au revers un grand :

A.

me paraît avoir été aussi fabriqué sous la direction de ce potier rouennais.

Coissy eut pour successeur son gendre *Delahubaudière*, auquel on attribue la marque que voici

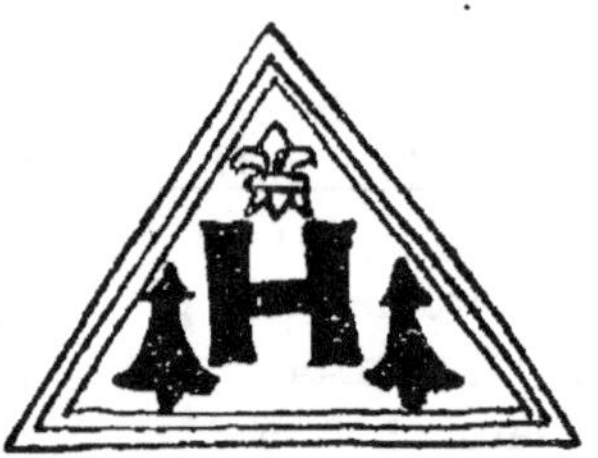

Cet habile industriel, qui avait élevé la fabrique à l'importance d'une manufacture, obtint le privilége exclusif de la fabrication de la faïence pour toute la Bretagne, privilége funeste au développement de l'industrie céramique en cette province, à qui la révolution mit heureusement fin. La manufacture existe encore aujourd'hui sous la raison sociale *Delahubaudière et Ce*, et sous l'habile direction de l'un des associés, M. *Fougeray*, elle occupe 80 ouvriers et 5 fours.

L'ancienne faïence de cette usine peut être divisée en deux genres distincts : celui où le décor imite le *Nevers* de la troisième époque (chinoiseries-hollandaises en camaïeu bleu de 1640 à 1750), et celui fait sous Coissy, qui est tout à fait *rouennais* en poli et monochrome et qui reproduisait toutes les espèces de la peinture rouennaise, à partir du beau décor rayonnant jusqu'aux cornes d'abondance. M. *Fougeray* croit que la fabrique a aussi imité le Moustiers, mais je n'en ai pas encore rencontré. Il est impossible, même pour le connaisseur le plus expérimenté, de distinguer la faïence genre Nevers de Quimper, de celle du vieux Nevers de la troisième époque, à laquelle elle ressemble sous tous les rapports comme la potiche de la collection de M. le capitaine Goguet, à Quimper, le démontre. Quant à la faïence de l'époque suivante, fabriquée sous Coissy, le connaisseur pourrait quelquefois la distinguer de celle de Rouen par l'épaisseur de la pâte et l'abondance des cracelures de l'émail défectueux qui ressemble à celui de la faïence de Meudon; mais le décor est souvent aussi beau que le plus beau de Rouen, et se signal seulement pour l'œil exercé par un peu plus de crudité dans les nuances, et par un bleu un peu plus foncé. M. le capitaine Goguet, à Quimper, possède également une céramique fort remarquable de cette fabrication, une potiche belle de forme et de dessins, que tout le monde prendrait pour de la belle faïence rouennaise de la bonne époque.

Cette manufacture a aussi fabriqué et produit encore de la faïence allant au feu, par exemple des plats festonnés ovales où l'envers est en brun chocolat, et le dessus en émail à fond blanc décoré de fleurs, tout à fait dans le genre de la *Fabrique de la République*. (Voir Ollivier Paris.)

Les nombreuses fontaines à côtes et les plats, les unes et les autres, souvent en brun chocolat, comme les terres cuites attribuées à Avignon, que l'on rencontre dans toute la Bretagne, sortent de cette manufacture qui était jadis une des plus importantes et des plus artistiques de la France. L'énorme quantité d'anciens poncis que M. Fougeray m'a montrés à ma dernière visite à Quimper dénote partout la main d'artistes, et quelques-uns mêmes celle d'un maître. — Il y en a de tous les genres : figures, ornements, fleurs, etc.

Aujourd'hui, la manufacture a abandonné la fabrication de la faïence artistique; mais elle produit à côté de son genre varié de *poteries de toutes espèces* et de ses faïences communes décorées *au grand feu*, qui se distinguent par leur rouge éclatant, si difficile à obtenir au feu dur, du *grès uni et orné*, dont la glaçure est le résultat de la haute cuisson et non pas d'un vernis, comme dans grand nombre de grès anglais.

Les poteries, grès et faïences anciens et modernes de cette fabrique sont *très-rarement* marqués, quelquefois cependant ils portent une signature.

M. *Adolphe Porquier* est un autre fabricant, qui travaille encore actuellement à Quimper avec trois fours.

M. Gadan, à Vannes, a dans sa collection deux assiettes décorées de fleurs jaunes, vertes et brunes, marquées :

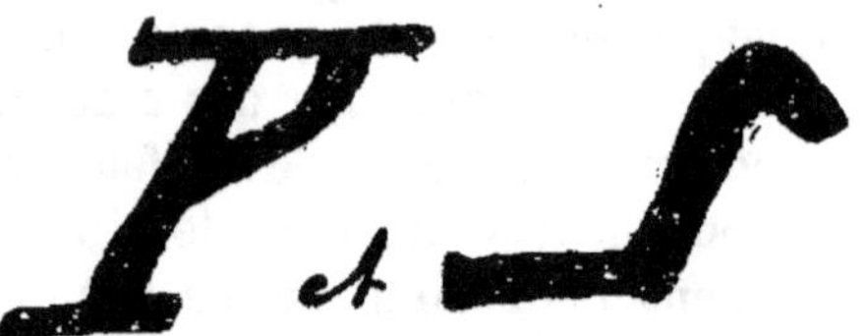

qu'il attribue à cette seconde fabrique dont j'ignore la date de la fondation.

M. *Tanquery* est à la tête d'une troisième fabrique.

La liste des fabricants de faïence de 1790, conservée dans les archives de Nevers, mentionne déjà *deux* fabriques à Quimper, mais le *Dictionnaire des Postes aux lettres*, par Lecousturier, de 1817, ne parle que d'une seule.

STRASBOURG et HAGUENAU (Bas-Rhin).

FAÏENCE A ÉMAIL STANNIFÈRE. 1719

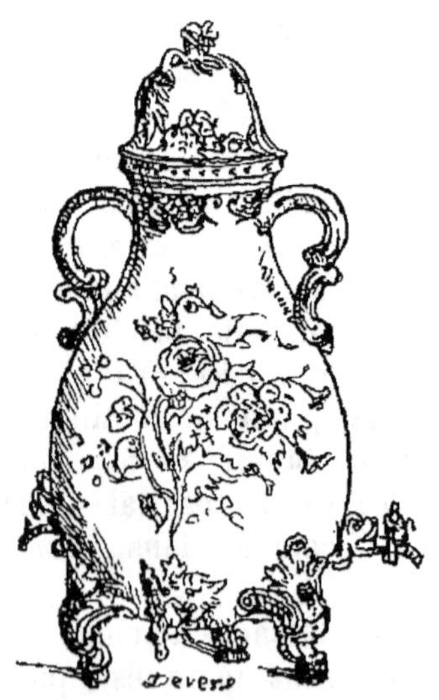

Cafetière à trois robinets, en faïence de Strasbourg, de ma collection.

Wackenfeld[1], de la fabrique d'Anspach et Bayreuth (aujourd'hui Bavière), obtint de la ville, en 1719, une concession de terrain pour y construire un four à porcelaine et s'associa, en 1720 avec *Charles François Hanung* ou *Hannong*, né à Maestrich en 1669, mort en 1739, fabricant de pipes à Strasbourg depuis 1709[2]. Il paraît que la faïence a été fabriquée à Strasbourg simultanément avec la porcelaine, mais il est fort probable que cette première poterie y *a été déjà faite bien avant* 1719 ; cependant je n'ai trouvé aucun document qui aurait pu me fournir des indications. En 1740, on voit apparaître le nom de *Paul Antoine Hannong* et deux de ses fils, *Paul* et *Joseph Hannong*, tandis qu'il ne fut plus question de *Wackenfeld*.

Les *Dictionnaires des Postes aux lettres*, par Lecousturier, des années 1802 et 1818, mentionnent toujours une fabrique de Strasbourg, comme fabriquant de « *belles faïences*, » ce qui paraît indiquer qu'elle n'a pas cessé de fonctionner sous le consulat, l'empire et la restauration.

Paul Hannong a marqué :

PH., aussi PH

(Une, surtout, de la collection Jubinal montre la première marque.)

Joseph Hannong

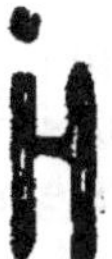

Une pendule rocaille, au musée de Cluny, porte sur le cadran en toutes lettres :

Strasburg

1. Voir *l'initiale* à la *localité indéterminée*, à la suite de l'article des faïences de Strasbourg et Haguenau.

2. *Bibliographie alsacienne*, publiée à Strasbourg en 1864. Voir au chapitre des porcelaines hollandaises qu'un Hollandais aussi, le nommé Wytemans, de Bois-le-Duc, fut breveté pour la fabrication de la porcelaine.

Une autre pendule, également rocaillée, mais bien plus belle et bien plus grande (1 mètre 15 cent. hauteur), et surmontée d'une statuette qui représente le *Temps*, fait partie de la collection de M. Aigoin à Paris.

Cette pièce hors ligne, qni est supportée par un cul-de-lampe aussi richement rocaillé que le corps principal, est signée du monogramme de Paul Hannong (1740 à 1760), et ornée de cariatides parfaitement modelées. Le cadran est ici en bronze à heures émaillées et le décor, comme toujours, au feu de réverbère, en rose, bleu, vert et manganèse.

On peut encore citer comme de forts beaux échantillons de la peinture à petit feu, exécutée sur des faïences de Strasbourg, deux plaques de 21 sur 28 cent. de la collection Jubinal[1], à Paris; ce sont des camaïeux rose : l'un la *Déclaration d'amour*, l'autre l'*Heureuse mère de famille*.

La première fabrique de faïence de Strasbourg paraît avoir servi en France de modèle, puisqu'on lit même encore dans une patente de 1767, accordée à Maurien des Abiez, pour l'établissement d'une manufacture de faïence à Vincennes « dans le genre de celle de Strasbourg, » et « qu'il était notoire qu'il n'existait en France aucune manufacture qui produisît des faïences comparables en beauté et solidité à celles de Strasbourg. » Chose singulière cependant, la pétition des faïenciers de l'année 1790, trouvée dans les archives de la ville de Nevers, ne constate plus l'existence d'une seule fabrique de faïence à cette époque à Strasbourg même, mais bien de deux fabriques à Haguenau.

M. J. Schuh fabrique actuellement à Haguenau des faïences blanches et brunes, ainsi que des poêles.

Les Hannong ont quelquefois employé la dorure, mais rarement.

(Des exemplaires *dorés* sont dans ma collection et au château de la Favorite, près Baden-Baden.)

La faïence de Strasbourg, de toute l'Alsace et de la Lorraine, a été imitée dans le midi de la France, particulièrement à

1. La collection de cet amateur se compose d'un grand nombre de tableaux, de tapis, de sculptures, de cuivres repoussés, de fers martelés, de bijoux en argent, etc., et d'un joli choix d'objets céramiques dont une grande partie consiste en faïences.

Marseille. Les produits de Strasbourg et de Marseille, souvent sans marques, se ressemblent beaucoup et peuvent être facilement confondus, puisque le vert, dit de *Savy*, se retrouve, dans les mêmes nuances, sur les faïences du *Nord*. L'amateur pourrait cependant reconnaître les faïences de Marseille au relief des couleurs des fleurs et ornements du décor quand, en passant la main sur la surface d'une assiette ou d'un plat, il sent une faible saillie : l'émail de la faïence de Strasbourg est bien plus lisse et n'offre au toucher aucune convexité.

LOCALITÉ INDÉTERMINÉE.

(Probablement dans l'Alsace.)

FAÏENCE A ÉMAIL STANNIFÈRE.

Des compotiers dentelés, décorés à fleurs roses et vertes, sur un beau fond d'émail blanc, dans le genre des faïences de Strasbourg, sont marqués :

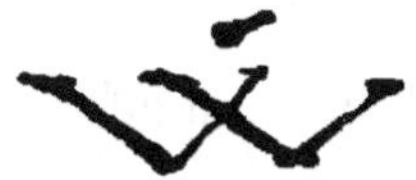

C'est peut-être l'initiale de Wackenfeld (voir Strasbourg).

On trouve aussi une marque semblable dans les poteries suisses (Zurich), mais elle est du seizième siècle et dans le sens opposé.

GIROULENS (Basses-Pyrénées).

FAÏENCE A ÉMAIL STANNIFÈRE (?).

Il paraît qu'il existe des faïences fabriquées dans cette localité, et qui sont marquées en creux dans la pâte *des armes des ducs d'Adrets*.

Avis aux chercheurs !

PARIS.

TERRE CUITE SANS COUVERTE. 1700 à 1746

Guil. Coustou père, né en 1678, mort en 1746, de qui le Louvre possède un *Hercule sur le bûcher*, le morceau de réception à l'académie, exécuté en 1704. Deux statuettes de cet artiste, en terre cuite sans couverte, et représentant toutes les deux des Bacchus de différents âges, font partie de ma collection. Elles ont 23 centimètres de hauteur.

APT (Vaucluse),

A 48 kilomètres d'Avignon.

Terre cuite au vernis plombifère. 1720
Faïence a émail stannifère. Jusqu'à l'époque actuelle.

Des terres cuites marbrées, style Louis XVI, d'une conformation toute moderne, et qui offrent ordinairement aussi peu de caractère artistique que les terres de pipe anglaises auxquelles elles ressemblent par leurs formes. M. Édouard Pascal possède cependant un beau vase de cette fabrique. Orléans en 1780, et Rubelles en 1836 ont travaillé dans le même genre; on en a fabriqué également à Thuin, près Perpignan. La collection des Arts et Métiers, à Paris, possède des échantillons de la fabrique moderne d'Apt. M. E. Pascal a aussi dans sa collection un porte-huilier, jaune nankin, de forme rocaille, sur lequel se trouvent quelques ornements qui rappellent le style de la Renaissance.

On rencontre des pièces datant du dix-huitième siècle, marquées :

R.

La première fabrique a été fondée en 1718, à Castellet, dans le Luberon, à huit kilomètres de la ville, par le potier *Moulin*, fabrique qui fut transférée plus tard à Apt.

Bonnet y établit une seconde usine en 1785; elle est encore aujourd'hui en pleine activité, et Sèvres possède d'elle un échantillon.

Six autres établissements y fabriquaient simultanément avec M. Bonnet, et expédiaient leurs produits en Espagne, en Italie et dans les colonies.

Le *Dictionnaire des Postes aux lettres*, par Lecousturier, de l'année 1817, mentionne une fabrique de faïence; mais celui de 1802 ne parle d'aucune. Il y eut cependant, à cette date, l'usine de la veuve Arnoux, et en 1830 celle de M. Reybaud.

Actuellement, il y a à Apt les manufactures de faïences de MM. Aquillon; — Andibert; — E.-H. Bonnet; — J. Bonnet; — Brémond; — Esberard; — Matthieu; — H. Parret; — Chaix; — Coupini; — Martin; — Reybaud; — F. Reybaud; — Seymard et Zicher.

VAL-SOUS-MEUDON ou BAS-MEUDON, près Paris.

FAÏENCE A ÉMAIL STANNIFÈRE. Vers 1720

Cette fabrique, qui avait ses fours au lieu dit : *Le Ru-Couvert*, au *Val-sous-Meudon*, existait encore en 1818 ; mais elle ne produisait alors que de la vaisselle commune en terre de pipe.

Un saladier, appartenant à M. de Marne, ancien maire de Meudon, et qui avait été fait pour son grand-père, Claude Pelisie, serrurier du roi, des châteaux de Meudon et de Bellevue, et de la manufacture de Sèvres, est marqué :

Claude Pelisie, 1726.

Un plat ovale, de cette même provenance, est marqué :

3 P

Le fabricant de poteries à Meudon aurait-il porté le même nom que le serrurier ?

C'est une pâte excessivement épaisse, lourde et modelée très-grossièrement. L'émail est bleuâtre et entièrement fendillé de grosses craquelures, mais le dessin de la bordure, en camaïeu bleu sur fond blanc, a beaucoup de cachet, et paraît être exécuté sans poncis. Le décor de l'intérieur du plat représente un atelier de serrurier avec tous ses ustensiles; on y voit un homme à l'enclume et un autre à la forge.

Un plat festonné de cette provenance, dans la collection Michel Pascal, est décoré d'un carrosse armorié d'un écusson à deux C entrelacés en sens inverse (comme le monogramme de la faïence du comte de Custine de Niederviller), surmonté d'une couronne de comte, et porte en toutes lettres le nom de la personne à laquelle le plat a appartenu :

M. Sansont, 1738.

M. E. Lamasse [1], qui demeure aussi à Meudon, possède un autre plat de cette fabrique, lequel est également décoré en camaïeu bleu, avec un ornement au milieu. Le décor res-

1. M. E. Lamasse s'est fait construire à Meudon une maison gothique à l'instar de celles qu'on voyait jadis en Alsace. Il a installé là sa collection, qui se fait remarquer par des meubles de la renaissance allemande.

semble à celui des faïences de Rouen, mais la pâte en est bien plus lourde, et l'émail bien plus mauvais.

Le *Dictionnaire des Postes aux lettres*, par Lecousturier, de l'année 1817, mentionne une *fabrique de poterie* à Meudon; mais celui de 1802 n'en parle pas.

La fabrique de MM. Mettenhoff et Mourot marque :

M. M. (estampillé en creux dans la pâte.)

CLERMONT-FERRAND (Puy-de-Dôme).

Terre cuite au vernis plombifère.	Vers 1720
Faïence a émail stannifère.	Vers 1730

La terre cuite vernissée de Clermont-Ferrand est ordinairement en brun nuancé comme la carapace polie d'une tortue; ces poteries, coloriées ainsi au moyen du manganèse ferrugineux, se distinguent de celles d'Avignon par des nuances plus foncées, mais plus claires cependant que celles des poteries de Monte-Lupo en Italie.

La fabrication *des faïences* à émail stannifère introduite à Clermont par le potier *Claudessole,* qui s'y était établi dans la rue Fontgievre, s'est révélée avec certitude par la belle buire ou aiguière de la collection de M. Édouard Pascal à Paris, pièce qui porte en toutes lettres :

Clermont-Ferrand, 1734.

Sans l'inscription, cette faïence aurait pu passer pour un produit de Moustiers; composée d'une pâte et recouverte d'un émail pareil à celui des faïences de cette localité, elle est décorée, ainsi que son similaire, d'ornements à arabesques. Ces ornements se terminent sur le devant de la panse, par l'image allégorique du *Temps, tenant une faux.*

On connaît encore un *pot à eau de la fabrique de Clermont* ayant appartenu à M. Rossignol, seigneur de Balagny, et qui porte ses armoiries ainsi que l'inscription :

Convalescence de M. Rossignol, intendant d'Auvergne; M. Pyrol, trésorier de l'Ordre, 26 mars 1738.

Les *Dictionnaires des Postes aux lettres*, par Lecousturier, des années 1802 et 1817, mentionnent une *manufacture* de faïence à Clermont-Ferrand et il y a encore actuellement celle de M. Lacollange-Baricaud.

Des fouilles opérées dans les pays environnants ont mis a jour une grande quantité de haches et autres ustensiles celtiques de l'âge de la pierre, et encore bien plus d'antiquités romaines, gallo-romaines et gauloises.

Le nombre prodigieux de poteries romaines et gallo-romaines trouvées dans l'ancienne *Augustonemetum*, accuse l'importance de cette colonie romaine ; on a recueilli plus de quatre cents noms de potiers romains et gallo-romains.

La ville possède un musée d'antiquités sous la direction intelligente de M. Bouilli.

DESVRES (Pas-de-Calais).

Poteries (?). Vers 1725

Cette fabrique établie d'abord par *César Boulonne* à Colombert, village près Boulogne fut transférée en 1732 à Desvres où *Dupré Poulaine* a continué a produire jusque vers 1732.

M. Reynolds, à London, possède plusieurs échantillons qu'il tient de la famille des Dupré-Poulaine même.

L'un est signé:

Desvre.

Un autre en marge :

D. P. (*Dupré-Poulaine.*)

Il existe encore aujourd'hui à Desvres une fabrique de carreaux de faïence.

VARAGES,

Bourg dans le département du Var, à 7 lieues de Moustiers.

Faïences a émail stannifère. 1730 à 1740

La première fabrique de cette faïence de vaisselle peu artistique, a été fondée par Bertrand, dont les descendants se trouvent encore aujourd'hui à la tête d'une des quatre fabriques existantes, qui ne fabriquent cependant que de la faïence très-commune.

Bayol,	Grosdidier,
Clérissy,	Guignon,
Fabre,	Laurent,
Grégoire-Richeline,	Montagnac,

sont les autres potiers connus de Varages. La marque d'une ✝(noire, bleue ou rouge tracée au pinceau) est le signe attribué exclusivement, mais à tort, à cette localité, à laquelle on ne devrait l'attribuer que lorsque tout le reste le permet. Il existe beaucoup d'autres faïences également marquées d'une croix et qui ne sont nullement de Varages. On pourra plutôt indiquer comme signe distinctif les contours de décor tracés au noir. Beaucoup de ces faïences sont décorées à dessins chinois dans le genre de Strasbourg, de Sinceny et de Marseille.

Brouchier y fabriquait vers 1837.

MM. Bertrand; — Guion; — Étienne Niel et Louis Niel y fabriquent encore aujourd'hui.

VALENCIENNES (Nord).

Faience a émail stannifère.	1730 à 1780
Terre cuite sans couverte.	1780 à 1795

On sait que *Claude* et *François Louis Dorez*, fils de Barthélémy Dorez, le potier de Lille, y établirent et dirigèrent des fabriques de faïence de 1730 à 1748. Le potier *Picard* était à la tête d'une autre fabrique de 1755 à 1779.

J. M. Renaud, céramiste et graveur-modeleur.

Cet artiste reçut le titre d'agrégé à l'académie de Valenciennes, le 2 novembre 1786, après la présentation de quatre petits bas-reliefs de forme ovale, de 11 centimètres de haut sur 22 de large, qui se trouvent actuellement encore au musée de cette ville, réunis dans un cadre sous le n° 390. Les sujets représentent : *les Titans foudroyés, la Famille de Niobé, le Festin des Dieux dans l'Olympe* et *la Danse des Nymphes*.

Renaud fut nommé l'année suivante académicien. Son morceau de réception, 101 médaillons à bas-reliefs, classés dans quarante-neuf cadres, dont l'artiste avait fait hommage à l'académie, a disparu sous la République.

Les registres de l'académie ne contiennent aucune indication sur le lieu de naissance de ce graveur-modeleur, qui probablement était natif de Valenciennes ou de Sarreguemines.

J'ai vu des médaillons en modules bien plus petits que ceux désignés ci-dessus, et en quelque sorte plus artistiques que les bas-reliefs de Nini, et marqués en creux dans la pâte :

R. et aussi I. M. *Renaud*.

On les rencontre dans plusieurs collections à Paris ; ils sont ornés de bas-reliefs d'après l'antique, de sujets mythologiques et autres, et d'effigies de personnes célèbres de l'époque. L'un est orné du bas-relief du buste de Paul Jones, commodore américain. On connaît un *médaillon en cire*, de la fin du dix-huitième siècle, qui est signé *Guillaume Martin Renaud* (Voir *Encyclopédie*, etc., par Pietro Zani. Parma, 1823). Est-ce là le même artiste ?

Eugène Rendu, à Paris, avait dans sa collection deux petits bas-reliefs carrés, signés :

R. P.

Au musée de la ville de Varzy, un charmant médaillon en terre cuite, de 75 millimètres de diamètre, où l'artiste a représenté en relief *une Offrande au Faune*, est signé :

M I Renaud F.

Le catalogue du musée Lorin, de la ville de Bourg, mentionne deux médaillons mythologiques en terre cuite, signés :

I. Renaud 1789.

La collection de Lecarpentier, vendue après sa mort, en mai 1866, contenait deux bas-reliefs : l'un, Famille de Satyre, et Satyre surprenant une femme endormie, et l'autre, Divinités de la Fable ; ainsi que cinq petits médaillons : la Balançoire, l'Amour monté sur un cheval, etc. (n°s 405 à 407 du catalogue).

Madame veuve Lefèvre-Cousyn fabrique encore aujourd'hui à Valenciennes de la poterie émaillée.

LUNÉVILLE (Meurthe).

FAÏENCE A ÉMAIL STANNIFÈRE. Vers 1731

TERRE DE PIPE (cailloutage).

Établie au faubourg de Willer, par *Jacques Chambrette*, en 1731, la manufacture fut plus tard connue sous le nom de la manufacture de *Stanislas*, roi de Pologne.

Charles Chambrette, *Gabriel Chambrette* son fils, *Charles-Loyal*, son gendre, et *Cuny* et *Keller*, ces derniers vers 1788, en furent successivement les propriétaires. Elle appartient actuellement à MM. Keller et Guérin; le premier est le petit-fils du Keller de 1788.

Une autre manufacture à Lunéville appartient à M. *Adrien Evrat.*

Toutes ces jardinières, de forme circulaire, et ornées de ces charmants décors Pompadour-*Vatteau*, sur fonds de paysage, et qui se signalent par la manière esquissée de leurs dessins, sortent de la fabrique de Lunéville, où les moules existent encore. Une de ces pièces fait partie de ma collection.

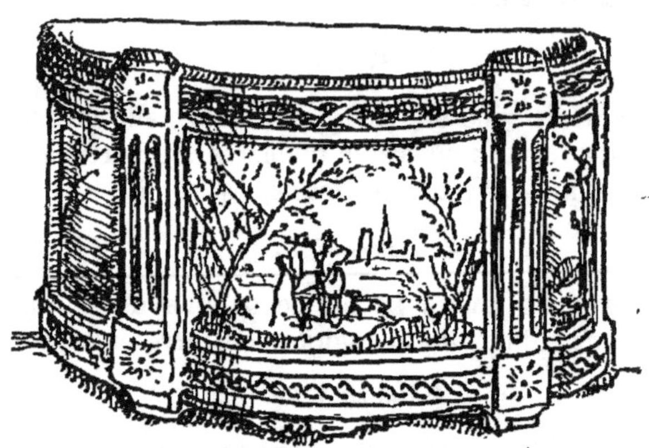

Jardinière en faïence de Lunéville à décor polychrome et au petit feu. (Collection Demmin.)

Des corbeilles à jour, dans le genre des porcelaines de Saxe, des lions et des chiens assis et couchés, ces derniers souvent en grandeur naturelle, proviennent, en majeure partie, de ces fabriques de Lunéville, où *Schneider* était un potier renommé. L'ancienne faïence de Lunéville est très-*légère* et ressemble presque à de la *terre de pipe*.

Les belles faïences sans marques (jardinières, par exemple), aux formes qui rappellent celles attribuées faussement à Sceaux-Penthièvre, où l'émail est blanc et suave, et le décor souvent à simples filets ou à petites fleurs d'or, sont presque toutes de Lunéville. (Voir ces pièces au musée de Rouen.)

Cyflet (Paul-Louis), modeleur et statuaire, né à Bourges en 1724, qui a aussi travaillé à Niderviller et à Nancy, vint se fixer en 1746 à Lunéville, où il a laissé des groupes et statuettes en biscuit d'une grande finesse d'exécution, et des statuettes en terre cuite de Lunéville, connue sous le nom de *Terre de Lorraine* [1].

On peut citer *le Baiser*, joli groupe dans la manière de Fragonard et de Houdon, ainsi qu'un beau buste de Voltaire, dont M. Valferdin, à Paris, possède des exemplaires marqués au-dessous du pied, en creux dans la pâte :

Cyflet, à Lunéville.

Cette même signature a été recueillie sur un groupe de *joueurs de cornemuse* de la collection de MM. D. M. Davidson.

Le groupe de Henri IV [2] et de Sully, et celui de Bélisaire, ainsi que la statue en pied du roi Stanislas se trouvent à la bibliothèque de Nancy.

Une statuette en terre de pipe blanche, au vernis plombifère, au musée de Cluny (2177), est encore une œuvre de Cyflet. Cette statuette représente le fils de Paul Rubens, petit enfant, assis sur une chaise. Il est modelé d'après le tableau peint par ce grand artiste en 1627, et qui se trouve actuellement au musée de Städel, à Frankfurt-sur-Mein, tableau qui est sorti de la collection du duc de Valentino, prince de Monaco, entre 1737 et 1752. Salvador Carmona l'a gravé sur cuivre en 1762, et dédié la gravure au marquis de Grimaldi. (Un exemplaire de cette gravure dans les cartons de M. Dusommerard et un autre dans les miens.)

Des trois fils de Cyflet, *Stanislas* se fit peintre, *François* ingénieur, et *Joseph* succéda à son père.

Le musée de Sèvres possède un groupe : *l'Oiseau mort*, qui est marqué

François,

signature qui pourrait bien être celle du jeune ingénieur.

Un groupe : *Léda*, appartenant à M. Bryant, est signé :

Léopold
Terre de Lorraine

1. Madame Caillard, à Paris, possède un grand nombre de médaillons en terre cuite qui se rapprochent tant soit peu des œuvres de Nini (artiste dont on trouve la biographie ci-après). Je pense que ce sont là des terres cuites de la Lorraine.

2. J'ai aussi rencontré ce groupe en faïence émaillée signé en toutes lettres *Huet*. Est-ce une contrefaçon?

La pétition des faïenciers de l'année 1790, conservée aux archives de la ville de Nevers, constate l'existence, à cette époque, de trois fabriques de faïence à Lunéville; mais le *Dictionnaire des Postes aux lettres*, par Lecousturier, des années 1802 et 1817, n'en mentionne plus qu'une seule.

MM. Keller et Guérin, les propriétaires de la manufacture la plus importante qui existe encore aujourd'hui à Lunéville, marquent en blanc au poncis :

K et C
LUNÉVILLE.

On y fabrique des faïences dans le bleu de Nevers d'une grande pureté, et d'un bon marché incroyable. Le fond bleu à décalques blancs et jaunes fixes, s'y fait également. MM. Keller et Guérin fabriquent, en outre, des faïences à décor polychrome, où le vert et le rose dominent. Ce sont des bouquets et des fleurs sur fond blanc, tout à fait dans le genre de l'ancien strasbourg, mais le décor est bien plus commun.

Une autre fabrique appartient à M. *Adrien Evrat.*

Actuellement la Lorraine ne possède guère qu'une dizaine de fabriques de ce genre.

Voir aussi la note de renvoi à *Sinceny*, concernant un monogramme composé d'un C et d'un S, que j'ai attribué à Joseph Le Cerf, des Islettes, établi dans le temps à Sinceny, et qui pourrait bien être un monogramme de Lunéville ou de Niderviller.

SAINT-CLÉMENT,

A 10 kilomètres de Lunéville.

FAÏENCE A ÉMAIL STANNIFÈRE, à partir de la seconde moitié du dix-huitième siècle.

Même fabrication qu'à Lunéville et à Niderviller, c'est-à-dire la plupart des faïences décorées au petit feu de réverbère.

La liste des faïenciers pétitionnaires de l'année 1790, conservée aux archives de la ville de Nevers, mentionne une fabrique de faïence, en activité à cette époque, à Saint-Clément.

M. Caillot, à Paris, possède un petit plateau octogone, décoré d'un paysage et qui est marqué en toutes lettres :

St Clement

LIMOGES (Haute-Vienne).

FAÏENCES. A partir de 1737, jusqu'à ce jour.

Massé ou *Massie* obtint, en 1737, l'autorisation d'établir une manufacture de faïence à Limoges, où il s'associa plus tard avec un nommé *Fournerat* et les frères *Grellet*, pour la fabrication de la porcelaine. (Voir *Porcelaine de Limoges*.)

On sait, par la liste des pétitionnaires faïenciers conservée à Nevers, qu'il existait encore, en 1790, une fabrique de faïence à Limoges, où M. *J. Pouyat* fabrique actuellement, et marque :

J. P.
L.

M. Dussont fils aîné, y fabrique de la faïence et de la poterie.

MENNECY (Seine-et-Oise),

A 7 kilomètres de Corbeil.

FAÏENCE A ÉMAIL STANNIFÈRE. Vers 1735

On verra au chapitre des porcelaines françaises, que la *pâte tendre* s'est fabriquée à *Mennecy-Villeroy* (château), vers 1735, et cela sous la protection du maréchal de Villeroy.

Certaines *faïences* à décor polychrome, attribuées jusqu'ici à Rouen, doivent être restituées à la fabrique de Mennecy.

Le décor de ces assiettes et plats, ordinairement festonnés et d'une pâte lourde, représente souvent des oiseaux, espèces de perroquets entourés de branchages, de feuilles et de fleurs, et tels qu'on les rencontre sur les faïences rouennaises, où les oiseaux sont le plus souvent en *bleu*, tandis que ceux du décor de la faïence de Mennecy sont ordinairement d'un *vert jaunâtre* qui rappelle le vert de Delft.

Les têtes de ces perroquets ressemblent aussi dans le décor de Mennecy plutôt à des cailloux ronds taillés (*onyx* ou agathe), qu'à des têtes d'oiseaux.

Des œillets *bleus* et d'un *rouge* vif jaunâtre, tirant sur la brique, des branchages d'un brun noirâtre et la présence de papillons qui accompagnent presque toujours les oiseaux, sont encore des signes qui peuvent guider pour faire distinguer la faïence de Mennecy de celle de Rouen, dont la teinte de l'émail blanc est presque aussi la même.

Depuis que j'ai acquis la certitude de l'existence de cette faïence, je n'ai pas encore rencontré de pièces marquées, mais le monogramme

D. V.

Celui du duc de Villeroy, ordinairement estampillé en creux sur les porcelaines à pâte tendre de Mennecy, pourrait aussi bien être la marque de la faïence.

Une théière de la collection de M. Eugène Laurent, à Paris-Montmartre, et une assiette festonnée de ma collection, toutes deux de Mennecy, offrent les signes distinctifs indiqués. La *belle* faïence de ce genre est fort *rare* et paraît avoir été fabriquée en *très-petite quantité*, mais on rencontre en profusion de la faïence *plus commune*, *plus récente*, et bien plus grossièrement peinte, qui paraît de la même provenance ou des environs de Mennecey. Tels sont les quatre grands plats creux, enseignes de marchands, de la collection de M. Eugène Laurent. Les inscriptions de ces plats sont intéressantes en ce sens, qu'elles prouvent que *Strasbourg* a aussi imité le décor *japonais* :

Magasin . dc bouteilles . a serises . et cloche . pour jardin.

Magasin . de poteries . de toutes espèces.

Magasin . de *fayençe de Strasbourg en japonée* . *camayeu* . rose et verd . terre de pipe et autre.

Magasin . de cristal de böeheme . dallemagne . et de France.

VAUVERT (Gard),

Petite ville à 20 kilomètres de Nimes.

TERRE CUITE AU VERNIS PLOMBIFÈRE ET GRAVÉE. Vers 1736

La *Gazette des Beaux-Arts* en a mentionné un plat signé.

SINCENY (Aisne),

Village près Chauny, en Picardie, dont l'orthographe était, jusqu'en 1745, *Sincheny*.

FAÏENCE A ÉMAIL STANNIFÈRE. Vers 1737

La première manufacture y fut établie par *Baptiste Fayard*, gouverneur de Chauny, seigneur de Sinceny, qui obtint des lettres-patentes en 1728. D'après les documents importants que possède M. Fouquet à Sinceny, il résulte que la fabrication n'a commencé qu'en 1737[1], sous le fils du seigneur Fayard, comme cela ressort de la phrase : *Depuis* 1737, *il est propriétaire, par succession, d'une manufacture de faïence*, contenue dans une pétition adressée au Comité du Salut public de Chauny, par Fayard, pour obtenir sa mise en liberté ; pétition que M. Lambert a rapportée dans une notice publiée par lui à Sinceny.

La fabrique du seigneur Fayard fut installée en 1737 par le potier *André Joseph Le Comte* [1], établi depuis 1733 à Lille, et enterré à Sinceny en 1765. L'origine de cette fabrique dérive donc encore du Nord, des écoles hollandaise et flamande, et non pas de celles du Midi.

Les produits de la manufacture de Sinceny peuvent être divisés en trois époques :

1° Faïences dans le goût de Delft et de Rouen, où le décor est souvent en camaïeu bleu ; De 1737 à 1770

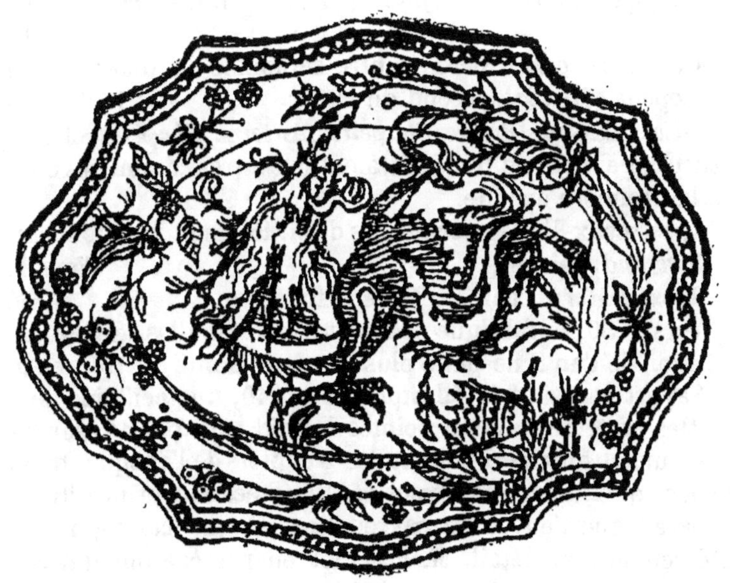

Plat en faïence de Sinceny, de 1737 à 1770. (Collection Lecarpentier.)

2° Faïences dans le genre des fabriques de la Lorraine, décorées au petit feu de réverbère, et où le rose et le vert dominent, comme dans les faïences de Strasbourg et de Marseille.

1. Voir la faïence de Martres.

Le *chinois* marseillais s'y rencontre souvent sur les assiettes, qui sont ordinairement à bords festonnés; De 1770 à 1780

3° Faïences de la décadence, c'est-à-dire d'un décor grossier, où le vert domine, et qui sont encore bien plus souvent en blanc sans aucune peinture. De 1780 jusqu'à ce jour.

Les premiers peintres céramistes de cette manufacture, mentionnés dans des documents de famille de M. F. *Fouquet fils*, à Sinceny, petit-fils d'un des anciens propriétaires, du successeurs de Fayard, étaient :

Michel Queteville, Vers 1737 à 1738

Malriat, Vers 1737 à 1738

Alexandre Daussy, Vers 1737 à 1738.

Les archives des villages ont, en outre, conservé les noms de :

Pierre Pellevé, premier *directeur* de la manufacture, 1737

Pierre Jeannot, peintre céramiste de Rouen, 1737

Philippe-Vincent Coignard fils, peintre céramiste de Rouen, 1737

Antoine Coignard père, peintre céramiste de Rouen, 1737

Léopold Maleriat, second directeur. De 1738 à 1775

Julien Léloup, *Pierre Chapelle*, *Antoine Chapelle* et *Joseph Bedoux*, peintres de Rouen, étaient les autres céramistes connus de la première époque.

Après ceux-là, les documents de M. Fouquet mentionnent :

Bertrand, peintre, Vers 1742

Gabriel Morin, natif de Nevers, tourneur. 1743

Vers 1750, la fabrique occupait trente familles, tandis que la pétition de l'an II ne parle plus que de soixante ouvriers en tout.

Fayart a aussi fait fabriquer, en 1740, une centaine de statuettes en terre cuite et peintes à froid, qui ont 10 pouces de hauteur, et qui représentent des troupiers de l'époque, tant cavaliers que fantassins. Ayant été destinées à un prince étranger, il paraît que l'envoi n'a pas eu lieu, et que ces figurines ont été vendues en détail. M. Fouquet en possède une qui représente un soldat de l'infanterie [1].

Claude Borne, peintre céramiste de Lille, et qui avait travaillé longtemps à *Rouen*, se fixa durant une année, de 1751 à 1752, à Sinceny, d'où il partit pour Doornick (*Tournay*), de là pour *Mons*.

1. Quelques personnes de la localité croient que c'étaient plutôt des jouets d'enfants.

De la seconde époque, celle de la fabrication des faïences genre Lorraine, décorées au petit feu de réverbère, on connaît :

Pierre Bertrand, peintre céramiste lorrain ;

François-Joseph Ghail, peintre céramiste de Doornick (Tournay) ; et

Joseph Le Cerf, peintre céramiste des Islettes, en Lorraine, de qui un plat ovale, ondulé et festonné de bords, et décoré de fleurs bleues, vertes, jaunes et roses, appartenant à M. Desmoutis, à Paris, est signé :

+C+ [1]
+S+

tandis que la marque ordinaire de Sinceny est :

·S·

Le musée de Sèvres possède une assiette, fort probablement fabriquée à Sinceny, qui porte inscrit :

Beuroanfosse,

nom altéré du village de *Buronfosse*, du département de l'Aisne, à 16 kilomètres de Vervins.

L'école céramique de Franconie ou plutôt de Suisse s'est trouvée aussi représentée pendant quelque temps, à Sinceny, par

Félix-Joseph Novat ou *Novack*, céramiste-modeleur suisse, de *Toggenburg*, entre Saint-Gallen et Constanz, qui produisait à Sinceny. Vers 1785

Fouquet (le grand-père de M. F. Fouquet, de celui qui demeure toujours à Sinceny où il possède de grandes propriétés et des usines) était le directeur de la manufacture de 1775 à 1795 ; et son fils propriétaire en 1796.

1. M. Aigoin, à Paris, possède une soupière de cette marque qui me fait douter que le C. S. soit bien le monogramme d'un potier de Sinceny. Elle est très-belle, et bien plus artistique que tout ce que je connais de cette fabrique. M. Charles Rossigneux, à Paris, a dans sa collection une corbeille à jour, également marquée de ce monogramme, et qui a tous les caractères des fabriques de Lunéville et de Niderviller.

L' ·S· entre deux points, indiqué plus haut, est le monogramme de *cinq pièces authentiques* de la collection de M. F. Fouquet fils. La collection de ce descendant d'anciens céramistes de la manufacture est la plus riche et la plus complète; elle contient à peu près deux cents céramiques, consistant presque toutes en faïences authentiques, qui avaient été conservées de père en fils, dans les familles d'anciens potiers.

Comme morceaux curieux de cette intéressante collection, on peut citer un *cadran de coucou*, à fleurs de lis, et daté de 1771 ; une sorte de petit pot à anse et rétréci d'en haut, qui, empli de sable, servait de contre-poids à ce même coucou ; un pot au millésime de 1757, et signé :

Rousselle,

le nom d'un potier qui travaillait à Sinceny vers cette date; un saladier festonné, à décor chinois, vert et rose, de la seconde époque, décor genre lorrain, et une semblable soucoupe, où on voit le *vert*, ordinairement attribué à *Savy*, de Marseille; et enfin, une assiette en faïence *parlante* ou à devise, au millésime de 1789, et qui rappelle, par son décor et par sa forme, la faïence populaire de la décadence de Nevers; elle est ornée de crosses d'évêques, d'épées et de bêches en trophées, avec le mot : *Réunion.*

Quant à *Rouy*, c'est une localité limitrophe de Sinceny, et les deux productions doivent être confondues.

Dans les précédentes éditions de ce *Guide*, j'avais parlé en premier des faïences de Sinceny, qui jusque là avaient été confondues avec celles de Rouen, de Marseille et de la Lorraine ; j'avais indiqué l'S, comme marque appartenant à la fabrique de Sinceny. Un traité spécial a été publié depuis sur cette faïence, mais l'auteur n'a apporté rien de nouveau, et a omis même les points les plus essentiels.

Le *Dictionnaire des Postes aux lettres*, par Lecousturier, des années 1802 et 1817, mentionne une *fabrique* de faïence à *Chauny*, qui ne peut être que celle de Sinceny, rétablie sous le consulat.

M. *Mandois* y fabrique actuellement de la faïence.

(Voir les porcelaines de Sinceny).

BOURG-D'OGNES, près de Sinceny (Aisne).

FAÏENCE A ÉMAIL STANNIFÈRE. 1737

La fabrique a été fondée en 1737 par *Christome Lecomte*, de Lille, père d'*André-Joseph Lecomte*, le plus ancien potier de Sinceny, et elle remonte à la même date que celle du seigneur Fayard de Sinceny. On croit aussi qu'un M. *de la Fosselière y était directeur*. La fabrique a cessé vers 1774, après avoir été consumée par un incendie. M. Fouquet possède un petit modèle du château d'Abeycourt, qui a été modelé et fabriqué par ce Christome Lecomte.

VAUVERT.

FAÏENCE A ÉMAIL STANNIFÈRE. 1736

Fait par moy Jean Gautier à
VAUVERT CE 10 AVRIL 1736

et :

Camarade bevount tandi que le vin et bont
Vyala D. D.

sont des inscriptions recueillies sur des céramiques de cette provenance.

Le fils de ce Jean Gautier père, *Jean Gautier* fils aîné, a créé plus tard à *Anduze* une fabrique de vases à fleurs, également de terre, vernissée en vert et quelquefois en marbrée.

SCEAUX-PENTHIÈVRE, près Paris.

FAÏENCE A ÉMAIL STANNIFÈRE. (Voir les observations à l'article des *Porcelaines* de ce même Sceaux.) 1740

Cette faïence est décorée dans le genre de celle de Strasbourg, où le rose et le vert dominent, et où il y a abondance de bouquets et de fleurs ; mais le décor de celle-ci est plus fin et plus soigné.

Les jardinières demi-circulaires, ornées de paysages et de sujets genre Vateau, *esquissées* d'une manière charmante, et que l'on attribuait ordinairement à Sceaux-Penthièvre, sont de fabrication *lunévilloise*, comme le démontrent les anciens moules qui existent encore dans la fabrique de Lunéville.

Le sceaux est d'une pâte fine et légère et l'émail est blanc et suave.

La fabrique fut établie par le professeur de chimie *Chapelle*, de Paris, qui marquait, de 1751 à 1760 :

S. X.

Le sculpteur *Jacques* et le peintre *Julien*, qui en devinrent les acquéreurs, marquaient de la même manière, de 1760 à 1772.

Glot, autre sculpteur, propriétaire en 1772, signait jusqu'en 1774 :

SCEAUX,

et adopta, sous le patronage du duc de Penthièvre (grand amiral), en 1774, l'ancre :

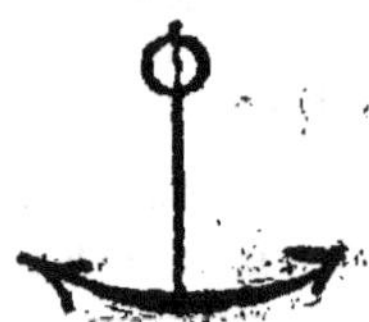

L'amateur doit cependant observer que la porcelaine en pâte tendre, c'est-à-dire la faïence translucide, de Venise, de Chelsea (Angleterre), de Poppelsdorf (Allemagne), ainsi que la faïence suédoise de Gustafsberg, sont également marquées d'une ancre ; mais leurs formes diffèrent, — et le genre et la qualité de ces poteries sont tout autres. Il y a plus de faïences de Sceaux sans marque qu'il n'en existe de marquées, mais elles se reconnaissent à la légèreté de la pâte, à la finesse et au genre particulier de leurs décors.

Je pense que la faïence vendue en 1776, rue Saint-Honoré, près la rue de l'Échelle, à Paris, que l'*Intelligenzblatt* dit provenir de la fabrique *royale de M. Chapelle*, était un produit de la fabrique de Sceaux-Penthièvre, alors qu'elle se trouvait sous la direction de ce chimiste.

La liste des pétitionnaires faïenciers de l'année 1790, conservée dans les archives de la ville de Nevers, mentionne également la fabrique de faïence de Sceaux, qui, ayant passé vers 1795 à un nommé *Cabaret*, était devenue tout à fait industrielle, et ne confectionnait plus que de la faïence blanche commune.

Achetée par *Marceaux* en 1810, elle est, depuis 1845, la propriété de M. *Émile Auboin*, qui, tout en continuant le genre de fabrication de Marceaux, fait aussi confectionner des poteries artistiques pour les peintres céramistes ; pour M. Jean et autres.

Sèvres possède quelques jolis exemplaires d'une vieille faïence que l'on y attribue à la fabrique de Sceaux.

SAMADÉ, dans les Landes.

FAÏENCE A ÉMAIL STANNIFÈRE (?).

On m'a signalé des faïences fabriquées durant le dix-huitième siècle, dans une localité nommée *Samadé* ou *Samadet*, et dont le décor ressemblerait à celui de Moustiers.

Je donne cette note sous toute réserve, ne connaissant par moi-même ni l'endroit ni les produits.

LE GAULT (Loir-et-Cher),

A 36 kilomètres de Vendôme et à 45 d'Avignon.

FAÏENCE A ÉMAIL STANNIFÈRE. De 1740 à 1805

Fabrique fondée par les *de Doni*, seigneurs de Gault, qui eux-mêmes aimaient à s'occuper de la fabrication. Vers 1788, c'étaient des ouvriers d'Apt et de Moustiers qui y travaillaient et la fabrique fut fermée en 1805.

Quelques pièces portent le monogramme d'un

H réuni à un *A*.

On y a fabriqué des faïences à émail stannifère très-blanches, décorées souvent de poissons, lézards et autres animaux en *relief* et en *polychrome* sur fond blanc.

APREY (Haute-Marne), près Langres.

FAÏENCE A ÉMAIL STANNIFÈRE. 1740 jusqu'à ce jour.

Cette fabrique a été fondée par un sieur de Lallemand, seigneur d'Aprey, entre 1740 et 1750, et elle fut dirigée par Ollivier [1], céramiste de Nevers. Fermée en 1792, rouverte après la révolution, et devenue alors la propriété de Léon Gérard, elle fonctionne encore aujourd'hui.

Jary ou Jarry était un peintre habile de cette fabrique.

Les anciennes faïences d'Aprey sont décorées dans les nuances

1. Cet Ollivier serait-il celui de la rue de la Roquette (voir page 524) ?

des faïences de Strasbourg : le rose, le vert et le jaune dominent, et leur cuisson a toujours eu lieu au petit feu.

La marque la plus ancienne est l'

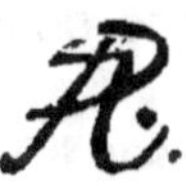

Aprey, en toutes lettres, est une signature plus récente.

(Collections de MM. Ed. Pascal, Mathieu Meusnier et C. W. Reynolds).

La liste des pétitionnaires faïenciers de 1790, extraite des archives de Nevers, constate l'existence d'une fabrique à Apray (*sic*) à cette époque.

Le *Dictionnaire des Postes aux lettres*, par Lecousturier, de 1817, la mentionne aussi, mais celui de 1802 la passe sous silence.

Aujourd'hui, c'est M. Abel Girard qui y fabrique de la faïence.

PARIS,

Rue Basfroy, près la Roquette.

FAÏENCES. 1749

On lit dans l'*Intelligenzblatt* de Leipzig, de l'année 1766, page 206.

« Rue Basfroy, près la Roquette, on fabrique dans la manufacture de M. Roussel des faïences qui sont intérieurement blanches, et extérieurement de couleur olive. On en fait toutes sortes de services complets. Cette faïence va au feu, est très-légère et à meilleur compte que celle faite en terre de pipe anglaise. La douzaine d'assiettes se vend de 3 à 5 livres. »

PARIS,

41, rue de la Roquette, faubourg Saint-Antoine.

TERRE CUITE A ÉMAIL STANNIFÈRE. 1742

Ollivier, qui avait une fabrique (fondée en 1742) 41, rue de la Roquette et qui y existait encore en 1802, a confectionné de beaux poêles en terre cuite émaillée et vernissée, et en faïence. Le poêle représentant la Bastille, au musée de Sèvres, et un tuyau de poêle de ma collection, qui est formé d'une corbeille remplie de grappes de raisins, de feuilles de vigne et d'un *soleil*, etc., le tout décoré en polychrome, sont de cet Ollivier, dont la manufacture se trouvait pour ainsi dire sous le patronage du gouvernement républicain, et portait le titre : *Fabrique générale de faïences de la République.*

Le poêle au musée de Sèvres (dont un pareil existe encore dans la rue de la Roquette) fut offert à la Convention par le manufacturier. Il paraît qu'Ollivier était bien en — club, — puisque Camille Desmoulins lui fit une grosse réclame dans un article des *Révolutions de France et de Brabant.* On y lit « que les patriotes embrassent M. Ollivier, et les aristocrates eux-mêmes sont forcés de mêler des compliments à d'*horribles grimaces.* Ce poêle conviendrait parfaitement à l'Assemblée nationale, dont il est tout à fait digne, si on ne craignait que les noirs et tous les culs-de-sacs ne vinssent, dans quelques-uns de leurs accès de rage, chanter (?) ce poêle-Bastille, comme le chantre et sa troupe sur le fameux lutrin. »

Outre les poêles, Ollivier a aussi fabriqué de la vaisselle.

M. Arosa, à Paris, possède un plat rond festonné en grossière et lourde faïence décorée de filets tricolores, et au milieu d'un médaillon à trois fleurs de lis et couronné d'un bonnet phrygien rouge, on lit : *Vive la liberté sans licence.* Ce plat qui est brun à l'envers, pour *aller au feu,* et qui porte en creux, estampillé dans la pâte, au revers :

Ollivier
à
Paris,

avait été fabriqué entre 1789 et 1792, ainsi que ceux de la même fabrique sur lesquels on voit des balances surmontées d'un bonnet phrygien bleu avec les mots : *liberté, égalité.* Ce même genre de plats *bruns* à l'envers et allant au feu a été fait et se fabrique encore à *Quimper* (Voir cette localité).

Ollivier a aussi laissé un cahier d'ornementations de poêles, sous le titre : *Collections de dessins de poêles de forme antique et moderne, de l'invention du sieur Ollivier.*

On lit sur ce fabricant, au *Busch Handbuch der Erfindungen,* t. IV, p. 95, la citation du *Journal für Fabriken* de 1798, p. 410.

« Louis-Franç. Ollivier, à Paris, a été breveté à la fin du mois d'avril 1802, pour une nouvelle manière de décorer la faïence et la terre émaillée, qui est très-propre à l'usage des numéros des rues, *moyennant leur contre-estampille* (?).

Ce malheureux manufacturier qui se trouvait avant la révolution à la tête du plus grand établissement céramique de France, fut forcé bientôt d'abandonner ses usines et mourut pauvre à l'hôpital. *Husson* reprit la fabrication qu'il céda plus tard à son neveu, M. Masson père, auquel ont succédé depuis MM. Masson frères, ses fils, qui fabriquent des faïences communes sur une grande échelle, plus de 1000 pièces par jour. Ils cuisent actuellement avec trois fours et occupent 19 mouleurs et un très-grand nombre d'ouvriers ; ils ont une machine à vapeur de broyage qui leur remplace trente manœuvres.

Après que M. Hippolyte Pinart y eut fait cuire ses célèbres peintures sur l'émail cru , MM. Masson frères adoptèrent en 1864 le procédé de ce genre de peinture pour une fabrication spéciale de produits plus artistiques qu'ils ont jointe à leur courant. Ils ont exposé pour la première fois au Palais de l'industrie au mois de novembre de la même année. C'étaient des faïences à décors variés et très-satisfaisantes, qui ont prouvé une fois de plus la supériorité de la peinture céramique sur le cru, si heureusement renouvelé à notre époque par M. Pinart, et après les procédés des anciens maîtres du nord de l'Europe et de l'Italie.

M. Marey peintre, est à la tête de l'atelier de la peinture céramique de la fabrique de la Roquette, et y produit les morceaux les plus beaux.

MM. Masson frères marquent leurs produits artistiques :

Peint sur le cru
Paris
Masson frères.

Marey, la signature de l'artiste susmentionné, se trouve quelquefois à côté de celle de la fabrique.

SAINT-AMAND-LES-EAUX (Nord),

Ancienne ville à 13 kilomètres de Valenciennes.

FAÏENCE A ÉMAIL STANNIFÈRE, A partir de 1746 jusqu'à ces jours.

Fouquet fils, né à Valenciennes, mort à Doornick (Tournay), paraît avoir établi la fabrique. C'est le même qui se trouve mentionné dans le *Calendrier du Gouvernement de Flandre, de*

Hainaut et Cambrésis de l'année 1775, comme propriétaire de deux fabriques de faïence et une de porcelaine, établies à Saint-Amand, et qui fut autorisé en 1785, par lettres patentes, à établir une fabrique de porcelaine à Valenciennes. Cette dernière marchait sous la direction de son beau-père Lamoniary.

Une théière en faïence décorée à fleurs, et appartenant à M. Fouquet, à Sinceny, est signée

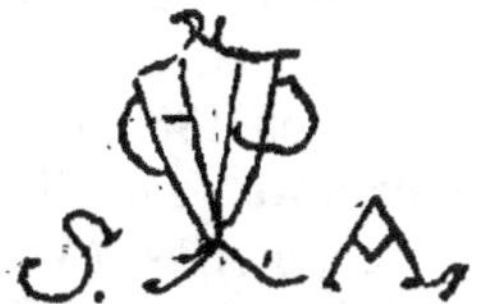

monogramme et initiales que j'attribue à Saint-Amand, d'autant plus que M. Riocreux attribue la marque que voici

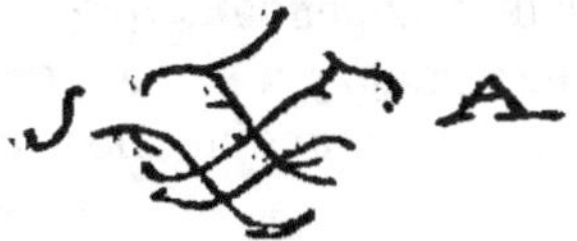

où l'on voit les mêmes lettres *S.* et *A* (Saint-Amand ?), également à cette localité.

M. Lejeal de Valenciennes qui a publié, depuis, une note sur ce même genre de monogramme, *sans* les lettres S. et A. dont voici le spécimen :

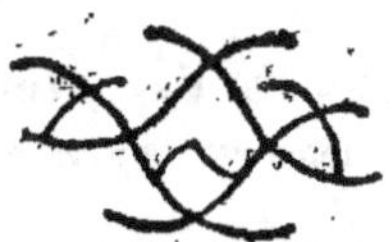

(marque qui varie souvent dans les détails de sa composition), l'attribue encore à Saint-Amand, contrairement à la classification de la dernière édition de mon *Guide*, où elle avait été indiquée comme appartenant à une fabrique alsacienne. Quant à l'interprétation par laquelle M. Lejeal veut lever le voile, elle est fort ingénieuse mais peu sérieuse pour ce qui regarde *les sabres*, qui pourraient, selon lui, vouloir représenter l'*épée* que Fouquet aimait à porter aux jours de cérémonie, en sa qualité de maître potier. J'ignore si ce Fouquet de Saint-Amand était parent de celui de Sinceny.

M. Lejeal nous a aussi appris que le même Fouquet, après

son retour de l'étranger où la révolution l'avait forcé d'émigrer, rétablit une fabrique de faïence à Saint-Amand en 1807, mais dont l'existence ne paraît pas avoir été de longue durée. Le même auteur cite les peintres suivants :

Bastenaire-Daudenart, père du chimiste et potier auquel on doit deux mauvais traités sur la céramique.

Desmuralle, peintre de fleurs.

Gaudry, Louis-Alexandre, né à Tournai, mort à Saint-Amand en 1820, paysagiste.

Henri de Bettignies, mort en 1866, établit à Saint-Amand en 1814, une autre manufacture; son fils fabrique encore aujourd'hui toutes sortes de poteries. (Voir pour ses porcelaines à pâte tendre, le chapitre des porcelaines françaises.)

Arras, Saint-Pol, Desvres, Saint-Omer et Hesdin, dans l'Artois, sont également des fabriques du Nord du dix-huitième siècle, qui n'ont produit cependant que de la vaisselle affreusement laide. M. Champfleury a signalé de ces fabriques :

I. De la collection du chanoine Derguesse, une pièce qui porte l'inscription :

Que cette salade vous fasse plaisir, monsieur Famelicq.

II. Un moutardier appartenant à M. Desvres, et qui représente un homme assis sur une chaise percée, avec la devise :

Ma moutarde est meilleure que celle de Dijon.

NIDERVILLER (Meurthe),

A 6 kilomètres de Sarrebourg.

FAÏENCE A ÉMAIL STANNIFÈRE. Vers 1746

Établie par le baron Jean-Louis Beyerlé, directeur de la Monnaie de Strasbourg, cette fabrique fut entièrement fondée à l'aide d'ouvriers allemands, et sous la direction du chimiste Anstatt : a marque sous Beyerlé, qui mourut en 1784, était

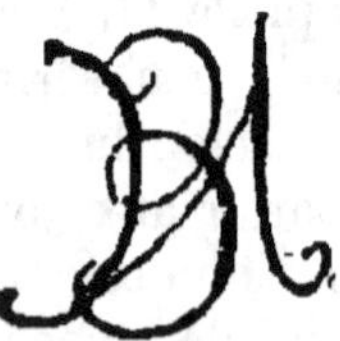

M. Aigoin, à Paris, possède deux coquilles de 22 cent. de

largeur, à décor polychrome à fleurs, dans le genre ordinaire des faïences de la Lorraine et de l'Alsace, qui sont marquées :

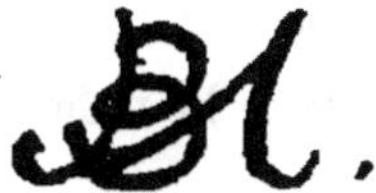

Vers 1780, la fabrique fut achetée par le général comte de Custine, qui la fit diriger par Lanfrey. On attribue à la fabrique de Custine les marques suivantes :

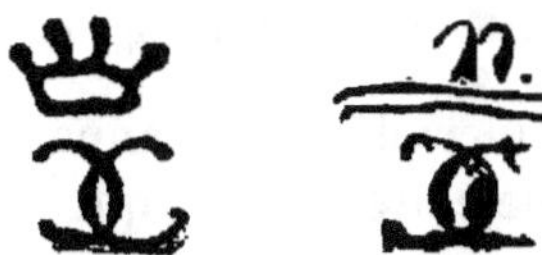, ou un simple 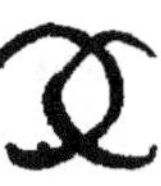

(Voir aussi Ludwigsburg et Buen-Retiro.)

On a vu, dans l'article de Lunéville, que *Cyflet*, modeleur-statuaire, né à Bourges en 1724, a produit des terres cuites à Lunéville, qui sont connues sous le nom de *Terres de Lorraine*. Ce Cyflet a aussi modelé pour la manufacture de Niderviller. Ses figurines sont quelquefois signées en toutes lettres à côté de la marque de la fabrique, et elles sont très-recherchées et appréciées par les collectionneurs de la Lorraine.

Les porcelaines à pâte dure que cette fabrique a produites portent les mêmes marques. Cependant ni les deux C entrelacés sous la couronne de comte, ni l'N, ne sauraient prouver que l'objet soit de Niderviller.

Cette même marque se rencontre aussi sur les faïences et les porcelaines dures de *Ludwigsburg*, en Wurtemberg, et sur les pâtes tendres de la fabrique espagnole de Buen-Retiro, qui ont employé l'une et l'autre ces deux C entrelacés avec et sans couronne. Quand la couronne surmonte les C, — la marque est facile à reconnaître, puisque la couronne de Ludwigsburg est la couronne d'électeur, ornée d'*une croix*.

La faïence de Niderviller est belle, assez légère de pâte, et d'un émail suave et blanc.

On peut voir, à Sèvres et dans ma collection, quelques assiettes décorées avec des paysages en camaïeu rose.

Aristide Lecarpentier, à Paris, possédait plusieurs assiettes de cette faïence, où le décor en camaïeu rose représentait également des paysages, mais peints sur un fond imitant le sapin, et qui étaient marquées en toutes lettres :

Niderviller 1774.

Une pareille assiette avec la même signature, se trouve au musée de Sèvres.

M. Achille Jubinal possède une statuette de plus de 50 centimètres de hauteur, qui représente un enfant à figure vieillie, en costume de hussard, et décorée en polychrome ; elle porte autour du socle l'inscription suivante :

N. R. fecit de Lanne, 1746. Portrait naturel d'un enfant âgé de six ans.

Je pense que N. R. désigne Niderviller, et Lanne, l'année. La date est la plus ancienne de cette faïence que j'aie rencontrée.

Cette statuette parait être le portrait d'un nain qui attirait alors la curiosité publique.

Après l'exécution du comte de Custine, *Lanfrey* devint adjudicataire de la fabrique en l'an II [1], et l'exploita depuis jusqu'à sa mort, en 1827, où elle passa à M. L. G. Dryander de Sarrebruck qui en est encore le propriétaire.

Sous Lanfrey, la marque était :

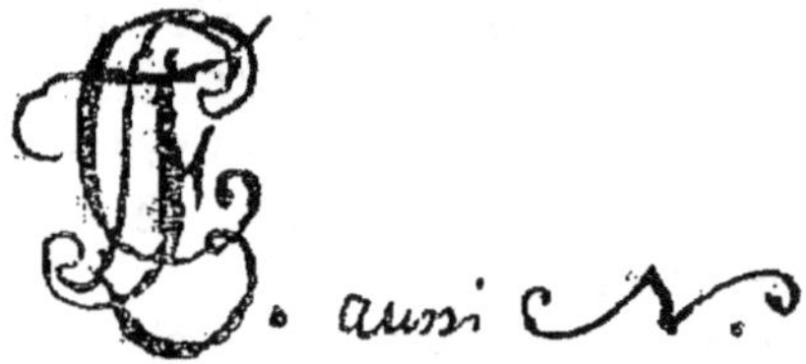

La porcelaine et la faïence ont été fabriquées simultanément à cette manufacture, à partir de sa fondation jusqu'à ce jour.

Deustch était un bon peintre de fleurs attaché à la fabrique de Niderviller, et qui avait de la réputation pour ses *œillets*.

Actuellement cette manufacture de porcelaine, de faïence et de cailloutage (terre de pipe) appartient toujours à M. *L.-G. Dryander*, qui a obtenu, à l'exposition de 1855, la médaille d'argent. (Voir aussi Lunéville.)

1. Le *Dictionnaire des Postes aux lettres* de 1802 et de 1817 parle de la fabrique de Niderviller que l'on trouve aussi mentionnée dans la pétition des faïenciers de l'année 1790.

AIRE-SUR-LA-LYS,

Ville à 16 kilomètres de Saint-Omer (Pas-de-Calais).

FAÏENCE A ÉMAIL STANNIFÈRE. De 1730 jusqu'à ce jour.

Un sieur Proudhomme ou Prudhomme y fonda une fabrique en 1730, qu'il dirigea jusqu'en 1755, et qui cessa complétement en 1790.

Quelques amateurs attribuent à cette fabrique un monogramme entrelacé, qu'ils interprètent par *Aire-Preudhomme*, mais qui selon d'autres appartient à Lille (voir le monogramme, page 485).

On fabrique encore aujourd'hui à Aire. Ce sont, comme jadis, des faïences à décor mono et polychrome dans le genre de celles fabriquées, au petit feu de réverbère en Alsace et en Picardie.

PARIS.

TERRE CUITE SANS COUVERTE. Vers 1740

Edme Dumont, statuaire, mort en 1775, de qui le Louvre possède un *Milon de Crotone*, qui est le morceau de réception exécuté pour l'académie en 1768, a laissé plusieurs terres cuites.

TERRE DE PIPE A VERNIS PLOMBIFÈRE. 1740

Manufacture royale dite « en terre d'Angleterre. »

LOCALITÉ INCONNUE.

(Probablement Paris.)

TERRE CUITE SANS COUVERTE. 1745

Ianelle ou *Ianette*, modeleur (vers 1745), est un artiste probablement français, dont la signature se rencontre souvent sur des médaillons en terre cuite sans couverte, ornés de charmants sujets en bas-reliefs; il m'a été impossible de découvrir les moindres renseignements biographiques sur ce céramiste ou graveur.

M. Gion, à Paris, possède deux chiens carlins en terre cuite, signés tous les deux de Ianelle ou Ianette, avec le millésime de 1745 et 1746. Le premier porte en outre, gravé dans la pâte, sur le collier :

J'appartiens à Mme la duchesse de Chevreuse.

PARIS.

TERRE CUITE SANS COUVERTE. A partir de 1748

Augustin Pajou, statuaire, né à Paris en 1730, mort en 1809, élève de Lemoine. Grand prix de Rome en 1748, Pajou resta de 1748 à 1760 en Italie. On connaît de lui plus de deux cents morceaux de sculpture en bronze, marbre, pierre, terre cuite, en plomb, en bois et même en carton. Il exposa en 1768, 1800 et 1802, et fut de l'Institut. Comme œuvres importantes, on peut nommer : les statues de Descartes, Bossuet, Pascal, Turenne, Démosthène, Psyché abandonnée, Pluton tenant Cerbère et un buste de Buffon.

Un médaillon représentant Lemoine, et signé

Pajou . 1787

faisait partie de la collection Tondu, vendue à Paris au mois d'avril 1865.

DIGNE.

FAÏENCE A ÉMAIL STANNIFÈRE. Vers 1750

Un pot de pharmacie, à décor polychrome, et aux armes de la maison d'Orléans, est désigné, sous le nº 114, au musée de Sèvres, comme provenant de Digne.

POITIERS.

TERRE DE PIPE. Vers 1750

FAÏENCE. Vers 1775

A. Morreine, modeleur en terre de pipe, est connu par sa signature qui se trouve sur une statuette représentant un moine en prière :

A. Morreine. Poitiers. 1752.

Pasquier, fabricant de faïence émaillée à Poitiers, « sollicita, en 1778, la protection du ministre Bertin, etc., etc. »

Aujourd'hui MM. Augé frères et MM. Léon frères y fabriquent des poteries.

TOULOUSE (chef-lieu de la Haute-Garonne).

FAÏENCE A ÉMAIL STANNIFÈRE. A partir de 1750

Des services dans le genre du décor de Moustiers, à grotesques, sont signés :

Toulouse.

M. C.-W. Reynolds, en Angleterre, possède un grand vase de fleurs en camaïeu bleu, qui est signé :

Laurens. Basso.
A Toulouza
Le 14 mai 1756.

La liste des pétitionnaires faïenciers de l'année 1790 mentionne deux fabriques existant à cette époque à Toulouse, et les *Dictionnaires des Postes aux lettres*, par Lecousturier, des années 1802 et 1817, parlent d'une fabrique dans cette localité.

(Voir aussi Saint-Gaudens.)

MM. Richarme frères fabriquent encore aujourd'hui des faïences et des terres de pipe (voir leur porcelaine tendre); M. Dubois fils y a des ateliers de décors.

MARANS (Charente-Inférieure),

Petite ville à 24 kilomètres de La Rochelle.

FAÏENCE A ÉMAIL STANNIFÈRE. De 1750 à 1760

Une fontaine appartenant à la collection céramique de Sèvres, et ornée de guirlandes et de feuilles, le tout décoré dans le goût de Rouen, est signée en toutes lettres.

Marans 1754,

et en outre, d'un monogramme, formé d'un

B et d'un K réunis.

J'ai vu des pièces sans marque attribuées à cette localité; elles étaient décorées en polychrome sur fond blanc, dans le genre de l'ornementation rouennaise, mais en teintes plus pâles.

POUPRE,

Village près Moustiers.

FAÏENCE A ÉMAIL STANNIFÈRE. Vers 1750

Le musée de Sèvres possède une pièce signée en toutes lettres.

L'ILE-D'ELBE (Seine-Inférieure).

TERRE CUITE A ÉMAIL STANNIFÈRE. Vers 1760

PARIS.

TERRE CUITE SANS COUVERTE. 1760 à 1817

Félix Lecomte, statuaire, né à Paris en 1737, mort en 1817, élève de Falconet et de Vassi, grand prix en 1764 pour son bas-relief le *Massacre des Innocents*, et membre de l'Académie en 1771 pour son groupe : *Phorbas détachant l'Œdipe*. On connaît encore de cet artiste une statue de la *Vierge* et un *bas-relief*, à la cathédrale de Rouen, qui furent exposés en 1775, et la statue de *Rollin*, exposée en 1789, et celle de *Fénelon*, placée à l'Institut.

Lecomte a aussi produit des figurines en terre cuite.

La *Mort d'Adonis*, à la collection Eugène Tondu, à Paris (vendue au mois d'avril 1865), était signée :

Lecomte 1780.

TAVERNES,

Bourg dans le département du Var, à quelques lieues de Varages.

FAÏENCE A ÉMAIL STANNIFÈRE TRÈS-COMMUNE. 1760 à 1780

Cette fabrique, établie par le potier *Gaze*, a marqué :

G. ou #G# ou G.

comme on peut voir sur une pièce de la collection de Sèvres.

CHAUMONT-SUR-LOIRE,

Château près de Blois[1].

TERRES CUITES. 1760 à 1786

Jean-Baptiste Nini, né en Lombardie vers 1716, avait d'abord habité en France la Charité-sous-Loire, et était entré vers 1760

1. Le château de Chaumont, à quinze kilomètres de Blois, d'architecture et de site pittoresques, élevé d'abord, au quinzième siècle, sur les ruines d'un ma-

comme graveur dans les manufactures de verres et de poteries de M. Leray, intendant de l'hôtel des Invalides, acquéreur du château de Chaumont, où on le voit même figurer à partir de 1778, comme régisseur général. — Une lettre du 16 mars 1776, qui existe dans les archives de la manufacture de Sèvres, adressée au directeur par un nommé Berthevin, céramiste à Orléans, ami de Nini, prouve que ce dernier avait refusé des offres faites par la manufacture royale, préférant conserver sa position à Chaumont. — L'extrait du registre mortuaire de la paroisse de Chaumont-sur-Loire, du 3 mai 1786, dit : « Que Nini était né en Italie, marié en Espagne, où sa femme demeurait encore, et décédé hier, âgé d'environ soixante-dix ans, après avoir reçu dans sa maladie les sacrements de pénitence. » Il avait une fille qui habitait avec sa mère.

Nini a laissé quelques verres gravés d'une extrême finesse, et un grand nombre (70 à 80) de portraits médaillons en terre cuite, d'un travail caractéristique. L'expression magistrale, jointe à un fini excessif dans l'exécution des détails, à une sévérité antique fondue avec le goût efféminé du dix-huitième siècle, place ces médaillons et leur auteur au premier rang dans ce genre d'ouvrage.

Ses moules primitifs *en cuivre* et exécutés au burin furent achetés en 1820 par un habitant de Blois, et revendus à sa mort à un fondeur de cette ville qui en fit des lingots.

Nini était un bon vivant, doué d'un caractère jovial ; — « il aimait la table et abhorrait le froid. » Un certain site, à Chaumont, arrosé par une source et ombragé d'arbustes où le maître avait l'habitude de faire sa sieste pendant les chaleurs de l'été, s'appelle encore aujourd'hui le *Fossé Nini*.

Cet artiste mélangeait ses terres, les travaillait beaucoup, et les tamisait enfin, à l'état humide, à travers des étoffes de soie, « en formant une espèce de crème, » comme le dit Vernon, ancien potier de Chaumont.

Ses délicieux médaillons ne se vendaient, à l'époque, que

noir féodal par Gueldin, chevalier danois, fut détruit par Thibaud, comte de Blois, et reconstruit plus tard dans un style bâtard. Ce château passa aux seigneurs de La Rochefoucauld qui le vendirent à Catherine de Médicis. Devenu plus tard la propriété du cardinal d'Amboise et ensuite celle d'un sieur Leray, il fut habité par madame de Staël à son retour d'Allemagne, et appartient aujourd'hui au vicomte de Walsh.

« vingt sols la pièce. » — Ils se payent aujourd'hui de 5 à 50 fr., et atteindront bientôt le prix de 100 fr.

Tous ces médaillons sont signés *très-finement* en creux dans la pâte.

NINI, ou NINI F., ou J. B. NINI. F., ou J. B. NINI, ou J. B. NINI. F.

et le millésime à côté et en dessous.

Quelquefois aussi, comme par exemple sur le médaillon qui représente « Franklin, citoyen américain, » le millésime est en relief. Il existe deux modules de la plupart de ces médaillons : l'un de 15 à 16 centimètres, l'autre de 10 à 11 centimètres de diamètre.

Les portraits les plus estimés sont ceux de Louis XV, de madame de la Reynière (de qui M. le baron Pichon possède deux modules différents[1]), de madame de Nivenheim, du prince de Beauvau, du marquis de Paroy, du seigneur de Mosnac, de l'impératrice Catherine, de Louis XVI et quelques modules de Franklin, dont il existe six différents exemplaires.

Sur un de ces derniers, se rencontre une particularité qu'on ne remarque sur aucun des autres médaillons de Nini : une petite fleur de lis, *poinçonnée* en creux sur le revers. Les premiers auteurs qui ont parlé de Nini sont : M. le vicomte de Walsh dans son *Histoire du château de Chaumont*, et M. L. de la Saussaye, dans son *Guide historique dans le Blésois*, mais très-brièvement. M. A. Villers, directeur du musée de Blois, a publié le premier, sous le titre : *Jean-Baptiste Nini, ses terres cuites* (Blois, 1862), une monographie complète. C'est un travail où la science et la clarté du style se trouvent heureusement réunies.

Le musée de Blois, — ceux de Nevers et de Sèvres, les collections de M. de Grièges, de M. Louis de la Saussaye, de M. Bellaguet, de M. Walferdin et de M. le baron de Pichon à Paris (ce dernier possède quinze exemplaires, dont plusieurs proviennent de la collection d'Eugène Tondu), celle de M. de Buré à Moulins, et la mienne, contiennent de ces médaillons,

1. La collection de cet amateur est riche en argenterie. M. de Pichon, bibliophile ardent pour tout ce qui regarde l'histoire de son pays, s'occupe d'un ouvrage sur les marques et poinçons des orfévres français, que les curieux attendent avec impatience.

qui forment les soixante-quatre *sujets* différents connus jusqu'à ce jour, et que M. Villers a presque tous décrits dans son ouvrage. Voici la liste de ceux que l'on connaît par ordre chronologique, avec leurs *marques* et *millésimes*.

De 1762 à 1781, les portraits d'Aimé-Louis des Moulins, de l'Isle; 1762, 1764, 1769 et 1771, de Marie-Thérèse; 1764, de J.-A. de Castellas Chantre, comte de Léon; 1764, de Hugues-Joseph Gamot, graveur du roi; 1766, de Charles-Juste, prince de Beauveau; 1767 et 1770, de Guy Le Gontel, marquis de Paroy; 1767, de Charles-René Péan, seigneur de Mosnac[1]; 1768, d'Albertine née baronne de Nivenheim; 1768, de Suzanne Janente de la Reynière; 1766, de Ludovicus XV; 1770 et 1774, de Hyacinthe de Rigaud, comte de Vaudreuil; 1770, de Charles-Juste, prince de Beauvau; 1770, de l'Amirande, marquise de Vaudreuil, de J.-L. Leray de Chaumont, intendant des Invalides; 1771, de Thérèse-Jacques Leray de Chaumont; 1774, de Jacques-Donatien Leray de Chaumont (le fils); 1783, de Thérèse-Élisabeth Leray de Chaumont; 1785, de Catherine II, impératrice autocrate de toutes les Russies; 1774 et 1779, de Louis XVI; 1780, de Michel Faucault; 1775, d'Orien Marais, notaire à Chaumont, et de sa femme, amis de Nini; 1775, de Berthevin; 1775, de Franklin; 1777, 1778 et 1779, de Claudine de Bussy et Jean Bouin; 1777, de Voltaire; — les autres sont des portraits inconnus.

Sur un des médaillons, — portrait de Marie-Antoinette, de la collection de M. Bellaguet, à Paris, — on voit au revers, écrit à l'encre, presque effacé :

Prio D^{n}. . . . . . . *Chipart*. . . . . . 1774.
Opus amigo. . . . . (signé) *J. B. Nini*.

Sur les médaillons qui représentent le portrait de Franklin, l'artiste a composé au savant inventeur du paratonnerre un blason : — c'est une étincelle électrique sortant d'un nuage, et se précipitant vers une main qui tient une tige de fer[2]. Nini a laissé aussi quelques médaillons, *sous couverte*, en brun et rouge.

1. Un de ces médaillons faisait partie de la collection de M. de Fontenelle, vendue en 1865.
2. Ces médaillons sont très-répandus; toute une cargaison était restée en douane, et ce n'est que depuis quelques années qu'on les a retrouvés et mis en vente.

— Les *bruns-mats* sont les plus beaux. On rencontre en outre des médaillons de cet artiste sans *légendes ni encadrements*. — Ce sont des épreuves d'essai que l'on pourrait appeler *avant la lettre*.

Le catalogue du musée de Cluny désigne, par erreur, son n° 1995 (médaillon sous couverte et en petit module, portrait de Franklin entouré de la légende et du millésime 1797) sous le nom de « terre cuite de Nevers. » Ce musée s'est encore enrichi dernièrement de deux autres très-jolis médaillons du grand module, à bord ondulé, également signés et datés, et qui sont ornés des bustes en relief de deux jeunes femmes en costume de la fin de Louis XV, sans aucune légende. — M. le docteur Guerard, à Paris, possède de Nini, outre plusieurs portraits en terre cuite, un médaillon du grand module, qui est en « cuivre repoussé » et signé. Son bas-relief est celui de Leray. C'est un exemplaire très-précieux, peut-être unique, car il n'a pu servir de moule, comme on pourrait le croire à première vue.

Les médaillons de Nini ont été surmoulés par des faïenciers de Rouen, de Sinceny et autres lieux. Ce sont ces affreuses monstruosités coloriées que l'on rencontre si souvent, et qui n'ont rien gardé de la finesse des originaux.

M. le baron de Pichon possède un ouvrage où il est fait mention de Nini, qui, selon l'auteur, était un *nain de quatre pieds de hauteur*, et dont les ongles étaient longs comme des *griffes d'aigle*.

SAINT-LONGES, près Mamers (Sarthe. — Le Mans).

FAÏENCE A ÉMAIL STANNIFÈRE. 1760 à 1790

M. Édouard Lamasse, à Meudon, près Paris, possède une fontaine de 55 cent. de hauteur, et en style Louis XVI, forme vase-œuf, à guirlandes, fruits et feuilles en relief, rouges et verts. Le décor est en rose sur fond blanc, dans le goût des faïences de la Lorraine. Le pied carré imite le marbre. La cuvette contient un paysage très-vert mais largement peint. Sur le dos de la fontaine, le monogramme :

Saint-Longe. (en creux dans la pâte.)

LOCALITÉ INDÉTERMINÉE.

Chasset, sculpteur. Vers 1765

Cinq médaillons ronds, les bustes de Boucher, Chardin, Rameau et Van Loo, de la collection Eugène Tondu, vendue en 1865, étaient signés :

Chasset, 1765.

Pouché, sculpteur. Vers 1786

Une figurine de baigneuse accroupie dans une coquille (36 cent.), de la collection Eugène Tondu, était signée :

Pouché, 1786.

VERSAILLES.

TERRE CUITE SANS COUVERTE. 1765 à 1728

Houdin, statuaire, né à Versailles en 1741, mort en 1828, séjourna dix ans en Italie après avoir obtenu le grand prix de Rome. On connaît de lui les bustes de Voltaire, de Rousseau, deux de Molière (un exemplaire de l'un de ces deux bustes est en la possession de M. Burger) ; ceux de Franklin, de Trouville, de Buffon, de Diderot, de Catherine II, de Montgolfier, l'inventeur des aérostats ; les statues de Washington en Amérique, de Voltaire au Théâtre-Français, à Paris, et une Diane nue au Louvre.

Houdin a aussi laissé quelques terres cuites. J'ai vu dans la collection Eugène Tondu, à Paris (vendue au mois d'avril 1865), un groupe : *le Baiser*, qui provenait de la collection Duchesne, et paraissait être une ébauche de Houdin. M. Walferdin, à Paris, possède de Houdin les terres cuites suivantes : médaillon de Charlotte Corday et les bustes de Diderot, Mirabeau, Marie-Joseph Chénier, Franklin, Washington, etc., ainsi qu'une ébauche de la fontaine de Mousseau, détruite sous la Révolution.

MEILLONAS (Ain),

Ville bressanne située à 12 kilomètres de Bourg, qui s'écrivait anciennement *Mèliona*.

FAÏENCE A ÉMAIL STANNIFÈRE. Vers 1765

M. Vailliard possédait, lorsqu'il habitait Paris, une jardinière qui portait l'inscription :

Pidour à Miliona 1735.

M. Joly et M. J. Montbarbon, fabriquent encore actuellement des poteries, à Meillonas.

Le *Dictionnaire géographique* d'Aynes prétend que des traditions font remonter les premières fabriques de poteries établies dans cette localité, au dixième siècle.

PARIS,

Rue de Charenton, vis-à-vis l'ancienne manufacture de velours.

FAÏENCES BRONZÉES. 1766

« Rue de Charenton, faubourg Saint-Antoine, vis-à-vis l'ancienne manufacture de velours, se trouve actuellement une manufacture de faïences bronzées qui vont au feu. On y fait toutes sortes de vaisselle. » (*Intelligenzblatt.*)

PARIS,

Rue Saint-Honoré, près de la rue de l'Échelle.

FAÏENCES. 1766

On lit encore dans l'*Intelligenzblatt*[1] :

« A la manufacture *royale* de M. *Chapelle*, dont les magasins sont rue de l'Échelle, on trouve des faïences *blanches* et *décorées*. Elles vont au feu et supportent l'eau bouillante. »

CHATILLON (sur Loire ?).

FAÏENCES. 1766

Les lignes qui suivent sont encore empruntées à ce même *Intelligenzblatt* de l'année 1766, page 206, Leipzig.

« Depuis que l'on a envoyé à Paris les services en argent à la Monnaie, on s'occupe d'inventer toutes sortes de faïences et d'imitations de porcelaines. Il serait utile de visiter les différentes manufactures pour apprendre à connaître les meilleures espèces et leur fabrication, ainsi que de rassembler une provision de bons modèles. A *Châtillon-sur-Oise* (?), il existe une manufacture de faïence. Cette faïence résiste contre le feu, et rougirait plutôt que de casser. On y fait des casseroles et toutes sortes de vaisselle pour l'usage usuel. Cette faïence ne perd pas intérieurement son émail blanc, et ne se noircit pas extérieu-

1. Les renseignements suivants sont extraits de cette même publication, sous la rubrique d'une communication de Paris :

« *Tabouret d'équitation.* — M. Genneté, premier mécanicien de S. M. I., a inventé une machine qu'il appelle « tabouret d'équitation. » Cette machine, suspendue au plafond, est faite en sorte qu'assis dessus on peut lui faire faire tous les mouvements du cheval, pas, trot et galop. Ce mécanicien a en outre confec-

rement au feu. On la transporte par le canal de Briare[1], sur la Seine à Paris. »

VINCENNES.

FAÏENCE A ÉMAIL STANNIFÈRE. 1767

Maurin des Abiez y établit une fabrique à l'instar de celle de Strasbourg (patente du 31 décembre 1767), et on lui accorda pour l'installation un emplacement dans le château. Cette manufacture royale avait pour directeur *Pierre-Antoine Hannong*, qui établit plus tard une autre fabrique pour son propre compte à Vincennes, mais y fit faillite au bout de quatre mois.

Il paraît cependant que Hannong avait déjà travaillé à Vincennes pour son propre compte avant l'établissement de la manufacture royale, puisque on connaît l'ordre de 1766 qui lui interdisait de continuer sa fabrication.

Là, comme au faubourg Saint-Antoine, Hannong marquait :

H.

La marque de la manufacture de Maurin des Abiez est restée indéterminée.

(Voir porcelaines de Vincennes, et la note à la fin de l'article sur les faïences de Strasbourg).

NIMES (Gard).

FAÏENCE A ÉMAIL STANNIFÈRE, vers la fin du dix-huitième siècle.

Une rue appelée : *Rue de la Faïence*, qui y existe encore

tionné un cheval en bois sur lequel on peut prendre les premières leçons d'équitation. Il demeure rue de l'Hirondelle.

« *Batterie de cuisine* — en fer étamé, fabrique à Montmartre, magasin rue de l'Arbre-Sec.

« *Remède contre la rouille*. — Chartier, 2, rue des Fossés-Pont-aux-Choux,

« *Foret de mineur*. — Nouvelle invention. Lacotte, place Louis XV, à la Porte Saint-Honoré.

« *Similargent*. — Bassand, rue Saint-Jacques, près la fontaine Saint-Severin, chez M. Fremont.

« *Chapeaux de soie pour porter sous le bras et sur la tête* — au prix de 24 à 60 livres, chez Prévost, marchand chapelier, rue Guénégaud.

« *Spalme*. — M. Besnard a publié une *Exposition des propriétés du Spalme*, à Paris, chez Lebreton, imprimeur du roi, rue de la Harpe.

« *Lampes*. — Rubiqueau, ingénieur, faubourg Saint-Germain, vis-à vis des Filles Sainte-Marie-Royale, a inventé des lampes à verres grossissants qui *permettent de lire* à 920 *pas de distance*.

1. Briare est une ville du Loiret, à 10 kil. de Gien et à 15 kil. de Paris.

sous ce nom, paraît indiquer l'existence d'anciennes fabriques. M. Édouard Pascal, natif de Nîmes, possède une pièce de la fabrication nîmoise, qui porte l'inscription en patois suivante :

Loubier travaijo	(Loubier travaille
Auso sal braijo	En culotte qui braille
Din son oustaut	Dans son réduit de lou,
El neubais coumo un trou	Où il boit comme un trou,
Toutgour badino et sai vesino	Badinant avec le voisin,
An badinant et neufour son pont.	Gaîment il enfourc son pain.)

La liste des faïenciers pétitionnaires de l'année 1790, aux archives de Nevers, mentionne deux fabriques fonctionnant à cette époque à Nîmes.

MM. *Plantier, Boncoirant et Ce*, de qui le musée de Sèvres possède des échantillons (1831) marquaient :

P. B. G.

TOURS (Indre-et-Loire).

FAÏENCE A ÉMAIL STANNIFÈRE. vers 1770

Noël Sailly y établit vers 1770 une fabrique au faubourg Saint-Pierre-des-Corps, qui après sa mort en 1783 fut continuée par son fils (Voir porcelaines de Tours).

Une gourde, au musée de Sèvres, est signée :

Fait à Tours le 21 *mars* 1782.
Louis . Liaute.

Dans la liste des fabriques de faïences existant en 1790 conservée aux archives de Nevers, figure encore une fabrique de Tours. Le nom qui se trouve dans l'inscription ci-dessus me paraît cependant celui du propriétaire et non pas du fabricant. Les *Dictionnaires des Postes aux lettres,* par Lecousturier, de 1802 et 1817, mentionnent des fabriques à Tours.

Charles-Jean Avisseau a été à notre époque le *premier* continuateur moderne des poteries dites de Palissy (8 ans avant Barbizet et 14 ans avant Pull). C'est lui qui, après de longues recherches, a remis en honneur cette branche céramique. Le musée de Sèvres possède de ce potier une œuvre acquise en 1842, date de la création de la fabrique. M. Avisseau fils continue aujourd'hui avec succès la fabrication de son père.

Les amateurs préfèrent généralement les poteries des Avisseau-Palissy, aux produits des autres continuateurs, parce qu'elles imitent le mieux le cachet ancien.

La marque était et est toujours :

M. E. Avisseau fils avait envoyé à la grande Exposition de London trois céramiques qui lui ont fait obtenir la médaille. — Cette récompense est méritée, car les deux pièces, genre de Henri II, étaient charmantes, et le plat à poissons dépassait tout ce que Bernard a produit dans ce genre. Pour arriver à rendre la nature avec autant de vérité, M. Avisseau a dû cependant sacrifier un peu la beauté de la couleur de son émail.

Son magnifique plat ovale à *la langouste*, que le musée du Louvre montre parmi ses richesses de l'époque de la Renaissance, et qui lui a été donné en 1863 par M. Jules Cloquet, prouve le grand mérite de feu Avisseau dans ce genre de poterie; ce plat est certainement supérieur à ceux attribués à Palissy.

Landais, le neveu de feu Avisseau, de Tours, avait fait admettre à l'Exposition de Paris, en 1855, plusieurs exemplaires de ces mêmes imitations des poteries dites de Bernard Palissy, dont quatre pièces se trouvent au musée Kensington sous les n°s 3900 à 3903. Il existe encore à Tours un troisième fabricant de ce genre de poterie dont j'ignore le nom.

MM. Durand, Deguelle fils, Masquet, Bigeon, Poirier, Maurice Marion et Villemin, y fabriquent aujourd'hui des faïences et des poteries brunes et blondes.

SARREGUEMINES,

Du Saar-Gemund allemand, ou Saar-Confluent.

FAÏENCES A ÉMAIL STANNIFÈRE. 1770 à 1842

Des services. J'en ai vu de charmants à fond bleu lapis, en rocaille, et à décor couleur et or. On fabrique aussi à Sarreguemines la faïence commune, la porcelaine à pâte tendre avec impression, la porcelaine opaque anglaise et le grès artistique.

MM. Uschneider et Cie sont des manufacturiers considérables, ils marquent :

(en couleur du décor, tracé au pinceau).

On trouve dans une des salles du *Grand-Trianon*, à Versailles, deux beaux vases forme Médicis, et imitant le porphyre, qui ont été fabriqués à Sarreguemines du temps de Louis XVI.

Les faïences que cette manufacture fabrique actuellement sont décorées en majeure partie par l'impression, et rarement marquées des initiales, mais souvent d'écussons et de *noms* qui désignent chaque genre.

(Voir les porcelaines de Sarreguemines.)

MARTRES, en Languedoc (Haute-Garonne),

Près Saint-Gaudens, à 36 kilomètres de Muret.

FAÏENCE A ÉMAIL STANNIFÈRE. 1775

Le Comte, céramiste.

Une pièce appartenant à M. Pujol, de Toulouse, est marquée :

Fait à Martres, 1775.

Prosper Ané, *Durieu*, *Deschamps* et *Leclerc jeune et Comp.*, y fabriquent encore aujourd'hui de la faïence blanche.

Il paraît que l'on a confectionné depuis des siècles déjà des poteries dans cette localité, et qu'il y existait de nombreuses fabriques.

LOCALITÉ INCONNUE.

TERRE CUITE SANS COUVERTE.

Saint-Amans, né à Agen en 1774, mort à Lamarque en 1858, céramiste.

On rencontre de petits médaillons ronds et ovales en terre cuite, signés :

Saint-Amans [1],

1. Il existe des faïences et des porcelaines à pâte tendre, fabriquées à *Saint-*

d'une grande finesse d'exécution, et dont les sujets en bas-reliefs sont ordinairement empruntés à la mythologie.

Ces terres cuites ont été fabriquées par *Pierre-Honoré Bourdon de Saint-Amans,* soit à Sèvres, à Creil, à Bordeaux (Bacalan), soit à Lamarque. On trouvera dans le chapitre qui traite des porcelaines françaises (voir Lamarque près Agen), une note biographique plus complète sur ce céramiste.

PARIS.

TERRE CUITE SANS COUVERTE. 1780 à

Claude Ramey, statuaire, né à Dijon en 1754, et qui demeurait encore en 1832, n° 38, rue Vaugirard, obtint le grand prix de sculpture en 1781. Il a exposé en 1801 le buste de *Scipion l'Africain* et une *Sapho assise;* en 1817, le cardinal *Richelieu;* en 1824, *Blaise Pascal,* destiné pour la ville de Clermont, et en 1827, *Lasaudade*, buste en marbre. On connaît de cet artiste en outre les statues de *Scipion,* du général *Kléber*, de 8 pieds, de *Napoléon,* de 7 pieds, du prince Eugène Beauharnais, en marbre, de 6 pieds, les bustes de *Cousin*, de *Durazzo* et de *Praslin;* la *Naïade*, de 12 pieds, au jardin du Luxembourg; une *Prudence*, de 6 pieds, un *Athlète,* de 4 pieds, une *Sapho,* de 3 pieds, et le bas-relief à l'arc de triomphe du Carrousel, représentant l'*Entrevue à Austerlitz.* Ramey a aussi laissé des terres cuites. J'ai vu dans la collection Eugène Tondu, à Paris (vendue au mois d'avril 1865), un grand médaillon rond, représentant en bas-relief un buste de femme vu de profil, signé :

Ramey.

LOCALITÉS INDÉTERMINÉES.

FAÏENCE A ÉMAIL STANNIFÈRE. Dix-huitième siècle.

Faïences à la marque de la fleur de lis.

en bleu, rouge, vert ou brun sous le couvercle.

Toutes sortes de plats, assiettes à fruits en ronde-bosse, etc.,

Amand-les-Eaux (Nord), qu'il ne faut-pas confondre avec ces terres cuites sans couverte signées du nom de l'artiste *Saint-Amans.*

en pâte lourde, mais d'un bel émail suave et blanc. On attribue ces produits à Savy, de Marseille, qui, en 1777, après avoir obtenu un brevet de Monsieur, frère du roi, aurait marqué ses produits d'une fleur de lis. On en attribue aussi à Lille (qui a des fleurs de lis dans ses armes), et Rouen a également marqué d'une fleur de lis *au trait*.

Plusieurs exemplaires à Sèvres, chez M. Édouard Pascal et dans ma collection (voir Rouen, Marseille, Lille et Palissy).

FAÏENCE A ÉMAIL STANNIFÈRE. Dix-huitième siècle.

M. A. Assegond possède un pot à tabac décoré en polychrome, où le sujet représente un homme occupé à fabriquer du tabac à fumer.

Cette céramique est signée :

Bayeu, à Saint-Savin (ou *Sarin*).

FAÏENCE A ÉMAIL STANNIFÈRE. 1785 à 1800

Deux coquilles, conservées dans la collection Perillieu, sont marquées d'un monogramme en bleu au grand feu, qui représente une espèce de *lézard*.

FAÏENCE A ÉMAIL STANNIFÈRE. Vers 1790

M. Michel Pascal possède une terre marquée :

D. G.

TERRE CUITE SANS COUVERTE. 1793

M. Champfleury possède un buste, la *Déesse de la Raison*, qui est signé :

Le Sueur, 1793.

PARIS,

rue de la Pépinière.

POTERIES DITES HYGIOCÉRAMES. Vers 1801

Fourmy, potier et auteur des *Mémoires sur les anciennes terres cuites*, publiés en 1802, exposa au Louvre en 1801 ses hygiocérames, qui, selon lui, réunissaient les trois meilleures qualités que l'on puisse demander à une bonne poterie : *salubrité*, *bon marché* et *solidité*, c'est-à-dire la *résistance dans les passages subits du froid au chaud*.

C'étaient des terres cuites recouvertes de *vernis terreux* exempts d'oxyde et composés uniquement de *pierre ponce.* — (Voir à la fin du chapitre intitulé : *Poteries vernissées sans plomb, à base de lave ou de pierre ponce.*)

CREIL (Oise) et MONTEREAU (Seine-et-Marne).

TERRE DE PIPE AU VERNIS PLOMBIFÈRE. 1780
FAÏENCES.

Hall, Anglais de naissance, établit la première fabrique à Montereau en 1780 ; *De Saint-Cricq* lui le succéda vers 1810

Lebœuf et Thibaut — 1829
MM. *Louis Lebœuf et Thibaut* — 1834
sous lesquels on marquait :

L. L. et *T. Monteau.* (en creux dans la pâte.)

marque que j'ai rencontrée sur des pièces noires, genre Wedgwood. Aujourd'hui la manufacture appartient à MM. Lebœuf, Milliet et Ce.

C'est de Saint-Cricq qui a établi la première fabrique à *Creil;* ses successeurs furent également MM. Lebœuf et Gratien Milliet vers 1836

La marque est CREIL.

La liste des faïenciers pétitionnaires de l'année 1790, trouvée dans les archives de la ville de Nevers, mentionne deux fabriques à Montereau.

Les *Dictionnaires des Postes aux lettres,* par Lecousturier, des années 1802 et 1817, mentionnent la manufacture de *Creil* comme usine importante.

Pierre Honoré Bourdon, de *Saint-Amans,* a été attaché pendant quelque temps à cette manufacture (voir *Lamarque* et *Saint-Amans*), et c'est sur les céramiques de Creil et de Montereau, que M. A. Gouvrion, à Paris, produit le plus souvent ses jolis décors, dont plusieurs sont exécutés sur *émail stannifère,* contrairement à l'opinion de M. Salvetat, le chimiste de Sèvres, qui soutient dans ses *Leçons céramiques* que le *cailloutage français* (terre de pipe) ne pourrait être émaillé à l'étain.

MM. *Bear frères* fabriquent actuellement, à Montereau, des

poteries bronzées; M. Galliot, à Courbeton, des poteries de jardins et M. Fouinat, à Montereau même, des briques réfractaires (usine à vapeur).

(Voir les Porcelaines opaques de Creil et de Montereau.)

PARIS.

TERRE CUITE SANS COUVERTE. 1780 à

Joseph-Charles Marin, statuaire, né à Paris en 1749, élève de l'Académie des Beaux-Arts, demeurait, en 1832, impasse des Feuillantines, 10.

Il a exposé, en 1782, *Vénus et l'Amour*, en marbre; en 1808, une *Jeune fille à la chèvre*, en marbre; en 1817, l'*Amitié*, *Jean-Jacques Rousseau* et le *Vice-amiral Trouville;* et en 1822, une *Baigneuse*, en marbre. On connaît en outre : *Télémaque, berger chez le roi Sésostris*, en marbre, au château de Fontainebleau; *Agar et Ismaël*, groupe en marbre, appartenant au duc de Bracchiano, à Rome; *Jupiter et Ganymède;* une *Mère et son fils*, Paris; une *Bacchante;* une *Galathée*, en bronze; la statue de *Tourny*, en marbre, à la ville de Bordeaux, et le tombeau de madame de Beaumont à l'église Saint-Louis, à Rome, que Marin y a exécuté sous les auspices de Chateaubriand. Grand prix, il a passé dix ans en Italie.

On connaît aussi de cet artiste un certain nombre de figurines et de bas-reliefs en terre cuite. J'ai rencontré de lui une *Femme nue couchée* et un *Bacchus accompagné d'une bacchante*, de 26 cent. sur 18, et deux petites statuettes dans la collection Eugène Tondu, à Paris.

NANCY (Meurthe).

TERRE CUITE SANS COUVERTE. 1780 à 1814
FAÏENCE A ÉMAIL STANNIFÈRE. Époques indéterminées.

Michel Clodion, statuaire, né à Nancy vers 1745, mort en 1814, exposa, en 1801, plusieurs groupes, dont un représentait *deux femmes attachées;* en 1806, une *Jeune Fille donnant à manger à deux oiseaux*, et en 1816, un *Homère aveugle chassé par des pêcheurs*, et une *Jeune Fille voulant prendre un papillon*, en marbre.

En fait de grands ouvrages, on connaît aussi de cet artiste : *l'Hercule au repos; le Fleuve Scamandre*, *le Déluge*, et les bustes de *Madame*, première fille de Louis XVI, et celui de *Tronchet*.

Le Louvre possède une *Bacchante* en marbre.

Clodion a acquis une grande popularité par ses charmantes *statuettes*, *figurines* et *petits bas-reliefs en terre cuite*, qui sont presque tous signés en toutes lettres, et qui se vendent aujourd'hui fort cher.

La manière de ce sculpteur est un peu mignarde, et on pourrait l'appeler le Pradier en miniature. Dans la collection de M. Eugène Tondu, à Paris, il y avait de Clodion la statuette de *Léda et le Cygne* de 40 cent. de hauteur; une *Vestale* de 44 c.; une *Jeune Fille portant dans sa chemise des fruits et des fleurs*, de 39 cent.; deux *petits vases Médicis*, ornés de bas-reliefs, représentent le *Triomphe de Vénus*, etc., de 22 cent.; un *bas-relief* de forme carrée représentait une *bacchante-enfant*, 28 c. sur 21 et un médaillon rond de 15 cent. de diamètre, où le sujet en haut-relief montrait une *femme, satyre et son enfant*.

Les amateurs sont prévenus qu'un marchand de curiosités à Paris, que je ne veux pas nommer, fait continuellement surmouler sur des bas-reliefs originaux de Clodion, des terres qui sont cuites dans une fabrique de faïence de la rue des Trois-Bornes. Vendues pour des originaux, elles inondent le commerce. On les reconnaît aux contours moins vifs des lignes et aux reliefs moins saillants, mais elles sont *signées*.

Voir, pour le sculpteur *Cyflet*, *Lunéville et Niderviller* où il a travaillé, ainsi qu'à Nancy et aussi à *Toul* où l'on a encore conservé de ses moules, ce qui donne carrière à la contre-façon.

M. *A. Majorelle* fabrique à Nancy des faïences fort dangereuses pour le collectionneur puisqu'il les produit avec des moules anciens (voir aussi Toul). Les *Dictionnaires des Postes aux lettres*, par Lecousturier, des années 1802 et 1817, mentionnent une *manufacture de faïence* à Nancy, où M. *Veisenburger* confectionne encore aujourd'hui des poteries communes.

MOULINS (Allier).

FAÏENCE A ÉMAIL STANNIFÈRE. De 1780 à 1785

Le musée de Sèvres possède une assiette octogone, décorée dans le genre de la décadence de Nevers, signée :

a Moulins

Le *Dictionnaire des Postes aux lettres* de 1802 mentionne encore une fabrique à Moulins, et M. *Massieu* y a aussi fabriqué plus récemment des terres de pipe, dont le musée de Sèvres possède des échantillons acquis vers 1809. M. *Thibaud* y produit actuellement de la poterie commune et du grès.

COGNAC (Charente).

FAÏENCE A ÉMAIL STANNIFÈRE. Vers la fin du dix-huitième siècle.

M. E. Michel, à Avignon, possède un bidon, forme baril, en faïence à décor polychrome vert, manganèse, jaune et bleu clair, sur fond blanc, genre Nevers, de 15 sur 10 centimètres de grandeur, qui est signé :

Pierre Guichard, tourneur, fecit et *C^at^, pinxit,*

et sur lequel on lit en outre :

FAIT A COGNAC.

ainsi que les mots 17 *fructidor X. Niceux.* Le dernier nom était probablement celui du propriétaire du bidon.

Une autre faïence de cette même provenance et de la même collection, une sorte de gourde de 8 sur 6 centimètres de grandeur, et décoré, comme le bidon, porte l'inscription :

Jean Guichard de Cognac.

Ce Jean Guichard était probablement potier et parent de Pierre Guichard.

Le *Dictionnaire des Postes aux lettres* des années 1802 et 1817 mentionne aussi des fabriques de faïence à Cognac.

AISY (Yonne).

FAÏENCE A ÉMAIL STANNIFÈRE. 1780

Cette faïence est dans le genre de la faïence commune populaire de Nevers de la fin du dix-huitième siècle.

Le musée de Nevers en possède des exemplaires qui sont sans marques ni monogrammes.

DOUAI (Nord).

TERRES DE PIPE AU VERNIS MINÉRAL. Vers 1782

Leech frères, Anglais, sous la direction de *George Bris*, y commencèrent à fabriquer à partir de 1782, rue des Carmes. En 1790, il existait deux fabriques de poteries à Douai, comme le constate la liste des faïenciers pétitionnaires, aux archives de Nevers, et MM. *Vincent Nachet et Ce*, y fabriquaient vers 1832.

PREMIÈRES, près Dijon.

FAÏENCE A ÉMAIL STANNIFÈRE. 1783 jusqu'à ce jour.

Un moine italien, nommé Leonardi, de passage dans ce pays, enseigna, vers 1783, la fabrication de la faïence au propriétaire d'une briqueterie, qui s'appelait *Laval*. Le petit-fils de ce dernier, *M. le docteur Laval*, y fabrique encore aujourd'hui des faïences artistiques, toutes peintes sur le cru.

La pâte est formée de l'argile ferrugineux ordinaire, mélangé de marne et conservé en *cave*. Tous les produits de cette fabrique sont marqués :

J. L.

Le docteur Laval, homme d'une grande intelligence artistique, a su donner une féconde impulsion à la fabrication de la poterie fine. On y produit des plats et vases de dimensions colossales, entre autres le fameux grand vase qui a été offert à M. Favre, l'avocat-député.

M. *Pignant* dirigeait une autre fabrique qui existait encore à Premières vers 1826.

SÈVRES.

TERRE CUITE A ÉMAIL STANNIFÈRE. 1785

TERRES CUITES ET TERRES DE PIPE AU VERNIS DE PLOMB ET COLORIÉES DANS LA PATE. Vers 1806 à 1811

L'établissement de *Lambert*, qui a été fermé vers 1790, n'était pas le seul à Sèvres. Il y existait encore d'autres petites fabriques de faïence. Entre autres, celles de *Levasseur* vers 1790, et de *Clavareau* (1806).

Un grand et très-joli vase de Lambert, style Louis XIV, au musée de Sèvres, ne porte pas de monogramme.

Les *Dictionnaires des Postes aux lettres* de 1802 et 1817 mentionnent à Sèvres des fabriques de *faïence*, *terres blanches* et *cristaux*.

L'empereur Napoléon Ier, croyant porter un coup mortel à l'Angleterre par l'établissement de son *système continental* en 1806, mais qui, au lieu de ruiner l'Angleterre, ruina la France, et mit, de 1809 à 1811, la population industrielle à de dures épreuves, avait chargé à cette époque la manufacture de Sèvres de fabriquer, en outre de ses porcelaines, toutes sortes de poteries qui devaient imiter celles de l'Angleterre, et particulièrement de la grande manufacture de Wedgewood à Astbourg.

M. Charles Rossigneux, à Paris, possède des vases imitant l'osier, ainsi que des seaux à fleurs, provenant de ces essais infructueux ; ces poteries sont marquées :

Sèvres. (en creux dans la pâte.)

Aujourd'hui, la manufacture de Sèvres a repris la fabrication des faïences artistiques.

M. *Ch. Ficouenet,* à Sèvres, s'est aussi signalé depuis quelque temps par ses décors polychromes sur faïence, dans le goût de ceux de la fabrique de M. Laurin à Bourg-la-Reine, exécutés par M. Chapelain.

La marque de M. Ficouenet est :

Ch. F. Sèvres.

BERGERAC (Dordogne).

FAÏENCE A ÉMAIL STANNIFÈRE. 1785 à 1793

Un encrier en faïence, d'un émail blanc qui laisse à désirer, et décoré dans le genre des faïences de Strasbourg, au petit feu de réverbère, est marqué :

Bonnet de Bergerac (Dordogne).

Cet encrier, qui était exposé à l'Exposition de Bordeaux en 1865, a été attribué à Bergerac, mais je pense qu'il faut accepter cette classification sous toute réserve, car le nom de Bonnet peut être le nom du propriétaire pour lequel la commande de l'encrier a été faite, et non pas celui du potier.

Ce qui est plus positif, c'est qu'un dictionnaire géographique, antérieur à 89, parle d'une fabrique de faïence à Bergerac, et que M. Henri Devier, de Bordeaux, m'écrit être sûr qu'un nommé

Joliet ou *Jolivet* est venu acheter l'ancienne fabrique pour en continuer l'exploitation, au commencement de ce siècle. Il paraît que la maison qu'il y a fait construire existe toujours.

M. le docteur Belmas, à Bordeaux, possède des faïences de Bergerac qui sont d'une qualité commune, et décorées au feu de réverbère; elles ressemblent à celles de Strasbourg, où le rose domine, mais se signalent par une teinte violacée dans le blanc de l'émail.

a liste des faïenciers pétitionnaires de 1790, conservée aux archives de Nevers, mentionne même deux fabriques de Bergerac.

ISLETTES (les grandes),

A 31 kilomètres de Verdun (*Meuse*).

FAÏENCE A ÉMAIL STANNIFÈRE. 1790 à 1830

Cette faïence, décorée au feu de réverbère, de tons criards, rose, vert, jaune et bleu, s'est fabriquée sous la République, sous le Directoire, sous l'Empire et jusqu'au commencement du règne de Louis-Philippe.

Les fabricants empruntent ordinairement à l'imagerie d'Épinal ces paysages animés de bergères et de bergers, dont les premières, si elles ne sont pas dans *le simple appareil*, n'ont le plus souvent qu'une chemise pour tout vêtement. Chose assez curieuse, les ingénieux céramistes des Islettes, sans rien changer au reste de la copie de la gravure, remplaçaient, à une certaine époque de l'empire, le berger par le militaire flamboyant, « toujours vainqueur auprès des belles. » On voit alors la bergère nue ou à peu près, vis-à-vis d'un militaire qui, en uniforme et le shako sur la tête, lui présente ses hommages, tantôt sous la forme d'un bouquet, tantôt sous celle d'un oiseau en cage.

On connaît un potier, le nommé *Joseph Le Cerf*, qui figure parmi ceux qui ont introduit à Sinceny la fabrication des faïences *genre lorrain, au feu de réverbère*. J'ai attribué à ce Joseph Le Cerf, des Islettes, établi à Sinceny, le monogramme C et S (voir Sinceny).

Le *Dictionnaire des Postes aux lettres* de 1817 parle d'une *manufacture de faïence* aux Islettes.

M. Champfleury signale de la collection de M. Desnoyers,

grand vicaire de l'évêque d'Orléans, un plat qui est décoré du portrait de La Fayette, avec la légende :

Le philosophe républicain français,

et qu'il attribue à la fabrique des Islettes.

CHOISY-LE-ROI (sur Seine).

FAÏENCE A ÉMAIL STANNIFÈRE. Vers 1790

M. C. Gadan, à Vannes, possède deux petits vases blancs ornés de perles en relief et sans aucun décor, marqués :

CHOISY.

Le *Dictionnaire des Postes aux lettres* de 1817 mentionne une fabrique de faïence dans cette localité, et

M. H.-A.-C. Boulanger; et M. C. Feliker y fabriquent actuellement encore de la faïence.

AMIGNY-ROUY et AUTREVILLE (Aisne),

A 1 kilomètre de Chauny, en Picardie.

FAÏENCE A ÉMAIL STANNIFÈRE. 1790

Une première fabrique fut établie à Rouy en 1790, et fermée en 1840; une autre en 1824, par M. *Lecomte*, à Autreville, sous la raison *Lecomte et Dantier;* celle-ci existe encore (voir Sincony).

CASTILHON (Gard),

Petite localité aux environs d'Alais qu'aucun Dictionnaire géographique ne désigne. (On trouve bien trois *Castillon* : l'un dans la Gironde, l'autre dans l'Ariége et le troisième, Castillon-de-Latz (Gers), mais pas de *Castilhon.*)

FAÏENCE A ÉMAIL STANNIFÈRE.

M. Édouard Pascal possède un plat décoré de grotesques et de feuillages en vert, qui est signé :

Castilhon.

ÉPINAL (Vosges).

FAÏENCE A ÉMAIL STANNIFÈRE.

Il est certain qu'on y a fabriqué cette poterie au dix-huitième siècle. La liste des faïenciers pétitionnaires de l'année 1790, conservée aux archives de la ville de Nevers, ne mentionne plus aucune fabrique d'Épinal.

RAMBERWILLER ou RAMBERVILLIERS (Vosges).

A 28 kilomètres d'Épinal.

FAÏENCE A ÉMAIL STANNIFÈRE.

Cette fabrique se trouve déjà mentionnée dans la liste des faïenciers pétitionnaires de l'année 1790, et le *Dictionnaire des postes aux lettres*, par Lecousturier, des années 1802 et 1817, en parle également. Il paraît que l'on y fabrique encore.

BOURG-LA-REINE, près Paris.

FAÏENCE A ÉMAIL STANNIFÈRE. A partir de 1790

L'ancienne fabrique de porcelaine à pâte tendre ou de faïence translucide de *Bourg-la-Reine*, près Paris, appartient aujourd'hui à Madame veuve *Laurin* et fils, et produit exclusivement de la faïence. Outre la faïence blanche à l'usage domestique, on y fabrique aussi de la belle faïence artistique dont les décors sont peints sur l'émail dégourdi [1], c'est-à-dire sur un émail demi-cru, et imitent la faïence polychrome italienne où le jaune domine. La marque de cette faïence est la même que l'ancienne marque de la porcelaine tendre,

B. La R.

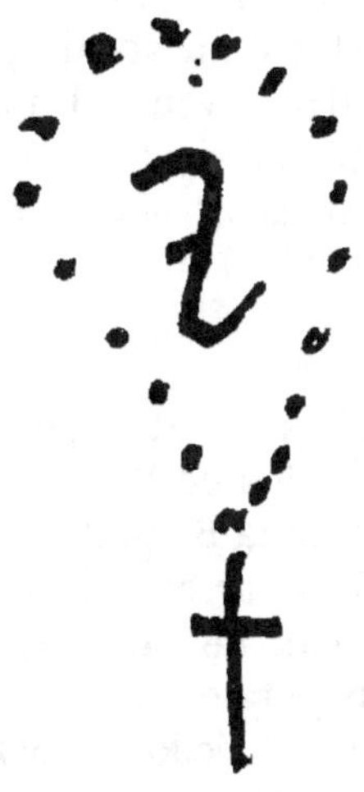

L'artiste peintre attaché à la fabrique, ancien élève de Sèvres, se nomme *Chapelet*. Il signe ses peintures d'un monogramme parlant, c'est-à-dire qui représente un *chapelet*.

(Échantillon dans ma collection.)

M. *Auboin Pardoux*, frère de M. Auboin de Sceaux-Penthièvre, a aussi établi à Bourg-la-Reine, depuis quelque temps, une fabrique assez importante de faïences blanches. Ce potier travaille souvent pour les décorateurs de Paris.

1. *Dégourdir* veut dire donner une légère cuisson à l'émail, sans qu'il soit amené à une entière fusion. Peindre sur le *dégourdi*, sur le *cuit* et sur le *cru*, sont les trois manières distinctes de la peinture céramique.

On verra, par la liste des fabriques de faïences tirée des archives de Nevers, que la fabrication de la faïence existait déjà à Bourg-la-Reine en 1790.

DIEU-LE-FIT (Drôme).

TERRE CUITE AU VERNIS MINÉRAL.

On trouve cette fabrique mentionnée dans la liste des faïenciers qui pétitionnèrent en 1790 à l'Assemblée nationale.

M. Vignol a exposé en 1834 et 1847.

MM. Benjamin Aubert, — E. Benoît, — J.-L. Benoît, — N. Blanc, — J. Besson, — Cyprien Faure et Comp., — Émile Laplace, — Louis Lefèvre, — Pouzet aîné, — Édouard Pouzet, — F. Rochier et Jean Tardieu, sont les fabricants actuels de cette localité.

PARIS,

Rue Fontaine-au-Roi.

TERRE CUITE AU VERNIS PLOMBIFÈRE ET FAÏENCES A ÉMAIL STANNIFÈRE. 1790 à 1862

Le potier *Vogt*, Bavarois, vint à Paris vers 1790, où il établit une fabrique de poêles, 66, rue Fontaine-au-Roi. En 1834, il y fabriquait déjà des carreaux et poêles en niellures, dont les dessins sont formés de terres colorées dans la pâte et recouvertes d'un vernis plombifère, genre des poteries de Henri II. Madame veuve Dumas, sa fille, continue aujourd'hui encore cette fabrication artistique, et produit des ouvrages remarquables. Pendant longtemps elle marquait en creux dans la pâte :

Vve DUMAS,
66, rue Fontaine-au-Roi.

mais souvent aussi ses poêles et carreaux ne sont pas marqués.

Le fils de Vogt, *M. Vogt Jean*, exploite une pareille fabrique rue de la Roquette.

Les carreaux à niellures de la fabrique Dumas sont supérieurs à ceux de Minton, en Angleterre, qui consistent en terre de pipe, et dont la plupart sont peints et non pas niellés.

M. Théodore Deck, ancien contre-maître de la fabrique de madame Dumas, y a appris à faire des niellures en terres coloriées dans la pâte. — Madame Dumas m'a parlé des anciens documents en langue allemande, où son père avait consigné la recette de la coloration des pâtes nécessaires pour la fabrication des niellures.

A Marburg, en Allemagne, on fabrique aussi sur une grande échelle des poteries avec des terres coloriées dans la pâte, et à des prix très-minimes. (Voir Marburg.)

FORGES-LES-EAUX (Seine-Infér.).

FAÏENCE A ÉMAIL STANNIFÈRE. Vers la fin du dix-huitième siècle.

Leech frères, Anglais.
Mutel et Comp, vers 1823 et
Destrées et *Damman*, vers 1850.

TOUL (Meurthe),

A 23 kilomètres de Nancy.

FAÏENCE A ÉMAIL STANNIFÈRE. 1790

J. *Aubry aîné* (à Bellevue), manufacturier, y fabrique actuellement des faïences polychromes et monocromes, dont le décor et l'émail ressemble à ceux de Delft et de Niderviller et qui sont souvent vendues pour anciennes. Ces faïences portent ordinairement la marque :

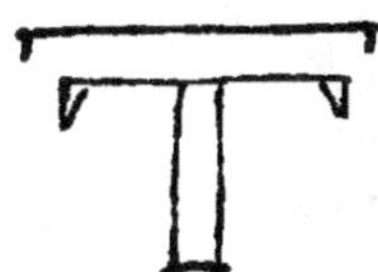

La fabrique possède un certain nombre d'anciens moules du sculpteur Cyflet de Nancy, entre autres celui du groupe *Renaud et Armide.* L'amateur doit donc se mettre en garde.

Une fabrique de faïence à Toul se trouve déjà mentionnée dans la pétition des faïenciers de l'année 1790, conservée aux archives de la ville de Nevers, et les *Dictionnaires des Postes aux lettres*, par Lecousturier, des années 1802 et 1817, parlent également d'une *manufacture.*

RIOZ (Haute-Saône),

Près Besançon, en Franche-Comté.

FAÏENCE A ÉMAIL STANNIFÈRE. 1790 à 1796

Un cordonnier, arrivé dans ce pays vers cette époque, s'appliquait à produire des faïences, malgré sa complète ignorance en fait de procédés céramiques. A force d'essais, il finit par fabriquer des assiettes d'une bonne pâte et d'un bel émail, dans un four qu'il s'était construit lui-même.

Les dessins de ces assiettes, dont M. Francis Wey, à Paris, possède plusieurs exemplaires, sont très-curieux par leur naïveté : tout y indique encore l'apprentissage du potier-cordonnier. Absence complète de perspective dans le décor de ses sujets, qui représentent des intérieurs de ménage, des caveaux d'inquisition même, etc. Les bords sont en brun foncé.

Le *Dictionnaire des Postes aux lettres* de 1817 fait encore mention d'une *faïencerie* à Rioz, et aujourd'hui c'est M. Émile *Peignot* qui y fabrique de la faïence fine imitant la porcelaine.

LISTE DES LOCALITÉS

mentionnées pour les fabriques de faïences existant en France en 1790.

(Extraite des archives de Nevers.)

Aire, 1.
Ancy-le-Franc, 1.
Angoulême, 1.
Apray (*sic*), 1.
Bazaz, 1.
Bechaume, 1.
Bergerac, 2,
Besançon, 3.
Bordeaux, 8.
Bois-Depausse, 1.
Boulogne, 1.
Bourg-la-Reine, 1.
Bourg-en-Bresse, 1.
Bourvalles, 1.
Chantily, 1.
Clément et Mayenne, 5.
Dannière, 1.
Dieu-le-Fit, 1.
Dijon, 2.
Douai, 2.
Épinal, 2,
Espedel, 1.
Grenoble, 2.
Havre, 2.
Haguenau, 2.
Hardes, 1.
Laplume, 1.
Langres, 1.
Lille, 2.
Limoges, 1.
Lunéville, 3.
Lyon, 3.
Mâcon, 2.
Marinal, 2.
Marseille, 11.
Marthe, 2.
Melun, 1.
Mones, 1.
Montereau, 2.
Montlouis, 2.
Montaigu, 1.
Montauban, 1.
Montpellier, 2.
Moustiers, 5.
Mayat, 1.
Nantes, 1.
Nevers, 2.
Nîmes, 2.
Nidreville (Niderviller), 1.
Orléans, 2.
Paris, 14.
Poitiers, 1.
Quimper, 2.
Rambervilliers, 1.
Renac, 1.
Rennes, 1 (grands plats au musée de Cluny).
Rochelles, 1.
Rouanne, 1.
Rouen, 16.
Saintes, 2.
Sceaux, 1.
Saint-Cenis, 1.
Saint-Clément, 1.
Saint-Guyé. 1.
Saint-Omer, 1.
Saint-Vallier, 1.
Thionville, 1.
Toul, 1.
Toulouse, 2.
Tours, 1.
Vaucouleurs, 1.
Varages, 3.
Vermeuil, 1.
En tout, grandes et petites fabriques, 165.

VARZY, dans le Nivernais,

A 16 kilomètres de Clamecy.

FAÏENCES A ÉMAIL STANNIFÈRE. 1794 à 1803

Un sieur *Rollin*, qui avait acquis à vil prix, en 1793, tout le matériel de la fabrique d'Auxerre, ruinée par les événements politiques, en établit une nouvelle à Varzy, à l'ancien château seigneurial, dont il était devenu également acquéreur. Cette fabrique cessa en 1803, à la mort du propriétaire. C'est M. Grasset, propriétaire et conservateur du musée à Varzy, qui a recueilli ces renseignements.

AVRON (Seine),

A 3 kilomètres de Bondy.

FAÏENCE A ÉMAIL STANNIFÈRE.

M. Reynolds, à London, m'a communiqué qu'il possède une faïence signée :

Fait à Avron.

VALLAURIS (Var),

Arrondisement de Grasse (*Alpes-Maritimes.*)

POTERIE DE TERRE CUITE DITE TERRE DE VALLAURIS.

Il y a dans cette localité une quarantaine de fabriques qui ne produisent que des poteries communes, pour usages domestiques, et dont la majeure partie expédie leurs produits à Marseille.

Un de ces fabricants s'est cependant appliqué à un genre moins commun, tels qu'ornements pour la construction des édifices, vases, balustres, corniches, animaux, et aussi petits vases pour étagères et à fleurs. Cette poterie fabriquée en *argile dégourdie*, est très-légère et blanchâtre, très-peu cuite et absorbe l'eau. Elle est sans émail ni décor peint, mais ornementée en reliefs moulés, le plus souvent gaufrée très-finement ; les formes sont gracieuses et pures de lignes ; elles affectent quelquefois l'antique.

Les fabricants actuels de poteries courantes sont : MM. *Arivel*, — *J. J. Carbonel*, — *Durand*, — *Gannet*, — *Niel*, — *Ma-*

rius Gannet, — J. Gazan, — Gras, — Lientard aîné et cadet, — H. Mussé, — Jérôme Mussé, — Maurel, — Ricard. — Quant aux poteries artistiques, c'est M. *Massier aîné* qui les fabrique.

CHANTILLY.

TERRE DE PIPE AU VERNIS MINÉRAL.

On rencontre souvent des assiettes en terre de pipe de couleur jaune et décorées d'impressions noires sous couverte, qui sont marquées en creux, dans la pâte, du mot estampillé :

Chantily.

Elles ont toutes les caractères de la fabrication anglaise du dix-neuvième siècle, et proviennent probablement d'un élève des frères Leech, Anglais, engagés vers 1782, à Douai, dont les élèves allèrent à Montereau, Chantilly et autres places. Cependant la liste des pétitionnaires faïenciers de 1790, aux archives de Nevers, constate déjà l'existence, à cette époque, d'une fabrique de faïence à Chantilly.

LE HAVRE (Seine-Inférieure).

FAÏENCE A ÉMAIL STANNIFÈRE.

Plusieurs fabriques y existaient vers la fin du dix-huitième siècle, ainsi que celles de :

M. Delavigne (1809), échantillons à Sèvres ; et

M. Ledoux Wood (1837) au dix-neuvième siècle. Aujourd'hui M. Devaux et M. Eug. Limon y produisent des poteries.

LOCALITÉS INCONNUES.

Un pot en faïence au musée cantonal de Freiburg, en Suisse, est marqué :

q

Le décor et l'émail indiquent la Lorraine comme provenance.

M. Lottin de Laval, aux Trois-Vals, près Bernay (Eure),

possède un plat ovale en faïence française, décoré en camaïeu bleu, qui est marqué :

Z. B. F. B.

M. C. Gadan, à Vannes, m'a communiqué la marque suivante :

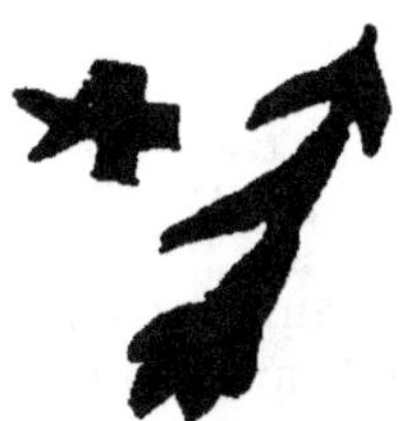

Elle se trouve sur deux consoles ornées en relief de cornes de béliers et décorées en polychrome.

M. le docteur Denis, à Roscoff (Finistère), possède deux statuettes en terre cuite et décorées à froid, qui représentent le cordonnier Simon et sa femme. Au-dessus de la tête de Simon, on voit accroché au mur un petit médaillon, le portrait de la Dauphine.

On rencontre aussi à Roscoff beaucoup de plats et assiettes en faïence de Delft, probablement du dix-septième siècle, comme les grossiers décors en camaïeu bleu et les *piqûres de l'émail* à l'envers paraissent l'indiquer. Quelques amateurs, qui ignorent le commerce important que Roscoff faisait avec la Hollande à cette époque, attribuent à tort ces faïences à Rennes.

M. Chauvin, à Saint-Paul-de-Léon (Finistère), possède un médaillon rond, en terre de pipe sous couverte plombifère, décoré par l'impression d'un sujet noir qui indique le commencement de ce siècle comme date de fabrication ; il montre aussi l'inscription en français : l'*Amour fuiant devant les grâces*. Ce médaillon est marqué en creux dans la pâte :

P. et H.
10.

Au musée historique de la ville du Mans, un énorme plat ovale festonné et décoré peu artistiquement de fleurs polychromes, est marqué :

R. B. (Rennes ?)

Une grosse bouteille de la même provenance est décorée

d'une figure dont le costume indique la fin du dix-septième siècle, et porte l'inscription : *Consolation*, par allusion au contenu (le cidre).

Worms de Romilly, à Paris, possédait une veilleuse du dix-huitième siècle qui, décorée de fleurs polychromes, était marquée :

E.
H. A.

Sur un plateau décoré finement dans le genre des faïences polychrome du midi de la France, du dix-huitième siècle, j'ai rencontré le monogramme suivant :

J. G.

Une soupière ronde dans ce même genre de décor, porte la lettre :

TERRE CUITE SANS COUVERTE.

M. le docteur Jacquart, à Paris, possède une statuette en terre cuite sans couverte, représentant *Sapho* debout, et qui me paraît dater du siècle actuel ; elle est marquée en creux dans la pâte :

T et A. (réunis en monogramme.)

LISTE ALPHABÉTIQUE DES FABRIQUES FRANÇAISES DE FAIENCE

mentionnées par le Dictionnaire des Postes aux lettres, par Lecousturier, des années 1802 et 1817 et sur lesquelles je n'ai pu trouver d'autres renseignements.

Alais (Gard), 1817.
Angoulême (Charente), 1802.
Badenviller (Meurthe), 1817.
Barjols (Var), 1802 et 1817.
Bar-sur-Aube (Aube), 1817.
Bazas (Gironde), 1817
Blamont (Meurthe), 1817.
Blaye (Gironde), 1817.
Boulogne-sur-Mer (Pas-de-Calais), 1817.
Charité-sur-Loire (*la*) (Nièvre), 1802 et 1817.
Charleville (Ardennes), 1802.
Château-Thierry (Aisne), 1802.

Clairfontaine (Haute-Saône), 1817.
Clermont-en-Argonne (Meuse), 1802 et 1817.
Dax (Landes), 1817.
Domièvre-en-Hay (Meurthe), 1817.
Ecomay (Sarthe), 1817.
Epense-le-Bois (Marne), 1817.
Evideuil (Dordogne), 1817.
Flèche (*la*) (Sarthe), 1802 et 1817.
Forges-les-Eaux (Seine-Inférieure), 1802 et 1817.
Frémonville (Meurthe), 1817.
Harfleur (Seine-Inférieure), 1817.
Hazebruck (Nord), 1802 et 1817.
Langres (Haute-Marne), 1802 et 1817.
Liancourt-le-Château (Oise), 1817.
Limoges (Haute-Vienne), 1802 et 1817.
Limours (terre bronzée de Seine-et-Oise), 1817.
Longwy (Bhône), 1802 et 1817.
Metz (Moselle), 1817.
Mirande (Gers), 1802 et 1817.
Montauban (Tarn-et-Garonne), 1817.
Montivilliers (Seine-Inférieure), 1802 et 1817.
Moulins (Aisne), 1802.
Poligny (Jura), 1802 et 1817.
Pont-de-Vaux (Aisne), 1802.
Puy-en-Velay (Haute-Loire), 1802.
Roanne (Loire), 1817.
Romans (Drôme), 1802 et 1817.
Sarrebourg (Meurthe), 1802.
Sedan (Ardennes), 1802 et 1817.
Saint-Brieuc (Côtes-du-Nord), 1802 et 1817.
Sainte-Ménehould (Marne), 1802 et 1817.
Saint-Omer (Pas-de-Calais), 1817.
Saint-Sever au Chalosse (Landes), 1817.
Tonnerre (Yonne), 1802 et 1817.

Voir aussi dans le chapitre des porcelaines françaises : *Lamarque*, propriété où le céramiste *Saint-Amans* avait établi son usine.

Tournéaux puis *Melun*; *Hesdin* (Pas-de-Calais); *Liancourt* (Oise); *Maubeuge* (Nord), et *Milhac-de-Montron* (Dordogne), sont des fabriques de faïences, dont le musée de Sèvres possède des échantillons, et qui datent probablement du premier quart de ce siècle.

LISTE ALPHABÉTIQUE DES LOCALITÉS FRANÇAISES (291)

où l'on fabrique actuellement des poteries opaques (briques, poteries, terres cuites, terres de pipe, grès et faïences), fabriques qui ne pouvaient pas être mentionnées parmi les anciennes.

Acheux (Somme), M. J. Descamps. *Poteries.*
Aix (Bouches-du-Rhône), M. Ripert. »
Alais (Gard), M. Delpuech. — MM. Dumay et Cᵉ. »
Allevard (Isère), M, Billoz. »
Allonne (Oise), MM. Clerc et Taupin (Au-Pont). *Grès.*
Altenstadt (Bas-Rhin). *Poteries.*
Altkirch (Haut-Rhin), M. Hauser. — M. Klemann. »

Amance (Aube), M. Arnault-Chamerois. — M. Leroy. *Poteries.*
Amance (Haute-Saône), MM. Claude et Grenier. »
Anduze (Gard), M. Baisset. — M. Bourquet. — M. David. — M. Costanet. *Poteries.*
Angoulême (Charente), M. Léon Durandeau. — M. Nicolet fils. — MM, Tasset et Gonse. *Faïences* (échantillons à Sèvres).
Anisy (Aisne), M. Duperrier. — M. Poriaux. *Poteries.*
Aramon (Gard), M. Cavene. — M. Gargas. — M. Truphèmes. »
Arboras (Rhône), MM. E. Decaen et Ce *Faïences et terre de pipe.*
Argenton (Indre), MM. Ballerand et Prungnot. *Poteries.*
Argnian (Nièvre), M. Normand. — M. Drausselet. *Grès.*
Aubagne (Bouches-du-Rhône), M. Richelme. — M. Blois. — M. Maurel. *Poteries.*
Aubusson (Creuse), MM. Clément père et fils. »
Auch (Gers), M. Lassonguère. — M. Rivayrant. — M. Vives. »
Audun-le-Tiche (Moselle), M. Stolz. *Faïences.*
Auneuil (Oise), MM. Boullanger frères. — M. Th. Court. *Carreaux.*
Aups (Var). *Poteries.*
Auvillars (Tarn-et-Garonne), M. André Carra. — M. Jos. Castex. — M. Ch. Castex. — M. E. Marseille. — M. Verdier. *Faïences.*
Auxonne (Côte-d'Or), M. Roux (à Villiers-les-Pots). »
Badenviller (Meurthe), M. Gondrexon. »
Bagnères-de-Bigorre (Pyrenées), M. Cantet. »
Bagnes-Sainte-Radegonde (Charente), M. L. Landry. *Faïences et poteries.*
Bain (Ile-et-Vilaine), M. Cuault. — Mademoiselle Magnaire. — M. Orain. *Poteries.*
Bayonne (Doubs), M. Deliot fils. — M. Lafitte. — M. Novion. *Faïences.*
Balaives (Ardennes), M. Valeur-Cheneau. *Poteries.*
Bar-sur-Aube (Aube), MM. Checq et Tesse. »
Baulne (Aisne), M. Maréchal. — M. Gaillard. »
Bavay (Nord), MM. Deltour frères. — M. Lebrun-Zourdain. *Poteries.*
Beaune (Côte-d'Or), M Gambert père. — M. Gambert fils aîné. »
Beaucaire (Gard), M. Contestin. — M. Massis. — M. Meunier. »
Beaulieu (Indre-et-Loire), M. Garnier-Véron. »
Beaumont-les-Autels (Eure-et-Loire), M. Blière. *Faïences.*
Beaumont-de-Lomagne (Tarn-et-Garonne), MM. Bellotto frères. »
Belbeuf (Seine-Inférieure), M. Cécile. — M. Abraham. — M. Firmin. *Poteries*
Belley (Ain), M. Charansonnet. — M. Collet. — M. Silbereissen. »
Benais (Indre-et-Loire), MM. Loireleur et Bellanger frères. *Faïences et poteries.*

Benneval (Eure-et-Loire), M. Barré. — M. Chevalier. — M. Goudard. *Faïences et poteries.*

Besançon (Doubs), Madame veuve Alhoud.— M. Martin.— MM. Brey et fils. — MM. Ruedi et Solla. *Faïences.*

Béthune (Pas-de-Calais). *Poteries.*

Beugniers (Nord). »

Bézières (Hérault), M. Carles, dit Bone. — M. Carles. »

Billom (Puy-de-Dome), M. Grenet. — M. Tixier. »

Bletterans (Jura), M. Guillemés. »

Bonnétable (Sarthe). *Faïences.*

Boulay (Moselle), M. Thomas aîné, *Poteries.*

Bourg (Ain), M. Ch. Bozennet. — M. Bédet aîné. — M. Cuinet et M. Bédet cadet, *poteries.*— Madame veuve Chervin. *Faïences.*

Bourg-du-Péage (Drôme), M. Merdenne. »

Bourgueil (Indre-et-Loire), M. Delarue. *Poteries.*

Braine-en-Vesle (Aisne), M. Philippot (à Courcelles-les-Brâmes). »

Breteuil (Oise), M. Bastide. — M. Frémaux.— M. Portemer. »

Brive (Corrèze), M. Lachaux. »

Brives-Charensac (Haute-Loire), M. Berard. — M. Fromenteau. — M. Pol. — M. Robin. *Poteries.*

Brugny (Marne), M. Cernick. »

Butten (Bas-Rhin). »

Caudebec (Seine-Inférieure), M. Fleury. »

Carcassonne (Aude), M. Armengaud. — MM. Bel et Guirait. — M. Pradel. *Poteries.*

Casamène (Doubs), M. Martin Brey. *Carreaux.*

Castelnaudary (Aude). *Poteries.*

Castillon (Gironde), M. Dennier. — M. Iansienne; *Poteries.* et M. Rosciano. *Faïences.*

Castres (Tarn), MM. Ducros et Ce. *Faïences.*

Caudam (Morbihan), M. Bruyère aîné. — M. Collin. »

Chambon (Haute-Vienne), MM. Lamy frères et Georgeny fils. *Poteries.*

Chapelle-aux-Pots (Oise). *Grès et autres poteries.*

Charelles (Saône-et-Loire), M. Prost. *Faïences.*

Chartres (Eure-et-Loir), M. Fouquenau. *Poteries.*

Chateaubriant (Loire-Inférieure), M. Bridel. *Grès.*

Chateaudun (Eure-et-Loir), M. Boudet. — M. Vivier. *Faïences.*

Chateauneuf-de-Mazene (Drôme), M. Rousset. *Poteries.*

Chaumont (Ardennes), M. Porcien.— M. Isidore de Fressencourt. »

Cheroy (Yonne), M. Coquelet. — M. Reynier. »

Chéveuges (Ardennes), M. Niles. *Faïences.*
Chinon (Indre-et-Loire), M. Guibert. — M. Truteau. *Poteries.*
Chirens (Isère), M. Pécheur. »
Clairfontaine (Saône), MM. Rigal et Sanejonaud. *Faïences.*
Clamecy (Nièvre), M. Daché. *Poteries.*
Clermont-en-Argonne (Meuse), M. Mouet. *Faïences.*
Cluny (Saône-et-Loire). *Poteries.*
Colmar (Haut-Rhin), M. Acker.— M. Mühlberger. *Poêles et faïences.*
Conches (Eure), M. Coesnon.— M. Dumerque.—M. Rassent. *Faïences.*
Condom (Gers), M. Dubouzet. *Poteries.*
Contres (Loir-et-Cher), M. Fouilloux-Gaucher. »
Coudreceau (Eure-et-Loir), M. Gillot. »
Courbessen (Seine-et-Marne), M. Gaillot. »
Courtaven (Haut-Rhin). »
Cusset (Allier), M. Janin. — M. Patissier. »
Dartal (Maine-et-Loire), MM. Jubault et Loiseau. »
Dax (Landes), M. Pierre Cazaux (aux *Sablots*). *Poteries et faïences.*
Diemeringen (Bas-Rhin), M. Ch. Ziegler. *Poêles et Faïences.*
Dignac (Charente), M. Debect. *Faïences.*
Dizy (Marne), M. Lisnard-Beaupère. — M. Mousses. *Poteries.*
Dormans (Marne), M. Baillot. »
Dunkerque (Nord), MM. Delacour frère et sœur. »
Ecemmoy (Sarthe), M. Caudin. *Faïences.*
Engel-Fontaine (Nord). *Poteries.*
Ensisheim (Haut-Rhin), M. Fichter. »
Erome (Drôme). »
Espaubourg (Oise), M. J.-M. Anselin. »
Etrepigney (Jura), M. Gautheret. — MM. Dautant frères. »
Favières (Meurthe), M. Nathis. — M. Pierson. »
Ferney (Ain). »
Ferrière-la-Petite (Nord), M. Delmer.— M. Delhaye. *Faïences et grès.*
Fleurance (Gers), M. Roncole. *Poteries.*
Forcalquier (Basses-Alpes), M. Godin. »
Forges-les-Eaux (Seine-Inférieure), M. Bigot. — M. Herbel. — M. Herbel-Dumas. *Faïences.*
Ganges (Hérault), M. Gros. — Madame veuve A. Liebra. »
Génélard (Saône-et-Loire), M. Durot. — M. Fouare. *Grès.*
Genis (Dordogne), — M. Lachaud. *Poteries.*
Ger (Manche), M. Chaudesosse.— M. G. Dumaine.— M. L. Dumaine. M. Lelièvre-Laprise. — M. Robbes-Buissonnière. — M. Rabbes-Léceluze. — M. Theot. — M. Véron. *Poteries.*
Gerardmer (Vosges), M. Roch. »

Gissaument (Marne), MM. Lorrey et Aubriot. *Poteries.*
Givors (Rhin), M. Ch. Revol. — M. D. Revol. »
Gradignan (Gironde), M. Laboric et Desbols. *Faïence et poteries.*
Grenoble (Isère), M. Billy.— M. Paris. *Poteries.*
Grigny (Rhône), MM. Dunéault, Motte et Ce. — Madame veuve Émile Decaen. *Faïences.*
Grignols (Gironde). M. Cardennc.— M. Feny. *Poteries.*
Goincourt (Oise), Madame veuve Signez. *Poteries et faïences.*
Guebervïller (Haut-Rhin), M. Marckert. *Poêles en faïence.*
Guécélard (Sarthe), M. Berger. *Grès.*
Guingamp (Côtes-du-Nord), M.Joret.— M. Garo.— M. Hillion. *Faïences.*
Guines (Pas-de-Calais, M. Brunet. *Poteries.*
Halmose (Meurthe), M. Schwartz. *Faïences.*
Hautot-sur-Mer (Seine-Inférieure), MM. Duburquoy frères. — M. Legros aîné. *Poteries.*
Hazebrouck (Nord), M. Lelong.— MM. Massart et Guermonprez. »
Henrichement (Cher), M. Devally. — M. Pierre Girault. — M. L. Panarion. — M. Pellé. — M. Guilpain. — M. C. Panarion. M. Talbot-Michet. — M. Talbot-Vataire. *Poteries.*
Huchennerville (Somme), M. Bourgeois. »
Humbligny (Cher), MM. Auchère frères. »
Iangé (Ile-et-Vilaine), M. Gautier. — Mademoiselle Gonesse. — M. Polard. *Faïences.*
Ibligny (Meurthe), M. Clément. »
Iéanmenil (Vosges), MM. Blaise et Vilms. »
Illiers (Eure-et-Loir), M. Fouquerreau. *Poteries.*
Isle d'Espagnac (Charente), M. Debect. *Faïences.*
Ivry-sur-Seine (Seine), M. Cassedanne. »
La Folatière (Isère). M. Guinet. *Poteries.*
Laissac (Aveyron), M. Grasset. — M. Sahnet. »
La Madeleine (Nord), M. Bouet-Cuveillier. »
Lamée (Seine-et-Marne), M. Gabry (Boisettes). *Faïences.*
Landerneau (Finistère), Madame veuve Bonnet. — M. Jouan. — M. Legall. *Faïences.*
Langeais (Indre-et-Loire), MM. Ch. de Boissimon et Ce. — MM. Lebert et Busson. *Grès artistiques.*
Langres (Haute-Marne). *Faïences.*
Lannilis (Finistère), M. Mercelle. — M. Pelles. *Poteries.*
Lavatre (Creuse), M. Saint-Jules. *Tuyaux de drainage.*
La Palisse (Allier),M. Cornet.— M. Gindre.— M. Treillet. *Poteries.*
Laval (Mayenne), M. E. le Pannetier. — M. Sigoigne. »
La Valteuse (Saône-et-Loire), M. Ducrot. »

La Versine (Aisne), M. Hue. *Tuyaux de drainage.*
Le Bar (Alpes-Maritime). *Poteries.*
Le Fossé (Seine-Inférieure), M. Carpentier. *Carreaux.*
Le Fréchet (Haute-Garonne), M. Sarrante. *Faïences.*
Le Montet-aux-Moines (Allier), M. Pajot. *Grès.*
Lenglay (Côte-d'Or), M. Landel. *Faïences.*
Le Reil-d'Ardèche (Ardèche), M. Richard Vincent. *Poteries.*
Le Vivier-d'Anger (Oise). *Grès.*
Lezoux (Puy-de-Dôme), M. Beaujer. *Faïences.*
Lheraule (Oise), M. Godin. — M. Thuillier. — M. Lefèvre. *Grès.*
Libourne (Gironde), M. Daniel. *Faïences.*
Limours (Seine-et-Oise), M. Guerlier. »
Lomme (Nord), M. Delhis. — M. Platel. *Poteries.*
Longchamp (Côte-d'Or), M. Phat-Blandon. *Faïences.*
Longwy (Moselle), M. D'Huart-de-Nothomb (échantillons à Sèvres). *Faïences.*
Louviers (Eure), M. Aubin. — M. Sébiros. — M. Patry. »
Louvigné-du-Désert (Ile-et-Vilaine), M. Maugin. »
Louvroil (Nord), M. Roch frères et Ce. *Carreaux.*
Mâcon (Saône-et-Loire). *Faïences.*
Manciaux (Haute-Garonne), M. P. Her. *Faïences.*
Marcigny (Saône-et-Loire), M. H.-C. Blanchon. *Poteries.*
Marcillat (Allier), M. Gilbert. — M. Tardivat. *Faïences.*
Marronnelle (Pas-de-Calais), M. Évrard. — M. Lecuyer. *Poteries.*
Maurs (Cantal), M. Cantalonbe. — M. Coustenson. »
Maynal (Jura), MM. Centecalix frères. »
Melun (Seine-et-Marne), M. Gabry (aux *Fourneaux*). *Faïences.*
Menil-Saint-Père (Aube), M. Hymonnet. *Poteries.*
Méreau (Cher), M. Gonon. »
Metz (Moselle), M. Hangen. »
Mirebeau-sur-Bèze (Côte-d'Or), M. Brétin. »
Molinet (Allier), M. Lemoine. *Grès.*
Montbard (Côte-d'Or), M. Emiot. — M. Gaveau. — M. Guillard. *Poteries.*
Montelimar (Drôme), M. Jullian. »
Montendre (Charente-Inférieure), M. Dupont. *Faïences.*
Montherme (Ardennes), M. Debeg. *Poteries.*
Montluçon (Allier), M. Thurel; *faïences.* — M. Clément. »
Montmarault (Allier), M. Baron. *Faïences.*
Morlaix (Finistère), M. Coriou. *Poteries.*
Munster (Haut-Rhin), M. Ph. Tresch. »
Mussidan (Dordogne), M. Duluc. *Faïences.*

Nagon (Oise). *Faïences.*

Nanse-sous-Sainte-Anne (Dordogne), MM. Hugon, Langlard et compagnie. *Terre de pipe.*

Nassy (Marne), M. Chopin. — M. Bon. *Poteries.*

Neuilly-en-Sancerre (Cher), M. Auchère. — M. Chollet. »

Neuvy-deux-Clochers (Cher), M. Chollet. »

Nogent-le-Rotrou (Eure-et-Loir), M. Barillet. — M. Tramblin. *Faïences.*

Nyons (Drôme), MM. Grolot et Simon. — M. Rousset. *Poteries.*

Oberbostschdorf (Bas-Rhin). *Grès.*

Ollivilliers (Haut-Rhin), MM. Zeller et Ce. *Tuyaux émaillés.*

Palinges (Saône-et-Loire), M. Pajot. — M. Ruaut. *Grès.*

Pamiers (Corèze), M. Caillas. — M. Cazals. — M. Dougnac. — M. Nadal. *Faïences.*

Peipin (Basses-Alpes), M. Baille. — M. Boutoux. *Poteries.*

Pelissanne (Bouches-du-Rhône), M. Roubaud. »

Pertuis (Vaucluse), M. Arnaul. — M. Signoret. *Faïences.*

Petit-Massé (Nièvre), M. Chognas. *Grès.*

Pexonne (Meurthe), M. Fenal fils. *Faïences.*

Poet-Laval (Drôme), M. Armand. — M. Berard. — M. Berhaud. — M. Brès. — M. Charavel. — M. Fontaine.— M. Gros. — M. Piollenc. — M. Plan. — M. Poncon. — M. Danielau. — M. Reboul. — M. P. Reboul. — M. Rollin. — M. Roussin. — M. Terpaud. — M. Vernet. *Poteries.*

Sombernon (Côte-d'Or), M. E. Viennot. — M. B. Viennot. — M. V. Viennot. *Poteries.*

Ponchon (Oise), M. Decayny. — M. Dumontier. — M. Dupressia. — M. Leclerc. — MM. Ledoux frères. — M. Truptil. *Carreaux de faïences.*

Pont-Audemer (Eure), M. Laser. — M. Delamure. — M. Lesant. — M. Toscan. *Faïences.*

Pont-de-Vaux (Ain), M. Borel. — M. Courtois. — M. Gauthier. — M. Gauthier fils. *Poteries.*

Radenvilliers (Aube), MM. Mielle frères. *Faïences.*

Rambervillers (Vosges), M. de Menonville. »

Raon l'Étape (Vosges), MM. Müller fils et Marotel. »

Ravel-Salmerange (Puy-de-Dôme), M. L. Laroche. — M. Ganillier. *Faïences et grès.*

Reims (Meuse), M, Gray-Roger. — M. Richard-Cottin. *Poteries.*

Remoulins (Gard), M. Beanne. »

Revel (Haute-Garonne), MM. Chazotes frères. — M. Durand. — M. Garaize. — M. Maillabiau. »

Ribeauville (Haut-Rhin), M. Schæffer. *Poteries.*
Réez (Basses-Alpes), M. Ferand, *faïences.* — M. Ailland. »
Riens (Garonne), M. Gouvrin. — M. Morance. »
Rioz (Haute-Saône), M. Émile Peignot. *Terre de pipe.*
Roanne (Loire), M. Labarre. — M. Nicolas. *Faïences.*
Romanèche-Thorins (Saône-et-Loire). *Poteries.*
Roncy (Nord), MM. Bondad frères. — MM. Capelle et Ce. »
Roquevaire (Bouches-du-Rhone), M. Aubert. — MM. Niel et Glize. *Faïences.*
Roscanvel (Finistère), M. Boisdron. — M. Hermance. *Poteries.*
Roussillon (Isère), M. Gascon. — M. Paccard. — M. Peset. »
Russange (Moselle), M. Gregorias. *Poteries.*
Sadirac (Gironde), M. Prosper Geoffroy, *faïences.* — M. Allegret. — M. Fontaneau. — M. Lamirot. — MM. Norzilleau frères. — M. Bellet. *Poteries.*
Sains-du-Nord (Nord), M. Dupont. — M. Miresse. »
Saint-Aignan (Loir-et-Cher), M. Perrigault. »
Saint-Amand-en-Puisaye (Nièvre), M. Laurent. »
Saint-André (Eure), M. Morize. — M. Noë. *Faïences.*
Saint-André-de-Cubsac (Gironde), M. Tourias. *Poteries.*
Saint-André-de-Sangonis (Gironde), M. Fien. *Faïences.*
Saint-Aquilin (Eure), M. Echard. »
Saint-Aubin (Oise), M. Lebis. — M. Morda fils. *Grès.*
Saint-Aubin-Celloville (Seine-Inférieure), M. Lecontre. *Poteries.*
Saint-Avit (Loire-et-Cher), M. Hilaire. »
Saint-Brice (Mayenne), MM. Gauthier et Viat. »
Saint-Denis, M. Salmon. *Poteries et Grès.*
Sainte-Foy-la-Grande (Gironde), M. Jaubin. *Poteries.*
Saint-Ferme (Gironde), M. Rabin. »
Saint-Florentin (Yonne), M. Faulnier. »
Saint-Geoirs (Isère), M. Genevey. »
Saint-George-de-Ronelly (Manche), M. Marie. »
Saint-Germain (Dordogne), M. Payet. — M. Laforet. *Faïences.*
Saint-Germain-Laval (Seine-et-Marne), M. Galliot. *Poteries.*
Saint-Germain-la-Poterie (Oise), M. Lassineur. *Grès.*
Saint-Just-des-Marais (Oise), MM. Boisbergue et Ce. — M. Hatau. — M. Chéron. *Grès.*
Saint-Médard (Gironde), M. Roger. *Faïences.*
Saint-Vallier (Drôme), M. Buissonnet. — MM. Revol fils. — MM. Siguret et Ce. *Grès.*
Saint-Vérain (Nièvre), M. Jacq. »
Saliés-de-Salat (Haute-Garonne), M. Jauzac. *Faïences.*

Salvange (Meuse). *Faïences.*
Saméon (Nord), MM. Renaud frères. *Poteries.*
Sancoins (Cher), M. Boin. — M. Bonille. — M. Offray. »
Sars-Poterie (Nord). »
Saulieu (Côtes-d'Or), M. Dessaulx. *Faïences.*
Saumur (Maine-et-Loire), MM. Loiseleur et Belanger. »
Sauve (Gard), MM. Broc frères. *Poteries.*
Sauviat (Haute-Vienne), MM. Tharand et Ce. »
Sauxillanges (Puy-de-Dôme), M. Cotinel. — M. Gaiguebert. »
Savigny-en-Revermont (Saône-et-Loire). »
Schlestadt (Bas-Rhin), M. Ch. Ziegler. *Poêles de faïence.*
Senelle (Moselle), M. D'Huart de Notomb. *Faïences.*
Sens (Yonne), M. Saulnier. *Poteries.*
Sierck (Moselle), M. Lamort. *Faïences.*
Solignac (Haute-Vienne), M. Latrille fils. — MM. Noger et Perichon. *Poteries.*
Soufflenheim (Bas-Rhin), M. Vergniaud. »
Suresnes (près Paris), M. Jules Maréchal. »
Tarbes (Pyrénées), M. Nelli. »
Tasseniêres (Jura), M. Degermann aîné. »
Taulignan (Drôme), M. Julhan. — M. Monteillet. *Faïences.*
Thann (Haut-Rhin), M. Rudolf. *Poêles en faïence.*
Thias (Haute-Vienne). *Poteries.*
Thiviers (Dordogne), M. Démartou. — MM. Dubourdieu frères, sœurs et Ce. — Dubourdieu fils aîné. *Faïences.*
Thuir (Pyrénées). »
Tournus (Saône-et-Loire). *Poteries.*
Toury-Lurcy (Nièvre), M. Brac de Lapenière. *Grès.*
Treigny (Yonne). »
Tressort (Ain), M. Garne. — M. Monbarbon. *Poteries.*
Vaison (Vaucluse), M. Bertrandet père. — M. Bertrandet jeune. »
Varinfray (Oise), M. Dret. »
Vendeuvre-sur-Barse (Aube), M. Schmid, *faïences.* — M. Lagerot. — M. Wuillet. — M. Testard, *poteries* (échantillon à Sèvres). — M. Moynet. *Statues religieuses en terre cuite.*
Vernaux (Ardèche), M. Vialet. *Faïences.*
Verneuil (Indre). *Poteries.*
Villers-les-Pots (Côte-d'Or), M. Roux (A. Renaud). *Faïences.*
Vic-Exemplet (Indre), M. Bouchaud. — M. Chauvot. *Poteries.*
Vic-le-Comte (Puy-de-Dôme), MM. Pernet et Perret. *Faïences.*
Vierzon-Village (Cher), M. Renard. *Faïences et poteries.*
Villandraut (Gironde), M. Belin. *Faïences.*

Villemur-sous-Tarn (Haute-Garonne), M. Bousquet. — M. Castella.— M. J. Castella. — M. Dastres. *Poteries.*

Voiron (Isère), M. Gauthier. — M. Pécheux. *Grès.*

Voncq (Ardennes), M. Manouvrier. *Faïences.*

Wasselonne (Bas-Rhin), M. Fritsch. — M. Rothan. — M. Sieffert. *Poteries.*

Weyersheim (Bas-Rhin). »

Wissembourg (Bas-Rhin), M. Braun. — M. Fr. Tresch. *Poteries et faïences.*

ARRAS (Pas-de-Calais).

TERRES CUITES AU VERNIS MINÉRAL.

M. *Fourneaux*, potier, est représenté à Sèvres par quelques échantillons provenant de l'année 1809.

Aujourd'hui, c'est M. *Nonjen* qui y fabrique le même genre.

THUIR, près Perpignan.

TERRE CUITE SOUS ENGOBE ET AU VERNIS PLOMBIFÈRE. FABRICATION MODERNE.

On trouve de cette localité, aux Arts et Métiers, à Paris, une pièce *marbrée*.

SAINT-GAUDENS (Haute-Garonne).

TERRE DE PIPE AU VERNIS PLOMBIFÈRE.

Manufacture fondée en 1829 (?) par MM. *Fouque* (des Fouque de Moustiers) et *Arnoux*, qui l'ont cédée en 1862 à des manufacturiers anglais. M. *Arnoux fils*, actuellement attaché à la manufacture de MM. Minton et Cie, à Stoke-Upon-Trent, en Angleterre, avait pendant longtemps dirigé les ateliers à Saint-Gaudens. M. Fouque s'était aussi attaché le potier *Gorsin*, qui plus tard a fabriqué à Bordeaux, et après en Suisse, près de Genève, où il est mort en 1865.

M. *Moitessier*, l'ancien contre-maître de Rubelles, près Melun, a passé neuf ans dans la manufacture de Saint-Gaudens, dont la fondation doit cependant remonter bien avant 1829, puisqu'elle se trouve déjà mentionnée dans le *Dictionnaire des Postes aux lettres* des années 1802 et 1817.

(Voir les porcelaines à pâte dure de cette localité.)

MIRAMONT, près de Toulouse.

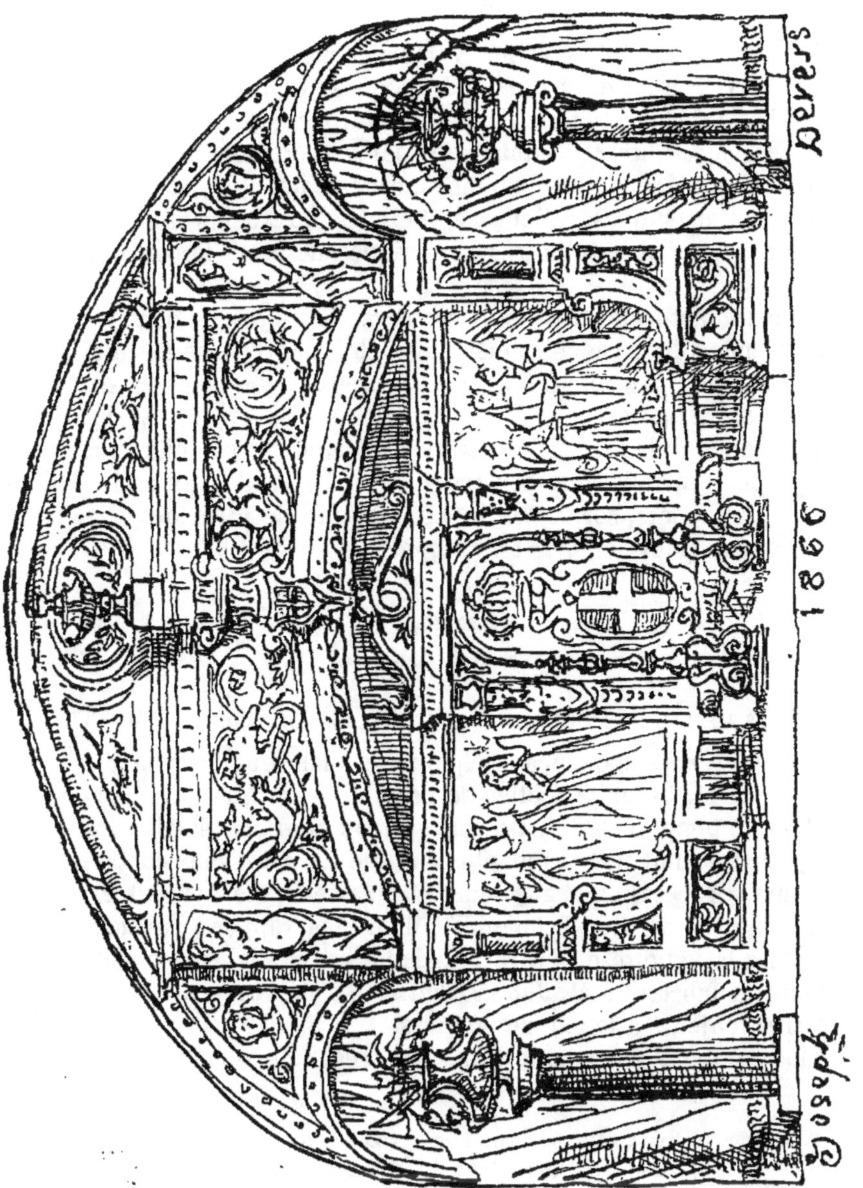

GRÈS CÉRAMIQUES. Actuellement
TERRES CUITES SANS COUVERTE.
TERRES CUITES SOUS COUVERTE PLOMBIFÈRE.
TERRES CUITES A ÉMAIL STANNIFÈRE.

MM. *Virebent frères et fils* y fabriquent, depuis 1830, de belles terres cuites et des grès céramiques (le même genre qui a servi à la restauration de l'église de Marburg (voir mes *Souvenirs de voyage d'un collectionneur*), particulièrement des bas et hauts-reliefs, des statues, colonnes, ornements, etc., pour constructions artistiques, religieuses et civiles. Le croquis ci-contre représente une des sculptures céramiques de cette importante usine.

La manufacture, qui produit ces céramiques jusque dans les plus grandes dimensions et même des clochers d'église entiers, s'est fait une juste réputation par l'expression des têtes de ses statues et statuettes.

De grandes plaques avec peinture céramique, et enfin tout ce qui peut embellir une construction et être utile aux architectes intelligents, sortent de la manufacture de Miramont, qui est brevetée pour son *grès céramique*.

PARIS,

5, rue des Trois-Couronnes.

FAÏENCES A ÉMAIL STANNIFÈRE (encore en exploitation). 1833

Feu *Pichenot* commença d'exploiter sa fabrique sous la direction de M. Lœbnitz, potier de l'école du nord, et qui a travaillé longtemps à Berlin. Breveté en 1843 pour son émail « ingerçable[1], » il fit poursuivre plusieurs de ses soi-disant contrefacteurs, procès qu'il gagna tous, et cela selon moi bien à tort, avec l'appui de feu Brongniart, dont les rapports avaient conclu à la validité du brevet. Madame veuve Pichenot a cédé depuis la fabrique à M. *Jules Lœbnitz*, fils de l'ancien contremaître, toujours à la tête des ateliers.

On a obtenu dans cette usine des résultats remarquables.

1. Ce que Pichenot entendait par « ingerçable » s'obtient par une grande addition de chaux dans la composition de la terre, qui fait que l'émail adhère et fait corps avec la pâte.

J'ai vu au musée de Sèvres, n° 118, une grande baignoire provenant de l'Exposition de 1849, qui, fabriquée d'une seule pièce, est émaillée en dehors et en dedans. Des plaques de revêtements de murs, très-convenables pour des cabinets de bains, également d'une seule pièce, de 2 mètres 25 sur 1 mètre de large, parfaitement planes et recouvertes d'un émail complétement pur de craquelures; un vase d'un demi-mètre de diamètre, également émaillé; des plaques de moyenne dimension à fond bleu au grand feu, dont la couleur bleue, si difficile à obtenir pure, peut rivaliser avec celle des célèbres porcelaines bleues de Sèvres; des poêles artistiques, décorés au feu de moufle, etc.: tels sont les genres de produits qui placent cette usine, travaillant avec trois grands fours, au rang des fabriques artistiques de premier ordre. Toutes les plaques et tous les carreaux de poêles étaient marqués, du temps de M. et de madame Pichenot :

Pichenot, 7, rue des Trois-Couronnes.

La marque actuelle, qui se trouve à l'envers, en creux dans la pâte, est :

Jules Lœbnitz, 5, rue des Trois-Couronnes.

M. Lœbnitz père a aussi imité tout récemment le violon de faïence de Delft de ma collection; mais quoique bien réussi de forme, ni l'émail, ni le décor ne pouvaient faire la moindre illusion. Malgré cela, des agents du musée d'Athènes l'ont encore payé à la vente publique 340 fr.

Cette importante manufacture a depuis ajouté à sa fabrication ordinaire celle des carreaux de revêtement, et particulièrement les carrelages en terre rouge à niellures blanches, ainsi que celle des carreaux à émail stannifère, genre Lisieux. La grande salle des États, au château de Blois, a été carrelée avec les produits de la fabrique Lœbnitz.

M. *Clément-Amédée Bidot,* né vers 1834 à Lons-le-Saulnier (Jura), peintre à l'huile et élève de M. Cogniet, a commencé, en 1864, à peindre dans cette fabrique sur cuit et sur cru; il a exposé à l'exposition des Beaux-Arts de la même année une grande et belle plaque ronde, décorée en camaïeu bleu d'un sujet allégorique de sa composition, intitulé : *Arts et Misère.* Ce sont trois belles femmes représentant la Peinture, la Sculpture et la Musique, avec le Génie qui tend une sébile pour recevoir l'aumône. M. Bidot s'occupe aussi de la peinture de portraits sur faïence et atteint de beaux résultats comme ressemblance.

Les œuvres de ce peintre sont signées :

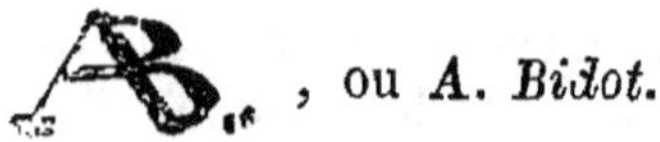 , ou *A. Bidot.*

Un médaillon de ma collection est marqué du monogramme, et mesure 18 cent. ; la peinture en camaïeu bleu représente un buste de femme en profil.

SAINT-SAMSON (Oise).

POTERIES.

Cette manufacture de poteries, qui marque

E. L. B.

a exposé à Paris en 1834.

BOULT, près de Rios,

A 35 kilomètres de Vesoul (Haute-Saône).

TERRE CUITE SANS COUVERTE ET AU VERNIS MINÉRAL. Époque actuelle.

M. Gaspard Guidot fabrique des poteries artistiques, comme paniers imitant l'osier, cadres imitant le bois sculpté, etc. (Échantillons dans ma collection et dans celle de madame Naudin.)

RUBELLES, près Melun.

TERRE DE PIPE A ÉMAIL OMBRANT PLOMBIFÈRE ET ALCALIN. 1836

Le baron sénateur Bourgoing, ancien ambassadeur français à München et à Madrid, mort en 1866, inventeur de cette poterie à émail ombrant, en mono et polychrome, d'après le système allemand, de la manufacture royale de Berlin, des lithophanies transparentes en porcelaine dure, se fit breveter et fonda en 1836 une fabrique à Rubelles, près Melun, au château de M. le baron du Tremblé, son associé. M. Moitessier était le directeur de cette fabrique, qui, dès 1855, après l'Exposition universelle, passa à M. Hocédé, gendre de M. du Tremblé, et cessa complétement d'être exploitée en 1858.

Ces poteries sont, pour ce qui regarde le décor, d'un genre tout à fait nouveau; elles appartiendront un jour à la *curiosité*, car elles sont maintenant déjà fort recherchées; leur place est marquée d'avance parmi les poteries des collections.

Les formes, le dessin et l'ornementation sont beaux; seulement, l'émail laisse à désirer sous le rapport de sa dureté, il se raye facilement parce qu'il contient trop de sels.

Les dessins sont formés par les épaisseurs de la couverte colorée, qui produit les ombres là où l'ornement est creusé, et la lumière là où il est formé par le relief, absolument comme dans la lithophanie transparente. L'émail par lequel la manufacture de Rubelles obtenait ses émaux ombrants, était composé de 100 parties de sable de Fontainebleau, 80 de borax (sel), 80 de minium (plomb), et 20 de potasse. M. Moitessier, qui y était l'âme de la fabrique, a passé plus tard, durant neuf années, dans la manufacture de Saint-Gaudens (Haute-Garonne), après que M. Arnoud était entré dans celle de M. Minton, en Angleterre.

Rubelles a fait des services de table et à thé complets; ils sont souvent à jour et armoiriés. On lui doit aussi des paysages, des sujets de genre, des portraits et des ornements de toutes sortes sur plaques; des carreaux de revêtement et pour meubles, des vases, des suspensoirs et des jardinières, des pots à tabac; de très-jolis services en agathe et à médaillons bleus, verts ou lilas; des émaux à jour imitant la pierrerie; des vierges, christs et sujets bibliques et historiques sur plaques, etc. La plupart de ces produits sont sans marque. Quelques-uns portent :

A. D. T. (Alexis du Tremblé.)

ou

Rubelles.
S. et *M.* (Seine-et-Marne.)
(en creux dans la pâte.)

Au café du Grand-Balcon, à Paris, *deux salles* sont entièrement ornées de plaques de ces terres à émail ombrant.

Un beau service de table, fait pour le roi de Hollande, en vert et brun clair, avec les armes des Pays-Bas, se trouve au château du Loo, en Hollande. Une assiette de ce même service est dans ma collection, ainsi qu'un grand nombre de beaux plats. Plusieurs échantillons à Sèvres, et je possède un traité manuscrit sur la fabrication de ces faïences, que feu le baron de Bourgoing m'avait offert [1].

Ce chercheur érudit a aussi fait de nombreux essais dans la lithophanie transparente en porcelaine dure, pour laquelle il a pris un brevet en 1827. Ses premières tentatives eurent lieu chez Darte et Billèle, de la rue de la Roquette, dont la manufacture a cessé vers 1836, et plus tard M. de Bourgoing continua à produire à Montreuil-sous-Bois, près Paris, dans la fabrique de M. Leclerc, où il se fit construire un four carré.

VAUDANCOURT (Marne).

GRÈS. Vers 1836

M. *Bodelet*, fabricant.

UZÈS (Gard).

FAÏENCE ET TERRE CUITE.

François Pichon, potier, a marqué vers 1837

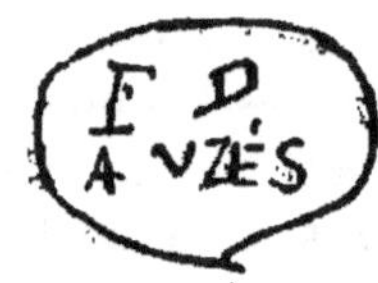

MM. Pichon, Jules Vernet et Josa Vernet y fabriquent encore actuellement des faïences, et MM. Barry et Julien des poteries.

COURBETON, près Montereau (Seine-et-Marne).

GRÈS. Vers 1839

M. *H. Marnet*, fabricant.

Échantillons à Sèvres.

1. Le baron de Bourgoing était un érudit et un chercheur ardent, à qui la passion des découvertes et des essais dans le domaine des arts industriels enlevait souvent le sommeil. Réunissant au savoir pratique les qualités les plus exquises de l'homme du monde et l'affabilité de la vieille noblesse française, on ne le quittait jamais sans avoir appris quelque chose et sans être charmé de ses manières. Il avait conservé jusqu'à sa mort le petit laboratoire établi à côté de sa chambre à coucher, où il continuait à faire des expériences, partageant son temps entre sa famille, sa position politique et ses recherches.

ANDOUZE, en Languedoc.

TERRE CUITE AU VERNIS PLOMBIFÈRE. FAÏENCE A ÉMAIL STANNIFÈRE.

M. C. Gadan, à Vannes, possède un porte-huilier octogone, décoré en camaïeu bleu à fleurs et filets en reliefs, marqué :

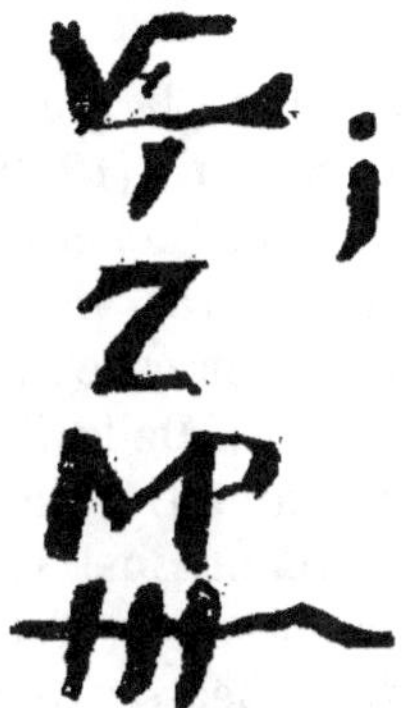

que cet amateur attribue à Andouze. Je n'ai pas vu cette faïence, dont la marque me paraît plutôt *hollandaise*.

PARIS.

FAÏENCES ET TERRES CUITES A ÉMAIL STANNIFÈRE. 1847

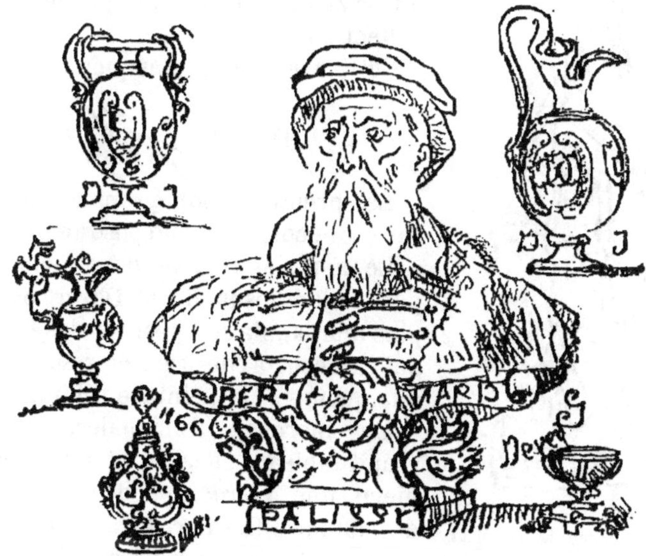

Terres cuites, modelées et peintes par M. Devers.

M. *Joseph Devers*, né à Torino, ancien peintre, élève d'Ary Scheffer, de Rude et de Picot, a commencé à s'occuper de la faïence vers 1847, et a établi une usine vers 1853. C'est cet artiste qui a, pour ainsi dire, créé à Paris le goût des faïences artistiques modernes de l'école italienne, et peut-être de la céramique *moderne* en général, et c'est encore lui qui, l'un des premiers, a peint sur lave.

M. Devers, après avoir obtenu la grande médaille aux expositions de London (1851), de Paris (1849), et de Nevers (1864), a été décoré par le roi d'Italie. Ce céramiste a fabriqué, outre des plats, des assiettes des buires, des vases, etc., à peinture décorative, toutes sortes de terres cuites à reliefs et à ornements moulés dans le genre des Della Robbia. Les cadrans de la tour de Saint-Germain-l'Auxerrois, les bas-reliefs de Saint-Eustache, le tympan de l'ancienne église de la Trinité et les grands médaillons des théâtres Lyrique et de l'Impératrice sont de cet artiste, dont la fabrication est très-propre à l'architecture, à cause des réminiscences archéologiques qu'il sait imprimer à ses œuvres. Une assiette polychrome à médaillon, *Sainte-Cécile*, dans le caractère du seizième siècle, fait partie de ma collection.

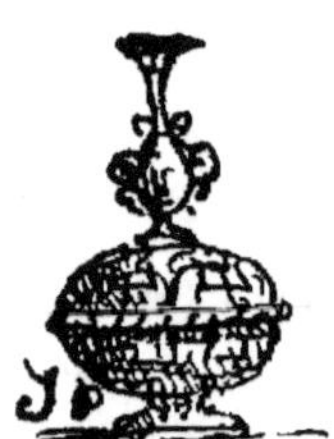

Cette assiette est marquée :

I. D. et : 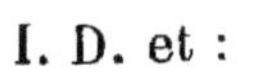

Le premier monogramme ménagé dans le décor, le second posé au revers.

Le modelage et le dessin sont les parties dans lesquelles M. Devers excelle plus que dans la composition des émaux, qui laissent à désirer, et ressemblent quelquefois à la peinture à l'huile.

Un morceau a signaler, c'est le grand tableau encadré et d'une seule pièce, une *Vierge*, qui décore l'atelier du statuaire Cordier, à Paris. C'est un tour de force de cuisson. L'expres-

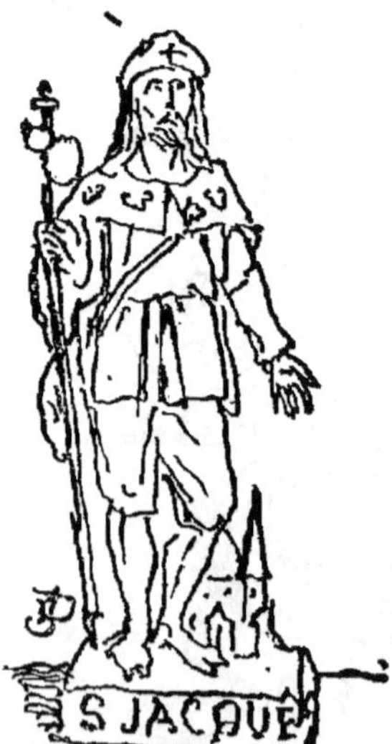

(Statuette de s[t] Jacques de Compostelle exécutée par M. Devers pour M. Drake del Castelli.

sion de la figure de la Vierge est d'une grande et belle douceur, mais les couleurs sont au petit feu et l'ensemble manque de corps et ressemble trop à des teintes plates.

TERRE CUITE AU VERNIS PLOMBIFÈRE. 1850

M. *Victor Jean-Baptiste Barbizet*, né à Gray (Haute-Saône), est un des premiers continuateurs de la renaissance moderne (8 ans après Avisseau), du genre de terres cuites dit *Bernard Palissy*, et c'est de sa manufacture qu'est sortie une immense variété de modèles presque tous modelés par M. Barbizet fils. On y fabrique du *moulé d'un seul jet* et des moulés *en ornements rapportés*.

C'est la première maison qui soit arrivée à un grand bon marché; ses produits sont accessibles à toutes les bourses, et peuvent servir à répandre le goût des objets d'art jusque dans les classes les moins fortunées.

M. Barbizet imite bien mieux les animaux que M. Pull, mais les couleurs de ses émaux sont moins belles.

Les produits de M. Barbizet sont le plus souvent sans signature et quelquefois marqués :

B. V. (en creux dans la pâte.)

FAÏENCE A ÉMAIL STANNIF. ET AU VERNIS DE PLOMB, etc. 1850 à 1859

M. *Émile Lessore*, ancien peintre de genre, fut jadis attaché à Sèvres, manufacture qu'il a quittée vers 1850. Il s'était établi plus tard dans sa propriété, 16, rue de l'Empereur, aux Batignolles, et partit en 1859 pour l'Angleterre, où il est maintenant occupé dans la grande manufacture de Wedgwood, à Astburg, mais où il peint aussi pour d'autres fabriques, particulièrement pour la manufacture de Minton. Cet artiste a fabriqué dans son atelier, aux Batignolles, des plats à relief et à reflets métalliques dans le genre des plats musulmans, ainsi que de ceux de l'Italien *Terchi*, du dix-huitième siècle, et toutes sortes de poteries vendues longtemps dans le commerce de la curiosité pour des anciennes. Son monogramme est :

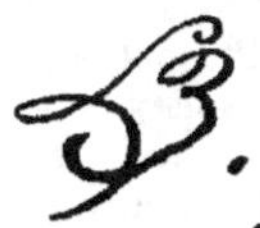

quelquefois il a signé en toutes lettres : Lessore.

Il y a au musée de Kensington, sous le n° 3235, un plateau que M. Lessore a exécuté dans la fabrique de MM. Minton et Ce.

La plus belle œuvre que j'aie vue de cet éminent artiste est une assiette dans le cabinet de M. Barbedienne, à Paris, où le sujet est peint en polychromie sur un fond qui imite le marbre. Cette faïence, parfaitement réussie, a été exécutée à Paris.

TERRE CUITE AU VERNIS PLOMBIFÈRE. 1856

M. *Pull*, né en 1810 à Weisenbourg (Bas-Rhin), ancien militaire, puis naturaliste, a entrepris, vers 1856, la fabrication des poteries dans le genre de celles attribuées à Bernard Palissy, et, sans avoir jamais été céramiste, il est arrivé, par ses seules recherches, à produire d'excellentes pièces qui, en général, sont plus légères de pâte que celles même dites de Palissy, et les surpassent par le brillant des couleurs et la sonorité de la terre, mais ses animaux sont moins bien imités que ceux de M. Barbizet et de M. Avisseau. Il a imité les deux statuettes du Louvre, la Nourrice et le Joueur de vielle, (un pouce plus grand), et surmoulé un plat d'étain de François Briot[1], plat que les continuateurs de Palissy avaient également surmoulé[2].

Il marque :

PULL (en noir dans l'émail),

ou : *Pull* (en creux, et aussi en relief dans la pâte).

M. Pull est le troisième imitateur moderne de cette poterie; il a commencé sa fabrication quatorze ans après Avisseau et six ans après Barbizet.

TERRE CUITE ET FAÏENCE A ÉMAIL STANNIFÈRE, ET TERRE DE PIPE AU VERNIS PLOMBIFÈRE ET A ENGOBE. 1859

M. *Théodore Deck*, ancien contre-maître de madame Dumas, a, pendant quelque temps, essayé d'imiter la fameuse terre de pipe

1. François Briot, est né, comme je l'ai déjà publié dans mes *Souvenirs et causeries d'un collectionneur* (Renouard, 1864, Paris), à Lucens (Lobsingen, en allemand), près Lausanne, en Suisse.

2. Un de ces plats, fabriqué par M. Pull, a été vendu par un marchand de curiosités, à un amateur de Paris, pour du vrai palissy, au prix de 6,000 francs. Ce n'est pas la première fois que cet amateur a été exploité de la sorte. M. de Lasteyrie dit de M. Pull « que ses produits sont tellement bien imités, qu'il est devenu le désespoir des collectionneurs du palissy. » Mais parmi ces collectionneurs, on doit entendre des collectionneurs novices : les anciennes terres cuites de ce genre sont toujours faciles à distinguer des modernes pour tout amateur qui a de l'expérience, et les poteries de M. Avisseau imitent mieux les anciennes que celles de M. Pull.

dite de Henri II ou de Diane de Poitiers, genre de fabrication qu'il a abandonné depuis. Il produit toujours des faïences d'art, des poteries à mosaïques et à émaux très-brillants. C'est le procédé de niellures en terres coloriées, pratiqué chez madame veuve Dumas, et provenant de l'allemand Vogt, qui formait la base de sa fabrication pour les poteries genre de Henri II. Les incrustations ou niellures de ses poteries à dessins persans et de Henri II sont en polychromie, mais *moulées*. Les plats et assiettes en mosaïque de M. Deck sont composés de brillants émaux qui rivalisent, pour la vue, avec le strass. Ses plats et ses plaques de jardinières, en décor dit *persan* (turque), sont bien imités. Il fabrique aussi de grands médaillons pour constructions et toutes sortes de pièces pour lampes. La sonorité de sa pâte, la dureté et l'adhésion de l'émail à la terre cuite laissent cependant à désirer.

Le monogramme de ce céramiste est :

TD. (en creux dans la pâte.)

(Un échantillon dans ma collection).

Les peintres de genre, MM. *Hamon*, *J. Legrain*, *Ranier* et *Gluck* ont aussi quelquefois peint sur les faïences de M. Deck.

FAÏENCE A ÉMAIL STANNIFÈRE. 1859

M. *Auguste Jean*, ancien artiste peintre sur porcelaine, a commencé vers 1859 à peindre sur des faïences qu'il faisait confectionner à Sceaux-Penthièvre et à Bourg-la-Reine. Depuis quelques années, il fabrique lui-même. Le principal mérite des peintures de M. Jean consiste dans leur genre original, puisqu'il ne cherche nullement à imiter les anciens. Le décor se fait, dans ses ateliers, sur *cuit*, et les couleurs sont plutôt des *couleurs de porcelaine* que des émaux de faïence, ce qui leur ôte le cachet de suavité que l'amateur de faïence recherche avant tout. Les produits de M. Jean, d'ailleurs fort artistiques, sont marqués :

AJ Jean.

Depuis quelque temps, cet artiste donne encore plus de variétés à ses modèles, et a obtenu des effets fort heureux et trèsdécoratifs. Les formes de ses poteries sont de bon goût et parfaitement modelés. C'est en définitive un des fabricants de *faïences artistiques* les plus importants de Paris.

FAÏENCE A ÉMAIL STANNIFÈRE, genre de fabrication des poteries de Rhodos.

MM. Colinot et Comp. ont établi, vers 1862, une fabrique de faïences sous la direction artistique de M. Adalbert de Beaumont, artiste, qui, après avoir séjourné sept ans en Perse, avait déjà fourni des indications à M. Deck pour le décor de la faïence, genre *turque*, dit persan. La fabrique de M. Colinot est établie dans le Parc-aux-Princes (Bois de Boulogne), dans une construction persane, qui se signale par ses ornementations de carreaux de faïence. Les produits de ces messieurs imitent en majeure partie la poterie faussement appelée persane (turque), genre de formes et de décors qui n'exigent pas de compositions de décors, ni la création du modeleur, puisque les potiches et vases, copiés exactement d'après ceux des orientaux, sont décorés sur patrons ou poncifs, qui reproduisent les fleurs et ornements calqués sur les dessins turcs.

Cette fabrication, très-décorative, belle de couleurs et d'un émail sans craquelure, aura certainement de l'avenir pour l'emploi architectural dans les intérieurs, comme salles de bains et chambres décorées à l'orientale.

Quoique ce genre n'ait rien du cachet archéologique, comme tout ce qui est oriental, où la figure d'homme manque ordinairement ou est rare, il flatte cependant l'œil, et doit plaire aux personnes qui aiment l'éclat des couleurs brillantes et gaies, d'autant plus que M. de Beaumont, fanatique de l'art oriental, connaît toutes les ressources que le décoratif de l'ornementation des palais de ces contrées offre pour une habitation d'homme du monde.

Ce que MM. Colinot et Comp. appellent très-improprement des faïences à *émaux cloisonnés,* sont des faïences où le peintre imite par des posées de couleurs et d'émaux tendres, les reliefs du décor de la porcelaine chinoise, et *figure les cloisons en cuivre* par des traits de peinture noirs.

LANGEAIS (Indre-et-Loire),

Petite ville à 26 kilomètres de Chinon.

TERRE CUITE AU VERNIS PLOMBIFÈRE. Époque actuelle.

M. *Landais,* de Tours, mentionné déjà dans l'article sur

M. Avisseau, dont il est le beau-frère, fabrique le même genre de poteries dites de Palissy. On trouve de cet artiste quatre pièces au musée de Kensington, à London, sous les nos 3,900 à 3,903, où sa résidence est indiquée : *Langeais* (?).

ONNAING (Nord),

A 6 kilomètres de Valenciennes.

TERRE DE PIPE AU VERNIS PLOMBIFÈRE ET AUX ÉMAUX ALCALINS.
Époque actuelle.

MM. *Mauzin* frères et Cie y fabriquent des poteries à relief et coloriées d'une seule teinte, qui ressemblent à cette même espèce faite en Angleterre, et à quelques produits de Rubelles.

Ce sont des compotiers, des assiettes à dessert, des brocs, etc., d'une tournure fort artistique.

La marque est :

Onnaing (Nord)
Mouzin.

NANS-SOUS-SAINTE-ANNE (Doubs),

A 40 kilomètres de Besançon.

TERRE DE PIPE. Époque actuelle.

TERRE DE PIPE AVEC KAOLIN (porcelaines opaques ou cailloutage français).

Langlard et Cie, fabricants actuels.

PARIS.

TERRES CUITES SANS COUVERTE. Époque actuelle.

TERRES CUITES SOUS ENGOBE ET AU VERNIS PLOMBIFÈRE ET ÉMAIL LÉES.

M. François-Michel Pascal, statuaire, né à Paris en 1810, élève de David.

L'*Adoration de la Croix*, groupe acheté par le ministre; la *Conversation*, groupe, au musée du Luxembourg ; un *Trappiste*, statue achetée par le ministre ; une *Vierge*, à Nantes ; les *Enfants d'Édouard*, appartenant à Madame Léon ; les *Enfants aux couronnes*, qui appartenaient à feu M. le duc de Morny ; *Deux Anges*, à la chapelle de Vincennes et une *Adoration*, appartenant à la grande duchesse Marie de Russie, sont les œuvres *en marbre* de ce statuaire, de qui on trouve en outre des statues et ornements en pierre à la Sainte-Chapelle, à Notre-Dame, à Saint-Étienne-du-Mont, au Louvre et au Tribunal de commerce à Paris; à Vezelay, à Sens, à Autun, à Auch, à Périgueux, à Saint-Denis, à Bordeaux, etc., etc. —Il a aussi produit quelques terres cuites sans couverte et sous couverte, marquées :

PASCAL, tantôt

Les rares produits céramiques de cet artiste et collectionneur ardent se signalent par leurs formes gracieuses.

GIEN (Loiret),

A 68 kilomètres d'Orléans.

TERRE DE PIPE AU VERNIS PLOMBIFÈRE ET A L'ÉMAIL STANNIFÈRE, ET POTERIES COMMUNES. Époque actuelle.

Guérin et Cie, manufacturiers importants.

RUNGIS, près Paris.

FAÏENCE A ÉMAIL STANNIFÈRE. Époque actuelle.

M. Fortuné de Monestrol, dit le *Potier de Rungis*, arcaniste, fabrique des faïences, dont quelques-unes même à reflets métalliques, à la manière de celles du maestro Giorgio da Gubio. M. de Monestrol compose aussi toutes sortes d'émaux et de *strass* transparents et coloriés dans le genre de ceux fabriqués en Bohême, et qu'il nomme *Monestrol* [1].

1. Le *strass*, espèce de cristal qui imite les pierres précieuses, fut introduit en Europe vers 1200 par des alchimistes allemands, et figure déjà, à partir de cette époque, dans la bijouterie et l'orfévrerie allemande, avant d'être connu dans aucun autre pays de l'Europe. Ce strass, aussi appelé *pierre de Bohême*, est un mélange de sable blanc ou de cristal de roche, de potasse pure, de minium, d'un peu de borax et d'acide arsénieux. Composé de *silicate de potasse* et de plomb, il est coloré par les acides : le cobalt pour le saphir; le manganèse, le pourpre de Cassius (l'oxyde d'or) pour l'améthyste; l'oxyde de cuivre et de chrome pour l'émeraude; l'antimoine et l'oxyde d'or pour la topaze; le verre d'antimoine, le pourpre de Cassius et l'oxyde de manganèse pour le grenat; etc. L'étain lui ôte la transparence et forme ce qu'il plait à M. de Monestrol d'appeler des *monestrolites* (voir mes *Recherches sur la priorité de la Renaissance de l'art allemand*, Paris, chez Renouard, 1862.)

Il paraît que M. de Monestrol prétend à tout, même à la *médecine* appliquée aux huîtres, car on a vu avec étonnement, à l'exposition industrielle des Champs-Élysées, de l'automne de 1865, briller sur sa vitrine l'inscription suivante : « *Fortuné de Monestrol, marquis d'Esquille, dit le potier de Rungis,*

Le monogramme de ce chercheur est :

GAMBAIS, près Houdan (Seine-et-Oise).

TERRES CUITES DÉCORÉES SOUS ENGOBE ET AU VERNIS PLOMBIFÈRE, dans le genre de fabrication des poteries de Rhodos et de la Turquie.

M. *Charles Longuet*, a fabriqué à Gambais, depuis 1863, de *jolies* poteries dont les dessins imitent ce que l'on appelle faussement la poterie persane (turque), et qu'il signe souvent sous les pieds en toutes lettres. M. Longuet a transporté depuis quelques temps sa fabrique à Paris-Montrouge. Les produits de M. Longuet, que M. Deck imite actuellement, sont très-propres pour l'ornementation des lustres et des lampes.

PARIS.

TERRES CUITES SANS COUVERTE. Époque actuelle.

MM. *Gossin frères* fabriquent depuis plusieurs années des statuettes et groupes de toute sorte en terre cuite sans couverte, très-bien modelés, et à des prix qui permettent au commerce d'en faire un article d'exportation.

FAÏENCE A ÉMAIL STANNIFÈRE. Époque actuelle.

MM. *Brocard frères et Duchesne; — Engel et Tremblay; — Jacques Fradelizi; — veuve Levesteau* et *Radot; — Scheib* et *Victor Vogt*, sont encore des potiers qui font particulièrement des panneaux de poêles.

Les peintres céramistes les plus remarquables de Paris, qui s'occupent actuellement avec succès de la peinture sur faïence sont (par ordre alphabétique) les suivants :

MM. *Paul-Jean-Étienne Balze* et *Raymond Balze frères*, élèves d'Ingres, nés à Rome de parents français. Ils ont exposé aux

minéralogiste et chimiste, honoré de sept médailles d'argent et de onze médailles d'or, rend aux perles fines malades l'éclat et la fraîcheur, etc. » La *Pintadine*, la *Pinne-marine* et la *Mulette margaritifère* peuvent s'écréter à l'avenir sous toutes les formes, et produire des monstruosités, M. de Monestrol est là pour les guérir ! Je connais aussi une recette pour décrasser les perles fines et leur rendre leur blancheur, mais je n'en fait point un secret! On n'a qu'à les laver avec de l'eau et les tremper durant 24 heures dans l'eau mercurielle.

dernières expositions de grands tableaux composés de nombreux carreaux de faïences (comme ceux du seizième au dix-huitième siècle si universellement répandus en Hollande), sur lesquels ils ont reproduit des fresques de Raphaël. Le dessin est correct et le coloris vif, mais comme tout est exécuté au petit feu de réverbère, où les couleurs ne peuvent être que tendres par la grande addition des fondants qu'elles contiennent, ces carreaux sont peu propres à l'architecture extérieure, là où ils sont exposés à la pluie et au soleil. Ce décor, qui n'est qu'un décor de porcelaine, doit se détériorer même sous l'action d'acides peu forts, comme par exemple le *vinaigre*. Que ces intelligents artistes se décident à peindre sur le *cru* et au *grand feu* en sacrifiant quelques nuances; ils laisseront alors des œuvres qui pourront rivaliser avec les anciennes faïences et peut-être même les dépasser !

Madame *Hélène Bossé*, à Paris, peintre céramiste. Elle excelle dans la peinture décorative des plats, dans le genre italien, soit en camaïeu bleu, soit en polychromie, toujours exécutée sur l'émail stannifère cru ; elle marque :

HB , aussi *Bossé*.

Le faire de cette artiste est gras et montre une bonne touche ; sa manière est celle d'un peintre d'un goût élevé, et fort décorative.

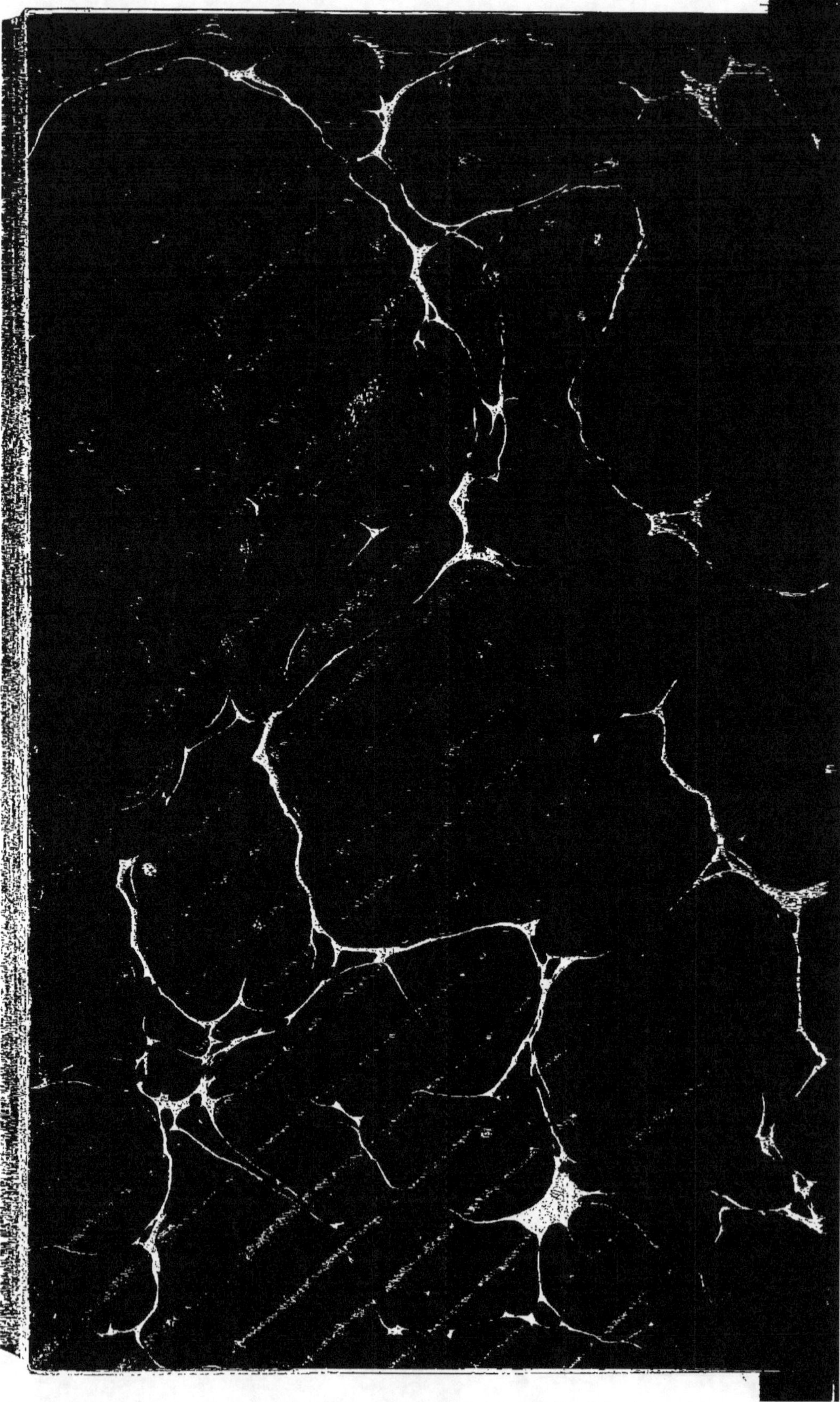

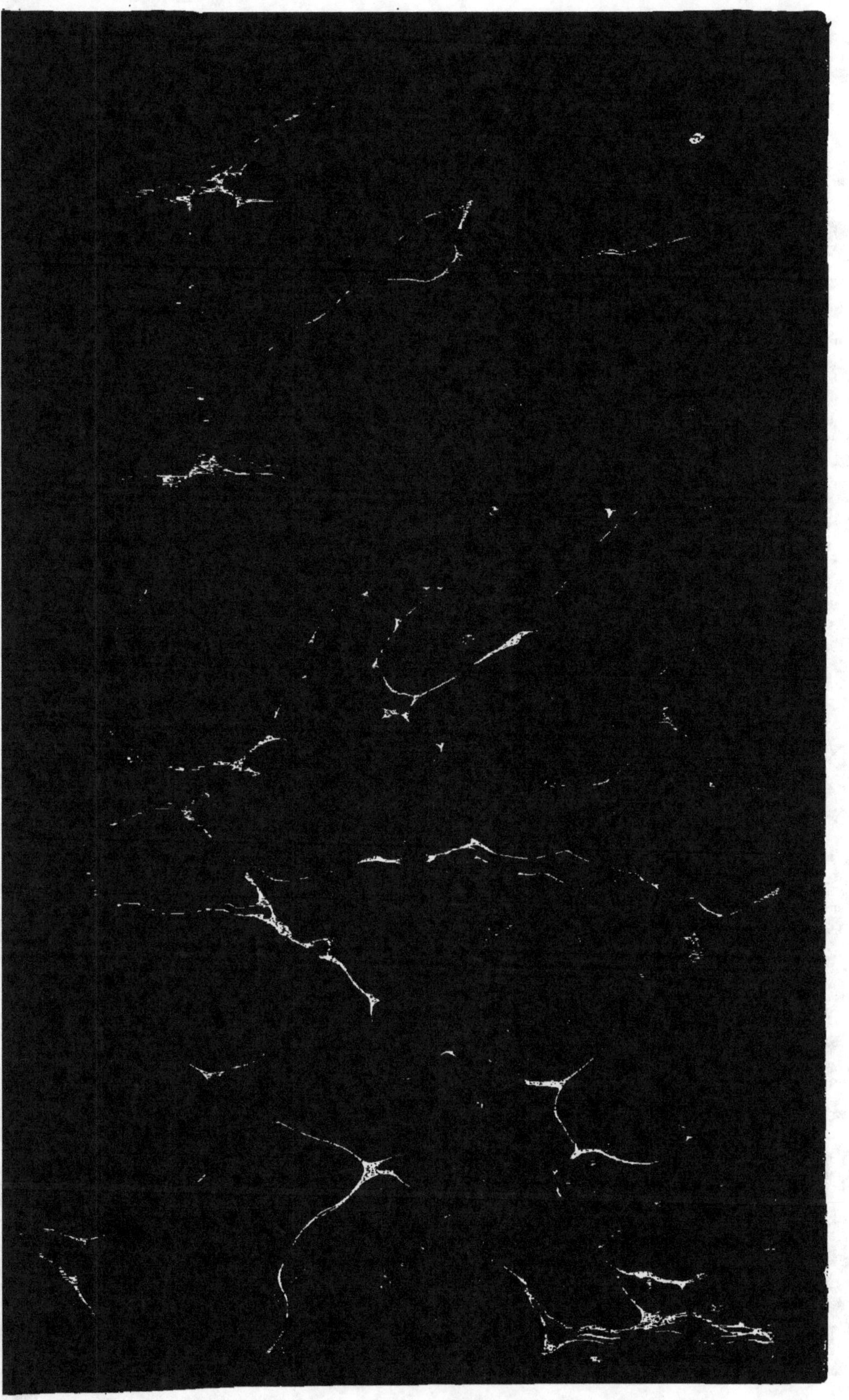

www.ingramcontent.com/pod-product-compliance
Lightning Source LLC
LaVergne TN
LVHW010829120826
845149LV00016B/66

* 9 7 8 2 0 1 9 5 6 4 5 5 1 *